稳中向好的中国经济

——2016年全国优秀统计分析报告集

宁吉喆 主编

中国统计出版社
China Statistics Press

图书在版编目(CIP)数据

稳中向好的中国经济 ：2016 年全国优秀统计分析报告集 / 宁吉喆主编. —— 北京 ：中国统计出版社，2017.8

ISBN 978—7—5037—8251—0

Ⅰ.①稳… Ⅱ.①宁… Ⅲ.①经济统计—统计分析—研究报告—中国—2016 Ⅳ.①F222.1

中国版本图书馆 CIP 数据核字(2017)第 189289 号

稳中向好的中国经济——2016 年全国优秀统计分析报告集

主　　编/宁吉喆
责任编辑/郭　栋
封面设计/黄　晨
出版发行/中国统计出版社
通信地址/北京市丰台区西三环南路甲 6 号　邮政编码/100073
电　　话/邮购(010)63376909　书店(010)68783171
网　　址/http://www.zgtjcbs.com
印　　刷/河北鑫兆源印刷有限公司
经　　销/新华书店
开　　本/787×1092mm　1/16
字　　数/370 千字
印　　张/28.5
版　　别/2017 年 8 月第 1 版
版　　次/2017 年 8 月第 1 次印刷
定　　价/68.00 元

编委会

编者说明

一、为进一步加强全国统计系统分析研究工作，提高分析研究能力，培养人才队伍，国家统计局在全国统计系统开展了 2016 年度统计分析报告专项业务考核工作，评选出一批优秀统计分析报告，我们从中精选了部分具有代表性的优秀分析报告汇编成书，集中反映统计部门对当前中国经济问题的最新研究成果，希望能为广大统计工作者和相关经济研究及政策制定人员提供有益的启发和参考。

二、本书按分析报告主题进行了分类，分别为“经济运行稳中向好”“供给侧结构性改革扎实推进”“服务业加快发展”“新动能茁壮成长”和“民生事业持续改善”五个部分，以方便读者阅读和查找。

三、由于篇幅限制，本书对部分原文进行了压缩删减，并对文中章节、图表、符号进行了统一编辑处理。

四、本书所涉及的全国性统计指标均未包括香港特别行政区、澳门特别行政区和台湾省数据。

五、本书在选编过程中，得到了国家统计局领导，以及相关司局、各省区市统计局、国家统计局各调查总队等单位的大力支持，在此谨致谢意。

目　录

第一章　经济运行稳中向好

1.1　经济运行缓中趋稳　转型升级稳中向好

——2016 年国民经济运行情况及政策建议

摘要:2016 年,在以习近平同志为核心的党中央坚强领导下,各地区各部门崇尚创新、注重协调、倡导绿色、厚植开放、推进共享,经济结构不断优化,新兴动力加速成长,质量效益不断提升,人民生活进一步改善,经济运行稳中有进、稳中向好,实现了"十三五"良好开局。

关键词:稳中有进　稳中向好　提质增效

2016 年,面对错综复杂的国内外经济环境,在以习近平同志为核心的党中央坚强领导下,全国上下统筹推进"五位一体"总体布局和协调推进"四个全面"战略布局,坚持稳中求进工作总基调,坚持新发展理念,以推进供给侧结构性改革为主线,适度扩大总需求,坚定推进改革,妥善应对风险挑战,经济运行缓中趋稳、稳中向好,实现了"十三五"良好开局。但经济增长中长期积累的矛盾凸显,外部不确定性和风险增加,经济稳中向好的基础尚不牢固。2017 年,我们要认真贯彻落实党中央国务院重大决策部署,坚持以新发展理念引领新常态,坚持稳中求进工作总基调,围绕推进供给侧结构性改革这条主线,着力提高经济发展质量效益,聚焦体制机制深化关键改革,聚焦有效需求稳定经济增长,聚焦创新驱动培育新动能,聚焦重点领域防范化解风险,促进经济平稳健康发展和社会和谐稳定,以优异成绩迎接党的十九大胜利召开。

一、国民经济缓中趋稳,经济运行保持在合理区间

初步核算,2016 年国内生产总值 744127 亿元,比上年增长 6.7%,增速比上年降低 0.2 个百分点。其中,第一产业增加值 63671 亿元,增长 3.3%,增速降低 0.6 个百分点;第二产业增加值 296236 亿元,增长 6.1%,降低 0.1 个百分点;第三产业增加值 384221 亿元,增长 7.8%,降低 0.4 个百分点。分季度看,一、二、三、四

季度同比分别增长 6.7%、6.7%、6.7%、6.8%，环比分别增长 1.3%、1.9%、1.8%、1.7%。

初步测算，按 2010 年美元不变价计算，2016 年我国对世界经济增长的贡献达到 33.2%，继续成为世界经济增长第一大引擎，是世界经济的稳定之锚、增长之源。

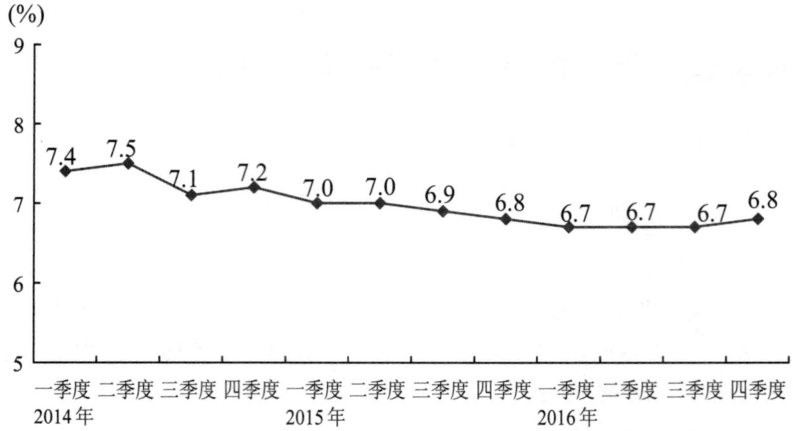

图 1.1.1　国内生产总值当季增长速度

(一)农业、工业稳定增长，服务业增长较快

农业生产再获丰收。2016 年，全国粮食总产量 12325 亿斤，虽然比上年下降 0.8%，但仍属于历史上第二个高产年。其中，夏粮产量 2784 亿斤，下降 1.2%；早稻产量 656 亿斤，下降 2.7%；秋粮产量 8885 亿斤，下降 0.6%。畜牧业生产形势基本稳定。2016 年，猪牛羊禽肉产量 8364 万吨，比上年下降 1.1%。其中猪肉产量下降 3.4%，牛肉产量增长 2.4%，羊肉产量增长 4.2%，禽肉产量增长 3.4%。生猪出栏 68502 万头，下降 3.3%；生猪存栏 43504 万头，下降 3.6%。

工业生产平稳增长。2016 年，规模以上工业增加值比上年增长 6.0%，增速比上年降低 0.1 个百分点。从三大门类看，采矿业增加值下降 1%，上年为增长 2.7%；制造业增长 6.8%，增速比上年降低 0.2 个百分点；电力、热力、燃气及水生产和供应业增长 5.5%，提高 4.1 个百分点。分季度看，一、二、三、四季度分别增长 5.8%、6.1%、6.1%、6.1%。分月度看，4 月份以来同比增速均保持在 6.0%—6.3%的区间，其中 12 月份同比增长 6%，增速比上月降低 0.2 个百分点。从相关指标看，工业用电量比上年增长 2.9%，上年为下降 1.4%；铁路货运量同比下降 0.8%，降幅比上年收窄 11.1 个百分点。

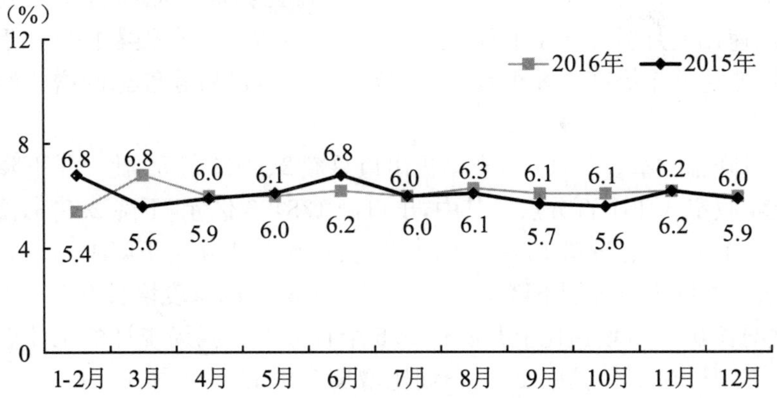

图 1.1.2　规模以上工业增加值当月增长速度

服务业保持较快增长。2016 年，服务业增加值比上年增长 7.8%。分类别看，批发和零售业增加值比上年增长 6.7%，增速比上年提高 0.6 个百分点；交通运输、仓储和邮政业增长 6.5%，提高 2.4 个百分点；住宿和餐饮业增长 6.9%，提高 0.7 个百分点；金融业增长 5.7%，降低 10.3 个百分点；房地产业增长 8.6%，提高 5.4 个百分点；其他服务业增长 9.3%，增速与上年持平。分季度看，一、二、三、四季度分别增长 7.6%、7.5%、7.6%和 8.3%。

(二)消费、出口稳中向好，投资增长缓中趋稳

市场销售基本稳定。2016 年，社会消费品零售总额 332316 亿元，比上年增长 10.4%，增速比上年降低 0.3 个百分点；扣除价格因素，实际增长 9.6%，降低 1 个百分点。按经营地分，城镇消费品零售额 285814 亿元，增长 10.4%；乡村消费品零售额 46503 亿元，增长 10.9%。按消费形态分，商品零售额 296518 亿元，增长 10.4%；餐饮收入额 35799 亿元，增长 10.8%。分季度看，一、二、三、四季度分别

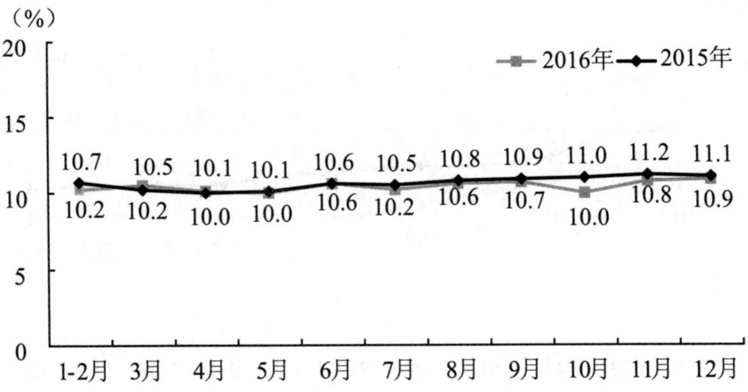

图 1.1.3　社会消费品零售总额当月增长速度

增长10.3%、10.2%、10.5%、10.6%。12月份，社会消费品零售总额同比增长10.9%，增速比上月提高0.1个百分点。全年限额以上汽车类零售额比上年增长10.1%，增速比上年提高4.8个百分点，拉动社会消费品零售总额增长约1个百分点。

进出口降幅收窄。2016年，全国进出口总额243344亿元，比上年下降0.9%，降幅比上年收窄6.1个百分点。其中，出口额138409亿元，下降2.0%，降幅比上年扩大0.1个百分点；进口104936亿元，增长0.6%，上年为下降13.2%。分季度看，一、二、三季度出口分别下降7.9%、0.8%、0.3%，四季度增长0.3%。12月份出口同比增长0.6%，增速比上月降低3.5个百分点。我局统计的工业企业出口交货值全年增长0.4%，其中12月份同比增长3.9%。

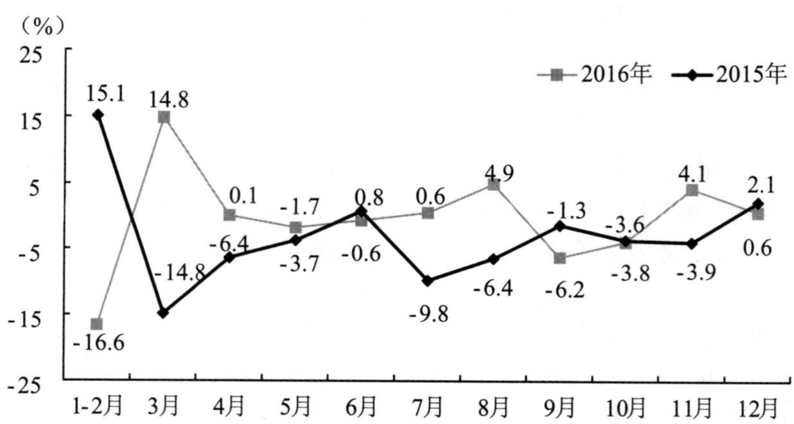

图1.1.4 出口总额当月增长速度(按人民币计价)

固定资产投资缓中趋稳。2016年，固定资产投资(不含农户)596501亿元，比

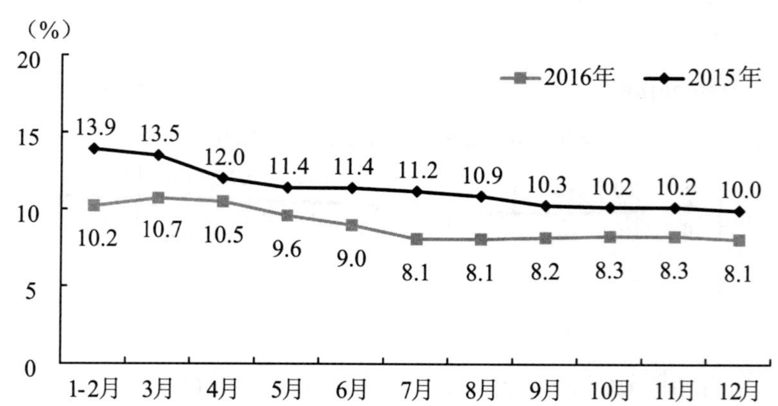

图1.1.5 固定资产投资(不含农户)累计增长速度

上年增长 8.1%，增速比上年降低 1.9 个百分点。分三大领域看，制造业投资 187836 亿元，比上年增长 4.2%，增速比上年降低 3.9 个百分点；房地产开发投资 102581 亿元，增长 6.9%，提高 5.9 个百分点；基础设施投资 118878 亿元，增长 17.4%，提高 0.2 个百分点。分季度看，一季度、上半年、前三季度分别增长 10.7%、9%和 8.2%。

（三）居民消费价格涨势温和，工业生产者出厂价格由降转升

居民消费价格基本平稳。2016 年，居民消费价格总水平比上年上涨 2.0%，涨幅比上年扩大 0.6 个百分点。分类别看，食品烟酒价格上涨 3.8%。其中鲜菜价格上涨 11.7%，畜肉价格上涨 11%，水产品价格上涨 4.6%。非食品价格上涨 1.4%，涨幅比上年扩大 0.4 个百分点。其中，医疗保健价格上涨 3.8%，衣着价格上涨 1.4%，居住价格上涨 1.6%，教育文化和娱乐价格上涨 1.6%，生活用品及服务价格上涨 0.5%，交通和通信价格下降 1.3%。分季度看，一、二、三、四季度分别上涨 2.1%、2.1%、1.7%和 2.2%。分月看，居民消费价格月度同比涨幅保持在 1.3%—2.3%区间内；核心 CPI 基本稳定，月度同比涨幅在 1.6%左右。12 月份，居民消费价格同比上涨 2.1%，涨幅比上月收窄 0.2 个百分点；环比上涨 0.2%，扩大 0.1 个百分点。

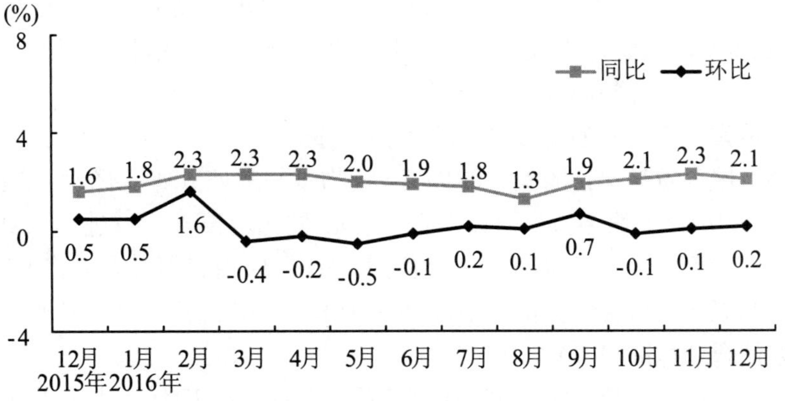

图 1.1.6 居民消费价格当月涨（跌）幅

工业生产者出厂价格月度同比由降转升。2016 年，工业生产者出厂价格比上年下降 1.4%，降幅比上年收窄 3.8 个百分点。分类别看，生产资料价格比上年下降 1.8%，其中采掘工业价格下降 4.6%，原材料工业价格下降 3.3%，加工工业价格下降 1.0%；生活资料价格与上年持平。分季度看，一、二、三季度分别下降 4.8%、2.9%和 0.8%，四季度上涨 3.3%。分月度看，自 9 月份工业生产者出厂价格结束连续 54 个月同比下降态势后，同比涨幅不断扩大。12 月份，工业生产者出厂价格同比上涨 5.5%，涨幅比上月扩大 2.2 个百分点；环比上涨 1.6%，扩大 0.1

个百分点。

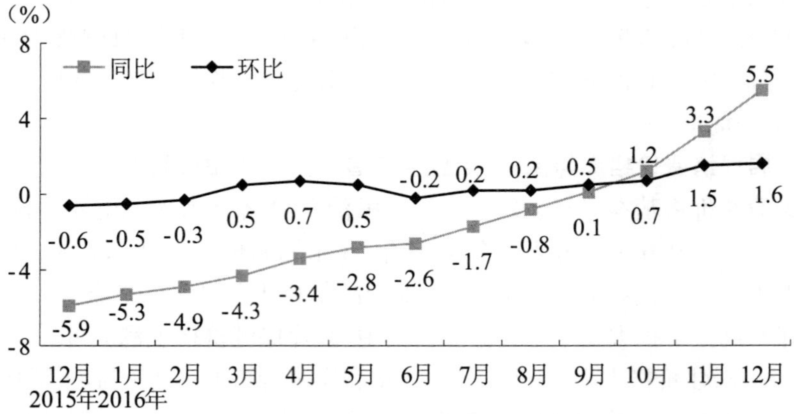

图 1.1.7 工业生产者出厂价格当月涨(跌)幅

(四)新增就业超额完成目标,就业形势好于预期

2016 年,城镇新增就业 1314 万人,比上年增加 2 万人,超额完成全年目标任务。全年农民工总量为 28171 万人,比上年增加 424 万人,增长 1.5%。其中,本地农民工 11237 万人,增加 374 万人,增长 3.4%;外出农民工 16934 万人,增加 50 万人,增长 0.3%。登记失业率有所下降。2016 年末,全国城镇登记失业率为 4.02%,比上年末下降 0.03 个百分点。

(五)经常项目保持顺差,对外投资快速增长

货物和服务贸易保持顺差。2016 年,货物贸易顺差 33473 亿元,比上年收窄 9.1%。1—10 月份,服务贸易出口 14625 亿元,同比增长 3.6%;进口 28290 亿元,同比增长 23.7%;逆差 13665 亿元。预测 11 月份、12 月份服务贸易将继续保持逆差。货物和服务贸易合计保持顺差,且顺差规模与国内生产总值之比低于 3%,处于国际公认合理标准(4%)以内。

对外投资快速增长。2016 年,我国实际使用外资 8132 亿元人民币,同比增长 4.1%,增速比上年降低 2.3 个百分点;非金融类对外直接投资 11299 亿元人民币,折合 1701 亿美元,同比增长 44.1%,提高 29.4 个百分点。直接投资逆差 3167 亿元,上年同期为顺差 463 亿元。过去持续多年的“双顺差”格局发生根本改变。

二、新理念指导新实践,经济运行稳中有进稳中向好

2016 年是“十三五”规划的开局之年,在新发展理念的指引下,各地区各部门崇尚创新、注重协调、倡导绿色、厚植开放、推进共享,经济结构不断优化,新兴动力加速成长,质量效益继续提升,人民生活进一步改善,转型升级稳中有进、稳中

向好。

(一)新旧动能加快转换,创新驱动势头良好

创业创新引领发展。“放管服”不断深化,市场主体活力持续激发,“大众创业、万众创新”蓬勃发展。到2016年末,国务院部门的各类审批事项已取消了620项左右,不少地方非行政许可的审批已完全取消。科技部备案的众创空间达到1337个,28家双创示范基地建设全面铺开,经济发展新动能加快成长。2016年,全国新登记企业553万户,同比增长24.5%,平均每天新登记企业1.5万户,活跃度保持在70%左右。出台《国家创新驱动发展战略纲要》,推进全面创新改革试验,创新动力不断增强。2016年,国内有效发明专利拥有量突破100万件。一批具有标志性意义的重大科技成果涌现,天宫二号和神州十一号载人飞行任务圆满成功,深海科考进入万米时代,世界最大单口径射电望远镜落成启用,“神威·太湖之光”蝉联世界超算冠军,世界首颗量子科学实验卫星发射成功。

新产业新模式快速发展。信息革命进程持续快速演进,物联网、云计算、大数据、人工智能等新技术产业化步伐加快,节能环保、新一代信息技术、生物、高端装备制造、新能源等战略性新兴产业快速发展。2016年,战略性新兴产业增加值比上年增长10.5%,增速比规模以上工业高4.5个百分点;1—11月份,战略性新兴服务业营业收入同比增长15.5%,营业利润同比增长16.9%,分别比规模以上服务业高4.1和14.7个百分点。“互联网+”深入发展,分享经济等新模式广泛渗透,并催生出跨境电商、智能家庭、智能交通、移动医疗等一批新业态。2016年,网上商品零售额比上年增长25.6%,比社会消费品零售总额增速快15.2个百分点;快递业务量完成313.5亿件,增长51.7%。信息消费爆发式增长。2016年1—11月份,移动互联网接入流量达82.1亿G,同比增长124.1%。

新产品新服务层出不穷。高附加值、高技术含量的新产品快速增长。2016年,新能源汽车产量比上年增长58.5%,光电子器件增长38.7%,运动型多用途乘用车(SUV)增长38.6%,工业机器人增长34.3%,集成电路增长21%,智能手机增长12.1%,智能电视增长11.9%。服务业升级势头良好。顺应居民消费结构升级的大趋势,旅游、文化、体育、健康、养老等“幸福产业”快速发展。2016年1—11月份,规模以上文化及相关产业服务业营业收入同比增长15.5%,科技服务业增长11.9%,高技术服务业增长10.8%。2016年,我国新增影院1612家,电影总票房收入达457亿元;全年国内旅游总收入3.9万亿元,同比增长14%。

(二)结构调整深入推进,经济发展协调性增强

“三去一降一补”成效初显。年度去产能任务完成。钢铁煤炭等行业超额完成全年化解过剩落后产能目标任务。产能压减使得相关产品产量也有所下降,全年规模以上工业企业原煤产量比上年下降9.4%。商品房库存水平持续下降。12

月末，商品房待售面积69539万平方米，比上年末减少2314万平方米。工业企业杠杆率不断降低。11月末，规模以上工业企业资产负债率为56.1%，比上年同期下降0.6个百分点，微观杠杆率自4月以来连续8个月下降。企业成本继续下降。1—11月份，规模以上工业企业每百元主营业务收入中的成本为85.76元，比上年同期减少0.14元。短板领域投资加快。全年生态保护和环境治理业、水利管理业、农林牧渔业投资分别比上年增长39.9%、20.4%和19.5%，分别快于全部投资31.8、12.3和11.4个百分点。供给侧结构性改革还产生了比较明显的外溢正效应，引起了从供给到需求、从宏观到微观的连锁反应，使经济运行中的积极变化累积增多。市场供求关系有所改善。9月份PPI同比上涨0.1%，结束了连续54个月同比下降态势，部分行业供求关系持续改善。企业效益明显好转。1—11月份，规模以上工业企业实现利润总额同比增长9.4%，上年同期为下降1.9%。市场信心不断改善。2016年3月以来，制造业采购经理指数(PMI)基本位于临界点以上，非制造业商务活动指数持续位于53%以上的较高景气区间。

产业结构不断优化。服务业主导特征更加突出。2016年，第三产业增加值比上年增长7.8%，比第二产业快1.7个百分点；占国内生产总值的比重达到51.6%，比上年提高1.4个百分点，比第二产业高11.8个百分点；对经济增长贡献率为58.2%，比上年提高5.3个百分点。农业生产结构优化。适当调低非优势区玉米种植面积，采取"玉米改大豆"、"粮改饲"等措施调整农业种植结构。2016年，按可食用的籽玉米统计，玉米播种面积比上年减少3.6%，大豆播种面积增加10.7%。工业升级态势明显。2016年，高技术产业和装备制造业增加值比上年分别增长10.8%和9.5%，增速分别比规模以上工业快4.8和3.5个百分点；占规模以上工业比重分别为12.4%和32.9%，分别比上年提高0.6和1.1个百分点。

需求结构继续改善。消费对经济增长贡献进一步上升。2016年，最终消费对经济增长的贡献率为64.6%，比上年提高4.9个百分点，比资本形成总额高22.4个百分点。投资结构不断优化。2016年，高技术产业投资增长15.8%，增速快于全部投资7.7个百分点。其中，高技术制造业投资增长14.2%，比全部制造业增速高10个百分点；高技术服务业投资增长18.3%，比全部服务业投资高7.4个百分点。

区域协调成效突出。城镇化稳步推进。2016年，我国常住人口城镇化率为57.35%，比上年提高1.25个百分点。中西部地区后发优势继续显现。2016年，中部、西部地区规模以上工业增加值比上年分别增长7.5%和7.3%，增速分别快于东部地区1.2和1个百分点；中部、西部地区固定资产投资(不含农户)分别快于东部地区2.9和3.1个百分点。城市群辐射力增强。京津冀三地立体交通网加速构建，协同发展有序推进。重庆、成都、武汉、郑州等一批国家中心城市快速发展，泛珠三角、长三角、成渝等重点城市群良性互动加强。长江经济带发展步伐加快。长江经济带加快了长江沿线地区与国际经济发展的互联互通,沿线东中西部省市均保持较快增长。

(三)节能降耗成效突出,绿色发展取得新进展

单位GDP能耗继续下降。产业结构优化调整和技术进步加快,促进了能源资源利用效率的整体提升。2016年,万元国内生产总值(2015年不变价)能耗比上年下降5.0%。主要耗能产品综合能耗继续下降。

清洁能源消费比重上升。能源生产与消费结构发生深刻变化。2016年,在能源生产总量中,原煤所占比重比上年下降2.6个百分点,水电、风电、核电、天然气等清洁能源所占比重提高2.8个百分点。在能源消费总量中,煤炭所占比重比上年下降2.0个百分点;清洁能源所占比重提高1.6个百分点。

高耗能行业生产和投资增长放缓。2016年,六大高耗能行业增加值比上年增长5.2%,增速比上年降低1.1个百分点,比规模以上工业增加值增速低0.8个百分点;高耗能行业投资增长3.1%,降低1.4个百分点,比全部投资增速低5个百分点。

生态环境质量改善。2016年,全国地表水国控监测断面Ⅰ－Ⅲ类水体比例比上年增加5.7个百分点,劣Ⅴ类断面比例减少2.3个百分点;338个地级及以上城市细颗粒物(PM2.5)平均浓度下降6.0%,空气平均优良天数比例提高2.1个百分点。2016年,京津冀、长三角和珠三角区域PM2.5平均浓度分别为71、46和32微克/立方米,分别比上年下降6、7、2微克/立方米。

(四)对外开放纵深推进,开放型经济迈出新步伐

"一带一路"战略取得积极进展。我国与沿线国家经贸合作的步伐不断加快,"一带一路"建设成果好于预期。2016年1—11月,我国与沿线国家进出口总值达8489亿美元,占同期我国外贸总额的25.7%。2016年,我国企业对"一带一路"沿线国家直接投资145亿美元,与沿线国家新签对外承包工程合同额1260亿美元,占同期我国对外承包工程新签合同额的51.6%。不少企业觅机抱团出海,赢得了新的发展机遇。目前,我国企业共在沿线20多个国家建设50多个境外经贸合作区,累积投资超过180亿美元,为东道国创造了10.7亿美元的税收和17.7万个就业岗位。

开放格局进一步优化。自贸区试验区试点扩大到辽宁、浙江、河南、湖北、重庆、四川和陕西7省市,设立贵州内陆开放型经济试验区和广西凭祥、黑龙江绥芬河一东宁2个重点开发开放试验区。2016年,上海、广东、天津、福建自贸试验区实际使用外资达880亿元人民币,同比增长81.3%,占全国实际使用外资的10.8%。外商投资便利化程度进一步提高。2016年,我国修订了《外商投资产业指导目录》和《中西部地区外商投资优势产业目录》，提出外商投资准入负面清单，推进建立外资安全审查新机制。2016年，全国新设立外商投资企业27900家，同比增长5%。服务贸易创新扎实推进。2016年，天津等15个省市（区域）开展服务贸易创新发展试点，沈阳等10个城市确定为中国服务外包示范城市，示范城市数量从21个增加至31个。2016年1—10月，我国服务进出口总额42915亿元，同比增长16%。人民币国际化稳步推进。人民币加入特别提款权（SDR）货币篮子顺利生效，推动扩大SDR的使用。进一步优化人民币国际使用政策，强化跨境资金流动本外币一体化管理。

开放市场规模继续扩大。我国市场容量巨大，为稳定国际市场做出了重要贡献。2016年，我国铜矿砂及其精矿进口量比上年增长28.2%，煤及褐煤增长25.2%，天然气增长22%，原油增长13.6%，集成电路增长9.1%，铁矿砂及其精矿增长7.5%。2016年，我国出境旅游人数预计达1.22亿人次，比上年增长4.3%，出境旅游消费增长强劲。

（五）民生事业持续改善，发展成果全民共享

居民收入与经济增长同步。2016年，全国居民人均可支配收入23821元，比上年增长8.4%，扣除价格因素，实际增长6.3%，高于人均GDP增速0.2个百分点。其中，农村居民人均可支配收入12363元，增长8.2%，扣除价格因素，实际增长6.2%；城镇居民人均可支配收入33616元，增长7.8%，扣除价格因素，实际增长5.6%。2016年，农村外出务工劳动力月均收入3275元，增长6.6%。

居民消费升级明显。基本生存类消费占比下降。2016年，全国居民恩格尔系数为30.1%，比上年下降0.5个百分点。其中，农村居民为32.2%，下降0.8个百分点；城镇居民为29.3%，下降0.4个百分点。发展享受型消费支出增长较快。在人均消费支出中，家政服务支出比上年增长24.7%，汽车等交通工具支出增长19.6%，景点门票支出增长17.4%，体育健身活动支出增长13.7%，均明显快于人均消费支出9.8%的平均水平。居民拥有的各类耐用消费品数量稳定增加。2016年，全国居民百户家用汽车拥有量达到27.7辆，比上年增长21.9%。其中农村居民达到17.4辆，增长31.3%。

民生支出保持快速增长。2016年1—11月份，财政支出中城乡社区、医疗卫生与计划生育、社会保障和就业、教育和住房保障同比分别增长29.6%、18.9%、16.0%、13.3%和11.0%，快于全部财政支出增速。600万套棚户区改造任务提前完成，各类社会保障和救助范围进一步扩大。

脱贫攻坚取得积极进展。产业扶贫、交通扶贫、网络扶贫、光伏扶贫等深入推进，1000万人以上农村贫困人口实现脱贫，贫困地区交通、教育、卫生、文化、社会保障等软硬件有所改善。22个省区市全面启动易地扶贫搬迁项目，249万人易地扶贫搬迁任务如期完成。2016 年农村居民人均转移性收入中，社会救济和补助比上年增长 24%，政策性生活补贴增长 22.9%，均高于转移净收入 12.7%的平均增长水平。

三、新情况老问题交织叠加，经济向好基础仍需巩固

尽管我国经济运行保持在合理区间，呈现稳中有进稳中向好的发展态势，但也必须看到，当前我国经济正处于从中等收入向高收入跨越的转型期，处于爬坡过坎和提质增效升级的关键期，老问题和新情况并存，总量性问题和结构性矛盾交织，长期性问题和周期性因素叠加，外部风险和内部矛盾相互影响，经济企稳向好基础不牢。

（一）国际环境更趋复杂，出口稳定增长面临新挑战

世界经济复苏缓慢。世界经济仍处于危机后的深度调整期，总体增长乏力且分化明显。美国经济复苏有所加快，但企业投资和工业生产较为低迷；英国脱欧、难民问题和地缘政治风险等使欧元区经济复苏步履蹒跚；日本经济沉闷，工业生产下滑，对外贸易萎缩；新兴经济体增长仍面临许多困难，资本外流风险加大，结构性改革进展缓慢。世界银行《全球经济展望》预计，2016 年全球经济增速仅为 2.3%，为 2008 年金融危机以来的最低增速。全球贸易萎靡不振，"逆全球化"趋势愈发明显。2016 年波罗的海干散货运指数虽然较上年有所回升，但仍大幅低于盈亏平衡点。进入 2017 年，该指数又现回落态势，1 月 9 日仅为 949 点，比 2016 年高点降低近 25%。世界贸易组织预测，2017 年全球贸易量增长 1.8%－3.1%，这意味着全球贸易增速将连续六年低于世界经济增速。在这种情况下，贸易保护主义愈演愈烈，2016 年我国共遭遇来自 27 个国家（地区）发起的 119 起贸易救济调查，案件数量达到历史高点，涉案金额 143.4 亿美元，同比上升 76%。主要经济体货币政策分化，国际金融市场动荡加剧。世界经济持续低迷，主要经济体宏观政策手段捉襟见肘，美国加息"靴子"落地，日本、欧洲继续实施量化宽松，各国政策协调难度加大，副作用及溢出效应不断显现。国际大宗商品价格震荡，跨境资本异常流动风险增加，新兴经济体货币贬值以及外债负担变重，我国人民币贬值和资本外流压力也不断增加。2016 年 12 月末，我国外汇储备余额 30105 亿美元，连续 6 个月下降；全年人民币兑美元累计贬值幅度达到 6.8%。不稳定不确定因素较多，世界经济仍存在诸多"变数"。美国加息的力度和节奏不定，特朗普正式入主白宫后采取的内外政策动向不明，对我汇率、贸易等产生的不确定性加大。法国德国今年大选、韩国政局动荡、英国脱欧影响持续发酵等也可能对世界政治经济产生新的变数。与此同时，我国出口传统竞争优势正在减弱，新的竞争优势尚未完全形成，正处于"青黄不接"阶段，2017 年外贸出口形势依然不容乐观。

(二)需求内生增长动力仍然偏弱，进一步企稳回升尚缺乏有力支撑

在党中央、国务院一系列政策措施的作用下，三季度以来国内市场需求有所改善，特别是固定资产投资缓中趋稳，止住了上半年的下滑势头，但总体上看，需求不振的态势仍在延续。2016 年，固定资产投资增长 8.1%，增速比上年降低 1.9 个百分点；社会消费品零售总额增长 10.4%，降低 0.3 个百分点。从后期来看，国内需求进一步企稳回升缺乏有力支撑。一是民间投资仍然面临诸多因素制约。受投资回报率低、融资渠道不畅、公共服务领域开放程度不够等因素制约，民营企业仍然面临着“不愿投、不敢投、没地投”等问题，民间投资增速仍处低位。2016 年，民间投资增长 3.2%，虽然从月度走势来看有企稳迹象，但增速比全部投资低 4.9 个百分点，比上年降低 6.9 个百分点。二是基础设施投资保持较快增长的难度较大。2016 年，尽管财政支持力度不减，全年共发行地方债 6.04 万亿元，但由于地方财力增长放缓，同时基数也在增大，基础设施投资增长 17.4%，增速比上半年 20.9%的高点降低 3.5 个百分点。目前，地方政府财政收支缺口加大，地方债发行规模进一步大幅提高的空间收窄，基础设施投资资金来源受限。三是房地产开发投资走势存在较大不确定性。虽然房地产调控取得积极成效，热点城市房地产市场降温，房价回稳，但商品房成交面积和成交额也回落明显。2016 年，重点城市商品房销售面积同比增长 23.4%，增速比 1—11 月份降低 3.2 个百分点，连续 3 个月降低。尤其是，三四线城市库存水平仍然较高，去库存压力依然较大。受此影响，房地产开发投资后期走势不容乐观。从先行指标看，2016 年房地产开发企业新开工面积同比增长 8.1%，增速比上半年降低 6.8 个百分点。四是汽车消费短期放缓的可能性较大。2016 年，受小排量汽车购置税减半政策利好影响，在限额以上单位商品零售中，汽车类销售增速比上年提高 4.8 个百分点，成为支撑当年消费较快增长的重要因素。但随着政策边际效应递减和基数较大的影响，同时 2017 年优惠政策力度有所减弱，今年汽车消费增速可能放缓，对经济增长的带动作用减弱。

(三)部分行业产能过剩仍较突出，供需矛盾没有明显缓解

尽管供给侧结构性改革取得了积极进展，工业领域供需矛盾得到一定程度的缓解，但这种缓解只是初步的，供需不平衡、不协调的结构性问题依然突出。一是部分行业产能过剩问题依然严重，产能利用率偏低状况尚未扭转。2016 年四季度，分工业行业看，很多行业产能利用率不到 70%。如果将庞大的在建和拟建生产能力计算在内，我国的产能过剩情况更为严重。以煤炭市场为例，根据国家发改委数据，目前全国各类煤矿产能总规模全部形成有可能超过 60 亿吨，而国内煤炭市场空间仅在 34—36 亿吨，煤炭等行业去产能任务仍然十分艰巨。四季度，规模以上工业企业产能利用率虽比上季度回升，但比上年同期下降，总体仍处于历史较低水平。二是高质量的产品和服务供给不足，不适应居民消费升级需要。随着居民消费结构升级，人民对质优、安全、环保的高品质商品和服务的需求明显增加，但我们对质量、对标准、对品牌、对知识产权的关注还很不够，中高端供给严重不足。有机食品占比低，2015 年新经济增加值占比不到 15%。三是新旧动能转换面临较多体制机制障碍。调查和企业座谈会反映，企业在新产业新业态准入和产品服务创新方面仍存在不少限制，审批慢推广难，融资渠道不畅，产权保护不力，优惠政策落实不到位，阻碍了新动能培育。有关数据显示，我国科技成果转化率不足 30%，远低于先进国家水平。

（四）企业面临困难仍然较多，中小企业景气度持续较低

2016 年，在一系列去产能、去库存、降成本政策措施的共同作用下，市场供求关系有所改善，企业效益恢复性增长，但市场需求总体偏弱、企业负担仍然较重、部分企业生产经营比较困难的局面没有根本改变。一是资金周转依然不畅。11 月末，规模以上工业企业应收账款同比增长 9%，增速比 1—11 月份主营业务收入高 4.6 个百分点；1—11 月份，应收账款平均回收期为 37.9 天，比上年同期增加 1.4 天。企业之间资金拖欠的问题仍比较严重。二是原材料成本和物流成本上涨较多。随着上游原材料价格上涨，下游企业生产成本压力加大，同时治理超限运输的新规客观上也导致企业物流成本上升。12 月份，工业生产者购进价格同比上涨 6.3%，涨幅比 11 月份扩大 2.8 个百分点。在制造业采购经理调查中，反映原材料价格和运输成本上涨的企业比重超过三成，为近三年的高位。三是融资难融资贵尚未明显缓解。金融传导机制不畅，资金“脱实向虚”现象明显，融资难融资贵问题突出。中小企业受资产规模、竞争实力、自有资金、经营风险、有效抵押等的约束，更难获得银行信贷支持。根据我局调查，四季度，小微企业获得民间借款的平均月利率约为 1.55%，年化利率约为 18.55%，仍处高位。四是中小企业发展信心依然不足。12 月份，中型企业 PMI 为 49.6%，比上月下降 0.5 个百分点，跌至临界点以下；小企业 PMI 为 47.2%，比上月下降 0.2 个百分点，持续处于荣枯线以下。

（五）分化调整仍在持续，部分领域潜在风险不容忽视

一是财政收支矛盾日趋突出。由于经济增速放缓以及营改增等政策性减收效应进一步显现，我国财政收入增速回落，而稳增长、促改革、调结构、惠民生都需要增加财政投入，财政支出压力较大。1—11 月份，全国一般公共预算收入同比增长 5.7%，增速比一般公共预算支出低 4.5 个百分点，财政支大于收 17588 亿元，比上年同期增加 7348 亿元。部分县级财政财力缺口较大，保工资、保运转、保民生压力较大。二是金融风险仍在累积。资金脱实向虚问题突出，去年热点城市房价快速上涨，信贷集中流向房地产领域，目前热点城市房地产市场回调，三四线城市商品房库存高企，积聚的潜在风险不容忽视。我国非金融企业杠杆率偏高，大概在150%左右，高于一些主要经济体。截至2016年三季度末，商业银行不良贷款率连续13个季度上升，一些农村信用社不良贷款率居高不下，资产质量明显下降，运营风险上升。三是东北一些地区经济困难仍在持续。东北一些地区工业和投资仍在下降，与其他地区之间的差距还在扩大，由此引发的养老、就业、财政风险不容忽视。2016年，东北三省规模以上工业增加值比上年下降3.1%，降幅比上年扩大0.8个百分点；东北三省固定资产投资（不含农户）下降23.5%，扩大12.3个百分点。由于东北一些地区国有企业比重大，离退休人员多，养老金开支逐年增加，养老基金统筹部分入不敷出。由于培育新增长点、调整产业结构还需要一个过程，东北地区经济困难还将持续一段时间，要防止风险的交叉传导。

此外，2016年下半年以来大宗商品价格快速大幅上涨的现象，也需要继续观察，防止部分产业因价格大幅上涨，导致本应淘汰的产能死灰复燃；同时需防止搭车涨价加大通胀压力。

四、全面贯彻落实中央决策部署，巩固稳中向好发展势头

2017年是夯实全面建成小康社会基础承上启下的重要之年，是供给侧结构性改革的深化之年，全面做好改革发展稳定各项工作意义重大。总的来看，我国发展仍有较多有利条件，市场活力持续释放，经济结构不断优化，新动能茁壮成长，发展的空间进一步拓展，尤其是第四季度一些指标出现了积极变化；但外部环境仍然复杂严峻，国内结构性矛盾仍比较突出，一些领域潜在风险有所显现，对体制机制创新和宏观政策制定提出了更高要求。我们要更加紧密地团结在以习近平同志为核心的党中央周围，认真贯彻落实党中央国务院重大决策部署，坚持适应把握引领经济发展新常态这个大逻辑，坚持贯彻新发展理念，坚持稳中求进的工作总基调，坚持深化供给侧结构性改革主线，坚持以提高发展质量和效益为中心，坚持宏观政策要稳、产业政策要准、微观政策要活、改革政策要实、社会政策要托底，适度扩大总需求，统筹协调，精准发力，撸起袖子抓落实，甩开膀子加油干，夯实经济稳中有进稳中向好基础，以优异成绩迎接党的十九大胜利召开。

（一）以新发展理念为统领，深入推进供给侧结构性改革

供给侧结构性改革要在“三去一降一补”同时深化改革推动创新，去产能去库存要通过企业行业的结构调整实现资源要素的优化组合和产业的转型升级。为此，要牢固树立和深入贯彻五大发展理念，自觉地用新理念指导供给侧结构性改革。要坚持用市场化、法制化办法去产能，因地制宜、因城施策去库存，通过债转股、资产证券化等积极稳妥去杠杆，多措并举降成本，继续加大对扶贫、农业、水利、环保等硬短板领域投入，加快推进制度机制、创新能力等软短板领域建设。与

此同时，要进一步深化国企国资、财税金融、产权保护、养老保险、对外开放等关键领域、重点环节的改革，为深入推进供给侧结构性改革提供体制机制保障。

(二)坚持稳中求进工作总基调，处理好“稳”与“进”的关系

稳中求进，稳字当头，贵在有进。稳是基础和前提，只有稳才能更好地进。进是动力和目的，只有进才能持久牢固地稳。深入推进供给侧改革，需要一个稳定的经济社会环境，关键是稳增长、稳政策、稳预期。稳增长就是要着力扩大有效需求，增强经济增长的内生动力，保持经济运行在合理区间，确保就业和物价稳定。扩大有效需求必须充分调动民间投资积极性，降低民间投资准入门槛，推动 PPP 尽快取得实质性进展。创新 PPP 项目收益和分配机制，用好引导基金，完善法规制度，激发社会资本参与热情。顺应消费升级趋势，推动旅游、文化、体育、健康、养老以及教育培训等幸福产业发展，进一步释放居民消费潜力。稳政策就是要保持政策的连续性和稳定性，财政政策要更加积极有效，货币政策要保持稳健中性。鉴于财政收支压力不断加大的新情况，可适当扩大财政赤字和增加发债规模，继续加大对实体经济减负的力度和对企业创新的支持。货币政策也不能收得太紧，要积极采用借贷便利等多种手段实现精准调控，将资金导入实体经济。稳预期就是要用稳定的宏观经济政策稳定社会预期，用重大改革举措落地增强发展信心。在当前情况下，有关部门要加大预期引导，防止汇率贬值的“羊群效应”持续发酵，加大资金外流压力。

(三)以提高质量和效益为中心，推动新旧动能加快接续转换

面对经济发展进入新常态后出现的一系列困难矛盾、风险挑战，必须把思维方式、工作方法、政策措施切实转到以提高质量和效益为中心上来，全面实施创新驱动发展战略，促进发展动能平顺转换。要持续深入推进简政放权，加快转变政府职能，放手让各类市场主体“唱戏”，使创业创新“轻装”前行。要以科技创新带动“大众创业、万众创新”，推进“中国制造 2025”与“互联网＋”融合发展，促进新技术、新产业、新业态茁壮成长。要深化科技体制和教育体制改革，建立健全科技成果应用、转化、交易、产权保护、利益分享等环节的制度机制，营造人尽其才、物尽其用的良好环境。要大力推动制造业升级改造。鼓励各地区、各部门以贴息、事后奖补、股权投资等方式支持企业开展智能化、绿色化等技术改造，提高核心技术国产化水平。

(四)多措并举降低企业负担，大力振兴实体经济

过去一年，各级政府在降本、提质、增效等方面出台了一系列改革措施，取得了显著成效，必须在此基础上继续深入推进。纾解实体经济困难，需要进一步减税降费，加大放管服、国企、价格等改革力度。引导企业用好用足各项财税优惠政策，降低企业税费负担。提高政府审批、验收等环节行政效率，进一步降低企业制度性交易成本。加大金融服务实体经济力度,减少资金周转环节,有效降低融资成本。继续对小微企业实施税收优惠,发挥创业投资基金引导作用,支持地方创设风险投资基金,鼓励社会增加投入,支持小微企业发展。

(五)推进更深层次更高水平的双向开放,培育国际竞争新优势

坚持引进来和走出去并重,是开放型经济发展到较高阶段的重要特征,也是更好统筹国际国内两个市场、两种资源、两类规则的有效途径。要加强对多国政坛交替尤其是美国新政府上台后的贸易政策变化研究,积极应对,主动沟通,尽量减轻不确定性带来的负面影响。要统筹运用财政、社保、政策性金融等政策促进加工贸易梯度转移和创新发展,促进对外贸易优化升级。要优化外商投资环境,着力提高引资的质量,注重吸收国际投资搭载的技术创新能力、先进管理经验以及高素质人才。要扎实推进"一带一路"建设和国际产能合作,以基础设施互联互通、产能合作、境外产业集聚区为重点,实施好一批重大关键项目。要加强对外投资活动的分类指导,健全对外投资促进政策和服务体系,引导对外投资健康有序发展。

(六)用好五大政策组合,有效防范化解重点领域风险

全面做好稳增长、促改革、调结构、惠民生、防风险各项工作,必须坚持"稳、准、活、实、底"的政策思路组合,并根据形势变化适时适度调整侧重点,尤其要强化底线思维,做好兜底工作。要密切关注国际经济金融形势,加强对股市、汇市、债市的风险监测和评估,尤其是加强对发达国家制造业回归引起的资金回流等现象的研究,做好应对预案,稳妥化解金融领域风险。要强化地方政府债务限额管理和预算管理,建立健全风险评估、预警和应急处置机制,规范政府举债行为,有效防范地方政府性债务风险。要密切监测热点城市房地产市场走势,通过严格限购限贷、大力整顿市场秩序等措施,避免房地产市场大起大落,妥善应对房地产市场风险。要进一步拓宽去产能职工分流安置渠道,加强职业培训和就业援助,切实做好就业托底工作。要发挥失业保险援企稳岗作用,扎实做好社会保障兜底工作。要加快研究构建扶贫长效机制,加大财政对贫困地区交通、教育、卫生、文化、社会保障等软硬件建设的投入力度,加大精准扶贫精准脱贫推进力度。

(作者:盛来运　王文波　毛盛勇　刘爱华　王冠华　黄涛　黄永山　刘天)

1.2 经济运行基本平稳 发展基础仍待巩固

摘要：2016年上半年，国民经济运行基本平稳，稳中有进，稳中有好，符合预期，发展新常态特征更加明显，但国内外环境依然错综复杂，结构性矛盾和周期性问题叠加，“稳进新好”代表的上行动力与“缓忧难险”体现的下行压力胶着，经济仍处于筑底阶段弱平衡状态，企稳基础仍不牢固。对此，必须坚定信心，保持定力，强化底线思维，既要稳势蓄势，又要谋势筑势，用政策连续稳预期、用改革落地稳预期、用项目带动稳预期，促进经济稳中有进、稳中向好。

关键词：新常态 稳中有进 稳中有好

今年上半年，在党中央、国务院的坚强领导下，各地区、各部门认真贯彻落实五大发展理念，以供给侧结构性改革为主线，大力推动大众创业、万众创新，着力抓好“三去一降一补”，国民经济运行基本平稳，稳中有进，稳中有好，符合预期。但国内外环境依然错综复杂，经济仍面临较大下行压力，稳中有忧，稳中有难。下阶段，要适度扩大总需求，坚定不移地推进供给侧结构性改革，科学处理好稳增长与调结构的关系，更加重视创新驱动，更加支持实体经济发展，注重引导好社会预期，确保完成全年预期目标。

一、国民经济运行基本平稳，发展新常态特征更加明显

（一）主要指标处在合理区间，“稳”的态势在持续

一是经济增长稳。初步测算，上半年，国内生产总值340637亿元，同比增长6.7%（其中研发投入计入因素影响GDP增长约0.02个百分点），其中二季度增长6.7%，与一季度持平。分产业看，农业生产基本稳定。上半年，第一产业增加值22097亿元，同比增长3.1%，比一季度加快0.2个百分点。初步统计，全国夏粮产量2785亿斤，虽然比上年减产32亿斤，但仍为历史第二高，属于丰收年。上半年，猪牛羊禽肉产量3853万吨，同比下降1.3%，降幅比一季度缩小1.8个百分点。其中，猪肉产量下降3.9%，牛肉产量增长2.6%，羊肉产量增长2.8%，禽肉产量增长4.2%。工业生产稳中略升。上半年，第二产业增加值134250亿元，同比增长6.1%；规模以上工业增加值同比增长6%，其中一季度增长5.8%，二季度

增长 6.1%。6 月份，规模以上工业增加值增长 6.2%，比上月加快 0.2 个百分点。服务业较快增长。上半年，第三产业增加值 184290 亿元，同比增长 7.5%，其中一季度增长 7.6%，二季度增长 7.5%。

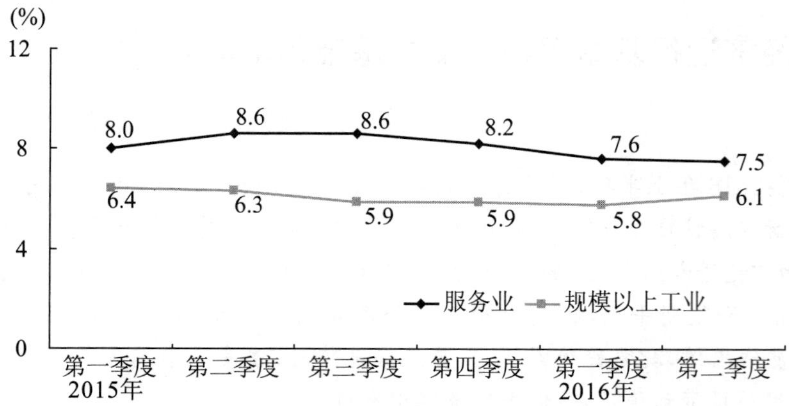

图 1.2.1　工业和服务业增加值当季增长速度

二是就业形势稳。在服务业发展较快和创业创新带动下，就业形势好于预期。上半年，城镇新增就业 717 万人，完成全年计划的 71.7%。二季度末，农村外出务工劳动力为 17509 万人，同比增长 0.4%。

三是市场价格稳。上半年，居民消费价格同比上涨 2.1%，其中一、二季度均上涨 2.1%。分月看，居民消费价格月度同比涨幅一直保持在 1.8%−2.3%区间内。受市场供应逐步增加，鲜菜价格回落较多的影响，6 月份，居民消费价格同比上涨 1.9%，涨幅比上月回落 0.1 个百分点。

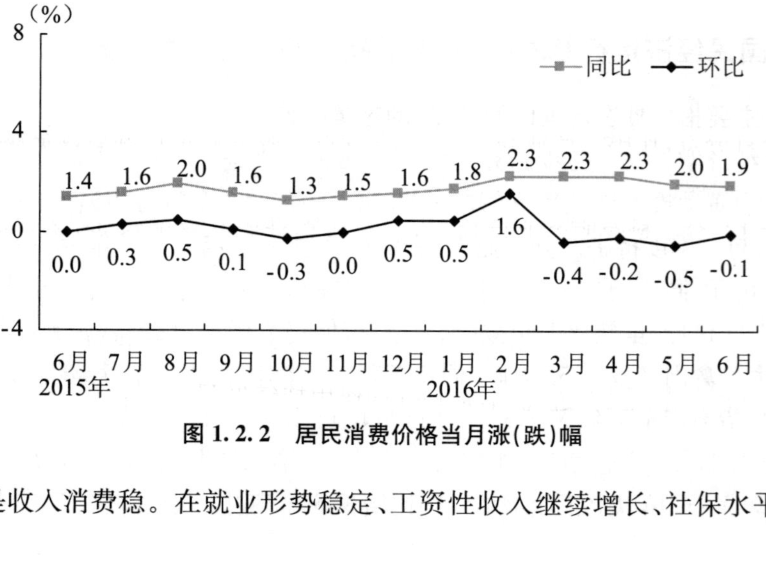

图 1.2.2　居民消费价格当月涨(跌)幅

四是收入消费稳。在就业形势稳定、工资性收入继续增长、社保水平稳步提高以及消费环境逐步改善的带动下，居民收入和消费增长总体是平稳的。居民收入稳定增长。上半年，全国居民人均可支配收入 11886 元，同比增长 8.7%，扣除价格因素，实际增长 6.5%，增速与一季度持平。其中，农村居民人均可支配收入 6050 元，同比增长 8.9%，扣除价格因素，实际增长 6.7%；城镇居民人均可支配收入 16957 元，同比增长 8.0%，扣除价格因素，实际增长 5.8%。居民消费平稳增长。上半年，全国居民人均消费支出 8211 元，同比增长 8.8%，扣除价格因素，实际增长 6.6%，比一季度回落 0.5 个百分点；社会消费品零售总额 156138 亿元，同比增长 10.3%，其中二季度增长 10.2%，与一季度基本持平。受“6.18”电商促销活动的影响，6 月份，社会消费品零售总额同比增长 10.6%，比上月加快 0.6 个百分点。

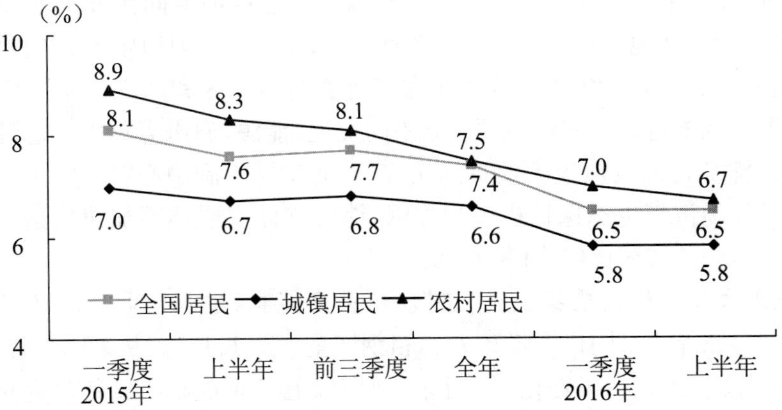

图 1.2.3　全国居民人均可支配收入实际增长速度

(二)经济结构持续优化，“进”的力度在加大

一是产业结构上有“进”。服务业占比继续提高。上半年，第三产业增加值增速比第二产业快 1.4 个百分点，占国内生产总值的比重为 54.1%，比上年同期提高 1.8 个百分点，比第二产业高 14.7 个百分点。服务业重点领域发展继续向好。1—5 月份，规模以上文化及相关产业服务业营业收入同比增长 15.8%，高技术服务业增长 12.3%，科技服务业增长 12.2%，生产性服务业增长 9.2%。高技术产业和装备制造业比重提升。上半年，高技术产业和装备制造业增加值同比分别增长 10.2%和 8.1%，分别比规模以上工业快 4.2 和 2.1 个百分点，占规模以上工业比重分别为 12.1%和 32.6%，分别比上年同期提高 0.7 和 1.2 个百分点。

二是需求结构上有“进”。消费基础性作用持续增强。上半年，最终消费对经济增长的贡献率为 73.4%，比上年同期提高 13.2 个百分点，比资本形成总额的贡献率高 36.4 个百分点。发展享受型消费增长较快，占比继续提高。上半年，限额以上单位商品零售额中，体育娱乐用品类、家具类、通讯器材类同比分别增长16.9%、15.6%和14.9%，分别比社会消费品零售总额快6.6、5.3和4.6个百分点。全国居民人均消费支出中，教育文化娱乐、医疗保健支出占比分别达到9.6%、7.8%，均比上年同期提高0.3个百分点。上半年，全国内地电影市场票房约246亿元，同比增长21%。高技术产业和服务业投资快于全部投资。上半年，高技术产业和服务业投资同比增长13.1%和11.7%，分别快于全部投资4.1和2.7个百分点，占比达到6%和57.7%，比上年同期提高0.2和1.4个百分点。

三是区域协调发展上有“进”。东部地区发展势头较好。上半年，东部地区规模以上工业增加值同比增长6.4%，快于全部规模以上工业0.4个百分点；东部地区固定资产投资(不含农户)增长11.0%，快于全部投资2个百分点。中西部地区后发优势明显。上半年，中、西部地区规模以上工业增加值同比分别增长7.3%、7.2%，分别比东部地区快0.9和0.8个百分点；中、西部地区固定资产投资(不含农户)分别增长12.8%和13.5%，分别快于东部地区1.8和2.5个百分点。“三大战略”统筹顺利推进。“一带一路”规划中的交通、能源、通讯等重大标志性工程加快建设；京津冀协同发展重大项目加快实施，北京城市副中心等功能平台加紧规划落地；长江经济带生态保护进一步加强，综合立体交通体系加快构建。受益于“三大战略”，相关省区市经济保持较快发展。

四是五大重点任务落实上有“进”。从去产能看，过剩行业产品产量有所下降。上半年，原煤产量同比下降9.7%，粗钢产量下降1.1%。从去库存看，工业企业和商品房库存出现积极变化。5月末，规模以上工业企业产成品存货同比下降1.1%，连续2个月下降。6月末，商品房待售面积71416万平方米，比5月末减少753万平方米，连续4个月减少。从去杠杆看，工业企业资产负债率有所下降。5月末，规模以上工业企业资产负债率为56.8%，比上年同期下降0.5个百分点。从降成本看，工业企业成本有所降低。1—5月份，规模以上工业企业每百元主营业务收入中的成本为85.73元，比上年同期减少0.22元。5月1日全面推开营改增试点，预计全年将为企业减税5000亿元以上。从补短板看，薄弱领域投资增长较快。上半年，水利环境和公共设施管理业、信息传输软件和信息技术服务业、农林牧渔业投资同比分别增长26.7%、22.5%和19.5%，分别快于全部投资17.7、13.5和10.5个百分点。

(三)新经济发展势头良好，“新”的动能在成长

一是新主体新成果快速增加。随着简政放权、商事制度改革等一系列政策措施加快落实，创业创新氛围更趋浓厚。各类市场主体数量持续快速增长，市场活力进一步迸发。上半年，全国新设市场主体日均超过4万户，其中日均新登记企业1.4万户，有力地带动了就业。企业更加重视创新投入、技术研发，创新成果不断涌现，上半年国内发明专利授权量同比增长41%。

二是新产业新业态方兴未艾。上半年，战略性新兴产业同比增长11%，高于全部规模以上工业5个百分点，其中二季度增长11.8%，比一季度加快1.8个百分点。1—5月份，战略性新兴服务业营业收入同比增长15.8%，高于规模以上服务业5.8个百分点。居民线上消费增长强劲，服务类、移动端消费成为新的增长点。上半年，全国网上商品和服务零售额22367亿元，同比增长28.2%，其中，网上商品零售额18143亿元，增长26.6%，占社会消费品零售总额的比重达到11.6%。上半年，预计完成快递业务量131.4亿件，同比增长55.4%。

三是新产品新技术迅猛发展。顺应产业结构和消费结构升级的大趋势，在电子信息、生物医药、智能制造、节能环保、新能源、新材料等高新技术的推动下，相关产品成为新的经济增长点。上半年，新能源汽车产量同比增长88.7%，运动型多用途乘用车(SUV)增长39.7%，工业机器人增长28.2%，光纤增长28.2%，太阳能电池增长28%，智能电视增长20.5%，城市轨道车辆增长19.1%，环境污染防治专用设备增长17.9%，光电子器件增长17.1%，化学药品原药增长13.1%。

四是新服务新模式不断涌现。基于大数据、云计算、物联网的服务应用和创新日益活跃，创意设计、远程诊断、系统流程服务、设备生命周期管理等服务模式快速发展，为制造业转型升级提供了有力支撑。旅游、文化、养老、健康、体育等"五大幸福产业"快速发展，网络约车、远程教育、在线医疗、数字家庭、智慧社区等新服务模式不断涌现，进一步拓展了消费领域。同时，分享经济已经渗透到交通出行、营销策划、资金借贷、餐饮住宿等方方面面，正在深刻改变着经济形态和生活方式。

(四)经济发展提质增效，"好"的因素在累积

一是节能降耗成效明显。产能过剩行业生产和投资增长明显放缓，我国能源利用效率整体提升，能源消费结构发生深刻变化。上半年，在全部能源消费中，煤炭消费占比比上年同期下降2.9个百分点；水电、风电、核电、天然气等清洁能源消费占比提高2.0个百分点。上半年，万元国内生产总值能耗同比下降5.2%。主要耗能产品综合能耗继续下降。

二是工业领域通缩压力得到缓解。6月份，工业生产者出厂价格同比下降2.6%，降幅比上月收窄0.2个百分点，连续6个月降幅收窄。流通领域重要生产资料价格监测显示，6月下旬与5月下旬相比，螺纹钢、电解铜、烧碱、煤炭、水泥、平板玻璃等工业品价格均有不同程度上涨。6月30日，国内主要钢材综合平均价格比年初上涨了18.7%，秦皇岛港5500大卡市场煤价比年初回升30元/吨。

三是企业盈利状况有所改善。1—5月份，规模以上工业企业利润同比增长6.4%。今年以来，工业企业各月利润均保持增长，改变了2015年利润下降的局面。企业主营业务带来的利润增长加快。5 月份，规模以上工业企业营业利润同比增长 3.4%，增速比上月加快 0.9 个百分点。主营业务收入利润率稳步提高。1—5 月份，规模以上工业企业主营业务收入利润率为 5.59%，比上年同期提高 0.21 个百分点，比 1—4 月份提高 0.09 个百分点，今年以来持续提高。

四是民生事业持续发展。精准扶贫精准脱贫全力推进。全面启动新一轮易地扶贫搬迁，交通扶贫脱贫“双百”工程加快推进，对搬迁户开展就业技能培训 34 万人，实施产业扶贫 13 万户，落实就业岗位 12 万个。社会保障和公共服务体系进一步完善。基本养老和基本医疗参保人数稳定增加，11 个地区出台城乡居民医保整合方案，30 个省市实现省内异地就医联网。棚户区改造稳步推进。前 5 个月棚户区改造新开工 282 万套。

二、结构性矛盾和周期性问题叠加，经济运行稳中有忧、稳中有难

（一）国内外环境错综复杂，“缓”的压力依然较大

从国际看，不稳定不确定因素多。世界经济复苏不及预期。在 6 月份的最新预测中，世界银行将 2016 年全球经济增长预期由 1 月份的 2.9%大幅下调至 2.4%。贸易持续低迷。6 月 30 日，波罗的海干散货运指数（BDI）为 660 点，大幅低于海运平衡点。主要经济体宏观政策继续分化和英国公投“脱欧”加剧全球金融市场震荡；经济全球化受到挑战，地缘政治风险继续发酵，恐怖主义、难民问题突出，也加大了世界经济的不稳定性和不确定性。在这种情况下，出口稳定增长难度加大。上半年，我国出口额同比下降 2.1%。从国内看，内需不振态势在延续。固定资产投资增速明显放缓。传统领域投资渐趋饱和，新兴领域投资回报尚不稳定，民间投资增长大幅下滑。上半年，固定资产投资同比增长 9.0%，增速比一季度回落 1.7 个百分点，比上年同期回落 2.4 个百分点；制造业投资同比增长 3.3%，增速比一季度回落 3.1 个百分点，比上年同期回落 6.4 个百分点；民间投资同比仅增长 2.8%，增速比全部投资低 6.2 个百分点，占全部投资的比重为 61.5%，比上年同期下降 3.6 个百分点。近两个月，房地产投资也有走弱趋势，1—6 月份，房地产投资同比增长 6.1%，比 1—5 月份回落 0.9 个百分点。尽管消费增长相对稳定，但随着城乡居民收入增长放缓，消费也面临放缓的压力。二季度，社会消费品零售总额同比增长 10.2%，比一季度回落 0.1 个百分点。

（二）地区行业分化明显，“忧”的地区和领域依然不少

尽管国民经济运行总体平稳，主要指标处在合理区间，但不同地区、不同行业、不同所有制的分化态势仍在发展。分地区看，一些结构调整进展缓慢、能源资源性行业依赖度高、市场活力未能有效发挥的地区经济发展较为困难，特别是东北地区工业和投资显著低于全国平均水平，个别省份大幅下滑。上半年，东北地

区规模以上工业增加值同比下降1.5%，固定资产投资下降32%。分行业看，部分传统行业和产能过剩行业仍步履维艰。上半年，规模以上工业中，煤炭开采和洗选业增加值同比下降1.9%，黑色金属冶炼和压延加工业增长1.6%。1－5月份，石油和天然气开采业亏损376.8亿元，煤炭开采和洗选业利润同比下降73.4%。分所有制看，国有及国有控股企业发展较为困难。上半年，国有控股工业企业增加值同比下降0.2%。从效益情况看，1－5月份，国有控股工业企业实现利润同比下降7.3%。虽然分化是结构调整的客观表现，是经济转型升级的必然要求，但也要避免部分地区、行业和所有制发展困难引发并发症，防范局部风险的蔓延和扩散。

（三）实体经济发展问题多，“难”的局面仍未明显改观

今年以来，“三去一降一补”成效逐步显现，加上国际大宗商品价格有所反弹，企业生产经营情况有所改善，但由于传统行业产能过剩问题仍比较突出，市场需求依然不振，工业品价格还在下跌，总体上看，企业生产经营仍比较困难。企业资金周转压力大。受产能过剩、销售不畅，以及“三角债”、“多角债”等因素影响，企业资金周转压力仍然较大。5月末，规模以上工业企业应收账款同比增长8.6%，增速比1－5月份主营业务收入高5.7个百分点；1－5月份，应收账款平均回收期为39.1天，比上年同期增加2.3天。融资难融资贵问题突出。尽管货币信贷继续增长，但出于防范风险的考虑，银行普遍提高放贷门槛，抽贷、压贷时有发生，特别是对一些产能过剩行业实行“一刀切”限贷政策，使得不少企业特别是中小企业融资难问题仍比较突出。同时，通过基准利率上浮，部分银行还附加条件推高贷款成本，导致企业融资成本依然较高。根据我局调查，二季度，小微企业获得银行贷款的平均年利息及费用率约为6.17%。此外，需要强调指出的是，前期部分产能严重过剩行业产品价格出现反弹，一些停产企业又开始恢复生产，不仅增加去产能的难度，也加大后期相关产品价格下行压力，加之企业生产成本还比较高，影响企业生产经营和效益。

（四）风险防控压力上升，“险”的问题需高度关注

财政收支矛盾突出。受经济增速放缓、企业生产经营困难以及结构性减税等因素影响，财政收入低速增长。上半年，一般公共预算收入同比增长7.1%，而这还有“营改增”引起的非正常增收因素，其中中央一般公共预算收入仅增长3.3%，部分地方一般公共预算收入甚至出现大幅下降。与此同时，供给侧结构性改革和扩大有效需求力度加大，民生支出刚性增加，财政支出快速增长。上半年，一般公共预算支出同比增长15.1%，增速比一般公共预算收入高8.0个百分点。金融领域潜在风险上升。银行不良贷款率继续提高。5月末，商业银行不良贷款率1.93%，比上季末上升0.19个百分点。今年以来，债券、信托、理财、网贷等市场的违约现象明显增多，包括E租宝、金鹿财行、中晋资产等平台在内的机构相继倒闭或出现问题，加大了金融体系风险。以债券市场为例，今年以来已有36只信用债券违约，涉及本金超过200亿元，规模超过去年全年。稳岗就业压力加大。二季度末，规模以上企业就业人数17232万人，比上年同期减少216万人。其中，采矿业减少80万人，制造业减少209万人，建筑业减少53万人。随着近期765万大学毕业生集中进入劳动力市场，稳定就业的压力将进一步加大。

此外，今年极端天气增多，近期长江中下游等地区洪涝灾害频发严重，对企业生产、交通运输、人民生活、环境保护等多个方面都带来较大影响，需要高度关注。

三、稳势蓄势，砥砺前行，保持经济运行在合理区间

从下半年情况看，国内外环境依然复杂严峻，结构性矛盾和周期性问题叠加，"稳进新好"代表的上行动力与"缓忧难险"体现的下行压力胶着，经济仍处于筑底阶段弱平衡状态，企稳基础仍不牢固。对此，必须坚定信心，保持定力，强化底线思维，既要稳势蓄势，又要谋势筑势，保持政策的连续性和稳定性，增强政策的针对性和有效性，适度扩大总需求，坚定不移地推进供给侧结构性改革，坚定不移地实施创新驱动，坚定不移地支持实体经济发展，用政策连续稳预期、用改革落地稳预期、用项目带动稳预期，促进经济稳中有进、稳中向好。

(一)着力保持宏观政策连续性稳定性。一是继续实施积极的财政政策，充分发挥财政政策逆周期调节作用。落实结构性减税措施，制定并完善"营改增"实施细则，确保所有行业税负只减不增。盘活财政存量资金，推进中西部铁路、棚户区改造、水利等重大基础设施项目建设，加快项目资金使用。优化财政支出结构，加大对扶贫、交通等薄弱环节和领域支持力度。完善政策性担保体系，发挥财政资金放大带动作用。二是坚持稳健的货币政策，更加突出精准调控、松紧适度。强化中央银行政策利率对市场利率和预期的引导作用，疏通货币政策向实体经济的传导渠道，适时进一步降准，切实降低企业融资成本。综合运用多种政策工具，保持市场资金的合理充裕，完善人民币利率和汇率市场化形成机制，为企业营造适宜的融资环境和汇率环境。三是切实抓好已出台政策的落实落地。进一步完善激励与约束机制，调动中央和地方两个积极性，促进重大政策落地生根，强化市场主体对政策效果的预期。大力破除"中梗阻"、落实好"最后一公里"，定期开展督查工作，根据工作开展情况对相关部门或地区给予表彰或通报批评。四是适时做好预调微调。针对经济运行中出现的新情况新问题，及时完善相关政策，适时适度预调微调，提高政策针对性和有效性，保证政策取得实效。

(二)着力推进"三去一降一补"。一是压规模与防反弹结合去产能。坚持以市场办法为主去产能，严格执行落后产能淘汰标准，严禁通过财政补贴、放松监管

等手段保护落后企业，防止本应淘汰的产能借价格上涨之机死灰复燃。实施差别化信贷政策，严格限制新增过剩产能项目。二是完善制度去库存。完善户籍制度，放宽城镇落户条件，积极推动新型城镇化，吸引农业转移人口在城市购房定居，提高棚改货币化安置比例，完善租购并举的住房制度。三是创新机制去杠杆。加大财税金融支持力度，为企业转型发展过程中资产重组、债务重组等给予贷款扶持和税费减免，进一步完善资本市场，鼓励企业进行债券融资扩大重组资金来源，积极稳妥降低企业杠杆率。四是多措并举降成本。实施职业培训补贴、社保补贴等措施，规范公路、港口等收费标准，完善城市配送路权、停靠权管理规定，建立完善物流标准化和超载超限管理实施细则。五是多方施策补短板。要用足用好国家专项建设基金，加大各级政府投资力度，积极引导社会资本投入，不断扩大对“扶贫”、“新经济培育”、“环境保护”和“社会事业”等短板领域投入。

（三）着力深化改革创新。一是进一步加快“放管服”改革，推进“五证合一、一照一码”，为大众创业、万众创新创造宽松环境。二是发挥企业创新主体作用。深入推进“中国制造2025”，鼓励企业借助“互联网＋”、智能制造等推进技术升级，提高产品档次。进一步落实和完善企业研发费用加计扣除、高新技术企业扶持等普惠性政策，鼓励企业增加创新投入。三是加大对关键领域和核心零部件研发支持。对于目前制约产业升级发展的核心部件等“卡脖子”问题，以国家资本组建专业研发及产业化机构，搭建研究平台，给予政策和资金支持，推动形成关键零部件产业链。四是完善市场在创新资源配置中的决定性作用，引导人才、资金等稀缺要素向创新领域和创新型企业集中。加大知识产权保护力度，严厉打击各种侵权行为，优化创新环境。五是落实好完善中央财政科研项目资金管理的措施，支持科研人员参股入股、分享创新红利，充分调动科研人员创新创造积极性。六是要建立完善鼓励新产业、新模式发展的行政法规，建设并完善众创、众包、众扶、众筹等创业创新支撑平台，提升物联网、云计算和电子商务等新业态的发展质量，为新经济发展营造有利的政策环境和市场环境。七是要鼓励风险投资、天使投资、私募股权等发展，推动战略性新兴产业向前沿化、高端化、规模化发展，推动高新技术产业发展。

（四）着力扩大有效投资。一是全面梳理“十三五”时期重点投资专项和重大工程，加快启动一批具有全局性、基础性、战略性的重大工程。继续发挥好专项建设基金的放大撬动作用，加快推进重大工程建设。二是积极创新投融资机制，将投资、财政、金融、产业等政策有机紧密结合，畅通项目投融资渠道，促进金融资金流向实体经济。三是重点抓好棚户区改造、农村道路、地下管廊、环境治理、信息网络等基础设施建设，以及教育、医疗、文化、卫生、养老、体育等公共服务领域投资。四是抓好要素支撑，加快生产要素价格市场化改革，重点完善资金、土地、人才等关键要素的供应机制,优先保障重大项目的用地需求。五是激发民间投资活力。降低电力、通信、银行等垄断行业准入门槛,为民间资本参与高附加值行业竞争营造公平的市场环境。六是建立完善产业信息发布服务制度,发挥政府的信息优势,有计划的定期、及时、详尽地收集并向社会公布产业信息,引导企业投资和生产决策。七是大力推广和完善 PPP 模式。创新 PPP 项目风险分担和利益分配机制,强化 PPP 项目违约行为责任追究,提高项目对民间资本的吸引力。八是提高利用外资水平。继续放宽投资准入,扩大服务业和一般制造业开放,简化外商投资企业设立程序,加大招商引资力度。

(五)着力促进消费增长。一是千方百计提高居民收入。继续实施积极的就业政策和收入增长政策,多渠道增加就业、提高收入。完善收入分配制度,缩小收入差距。二是统筹城乡发展,缓解城乡消费失衡。拓宽农民增收渠道,增加农民财产性收入和转移性收入,加快农村流通设施建设,建立健全农村市场体系,合理引导农村居民消费升级。三是积极破除体制机制障碍。尽早出台市场准入负面清单,让民营企业平等参与养老、健康、家政、教育培训、文化体育等服务业竞争,增加服务供给,改善供给质量。四是在住房、医疗、养老等方面构筑全面系统的社会保障体系,消除消费者"有钱不敢花"的顾虑,增强消费动力。同时,落实带薪年休假制度,发挥假日经济的巨大作用和潜力。五是丰富消费金融产品和服务,满足居民多样化金融需求,推动消费金融助力消费向发展型、享受型消费升级。六是顺势而为,创造条件壮大网络信息、智能家居、个性时尚、教育娱乐等新兴消费。七是优化市场环境促进消费。制定和完善服务质量评价国家标准,建立科学的评价机制。加强市场监管,严格质量监督检查,规范市场秩序。完善全国信用信息共享平台,严惩假冒伪劣,维护消费者合法权益。

(六)着力支持实体经济发展。一是加强政策宣传,引导企业用好用足各项财税优惠政策,降低企业税费负担。二是加大金融服务实体经济力度,减少资金周转环节,进一步清理各类押金、保证金和监管资金,大力发展政府支持的融资担保和再担保机构,完善银担合作机制,有效降低融资成本。三是提高政府审批、验收等环节行政效率,进一步降低企业制度性交易成本。四是阶段性下调企业"五险一金"标准,推进输配电价改革,切实降低企业用工、用电等生产成本。五是进一步加大对小微企业扶持力度。继续对小微企业实施税收优惠,发挥创业投资基金引导作用,支持地方创设风险投资基金,鼓励社会增加投入,支持小微企业发展。

(七)着力稳定出口优化结构。一是加大政策支持力度。优化出口退税率结构,确保及时足额退税。扩大出口信用保险保单融资,进一步降低短期出口信用保险费率,对大型成套设备出口融资应保尽保。二是鼓励商业模式创新。建设一批带动性强的跨境电子商务综合服务平台,不断扩大跨境电子商务试点,支持企业建设境外营销、支付结算和仓储物流网络。三是多措并举解决贸易争端，支持和鼓励通过业界协商合作减少贸易摩擦，努力维护公平合理的国际贸易秩序。四是大力支持中西部地区承接加工贸易转移。进一步整合优化海关特殊监管区域，制定差异化优惠政策吸引加工贸易向中西部地区转型转移。五是优化服务贸易结构。开展服务贸易创新发展试点，增加服务外包示范城市，推动文化贸易发展。

(八)着力防范和化解风险。一是防范财政风险。加大对地方政府债务的置换规模，根据事权与财权匹配的原则，重新划分中央与地方的财政收支范围，适时调整税制，扩大对地方财政的返还比例。二是纾解金融风险。进一步加大银行不良资产核销力度，积极探索通过资产证券化、打包商业化出售等多种方式加快不良资产处置，优化信贷资源配置结构。遵循法治化和市场化原则，化解企业债务风险。三是把握对外投资的规模和节奏，改善营商环境，大力吸引外商投资，保持资金流入流出平衡。四是稳定就业、做好托底工作。加大就业培训力度，对农民工、失业人员和转岗职工开展免费职业培训，对就业困难人员及时开展专项扶助。健全社会保障制度，切实将困难人群纳入低保范围，切实做好托底工作。

（作者：王文波　刘爱华　王冠华　周平　黄涛　黄永山　刘天　贾莎）

1.3　2016 年浙江经济运行情况和 2017 年走势预测

摘要：2016 年以来，浙江深入贯彻党中央、国务院和省委、省政府决策部署，加快推进供给侧结构性改革，坚定不移打好转型升级系列组合拳，全省经济平稳运行，结构效益持续向好，培育新动能取得积极成效，主要经济指标好于全国。但经济运行中也存在一些问题和风险隐患，需要积极应对和妥善解决。预计全年浙江经济将继续保持平稳向好的发展态势，年度预期目标有望完成。2017 年，在以习近平同志为核心的党中央坚强领导下，浙江省委省政府按照总书记在 G20 杭州峰会期间对浙江提出的“秉持浙江精神，干在实处、走在前列、勇立潮头”的要求，积极部署，以落实落实再落实的劲头，聚精会神抓经济，进一步推动浙江经济高质量、均衡性发展。

关键词：浙江经济　运行情况　走势预测

一、2016 年经济运行情况

（一）从增长速度看，总体平稳，快于全国

经济增速处于合理区间。前三季度，全省生产总值（GDP）32234 亿元，按可比价格计算，同比增长 7.5%，增速达到年度预期目标值的上限，高于全国（6.7%）0.8 个百分点。分季度看，一季度增长 7.2%，上半年增长 7.7%，前三季度增长 7.5%。分产业看，前三季度，第一产业增加值 1251 亿元，增长 2.5%；第二产业增加值 14330 亿元，增长 6.2%；第三产业增加值 16653 亿元，增长 9.2%。主要经济指标延续上半年平稳增长态势，增长基础逐步稳固，增速高于全国（见表 1.3.1）。

表 1.3.1　2016 年主要经济指标增速（%）

	规模以上工业增加值		规模以上工业利润		固定资产投资		社会消费品零售总额		出口（人民币）	
	全国	浙江	全国	浙江	全国	浙江	全国	浙江	全国	浙江
1—2月	5.4	4.1	4.8	7.4	10.2	12.3	10.2	10.2	−13.1	−16.1
1—3月	5.8	6.1	7.4	17.0	10.7	12.5	10.3	10.4	−4.2	−4.1

续表

	规模以上工业增加值		规模以上工业利润		固定资产投资		社会消费品零售总额		出口（人民币）	
	全国	浙江	全国	浙江	全国	浙江	全国	浙江	全国	浙江
1—4月	5.8	6.4	6.5	17.4	10.5	12.6	10.3	10.3	−2.1	0.3
1—5月	5.9	6.5	6.4	16.6	9.6	12.6	10.2	10.5	−1.8	2.6
1—6月	6.0	6.7	6.2	14.6	9.0	12.6	10.3	10.9	−2.1	2.8
1—7月	6.0	6.9	6.9	14.8	8.1	11.8	10.3	10.9	−1.6	4.0
1—8月	6.0	6.9	8.4	17.2	8.1	11.4	10.3	10.9	−1.0	5.1
1—9月	6.0	6.6	8.4	15.2	8.2	11.1	10.4	10.9	−1.6	2.7
1—10月	6.0	6.4	8.6	16.2	8.3	10.2	10.3	10.8	−2.0	2.0

1. 三大产业总体平稳。工业平稳增长。1—10月，规模以上工业增加值11213亿元，增速从一季度的6.1%回升至6.4%，高于全国0.4个百分点。重工业增长快于轻工业，1—10月增加值分别增长8.9%和3.3%，其中汽车制造、石油加工、通信电子、仪器仪表等行业增长较快，分别增长26.2%、24.1%、17.6%和10.1%。服务业增长较快。前三季度，服务业增加值增速快于GDP 1.7个百分点，占GDP的比重为51.7%，其中，批发和零售、交通、住宿和餐饮业、金融、房地产业、营利性服务业、非营利性服务业增加值分别增长5.3%、4.9%、5.5%、3.1%、12.6%、19.8%和9.3%。规模以上服务业企业（不含批零住餐、银证保和房地产）营业收入7072亿元，增长19.9%，增速同比提高1.5个百分点，高于全国9.6个百分点，居全国第3位。农业生产有所提速。前三季度，全省农林牧渔业增加值1278亿元，增速由一季度的1.4%、上半年的1.8%、提升至前三季度的2.6%。预计全年粮食总产量768万吨，增长2.1%，其中早稻总产量增长9.0%；预计秋粮总产量增长3.8%。效益农业发展态势良好。前三季度，预计蔬菜、中药材、花卉苗木、果用瓜面积分别增长2.1%、12.4%、10.5%和2.5%。畜牧业生产下降，渔业生产增长。肉类总产量92.7万吨，下降11.1%，其中猪肉产量70.7万吨，下降13.7%。水产品产量319万吨，增长6.3%。

2. 三大需求总体平稳。投资平稳增长。下半年以来，投资累计增速基本处于10—12%区间，全国增速处于8—9%区间。1—10月，固定资产投资23653亿元，增长10.2%，增速高于全国1.9个百分点。项目投资17513亿元，增长13.0%，一直保持两位数的较快增速；房地产开发投资6140亿元，从一季度的下降1.7%回升到1—10月的增长2.9%，全国增速从8.5%波动回落至5.8%。新开工项目投资等先行指标增长较快，投资新开工项目31236个，增长21.9%，新开工项目投资增长24.5%。

消费稳定增长。1—10月，社会消费品零售总额17709亿元，增长10.8%，增速高于全国0.5个百分点。下半年各月累计增速基本稳定在10.9%左右，全国处于10.3%左右。汽车类零售额逐月回升，增速从一季度4.3%回升到上半年的6.1%和1—10月的8.2%。出口份额提升。1—10月，进出口总值17951亿元，同比增长1.6%，其中，出口14344亿元，增长2.0%，进口3606亿元，下降0.1%。出口增速领先全国4.0个百分点，高于上海(−3.2%)、江苏(−1.0%)、广东(−0.1%)和福建(−1.3%)，出口占全国的份额为12.8%，同比提高0.5个百分点。

(二)从结构动力看，升级态势明显，新动能加快成长

在新旧发展动能接续转换的关键时期，省委省政府全面落实创新驱动发展战略，推动大众创业、万众创新，着力补齐科技创新短板，新产业、新技术、新产品、新业态、新模式和新服务加快成长，有力推动了经济增长。

1. 新产业加快增长。1—10月，七大产业中，信息经济核心产业、健康、高端装备制造业增加值增速均在8.5%以上，装备制造、高新技术、战略新兴产业增加值增长较快，占规模以上工业比重分别为38.5%、37.8%和22.9%，同比提高2.1、1.3和0.5个百分点，对规模以上工业的增长贡献率达60.7%、54.0%和30.1%。从31个制造业行业大类看，27个行业保持正增长，其中，石油加工、汽车、通信电子、仪器仪表等行业增速在10%以上，而木材加工、皮革、农副食品、纺织、服装、化纤等传统行业增加值增速均在3.5%以下，八大高耗能行业增加值仅增长4.5%，占规模以上工业的比重(34.4%)同比下降0.8个百分点。规模以上服务业企业中，信息传输、软件和信息技术等行业持续保持强劲发展势头，1—9月营业收入和利润分别增长34.6%和38.5%。

表1.3.2　2016年规模以上工业分产业增加值及增速

	1—10月		1—9月	1—6月	1—3月
	亿元	增长%	增长%	增长%	增长%
规模以上工业增加值	11213	6.4	6.6	6.7	6.1
装备制造业	4316	10.6	10.5	9.5	9.9
高新技术产业	4244	9.5	9.3	8.7	8.3
战略性新兴产业	2562	8.6	8.7	8.7	7.9
七大产业中					
信息经济核心产业制造业	1270	13.3	13.6	12.8	13.3
环保制造业	986	7.8	8.5	9.0	7.7
健康制造业	433	8.6	8.8	10.2	10.6
时尚制造业	1029	6.3	7.1	8.1	8.3
高端装备制造业	1562	10.0	10.7	11.9	12.7

2. 新产品较快增长。1—10 月，规模以上工业新产品产值增长 11.5%，新产品产值率为 32.8%，同比提高 2.3 个百分点。我省列入国家“三新”统计的 10 种新产品产量中，有 7 种呈两位数增长，其中，新能源汽车、光纤、智能手机、光缆、智能电视分别增长 96.3%、64.0%、28.5%、27.5% 和 21.4%，生产工业机器人 2509 套。

3. 新业态蓬勃发展。1—10 月，网络零售额 7524 亿元，同比增长 35.1%，省内居民网络消费 3887 亿元，增长 28.8%；限额以上批零业通过公共网络实现的商品零售额增长 61.8%。信息消费和快递业务快速增长，1—10 月，移动互联网流量 4.9 亿 G，增长 90.8%；快递业务量 45.2 亿件，增长 60.5%。1—9 月，跨境电子商务出口 33.6 亿元，增长 1.1 倍。

4. 新服务、新模式不断涌现。基于大数据、云计算、物联网的服务应用和创业创新日益活跃，创意设计、网络约车、在线医疗、远程教育、网上银行等新型服务模式对居民生活带来便利，进一步拓展了消费领域。至 10 月底，浙江省医院预约诊疗服务平台累计注册用户 625 万人，预约总量 2734 万人次，预约成功率 70.6%。集休闲、购物、餐饮、娱乐为一体的城市综合体快速发展，农家乐不断创新升级为民宿和乡俗旅游，成为农民增收的新途径。据农办资料，9 月末，全省农家乐经营村点达 3299 个，前三季度接待游客 2.2 亿人次。

5. 创新创业氛围愈浓。一是加大特色小镇的培育发展，促进金融、人才、技术等高端要素进一步集聚。前三季度，130 个省级特色小镇投资 1101 亿元，在建亿元以上项目 748 个，集聚各类创业人才 2 万余人，新入驻企业 10224 家。二是大力支持企业加强研发，强化企业创新的主体地位。1—10 月，财政科技支出增长 10.0%，前三季度规模以上工业企业科技活动经费支出增长 13.2%；新认定省级重点企业研究院 25 家、省级企业研究院 153 家，高新技术企业和科技型中小企业家数累计分别达到 7905 家和 27473 家。三是加大“放管服”改革力度，市场新生力量不断增加。1—10 月，新设市场主体 78.5 万户，其中，新设企业 25.0 万户，同比增长 33.5%；新设个体工商户 53.1 万户，增长 13.4%。截至 10 月底，全省在册市场主体 516.4 万户，其中，企业 163.8 万户，分别增长 12.0%和 16.0%。内资注册资本(金)增长 39.2%。四是浙商回归项目持续增长。1—10 月，浙商回归累计到位资金 3099 亿元，完成目标任务的 91.2%，同比增长 19.4%。其中，产业项目到位资金 2550 亿元，增长 17.4%，完成目标任务的 91.1%。

6. 大型企业、大项目对经济增长的贡献增强。1—10 月，规模以上工业大型企业增加值增长 8.4%，增速高于中型(4.8%)和小微企业(6.2%)，对规模以上工业增加值的增长贡献率达 41.9%，高于中型(25.6%)和小微企业(32.6%)，比上半年提高 2.4 个百分点。1—10 月，在新开工项目中，投资额在 100 亿元以上的项目6个;在10—100亿元项目224个,比上半年增加92个,同比增加112个,投资额811亿元,增长96.1%。重大基础设施、重大产业项目、高新技术产业、生态保护和环境治理投资等重点领域投资分别增长32.7%、16.0%、12.9%和54.0%,均快于全部投资增速。

7. 民营经济的优势和活力继续提升。全国工商联发布的"2016中国民营企业500强"中,浙江上榜数(134家)居全国首位,连续18年蝉联全国第一。1—10月,新设私营企业24.0万户,同比增长33.9%,新设私营企业、个体工商户和农民专业合作社占全部新设市场主体的98.7%。民营企业出口带动作用提升,出口额增长5.8%,占比达75.4%,同比提高2.7个百分点。

(三)从增长质量看,企业增效,百姓增收,生态良好

1. 财政收入稳定增长,重点民生保障有力。1—10月,财政总收入8264亿元,一般公共预算收入4743亿元,分别增长9.6和11.0%。税收收入4058亿元,增长10.3%,占一般公共财政预算收入的85.6%,其中,国内增值税增长64.3%,对税收收入增长的贡献率达87.1%,营业税及改征增值税下降15.1%;非税收入685亿元,增长15.8%。公共服务供给能力有效提升,民生实事积极推进。一般公共预算支出5140亿元,增长5.9%,其中,一般公共服务、公共安全、教育、科技、社保就业、卫生计生、节能环保、城乡社区等八项民生支出3647亿元,增长17.7%,合计占财政支出的71.0%。

2. 企业利润较快增长。前三季度,规模以上工业企业利润总额2957亿元,增长15.2%,增速比上半年提高0.6个百分点,高于全国6.8个百分点。主营业务收入利润率为6.4%,同比提高0.7个百分点,比上半年提高0.1个百分点,高于全国0.7个百分点。企业从业人员减少2.0%,劳动生产率达19.9万元/人(折年),按可比价计算增长8.8%。38个大类行业中,有35个行业整体盈利,24个行业利润增长。从规模以上服务业企业看,营业利润1022亿元,增长24.6%,增速同比提高7.9个百分点,高于全国24.0个百分点。

3. 百姓获得感提升。城乡居民收入增长。前三季度,全省居民人均可支配收入29765元,同比增长8.4%,扣除价格因素增长6.5%,其中,城镇、农村常住居民人均可支配收入分别为36093和18440元,增长7.9%和8.4%,扣除价格因素增长5.9%和6.6%。城乡居民人均收入倍差为1.96,比上年同期低0.1。深入实施低收入农户收入倍增计划,在确保巩固"消除4600"成果的基础上,千方百计拓宽增收渠道,异地搬迁扶贫2.6万人。就业和社会保障形势良好。三季度,城镇调查失业率逐季走低,低于全国;前三季度,新增城镇就业84.6万人,超额完成全年目标。9月末养老保险参保人数3693万人、基本医疗保险参保人数4963万人。

4. 生态环境持续改善。前三季度,单位GDP能耗下降4.1%,降幅比上半年扩大0.2个百分点。1—10月，规模以上工业单位增加值能耗同比下降3.7%，降幅比上半年扩大1.5个百分点。38个行业大类中有22个行业单耗同比下降，其中汽车制造、金属制品等11个行业单耗降幅超过5%。**深入推进“五水共治”、“三改一拆”等一系列环境整治行动。**1—10月，“五水共治”新增城镇污水管网3028公里，河湖库塘清污（淤）量13652万方，均超额完成年度目标任务。累计拆除违法建筑面积1.33亿平方米，“三改一拆”改造旧住宅区、城中村、旧厂区2.3亿平方米，均超额完成年度目标任务。**环境质量改善。**221个省控断面中，达到或优于Ⅲ类水质的断面比例为77.4%（年度目标74%以上），同比上升7.3个百分点，劣Ⅴ类断面还有8个，仅占3.6%，同比减少8个（2016年以来劣Ⅴ类断面累计削减17个，超额完成削减13个的年度目标任务），满足功能要求断面占81.0%，同比上升7.7个百分点。全省69个县级以上城市日空气质量达标天数比例平均为87.9%，同比上升2.8个百分点。11个设区城市日空气质量达标天数比例平均为81.8%，同比上升3.8个百分点，PM2.5平均浓度下降10.9%。

（四）从供给侧结构性改革看，“三去一降一补”有新进展

去产能有新进展。坚决落实国家下达的303万吨压减钢铁产能计划，杭钢集团半山钢铁基地顺利关停，5年目标任务1年完成。1—10月，规模以上工业产品中，纸浆、水泥熟料、人造板、水泥、粗钢产量分别下降26.6%、14.2%、7.3%、5.8%和0.8%。前三季度，淘汰落后和严重过剩产能企业1011家，整治“脏乱差”和“低小散”企业（作坊）1.59万家。三季度，浙江工业企业平均产能利用率为78.9%，比二季度和一季度分别提高0.7和2.4个百分点，31个制造行业中，有28个行业产能利用率比二季度有不同程度的提高，有17个行业连续两个季度提高。9月末，规模以上工业产成品存货同比增长0.9%，同比回落1.5个百分点，低于主营业务收入1.9个百分点。

去库存有新成绩。商品房销售延续上年以来快速增长势头，1—10月，商品房销售面积7035万平方米，增长53.5%，商品房销售额7846亿元，增长62.8%，增幅分别比上半年提高3.5和4.8个百分点，同比提高19.8和28.5个百分点，高于全国26.7和21.6个百分点。商品房待售面积增长5.9%，增速比上半年低8.7个百分点。商品住宅库存总体已回到合理区间。

去杠杆有新起色。前三季度，处置僵尸企业453家，提前完成全年计划任务。企业资产负债率稳步下降，9月末，规模以上工业企业资产负债率为56.3%，同比下降2.0个百分点，比6月末下降0.7个百分点。38个大类行业中，31个行业资产负债率比上年同期有不同程度的下降。9月末，规模以上服务业企业资产负债率51.2%，同比下降0.3个百分点。企业并购重组活跃，1—10月，157家境内上市公司实施并购重组298次，并购投资规模达1389亿元。

降成本有新成效。制定实施30条含金量高的降低企业成本的政策举措，预计全年可直接降低企业成本500亿元。前三季度，规模以上工业每百元主营业务收入中的成本为84.0元，低于上年同期(84.7元)，也低于全国(85.9元)。规模以上工业企业财务费用下降9.6%，其中利息支出下降13.4%，降幅分别比上半年扩大1.7和0.7个百分点。

补短板有新作为。围绕科技创新、交通基础设施、生态环境、公共服务有效供给、低收入农户增收致富、改革落地等六大领域制定实施补短板行动方案。与此同时，全面深化“四张清单一张网”改革，扎实推进“放管服”改革，进一步增强了经济发展内生动力，激发了市场活力。

(五)从要素供给看，存贷款、用电量和货运量回升

1. 存贷款余额保持增长。10月末，金融机构本外币存款余额97113亿元，增速从6月末8.7%回升至9.9%；1—10月新增存款6811亿元，同比多增39亿元。本外币贷款余额为80891亿元，增速从6月末的6.0%回升至6.8%；1—10月新增贷款4424亿元，同比多增224亿元。在境内贷款余额中，住户贷款占到33.4%，贷款余额增长17.0%，其中中长期消费贷款(主要是个人住房贷款)增长34.3%；非金融企业及机关团体贷款余额增长2.2%，其中中长期贷款增长7.0%。1—9月，社会融资规模为5183亿元，其中直接融资(股票和债券融资)2079亿元，同比多增536亿元。

2. 用电量增速回升。1—10月，全社会用电量3186亿千瓦时，增速由上半年的5.3%上升至8.4%，同比上升6.9个百分点。其中，工业用电量2232亿千瓦时，增速从上半年的4.0%上升至5.5%，同比上升5.8个百分点。用电量增速同比回升，主要是工业生产回升的拉动，也有高温天气较多的客观因素。

3. 货运量增速回升。1—10月，全社会货运量17.2亿吨，增长5.7%，增速比一季度回升3.7个百分点；货运周转量8134亿吨公里，增长2.0%，增速比上半年回升1.4个百分点。港口货物吞吐量11.7亿吨，增长0.1%，其中，沿海港口吞吐量9.6亿吨，增长2.8%，增速比上半年回升0.7个百分点。

(六)从市场价格看，CPI总体稳定，PPI环比上涨，房价持续上涨

1. CPI涨幅温和。2016年以来，居民消费价格(CPI)涨幅在2.0%左右小幅波动。1—10月，CPI上涨1.9%，比上半年回落0.1个百分点，低于全国0.1个百分点，其中，食品烟酒、教育文化和娱乐、其他用品和服务、衣着、医疗保健、居住、生活用品及服务类价格分别上涨4.6%、2.8%、2.4%、1.4%、1.1%、0.9%和0.2%，交通和通信类价格下降1.7%。

2. 工业生产者价格环比上涨，同比降幅继续收窄。10月份，工业生产者出厂价格同比下降0.3%，降幅连续10个月收窄；环比上涨0.4%，涨幅创年内新高。

购进价格同比上涨0.8%，结束了自2012年2月份以来连续56个月下降的运行态势，首次由负转正；环比上涨0.8%，连续8个月上涨。1—10月，工业生产者出厂价格和购进价格同比分别下降2.4%和3.6%，降幅比上半年收窄0.9和1.7个百分点，出厂价格降幅小于全国0.1个百分点，购进价格降幅大于全国0.3个百分点。

3. 房价持续上涨。10月份，全省新建商品住宅销售价格环比上涨2.0%，涨幅呈现连续19个月上涨态势；同比上涨21.2%，涨幅比6月份扩大9.6个百分点。在全国70个大中城市中，杭、甬、温、金4城市新建商品住宅销售价格同比涨幅分别以31.5%、12.5%、5.0%和5.6%居全国第7、20、34和30位。

二、经济运行存在的困难和问题

(一)经济下行压力还不小

国际国内环境复杂严峻，浙江经济增长压力也不小。**一是出口形势依然不容乐观。**9、10月份海关出口分别下降14.1%和1.5%，改变了前6个月持续增长的良好态势。工业出口交货值增幅维持在1%波动。**二是部分先行指标回升不力。**1—10月，全社会货运量增速(5.7%)比上半年回落0.6个百分点；前三季度社会融资规模同比少增1199亿元。工业生产者出厂价格同比降幅虽在收窄，但连续58个月滞留在下降区域，而全国由于煤炭、黑色和有色金属等资源产品价格转降为升，PPI从9月份开始已由负转正。三是企业家信心需要进一步提振，民间投资低位增长。

(二)在经济分化过程中，新动能增长尚不能完全抵消旧动力的消退

从地区看，转型升级较快的地区经济增长势头较好，而传统产业比重较大的部分地区GDP增速较缓，尚处于艰难的调整阶段。从工业、投资、消费、出口、财政收入、企业利润等指标看，地区差异均较为明显(见表1.3.3)，工业和出口等指标，增速最快和最慢的市相差10个百分点以上。

表1.3.3　1—10月11个市主要经济指标增速(%)

	GDP(1—9月)	规模以上工业增加值	规模以上工业利润(1—9月)	固定资产投资	出口(人民币)	社会消费品零售总额	一般公共预算收入	
								税收收入
全省	7.5	6.4	15.2	10.2	2.0	10.8	11.0	10.3
杭州	10.0	5.6	8.8	4.1	6.7	10.2	16.3	18.3
宁波	7.4	8.4	28.1	10.4	−2.0	10.3	10.9	8.9
温州	8.3	8.1	5.2	13.3	−1.4	12.0	11.0	8.2

续表

	GDP（1—9月）	规模以上工业增加值	规模以上工业利润（1—9月）	固定资产投资	出口（人民币）	社会消费品零售总额	一般公共预算收入	
								税收收入
嘉兴	7.0	6.1	20.5	9.1	7.2	10.5	10.1	12.0
湖州	7.2	6.4	11.4	14.1	5.6	11.4	9.4	8.5
绍兴	4.8	3.9	4.2	10.5	—2.6	10.7	7.3	4.5
金华	7.1	4.4	6.8	11.5	3.3	11.0	10.0	6.0
衢州	6.3	6.6	21.4	10.2	7.4	11.1	8.0	6.5
舟山	11.2	14.0	470.4	16.6	—2.4	10.9	7.9	6.1
台州	7.1	7.5	15.7	13.9	0.4	11.4	15.3	13.9
丽水	7.0	7.6	9.8	11.5	27.6	10.5	9.9	7.7

从行业看，信息传输、软件、信息技术等服务业增长较快，工业平稳增长，而建筑、批零住餐、交通运输、金融业等增加值增速较缓。从规模以上31个制造业行业看，1—10月，汽车制造、石油加工、通信电子、仪器仪表、电气机械、医药制造等6个行业增加值增速在8%以上，但近半数行业（15个）增速在4%以下，其中，酒饮料茶制造业、废弃资源综合利用业分别下降3.0%和16.6%；前三季度，汽车制造、石油加工利润增速在50%以上，而家具、食品、化纤、烟草等行业利润下降，分别下降10.9%、10.0%、9.3%和14.1%。

从企业看，一批企业主动通过科技创新、机器换人等成为行业的龙头企业，但也有相当数量的企业生产经营困难。9月末，规模以上工业有亏损企业6801家，亏损面为17.0%，亏损额增长行业有18个，持平的2个，其中，食品制造、木材加工、化纤、纺织服装亏损额增长35%以上。规模以上工业企业应收帐款增长9.3%，比主营业务收入增速高出6.4个百分点，部分企业资金回笼困难。

（三）房地产市场和金融风险隐患犹存

部分市县和非住宅类商品房库存压力仍存。1—10月，全省商业营业用房、其他房屋待售面积分别增长20.2%和27.1%，远高于住宅待售面积增速。与此同时，需关注房价大幅波动，警惕部分地区房价和地价上涨较快影响今后楼盘的上市运营，也可能使一些钢铁、建材等行业去产能反复。

金融机构不良贷款率仍在上升。9月末，全省金融机构不良贷款余额1938亿元，比年初增加130亿元；不良贷款率2.41%，比年初上升0.04个百分点。关注类贷款余额3591亿元，比年初增加201亿元，不良贷款和关注类贷款合计占全部贷款的比重达6.87%，企业资金链和担保链风险仍然存在，制造业企业和小微企业“贷款难”。

“僵尸企业”出清的资产处置难度大，恶意逃废债的手段和方式翻新，互联网金融领域风险，尤其是P2P网络借贷、跨界从事金融业务等风险防范化解压力均较大。

三、2016年主要经济指标预计和2017年走势预测及目标建议

（一）2016年主要经济指标预计及目标完成情况

前10个月，浙江经济运行稳中向好、稳中有进，主要经济指标增速处于合理区间。预计后2个月浙江经济运行将继续保持平稳向好态势，人代会《政府工作报告》确定的年度预期目标基本能够完成。

预计全年GDP可达4.6万亿元左右，比上年增长7％以上，一般公共预算收入增长8％以上，城乡居民人均可支配收入增长8％左右，城镇登记失业率在3％以内，居民消费价格涨幅在2％左右，节能减排相关约束性指标完成或超额完成国家下达的目标任务。其他主要指标预计如下：

——农林牧渔业增加值增长2.0％左右。在效益农业和渔业的带动下，农业种植结构持续优化，预计农业生产继续保持稳步增长态势，可完成2％的年度目标任务。

——规模以上工业增加值增长6％以上。工业市场供求关系正在改善，信心逐步回升，PPI环比上涨、同比降幅逐月收窄并在11月转为上涨。11月份浙江制造业PMI为54.4％，比上月回升0.9个百分点，连续6个月处于扩张区间，并创自2012年以来新高，高于全国2.7个百分点，说明市场逐步趋于活跃。企业对未来生产经营的预期指数56.9％，连续4个月运行在较高景气区间，表明企业家对未来生产经营形势的判断保持乐观。预计全年能够超额完成工业增加值预期增长目标。

——固定资产投资增长10％以上。随着扩大有效投资相关政策的逐步落实推进，预计全年有望完成增长10％以上年度预期目标，重大基础设施投资、重大产业项目投资、高新技术产业投资、生态环保投资有望完成增长15％的年度目标。

——社会消费品零售总额增长10.8％左右。传统消费基本稳定，新型消费仍有很大空间，汽车消费随着政策的助推回升，与住房和文化有关的消费持续上升，再加上“双11”、“双12”网购热的拉动，预计全年可完成增长10％左右的预期目标。

——外贸出口增长3％左右。据海关初步数据，1－11月份出口15935亿元，同比增长3.4％，如果12月份出口规模保持上年12月水平，全年出口可比上年增长3％。

——全省居民可支配收入增长8%左右。预计城镇常住居民可支配收入增长8%左右，农村常住居民可支配收入增长8%以上，均可以完成7.5%左右的预期目标。

——R&D支出相当于GDP比例在2.42%左右。随着创新驱动战略深入实施，预计R&D经费支出将有望达1130亿元左右，相当于GDP比例为2.42%左右，年度预期目标可以完成。

——城镇新增就业已提前完成80万人的年度目标。据省人力社保厅预测，全年就业新增有望达到110万人。三季度末城镇登记失业率2.95%，年末可以控制在4%以内的计划目标。

——单位GDP能耗、单位GDP二氧化碳排放量提前完成国家下达的目标任务；化学需氧量、二氧化硫、氨氮、氮氧化物等减排指标均提前完成国家下达的约束目标。

（二）2017年经济形势预测分析和增长目标建议

从国际环境看，世界经济总体上复苏比较疲弱，不稳定性、不确定性比较多。受汇率波动、地缘政治冲突、英国脱欧、美国加息没有落地等多重因素影响，一些国际经济组织和机构对今明两年世界经济形势的判断不甚乐观。国际货币基金组织（IMF）2016年10月份发布的《世界经济展望》认为全球经济增长低迷不振，特别是发达经济体经济增速整体放缓，预测2016年全球经济增长3.1%，与7月份的预测值持平，而发达经济体仅增长1.6%，低于上年2.1%的增速，低于7月1.8%的预测值。WTO最新预测，2017年全球贸易增幅仅为1.8%，也大大低于4月份3.6%的预测值。事实上，最近几年全球经济和贸易增长都不如原来的预期，次年夏季和秋季，都对上年作出的并不乐观的预测数据进行下调。美国特朗普新政变化的影响也不确定。因此，2017年外需状况和出口形势并不乐观。

从国内经济看，新动力加快形成，结构性问题仍然突出。面对错综复杂的国内外形势，主动适应经济发展新常态，坚持稳中求进工作总基调，在适度扩大总需求的同时，着力推进供给侧结构性改革、促进民生改善，更加注重预期引导，加快新旧动能转换和转型升级，中国经济发展长期向好的基本面没有变，经济运行呈现总体平稳、稳中有进、稳中提质的态势，10月份，工业、投资、出口等主要经济指标继续延续稳中有进的态势，PPI在上月转正后继续回升，意味着工业领域的供求关系有实质性的变化。但经济走势继续分化，地区、产业、企业之间增长情况差异较大，经济运行中的矛盾和问题仍然较多，新动能还不能冲抵旧动能退出的影响。

从浙江经济看，加快推进供给侧结构性改革，坚定不移打好转型升级系列组合拳等整体效应取得明显成效，经济增长平稳向好，增长动力结构正在发生积极变化，新动力和新增长点加快孕育，实现了“十三五”的良好开局。同时，市场需求拉动力有待增强，行业、企业、地区之间分化，部分企业生产经营困难，“两链”风险尚未得到根本遏制等问题和困难需要正视和破解。

从 GDP 的构成因素看：

支撑条件或有利因素：从产业看，预计工业、农业、批零贸易、交通等行业增加值增速基本稳定。随着新兴产业加快成长，工业市场供求关系不断改善，PPI 环比上涨、同比降幅收窄且已 11 月转为上涨，预计 2017 年规模以上工业增加值将增长 6%左右，与 2016 年基本持平。金融业增速将有所回升，2016 年证券交易额负增长且降幅较大，对 GDP 影响在 0.5 个百分点左右。2017 年证券交易额增幅有望回升，加上人民币存贷款余额和保费收入增速较稳，预计金融业增加值增速将会有所回升。从内需看，新型消费仍有很大空间，与居民消费结构升级相关的文化、教育、养老、健康、保健、住房等消费有望持续上升，再加上 G20 杭州峰会后旅游消费的持续带动，预计 2017 年社会消费品零售总额有望增长 10%左右。随着扩大有效投资政策的进一步拉动，2017 年投资将继续保持平稳增长，增速有望保 8%争 10%。

不利因素：从产业看，服务业增速可能回落。一是房地产业可能面临大幅调整，省建设厅预测 2017 年全省商品房销售面积为 6000 万平方米，与 2016 年预计 8600 万平方米相比，下降 30%，对 GDP 影响将在 1 个百分点左右。二是其他营利性服务业增速可能回落，连续几年的高增长导致基数增大，初步预测其他营利性服务业营业收入增速将从 30%以上回落至 20%左右或更低。三是非营利性服务业相关的财政八项支出增速连续两年保持在 20%左右的水平，预计将回落到 15%左右。此外，随着去产能力度加大，过剩产能和严重落后产能的淘汰出清，小微企业的增速也有可能回落。从外需看，由于世界经济持续低迷导致全球贸易低迷，我省出口也不可能独善其身，2017 年的出口形势依然不容乐观。但在国内一系列稳定外贸发展政策的支持下，人民币汇率走势趋稳，有利于稳定出口预期，增强市场信心，加上 2016 年基数偏低，2017 年外贸有望保持增长。从 2016 年三大产业的主要指标变化看，波动较大，特别是工业经济，一旦生产者出厂价格指数明显上升，在增加值总量增多的同时，按价格缩减法计算的增长速度可能不会有所提升。

综合上述分析，建议浙江 2017 年 GDP 增长预期目标确定为 7%以上。这个速度，既考虑了与第十三次省党代会制定的五年发展目标相衔接，又结合“十三五”规划提出的具体目标要求，也体现了预期目标既要积极又要稳妥，既要有利于增强信心又要引导理性预期。为确保经济增长预期目标的顺利完成，相关经济指标也要达到一定增速，建议：规模以上工业增加值增长 6%以上，力争 6.5%；固定资产投资增长速度保 8%争 10%；社会消费品零售总额增长 10%左右；外贸出口适度增长，份额保持稳定；居民消费价格上涨幅度控制在 3%左右；人口自然增长率在5‰左右，城镇居民可支配收入、农村居民可支配收入增长与GDP同步。

只要全省上下认真贯彻落实习近平总书记在G20杭州峰会期间对浙江提出的“秉持浙江精神，干在实处、走在前列、勇立潮头”的要求和省委省政府对经济工作的一系列部署，遵循市场经济规律办事，根据经济发展的特征和趋势，精准施策，狠抓落实，一定能够实现预期目标。

（作者：傅吉青　黄洪琳）

1.4 CPI、PPI走势背离的调研分析

摘要：2000年以来，我国的两大物价指数CPI、PPI多次“背离”式增长，尤其是最近5年(2011—2015)，CPI温和上涨而PPI连续下跌，出现了明显的趋势背离。金融危机以来，国际、国内经济环境发生了重大转变，我国的物价传导机制也呈现出新的特征。作为国民经济运行的重要指标，分析研究其走势变化及原因，对于宏观经济决策有着重要的意义。本文通过实证研究试图弄清两个问题，一是CPI和PPI究竟有无传导关系？若有，关系又是怎样的；二是探讨出现背离的结构性原因。

关键词：CPI　PPI　传导　背离　Granger因果关系检验

一、文献综述

国内外关于CPI与PPI传导机制的研究由来已久，并形成了较为丰富的研究成果。从研究重点来看，国外的研究较多关注价格指数间的领先一滞后的关系及传导特点，而国内的研究则多是针对价格指数的走势，分析PPI和CPI传导的因果关系。

(一)国外价格传导机制相关文献的综述

国外学者对有关CPI与PPI价格传导关系的研究开始于20世纪80年代。从研究结论来看，主要集中在几个方面：一是认为二者之间具有明显的传导关系，且PPI是先行指标；二是认为二者存在传导关系，但主要是CPI影响PPI；三是认为二者在特定时期、特定范围内具有传导关系；四是认为二者之间的关系相对复杂，并非简单的线性传导关系。

1. PPI作为先行指标

Silver和Wallace[1]利用美国的经济数据，采用西蒙斯因果检验方法证明了PPI能够引导CPI的变动，从而证明了PPI可以作为通货膨胀的先行指标。Cushing和Meoarvey[2]则认为，PPI和CPI存在因果关系，且从PPI向CPI比CPI向PPI方向的作用强度大。Todd E. clark[3]模糊分析了PPI与CPI的传导机制，认为工业产业链是固定的，PPI的变动一定会传递到CPI上去，前提是PPI的

上涨达到一定幅度。Cushing、Furlong 和 Ingenito[4]检验了工业品价格的变动和通货膨胀之间的实证关联，结果表明在 20 世纪 70 年代和 80 年代，工业品价格作为通货膨胀的先行指标在统计上表现得非常显著。Kyrtsou 和 Labys[5]利用美国 1970 年至 2002 年的 PPI 和 CPI 数据，将 CPI 设置为被解释变量，PPI 设置为解释变量，进行非线性实证分析，实证表明，PPI 的变化导致 CPI 的变化，从而证明了 PPI 是衡量通货膨胀的先行指标。

2. CPI 影响 PPI

Koutroumanidis[6]利用希腊圆木制品价格数据以及 ECM 模型、GETS 模型和 Johansen 协整检验，发现 CPI 和 PPI 的价格信息具有不对称性，并证实了二者间存在长期协整和单向因果关系，即 CPI 是 PPI 的格兰杰原因，但不同国家之间二者的波动关系具有不稳定性和不同的变化规律。Tiwari 和 Kumar[7]采用空间 Granger 因果关系检验方法的思路分析澳大利亚的 CPI 和 PPI 之间的因果关系，利用修正后具有方向的 Granger 相关系数，在每个频率分量下(对应短期、中期和长期)分别检验 CPI 与 PPI 之间的 Granger 因果关系。受各种经济、政治和环境因素的影响，PPI 和 CPI 的 Granger 因果关系并未呈现简单、统一的理想形式，但整体仍有规律可循。短期内 CPI 是 PPI 的 Granger 原因，而在任何时期 PPI 并不能一定引起 CPI 的变动。这些传导周期又会随经济周期不同阶段上的各种因素消长而动态变化。

3. CPI 与 PPI 在特定时期、特定范围内具有传导关系

Jonathan[8]从生产进程不同环节的角度上，分两阶段(1974—1989 和 1990—2001)研究了 PPI 和 CPI 的传导机制。结果显示，20 世纪 70—80 年代原材料、中间产品、最终产品的价格指数是核心 CPI(剔除了食品和能源项目)的先行指标，它们的变化能较好地预示 CPI 的变化，但 20 世纪 90 年代之后，预示效果有一定程度的减弱。

4. 非简单线性传导关系

BLS[9]研究结果表明，PPI 主要反映了制造商产品出售所带来的实际利润，并计算实际经济产出。而 CPI 主要反映了居民为调节消费水平而控制家庭收支流量。PPI 和 CPI 二者的波动性取决于它们不同的概念和统计口径，例如 PPI 统计口径包含制造商原材料成本和销售渠道服务费用，而 CPI 统计口径包括终端消费品以及服务价格。PPI 和 CPI 统计周期、统计口径的不一致导致两者关系较为复杂，不是简单的线性关系。

(二)国内价格传导机制相关文献的综述

国内学者从 20 世纪 90 年代中期开始关注 CPI 和 PPI 的研究，前期研究基本上是对我国物价指数编制问题的探讨。直到 2007 年之后，在 CPI 持续高位震荡

的背景之下，学者们开始关注CPI与PPI传导机制的研究，特别是全球金融危机的到来更是加速了这些研究的进程。研究成果主要集中于下面五个方向。

1. PPI作为先行指标

萧松华[10]等人从理论上阐述了PPI可以作为我国通胀的先行指标，原因为：一是价格指数编制的内容决定了生活资料价格指数（CGEPI）能够引导CPI的变动；二是成本定价理论和生产者理论表明生产资料价格指数（MPEPI）能够引导CPI变动，具体而言，我国恩格尔系数高，农业生产资料的价格能有效引导CPI食品价格的变动，同时居住类占CPI比重高，建筑材料价格指数引导CPI居住价格指数变动；三是产业链传导理论认为原材料价格指数（RMPI）能够引导CPI变动，这是由于我国粗放型的经济增长方式有利于RMPI引导CPI的变动。同时，通过建立分布滞后模型，运用平稳性检验、ARCH效应检验和Granger因果检验方法检验了两者之间的关系，结果表明PPI经半年左右的时滞引导了CPI变动。

蔡风景、李元、王慧敏[11]以上海价格指数数据为样本，通过多元动态因果检验研究了居民消费价格指数和工业品出厂价格指数的传导效应，研究认为长期内PPI对CPI有显著传导效应。

赵斌、王康瑜[12]分析了我国PPI和CPI的传导关系，检验发现两项序列同为一阶单整，并实证分析了我国PPI与CPI之间存在的长期和短期的传导关系。结果表明，PPI在长期内对CPI的传导关系较为明显，而短期内PPI的变动并不会引起CPI同向变动。

2. 短期内CPI影响PPI

董直庆、蔡玉程、谢加贞[13]利用互谱和CF滤波方法，从时域和频域两个角度考察我国CPI和PPI周期波动及其影响因素。发现短周期波动源于食品类消费品供给变化而不是流动性过剩，CPI是PPI的先行指标且先行期数为3个月。CPI波动先向PPI生活资料传导再向PPI生产资料传导，时滞分别为1.5个月和3.3个月，并与原材料、燃料和动力等生产成本共同推动PPI波动。

宋金奇、舒晓惠[14]将PPI和CPI的历史数据分为有约束和无约束两种情况，建立误差修正模型。实证分析了我国PPI与CPI存在长期的协整关系和较强的因果关系，这一点符合价格传导机制理论。但是他们认为，短期来看，CPI对PPI存在显著的相关关系，即PPI与CPI存在逆向传导。

3. 理论上存在多种传导关系

还有研究认为，PPI和CPI内涵既有联系又有区别，既交叉又独立，理论上有多种传导关系。

桂文林[15]运用TS季节调整模型和HP滤波方法对定基PPI和CPI进行分

解，得到趋势季节不规则和循环因素，发现两者间的正向传导和“倒挂现象”交替出现，2003 年以前是 PPI 向 CPI 传导，其原因为投资膨胀，卖方市场特征明显；2003 年后 PPI 与 CPI“倒挂”，原因是投资膨胀、有效需求不足、粮食和住房价格上涨等原因。

张成思[16]对我国上中下游价格传导机制进行了经验分析，并考察货币因素的驱动特征，从而得出结论。认为 PPI 和 CPI 之间存在双向传导效应：上中游价格对下游价格存在显著的动态传导效应，同时下游价格对中游价格具有反向倒逼机制。

4. 非线性因果关系

杨子辉[17]等采用非线性 Granger 因果检验方法，从非线性的研究视角对包括中国在内的多个国家的 CPI 与 PPI 之间的传导机制及作用关系展开研究。研究发现，我国总体上存在着由 PPI 到 CPI 的非线性传导机制，这意味着上游生产要素价格的上升，将通过生产链向下游的消费商品价格正向传递。

二、CPI 与 PPI 传导性及相关性实证分析

（一）CPI 与 PPI 传导率研究

价格传导机制是指在市场经济条件下，价格体系中某种商品或服务价格变化通过产业链的传导引起相关商品或服务价格产生相应变化的内在机制，是产业链中上下游价格链条的传输过程。传导既有正向传导，即产业链中上游产品价格(PPI)向下游产品价格(CPI)传导；也有逆向传导，即下游产品的价格(CPI)向上游产品价格(PPI)传导。

从产业经济学的角度，可以认为经济体中所有行业都是由产业链连接的，产业链上的各种商品价格构成了一个庞大统一的价格体系，在这个体系中，价格链上任何一个环节商品价格的变动，都会通过成本推动或需求拉动向其他环节传导。

成本推动是 PPI 到 CPI 传导的一种主要形式。根据经济学原理，竞争性市场价格是由企业在产品生产时的边际成本加上一定的利润形成的。因此，当企业生产一种产品投入的生产要素价格上涨，而技术进步和科技创新等都不足以消化时，企业必然会根据成本加成定律相应地提高产品的出厂价格，而批发零售商为了保持利润也会相应的提高价格，最终居民消费的商品价格也随之提高，这时价格波动通过价格链条由产业链上游向下游扩散。

需求拉动是 CPI 到 PPI 的一个反馈机制。消费者对最终产品的需求决定了企业对投入的需求。当消费者对某种产品需大于供时，根据经济学的供给需求理论，这种下游产品的价格会上涨，下游企业扩大供给增加了对上游企业产品

的需求，从而导致上游企业对投入的生产要素的需求也会相应增加，此时由供需决定的生产要素价格也必然会上涨，这种上涨再同样传导到上一个产业链环节。当消费者对某种产品需求不足时，这种产品价格的下降会以同样的方式传导到上游产业链。因此，可以说上游产品价格的变动是消费者需求变化的最终结果。

我们设定传导率作为研究价格传导的指标。所谓价格传导率就是指上游价格与下游价格涨幅（跌幅）的比率。在其他影响因素不变的情况下，当传导率大于0时，表明下游产品价格受上游产品价格变化影响同向变动，此时若传导率为1，则表明上游价格百分之百传导给下游价格；若传导率大于1，表明上游价格扩张性传导给下游价格；若传导率小于1，则表明上游价格萎缩性传导给下游价格。当传导率小于0，表明上下游产品价格反向变动，即互相背离，为本文研究重点。

表 1.4.1 1995 年以来我国 CPI 与 PPI 间传导率比较表

指　标	1995年	1996年	1997年	1998年	1999年	2000年	2001年	2002年	2003年	2004年	2005年
cpi/ppi	1.1	2.9	−9.3	0.2	0.6	0.1	−0.5	0.4	0.5	0.6	0.4
cpi/生活资料 ppi	1.0	4.0	−7.0	0.3	0.4	−0.2	−0.5	0.4	−1.1	3.3	−9.0
食品 cpi/食品 ppi	1.0	1.6	−0.1	2.9	1.6	0.6	0.0	2.0	3.8	1.9	3.2
服装 cpi/服装 ppi	0.9	14.8	2.7	0.2	0.7	−1.5	1.9	2.0	11.0	−1.7	−2.1
cpi/ppi	0.5	1.5	0.9	0.1	0.6	0.9	−1.5	−1.4	−1.1	−0.3	−0.5
cpi/生活资料 ppi	7.5	1.7	1.4	0.6	1.7	1.3	3.3	13.0	——	−4.8	−7.0
食品 cpi/食品 ppi	4.6	1.8	1.7	−0.5	1.9	1.6	3.4	6.7	15.5	——	10.4
服装 cpi/服装 ppi	−0.5	−0.5	−0.7	−20.0	−0.5	0.5	1.5	1.9	3.4	3.9	2.3

注：2014 年生活资料 PPI 与 2015 年食品 PPI 为 100.0，价格与基期持平，故无法计算传到率。

观察上表中价格传导率变化，得出如下分析结果：

1. 1995—2015 年的 21 年中，无论是 CPI 与 PPI 总指数之比还是与生活资料 PPI 之比，均存在传导关系，且大多数年份存在正向传导关系。可以说我国上游 PPI 价格变动已经传导给下游的 CPI，不存在没有发生传导的问题。

2. 1997 年以后，价格传导率几乎全部小于 1。因此，可以说 1997 以后的价格传导率是萎缩性的。主要是由于 1996 年开始我国商品市场基本上告别了短缺状态，市场竞争、技术革新越来越充分，在一定程度上消化了上游产品价格波动向下游传导的幅度。

3. 2012 年至今,CPI 与 PPI 总指数传导率出现长期背离走势,同时 CPI 与生活资料 PPI 间仍存在传导关系。主要原因是 2011 年以来 PPI 连续下降,主要由原油、煤炭、钢材等生产资料供过于求,价格大幅下降所致,而生活资料出厂价格由于市场供需并未出现大幅波动,因此 CPI 与 PPI 总指数出现了背离现象,分类指数 CPI 与 PPI 生活资料间仍然存在传导关系。

4. 食品与服装是 PPI 与 CPI 两大指数分类中,产品结构最为接近的两类细分指数,从对应传导率看,2012 年至今总指数长期背离运行过程中,食品和服装上下游指数间不仅存在传导关系,且为扩张性传导。究其原因,一方面 CPI 中包括的鲜菜鲜果鲜肉鲜蛋是工业加工产品的原材料,即 PPI 的上游,传导关系较其他行业更为复杂,且在 PPI 连续下降的近 5 年中,生鲜食品价格上涨是支撑 CPI 平缓上涨的主要动力;另一方面,在 PPI 连续下降的五年间,服装行业原材料成本即纺织原料类产品购进价格是下行的,服装 PPI 的上涨主要原因是人工成本上升,同时 CPI 中除服装外还包括服装加工服务,因此会出现扩张性传导率。

(二)CPI 与 PPI 及细分指数的相关性研究

首先通过相关矩阵来看自 2012 年以来本轮背离期间各价格指数之间的相关程度。

从表 1.4.2 可以看出 CPI 与 PPI 及 PPI 中的最终产品、生活资料(包括食品、衣着)的相关系数均未超过 0.8,在 0.6—0.8 之间,说明存在相关性,但不是特别显著。而 CPI 与 PPI 中耐用消费品相关系数低至 0.064,说明两者之间几乎没有相关关系。

CPI 中的消费品价格与 PPI 中的生活资料和食品价格指数相关系数达到了 0.8 以上,显著相关;与 PPI 及其中的最终产品和衣着的相关系数在 0.6—0.8 之间,一般相关;与 PPI 中耐用消费品相关性同样很低。

CPI 中的食品和 PPI 中的食品相关系数为 0.792,接近于 0.8,可以看作比较相关,与 PPI 中生活资料的相关系数也达到了 0.7 以上。

CPI 中衣着与 PPI 中衣着相关系数为 0.579,相关性一般,与 PPI 相关系数为 0.062,相关度很低。

CPI 中耐用消费品与 PPI 中耐用消费品相关系数只有 0.070,相关度很低,与 PPI 相关系数为 0.839,显著相关。

表 1.4.2　各价格指数之间的相关矩阵

	CPI	消费品价格指数				PPI	最终产品	生活资料			
			食品	衣着	耐用消费品				食品	衣着	耐用消费品
CPI											
消费品价格总指数	0.979										
食品	0.969	0.979									
衣着	0.131	0.286	0.214								
耐用消费品	0.669	0.681	0.638	0.262							
PPI	0.758	0.732	0.660	0.062	0.839						
最终产品	0.749	0.761	0.650	0.235	0.792	0.953					
生活资料	0.724	0.806	0.713	0.546	0.631	0.701	0.818				
食品	0.796	0.863	0.792	0.500	0.602	0.678	0.769	0.972			
衣着	0.689	0.768	0.674	0.579	0.574	0.566	0.729	0.913	0.887		
耐用消费品	0.064	0.115	0.154	0.262	0.070	0.027	-0.016	0.257	0.195	0.050	

(三)CPI 与 PPI 及细分指数的因果关系研究

1. CPI 与 PPI 的因果关系研究

为进一步分析 CPI 与 PPI 之间是否存在相互作用关系，对本轮背离期间 CPI 和 PPI 月度同比及相关数据运用计量经济学方法进一步定量分析。具体研究思路为：首先，采用时间序列的单位根检验方法，检验 CPI 与 PPI 是否为平稳的时间序列；而后构建以 CPI 和 PPI 为内生变量的 VAR(向量自回归)模型，确定最优滞后阶数，并进行协整检验，如果存在协整关系，则需要进一步采用 VECM(向量误差修正)模型进行估计；之后采用 BDS 检验方法，检验经 VECM 模型线性过滤后的残差是否存在非线性；最后根据检验结果，相应采用线性 Granger 因果关系检验方法或非线性 Granger 因果关系检验方法(Hiemstra&Jones，1994)，考察 CPI 与 PPI 之间的作用关系。

首先，采用 ADF(Augmented Dickey—Fuller)单位根检验方法对 2012 年至 2015 年 CPI 和 PPI 月度同比数据进行平稳性检验，这样可以避免由于变量存在单位根而出现“伪回归”问题。如表 1.4.3 所示：单位根检验的结果表明 CPI 与 PPI 的原序列均是不平稳的，而取一阶差分后的序列均是平稳的，即都是一阶单整的。

表 1.4.3 CPI 与 PPI 平稳性检验

变量	t 统计量	1%临界值	概率 P
CPI	−2.266635	−2.601424	0.1868
D(CPI)	−11.29604	−3.581152	0.0000 * * *
PPI	−1.209869	−2.602225	0.6622
D(PPI)	−4.241764	−3.584743	0.0016 * * *

注：* * * 表示在 1%的显著性水平上拒绝存在单位根的原假设

经单位根检验 CPI 与 PPI 均为一阶单整时间序列后，先构建以 CPI 和 PPI 为内生变量的 VAR 模型，确定最优的滞后阶数，如表 1.4.4 所示，6 个确定滞后阶数的选择准则有 2 个选择的最优滞后阶数均为 3，有 2 个选择的最优滞后阶数为 6，有 1 个选择的最优滞后阶数为 5，接近与 6，所以以后的计算中均选择 6 为最优滞后阶数。

表 1.4.4 最优滞后阶数的选择

Lag	LogL	LR	FPE	AIC	SC	HQ
0	−98.42646	NA	0.519748	5.021323	5.105767	5.051855
1	−34.58696	118.1031	0.026099	2.029348	2.282680	2.120945
2	−19.81156	25.85695	0.015260	1.490578	1.912798	1.643239
3	−11.74242	13.31408	0.012508	1.287121	1.878229 *	1.500847 *
4	−9.973362	2.742033	0.014102	1.398668	2.158664	1.673459
5	−2.877091	10.28959 *	0.012243	1.243855	2.172738	1.579710
6	1.779081	6.285832	0.012085 *	1.211046 *	2.308818	1.607965
7	3.211411	1.790412	0.014131	1.339429	2.606089	1.797414
8	4.201959	1.139131	0.017065	1.489902	2.925450	2.008951

注：* 表示选择准则在 5%的显著性水平上显著选择的最优滞后阶数

建立 6 阶滞后的 VECM 模型，采用 Johansen 协整检验方法，选择序列没有确定趋势、协整方程也无截距的形式，检验二者是否具有协整关系，从表 1.4.5 可见，迹检验和特征根检验都表明 CPI 和 PPI 不存在协整关系。

表 1.4.5 Johansen 协整检验结果

原假设	特征根	迹检验			最大特征根检验		
		迹	5%临界值	P	最大特征根	5%临界值	P
0 个协整向量	0.071412	3.442123	12.32090	0.7896	3.037699	11.22480	0.7819
最多一个协整向量	0.009816	0.404424	4.129906	0.5882	0.404424	4.129906	0.5882

通过 VAR 模型得到以 CPI 为解释变量,PPI 为被解释变量的回归残差,以及 PPI 为解释变量,CPI 为被解释变量的回归残差。并且通过这两列残差进行 BDS 检验,均显著拒绝线性的原假设,这说明 CPI 与 PPI 并不是呈现线性的变化趋势,而是可能存在非线性的动态变化趋势。

表 1.4.6 CPI 与 PPI 的 BDS 非线性检验结果

	BDS 统计量	P
CPI 的回归残差	−2.623711	0.0087***
PPI 的回归残差	3.831268	0.0001***

注:***表示在 1%的显著性水平上拒绝“线性”的原假设

进一步考察 CPI 与 PPI 之间存在的非线性关系,采用 Hiemstra&Jones(1994)提出的 TVAL 非参数检验方法,对经 VECM 模型线性过滤后的残差进行非线性 Granger 因果关系检验,将滞后阶数设为相同,并将检验窗宽设置为 $e=1.5\sigma$,σ 取值为标准正态分布标准差,即 $\sigma=1$。共同滞后取 6 阶的结果如表 1.4.7 所示,在 10%的显著性水平下,无论是“CPI 不是 PPI 的非线性 Granger 因果关系原因”还是“PPI 不是 CPI 的非线性 Granger 因果关系原因”的原假设均不能被显著拒绝,表明从 2012 年至 2015 年间,CPI 和 PPI 之间不存在非线性 Granger 因果关系。

表 1.4.7 非线性 Granger 因果关系检验结果

	CPI 不是 PPI 的非线性 Granger 因果关系原因		PPI 不是 CPI 的非线性 Granger 因果关系原因	
共同滞后期	TVAL 统计量	P	TVAL 统计量	P
6	−0.6761	0.7505	−0.7702	0.7794

为研究 CPI 与 PPI 的各类细分指数之间关系,下面采用同样的方法分析 CPI 中的消费品价格总指数和 PPI 中的生活资料价格指数、CPI 中的食品价格指数和 PPI 中的食品价格指数、CPI 中的衣着价格指数和 PPI 中的衣着价格指数、CPI 中的耐用消费品和 PPI 中的耐用消费品价格指数之间的关系。

2. CPI 中消费品价格指数与 PPI 中生活资料的因果关系研究

CPI 中的消费品价格指数(CPIXF)和 PPI 中的生活资料价格指数(PPISH)之间的数量关系研究表明:两个数列均为 5%的显著水平下一阶平稳序列,最优滞后阶数为 2 阶,二者之间不存在协整关系,故采用 VAR(向量自回归)模型得到过滤残差,而无论是以消费品价格总指数为被解释变量还是以 PPI 中的生活资料价格指数为被解释变量,过滤后的残差都不能在 5%的显著水平拒绝线性假设,所以,最终利用线性 Granger 因果关系检验方法检验两者是否存在因果关系,结果如图 1.4.8 所示:两个原假设均不能拒绝,即认为 PPI 中的生活资料价格指数和消费品价格总指数相互之间不存在 Granger 因果关系。

表 1.4.8　消费品价格总指数和 PPI 中生产资料价格指数线性 Granger 因果关系检验结果

原假设	F—统计量	P
PPI 中的生活资料价格指数不是消费品价格总指数的 Granger 原因	0.42592	0.65602
消费品价格总指数不是 PPI 中的生活资料价格指数的 Granger 原因	0.27281	0.76260

3. CPI 中食品价格指数与 PPI 中食品价格指数的因果关系研究

CPI 中的食品价格指数和 PPI 中的食品价格指数之间的数量关系研究表明:两个数列均为 5%的显著水平下一阶平稳序列,最优滞后阶数为 2 阶,二者之间存在一个长期稳定的协整关系。基于 VECM 模型中 CPI 食品价格指数和 PPI 食品价格指数的回归残差分别在 1%和 5%的显著性水平拒绝线性假设,采用非线性 Granger 因果关系检验方法得到结果如表 1.4.9 所示:在 10%的显著水平下,滞后 2 期时,无论是“CPI 中食品价格不是 PPI 中食品价格的非线性 Granger 原因”还是“PPI 中食品价格不是 CPI 中食品价格的非线性 Granger 原因”的原假设均不能被显著拒绝,表明二者之间不存在 Granger 因果关系。同时也可以看,“PPI 中食品价格不是 CPI 中食品价格的非线性 Granger 原因”的 P 只非常接近 10%,说明若显著性较 10%稍微放宽,就可以认为 PPI 中食品价格是 CPI 中食品价格的非线性 Granger 原因。CPI 中的食品价格价格变动受到上游 PPI 中食品价格变动推动。

表 1.4.9　非线性 Granger 因果关系检验结果

	CPI 中食品价格不是 PPI 中食品价格的非线性 Granger 原因		PPI 中食品价格不是 CPI 中食品价格的非线性 Granger 原因	
共同滞后期	TVAL 统计量	P	TVAL 统计量	P
2	−0.7255	0.7659	1.1547	0.1241

4. CPI中衣着价格指数与PPI中衣着价格指数因果关系研究

CPI中的衣着价格指数和PPI中的衣着价格指数之间的数量关系研究表明：两个数列均为5%的显著水平下一阶平稳序列，最优滞后阶数为1阶，二者之间存在一个长期稳定的协整关系。基于VECM模型中CPI中衣着价格指数和PPI中衣着价格指数为被解释变量的回归残差在1%的显著水平拒均不能拒绝线性假设。所以，最终利用线性Granger因果关系检验方法检验两者是否存在因果关系，结果如表1.4.10所示：两个原假设均被拒绝，即认为CPI中衣着价格指数和PPI中衣着价格指数相互之间存在Granger因果关系。

表1.4.10 线性Granger因果关系检验结果

原假设	F—统计量	P
PPI中衣着价格指数不是CPI中衣着价格指数的Granger原因	9.98028	0.00255***
CPI中衣着价格指数不是PPI中衣着价格指数的Granger原因	27.3892	2.6E—06***

注：***表示在1%的显著性水平上拒绝原假设

三、CPI与PPI走势背离的原因分析

(一)本轮走势背离的表现

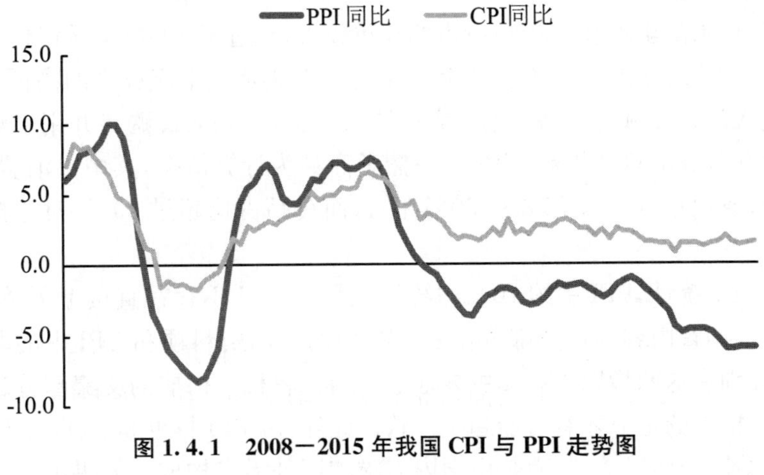

图1.4.1 2008—2015年我国CPI与PPI走势图

从历史数据看，我国曾出现过两轮较为严重的通缩。第一轮是1997年亚洲金融危机后，1997年6月至1999年12月、2001年4月至2002年11月，PPI持续负增长，降幅最大达到5.7%；第二轮是2008年全球金融危机后，PPI从2008年12月到2009年11月出现大幅下降，降幅最大达8.2%。这两轮通缩均是受到外部危机的强烈冲击，在流动性急剧收缩的情况下产生的，通缩程度较为严重，但持

续时间均不长。在短期刺激性政策和内需的强劲拉动下，PPI又迅速恢复正增长。

价格是供求信息的集中反映，生产者价格指数（PPI）主要反映投资品和中间投入品的生产信息。消费者价格指数（CPI）主要反映最终消费的供给与需求信息。由于生产结构调整慢于需求调整，PPI与CPI短时间的背离时常出现。2001年PPI开始下降时CPI涨幅为1.6%，在4个月之后也转为负增长；2008年PPI进入负区间时CPI涨幅为1.2%，并且在1个月之后进入负区间。在前两次PPI持续通缩的同时，我国CPI都跟随PPI出现过一段时间的同比下降，虽然PPI的振幅要高于CPI的振幅，但是两个指数同步涨跌，整体表现出协同变化的趋势，没有互相背离的现象。而2012年3月份PPI开始下降时，CPI涨幅为3.6%，此后一直保持低位温和增长，与PPI呈现不断扩大的现象。

与以往相比，本轮PPI下行表现出持续时间长、背离幅度大的特征。在2010年下半年到2011年这期间，CPI与PPI之间的差值一直在1个百分点左右；在2012年1月之后，PPI与CPI之间开始逐步分化，差距长期保持在4%以上，最大偏离幅度为7.9%（2015年8月份）。2012年平均偏离4.4%，2013年平均偏离4.5%，2014年平均偏离3.9%，2015年全年偏离基本都在6.0%以上，平均偏离程度为6.7%，总体上呈现一种背离扩大的趋势，并持续了四年之久。

（二）近几年CPI与PPI背离的原因

1. 统计覆盖范围不一致

在PPI的结构中，生产资料所占的权重较大，超过了70%；生活资料所占权重不到30%。因此，PPI在很大程度上反映的是工业企业生产成本的高低。CPI是指商品进入消费领域的价格或消费者的购买价格，反映居民购买并用于消费的代表性商品和服务的价格指数；CPI以一篮子商品为计算依据，其中以消费品为主，消费品、服务权重分别为70%和30%左右，而食品占比超过30%，对总指数影响最大。

据不完全统计，PPI中约70%的统计项目与CPI不存在直接上下游关系，两个价格指数调查内容的重叠部分仅是PPI中的生活资料项和CPI中的非食品类消费品，分别在这两指数中占非主导地位。当二者权重构成的交集部分起较大作用时，两个指数的走势才有可能趋于一致。此外，占PPI权重30%的生活资料，并非完全供给国内居民消费，而是由国内需求和国外需求构成。如果出口或非居民消费部分涨价也会带动PPI上涨，不会出现推动CPI上涨的结果。CPI中一些食品，包括粮食、鲜菜、鲜果、肉类、在外餐饮等，不完全经过工业阶段，直接进入居民消费，与PPI的关系不甚紧密。

2. 决定机制差异性

CPI中更多是非贸易品，而PPI更多为贸易品，非贸易品与贸易品价格走势影响因素的差异导致了 CPI 与 PPI 的偏离。自从 2011 年底后，CPI 与 PPI 裂口不断扩张，背后的主要原因是 PPI 生产资料同步于大宗商品价格的下跌以及 CPI 服务价格上行对整体 CPI 的支撑效果。

从短期波动角度看，虽然食品类在 CPI 中权重低于非食品类，但受生活要素短期给定、供给周期较长、需求刚需等因素影响，波动幅度通常很大，成为驱动 CPI 波动的主要因素。经济高速增长带来了居民生活水平的提高，生活不断改善，需求结构发生了变化，鲜果、鲜菜、羊肉、牛肉等食物占比提高，这些都拉动食品价格的不断上升。此外，居民对服务数量和质量需求的提高，伴随着中国"刘易斯拐点"的到来，导致了服务价格的快速上升，这些共同导致了 CPI 走强。居民消费结构升级转变，非食品类中的服务项目对 CPI 的拉动作用也越来越明显，并逐渐超过食品的影响，2014—2015 年 CPI 的温和上涨主要是受劳动力成本提高推动服务价格上涨影响。

从 PPI 的构成看，本轮 PPI 长时间下降的推力主要来自于煤炭、黑色金属、黑色金属采选业、电子等重工行业，2012—2015 年这几类价格的下降对 PPI 的影响程度基本在 70%以上。国际金融危机以来，重工业在庞大的国内投资高速增长的拉动下，产能大幅扩张，产品产量增长迅速。随着国内宏观调控政策回归常态，部分行业产能过剩的问题显现，产能利用率出现下降。2011 年至 2015 年，国内制造业持续低迷，我国的钢铁、煤炭、玻璃、铝、光伏、水泥这一系列主要行业的产能都存在严重过剩问题，产能过剩结构矛盾比较突出，再加之欧洲和日本的财政问题持续不断并且美国经济的复苏势头疲软，出口需求低迷，对生产者价格形成下行压力。

3. 输入效应差异化

研究表明，国际大宗商品价格(CRB 指数)与我国 PPI、CPI 之间高度相关。据相关资料研究，国际大宗商品价格指数变动领先我国 PPI 约 3—6 个月，并通过价格传导机制进一步影响我国 CPI 和国民经济。据测算，油价下跌 40%将分别拉低 CPI 和 PPI 约 0.4 和 2.0 个百分点，并进一步导致两者分化。

近年来国际原油、铁矿石等大宗商品价格大幅度下跌，导致国内原材料价格下降。国际油价经过 2008—2009 年的"过山车"行情以后，从谷底逐渐回升。2010 年价格大幅跳涨，2011—2013 年由震荡趋于稳定。但 2014 年下半年开始急速下跌，屡创新低。2015 年 12 月 21 日，伦敦洲际交易所布伦特原油跌至每桶 36.35 美元，为 2004 年 7 月以来的最低结算价。国际铁矿石价格自 2013 年开始震荡下行，2015 年 12 月 7 日跌破 40 美元每吨，与 2013 年最高 159 美元每吨的价格相比，下降幅度达 75%，成为 10 年来新低。国际大宗商品价格的暴跌给国内生产领域带来了不小的输入性通缩压力，同时导致了国内大宗商品价格的走低，直接导致国内相关工业品价格的下降，输入性通缩对 PPI 的影响更大。相比之下，CPI 中包含较少资源能源要素（仅汽、柴油），而且有更多非贸易品如房地产、劳动力等要素，受到影响较小。

4. 经济增速回落，投资增长放缓

当前，我国处于经济增长速度换挡期、结构调整阵痛期和前期刺激政策消化期的三期叠加期，内部要素成本上升、资源环境压力增大、比较优势衰减、产能过剩突出、企业盈利能力下降等一系列风险不断集聚和增大。加之世界经济还处于深度调整之中，使我国经济发展的内外环境更趋复杂。在这种背景下，中国经济转向中高速增长，进入增速换挡期，已经成为新常态。

经济增长速度回落，固定资产投资增速明显放缓。2011 年全国固定资产投资（不含农户）增速为 23.8%，2012 年为 20.6%，2013 年为 19.6%，2014 年为 15.7%，2015 年增长 10.0%。2015 年制造业投资增长 8.1%，比 2011 年回落 23.7 个百分点，自 2013 年以来持续低于固定资产投资增速。固定资产投资增速回落，制造业投资一路下降，导致传统行业产能过剩，工业生产者购进价格下降，其中，煤炭开采和洗选业，黑色金属冶炼及压延加工业，石油加工、炼焦及核燃料加工业产品价格下降更加明显。传统行业产能过剩和消化将是一个较长的过程，资源性产品供大于求的局面，将影响资源性产品价格低位运行。

5. 国内生产与需求的结构失衡错配

PPI 之所以不能再正常的向 CPI 传导价格波动，原因之一是 PPI 与 CPI 的错配，即产出结构与需求结构已不匹配，这一矛盾的实质是工业品严重过剩与消费品严重不足之间的矛盾。

从需求侧看，随着我国消费升级换代，以房地产、汽车为代表的传统工业品消费增长趋于平稳，而教育、医疗、旅游等劳动力需求大的高端服务需求日益增加，进一步加大生产与需求的错配程度。高品质需求难以得到满足，旅游、教育、养老、医疗和各类生产性服务需求与日俱增。必需消费品如教育、医疗存在供给不足问题，食品、交通等又存在消费被动升级、垄断等引致价格上涨的问题。事实上，近些年随着我国高端服务需求的快速增加，服务类价格涨幅已超过了 CPI 总体幅度。

从供给侧看，2012 年后劳动年龄人口减少 1300 万，土地资源供需形势发生变化，环境硬约束进一步强化，大规模高强度投入条件发生变化。制造业迅猛扩张形成的巨大产能，在市场需求变化的情况下，钢铁、煤炭、石化、有色、建材等传统行业，面临严重的产能过剩，利润水平大幅回落，有的行业甚至出现全行业亏损。中国现在正进入“后工业化”阶段，第二产业的比重将下降，第三产业的比重将上升，2013 年，中国第三产业占 GDP 比重首次超过第二产业，达到 46.1%。工业在国民经济中所占的地位逐渐下降。第二产业生产的工业品更多表现出来的是“供大于求”、“产能过剩”，这导致了 PPI 走弱。

四、基本结论

金融危机以来，国际、国内经济环境发生了重大转变，我国的物价传导机制也呈现出新的特征。通过实证分析结合宏观经济层面情况分析得出本轮二大指数走势背离与宏观经济取向、货币政策、国际商品价格等相关。

分析研究 CPI 与 PPI 之间的传导关系，不能忽视宏观经济环境及结构变化对 CPI、PPI 的影响。例如，有人从劳动力及原材料成本上涨导致 PPI 高起而消费不足导致 CPI 下降来解释 2008 年中国 CPI 低位，PPI 高位的倒挂现象，但这种分析无法解释近年来出现的 PPI 走低，CPI 居高的现象。在比如有的研究认为 CPI、PPI 走势背离的原因之一是政府对部分产品的价格管制，但是由于政府对产品的价格管制直至今天还部分存在，因而 CPI 与 PPI 出现的同步和背离甚至倒挂的现象无法依据一直存在的价格管制解释。

在当前市场总体上处于买方市场的情况下，不同环节商品间的价格传导机制更为复杂。上游(生产环节)产品价格上升后，通过成本推动的形式影响下游(流通或消费环节)产品价格。从理论上看，成本上升是商品价格上升的重要动因。但是能否实现，则取决于下游产品市场的供求关系。

(一)供给因素

由于投资需求和出口需求的迅速增长，资源瓶颈约束首先在包含较多生产资料的 PPI 显示出来，进而在中长期内影响国内消费品的价格波动过程，即供给因素起主导作用。

(二)市场因素

厂商地位决定 PPI 传导效果。如果厂商生产的产品处于卖方市场，产品供不应求，意味着厂商对定价更有主导权，能将大部分生产成本顺利地转嫁至下游产品的价格中，最终完成 PPI 对 CPI 的价格传导；反之，如果厂商生产的产品处于买方市场，产品生产过剩，面临销售压力，生产厂商定价权有限，不会贸然提高产品价格，而是通过压缩企业利润的方式来自我消化上游成本，PPI 对 CPI 的价格传导过程也随即中断，形成价格传导时滞。当时滞越来越长时，PPI 对 CPI 的价格传导效应也就越来越不明显，容易出现两曲线的背离。在目前工业品总体上呈现供过于求的市场格局下，成本上升对商品涨价的推动力被削弱很多。从目前情况看，机械设备、家电、纺织等行业企业已承受生产资料价格上涨的压力，但由于处于买方市场，竞争激烈，为维系客户、保住市场份额，企业不会轻易提价，更多的是压缩自身的利润空间。

(三)国际大宗商品价格因素

随着我国对外开放程度的不断提高，与国际经济联系不断加强，国际因素对我国物价的影响逐渐增强。本轮的 CPI 和 PPI 走势背离，就具有明显的国际背景。国际市场价格对国内市场价格的传导主要通过两种路径来实现。一是贸易传导路径。国际大宗原材料价格变动通过贸易中的比价关系之间影响国内原材料价格变动，另一个渠道是金融衍生品市场。在全球大宗商品的定价中，国际衍生品市场扮演者重要角色，国际期货市场的信息会迅速传递到国内期货市场，经由期货和现货市场的联动性，国际大宗原材料期货价格变动最终会影响到我国物价水平变动。此外，我国石油、铁矿石等大宗商品的对外依存度较高，国际市场的价格变动会影响我国的价格水平。

结合我国宏观经济层面，分析二大指数走势背离的经济意义：本轮二大指数走势背离过程中，从 CPI 的同比变动看，服务价格涨幅明显，说明当前我国服务业有着巨大的消费需求和发展潜力。而服务价格的上涨，有利于激发市场主体的积极性，这对于推进经济结构转型有积极意义。同时应该看到央行的货币政策、房地产市场也在为 CPI 平稳上行提供支撑。当前 CPI 同比涨幅处于较低水平，这与当前宏观经济下行压力较大有一定关系，总的来看，CPI 的走势对宏观经济尚不足以构成实质性的不利影响。考虑到我国经济正处于深度调整阶段，CPI 同比涨幅处于较低水平在情理之中。而 PPI 的持续下跌与当下中国转型的经济背景是相契合的。中国经济转型意味着不能再采用粗放型增长模式。在经济转型中，实体经济面临着调整的阵痛，对原材料的需求很难出现明显回升。

PPI 连续 51 个月同比持续下跌，一方面是由于石油和天然气开采、石油加工、黑色金属冶炼等产品的出厂价格难以企稳；另一方面，当前我国正处于经济结构调整的阵痛中，能源、冶金等原材料市场需求低迷，产能过剩现象严重。PPI 持续负增长，一方面是由于国际大宗商品价格大幅下跌带来输入性通缩压力；另一方面，产能过剩压力较大，特别是钢铁、煤炭、有色行业去产能导致价格下降。

通过研究，我们的基本结论是：长时期内存在 PPI 向 CPI 的传导关系，而 1997 年以后的价格传导率呈萎缩状态，近五年的走势背离（简称本轮背离）仍存在 CPI 与生活资料 PPI 间的传导关系。究其原因，本轮两大指数走势出现的背离并非由于二者之间传导的不畅，而主要是由于二者受其它变量影响的程度不同所致。产能过剩、国际大宗商品价格深度回调牵引 PPI 下行；旅游、教育、医疗等服务类需求的快速增长，房地产，金融业的支撑牵引着 CPI 平稳上行。当两者牵引力不均衡时，就出现了本轮二大指数走势背离的结果。

参考文献

[1] Sliver. J. Lew and T. Dudley Wallace. The Lag Relationship Between

Wholesale and Consumer Pricey—An Application of the Hatanaka—Wallace Procedure. Journal of Econometrics,1980, No. 12, 75—87.

[2]Cushing, Matthew J. and Mary G. McGarvey. Feedback between Wholesale and Consumer Price Inflation: A Reexamination of the Evidence. Southern Economic Journal, 1990, 1059—1729.

[3]Todd E. Clack. Do Producer Prices Lead Consumer Prices? . Economic of Review, 1995.

[4]Cushing, Furlong and Ingenito. Commodity Prices and Inflation. Federal Reserve Bank of San Francisco Economic Review, 1996, 27—47.

[5]Kyrtsou C, Labys W. Evidence for chaotic dependence between US inflation and commodity Prices. Journal of Macroeconomics, 2006(28), 256—266.

[6]Koutroumanidis, Theodoros Zafeiriou, Eleni Arabatzis, Garyfallos. Asymmetry in Price Transmission between the Producer and the Consumer Prices in the Wood Sector and the Role of Imports: The Case of Greece. Forest Policy and economics, 2009, 2—4.

[7]Tiwari A. K.. An empirical investigation of causality between producers' price and consumers' price indices in Australia in frequency domain. Economic Modelling, 2012, 29(5):1571—1578.

[8]Jonathan Weinhagen. An Empirical Analysis of Price Transmission by Stage of Processing. Monthly Labor Review, 2002.

[9]BLS. How Does the Producer Price Index Differ from the Consumer Price Index? . Bureau of Labor Statistics ofU. S. , 2004, 1—4.

[10]萧松华,伍旭．PPI:当前我国通货膨胀的先行指标——基于PPI引导CPI变动的研究[J]. 暨南学报(哲学社会科学版), 2009,31(4):105—113.

[11]蔡风景,李元,王慧敏．GPI、REI、PPI和房地产价格传导研究——来自上海的实证数据[J],南方经济,2008(6).

[12]赵斌,王康瑜．CPI与PPI、职工工资指数关系的实证研究[J]. 经济管理者,2010(13):219—219.

[13]董直庆,蔡玉程,谢加贞．CPI和PPI周期协动效应——基于频带分析方法的实证检验[J],数量经济技术经济研究,2009(10):125—137.

[14]宋金奇,舒晓惠．CPI与PPI的关系——基于误差修正模型的研究价格理论与实践[J],2008(10):50—51.

[15]桂文林, 韩兆洲．PPI与CPI关系及我国通货膨胀治理[J]. 统计研究,2011,28(9):49—56.

[16]张成思．长期均衡、价格倒逼与货币驱动——我国上中下游价格传导机制研究[J]. 经济研究，2010(6):42－52.

[17]杨子辉,赵永亮,柳建华．CPI与PPI传导机制的非线性研究:正向传导还是反向倒逼[J]. 经济研究,2013(3):83－95.

（作者：彭志龙　许德发　杨维　郭丽雅　任健　郑萍　韩健　崔艳艳　张宝芹）

1.5 京津冀协同发展稳步推进 协作共进态势日益增强

摘要：为贯彻落实京津冀协同发展战略部署，在国家统计局指导下，北京统计局队联合天津、河北两地部门，结合《京津冀协同发展规划纲要》和三地特点，研究建立了包括“目标定位、功能疏解、产业升级、环境保护、交通建设、社会发展”6项一级指标，17项二级指标和46项三级指标的京津冀协同发展统计监测指标体系。2015年是京津冀协同发展各项工作集中攻坚、重点突破、落到实处的关键一年，统计部门根据指标体系对2015年京津冀协同发展情况进行了监测分析。监测结果显示，京津冀总体发展稳中向好，互补共进趋势加强，对接协作取得进展，结构调整取得成效，创新能力不断增强。下一步需要在加大非首都功能疏解力度、共同推进对接园区建设、加快推进三地公共资源均等化等方面加快工作进度。

关键词：京津冀　协同发展　指标体系　统计监测

推动京津冀协同发展是党中央和国务院在新的历史条件下作出的重大决策，2015年4月30日《京津冀协同发展规划纲要》经中共中央政治局审议通过，这是实现京津冀区域优势互补、互利共赢、区域一体，打造中国经济第三增长极和世界级城市群的重要举措。及时跟踪监测京津冀协同发展进程，深刻揭示协同发展趋势和规律，是实现京津冀协同发展战略，做好相关工作的基础和前提。为此，在国家统计局指导下，北京市统计局与天津、河北两地统计局联合，研究建立了京津冀协同发展统计监测指标体系，定期开展京津冀协同发展统计监测和分析，反映京津冀协同发展进展情况，为党中央、国务院以及三地党委、政府科学决策提供有力的统计信息支持。

一、研究背景及现实意义

京津冀地区同属京畿重地，战略地位十分重要。当前区域总人口已超过1亿人，面临着生态环境持续恶化、城镇体系发展失衡、区域与城乡发展差距不断扩大等问题。实现京津冀协同发展，对于推动区域健康发展、完善城市布局和形态、促进人口资源环境相协调、打造我国经济第三增长极具有重大意义。

国家“十二五”规划把京津冀一体化上升到国家战略，标志着京津冀的区域合作进入了一个崭新阶段。2013 年 5 月 14 日至 15 日，习近平总书记在天津考察工作时，对京津冀一体化发展寄予厚望，指出要积极推进京津冀区域合作，促进优势互补、共赢发展。2014 年 2 月 26 日，习近平总书记在北京主持召开座谈会，专题听取京津冀协同发展工作汇报，就推进京津冀协同发展提出具体要求。作为政府统计部门，加强对京津冀区域协同发展的跟踪监测和分析研究，及时为国家及三地政府提供准确的数据信息支持，既是落实国家区域协同发展战略，推进京津冀一体化发展的客观要求，也是加强政府体制改革创新，推进京津冀一体化发展的重要举措。

京津冀协同发展面临诸多需要研究解决的问题，做好统计信息的收集、整合与共享，全面准确地反映区域经济社会发展状况，是一项重要的基础性工作。因此，认真梳理现有统计指标，研究建立一套能有效监测京津冀协同发展的指标体系，并根据指标体系对协同发展进程进行深入分析与研究，对于全面客观真实地反映京津冀协同发展现状及其变化，服务政府科学决策具有重要的现实意义。

二、协同发展的基本概念及国内外已有研究成果

(一)协同理论的基本概念

协同理论主要是由原联邦德国著名物理学家、斯图加特大学教授哈肯(H. Hake)于 20 世纪 70 年代初创立，协同学(Synergetics)是以系统论(System Theory)、控制论(Cybernetics Theory)、信息论(Information Theory)及结构耗散理论(Dissipative Structure Theory)等为基础发展起来的一门新兴学科。该理论运用数理统计学和动力学相结合的方法，以极为直观的方式描述了系统(要素)在微观到宏观过程中由无序到有序的转变规律。

协同发展的过程就是通过系统内部各要素资源之间的复杂非线性作用，实现系统“1+1>2”整体效应的过程，系统内部的各个组成部分或各子系统之间，通过相互适应、相互配合、相互促进，耦合而成协作发展模式，以此保证系统运行的良性循环。也就是说，只有系统内各子系统之间协同运行，才能促进整体系统的良性发展。

在区域协同发展中，协同度是衡量区域协同发展水平高低的重要指标。它衡量的是一个复合系统内要素资源间、子系统间以及子系统与环境间相结合的紧密程度、相互作用的强度和有序的程度，即和谐一致性的程度。

(二)协同发展的基本条件及主要特征

根据协同理论，协同发展的基本条件主要包括三个方面：一是区域内部与区域外部存在着广泛的经济联系，是一个开放型经济；二是区域内各个经济要素自身存在着差异，各自的发展不平衡；三是区域内各个经济要素之间的联系不存在

不可克服的障碍。

近年来，一些学者对协同发展的主要特征进行了有益的探索和阐述，主要形成以下几点共识：一是协同发展强调的不仅是系统运动发展变化的过程、状态和结果，更强调的是这些过程、状态和结果得以产生的内在根据，以及这些内在根据发挥作用的条件，从而创造有利条件，促使这些过程、状态和结果尽早地产生。二是协同发展不仅强调相同层次内要素之间差距的缩小，更加强调系统内部各个要素之间以及不同系统之间的竞争与合作，强调对系统旧结构状态的扬弃，以及对新结构状态的期待。三是协同发展强调在实现系统目标的过程中，系统与要素、要素与要素的共赢和互惠。

（三）国内外相关研究

近年来，尽管协同学得到了极大的发展和应用，但主要是将协同学原理应用于企业间竞争的探讨，而应用于经济管理领域的研究尚处于萌芽时期。其中，国外关于区域经济系统协同发展的研究主要体现在区域经济发展理论的探索和区域经济发展的动力机制研究这两个方面；国内关于区域经济协同发展的研究，是伴随着我国东部开放、西部大开发、中部崛起和东北老工业基地振兴等区域发展的实践活动兴起而展开的。

虽然国内外对于区域经济协同发展有部分研究，但对于构建区域经济协同发展监测指标体系及评价的研究则较为少见。目前，已有研究主要分为两类。一类是定性分析，主要从政策、资源、产业结构等方面对区域经济现状进行分析。另一类是定量分析，主要利用数理模型对相关指标数据进行处理，最终得出数字化的结果。

总的来说，国内关于京津冀协同发展的研究较少，而基于协同发展指标体系的实证分析更是少见，因此，建立一套科学合理的统计监测指标体系是落实京津冀协同发展战略的前提和基础。

三、构建监测指标体系的指导思想和原则

（一）指导思想

2014 年 2 月 26 日，习近平总书记在北京考察工作时发表重要讲话，全面深刻阐述了京津冀协同发展战略的重大意义、推进思路和重点任务。2015 年，《京津冀协同发展规划纲要》（以下简称《纲要》）出台，明确了京津冀协同发展方向、发展目标以及实现途径。《纲要》强调，以有序疏解北京非首都功能、解决北京“大城市病”为基本出发点，坚持问题导向，坚持重点突破，坚持改革创新，立足各自比较优势、立足现代产业分工要求、立足区域优势互补原则、立足合作共赢理念，以资源环境承载能力为基础、以京津冀城市群建设为载体、以优化区域分工和产业布局

为重点、以资源要素空间统筹规划利用为主线、以构建长效体制机制为抓手，着力调整优化经济结构和空间结构，着力构建现代化交通网络系统，着力扩大环境容量生态空间，着力推进产业升级转移，着力推动公共服务共建共享，着力加快市场一体化进程，加快打造现代化新型首都圈，努力形成京津冀目标同向、措施一体、优势互补、互利共赢的协同发展新格局，打造中国经济发展新的支撑带。本课题以习近平总书记的讲话精神以及《纲要》为指导思想和理论脉络，建立《京津冀协同发展统计监测指标体系》。

(二)构建原则

1. 突出设计前瞻性，兼顾数据可获得性

在指标的选取上，充分考虑监测工作的可操作性和指标数据的可获得性，即绝大多数指标能够从现有的统计制度中获得。同时，突出指标的前瞻性，前瞻性包括两个方面，一是研究思路的前瞻性，即指标体系着眼于京津冀区域协同发展的长期性和复杂性，从协同发展的目标、路径和进展情况等多个角度设置指标进行监测；二是指标设计的前瞻性，即指标选取不拘泥于现有指标，对于一些既重要又必要的指标，即使目前没有数据来源，也将该指标纳入指标体系，作为未来监测的重点。

2. 突出整体协同发展，兼顾各地功能定位

考虑到指标体系既要全面反映京津冀地区经济社会发展状况，又要兼顾各地功能定位及禀赋差异，因此在指标体系设计中，既有反映三地整体协同发展的指标；也有反映三地功能定位及自身发展现状的指标。

3. 突出问题导向，兼顾重点领域

京津冀协同发展就是要解决京津冀面临的发展瓶颈、资源压力、环境污染等问题。习近平总书记强调京津冀协同发展要抓牛鼻子、抓主要矛盾，就是要疏解北京非首都功能、降低北京人口密度，探索出一种人口经济密集地区优化开发的模式，促进区域协调发展，形成新的增长极。因此，指标体系没有面面俱到，而是突出问题导向。同时，对需要重点突破的产业、生态、交通三个领域有所侧重，以此来反映京津冀协同发展过程中相关问题的解决状况以及重点工作的推进程度。

4. 突出近期成效，兼顾长远发展

及时监测京津冀协同发展进程及成效是建立京津冀协同发展统计监测指标体系的主要目的。该指标体系既突出京津冀协同发展的近期成效，以反映重点领域工作进展情况，也兼顾长远发展，监测协同发展长期目标的实现程度，以反映三地协同发展的最终成效。

四、指标体系的基本框架

一般来说，区域的协同发展，通常包括地区发展水平、收入水平、公共产品享

用水平和区域分工协作发育水平等内容。衡量区域是否实现协同发展，可将区域之间主要指标是否同向向好变动，相关差距是否趋于缩小等作为检验标准。因此，指标体系从发展水平、产业协作、公共服务等方面入手，结合《京津冀协同发展规划纲要》及其相关目标和现有统计制度构建，共包括 6 项一级指标，17 项二级指标和 46 项三级指标（详见表 1.5.1）。

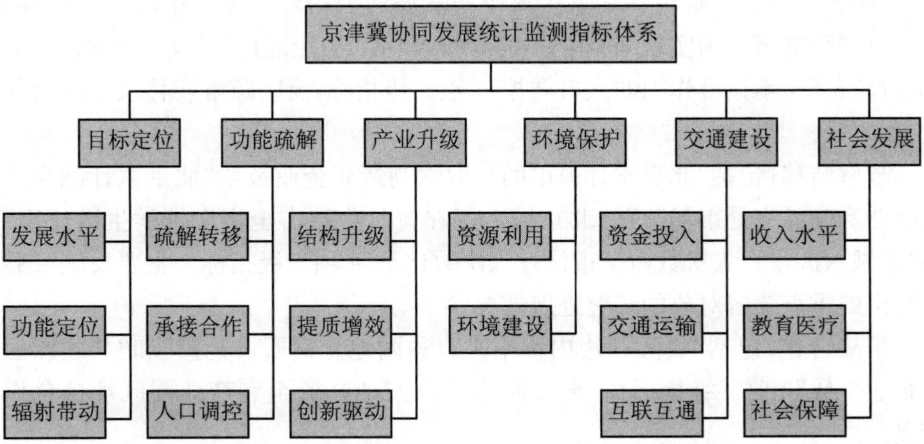

图 1.5.1　京津冀协同发展统计监测指标体系框架

（一）目标定位

作为一个区域经济整体，京津冀与世界其他著名经济区及我国长三角、珠三角地区相比，产业协同发展程度和水平仍有较大差距。《纲要》对京津冀整体及三地定位分别进行了明确表述，实现京津冀及三地的功能定位是京津冀协同发展的目标，因此，设置了“目标定位”一级指标，下设“发展水平”、“功能定位”和“辐射带动”3 项二级指标，分别从京津冀三地的总体发展水平、各自的功能定位及对全国的辐射带动三个方面，反映京津冀地区及三地目标定位的实现程度。

发展水平：包括“人均地区生产总值”和“城镇化率”2 项三级指标，分别反映京津冀地区协同发展的总体水平和《纲要》提出的培育中小城市和特色小城镇的进展情况。

功能定位：每个省市选取了 2 项指标，共包括 6 项三级指标，主要反映京津冀各自的建设方向和目标。其中“北京文化创意产业增加值占地区生产总值比重”、“北京创新驱动指数”反映北京文化中心和科技创新中心的建设情况。“天津先进制造业产值占工业总产值比重”、“天津金融业增加值占地区生产总值比重”反映天津作为全国先进制造研发基地和金融示范区的建设情况。“河北装备制造业增加值占工业增加值比重”、“河北物流业增加值占地区生产总值比重”反映河北省作为全国产业转型升级试验区和现代商贸物流重要基地的建设情况。

辐射带动：包括“地区生产总值占全国的比重”和“技术合同成交额占全国技术市场成交额比重”2 项三级指标，分别从经济发展的角度反映京津冀未来作为全国经济增长新引擎的支撑和带动作用，以及三地整体科技实力在全国的变化情况。

（二）功能疏解

《纲要》指出，疏解转移是京津冀协同发展的关键环节和重中之重，并专门作为一章进行部署。为实现与《纲要》的对接，设置“功能疏解”作为一级指标，下设“疏解转移”、“承接合作”和“人口调控”3 项二级指标，反映疏解转移及承接合作的进程。

疏解转移：包括“北京累计退出的一般性制造业企业数”、“北京累计减少的物流企业和商品交易市场数”、“北京城六区在校学生数占全市在校学生数比重”和“北京城六区诊疗人次数占全市诊疗人次数比重”4 项三级指标。主要反映《纲要》中提出的重点疏解对象的疏解进展情况。

承接合作：包括“实际利用内资中来自另两地金额所占比重”和“共建园区入园企业个数”2 项三级指标，主要反映京津冀三地在资金和产业园区承接合作的情况。

人口调控：《纲要》明确提出北京常住人口和城六区人口减少目标，因此，指标体系设置了“北京常住人口”和“北京城六区常住人口增速（以 2014 年为基期）”2 项三级指标，来反映北京人口调控的进展与成效。

（三）产业升级

产业发展是京津冀协同发展率先突破的三个重点领域之一，也是京津冀协同发展的重要途径。为全面反映京津冀三地产业发展状况，设置了“产业升级”一级指标，下设“结构升级”、“提质增效”和“创新驱动”3 项二级指标，以反映京津冀三地在产业结构升级、质量效益提升和创新发展等领域的进展情况。

结构升级：包括“工业战略性新兴产业产出占规模以上工业产出比重”、“生产性服务业增加值占地区生产总值比重”和“服务贸易总额占贸易总额比重”3 项三级指标，从不同角度反映三地产业结构升级情况。

提质增效：包括“社会劳动生产率”1 项三级指标，主要从全社会投入产出的角度反映提质增效的结果。

创新驱动：包括“研究与试验发展（R&D）经费支出与地区生产总值之比”、“企业研发投入强度”和“每万人口发明专利拥有量”3 项三级指标，分别从科技投入和产出角度反映区域科技创新能力及水平。

（四）环境保护

生态环境是京津冀协同发展的客观外部环境，也是中央要求率先突破的三个重点领域之一，是三地共同面对并急需解决的难题。因此，设置了“环境保护”一级指标，以监测京津冀三地环境保护的进程和效果，下设“资源利用”、“环境建设”2 项二级指标，以反映资源能源利用、环境建设及对空气质量、水体质量等方面的影响。

资源利用：设置指标为“地区生产总值能耗降低率”、“单位地区生产总值水耗降低率”、“煤炭消费削减量”和“年末地下水储量增减量（以 2013 年为基期）”4 项三级指标，分别反映资源能源使用效率以及能源消费结构优化情况。

环境建设：包括“森林覆盖率”、“退化草原治理面积”、“湿地面积”、“细颗粒物（PM2.5）平均浓度下降率（以 2013 年为基期）”、“丧失使用功能（劣于Ⅴ类）的水体断面比例”和“重要水功能区水质达标率”6 项三级指标，以综合反映京津冀三地生态环境、空气质量、水体质量等方面情况。

（五）交通建设

京津冀三地交通建设的发展及互联互通是三地经济社会发展和协同发展的重要基础，也是中央要求率先实现突破的三个重点领域之一。因此，设置了“交通建设”一级指标，监测三地交通建设进展情况，下设“资金投入”、“交通运输”和“互联互通”3 项二级指标，反映京津冀三地交通领域资金投入、交通运输网络及互联互通状况。

资金投入：设置“交通运输累计投资额”1 项三级指标，以反映交通运输领域资金投入的情况。

交通运输：包括“客运量”、“货运量”2 项三级指标，反映全覆盖的交通网络运输情况。“客运量”主要反映铁路、公路、水运、民航客流运输情况；“货运量”主要反映铁路、公路、水运、民航和管道物流运输情况。

互联互通：包括“区域内铁路及城市轨道里程”、“区域内高速公路里程”、“交通‘一卡通’发放量”和“‘断头路’累计缩减量”4 项三级指标，反映区域内路网建设和交通一体化推进情况。

（六）社会发展

社会发展的一体化是实现共同富裕、消除地区发展鸿沟的必然要求，是京津冀协同发展的应有之意和长期目标。因此，设置了“社会发展”一级指标，以反映京津冀协同发展的最终成果，下设“收入水平”、“教育医疗”和“社会保障”3 项二级指标，主要通过三地居民收入、教育、医疗等公共资源及社会保障等领域差距变化情况，反映京津冀协同发展的最终成效。

收入水平：设置“京津冀居民人均可支配收入之比”1 项三级指标，主要从居民收入的角度反映三地差距缩小情况。

教育医疗：设有“京津冀平均受教育年限之比”和“京津冀每千人口执业（助

理)医师数之比”2 项三级指标，分别反映三地人力资源结构优化情况和医疗资源的差距缩小情况。

社会保障：设置“京津冀基本养老金平均水平之比”1 项三级指标，主要通过养老保险水平的变化反映三地在社会保障方面取得的成效。

表 1.5.1　京津冀协同发展统计监测指标体系

一级指标	二级指标	序号	三级指标	单位
目标定位	发展水平	1	人均地区生产总值	元
		2	城镇化率	%
	功能定位	3	北京文化创意产业增加值占地区生产总值比重	%
		4	北京创新驱动指数	%
		5	天津先进制造业产值占工业总产值比重	%
		6	天津金融业增加值占地区生产总值比重	%
		7	河北装备制造业增加值占工业增加值比重	%
		8	河北物流业增加值占地区生产总值比重	%
	辐射带动	9	地区生产总值占全国的比重	%
		10	技术合同成交额占全国技术市场成交额比重	%
功能疏解	疏解转移	11	北京累计退出的一般性制造业企业数	个
		12	北京累计减少的物流企业和商品交易市场数	个
		13	北京城六区在校学生数占全市在校学生数比重	%
		14	北京城六区诊疗人次数占全市诊疗人次数比重	%
	承接合作	15	实际利用内资中来自另两地金额所占比重	%
		16	共建园区入园企业个数	个
	人口调控	17	北京常住人口	万人
		18	北京城六区常住人口增速(以 2014 年为基期)	%
产业升级	结构升级	19	工业战略性新兴产业产出占规模以上工业产出比重	%
		20	生产性服务业增加值占地区生产总值比重	%
		21	服务贸易总额占贸易总额比重	%
	提质增效	22	社会劳动生产率	元/人
	创新驱动	23	研究与试验发展(R&D)经费支出与地区生产总值之比	%
		24	企业研发投入强度	%
		25	每万人口发明专利拥有量	件

续表

一级指标	二级指标	序号	三级指标	单位
环境保护	资源利用	26	单位地区生产总值能耗降低率	%
		27	单位地区生产总值水耗降低率	%
		28	煤炭消费削减量	万吨
		29	年末地下水储量增减量(以2013年为基期)	亿立方米
	环境建设	30	森林覆盖率	%
		31	退化草原治理面积	万公顷
		32	湿地面积	万公顷
		33	细颗粒物(PM2.5)平均浓度下降率(以2013年为基期)	%
		34	丧失使用功能(劣于Ⅴ类)的水体断面比例	%
		35	重要水功能区水质达标率	%
交通建设	资金投入	36	交通运输累计投资额(以2014年为基期)	亿元
	交通运输	37	客运量	万人
		38	货运量	万吨
	互联互通	39	区域内铁路及城市轨道里程	公里
		40	区域内高速公路里程	公里
		41	交通"一卡通"发放量	个
		42	"断头路"累计缩减量(以2014年为基期)	公里
社会发展	收入水平	43	京津冀居民人均可支配收入之比	
	教育医疗	44	京津冀平均受教育年限之比	
		45	京津冀每千人口执业(助理)医师数之比	
	社会保障	46	京津冀基本养老金平均水平之比	

五、基于京津冀协同发展统计监测指标体系的实证分析

根据指标体系对2015年京津冀协同发展情况进行监测分析，结果显示：一方面京津冀协同发展稳步推进，协作共进态势日益增强；另一方面，在疏解非首都功能、园区共建以及公共资源均等化方面还需进一步加强。

(一)总体发展稳中向好，互补共进趋势加强

按照中央决策部署，京津冀三地结合目标定位，积极调整发展方向，协同发展稳步推进。

1. 经济实力不断增强，发展水平稳步提升

2015年，京津冀三地地区生产总值合计69312.9亿元，占全国的10.2%。其中，北京地区生产总值达到22968.6亿元，比上年增长6.9%；天津16538.2亿元，

增长9.3%;河北29806.1亿元,增长6.8%,均完成年度经济增长预期目标。从发展水平看,三地人均地区生产总值分别达到10.6万元、10.8万元和4万元,分别比上年增长6.3%、6.6%和0.7%。按世界银行标准,北京(17064美元)、天津(17337美元)处于高收入行列,河北(6463美元)处于中等偏上收入行列。从城镇化水平看,三地城镇化率为62.5%,比上年提高1.4个百分点。其中,河北城镇化率首次突破50%,达到51.3%,比上年提高2个百分点;北京和天津均在80%以上,分别为86.5%和82.6%,比上年均有不同幅度的提高。

2. 功能定位日趋强化,错位发展成效初显

三地瞄准中央确定的建设方向和发展目标,加快符合功能定位相关产业发展。北京文化中心和科技创新中心建设稳步推进。2015年文化创意产业实现增加值3072.3亿元,比上年增长8.7%,占地区生产总值的比重达到13.4%,比上年提高0.2个百分点;全市创新指数达到125.7(2014年),比上年提高11.6个点。天津装备制造业和金融业发展较快。2015年装备制造业增加值占全市工业的36.2%,比上年提高3.2个百分点,其中,航空航天、汽车制造、电气机械等重点行业增长较快,增速分别为25.2%、13.2%和11.1%;金融业实现增加值1588.1亿元,增长11.7%,高于全市第三产业增速2.1个百分点。河北积极推进工业结构调整和物流基地建设。2015年,河北规模以上工业高新技术产业实现增加值1796.8亿元,增长11.6%,增速高于规模以上工业7.2个百分点,在规模以上工业中的占比提高到16%;物流业实现增加值2612.9亿元,比上年增长6.9%,占全省地区生产总值的比重为8.8%,比上年提高0.5个百分点。

(二)功能疏解有序推进,对接协作取得进展

2015年,非首都功能疏解工作加快推进,人口调控取得明显成效,三地的项目合作和产业对接也日趋增强。

1. 疏解转移稳步推进,人口调控效果显现

北京以调整疏解非首都功能为抓手,积极推进区域协同发展。在控制增量方面,重新修订《新增产业的禁止和限制目录》,禁限行业类别占全部国民经济行业类别的比例由32%提高到55%。在此基础上,2015年不予办理的工商登记业务累计达到1.3万件。在疏解存量方面,2015年关停退出污染工业企业326家;拆并疏解商品交易市场57家,减少市场营业面积94.8万平方米,减少摊位2.1万个;城六区教育和医疗机构疏解工作取得实质性进展,在校学生数[①]和诊疗人次数[②]占全市的比重均下降0.4个百分点。

随着非首都功能疏解工作的深入推进,北京人口调控取得明显成效,增量和

① 该指标数据及全市在校学生数均只含幼儿园在园人数及小学生、普通中学、职业高中在校学生数。

② 该指标数据及全市诊疗人次数均不含部队医院诊疗人次数。

增速实现双下降。2015 年末，全市常住人口 2170.5 万人，比上年末增加 18.9 万人，增长 0.9%；与 2014 年相比增量减少 17.9 万人，增速下降 0.8 个百分点。其中，常住外来人口 822.6 万人，比上年末增加 3.9 万人，增长 0.5%，增量减少 12.1 万人，增速下降 1.5 个百分点。

2. 承接协作步伐加快，产业对接进展顺利

京津冀三地产业对接与合作日益增强。天津 2015 年承接非首都功能项目 860 个，引进京冀投资 1739.3 亿元，占全市实际利用内资的 43%，比上年提高 1.5 个百分点。河北 2015 年引进京津项目 4124 个，资金 3459 亿元，分别占全省引进外省项目和资金的 38.6%和 47.8%。2015 年 11 月 18 日，在石家庄举办的京津冀产业转移对接会上，51 个项目集中签约，涉及总投资 2900 多亿元，为京津冀三地产业对接注入新的动力。

（三）结构调整取得成效，创新能力不断增强

京津冀三地积极推进结构调整，产业结构进一步优化，创新驱动能力不断增强。

1. 产业结构继续优化，生产效率不断提高

京津冀地区第一产业和第二产业比重不断下降，第三产业比重稳步提升，三次产业构成由 2014 年的 5.7∶41.1∶53.2，调整为 2015 年的 5.5∶38.4∶56.1。其中，北京、天津、河北第三产业比重分别为 79.8%、52.0%和 40.2%，分别比上年提高 1.9 个、2.7 个和 2.9 个百分点。

具体看，北京产业高端化特征明显。高技术制造业增加值同比增长 6.7%，增速高于规模以上工业 5.7 个百分点；金融、科技、信息等优势服务业行业保持较快增长，增速分别为 18.1%、14.1%和 12%，均高于服务业平均增速；服务贸易发展态势良好，全年实现服务贸易进出口总额约 1200 亿美元，同比增长 8.5%左右。天津航空航天、电子信息、生物医药等优势产业发展持续向好，2015 年优势产业增加值占全市工业的 87.9%，同比增长 9.4%，拉动全市工业增长 8.2 个百分点；新兴服务业增势良好，2015 年租赁和商务服务业、软件和信息技术等行业增加值分别增长 13.7%和 17.2%。河北高新技术产业、装备制造业保持较快增长，2015 年分别增长 11.6%和 7%，均高于规模以上工业增速；新兴服务业占比提高，全年信息传输、软件和信息技术服务业等六大新兴服务行业③营业收入占规模以上服务业比重达到 56.2%，同比提高 3.8 个百分点。

在结构优化的同时，生产效率也不断提高。据初步测算，2015 年，北京、天津社会劳动生产率分别达到 19.5 万元/人和 18.6 万元/人，与上年相比，分别提高

---

③ 六大新兴服务行业包括：信息传输、软件和信息技术服务业，房地产业（物业管理和中介服务），租赁和商务服务业，科学研究和技术服务业，居民服务、修理和其他服务业，文化、体育和娱乐业。

0.9万元/人和0.4万元/人。

2. 研发投入力度加大，创新成果较快增长

京津冀三地高度重视科技作为经济发展新动能的作用，积极加大科技研发投入力度。从全社会投入看，三地研究与试验发展（R&D）经费支出分别为1367.5亿元、500亿元和340亿元，分别相当于地区生产总值的5.95%、3%和1.14%。三地研发（R&D）经费支出合计占京津冀三地地区生产总值的比重为3.18%，比上年提高0.1个百分点。从企业投入看，京津冀三地企业自主研发力度加大。2014年，三地规模以上工业企业研发投入强度[④]分别为1.18%、1.14%和0.55%，分别比上年提升0.04个、0.03个和0.05个百分点。随着研发投入力度的加大，科技创新也取得了丰硕成果，2015年每万人发明专利拥有量分别达到61.8件、12.1件和1.7件，分别比上年增加13.6件、2.2件和0.4件。

（四）节能降耗成效显著，生态环境继续改善

京津冀三地在生态环境保护和治理方面加强合作，促进绿色循环低碳发展，生态环境治理取得进展。

1. 节能减排稳步推进，能源利用更加高效

2015年，京津冀三地继续加大对高耗能、高污染企业的治理力度，建立区域大气污染联防联控机制，节能降耗工作扎实推进。北京淘汰老旧机动车25万辆，推广纯电动汽车8667辆，关停京能石景山热电厂和国华北京热电厂，全年压减燃煤约600万吨，超额完成年度任务。天津严格落实控煤、控尘、控车、控工业污染、控新建项目“五控”治理措施，关停陈塘庄热电厂，基本完成主力电厂燃煤机组清洁化改造，634台锅炉完成煤改燃，全年压减燃煤超过500万吨。河北加快燃煤治理和清洁能源替代，开展千家企业能效提升行动，全年压减燃煤500万吨。在三地共同努力下，能源消费总量持续减少，2015年，北京、天津、河北规模以上工业综合能源消费量分别下降7.3%、5.2%和1.9%。

在能源消耗总量减少的同时，能源利用效率继续提高。2015年，三地规模以上工业万元增加值能耗分别下降8.2%、13.2%和6%。能源结构进一步优化。北京天然气在规模以上工业能耗中所占的比重升至49%以上，比上年提高17.7个百分点；天津一次能源消费量中，天然气占9.5%，比上年提高3.6个百分点。

2. 生态环境协同治理，空气质量明显改善

京津冀三地正式签署《京津冀区域环保率先突破合作框架协议》，明确以大气、水、土壤污染防治为重点，联防联控，改善区域生态环境，共同实施京津风沙源治理、三北防护林建设等一批重点工程。北京全面完成百万亩平原造林，共计105

④ 研发投入强度指R&D经费支出相当于主营业务收入的比重。

万亩；天津 2015 年新建提升绿化面积 2408 万平方米，植树造林 52 万余亩。河北共完成造林 394.4 万亩，其中，完成环京津造林 100 万亩。2015 年，京冀森林覆盖率分别达到 41.6%和 31%，分别比上年提高 0.6 个和 1.8 个百分点。

随着生态环境的建设与治理，京津冀空气质量明显改善。2015 年，京津冀地区细颗粒物（PM2.5）年均浓度比 2014 年下降 10.4%；京津冀区域 13 个城市平均达标天数比例为 52.4%，同比提高 9.6 个百分点。其中，北京 PM2.5 年均浓度为 80.6 微克/立方米，下降 6.2%。天津 PM2.5 年均浓度为 70 微克/立方米，下降 15.7%。河北 PM2.5 年均浓度为 77 微克/立方米，下降 18.9%。

（五）交通建设稳步推进，互联互通取得实效

2015 年，京津冀三地加大交通建设投入力度，一批重点工程项目加快推进，三地互联互通取得实质性进展。

1. 交通投入保持增长，重点项目加快推进

在首都二机场、京津城际延伸线、京沈客专、津保铁路、京昆、京秦高速公路等一批重点交通建设项目带动下，京津交通领域投资保持较快增长。2015 年，北京和天津交通领域投资分别为 827 亿元和 625.2 亿元，比上年分别增长 9.3%和 4.9%。与此同时，一批重点工程项目加快推进，如京唐、京滨城际铁路已开工建设；《京津冀城际铁路网规划（2015－2030）》通过国家审议；京开高速拓宽工程、京秦高速及首都地区环线高速建设工程加紧筹备；G104、G105、G107 等一批国道、省道改建提级工程加快审批。

2. 公路里程继续增加，交通运输更趋活跃

经过努力，京津冀三地交通建设取得明显成效。2015 年，京津冀三地公路里程合计达到 22.3 万公里，比上年增加 0.6 万公里，增长 2.8%；高速公路里程合计达到 8444.9 公里，比上年增加 462 公里，增长 5.8%。交通运输更加活跃，运输量在全国占比有所提升。其中，三地客运量为 146747 万人次，占全国比重为 7.6%，比上年提高 0.7 个百分点；货运量为 312995 万吨，占全国比重为 7.5%，比上年提高 0.8 个百分点。三地“一卡通”启动实施，北京、天津、张家口、廊坊、保定和石家庄等 6 城市成为“交通一卡通”第一批试点区域。

（六）民生保障力度加大，公共服务差距缩小

京津冀三地加强合作，不断完善社会保障体系，积极推进基本公共服务均等化。

1. 居民收入稳步增长，保障力度进一步加大

2015 年，京津冀三地城乡居民收入均实现稳步增长。北京、天津、河北人均可支配收入分别为 48458 元、31291 元和 18118 元，分别增长 8.9%、8.5%和 8.8%。三地农村居民人均可支配收入增速均快于城镇居民，城乡差距进一步缩小。

社会保障体系进一步完善。北京“人人享有社会保障”的目标基本实现，城乡低保标准实现并轨，全市养老床位达到12万张。天津基本养老、医疗保险人数分别达到686万人和1054万人，新增养老床位8369张，建成老年日间照料服务中心91个。河北城乡居民大病保险实现全覆盖，农村互助幸福院、城市社区居家养老服务中心覆盖率分别达到65%和75%。与此同时，京津冀三地加大社会保障领域合作，实现了三地参保人员社会保险信息相互核对及协查。

2. 教育医疗加强合作，协同共进效果初显

教育方面，北京与河北建立教育协同发展对话与协作机制，鼓励在京高等学校通过合作办学、学科共建、教师交流挂职等多种模式，开展区域教育合作。组建高等学校联盟，促进京津冀高等学校优质教学科研资源共享，其中，北京大学与南开大学等多所高校联合成立京津冀协同发展联合创新中心，北京工业大学、天津工业大学和河北工业大学3所高校携手成立京津冀协同创新联盟。积极开展优质教育资源合作和教育帮扶，探索基础教育课程开发、教材编写、教学科研等方面的合作和交流。

医疗卫生方面，北京已有50家医疗机构与河北100余家三级医院开展了多种形式的合作，并通过签署合作框架协议方式，初步建立了三地疾病防控、卫生应急、卫生监督管理协同工作体系。2015年，京津冀三地每千人口执业(助理)医师数之比由上年的1.94:1.04:1(以河北为1)调整为1.92:1.04:1，北京与河北的差距逐步缩小。

六、协同发展中面临的问题及下一步工作建议

(一)进一步加大非首都功能疏解力度

2015年，非首都功能疏解工作取得明显成效，但重点区域和重点领域的疏解任务仍然艰巨。从重点区域看，城六区疏解任务仍然较重。以市场疏解为例，截至2015年底，城六区超过7成的商品交易市场2016年无疏解意向，给市场疏解工作带来较大压力。从重点领域看，人口调控任务更加艰巨。2016年，城六区的调控重点由降增速转为减总量，其他地区则面临着疏解与承接的双重压力，人口调控的难度更大。

建议：一方面，继续加大非首都功能疏解工作力度，制定非首都功能疏解控增量、疏存量两个政策意见的配套实施方案，落实好资金奖励、差别化价格等既有政策，积极探索疏解工作新方式，针对疏解重点，可从其产业链的上下游发力开展工作。另一方面，加强京津冀三地协调对接的顶层设计，进一步完善三地疏解承接的工作机制，从转移方和承接方两个层面，共同研究出台相关政策和配套方案，制定好转移后财产、人员和土地等资产处置的相关政策。

(二)多方配合共同推进对接园区建设

虽然京津冀地区疏解转移和承接力度进一步加大,但也存在着承接园区"遍地开花"、产业对接合作不够聚焦,同质化竞争突出等问题。如为了承接北京外迁产业,多地积极打造集生物医药、电子信息、新能源、新材料等新兴产业为一体的产业园区或新城,并展开激烈竞争。另外,一些共建园区的基础设施和公共服务配套条件还不足,承接能力有待进一步提升。

建议:一方面,结合《京津冀协同发展规划纲要》、《"十三五"时期京津冀国民经济和社会发展规划》,三地相关部门共同研究制定产业转移对接合作平台建设具体意见和措施,做好产业转移对接的规划和落实工作,引导企业精准对接。另一方面,积极争取国家在安排重大项目布局时,优先选择具有一定基础和规模的节点城市及共建园区,提升节点城市和相关共建园区的政策支持力度、基础设施水平及要素聚集能力,确保承接的企业能够留得住、有发展。

(三)加快推进三地公共资源均等化

虽然京津冀三地在推进公共资源均等化方面做了很多工作,但京津冀公共资源水平仍有较大差距。如 2015 年,三地地方公共财政预算支出中,北京和天津人均教育支出分别为河北的 2.85 倍和 2.38 倍;人均医疗领域支出分别为河北的 2.43 倍和 1.8 倍,差距仍然较大。同时,部分承接地偏重基础设施建设和产业园区等硬件建设,对教育、医疗等公共服务重视不够、投入不足,承接区域公共资源较为缺乏,也在一定程度上影响了企业和人才的引进。

建议:一方面,转移方应加大对集中承接地支持力度,帮助承接方高标准配置教育、医疗等公共服务资源,提升、完善相关功能。同时,与承接方加强合作,推进制度创新,加快完善有利于人才流动的劳动用工制度和社会保障制度,为转移对接项目企业和人才提供宽松的制度环境。另一方面,承接方应结合产业结构调整规划,加大对重点承接区域教育、医疗等领域的财政投入力度,加强与转移方优质公共资源的合作,着力提升承接区域的教育、医疗等公共服务能力和水平,逐步缩小与发达地区差距,使公共服务均等化成为助推京津冀产业对接与协作、全面实现京津冀协同发展的重要手段和途径。

参考文献

[1]李海东,王帅,刘阳. 基于灰色关联理论和距离协同模型的区域协同发展评价方法及实证[J]. 系统工程理论与实践,2014(07):1749－1755.

[2]李林,杨泽寰. 区域创新协同度评价指标体系及应用——以湖南省 14 地市州为例[J]. 科技进步与对策,2013(19):109－114.

[3]李晓钟,王莹. 我国物联网产业协同发展机制及系统协同度评价研究[J]. 软

科学，2015(01)：42—46.
[4]郑广华．区域创新系统协调发展的评价系统研究[J]. 系统科学学报，2010(03)：76—79.
[5]王传民．县域经济产业协同发展研究[D]. 北京交通大学，2006.
[6]赵素巧．基于协同理论的物流产业发展研究[D]. 吉林大学，2013.
[7]李娜．基于协同理论的京津冀都市圈合作治理研究[D]. 天津商业大学，2014.
[8]马威．高技术产业内协同创新程度研究分析[D]. 中国科技大学，2014.
[9]周宛君，王俭平．京津冀电子及通信设备制造业协同度研究[J]. 中国商论，2015(21)：147—151
[10]郭宏福．产城协同度测评体系的构建及应用[J]. 北华大学学报（社会科学版）. 2013(5)：34—38.
[11]蒋宝珠．广义虚拟经济视角下金融创新与经济增长的协同度分析[D]. 武汉理工大学，2013.
[12]陈丹宇．长三角区域创新系统中的协同效应研究[D]. 浙江大学，2009.
[13]王力年．区域经济系统协同发展理论研究[D]. 东北师范大学，2012.

（作者：夏沁芳　庞江倩　李晓敏　楚文杰　张铭睿）

1.6　东北地区经济下行原因及未来走势的初步分析

摘要：针对近年来东北经济持续下行的走势，本文从历史经验、产业结构特征等方面出发，深入分析了东北经济下行背后的原因。并结合近期影响东北经济的政策、市场、投资等因素的变化，预测东北经济走势。在此基础上，提出促进东北经济趋稳向好的政策建议。

关键字：东北经济 产业结构 投资 政策建议

东北地区是我国重要的老工业基地、能源基地和粮食主产区，长期以来经济保持较快发展，在国家经济社会建设中发挥了重要作用。近年来，东北地区部分经济指标大幅下行，尤其是辽宁地区生产总值、一般公共预算收入等指标出现负增长，固定资产投资降幅较大，这是国内外经济形势复杂严峻的大背景与东北自身经济结构相对单一、调整转型滞后等多种因素相互影响的综合反映。下一阶段，东北经济依然面临较多困难，但由于主要能源和工业品价格总体企稳、国家政策支持力度加大以及当前形成的基数较低等原因，继续下跌空间较小，吉林、黑龙江有望延续平稳运行态势，辽宁触底回升可能性较大。要认真落实中央关于东北老工业基地振兴的政策措施，推动重大项目及早开工，努力发挥好投资的关键引领作用，着力推进供给侧结构性改革，加大技术创新，促进东北经济转型升级。

一、近年来东北地区主要经济指标回落幅度较大，内部呈现一定分化趋势

东北地区主要经济指标回落幅度大于全国。一是经济增速连续两年低于全国。东北地区生产总值增速自2010年开始逐年回落，由2010年的13.7%下降到今年上半年的2.2%，特别是从2014年开始，增速持续低于全国，并且与全国的差距由2014年的1.4个百分点扩大到今年上半年的4.5个百分点。二是固定资产投资大幅缩减。东北地区投资增速自2012年以来持续回落，由2011年的增长30.8%回落到今年1—8月份的下降15.5%，2013年开始低于全国，并且从2015年开始转为负增长，与全国的差距由2013年的5.8个百分点扩大到今年1—8月份的23.6个百分点。三是财政收入明显下降。东北地区地方财政收入增速从

2012 年开始持续回落，由 2011 年的增长 33.5%回落到 2015 年的下降 20.6%，2013 年开始低于全国，2014 年开始持续下降，今年 1—8 月份降幅有所收窄，但与全国增速仍有 11.9 个百分点的差距。

同时，东北地区内部也出现了明显的分化，近期吉林经济基本企稳，黑龙江有所好转，而辽宁情况仍较复杂。2015 年和今年上半年，吉林 GDP 增速分别为 6.5%和 6.7%，不仅在东三省中最高，而且上半年追平了全国增速，2015 年和今年 1—8 月份，吉林工业分别增长 5.3%和 6.3%，投资分别增长 12.6%和 10.1%，经济总体出现企稳迹象。黑龙江去年和今年上半年 GDP 增速均为 5.7%，去年和今年 1—8 月份工业增速分别为 0.4%和 1.8%，投资增速分别为 3.6%和 5.6%，形势亦有所好转。辽宁 2015 年 GDP 增长 3%，今年上半年下降 1%，是全国唯一增速为负的省份；2015 年工业和投资分别下降 4.8%和 27.8%，今年 1—8 月份分别下降 8.6%和 62.2%，降幅进一步扩大，形势较为严峻。

二、东北经济大幅下行既有国际国内大环境的背景，更是其产业结构调整滞后与前期基数较高叠加的综合反映

近年来，国际经济金融形势严峻复杂，世界经济复苏疲弱，大宗商品价格深度下跌，金融市场震荡加剧，给我国发展带来诸多不利影响。我国经济发展进入增速换挡、结构优化和动力转换的新常态，产能过剩与供给不足的矛盾并存，企业生产经营困难较多，经济下行压力较大。在困难的国际国内环境下，东北经济难以独善其身。而经济结构单一和调整转型迟缓则是东北地区经济大幅下滑的主要原因。

东北地区"三高"的产业结构决定了经济容易起落，当环境趋紧时经济回落幅度会更大。总的来说，东北地区的产业结构表现为重工业比重高，尤其能源比重高和国有比重高。2015 年，辽宁和吉林第二产业比重分别为 46.6%和 51.4%，分别比全国高 5.7 和 10.5 个百分点，在工业产值中，重工业比重达 80%左右。吉林、黑龙江能源资源相关产业增加值占规模以上工业的比重超过 70%。一般来说，工业尤其是重工业发展对投资的依赖性更强，工业增长的波动性也明显高于其他产业。"十二五"时期，东北国有控股工业企业增加值、从业人员和资产占地区规模以上工业的平均比重分别为 36.0%、36.0%和 51.5%，分别比全国国有控股工业高 8.5、16.9 和 11.7 个百分点，加之东北国有企业多数布局在波动性大的重工业中，企业办社会等历史包袱较多，企业缺乏活力，调整较为困难，这也增加了东北经济剧烈波动的可能性。近两年，能源和主要工业品价格大幅下滑，重工业深度调整，导致以能源工业和重工业为主导产业的东北地区经济下滑幅度较深。同时，黑龙江、吉林两省农业比重分别为 17.5%和 11.2%，食品工业增加值占

规上工业比重分别为14.8%和17.5%，均远高于全国平均水平。去年以来，由于粮食价格持续走低，农业比较收益下降，农业经济受到较大影响，也一定程度上加大了东北经济下滑幅度。

进入新世纪后我国经济高增长和重工业化叠加，推高了东北地区传统行业产能，形成了较高基数，加大了本轮调整的深度。2002—2007年，全国普遍经历了一轮高增长，全国GDP增速由9.5%上升至14.7%，提高了5.2个百分点；固定资产投资增速由16.9%提高到24.8%，提升了7.9个百分点。同期，东北经济增速略高于全国，但投资增速远高于全国，其中辽宁投资增速由13.3%上升到32.1%，吉林投资增速由23.7%上升至41.7%，黑龙江投资增速由8.7%上升至27.0%，平均提升幅度超过18个百分点。2008年国际金融危机爆发，对我国经济带来巨大冲击，当年GDP增速由上年14.7%的高位回落至10.1%，回落幅度达4.6个百分点。由于东北地区经济外向度较低，受金融危机的冲击较小且较为间接，2008年辽、吉、黑三省经济增速分别仅下降1.6、0.1和0.2个百分点。2008年下半年后，东北地区经济再次快速上升。2010年是危机后经济增长的高点，全国GDP和投资增速分别为10.3%和25.7%，而同期辽宁、吉林和黑龙江经济增速分别为14.2%、13.8%和12.7%，平均高于全国3个点以上；投资增速分别为30.2%、24.1%和34.0%，平均高于全国4个点以上。从2007年和2010年金融危机前后两个增速的峰值来看，辽宁经济增速高出全国的幅度由0.8个百分点扩大到3.6个百分点，吉林高出幅度由1.9个百分点扩大到3.2个百分点，黑龙江由低于全国2.2个百分点转变为高于全国2.1个百分点。因此，国际金融危机影响下东北经济未经历实质性调整，尤其是投资持续高增长，推高了传统行业产能，为近年来经济增速大幅下滑埋下了隐患。

从历史数据看，每个经济周期东北经济的波动都较大，并不完全是近几年才有的特征。把1978年以来东北三省地区生产总值增速与全国增速进行比较，不难发现，东北三省经济增速的变化趋势与全国基本同步，但占东北经济总量70%以上的辽宁和吉林两省调整幅度则明显大于全国，即在全国处于上行期时，两省提高幅度大于全国，而在全国下行期时，两省下降幅度也大于全国。例如，上世纪90年代初期全国经历了一轮经济过热，全国经济增速由1989年的4.2%提高到1992年的14.2%，而辽宁由1989年的3.1%提高到1993年的14.9%，吉林由1989年的−2.5%提高到1992年的15.5%；随后，全国经济进入下行周期，全国及辽、吉两省经济增速均于1999年触底，分别比上一轮峰值下降6.5、6.7和7.3个百分点。1981—2015年，两省地区生产总值增速的标准差分别比全国高1.5和1.7个百分点，变异系数比全国高50%以上，离差的差异则更大。

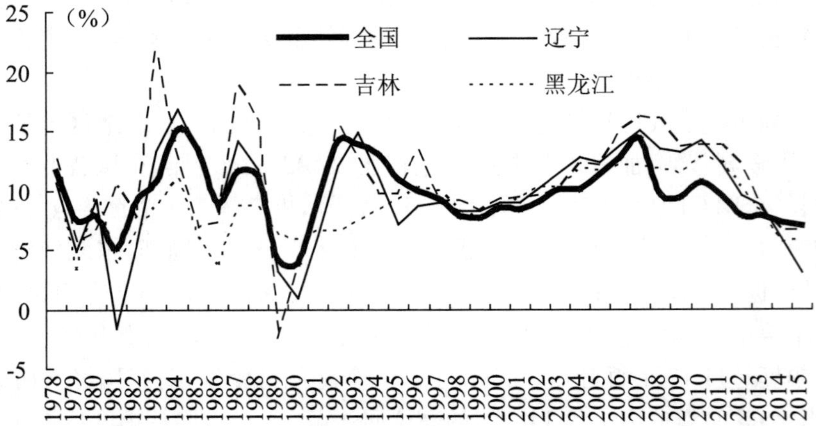

图 1.6.1　东北地区生产总值增速与全国的比较

表 1.6.1　东北地区生产总值增速数据特征(1981—2015 年)

指标	全国	东北	辽宁	吉林	黑龙江
标准差(百分点)	2.69	3.29	4.17	4.43	2.45
均值(%)	9.80	9.69	9.83	10.93	8.73
变异系数	0.27	0.34	0.42	0.41	0.28
最大值(%)	15.2	14.2	16.8	21.70	12.7
最小值(%)	3.9	2.4	−1.6	−2.5	3.5
离差(百分点)	11.3	11.9	18.4	24.2	9.2

三、近期辽宁投资增速大幅回落既有经济因素的影响,也有非经济因素的作用,但近期有趋稳的苗头

(一)近期辽宁投资增速回落是投资意愿下降、历史基数高、项目落地少等多种因素共同作用的结果。

一是投资环境不佳和投资能力下降。工业产品价格持续下滑,影响了企业投资积极性。2015 年,辽宁工业生产者价格(PPI)下降 6.1%,降幅比全国大 0.9 个百分点,今年 1—8 月份,下降 3.3%。企业和政府投资能力下降。企业利润下滑严重影响了企业投资能力。2015 年辽宁规上工业企业利润下降 38.1%,降幅比全国大 35.8 个百分点。财政收入下降制约了政府投资能力。2015 年辽宁地方财政收入下降 33.4%,而全国公共财政收入增长 8.4%。债务高企恶化了区域融资环境。2015 年全省债务率高达 157.7%;近几个月,东北特钢连续 7 只债券违约,规模共计 47.7 亿元,严重影响了区域金融生态和企业信用,抬升了企业募集资金的难度和成本。

二是投资长期高增长抬升了基数。2004 年东北老工业基地振兴战略实施以来，工业化快速推进，特别是举办全运会等带动房地产和基础设施投资大幅增长，一定程度透支了投资需求，加剧了制造业产能过剩和房地产库存高企局面。2004—2012 年是辽宁经济的“黄金期”，期间投资增速最高达到 45.7%。2001—2003 年，辽宁投资额累计占全国比重为 3.9%，2004—2012 年提高到 5.8%。投资基数较高，后续项目减少，难以接续。2014 年、2015 年和今年上半年，辽宁投资连续负增长，其中 2015 年和今年上半年分别下降 27.8%和 58.1%，投资规模从 2013 年全国第 3 位下降至目前的第 23 位。

三是促投资项目落地的积极性不足。工业比重大、大型国有企业多的经济特征，决定了辽宁经济增长对地方政府的依赖程度较高，长期以来形成了由地方党政领导带队招商引资、积极进京申报项目、现场办公协调项目落地的模式，可以说，地方党政领导的积极性和主动精神是决定辽宁等老工业基地经济状况的重要因素。但近年来，一些地方领导抓项目的积极性有所下降，依靠领导干部推动地方经济增长的传统机制效果弱化。今年 1—9 月，全省新开工项目 3887 个，同比减少 67.4%；在建项目 6635 个，减少 57.9%。

（二）从相关指标的关系看，辽宁经济基本面在下滑中有趋稳的一面。

一是从结构看，辽宁在产业结构、所有制结构和产业门类方面，总体好于吉林和黑龙江。2016 年上半年，辽宁第二产业比重为 42.7%，尽管高于黑龙江，但比吉林低 12.8 个百分点；规模以上国有及国有控股工业增加值占比为 32.3%，比吉林和黑龙间分别低 1.3 和 23.8 个百分点。从产业丰富程度看，黑龙江经济增长严重依赖能源，吉林增长则受汽车行业影响很大，而辽宁在钢铁、石化、装备制造等行业具有多点支撑。

二是从外贸看，辽宁情况总体也好于吉林和黑龙江。三省中作为外向度最高的辽宁，2015 年和今年 1—8 月份货物进出口总额分别下降 15.1%和 8.1%，同期吉林分别下降 27.6%和 0.8%，黑龙江分别下降 45.6%和 28.3%。

三是相对于投资增速大幅下滑，民生指标总体稳定。在财政运行十分困难的情况下，2013—2015 年全省涉及群众利益的民生支出占一般公共预算收入的比重均超过 7 成，今年上半年达到 78%，全省消费、物价和就业等指标总体平稳。消费市场平稳增长，1—8 月份社会消费品零售总额增长 8.1%；物价平稳运行，CPI 同比上涨 1.5%。上半年全省城镇新增就业 24.5 万人，调查失业率尽管高于全国，但和前两年相比也没有明显上升。

四、下阶段吉林、黑龙江有望延续平稳运行态势，辽宁触底回升可能性较大

下一阶段，国内外经济形势依然严峻复杂，东北地区传统支柱行业面临比较繁重的去产能、去库存压力，国有企业包袱沉重，资源枯竭型城市转型任务艰巨，同时新产业、新业态、新模式等尚处于孕育成长阶段，新旧动力接续尚需时日，经济下行压力仍然较大。但由于主要原材料和工业品价格走势企稳以及国家密集出台有力的支持政策，以及经过前期大幅调整后，主要经济指标基数已经较低等原因，东北经济继续下跌的空间已经较小。

一是部分大宗商品和原材料价格企稳，有利于改善市场环境并带动相关领域投资增加。市场供求关系有所改善。全国生产资料出厂价格(PPI)同比降幅自1月份以来连续收窄，9月份转正，环比价格自3月份以来的7个月只出现了一次负增长，其他6个月均为正增长。钢铁、煤炭等产品价格明显回升。例如，截至10月14日，国内螺纹钢价格比上年同期上涨22.4%，热轧卷板价格上涨38.2%；整个钢铁业出厂价格自3月份以来持续上涨，9月份同比上涨10.1%；截至10月12日，环渤海动力煤价格指数为570，比上年同期上涨43.9%。去产能去库存效果初显。截至10月14日，全国主要城市螺纹钢库存比上年同期减少11.1%，热卷(板)库存减少19.8%；截至10月17日，京唐港和秦皇岛港煤炭库存分别比上年同期减少50.0%和52.6%。随着去产能、去库存进程的推进，大宗商品和主要原材料的供求关系将进一步改善，相关价格有望进一步企稳回升，有利于改善钢铁、煤炭和装备制造等支柱产业的市场环境并带动相关领域投资增加。

二是国家倾斜政策力度加大，有利于促进老工业基地加快发展。党中央、国务院对东北振兴非常重视，习近平总书记、李克强总理多次亲临东北视察工作，极大鼓舞了东北广大干部群众士气。近期，国家密集出台了一系列支持东北老工业基地发展的重大政策措施，尤其是三年滚动计划明确了127个重大项目，涉及交通、能源、水利、工业、农业和城乡建设等，预计总投资规模在1.6万亿元左右。这些项目有利于补短板、增后劲，促进新产业成长，对东北振兴具有全局性重要影响。近日，国务院又决定在辽宁设立自贸区试点，有利于加快东北外向型经济发展。

三是政策引导和市场培育，有利于加快新动能成长。高端消费、高技术产业和现代服务业的快速发展为东北经济发展增添了后劲。辽宁省新兴产业保持较高增速，1—9月份，辽宁省工业机器人、新能源汽车、光缆和数控金属切削机床产量分别增长28.7%、49.6%、15.6%和21.6%。作为吉林重点发展的装备制造业和医药产业1—9月份分别增长10.1%和11.6%，占工业经济比重达到11.0%和

9.0％。黑龙江大力发展高端食品、特色旅游和健康养老产业，今年规划林下经济产值1840亿元，1－8月份建设亿元以上旅游产业项目57个，截至2016年9月底，黑龙江省民间资本投资养老服务业重大项目共15项，累计上年度共计完成投资额40亿元。

四是从相关指标看，经济呈现筑底企稳迹象。今年1－9月份，辽宁工业用电量和铁路货运量分别同比下降1.0％和5.7％，降幅分别比上半年收窄1.2和2.2个百分点。吉林1－9月份工业用电量同比下降2.7％，降幅比上半年收窄1.9个百分点；1－8月份铁路货运量同比下降22.5％，降幅比上半年收窄6.9个百分点。黑龙江1－9月份工业用电量同比增长0.2％，而上半年为下降0.5％；铁路货运量同比下降0.2％，降幅比上半年收窄2.2个百分点。与此同时，房地产市场出现一定回暖迹象。2016年1－9月，辽宁省商品房销售面积和销售额分别同比增长了0.1％和4.4％。

五、加快促进各项改革和政策落地，坚定不移推进供给侧结构性改革和适度扩大需求，打牢东北经济振兴的基础

当前东北主要经济指标的回落，既是过去长期高增长的周期性回调，也是经济结构相对单一调整缓慢的必然结果，更是长期积累的体制性机制性矛盾的集中反映。今后一个时期，要扎实推进供给侧结构性改革，以新一轮东北振兴规划为契机，加快转变思想观念，加快落实相关政策，加快推进改革创新，加快培育新兴动能，对冲下行压力，促进升级发展。

一是着力转变思想观念，调动广大干部群众干事创业的积极性。引导干部群众正确认识东北发展中面临的暂时困难，克服“等靠要”的思想，树立发展信心，破格提拔使用一批敢于改革、善于创新的干部，建立正向激励机制。加强对东北地区干部交流培训，加大中央国家机关和东部发达地区与东北地区互派优秀干部交流任职的力度，鼓励东部地区优秀干部扎根东北地区工作。

二是着力落实相关政策，推动重大项目及早落地。认真落实中共中央、国务院关于新一轮东北振兴规划及相关配套文件精神，确保三年滚动计划中明确的127个重大项目按时落地，力争更多项目及早开工建设，提高效率，做到有部署、有安排、有督促检查。减少对传统行业的简单“输血式”扶持，避免进一步固化结构性矛盾。

三是着力深化国有企业改革，分离企业办社会职能。建立政府专项资金，用于支持东北地区国有企业分离办社会职能，安置分流富余人员，加强职工转岗培训，提高企业竞争力，并尽早启动该工作。进一步推进混合所有制改革和债转股试点，吸引社会资本以参股甚至控股方式进入。推进企业兼并重组，对确实扭亏

无望的“僵尸企业”果断实施破产清算。

四是着力优化市场环境，促进民营经济加快发展。东北地区民营经济发展滞后，民间投资下滑尤为严重。要深入推进“放管服”改革，大幅减少行政审批，放宽市场准入，优化市场环境，认真落实各项降税清费的政策举措，为民营经济发展创造良好环境。设立省级 PPP 引导基金，市场化法制化运作，撬动社会资本。支持东北地区设立民营金融机构，增加金融供给，引导实际利率下行，减轻企业融资成本。

五是着力防范和化解风险，兜牢民生底线。加强对财政金融风险监控，防止个别突发事件引发系统性风险。针对化解过剩产能所涉行业和企业制订就业安置计划，加大就业培训力度，对转岗职工开展免费技能培训。健全社会保障制度，将困难人群纳入低保范围，切实做好托底工作。

（作者：盛来运　毛盛勇　付凌晖　戴旻乐　郑鑫　房汉国）

1.7 我国经济稳中向好发展态势不可逆转

摘要:在稳增长、促改革、调结构、惠民生、防风险政策组合拳的作用下,我国经济运行总体平稳、稳中有进、稳中向好的发展态势没有改变,结构在调整中优化,动能在转型中升级,发展新常态的特征更加明显。

关键词:稳中有进 稳中向好 发展新常态

2017年4月份,部分经济指标增速有所回落,引发一些人对经济稳中向好态势可持续性的担忧。事实上,经济数据的短期波动是正常的,对比基数、工作日变动等非经济因素都可能引致同比增速的变化。因而,判断经济运行状况既要看增速,也要看其与就业、物价、收入等指标的匹配性,还要看质量、看结构、看后劲、看空间。综合分析,今年以来经济运行保持在合理区间,同时出现了质量提升、结构优化、后劲增强、动能壮大、空间拓展等更多积极变化,支撑经济保持中高速增长和迈向中高端水平的因素进一步增多,我国经济稳中向好的步伐更加稳健。

一、就业扩大、物价稳定、收入增加,提升了经济增长的质量

从五大宏观经济指标看,今年以来我国经济运行呈现增速回升、就业扩大、物价稳定、居民收入增加、国际收支改善的良好格局。经济增长稳中有升。一季度,国内生产总值同比增长6.9%,增速比上年同期加快0.2个百分点,比上年四季度加快0.1个百分点。经济增速连续7个季度保持在6.7%—6.9%之间,增长的稳定性不断提高。就业形势稳定向好。1—4月份城镇新增就业465万人,比上年同期多增22万人。4月份全国城镇调查失业率在5%左右,31个大城市城镇调查失业率为4.9%左右,均比上月和上年同月下降。物价水平温和上涨。1—4月份,居民消费价格同比上涨1.4%,涨幅比上年同期回落0.8个百分点。扣除食品和能源的核心CPI上涨2.1%,呈温和上涨态势。居民收入稳定增长。一季度,全国居民人均可支配收入同比实际增长7.0%,分别比上年同期和上年全年加快0.5和0.7个百分点,快于GDP增速0.1个百分点。国际收支状况改善。我国货物进出口回稳向好,综合货物贸易和服务贸易经常项目继续保持顺差,人民币汇率和外汇储备总体稳定。4月末,人民币汇率中间价为1美元兑人民币6.8931元,比

上月末升值0.09%；外汇储备余额30295亿美元，比3月末增加204亿美元，连续3个月回升。这些情况充分说明，我国经济不仅持续运行在合理区间，而且民生保障能力和人民群众获得感显著提升，经济发展可持续性提高。

二、供给侧结构性改革深化、实体经济趋好、产业优化升级，强化了经济可持续发展的基础

今年以来，去产能、去库存、去杠杆、降成本、补短板五大任务不断取得新进展。1—4月份，全国新退出钢铁产能3170万吨、煤炭产能6897万吨；4月末，商品房待售面积同比下降7.2%，降幅比3月末扩大0.8个百分点；3月末，规模以上工业企业资产负债率为56.2%，同比下降0.7个百分点；一季度，规模以上工业企业每百元主营业务收入中的成本为85.25元，同比减少0.15元；1—4月份，生态保护和环境治理业、公共设施管理业、水利管理业等短板领域投资同比分别增长50.4%、28.4%、16.1%，明显快于全部投资增速。"三去一降一补"扎实推进，促进市场供求关系继续改善，带动企业经营状况和预期持续好转。1—4月份，工业生产者出厂价格同比上涨7.2%，在调查的40个工业大类行业中，34个行业产品价格上涨，价格同比上涨的行业面在扩大。一季度，规模以上工业企业实现利润同比增长28.3%，增速比上年同期加快20.9个百分点。4月份，制造业采购经理指数为51.2%，高于上年同期1.1个百分点，连续9个月处于扩张区间；非制造业商务活动指数为54.0%，高于上年同期0.5个百分点，连续7个月保持在54.0%及以上的较高景气区间。与此同时，简政放权、放管结合、优化服务改革向纵深推进，财税、金融、价格等重点领域和关键环节改革持续深化，国有企业混合所有制改革首批试点稳步实施，"一带一路"高峰论坛成功举办推动我国对外开放向更高水平跃升，这些举措降低了企业制度性交易成本，有效优化市场环境，提升市场活力，促进企业转型发展，重塑我国竞争优势。

在上述因素综合作用下，三次产业在调整中发展，在转型中升级，经济稳定发展的基础得到加强。农业生产形势稳定，生产结构和区域布局更趋合理。一季度，第一产业增加值同比增长3.0%，比上年同期加快0.1个百分点。工业经济稳中有升。1—4月份，规模以上工业增加值同比增长6.7%，增速比上年同期加快0.9个百分点；工业用电量增长6.9%，加快6.7个百分点；铁路货运量增长15.4%，上年同期为下降7.9%。服务业持续较快发展。4月份服务业生产指数同比增长8.1%，今年以来一直保持在8%以上较高水平。旅游、体育、健康、文化、养老和教育培训等幸福产业欣欣向荣。在三次产业中，服务业已经成为国民经济第一大产业，占据半壁江山，对经济稳定发展的作用不断增强。一季度，第三产业增加值占国内生产总值的比重为56.5%，比第二产业高17.8个百分点；服务业对

经济增长的贡献率为61.7%，比第二产业高25.6个百分点，是拉动经济增长的主动力。

三、消费为主、出口加快、投资跟进，增强了经济发展的后劲

在加大产业结构调整力度的同时，全国上下始终坚持以扩大内需为战略基点，深入发掘经济增长的内生动力，推动需求结构升级转换，内需成为拉动经济发展的主引擎。一季度，内需对经济增长的贡献率高达95.8%，高于外需91.6个百分点。消费对经济增长的贡献突出，消费驱动型经济发展模式初显。一季度，最终消费支出对经济增长的贡献率为77.2%，比上年同期提高2.2个百分点，高出资本形成总额贡献率58.6个百分点。消费增长稳中有快，1—4月份全国社会消费品零售总额超过11万亿元，同比增长10.2%，增速比一季度加快0.2个百分点。相比之下，虽然投资增势略缓，但结构优化改善的特征日趋明显。1—4月份，高技术产业和服务业投资同比分别增长22.6%和12.1%，均快于全部投资平均增速，为先进产能注入新动力。同时针对薄弱环节"点穴"发力，生态环保、公共设施、水利、交通运输等短板领域固定资产投资高位增长，有效纾缓了经济发展的后顾之忧。从外需来看，回稳向好态势明显，1—4月份全国进口、出口同比分别增长20.3%、14.7%，均保持两位数增长。消费成为稳定内需的压舱石，外需成为经济发展的助推器，从今后一个时期看，这一动力格局仍会不断地得以巩固。我国正处在消费结构升级的关键阶段，收入稳定增长和新型工业化城镇化深入推进，将持续释放消费和投资潜力。世界经济稳定复苏，也将为外贸回稳向好创造有利条件。4月份，外贸出口先导指数为40.7，环比回升0.5，预示下阶段外贸将呈现企稳回升态势。

四、科技成果加快产业化、创业创新蓬勃发展、新动能快速成长，激发了经济发展的活力

今年以来，创新驱动战略深入实施，创新引领作用不断强化，科技创新步伐不断加快，大众创业万众创新蓬勃发展，新产业、新业态、新模式、新产品不断涌现并茁壮成长，为经济持续健康发展注入新的强劲动力。国家科技重大专项加快部署实施，国家实验室建设顶层设计出台，集成电路、人工智能、生物技术等工程产业化步伐明显加快，海洋、太空、网络空间和基础设施等领域军民融合稳步推进。重大科技成果不断涌现，"天舟一号"货运飞船完成发射并与"天宫二号"空间实验室成功对接，具有自主知识产权的C919成功首飞，世界首台光量子计算机在我国问世，全球首次试开采可燃冰成功，成为世界第一个实现稳定开采海洋超级能源的国家。科技成果产业化效果明显。一季度，战略性新兴产业增加值同比增长

10.3%，增速比规模以上工业快3.5个百分点。1—4月份，高技术产业和装备制造业增加值同比分别增长13.1%和11.5%，增速分别比规模以上工业快6.4和4.8个百分点；医药制造业、电子及通信设备制造业、医疗仪器设备及仪器仪表制造业增加值同比分别增长11.3%、15.9%和11.6%，均快于规模以上工业增速。创业创新势头良好。1—4月份，全国新登记企业181万户，同比增长15.2%，日均新登记企业1.51万户；专利申请量95万件，同比增长6.5%。新业态新模式茁壮成长。“互联网+”行动计划推动线上线下加快融合，以网络销售和快递业为代表的互联网经济快速增长。1—4月份，全国网上商品和服务零售额19180亿元，同比增长32%。其中，商品零售额14618亿元，增长25.9%。完成快递业务量106亿件，同比增长29.8%。互联网金融、移动支付等新模式不断涌现，正逐步成为经济新的增长点。新产品新服务快速增长。1—4月份，工业机器人产量同比增长51.7%，运动型多用途乘用车（SUV）增长21.7%，太阳能电池增长18.2%，智能手机增长10.9%。旅游、文化、体育、健康、养老等幸福产业快速发展，分享经济广泛渗透，跨境电商、在线医疗、共享单车等新服务模式层出不穷。新动能不断积聚壮大，有利于掌握未来产业布局的主动权，占领产业发展的制高点。

五、三大战略稳步推进、四大板块良性互动、新的增长极蓄势崛起，拓展了经济发展新空间

在新理念新思想新战略引领下，“一带一路”建设、京津冀协同发展、长江经济带发展三大战略深入实施，东、中、西、东北四大板块协调发展，要素有序自由流动、主体功能约束有效、基本公共服务均等、资源环境可承载的区域协调发展新格局初步形成。三大战略协调推进。一季度，我国对“一带一路”沿线国家进出口总额同比增长26.2%，增速比全部进出口快4.4个百分点；对沿线43个国家非金融类直接投资29.5亿美元，占同期对外投资总额的14.4%，比上年同期提高5.4个百分点。京津冀协同发展取得新成效，雄安新区正式设立，北京城市副中心建设进展顺利。长江经济带支撑力度加大，下游产业向中上游有序转移，合理有效的产业分工协作格局逐步形成。“四大板块”良性互动。东部地区转型升级、开放创新走在前列，对全国发展的支撑引领作用日益突出。中西部地区后发优势继续发挥，主要发展指标增速明显快于全国。1—4月份，中、西部地区规模以上工业增加值同比增速分别快于全国1.2和1.0个百分点，固定资产投资增速分别快1.4和2.1个百分点。东北地区经济运行有所企稳。1—4月份，东北地区规模以上工业增加值同比增长0.7%，上年全年为下降3.1%；固定资产投资（不含农户）下降18.7%，降幅比上年全年收窄4.8个百分点。区域之间协调发展，使得产业合理梯度转移，资源要素高效配置，分工协作更加深化，有利于将不同地区发展差距所

产生的“势能”转化为经济发展的“动能”，形成新的增长极和增长带，不断拓展经济发展的新空间。

总之，在稳增长、促改革、调结构、惠民生、防风险政策组合拳的作用下，我国经济运行总体平稳、稳中有进、稳中向好的发展态势没有改变，结构在调整中优化，动能在转型中升级，发展新常态的特征更加明显。预测全年我国经济能够保持中高速增长，发展的预期目标能够实现并在实际工作中争取更好结果。展望未来，我国仍处于可以大有作为的重要战略机遇期，后发优势依然突出，长期积累的物质基础雄厚，新的增长动力正在加快形成，潜力足、韧性强、回旋余地大，我们完全有条件、有能力、有信心保持经济持续健康发展。但是，我们也必须看到，我国正处在新旧动能接续转换和转型升级的关键阶段，当前国际市场不稳定不确定因素较多，国内经济结构调整任重道远，困难和挑战依然不少。下阶段要更加紧密地团结在以习近平同志为核心的党中央周围，坚持新发展理念，坚持稳中求进工作总基调，坚持以供给侧结构性改革为主线，适度扩大总需求，大力深化创新驱动，有效引导社会预期，及时解决经济运行中的突出矛盾和问题，巩固经济稳中向好的发展态势。

（作者：郭同欣）

第二章　供给侧结构性改革扎实推进

2.1　江苏推进供给侧改革补短板问题研究

摘要:补短板是2015年中央经济工作会议提出的供给侧结构性改革五大任务之一。江苏发展短板主要是三次产业发展、有效需求、民生保障和基础设施、人力资源供给、绿色协调发展五大领域。究其原因有:投资驱动型发展模式导致经济发展不均衡性,城乡二元结构导致一体化发展过程中障碍较多,外向型经济比较优势正在下降,经济体制改革效应仍未充分发挥,创新发展的层次和深度有待提升,人多地少等省情导致发展面临诸多硬约束等。未来几年,江苏要明确补短板具体任务,加快补齐五大领域短板,为凝心聚力建设"两聚一高"新实践提供新支撑。

关键词:供给侧改革　补短板　五大领域任务

一、供给侧改革补短板的理论和现实意义

(一)补短板的理论意义

短板理论核心思想是:一只木桶盛水的多少,并不取决于桶壁上最高的木板,而取决于桶壁上最短的那块木板。中央经济工作会议系统提出了供给侧结构性改革"五大重点任务",补短板作为重点任务之一,是对"短板理论"在宏观经济管理领域应用的一次重要理论探索,体现了全面均衡发展、以人为本、协调发展的规律性和科学性要求,是一次经济学理论和实践层面的创新和突破。

(二)补短板的现实意义

一是补短板是经济保持中高速增长的重要支撑。1992—2012年,江苏经济连续21年保持两位数增长,2013年降至个位数,为9.6%,2014、2015年继续放缓至8.7%、8.5%,经济增速进入换挡期,补足短板为未来发展提供空间。二是补短板是经济社会协调发展的重要保障。江苏存在现代农业发展不充分、产业结构偏重、新动能新动力有待培育、民生保障与发达国家比较还有较大差距、城市基础设

施和交通基础设施不够完善等诸多短板问题，制约了经济社会持续协调健康发展。三是补短板是顺应广大人民群众的根本诉求。补足经济社会发展短板，是让改革红利、发展成果惠及广大群众的关键环节，是提升广大人民群众获得感、幸福感的重要组成部分。

二、江苏供给侧结构性改革中补短板的主要领域

（一）三次产业发展仍存在明显短板

1. 距农业现代化建设目标还有较大差距。一是农民增收压力很大。根据农业现代化目标，2020 年江苏 50％以上的农民年收入需达 3.2 万元，2015 年仅为 23.5％。2015 年江苏实现 411 万建档立卡低收入人口年收入达 4000 元以上的脱贫目标，全省农村低收入组人均可支配收入为 5529 元，同比增长 7.1％。按照 2020 年 6000 元/人的脱贫标准，建档立卡低收入人口收入需年均增长 8.4％左右，以目前增长情况看存在缺口。二是农业现代化水平较低。比如：2015 江苏高标准农田占比为 50％，与 2020 年目标差 10 个百分点；农业信息化覆盖率 57％，差 8 个百分点；新型农业经营主体中家庭农场经营比重为 30.5％，差 19.5 个百分点。三是苏北农村基础设施建设还需完善。2015 年苏北 22 个县（市）拥有公路里程密度为 1.22 公里/平方公里，比苏南 11 个县（市）、全省分别低 34％、16.7％。信息基础设施建设还需提速，苏北 22 个县（市）互联网宽带接入用户为 239.3 万户，为苏南 11 个县（市）的 72.9％。

2. 先进制造业规模仍旧偏小。一是传统、中间环节产品产量较大。2015 年 35 种主要工业产品产量统计，江苏化学农药原药（占全国 28.2％）、初级形态塑料（占全国 16.3％）、水泥（占全国 7.7％）、集成电路（占全国 34％）的产量居全国第一位，烧碱（占全国 11.9％）、化学纤维（占全国 29.6％）、钢材（占全国 12.1％），居全国第二位，这些工业产品大多处于产业链的中间环节，且高耗能、重污染的产品居多。二是工业企业研发投入和核心设备、部件生产能力仍旧薄弱。2015 年江苏制造业增加值率为 22.3％，低于全国平均水平 1.2 个百分点。重工业增加值占比为 71.7％，比广东、浙江分别高 9.3 个、14.8 个百分点。江苏先进制造业中部分关键设备和特种设备无法自行生产，主要依靠进口。2011—2015 年，江苏进口制造单晶柱或晶圆用机器装置 20.6 亿美元，进口制造半导体器件或集成电路用机器装置 64.3 亿美元，进口制造平板显示器用机器装置 34.6 亿美元，远高于出口规模。三是重工业、传统工业占比偏高。2015 年，江苏重工业比重达 71.7％，比广东、浙江分别高 9.3 个、14.8 个百分点；工业总产值中钢铁、化工、纺织占比分别为 6.5％、11.5％和 4.7％；传统产业效益欠佳，三行业利税占比 16％，低于产值占比 6.7 个百分点。四是高新技术产业结构不够均衡。2015 年，江苏八大高新技术产

业中，航空航天制造业实现产值仅 316.3 亿元，占高新技术产业产值比重为 0.5%，仪器仪表制造业、电子计算机及办公设备制造业、新能源制造业、生物医药制造业产值合计占比仅为 19.5%。

3. 服务业发展相对滞后。一是服务业规模有待壮大。2015 年，江苏第三产业增加值占 GDP 的 48.6%，低于全国平均 1.9 个百分点，比上海、广东、浙江分别低 19.2 个、2.2 个、1.2 个百分点。与美国(78.1%)、德国(69%)、日本(72.6%)等发达国家相比，差距更大。第三产业就业人数占比为 38.6%，远低于美国(81%)、德国(70%)、日本(69%)等国家。第三产业对经济增长的贡献率为 46.5%，分别低于广东、浙江 9.4 个、18.3 个百分点，与美国(57.2%)、德国(67.5%)、日本(55.4%)存在明显差距。二是互联网产业发展仍待提速。工信部发布的 2016 年"中国互联网企业 100 强"名单中，江苏苏宁云商仅居第 10 位，阿里巴巴、腾讯、百度居前 3 位。2015 年江苏信息传输、软件和信息技术服务业占服务业增加值的 5.49%，比广东、浙江分别低 0.7 个、2.44 个百分点。电子商务企业规模不大，2015 年江苏电子商务销售额 5193.5 亿元，占全国比重仅 5.7%，比广东、上海、北京分别低 9.3 个、8.3 个和 5.8 个百分点；电子商务采购额达 4315.3 亿元，占全国比重为 8.1%，比广东、北京、上海低 10.8 个、9.7 个和 3.3 个百分点。

表 2.1.1　江苏与发达地区与国家比较情况

地区/国家	第三产业增加值占 GDP 比重(%)	第三产业就业人数占比(%)	第三产业对经济增长贡献(%)
全国	50.5	42.4	53.7
江苏	48.6	38.6	46.5
上海	67.8	62.9	94.4
浙江	49.8	38.5	64.8
山东	45.3	35.2	45.0
广东	50.8	36.9	55.9
美国	78.1(2013)	81.0(2014)	57.2(2013)
德国	69.0(2014)	70.0(2014)	67.5(2013)
日本	72.6(2013)	69.0(2013)	55.4(2013)

数据来源：《中国统计年鉴》、世界银行数据库，美德日第三产业对经济增长贡献率按照 2005 年美元不变价计算得出。

(二)有效需求仍存在结构性矛盾

1. 持续提升有效投入仍待发力。一是投资效果系数偏低。"十五"、"十一五"

期间，江苏投资效果系数一直保持在0.3左右，其中2004年最高达到0.41；2008年国际金融危机之后，2009年投资效果系数回落至0.18，但2010年大幅回升至0.32。进入“十二五”之后，江苏投资效果系数逐年降低，至2015年降为0.11。从全国各地投资效果系数看，2015年江苏投资效果系数居全国第5位，低于上海(0.22)、北京(0.22)、广东(0.17)和贵州(0.12)，与重庆、浙江基本相同(0.10)；江苏投资效果系数分别为上海、北京的50%，广东的66%。二是投资结构不够合理。2015年，江苏第三产业投资占比分别比北京、上海、广东、浙江低40.5个、35.2个、15.1个和16.1个百分点；生产性服务业中交通运输、仓储和邮政业投资占全部投资比重仅5.3%，分别比北京、上海、广东、浙江低4.2个、7.2个、4.7个和3.2个百分点；信息传输、软件和信息服务业投资占比仅1.4%，分别比北京、上海、广东低1.8个、0.6个、0.2个百分点。

2. 内需拉动力仍旧偏弱。一是消费贡献度不高。2015年，江苏人均社会消费品零售总额3.24万元，居全国第5位，比北京、上海、浙江、天津分别低31.8%、22.1%、9.2%和4.3%；最终消费率为50%，列全国第19位，分别比北京、上海、广东低13个、9.1个、1.1个百分点。2015年，江苏居民最终消费占GDP的36%，比全国低2个百分点，与发达国家美国(68.5%)、德国(55.3%)、日本(61.1%)的60%左右还有很大差距。二是消费提档升级仍需加快。2015年，江苏居民恩格尔系数为28.9%，居全国第13位，高于北京(22.4%)、上海(26.7%)、山东(28.6%)。与发达国家比较，江苏恩格尔系数仍远高于美国的8.9%(2012)、德国的14.9%(2012)、日本16.3%(2010)。

3. 对外贸易结构还需优化。从出口看，2015年江苏一般贸易和加工贸易出口同比分别下降2%和0.8%，一般贸易出口比重45.8%，同比下降0.6个百分点，比浙江、山东分别低32个、17个百分点。从进口看，2015年，江苏高新技术产品进口额占进口总额比重达43.8%，比2010年提高0.3个百分点，比高新技术产品出口额占比高出5.2个百分点。一般贸易进口额占比40.4%，比2010年提高6.3个百分点。

(三)民生保障和基础设施短板仍旧明显

1. 居民增收任务繁重。一是人均可支配收入与人均GDP之比偏低。美国、德国人均可支配收入占人均GDP比重分别为71.6%、71.8%，从国际经验来看，合理的居民收入占GDP比重应在60%左右。2015年，江苏人均可支配收入与人均GDP之比为33.6%，比全国平均低10.3个百分点，比上海、广东、浙江、山东分别低14.4个、7.7个、12.2个和1.8个百分点，在全国31个省市区中排名29位。二是居民收入差距仍然较大。2015年江苏城镇高收入组人均可支配收入是低收入组的5.57倍，高于广东(4.75倍)、浙江(4.66倍)；江苏农村高收入组人均可支配收入是低收入组的6.29倍，与浙江(6.04倍)基本持平，高于广东(5.1倍)。从收入内部结构来看，2015年江苏经营净收入占居民人均可支配收入比重为15.1%，比浙江、山东分别低2.3个和7.3个百分点；财产净收入占8.6%，比广东、浙江分别低1个、2.9个百分点。

2. 民生保障体系有待进一步完善。一是教育投入占比仍旧偏低。2015年，江苏教育经费支出占GDP比重为2.5%，低于全国平均水平1.1个百分点。比广东、浙江分别低0.3个、0.4个百分点。世界主要发达国家教育投入占GDP比重大多在4%以上，部分国家投入占比超过5%，其中美国5.2%(2011)、英国5.8%(2011)、德国4.9%(2012)、俄罗斯4.2%(2012)、日本3.8%(2012)。二是医疗卫生服务还需加大投入。2015年，江苏每千人拥有医疗卫生机构床位数为5.19张，居全国第14位。与国际发达国家比较，德国每千人拥有医疗机构床位数为8.2张(2009)，日本为13.7张/千人(2009)、韩国为10.3张/千人(2009)。2015年，江苏每千人拥有注册(助理)医师数为2.4个，比上海、浙江分别低0.2个和0.5个百分点；与发达国家比较，2010年高收入国家每千人拥有医生数平均为3个，其中，德国为3.8个/千人(2011)、日本3.3个/千人(2011)、韩国2.1个/千人(2012)。

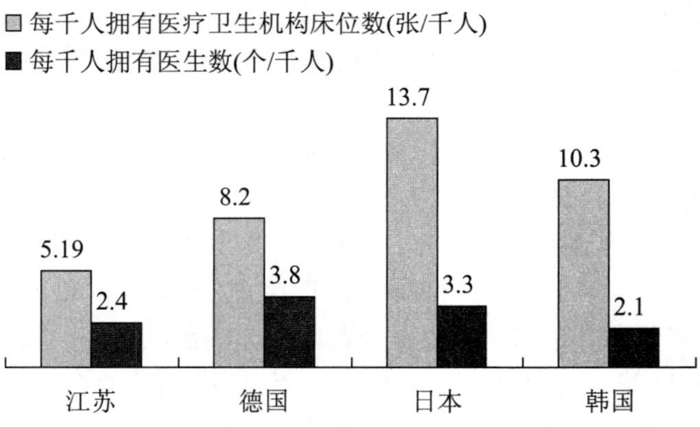

图2.1.1 德、日、韩、江苏万人拥有医疗卫生机构床位数

3. 基础设施供给能力有待加强。一是铁路及港口建设不够完善。2015年，江苏铁路营运路网密度为25米/平方公里，为山东的78.6%。国家列统的23个规模以上沿海港口中，江苏仅有连云港1个，山东4个(烟台、威海、青岛、日照)、广东4个(广州、深圳、湛江、汕头)、浙江3个(舟山、台州、温州)，且连云港货物吞吐量仅列苏鲁浙粤12个沿海规模港口中的第9位，码头长度列第15位，泊位数列第18位，万吨级泊位数列第11位。二是新兴基础设施供需仍有矛盾。网络信息基础设施发展有待提速，2015年江苏互联网普及率为55.4%，在全国范围内居第8位，落后于北京、上海、广东、福建、浙江、天津、辽宁。电动汽车充电桩建设有待加速，截至2015年江苏建成电动汽车交直流充电桩1.22万个，与“十三五”建成20万个充电桩目标还有很大差距。

（四）人力资源供需结构性矛盾突出

1. 人口结构对经济增长带来隐忧。2015年，江苏总抚养比为35.59%，按照抚养负担压力从小到大列第12位，远大于北京、上海、浙江等地，比人口大省广东还高5.1个百分点。从少年儿童抚养比来看，2015年江苏少年儿童抚养比为18.39%，低于全国平均水平4.2个百分点，比广东、山东分别低2.5个、4.3个百分点，居全国第23位，少年儿童抚养比过低，表明未来潜在劳动力人口持续增长难度较大，同时，未来消费人口和消费规模也将受到一定影响。从老年人口抚养比看，2015年，江苏老年人口抚养比为17.21%，比上海、广东、浙江、山东分别高0.7个、7.6个、2.4个和1个百分点，比全国平均水平高2.9个百分点。

2. 受教育人口占比偏低。2015年，江苏高等教育毛入学率为52.3%，2010年美国达93.3%、英国60.5%、日本58.1%，江苏高等教育毛入学率与发达国家相比还有一定差距；与国内部分省市比较，2015年浙江达56%，上海、北京、天津均达60%以上。从受教育人口数量来看，2015年江苏6岁及以上人口中，拥有高中学历的占比达12.8%，居全国第11位；拥有大专及以上学历人口占比达16.4%，比北京、上海、天津、陕西、辽宁分别低25.9个、12.3个、6.9个、1.3个和0.5个百分点，居全国第6位。

（五）绿色协调发展任务仍旧较重

1. 绿色发展任重道远。一是资源开发利用接近红线。江苏国土面积10.72万平方公里，居各省区倒数第4位；水资源总量399.3亿立方米，居全国第18位；森林面积162.1万公顷，居全国各省区末位。人均水资源量少，2015年江苏人均水资源量仅730.5立方米，居全国第21位，远低于广东、浙江。开发利用面积占比高，2015年，建设用地占国土面积比重为21.18%，居全国第4位，仅低于上海、北京、天津3个直辖市，比广东、浙江、山东分别高10.02个、8.59个和3.32个百分点。二是绿色低碳循环发展仍有差距。2015年，江苏能源消费总量比广东、浙江分别高出3%、54.2%；江苏废水排放总量列全国第二位，仅次于广东。2015年，江苏工业源废水、二氧化硫、氮氧化物和烟粉尘排放总量分别比广东高27.8%、22.4%、28.2%、104.1%。2015年，江苏每万元GDP一次能源消费量达0.43吨标准煤，高出广东单位GDP能耗6.8%。江苏每万元工业增加值能源消费量达0.83吨标准煤，高出广东36.5%。江苏单位工业增加值废水、二氧化硫、氮氧化物和烟粉尘排放强度分别比广东高38.1%、32.3%、38.5%和120.6%。三是高能耗行业占比仍旧偏高。2015年江苏规模以上工业总产值中，七大高能耗行业产值占比达31.1%，能源消费量占规上工业能源消费总量的84%。高能耗行业单位万元产值能耗是全部规上工业的 2.7 倍，是非高耗能行业的 11.6 倍。

表 2.1.2　2015 年苏粤浙鲁部分环境容量指标

	江苏	广东	浙江	山东
人口密度(人/平方公里)	744	604	544	624
建设用地占国土面积比(%)	21.18	11.16	12.59	17.86
人均水资源量(立方米/人)	730.5	1792.4	2547.5	171.5
森林覆盖率(%)	15.80	51.26	59.07	16.73

2. 区域协调发展短板。一是综合实力存在较大差距。2015 年，苏南全社会劳动生产率为 20.7 万元，是苏中、苏北的 1.5 倍和 2.2 倍；人均 GDP 为 12.5 万元，是苏中、苏北的 1.5 倍和 2.3 倍；人均一般公共预算收入为 12594 元，是苏中、苏北的 1.6 倍和 2 倍。二是工业化、城镇化存在较大差异。2015 年，苏南第三产业增加值占 GDP 比重达 51.2%，比苏中、苏北分别高 6.2 个和 7.4 个百分点；高新技术产业产值占规上工业总产值比重为 45.1%，比苏中、苏北分别高 3.1 个和 14.5 个百分点；城镇化率为 75.2%，比苏中、苏北分别高 12.8 个和 16.1 个百分点。三是居民收支存在较大差异。2015 年，苏南居民人均可支配收入为 39476 元，是苏中、苏北的 1.5 倍、1.9 倍。四是教育资源分布存在较大差异。2015 年末，苏南拥有普通高校 92 所，分别是苏中、苏北的 5.4 倍、3.3 倍；拥有普通中专 89 所，分别是苏中、苏北的 3.7 倍、1.5 倍。苏南平均每所高校拥有专任教师数为 834 个，苏北仅 632 个。

3. 城乡一体化发展短板。一是城乡生活品质差距较大。2015 年江苏城乡人均可支配收入比为 2.29:1，高于浙江的 2.07:1。农村常住居民人均消费型支出占人均可支配收入比重为 79.2%，高于城镇常住居民 12 个百分点。农村居民消费中，食品类消费支出占比达 31.7%，高于城镇居民 3.6 个百分点；但教育文化娱乐类消费支出占比仅 10.2%，低于城镇居民 2.1 个百分点。二是城镇化水平有待进一步提升。2015 年江苏城镇化率达 66.5%，低于广东 2.2 个百分点；与美国(81%)、德国(75%)、日本(93%)等发达国家相比仍有很大差距，与金砖国家相比，低于俄罗斯(74%)、巴西(85%)。三是农业转移人口市民化压力较大。根据中国社科院研究资料，东部地区农业转移人口市民化公共成本达 17.6 万元/人，全省城镇化率每提升 1 个百分点，需承担 1404.5 亿元公共成本，相当于 2015 年全省一般公共预算收入的 17.5%。尤其在苏北地区城镇化率提升 1%，需承担 528 亿元公共成本，相当于 2015 年苏北地区一般公共预算收入的 28%。

三、江苏经济社会发展短板的成因分析

(一)投资驱动型发展模式导致经济发展不均衡

20 世纪 90 年代以后,江苏进入以高储蓄为特征的投资驱动阶段,1990—2015 年年度平均投资率接近 50%,大约高出 22%—25%这一国际公认标准线的 1 倍。高投资必然对消费产生挤出效应,近年来江苏投资率最高的年份是 2004 年,高达 53%,消费率为 41.5%,其中居民消费仅为 29.5%。在 2001 年至 2010 年间,投资率从 36.5%上升到 48.6%,而消费率相应地从 61%下降到 47%。长期高投资主要集中在工业领域,挤压农业和服务业发展,也导致部分行业产能过剩。2015 年江苏服务业投资仅增长 8%,增速比 2014 年大幅回落 12.4 个百分点;服务业投资 22782 亿元,占全部固定资产投资比重为 49.6%,低于全国平均水平(56.6%),分别低于浙江、广东 16.1 个、15.1 个百分点。

(二)城乡一体化发展过程中存在体制机制性障碍

目前,江苏城乡生活品质差距较大、城镇化水平偏低、农业转移人口市民化压力较大,主要原因在于城乡二元治理结构造成的深层次矛盾,导致城镇人口增长与土地扩张不匹配的程度较为严重,2005—2015 年江苏 13 个设区市市区土地面积从 21754 平方公里增长到 39383 平方公里,增幅为 81%;而市区总人口则从 2383.5 万人增长到 4084.3 万人,增幅为 71.4%。同时,进城务工农民工虽然生活在城市,但很难享受到医疗、住房等公共服务产品。

(三)江苏外向型经济比较优势正在下降

近年来,由于国际环境发生了深刻变化,江苏外向型经济的发展优势在一定程度上受到影响和冲击。2015 年,江苏消费、投资、净出口三大需求中,净出口对经济增长的贡献率仅为 1.5%,比 2010 年下降 4.5 个百分点。利用外资总额已呈现逐年下降趋势,2012 年江苏实际利用外资达到 357.6 亿美元的历史高位后,2013—2015 年分别为 332.6 亿美元、281.7 亿美元、242.7 亿美元,并且外资结构优化的速度、外资质量的提升依然滞后。

(四)经济体制改革效应仍未充分发挥

一是市场主体的活力不强。在全国民营企业 500 强排行榜中,2011 年江苏上榜企业 118 家,2015 年降至 91 家,而同期浙江入围 138 家。二是政府在调配经济资源方面参与度偏高,2015 年江苏政府消费支出达 9796.3 亿元,在全国 31 个省市区中位列第一;政府消费与居民消费结构比为 28:72,浙江为 24.3:75.7,山东为 22.3:77.7,广东为 23.6:76.4。三是要素市场活力不强,2015 年江苏上市公司在证券交易所筹集资金 1214 亿元,仅为浙江的 23.4%、广东为 38%。四是收入分配制度改革力度不够,2015 年,按收入法计算的江苏 GDP 构成中,劳动者报酬占比

仅为44.4%，低于广东(49.1%)、浙江(48%)。

(五)创新发展的层次和深度有待提升

江苏自主创新能力总体偏弱，目前制造业对外技术依存度30%左右，而美国、日本仅为5%左右，大型成套装备、高科技含量装备主要依赖进口。创新投入的转化效率不高，高校高科技成果转化率在10%左右，知识产权市场转化率只有3%左右。优秀的专业技术人才缺乏，2015年江苏大中型工业企业科技活动人员数111.99万人，比2014年减少3.01万人。

(六)特殊的省情实际导致发展面临诸多硬约束

江苏国土面积仅占全国的1%，却供养了全国6%的人口，人口密度是全国平均水平的5.2倍，生态环境承载空间较小，人均耕地不到0.9亩，仅相当于全国水平2/3；土地开发强度达21%，苏南部分地区已达28%，接近国际公认30%开发强度警戒线。早在1986年，江苏就比全国提前14年进入了人口老龄化社会。2010年全国第六次人口普查数据显示，江苏65岁及以上人口占总人口的比重已经达到10.89%，比第五次人口普查时上升2个百分点；2015年达到12.69%。

四、江苏供给侧改革补短板的目标和任务

(一)总目标

围绕中央关于补齐短板的部署，践行创新、协调、绿色、开放、共享的发展理念，充分发挥好政府和市场的双重作用，围绕薄弱处、关键处、紧要处，定向施策、分类指导、精准发力，补齐三次产业发展、有效需求、民生保障和基础设施、人力资源供需结构、绿色协调发展等领域的短板，拉长供需体系中的短板，解决聚焦影响供给体系质量和效率提高的突出瓶颈、影响全要素生产率提高的重点问题、影响市场主体活力释放的关键环节，增强经济增长动力，提高国民经济发展质量，厚植长远发展优势，实现经济社会均衡、协调、统筹发展。

(二)具体任务

1. 补齐三次产业发展短板，构建现代产业新体系。一是加快转变农业发展方式。加快发展土地经营规模100—300亩的农户家庭农场，每年培育300家左右省级示范家庭农场。规范发展农民合作社，每年培育省级示范社500家。积极扶持农业龙头企业，培育销售额达到百亿元的农业企业达20家。农业供给侧结构性改革加快推进，设施农业面积比重力争达到20%。发展规模畜牧业，生态健康养殖模式全面推广，打造一批标准化生产基地，畜牧业规模养殖比重达到90%以上。加快实施“互联网+现代农业”行动，农业电商年交易额力争达1000亿元，电商专业村镇数位居全国前列。二是先进、智能制造业成为工业新支撑。全国智能制造先行示范区建设取得初步效果，制造强省加快建设，《中国制造2025江苏行动纲

要》深入实施，到2020年建成1000个智能车间（工厂），两化融合发展指数达到100。三是战略性新兴产业逐步成为经济增长主体力量。2020年江苏主要网络交易平台交易规模将比现在翻一番左右，战略性新兴产业增加值占GDP比重达到15%。四是改造提升优势传统产业。“工业强基”工程深入实施，“互联网＋制造业”、“双百工程”项目、新产品新技术推广应用三大计划顺利推进，到2020年制造业质量竞争力指数达到88。五是现代服务业发展加快。打造“江苏服务”品牌，现代服务业发展五年行动计划深入实施，生产性服务业向专业化、网络化和价值链高端延伸，生活性服务业向精细和高品质转变。到2020年，生产性服务业增加值占服务业增加值比重提高到58%，金融业增加值占GDP比重达到9%左右。服务业集聚区提档升级，培育5—6家营业收入超千亿元的现代服务业集聚区。

2. 补齐有效需求结构短板，重塑经济增长动能。一是消费贡献率进一步提升。消费对经济增长的基础作用得到发挥，服务消费、信息消费、绿色消费、时尚消费、品质消费、农村消费等重点领域消费成为消费主流，2020年消费对经济增长的贡献率达到55%。二是有效投入稳步扩大。投资对增长的关键作用充分发挥，投资结构进一步优化，现代服务业、先进制造业、新兴产业、现代农业和重要基础设施、民生领域的投入力度增强，技改投入在工业投资中的比重提高，2020年工业技改投资占工业投资比重将达到55%左右，综合交通骨干网络基本覆盖县级节点，时速200公里以上的快速铁路通达80%县城，都市圈轨道网络有效支撑通勤同城化，通江达海的千吨级航道网基本建成，港口、机场、铁路客运站等综合交通枢纽布局合理、功能完善，交通基础设施养护管理水平迈入世界先进行列。到2020年交通基础设施投资规模比2015年翻一番左右。三是重塑外向型经济新优势。推动外贸向优质优价、优进优出转变，发展各种新型贸易方式，一般贸易出口占出口比重超过60%；利用外资质量提高，服务业扩大开放不断推进，服务业利用外资增速超过全部利用外资增速。

3. 补齐民生保障和基础设施短板，聚焦富民新突破。一是居民收入稳定增长。劳动者报酬占GDP比重稳步提高，就业形势稳定。居民人均可支配收入达到4.2万元左右、年均增长7.5%左右。工资水平决定机制、正常增长和支付保障机制逐步健全，最低工资标准适时适度调整，着重增加农民收入，确保农村居民收入增幅超过城镇居民。“十三五”时期，全省劳动者报酬占GDP比重年均提高0.5个百分点左右。大众创业取得新成绩，城镇新增就业人数年均增长100万人，城镇登记失业率低于4%。二是社会保障制度更加公平更可持续，基本公共服务体系建成。到2020年全省城乡基本社会保险覆盖率在98%以上，城镇常住人口保障性住房覆盖率不低于23%，劳动年龄人口平均受教育年限12.2年，基层综合性文化服务中心覆盖率不低于98%。三是确保人均年收入6000元以下的农村低收入人口脱贫。脱贫致富奔小康工程深入实施，努力减少相对贫困、促进共同富裕，确保包括低收入群体在内的全省人民一道迈入小康社会。四是社会事业发展水平提高。积极推进教育现代化、均衡化，高水平发展 15 年基础教育。推进“健康江苏”建设，健全现代医疗卫生体系，完善基本医疗卫生制度，努力为人民群众提供全方位、全周期的卫生和健康服务。

4. 补齐人力资源供需结构短板，铸造经济增长新引擎。一是劳动者素质明显提高，新人口红利有效支撑经济增长。到 2020 年，人力资本投资占 GDP 比重达 17%，每万名劳动者中高技能人才达 700 人；专业技术人才总量达 712 万人，增加 135 万人左右。二是区域创新体系进一步完善，着力推进以科技创新为核心的全面创新。随着创新驱动发展战略的深入实施，到 2020 年全省研究与发展活动经费支出占 GDP 比重达 2.8%左右，科技进步贡献率达 65%左右，企业每万名职工中科技人员数提高到 90 人，创新驱动将成为推动经济发展的主动力。

5. 补齐绿色协调发展短板，实现经济社会可持续发展。一是绿色发展成为鲜明特色，资源保护与利用水平大幅提升。土地开发强度控制在 21%左右，开发水平提高，自然资源变化动态监测机制加快建立。重大节能环保装备产品产业化，到 2020 年单位工业增加值能耗比 2015 年降低 18%，单位工业增加值用水量降低 20%，工业主要污染物排放量降低 10%，万元 GDP 用水量年均下降 25%、非化石能源占一次能源消费比重在 10%左右、资源利用效率的生产模式和方式基本形成，单位产出物质消耗减少，集约节约发展提升要素供给效率。二是生态环境明显改善。到 2020 年，集中式饮用水源地水质达到或优于Ⅲ类比例高于 98%，地下水、近岸海域水质保持稳定。空气质量达到二级标准的天数比例占到 72%、PM2.5 浓度年均下降 20%、地表水国控断面优于Ⅲ类水质比例在 70%、森林覆盖率达 24%。

五、江苏供给侧改革补短板的政策建议

(一)构建现代产业新体系

一是以提高服务业发展质量和效益为核心。突出生产性服务业发展的重中之重，充分发挥江苏制造业基础雄厚、创新资源丰富的优势，引导企业分离和外包非核心业务，鼓励企业向价值链高端发展。加快生产制造与信息技术融合，促进产业结构逐步由生产制造型向生产服务型转变，努力把生产性服务业打造成“江苏服务”的核心品牌。抢占互联网服务业发展的重大先机，以网络平台经济发展扩大江苏的规模优势经济，以现代服务业集聚区和示范区建设为载体打造跨界融合的产业链和产业集群。二是提升新兴产业竞争力。围绕战略性新兴产业发展中亟待解决的一些关键技术问题，布局若干制造业创新中心，开展协同攻关，突破

产业发展的瓶颈。加强对地方政府的指导,加快制定地方规划或具体的实施方案,避免地方政府围绕十大领域一哄而上,形成重复建设。三是实现农业现代化发展。加大对农业农村投入力度,健全农业支持保护体系。加快农业结构调整和产业化经营,构建现代农业产业体系,促进主导产业提升、特色产业扩面、多元复合经营、产业融合发展。实施藏粮于地、藏粮于技战略。坚持把基础设施和社会事业发展的重点放在农村,持续兴办农村实事,深入实施村庄环境改善提升行动,大力保护历史文化名镇名村,培育一批美丽宜居村庄。

(二)重塑有效需求引擎

一是增强消费的基础性作用。建立居民收入、消费与经济同步增长的联动机制,保证劳动工资增长与经济增长、企业利润增长同步。大力扶持中小企业发展,培育更多的具有高消费能力的中产阶层群体,让广大居民有能力消费。扩大服务消费,支持社会力量兴办各类服务机构,重点发展养老、健康、旅游、文化等服务。二是发挥投资的关键性作用。着眼全域空间优化,精准有效投入,以区域发展定位、产业聚集、基础设施网络化、产业发展融合化、可持续发展等为导向,谋划重大项目、重点工程。加快实施惠民生、补短板、调结构的项目,重点投向基础设施、民生改善、生态环境、区域协调等短板领域。高新技术和战略性新兴产业是江苏未来发展重要动力,重点拓展新能源、新材料、生物医药、智能装备等新兴产业发展空间,引导投资进入重点产业领域。三是重塑外向型经济新优势。更加主动地融入国家对外开放大战略,依托地处"一带一路"交汇点定位,放大向东开放优势,做好向西开放文章,加强与长江经济带建设、长三角区域发展一体化的战略互动,形成陆海统筹、东西互济、面向全球的全方位开放新格局。

(三)筑牢民生幸福基石

一是加快居民增收步伐。千方百计实现居民收入增长和经济发展同步、劳动报酬增长和劳动生产率提高同步,切实提高居民收入在国民收入中的比重,提高劳动报酬占初次分配的比重。提高工资和养老、失业、工伤、医疗、低保等保障标准及其政策的受益面,不断完善和实施临时救助制度,持续提高城乡低保水平,重点保障低收入群众基本生活。二是实现城乡一体化发展。突出人的城镇化导向,以资源环境承载能力为基础条件,综合考虑全省生产力布局总框架和未来发展变化趋势,构建以沿江、沿东陇海线为横轴,以沿海、沿大运河为纵轴的"两横两纵"的城镇化空间布局。三是确保人均年收入 6000 元以下的农村低收入人口脱贫。深入实施脱贫致富奔小康工程,确保包括低收入群体在内的全省人民一道迈入小康社会。四是坚持普惠性、保基本、均等化、可持续方向,增加公共服务供给,提高共建能力和共享水平。大力推进基本公共服务标准化,明确基本公共服务清单和分类建设标准,科学确定公共设施服务半径和覆盖人群,努力实现布局优化、普惠可及。

(四)构建基础设施网络

一是构建内畅外联的复合运输通道。以高速快速铁路、高速公路、高等级航道为骨干,打造"四纵四横"综合运输大通道。完善沿江城市群立体化综合运输网络,提升沪宁、沿江等大容量综合运输通道功能,规划建设北沿江高速铁路,统筹建设过江通道,强化对内对外沟通联系。二是打造一体化无缝衔接的综合交通枢纽体系。以各种交通运输方式深度衔接为重点,推动南京、徐州、连云港三大国家级和苏州、南通、淮安等区域性综合交通枢纽错位发展。三是建设畅达高效的综合交通网络。优先发展轨道交通,重点建设苏中、苏北快速干线铁路网和跨江通道,强化铁路干线、城际铁路、市域(郊)铁路和城市轨道的有机衔接,实现快速铁路网覆盖80%左右县级以上城市,形成"2小时江苏"快速交通圈。四是持续提升运输能力和服务水平。特大城市、大城市统筹利用干线铁路网资源,鼓励开行市郊列车,推进城际道路客运班线公交化运营和毗邻地区公交发展,构筑多样化城际客运网。

(五)创造人口新红利

一是深入实施科教与人才强省战略,更大力度推进人才优先发展,加快建设具有全球影响力和竞争力的国际化、高端化、特色化人才集聚中心,构筑人才驱动发展高地、人才环境建设高地和人才价值实现高地。实施重点人才工程计划,推动人才结构战略性调整。推行企业新型学徒制,打造"江苏技能状元"大赛等品牌。二是实施更加开放的人才政策,实施"十大领域海内外引才行动计划",组织"海外博士江苏行"等活动,广泛汇聚海内外高层次、高技能人才创新创业。鼓励江苏人力资源服务机构参与国际人才竞争与合作,推进国家级(中国苏州)和省级人力资源服务产业园、南京国家领军人才创业园、常州国家科技领军人才创新驱动中心等集聚区建设。三是转变政府人才管理职能,加快构建更加完善的人才发展体系和公共人才服务体系。加快苏南人才管理改革试验区建设,选择有条件的县(市、区)和单位开展人才工作综合改革试点。四是积极构建以人才创业孵化园为中心的企业主导型的人才创新创业模式,促进人才资源和其他生产要素的快速、高效结合。五是积极构建以产业技术应用为中心的高校、科研院所主导型的人才知识转化模式,促进人才智力资源转化为现实生产力。

(六)实现绿色协调新发展

一是深入践行绿色发展理念,力争实现生态环境质量的根本性好转。多方面齐抓共管,多领域协同并治,着力打好治气、治水、治土三大攻坚战。抓住当前最突出的环境问题,以减少化工污染、减少煤炭消耗总量为重点,从源头上为生态环境减负。要持续推进城乡环境综合整治,更大力度治理各类环境污染,切实消除各种环境风险隐患。二是全方位推动生态文明建设。统筹实施山水林田湖生态保护和修复工程,构建生态廊道和生物多样性保护网络,提升森林、河流、湿地、海洋等自然生态系统稳定性和生态服务功能。三是突出抓好重点领域、重点地区、重点行业的节能减排。建立以企业为主体的节能技术创新体系,推进省级以上开发区生态化、循环化改造。实施新一轮沿海化工园区环保专项整治。落实最严格的水资源管理制度。四是大力发展绿色经济。利用利益引导机制,培育绿色新兴产业,加强绿色技术研发,推动绿色产业集聚,延长产业链,提升价值链。培育绿色消费观和绿色消费行为,形成绿色消费与绿色生产的互动机制。五是加大生态保护力度。深入推进"绿色江苏"建设,坚定不移实施主体功能区制度,严格落实全省生态红线区域保护规划,加强重要生态功能区和生物多样性保护,深入推进节约集约用地。

(作者:李宝会　马丽　高斌)

2.2 广东推进供给侧结构性改革研究

内容摘要：本文简析了供给侧结构性改革的核心内涵，运用统计衡量指标对广东目前供给侧发展状况进行深入分析，找出当前供给体系的优势和短板，明确了广东供给侧结构性改革的推进方向，并提出相关政策建议。

关键词：供给侧　结构性改革

推进供给侧结构性改革，着力提高供给体系质量和效率，增强经济持续增长动力，是今后一段时期中国宏观经济调控的主旋律。本文旨在找出当前广东供给体系的优势和短板，明确广东供给侧结构性改革的推进方向，并提出相关政策建议。

一、推进供给侧结构性改革的理论背景

（一）供给和需求理论

西方经济学家对供给和需求的理论阐述主要有三个流派萨伊定律、凯恩斯主义、供给学派理论，这些理论强调供给与需求在不同的发展阶段对经济增长有不同的作用。一是供给可以创造需求，供给的增长决定于劳动力和资本等生产要素的供给和有效利用，市场会调节生产要素的供给和利用。二是需求影响供给，需求随着投资的增加，可以刺激消费增长和收入增长，从而增加就业，实现经济稳定增长。三是供给与需求关系保持平衡，供给过剩和需求不足都会导致经济失衡，影响可持续发展。可见，供给和需求理论核心在供需要均衡。针对供给和需求的失衡，一般有四种政策组合：双扩张，双紧缩，需求扩张、供给紧缩，需求紧缩、供给扩张。在实际应用中，具体采取什么组合，要视失衡的原因和供需政策的有效性而定。

（二）中国推进供给侧结构性改革的动因

为何要推动结构性改革？根本原因就是供需失衡。我们把供给侧结构性改革的动因归纳为三点：

第一，需求结构发生新的变化，供给结构适应不了需求的变化，导致供给和需求失衡。国内方面，随着居民收入的增加、财富的积累，追求高质量的生活成为必

然，但中国产品的质量往往满足不了这种需要，从而出现“海购之痛”。国外方面，全球市场的产品需求结构也已发生重大变化，当年需要中国生产廉价服装、箱包、鞋帽的国际市场，如今需要更高品质的产品，如果我们的生产还是止步不前，就不能满足市场需要了。

第二，无效供给过多，导致总供给超过总需求。根据供需理论，供给可以创造需求，但供给如果是无效的，创造不了有效需求，或者供给数量远大于需求总量，必然导致供需失衡，近年中国的情况就是如此。中国的钢铁、建材、汽车、房地产等领域都出现了产能过剩问题。这些主要领域的产能过剩，与前期刺激基础设施、基础产业发展政策直接相关。

第三，要素禀赋结构发生变化为供给侧结构性改革提供基础和条件。经过30多年的高速增长，中国的要素禀赋结构也发生了巨大的变化。劳动力从富裕走向短缺，资本从稀缺走向相对富裕，土地从宽松走向紧张，技术水平则有了大幅度的提升。这些变化对供给侧结构性改革提出了内在的要求，或者说改革具备了条件。

二、供给侧结构性改革的核心要义

（一）习近平总书记对供给侧改革的重要论述

可以说，从中央财经领导小组第十一次会议首提供给侧结构性改革，到中央财经领导小组第十三次会议提出坚定不移推进供给侧结构性改革，其中的政策逻辑一脉相承，意味着我国将以更加坚定的决心将供给侧结构性改革落到实处。这几次讲话，主要内容梳理如下：

第一，当前经济社会发展存在的最突出问题是存在结构性问题。随着我国由中等收入国家向高收入国家迈进，各种矛盾集中爆发。而各种矛盾的产生往往是因为发展存在诸多短板，出现结构性问题。而且结构性问题是当前最突出的问题，其矛盾的主要方面在供给侧。

第二，推进结构性改革是让中国经济健康发展、行稳致远的一项重大举措。当前中国经济正在经历一个变化的节点，长期的发展积累了庞大的经济总量，基数抬高，连续多年的两位数增长已经不可重复了。中国经济正进入呈L型走势的中高速增长时期。当下，国内经济面临经济增长速度下降、企业利润下降、工业品出厂价格下降、财政收入下降、潜在的风险特别是金融风险上升等“四降一升”的挑战，所以结构性改革显得更加迫切，而重点就在供给侧。

第三，推进供给侧结构性改革的根本目的是提高供给质量满足需要，使供给能力更好满足人民日益增长的物质文化需要。当前供给侧结构存在的主要问题是传统门类生产过剩。传统门类出现生产过剩不是因需求不足，或没有需求，而是需求变了。但供给的产品却没有变，质量、服务跟不上，已不能满足需求的变化，必须改善供给结构，实现由低水平供需平衡向高水平供需平衡跃升，不断创造和引领新的需求。

第四，供给侧改革要防止片面的观念。西方供给学派过分突出税率的作用，思想方法比较绝对，只注重供给而忽视需求、只注重市场功能而忽视政府作用。我们说的供给侧结构性改革，既强调供给又关注需求，既突出发展社会生产力又注重完善生产关系，既发挥市场在资源配置中的决定性作用又更好发挥政府作用，既着眼当前又立足长远。

第五，供给侧改革的主攻方向是减少无效供给，扩大有效供给，提高供给结构对需求结构的适应性，当前重点是推进“三去一降一补”五大任务。推进供给侧结构性改革，要从生产端入手，重点是促进产能过剩有效化解，促进产业优化重组，降低企业成本，发展战略性新兴产业和现代服务业，增加公共产品和服务供给，提高供给结构对需求变化的适应性和灵活性。简言之，就是去产能、去库存、去杠杆、降成本、补短板。

第六，供给侧结构性改革须用“创新、协调、绿色、开放、共享”五大发展理念来引领。供给侧结构性改革的五大任务是一个系统设计，要统筹兼顾，动态优化，积极推进，把新的发展理念体现到政策制定、工作安排和任务落实的各个方面，贯穿始终。五大发展理念中，“创新”居于首位。创新能力不强，是我国这个经济大块头的“阿喀琉斯之踵”，通过创新引领和驱动发展已经成为我国发展的迫切要求。

第七，供给侧结构性改革的本质属性是深化改革。推进供给侧结构性改革，不仅不能削弱政府宏观调控职能，而且要把供给管理和需求管理更好地结合起来，这样才能完成供给侧结构性改革任务，以最小的代价实现结构调整优化。

（二）供给侧改革的核心要义在创新

供给侧结构性改革，就是从提高供给质量出发，用改革的办法推进结构调整，矫正要素配置扭曲，扩大有效供给，提高供给结构对需求变化的适应性和灵活性，提高全要素生产率。从广东情况看，劳动力、土地、资本、创新等四大供给要素，正在发生变化。在人口红利下降、土地开发成本激增、资本投资效率递减、人才资源较为缺乏、科技创新能力不高的情况下，优化要素配置成为加快经济结构调整、提高经济质量的必然要求，成为经济发展动力从主要依靠要素驱动向创新驱动的必然要求。

综合习近平总书记多次对供给侧结构性改革的重要论述，可见推进供给侧改革的核心在创新。对于“三去一降一补”，可以理解为短期的解决方案，而创新才是长远的发展战略。有关文献表明，改革开放以来，技术进步对中国经济增长的贡献呈波动提升的趋势。根据广东科技厅的测算，2010—2014 年广东科技进步对经济增长的平均贡献率达到56.4%，比2007－2011年的平均水平提高5.7个百分点。而技术进步的本质就在创新，只有创新才能推动技术进步。创新包括知识创新、技术创新、制度创新和管理创新等，这些创新影响着企业生产经营的方方面面，从而推动经济社会发展。因此，创新才是供给侧结构性改革的核心要义，通过创新抢占核心产业的制高点才是提高经济质量效益的关键，推进供给侧结构性改革，就要找准方向，精准发力，推动创新。

三、广东供给侧存在的主要问题及发展机遇

（一）“十三五”时期广东经济发展面临的机遇和挑战

展望“十三五”时期，中国经济社会发展面临着国内外环境复杂多变的考验，同时也孕育着新的增长点，存在重大发展机遇。

从国际形势看，全球治理体系深刻变革，以我国为代表的发展中国家群体力量继续增强，国际力量对比逐步趋向平衡，有利于我国发展相对稳定的外部环境没有改变。全球范围内，新一轮科技革命和产业变革正在孕育兴起，西方发达国家认识到建立在科技创新和实业经济基础上的经济繁荣，远比金融创新和虚拟经济催生的经济繁荣更可持续，提出了“再工业化”、“回归实体经济”等举措，把科技创新作为产业更迭和经济持续发展的内生动力，加紧抢占科技制高点。另一方面，东南亚等一些发展中国家依托低要素成本，积极参与全球产业再分工，承接国际产业转移，广东制造业面临发达国家和其他发展中国家双向挤压的局面。

从国内形势看，国内经济步入以速度变化、结构优化、动力转换为特征的新常态，经济增长速度从高速增长转向中高速增长，经济发展方式从规模速度型粗放增长转向质量效率型集约增长，经济结构从增量扩能为主转向调整存量、做优增量并举的深度调整，经济发展动力从传统增长点转向新的增长点。总体看，我国经济发展长期向好的基本面没有变，经济结构调整优化的前进态势没有变，经济发展向形态更高级、分工更复杂、结构更合理的阶段演化趋势更加明显，新的经济增长动力正在加快形成并不断蓄积力量，发展前景十分广阔，我国发展仍处于可以大有作为的重要战略机遇期。

对广东来说，“十三五”时期经济社会发展所面临的困难和挑战主要集中表现在“双中高”两个方面：一是经济增长保持中高速压力较大。原因主要是内外需求减弱，特别是外需对经济增长的拉动力明显下降。国际金融危机之后，中国经济虽然保持了相对稳定，但也进入了速度换挡期、结构调整期、前期刺激政策消化期“三期”叠加的阶段，内需相对疲弱；同时，世界经济处于缓慢恢复的阶段，外需也远不及危机发生前的几年。特别是广东的外需受到国际加工业产业转移和国内产能转移“双重挤压”，出口形势比较严峻。二是经济结构保持中高端也不容易。

原因是转型升级远未完成，经济社会发展中的结构性矛盾依然突出。在30多年的较快发展中长期积累的一些结构性矛盾，不可能在短短几年得到化解，需要长期坚持。

因此，广东要在“十三五”时期实现经济持续稳定增长、经济结构持续优化调整的目标，机遇和挑战并存，关键是能否按照党中央的战略部署扎实推进供给侧结构性改革，破解发展中存在的结构性矛盾和问题。

（二）新形势下广东供给侧存在的主要问题

近年来，广东产业结构调整取得很大成就，经济增长质量和效益也保持提升，但在目前经济发展进入新常态的背景下，在考虑经济发展面临新挑战的背景下，从横向和纵向对比分析，广东在供给侧方面还有薄弱环节和问题，主要是：产业结构层次不优，增长质量效益不够，供给与需求不协调，资源环境约束趋紧，多方面发展不平衡等。具体表现在以下几个方面：

——产业层次低，结构不优。目前，广东产业结构虽呈“三二一”结构，但服务业占GDP比重仅为50.6%，而美国、日本、德国已经形成以服务业为主的产业体系。早在2013年，美国、日本、德国第三产业占GDP的比重已分别达78%、73%和68%，广东与发达国家相差了近18个百分点以上。与此同时，先进制造业、现代服务业和战略性新兴产业发展相对不足，发展水平低，尚未成为优势支柱产业。从全球产业链上看，广东产业仍然处于价值链的中低端，远远落后于美国、英国、以色列等国家，也落后于欧盟和日本等国家。制造业“代工化”现象明显，大都采取OEM的制造方式参与国际竞争，外贸出口值中接近40%是通过加工贸易方式实现的。出口增长较快的技术密集型产品其生产方式也是以加工组装为主要形式，产品呈低端化特征。目前，广东拥有自主核心技术的制造业企业不足10%，大部分基础专利技术仍掌握在欧美企业手中，电子信息产业中80%的专利技术来源于国外，汽车是广东的支柱产业，但广东生产的零部件占整车成本不到三成。

——产业发展质量效益不高。主要体现在投入产出效率，也即产业增加值率不高。2015年，广东产业总体增加值率为33.0%，与发达国家相比存在着较大差距，美国、日本、德国产业总体增加值率基本保持在40%以上，其中美国和日本高达50%以上。美国第二产业的增加值率在40%左右，日本在30%—40%之间，而广东只有21%—24%。美国第三产业的增加值率已经超过60%，日本在65%以上，而广东只有57%左右。广东的产业投入产出效益也在不断下降，2000年以来，广东投资效果系数多数年份在0.4以上，“十二五”时期在0.20左右波动，2015年进一步降低到0.17，投资产出低的情况没有得到改善，而且近年表现更加明显，大量的投资并没有产生相应较高的产出。企业劳动生产率相对较低，2015年广东制造业劳动生产率达到3.28万美元，而美国在2009年已达到8.70万美元，日本

2008 年为 8.05 万美元，德国 2007 年为 8.04 万美元，广东不及美日德一半的水平。

——产业供给与市场需求不适应。产业发展的结构失衡问题突出，产业有效供给不足与低效产能过剩并存。一方面，大多数行业的核心设备、关键零部件自主化程度不高，技术含量高、附加值高、档次高的产品严重短缺，高端消费需求在国内无法得到满足，大量中高端消费品、奢侈品从国外进口，甚至消费外溢。据有关部门统计，广东固定资产投资中有 2/3 的设备依靠进口，机器人和高端自动控制系统、高档数控机床 80%以上市场份额被国外产品占领。另一方面，低水平重复建设、产业结构雷同、产品同质化现象比较突出，低水平的生产能力过剩，无效供给过多，大量中低档产品市场严重供过于求，市场销售困难，价格持续低迷。高端产业在国内地位趋于下降，广东高技术制造业主营业务收入占全国比重由 2007 年的 29.1%下降至 2014 年的 23.8%。2015 年，广东高新技术产品出口仅增长 0.7%，劳动密集型产品出口增长幅度最大，说明广东出口产品更多面向的是中低端市场。

——产业发展对投资和资源过度依赖。在重化工业背景下，产业增长表现出对投资和资源的高度依赖特征，有其必然性，但过高的依赖程度，已经超出资源和环境的承受能力，产业结构演进的外部保障条件日益趋紧。广东土地资源节约集约利用程度不高，2014 年，广东建设用地投资强度为 134 万元/公顷，仅居全国第 13 位；2015 年，全省共有 8 个城市土地开发利用强度超过 25%，其中，深圳、东莞、中山、佛山分别达到 48.9%、47.0%、38.1%、37.2%，超过国际通行的城市生态宜居警戒线。广东经济增长方式依然粗放，虽然与自身相比，能源利用效率有所提高，单位产品能耗下降幅度明显，但与国际先进水平相比，能源利用效率明显偏低。目前，工业源仍然是造成广东大气污染的主要来源，造纸、纺织等传统产业是造成广东水污染的主要工业行业，电力、钢铁、水泥等重污染传统产业是造成广东大气污染的主要工业行业。长期积累的生态环境问题正在集中显现，生态环境保护治理和节能减排的压力不断加大。2015 年广东仍有 8.9%的省控江河断面水质劣于Ⅴ类，珠三角优质水源地比例仅为 78.8%，超过 15%的水质断面不达标。

——发展不平衡问题仍然突出。城乡区域发展不平衡问题尚未得到根本缓解，2015 年广东地区经济发展差异系数为 0.660，远高于全国和浙江、江苏，全省人均 GDP 最高的深圳是最低的梅州的 7 倍多。城乡、区域结构矛盾突出，社会发展滞后于经济发展，居民收入差距依然较大，城乡可支配收入比为 2.60∶1。“十二五”时期，广东在小康社会建设方面已经获得了长足的进展，预计在 2018 年可以基本实现全面小康，但目前还存在服务贸易占对外贸易比重、人均公共文化财政支出、城乡居民住房面积达标率、每万人拥有社会组织数等短板。这些短板既有经济方面的，也有社会民生方面的，如果不能切实解决将会影响全省率先建成小康社会目标的实现。

（三）广东供给侧结构性改革面临重要机遇

当前，创新已经成为国际竞争的重要着力点。透视全球产业创新和升级的历史，可以发现每一次全球大规模的经济危机都是全球产业创新的历史契机。70 年代因石油价格暴涨导致的全球经济危机发生后，日本抓住机遇，大力发展节能家电、汽车、微电子等为重点的现代制造业，顺利实现了产业创新，打破了美国在这些方面的垄断地位。80 年代，美国抓住机遇，大力发展以信息产业和金融服务业为代表的知识经济，产生了微软、INTEL 等巨擘，并通过金融创新掌握了全球资产价格的定价权，从而长时间左右世界经济走向。近年来，美国提出的“再工业化”，其实质是资源、资本、人力和技术等要素的深度整合和产业的全面创新升级。德国政府为了抵御国际金融危机对该国的冲击，提出“工业 4.0”战略，推动工业转型升级，打造资源整合大平台，夯实德国产业核心竞争力。韩国着眼于提升全球产业分工地位，提出加快推动新增长动力产业的培育和发展。

新一轮产业和工业革命引领的技术创新不断塑造出新产业，新能源、新材料、节能环保、生物医药和智能制造等新兴产业，重塑了传统经济的形态。特别是 2008 年国际金融危机之后，全球创新氛围达到历史新高。可以说，新技术革命的到来，给广东产业结构优化升级带来了重大机遇。如果能抓住机遇，及时有针对性地对产业结构进行调整，着力培育新产业，不断提升技术创新、技术进步和生产率，就可逐步实现产业向高附加值化和高技术化发展，由广东“加工”向广东“制造”，广东“制造”向广东“创造”转变，大幅提升产业国际竞争力和可持续发展能力。面对新形势，广东必须走出一条结构更优、质量更高、效益更好、可持续发展更强的产业发展新路，如何提升产业发展水平，推动产业发展向更高价值链，迈向中高端，是摆在广东面前的一道思考题和必答题。

四、广东供给侧结构性改革的主攻方向

推进供给侧结构性改革，不同时期应该有不同的战略和措施。从短期看，当前正在推进的“三去一降一补”，其化解的主要是当下经济发展中存在的突出矛盾，以促使经济趋于短期平衡。而从中长期看，重点应该在选准行业和领域，实施创新驱动发展战略，从而提升经济发展质量和效益，获得产业竞争优势。这是推进供给侧结构性改革的重点和关键，要把创新的理念内化在产业发展的重点领域和环节上。

从短期看，推进“三去一降一补”，关键在落实省委、省政府制定的《广东省供给侧结构性改革总体方案》及五个行动计划。通过推动“三去一降一补”改革，使

得供给结构对需求变化的适应性和灵活性得以提高，企业生产经营环境显著改善，生产经营成本和盈利水平回归合理，与供给侧结构性改革相适应的产业、土地、金融、财税、环保、价格等政策体系逐步健全，长效机制进一步完善，要素资源配置效率明显提升，创新能力稳步提高，新的发展动能持续壮大，形成多层次、高质量的供给体系，在更高水平上实现新的供需平衡。

从中长期看，创新驱动发展战略的实施，最后要落实到产业上、在企业上、在具体的产品和工艺上。创新资源是有限的，如何将有限的创新资源高效地配备在需要发展的产业上，就是我们需要考虑的问题。然而，产业发展的方向又在哪里？这就需要从全球产业价值链的角度出发，分析广东产业发展链条存在的薄弱环节，并通过创新手段努力向产业链的高端移进，提升产业发展的质量和效益。供给侧改革的目标是提高经济发展质量效益，从统计上衡量投入产出效率最主要的指标是增加值率。因此，首先根据增加值率指标数据对产业的效益状况进行细化分析，其次再结合创新驱动战略明确改革的主攻方向。

（一）广东产业结构调整和产业效益状况分析

1. 三次产业结构调整和经济效益提升情况

第一产业是基础产业，在工业化进程中发展速度不可避免处于相对缓慢的状态，其比重不断下滑。第二产业以工业为主导，其发展经历了从慢到快，又逐步放缓的过程。服务业在工业发展到一定阶段后必然加快发展，国际金融危机之后，工业发展放缓，服务业发展相对加快，服务业的比重稳步提升。2015 年，广东三次产业结构为 4.6:44.8:50.6。三次产业因其发展特性不同，产业发展效益也不同。

第一产业增加值率最高。2000—2015 年，广东第一产业增加值率基本保持在 60%左右，近几年有所提升，2013—2015 年超过 62%，2015 年为 62.8%。农业增加值率高的主要原因是土地的使用费用没有计算到中间投入中，农业生产成本主要是种子、化肥等，而且机械化程度也比较低，机器投入成本不多。近年农业增加值率提升，主要是现代农业发展加快，农业生产效益得到提升。虽然农业增加值率在三次产业中最高，但因为农业占比小，对整体经济效益的提升影响力不大。

第二产业增加值率最低，且长期徘徊不前。2000—2015 年，广东第二产业增加值率基本在 21%—24%之间，2011—2015 年保持在 22%上下。第二产业增加值率偏低，主要是工业增加值率偏低所致，2011—2015 年广东工业增加值率在 23%—24%之间，与农业和服务业增加值率相差甚远。

第三产业增加值率较高且稳定。2000—2015 年，广东服务业增加值率在 55%—59%之间，2011—2015 年稳定在 57%左右。第三产业比重在持续上升，同时其增加值率较高，这也意味着加快促进第三产业发展有利于广东整体经济效益的提升，有利于占据价值链的有利位置。

表 2.2.1　2000—2015 年广东三次产业占比及增加值率变动情况

年份	第一产业		第二产业		第三产业	
	占 GDP 比重（%）	增加值率（%）	占 GDP 比重（%）	增加值率（%）	占 GDP 比重（%）	增加值率（%）
2000	9.2	58.0	46.5	24.9	44.3	54.3
2001	8.2	57.4	45.7	24.6	46.1	55.3
2002	7.5	57.0	45.5	24.1	47.0	56.3
2003	6.8	57.0	47.9	24.0	45.3	57.2
2004	6.5	57.9	49.2	23.9	44.3	58.7
2005	6.3	58.4	50.4	23.9	43.3	59.1
2006	5.8	60.4	50.6	23.8	43.6	58.7
2007	5.3	60.1	50.4	23.2	44.3	58.5
2008	5.4	59.8	50.3	22.6	44.3	58.2
2009	5.1	60.2	49.0	23.2	45.9	58.3
2010	5.0	60.9	49.6	22.6	45.4	57.7
2011	5.0	60.8	49.1	21.7	45.9	57.2
2012	5.0	61.1	47.7	22.0	47.3	56.9
2013	4.8	62.3	46.4	21.9	48.8	57.0
2014	4.7	62.7	46.3	21.7	49.0	57.1
2015	4.6	62.8	44.8	21.7	50.6	56.8

综合三次产业看，2000 年以来，广东整体增加值率呈先降后升趋势，基本在 32.5%—35.5%之间波动，波动幅度 3 个百分点。近两年增加值率有企稳回升的趋势，2014 年为 32.6%，2015 年达 33.0%，这跟第三产业比重不断提升有直接关系。

与发达国家对比，广东产业增加值率还比较低。对比美国和日本，广东的差距主要体现在第二和第三产业上。美国第二产业的增加值率在 40%左右，日本在 30%—40%之间，而广东只有 21%—24%。美国第三产业的增加值率已经超过 60%，日本在 65%以上，而广东只有 57%左右。

与国内经济发达地区比，广东增加值率相对较高。虽然广东增加值率低于发达国家或地区，但明显好于国内经济发达省份。2014 年，广东增加值率比江苏高 0.2 个百分点，比山东高 5.3 个百分点，比浙江高 4.3 个百分点。其中，第一产业增加值率低于浙江，高于江苏和山东；第二产业增加值率略低于江苏，高于山东和浙江;第三产业增加值率低于山东,高于江苏和浙江。

表 2.2.2　2014 年广东与部分省增加值率比较

单位:%

产　业	广东	山东	江苏	浙江
合　计	32.6	27.3	32.4	28.3
第一产业	62.7	54.5	59.6	63.8
第二产业	21.7	17.3	22.1	19.2
第三产业	57.1	61.5	55.1	49.3

通过以上的对比分析,可以得出结论:从全球价值链看,广东产业尚处于相对低端和不利的地位,但在国内的产业竞争力还是很强,具备向产业链高端移进的条件和实力。

2. 广东农业产业结构调整和经济效益提升情况

经过多年的发展调整和转型升级,广东农业综合生产能力有较大提高。2015 年广东农业内部结构调整为:农业产值占 50.6%,林业占 5.4%,畜牧业占 20.2%,渔业占 20.2%,农林牧渔服务业占 3.5%。

表 2.2.3　2015 年广东农业分行业比重和增加值率

行　业	增加值率(%)	农业总产值占比(%)
农林牧渔业	62.1	100.0
农业	69.8	50.6
林业	74.5	5.4
畜牧业	45.4	20.2
渔业	59.8	20.2
农林牧渔服务业	41.3	3.5

从增加值率看,广东农业增加值率呈稳步提升态势,2000 年增加值率为 58.0%,2015 年提升到 62.1%,表明农业的经济效益在逐步提高。从内部结构看,林业增加值率最高,达到 74.5%;农业也比较高,为 69.8%,畜牧业和渔业相对低些(见表 2.2.3)。与全国和主要省份比,2014 年广东农业增加值率为 62.0%,比全国平均水平高 3.2 个百分点,比江苏高 2.5 个百分点,比山东高 7.7 个百分点,比浙江低 1.5 个百分点。由此可见,广东的农业产业结构和农业经济效益在全国处于前列,具备优势。

广东农业经济效益相对较好,主要得益于经济作物的发展、农业现代种养技术的推广运用和新型农业经营主体的发展。2015年，广东农业科技贡献率预计达到63.5%，较2011年提高近10个百分点，位居全国前列（略低于浙江），比全国平均水平高4个百分点。农业龙头企业、农民专业合作组织、家庭农场、种粮大户等农业新型经营主体迅速发展，目前，省级以上农业龙头企业达3300家，农民合作社3.6万多家，家庭农场4万家。新型农业经营主体的加快发展，提高了广东农业规模化、产业化、组织化、社会化水平，提高了农业经营规模，降低了生产成本，增加了农业经营收益。

3. 广东工业产业结构调整和经济效益提升情况

目前，广东已建立了比较齐全的工业门类体系，但主要集中在电子、家电、石化、汽车、电力等行业，特别是电子行业的比重已经超过20%，接近四分之一。

表2.2.4　2015年广东规模以上工业主要行业比重和增加值率

行　业	工业总产值（亿元）	产值比重（%）	增加值率（%）
规模以上工业	124649.16	100.0	23.6
计算机、通信和其他电子设备制造业	30658.71	24.6	21.2
电气机械和器材制造业	12428.41	10.0	21.8
电力、热力生产和供应业	6405.36	5.1	28.8
化学原料和化学制品制造业	6315.93	5.1	24.3
汽车制造业	5955.96	4.8	24.2
金属制品业	5855.38	4.7	22.9
非金属矿物制品业	5007.36	4.0	24.7
橡胶和塑料制品业	4860.96	3.9	23.5
纺织服装、服饰业	4073.91	3.3	24.4
文教、工美、体育和娱乐用品制造业	3934.30	3.2	20.4
通用设备制造业	3646.22	2.9	21.8
有色金属冶炼和压延加工业	3181.13	2.6	14.2
农副食品加工业	3130.38	2.5	13.7
纺织业	2639.51	2.1	22.2
专用设备制造业	2479.64	2.0	27.8
皮革、毛皮、羽毛及其制品和制鞋业	2460.87	2.0	28.1
黑色金属冶炼和压延加工业	2332.54	1.9	15.3
石油加工、炼焦和核燃料加工业	2331.04	1.9	35.1
造纸和纸制品业	2013.29	1.6	21.1
家具制造业	1873.33	1.5	25.0

续表

行　业	工业总产值（亿元）	产值比重（%）	增加值率（%）
食品制造业	1805.54	1.4	33.0
医药制造业	1484.49	1.2	29.6
铁路船舶航空航天和其他运输设备制造业	1241.12	1.0	21.4
印刷和记录媒介复制业	1218.89	1.0	27.4

从增加值率看，广东工业增加值率长期处于较低状态，基本没有超过25%，“十二五”期间在24%左右摆动，五年分别为22.9%、24.0%、24.3%、23.5%和23.6%。分行业看，规模比较大且增加值率较高的行业是电力（28.8%），化学原料和化学制品制造业（24.3%），汽车制造业（24.2%），非金属矿物制品业（24.7%），专用设备制造业（27.8%），皮革、毛皮、羽毛及其制品和制鞋业（28.1%），石油加工、炼焦和核燃料加工业（35.1%），食品制造业（33.0%），医药制造业（29.6%）。规模最大的电子行业，其增加值率只有21.2%，低于平均水平2.4个百分点。而且，电子行业的增加值率还主要依靠深圳的华为和中兴等大企业在支撑，2015年华为和中兴的增加值总量占全省电子行业的近三成，两家企业的增加值率均超过40%。

从广东的几大产业类别看，增加值率较高的行业恰恰不是先进制造业和高技术制造业，而是优势传统产业。从2011－2015年的情况看，先进制造业和高技术制造业的增加值率水平均比全省工业的平均水平略低，如2015年先进制造业增加值率为23.3%，其中的装备制造业增加值率为22.6%，高技术制造业增加值率为21.7%。而优势传统产业的增加值率要比工业平均水平高出0.6个百分点以上（见表2.2.5）。可见先进制造业和高技术制造业中，也有技术层次较低的行业，这些行业的自主创新不足，技术水平不高，从而拉低整体的增加值率。

表2.2.5　广东主要工业产业增加值率情况

单位：%

产　业	2011年	2012年	2013年	2014年	2015年
规模以上工业	22.9	24.0	24.3	23.5	23.6
先进制造业	22.3	23.3	24.0	23.3	23.3
＃装备制造业	21.2	22.5	23.4	22.8	22.6
高技术制造业	20.1	21.7	22.7	22.1	21.7
传统优势产业	24.1	25.4	25.5	24.4	24.2

与国内主要地区比，广东工业增加值率处于上游。2015 年，多个主要行业的增加值率都高于全国平均水平。如食品制造业、纺织服装服饰业、家具制造业、石油加工、化学原料和化学制品制造业、专用设备制造业、电气机械和器材制造业的增加值率均高于全国、鲁、苏、沪、浙。

综合这些情况可以得出结论：虽然广东的工业产业结构在不断调整和优化，在先进制造和高技术制造领域出现了一批具有国际竞争力的大企业，在全国也具有优势，但整体经济效益提升不快，多数行业仍处于国际分工的低端，附加值偏低。

4. 广东服务业产业结构调整和经济效益提升情况

从服务业的大类行业看，目前广东除了包罗万象的“其他服务业”外，第一大服务业是传统的批发和零售业，2015 年占服务业增加值的 20.7%；其次是金融业，占服务业的 15.6%；接着是房地产业，占服务业的 13.9%。从“十二五”时期广东服务业内部结构的变化看，批发和零售业的比重下降比较快，从 2011 年的 24.0%降至 2015 年的 20.7%，下降了 3.3 个百分点；交通运输和住宿餐饮业的比重也略有下降；而金融业上升比较快，从 2011 年的 12.7%提高到 2015 年的 15.6%，提升了 2.9 个百分点，充分体现了金融对经济发展的重要性；房地产业波动较大，但总体比重提升，从 2011 年的 13.3%提高到 2015 年的 13.9%。

表 2.2.6　2011—2015 年广东服务业行业结构

单位：%

行　业	2011 年	2012 年	2013 年	2014 年	2015 年
服务业	100.0	100.0	100.0	100.0	100.0
＃批发和零售业	24.0	24.4	24.0	23.4	20.7
交通运输仓储和邮政业	8.3	8.4	8.0	8.2	7.9
住宿和餐饮业	4.6	4.5	4.1	4.0	3.9
金融业	12.7	12.8	13.5	13.4	15.6
房地产业	13.3	13.1	13.8	13.5	13.9
其他服务业	37.1	36.8	36.1	37.0	37.5
营利性服务业	19.1	18.6	17.4	17.7	17.2
非营利性服务业	18.0	18.2	18.7	19.3	20.3

从增加值率看，广东服务业的增加值率近年稳定在 57%左右。从行业结构看，新兴的、发展较快的服务业，其增加值率相对较高，这表明广东服务业的发展占据有利环节，能够把握住产业发展的方向，符合经济发展内在规律。批发和零售业，近几年不仅发展放缓、比重下降，而且增加值率也从 2011 年的 66.9%降至

2015年的60.6%，表明该行业利润率在不断摊薄。金融业的增加值率从2011年的61.5%提高到2015年的67.7%，在各行业中排第二高。房地产业的增加值率从2011年的73.0%降至2015年的72.1%，是各行业中最高的。此外，近年来发展比较快的互联网、信息服务咨询、软件、旅游、科技服务、教育、文化等新兴行业，其增加值率相对也比较高。

表2.2.7　2011—2015年广东服务业行业增加值率

单位：%

行　业	2011年	2012年	2013年	2014年	2015年
服务业	57.2	56.9	57.0	57.1	56.8
批发和零售业	66.9	64.9	64.0	64.8	60.6
交通运输仓储和邮政业	38.1	37.8	38.0	37.9	38.5
住宿和餐饮业	40.2	39.8	39.4	39.8	39.7
金融业	61.5	65.5	66.9	66.3	67.7
房地产业	73.0	73.3	74.3	74.0	72.1
其他服务业	55.5	54.8	54.6	55.1	55.2
营利性服务业	52.0	50.9	50.5	50.7	50.3
非营利性服务业	59.8	59.3	59.1	59.8	60.3

以上分析表明，目前广东的产业结构已经得到长足的优化，产业层次基本摆脱了低端化，向中高端迈进，产业发展竞争力不断增强，产业发展质量效益也比30多年前要好得多。但放在全球价值链的角度考察，广东制造业的附加值还是偏低，盈利水平也偏低，服务业的层次还有待提升。

(二)广东供给侧结构性改革的主攻方向

通过上述分析，基本理清了目前广东产业结构和效益现状，明确了存在的薄弱环节，据此可以初步确定“十三五”时期广东供给侧结构性改革的主攻方向。

总体思路是：着眼于创新，在产业价值链的全部和局部上寻找突破和提升。对三次产业，实施不同的策略：农业重在提高生产的集约化程度，大力发展现代新型农业；工业要尽快突破在全球价值链上的“低端锁定”，打造自主品牌，努力提高工业增加值率；服务业要抢抓时代发展机遇，努力打造生产性服务业和生活性服务业，重点是推动现代服务业加快发展。

具体来说，从技术创新、生产形态创新、制度和管理创新等角度对三次产业的结构性改革方向分述如下：

1. 农业结构性改革方向

（1）依靠科技打造现代新型农业。要发挥广东农业科技创新联盟作用，推动产学研紧密结合，实现农业、科技和教育相互促进。

（2）双向创新农业产业形态。从纵向看，向前往附加值和盈利率较高的农产品深加工、农产品营销、农产品品牌管理等产业链延伸，向后往附加值和盈利率较高的农资生产、农机制造、良种培育等产业链延伸。

（3）打造新型农业生产载体。从财政和金融两方面扶持农业龙头企业发展，做强做优农业龙头企业。

（4）创新农业管理模式。加快农业标准化体系建设，完善农产品生产、加工技术标准和规程。实施农业名牌战略，做好品牌宣传推广，做强一批品牌企业，以品牌带动农业转型升级。

（5）重点打造农业若干行业。农业要注重发展现代蔬菜和水果。畜牧业要提升猪和家禽的养殖水平。

2. 制造业结构性改革方向

（1）加大技术改造和技术创新力度，推动制造业功能和链条升级。一是突破上游关键材料和核心部件技术。二是实施新一轮技术改造，以股权投资、贷款贴息、事后奖补等方式，支持企业对符合产业政策、市场前景看好、经济效益优的项目增加投资，扩大生产规模。

（2）创新制造业生产业态，延伸产业价值链。一方面是推动广东制造从“加工型”向“制造型”、“智造型”转变；另一方面是推动制造业与服务业的融合，剥离制造企业的服务环节，大力发展生产性服务业。

（3）创新产业布局，发挥区域制造优势。利用比较优势，促进广东制造业在省内、在境外的合理布局。持续用力推进粤东西北产业园区提质增效、交通基础设施加快建设和中心城区扩容提质等三大抓手，促进珠三角产业加快向周边转移，注重珠三角和粤东西北的产业共建，推动高水平的产业转移。

（4）重点打造若干制造行业。——优势传统行业。广东的食品制造、服装、家具、箱包、印刷等优势传统产业具有消费的基础性和广泛性，是经济发展的稳定器，而且这些行业的增加值率相对比较高，只需加大技术改造力度，在工艺链条上加以深化、延伸，就可进一步提升国际和国内竞争力。

——电子行业。电子行业是国民经济的重要行业部门，必须重点扶持。细分电子行业的增加值率情况，可以发现通信系统设备制造业的增加值率较高，2015年达到35.8%；而以手机为代表的通信终端设备制造业的增加值率仅为12.4%，视听设备制造业的增加值率为14.1%，计算机制造业的增加值率仅为12.8%，表明这些行业以加工组装为主，附加值少。因此，广东电子产业的发展关键在大力鼓励企业开展技术改造和创新，打造具有自主知识产权的产品，并以大企业的发展带动一批中小电子企业集群发展，逐步摆脱国际代工的尴尬局面。

——石化产业。石化行业的生产链条比较长，2012 年的投入产出调查结果表明，化学原料和化学制品制造业的感应度系数为 3.36，影响力系数为 1.18，在工业行业中处于前列，也即化学行业本身的发展对向前和后向行业的拉动和推动都比较大，也是国民经济的重要行业部门。要高水平打造湛江石化、茂名石化、惠州石化、揭阳石化等产业基地，突出发展石化中下游产业，特别是精细化工，延伸石化产业链。

——汽车产业。汽车产业已经成为广东工业的第五大行业，2015 年其产值比重达到 4.8%。随着城镇化的推进、居民收入水平提高和消费持续升级，五年内汽车仍面临极好的的发展机遇。汽车的发展可集中在两个方向：一是向高端汽车和环保汽车发展，二是继续打造好自主品牌。

——机器人产业。从目前应用行业统计数据看，汽车、电子工业是国内工业机器人的主要应用领域，而汽车和电子行业又是广东的主导产业，所以机器人的应用市场很大。广东机器人产业发展，要注重夯实机器人产业技术基础，着力推动现有机器人的产业化进程，加快自主品牌机器人在国内市场的推广应用。

3. 服务业结构性改革方向

服务业结构性改革的方向是，抢抓时代发展机遇，努力打造生产性服务业和生活性服务业，重点是推动现代服务业加快发展。

(1)提升服务产品的档次和水平，提高附加值。服务范围的延伸、服务功能进步和服务风格变化，都是服务产品创新，可使服务产品升值。

(2)创新服务业新业态，满足日益增长的新消费需求。一是加快推进基于大数据、云计算、物联网的服务业发展。二是推动服务贸易出口，实现价值链终端跨境。三是拓展服务外包业务，契入全球产业价值链。

(3)创新服务业的空间载体，形成服务业产业集群。产业集群既可发生在制造行业，也可以发生在销售、服务等环节，服务的集群同样可以产生规模效益。服务集群的优势是服务市场尽管仅处一地，服务对象却不受地域限制，服务价值可以无限延伸，发展前景非常广阔。

(4)重点打造若干生产性和生活性服务业。生产性服务业主要包括金融、商务、信息、货运物流、批发经纪代理、生产性租赁、节能环保服务等。生产性服务业需求面广、量大，而且可持续性强，发展前景看好。生活性服务业主要包括大型商业综合体、健康、体育、文化、家政、旅游、养老等服务业，随着人民生活水平的提高和人口结构的逐步老龄化，生活性服务业的市场需求也相当巨大。在生产性和生活性服务业中，要重点发展金融服务业、现代物流业、科技服务业、信息服务业、健康和养老服务业、旅游服务业。

五、广东推进供给侧结构性改革的政策建议

从政府的层面看，推进供给侧改革可以发力的地方，主要包括三方面：一是减税，二是简政放权，三是产业、人才等具体的政策措施。减税的主导权主要在中央，地方没有空间；目前，简政放权、放管结合、优化服务的推进力度很大，未来主要是不断适应调整的问题；而地方政府能够有所作为的空间主要在环境的营造、产业政策、人才政策等方面。

(一)进一步完善社会主义市场经济体制，突出法治特性，为供给侧结构性改革提供法治保障

深化政府管理、政府服务、行政审批、事业单位分类改革等行政管理体制改革。通过健全现代产权制度，深化国资国企改革，发展混合所有制经济，促进非公有制经济健康发展等，来进一步完善基本经济制度。其中，要突出营造法治化发展环境。市场经济的本质是法治经济，这是由市场交易主体之间的契约精神所规定的，没有契约精神，就没有市场经济，而契约精神也就是法治精神。依法治国也是"四个全面"战略布局中的一个部分，是实现"两个一百年"奋斗目标的必由之路。

(二)实施创新驱动发展战略，为供给侧结构性改革提供动力保障

第一，落实国家和省科技创新政策，积极开展政策先行先试。深化科技体制改革；构建公开统一的科技管理平台；完善科技决策咨询制度；推进省属高校和科研院所体制改革；深化科技创新评价制度改革。

第二，建设重大科技创新平台和载体，构建全省创新大格局。推进珠三角国家自主创新示范区建设，发挥广州、深圳的核心带动作用，形成"1＋1＋7"国家自主创新示范区建设格局。

第三，推进引领型知识产权强省建设，为创新驱动发展战略提供重要的技术和制度支撑。这包括知识产权改革创新、知识产权保护、知识产权运用、知识产权发展保障。

第四，促进金融创新，为创新驱动发展战略实施提供资金保障。这主要包括：开辟科技信贷绿色通道，打造企业融资"直通车"，扩大债务融资工具发行规模，支持龙头企业实施并购重组，大力发展创业投资、风险投资，运用互联网金融支持创新创业发展等。

(三)加快实施人才强省战略，为供给侧结构性改革提供最长远的智力保障

第一，改进人才培养支持机制，优化人才培养体系。要创新人才教育培养模式。统筹产业发展和人才培养开发规划，加强产业人才需求预测，加快培育重点行业、重要领域、战略性新兴产业人才。

第二，构建具有国际竞争力的人才引进机制，促进创新型人才聚集。要实施

更开放的创新人才引进政策，搭建广东引进海外人才、聚集创业创新人才的综合平台，争取国家支持开展技术移民制度试点，吸引国际高端人才。

第三，强化激励机制，激发人才创新创业活力。要把企业创新放在突出位置，鼓励和引导企业创新人才激励机制，探索企业首席技师、员工持股、获取分享制等激励性制度安排。

第四，建立人才优先发展保障机制，留住创新型专业人才。

（四）推进新型城镇化建设，为供给侧结构性改革提供空间保障

第一，加强城市发展规划，在提升特大城市和大城市发展质量的同时，要注重中小城市、小城镇的配套发展，特别是要推进特色小镇建设。

第二，创新融资方式，解决城镇化建设资金短缺问题。一是要将民间资本作为城镇化建设资本的主体，鼓励民营资本参与城镇化建设。二是完善债券发行机制，筹集地方政府发展资金，解决城镇化建设融资问题。

第三，促进城乡一体化，实现城镇化建设的城、乡良好互动。建立科学合理的资源流动和定价机制，使城乡间的劳动力、技术、资本等生产要素在一定范围内实现合理流动、优化配置。具体的做法包括：深化户籍制度改革；完善异地务工人员子女教育、住房保障等配套政策；推动教育、交通、医疗、文体等基本公共服务向农村覆盖。

（作者：王文森　彭惜君　周媛媛　严洁　王学良）

2.3 从供需两侧的国际比较看我国经济结构调整

摘要:在适度扩大总需求的同时,着力加强供给侧结构性改革,已成为当前和今后一段时期我国经济工作的重点。为了给宏观和微观经济决策提供参考,本文利用部分国家的GDP核算数据,分别对反映供给侧的行业结构和反映需求侧的支出结构进行国际比较,找出了我国与发达国家的差距,深入分析了造成这些差距的主要原因,并且从发展战略、政府职能、资金投入、税收调节和消费观念等角度,提出了解决我国经济结构失衡的对策建议。

关键词:供需两侧　国际比较　结构调整

2015年12月召开的中央经济工作会议,多次提到了"结构性改革"这一关键词。如何从供给侧和需求侧特别是供给侧做好经济结构调整,已成为我国经济进入新常态后的一项重大课题。本文分别对反映供给侧的行业结构和反映需求侧的支出结构进行国际比较,以期厘清我国与发达国家的差距,为宏观经济决策提供参考。

一、开展国际比较的可行性

联合国等5大国际组织制定的《国民账户体系》(SNA),是一部基于经济学原理并按照严格的核算规则测度经济活动的国际标准。其设计包容了处于不同发展阶段的各个国家的需求,是各国开展国民经济核算的标准和规范,为进行国际比较创造了条件、提供了基础。根据这个标准核算的一整套国民经济数据,相互联系、协调一致,是经济分析的重要基础,是经济管理和决策的重要依据。国内生产总值(GDP)是国民经济核算最重要的核心指标。

随着我国统计改革不断深化,GDP核算的范围口径、支出分类、核算方法和资料来源等已基本实现与国际接轨,行业分类也与国际标准非常接近,为利用生产法GDP的行业构成(产业构成)和支出法GDP的支出构成,分别从供需两侧开展国际比较研究奠定了坚实的基础。

目前,我国GDP核算所依据的行业分类标准是2011版《国民经济行业分类》(GB/T 4754—2011),而国际组织公布的GDP核算数据所采用的行业分类标准是联合国制定的《所有经济活动的国际标准产业分类》(ISIC4)。我国 2011 版《国民经济行业分类》是以 ISIC4 为基础制定的,与以前的版本相比,这一版本与国际标准更为接近,但是,仍有部分行业存在一些差异。为了实现国际可比,我们对这两部分类标准进行了对比分析(见表 2.3.1),发现从门类层次上看,基本一致的行业为农林牧渔业、采矿业、制造业、建筑业、交通运输仓储和邮政业、住宿和餐饮业、金融业、房地产业、教育、卫生和社会工作 10 个行业;其他 9 个行业或多或少地存在一些差异。为了实现国际可比,我们利用第三次全国经济普查资料,对我国 2013 年部分行业的增加值数据进行了相应的归并,调整后的行业门类数据能够较好地与国际标准相衔接。

表 2.3.1　国际标准产业分类与国民经济行业分类的门类对照

国际标准产业分类(ISIC4)		国民经济行业分类(GB/T 4754—2011)	
代码	名　称	名　称	代码
A	农业、林业和渔业	农林牧渔业	A
B	采矿和采石	采矿业	B
C	制造业	制造业	C
D	电、煤气、蒸气和空调供应	电力、热力、燃气及水生产和供应业	D
E	供水;污水处理、废物管理和补救活动	水利、环境和公共设施管理业	N
F	建筑业	建筑业	E
G	批发和零售贸易;机动车辆和摩托车的修理	批发和零售业	F
H	运输和储存	交通运输、仓储和邮政业	G
I	食宿服务活动	住宿和餐饮业	H
J	信息和通讯	信息传输、软件和信息技术服务业	I
K	金融和保险活动	金融业	J
L	房地产活动	房地产业	K
M	专业和科技活动	科学研究和技术服务业	M
N	行政和支助服务活动	租赁和商务服务业	L
O	公共行政和国防;强制性社会保障	公共管理、社会保障和社会组织	S
P	教育	教育	P
Q	人体健康和社会工作活动	卫生和社会工作	Q
R	艺术、娱乐和文娱活动	文化、体育和娱乐业	R
S+T	其他服务活动	居民服务、修理和其他服务业	O

注:按照联合国、世界银行和 OECD 等国际组织常用的分类方法,第一产业指 ISIC4 中行业代码为 A 的行业;第二产业指 ISIC4 中行业代码为 B—F 的行业;第三产业指 ISIC4 中行业代码为 G—T 的行业;工业指 ISIC4 中行业代码为 B—E 的行业。

二、供给侧的国际比较

国民经济的供给侧由众多行业构成，中央提出供给侧结构性改革，就是要矫正要素配置扭曲，扩大有效供给，提高供给结构适应性和灵活性，因此，我们不仅需要分三次产业来研究，更需要从分行业的层次上加以深入研究。与发达国家相比，我国经济发展中确有一些行业属于“短板”，需重点关注。

(一)三次产业的情况

按照产业经济学的基本观点，随着经济发展和国民收入水平的提高，三次产业结构的演变是沿着以第一产业为主导到第二产业为主导，再到第三产业为主导的方向发展的；同时，产业结构的演变情况也标志着一个国家工业化、现代化的进程。各国的历史经验充分证明这一理论的正确。目前，发达国家第三产业增加值占GDP的比重(简称三产比重，一产、二产同)大多在70%以上(见图2.3.1)。近年来，我国三产比重虽在上升之中，并且从2012年起已超过二产比重，2015年首次超过GDP的50%，但与发达国家相比还是明显偏低的，甚至略低于同为发展中国家的印度。这说明我国经济发展，特别是服务业发展还有巨大潜力。应该指出的是，印度一产比重大大高于我国，而二产比重则明显低于我国，说明印度的工业化程度还要低于我国。

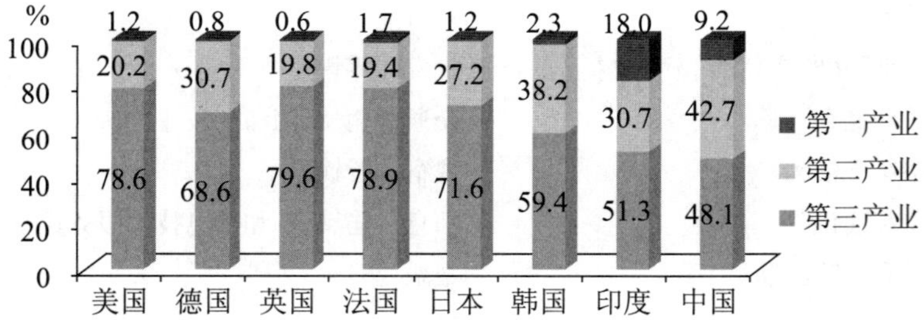

图2.3.1　2014年部分国家三次产业增加值占GDP的比重

注：1. 本图表数据利用联合国数据库和有关国家统计局网站上的数据计算得到；

2. 日本和印度为2013年数据。

(二)分行业的情况

行业结构状况能够反映出经济发展的基本脉络(见表2.3.2)。在我国第二产业中，“采矿和采石”和“电、煤气、蒸气和空调供应”2个行业的占比均高于其他国家。我国“制造业”增加值占GDP的比重虽远远高于其他行业，但仍低于同为制造业大国的韩国。在我国服务业各行业中，除“批发和零售贸易；机动车辆和摩托车的修理”“运输和储存”“金融和保险活动”3个行业的占比与发达国家基本持平外，其余10个行业的占比均与发达国家有较大差距。“批发和零售贸易；机动车辆和摩托车的修理”“运输和储存”2个行业的占比之所以相对较高，是与我国工业和进出口的拉动离不开的。我国工业增加值和进出口总额均占世界首位，作为重要的流通渠道，这两个行业的作用不容小视。同时，我国人口众多、幅员辽阔也是这些行业占比较高的原因之一，这些是人们日常接触最多的服务业。我国的行业发展现状，比较符合赫希曼的不平衡增长理论。一些重点行业得到优先发展，但是也出现了一些“短板”或“瓶颈”行业。

表2.3.2 2013年部分国家分行业增加值占GDP的比重

单位：%

行业	美国	德国	英国	法国	日本	韩国	印度	中国
合计	100.0	100.0	100.0	100.0	100.0	100.0	100.0	100.0
农业、林业和渔业	1.4	0.8	0.7	1.6	1.2	2.3	18.0	9.7
采矿和采石	2.6	0.2	1.9	0.1	0.1	0.2	2.8	4.3
制造业	12.1	22.6	10.8	11.3	18.5	31.0	17.3	30.1
电、煤气、蒸气和空调供应	1.6	2.0	1.6	1.7	1.8	1.6	2.0	2.4
供水；污水处理、废物管理和补救活动	0.3	1.1	1.1	0.7	1.0	0.8	0.4	0.3
建筑业	3.7	4.5	5.9	5.9	5.9	4.9	8.3	6.9
批发和零售贸易；机动车辆和摩托车的修理	11.7	9.4	10.8	10.4	14.5	8.9	11.0	9.9
运输和储存	3.1	4.7	4.4	4.6	4.9	3.6	4.9	4.4
食宿服务活动	2.7	1.5	2.8	2.8	2.6	2.6	1.1	1.7
信息和通讯	6.0	4.8	6.3	4.9	5.6	3.9	1.7	2.7
金融和保险活动	7.2	4.1	8.0	4.5	4.5	5.6	5.8	7.0
房地产活动	11.9	11.2	11.3	12.8	11.8	7.7	7.8	6.1
专业和科技活动	7.4	6.1	7.3	7.4	5.5	5.1	3.7	2.9
行政和支助服务活动	3.9	4.8	4.5	5.3	3.1	2.4	2.5	1.5
公共行政和国防；强制性社会保障	8.6	6.2	5.1	8.2	6.1	7.2	6.0	3.4
教育	5.4	4.5	6.4	5.4	3.8	5.5	3.3	3.1
人体健康和社会工作活动	7.1	7.4	7.0	9.3	6.0	4.1	1.5	1.9
艺术、娱乐和文娱活动	1.0	1.4	1.6	1.3	1.2	1.1	0.3	0.4
其他服务活动	2.2	2.7	2.6	1.7	1.9	1.7	1.8	1.4

注：本表数据利用OECD数据库和有关国家统计局网站上的数据计算得到。

(三)工业的内部情况

我国工业增加值占 GDP 的比重在这些国家中是最高的,但是,工业内部各行业的发展并不均衡。从工业分行业增加值占工业增加值的比重来看,与"采矿和采石""制造业"相比,"电、煤气、蒸气和空调供应""供水;污水处理、废物管理和补救活动"的占比相对较低(见表 2.3.3)。按照产业结构理论,我国经济之所以能够保持长期增长,是因为部分主导行业迅速扩张的结果,但是,工业内部发展滞后的一些行业也可能成为制约我国经济和社会进一步发展的瓶颈和短板。

表 2.3.3　2013 年部分国家工业分行业增加值占工业增加值的比重

单位:%

行　业	美国	德国	英国	法国	日本	韩国	印度	中国
合计	100.0	100.0	100.0	100.0	100.0	100.0	100.0	100.0
采矿和采石	15.8	0.8	12.4	0.9	0.3	0.6	12.7	11.6
制造业	72.8	87.3	69.8	81.7	86.9	92.5	76.9	81.2
电、煤气、蒸气和空调供应	9.9	7.8	10.6	12.1	8.2	4.6	8.7	6.5
供水;污水处理、废物管理和补救活动	1.5	4.1	7.2	5.3	4.6	2.3	1.7	0.7

(四)服务业的内部情况

除少数行业外,我国服务业的发展水平不仅整体低于发达国家,而且各行业的发展状况也不够均衡。通过计算服务业各行业增加值占第三产业①增加值的比重,可以更好地看出我国与发达国家差距较大的行业(见表 2.3.4),从而找出服务业各行业中的短板。在我国服务业各行业的占比中,与发达国家差距比较明显的是"专业和科技活动""行政和支助服务活动""人体健康和社会工作活动""艺术、娱乐和文娱活动"4 个行业。此外,"信息和通讯""公共行政和国防;强制性社会保障"2 个行业也有一定差距。在这些"短板"行业中,很多是以政府投入为主的非营利性服务业。我国现行的服务业行业结构,是由于资本积累、劳动投入和技术变化以及产业政策等因素共同作用的结果。

表 2.3.4　2013 年部分国家分行业增加值占第三产业增加值的比重

单位:%

行　业	美国	德国	英国	法国	日本	韩国	印度	中国
合计	100.0	100.0	100.0	100.0	100.0	100.0	100.0	100.0
批发和零售贸易;机动车辆和摩托车的修理	15.0	13.7	13.8	13.2	20.3	15.1	21.3	21.3

① 本文中的第三产业等同于服务业。

续表

行　　业	美国	德国	英国	法国	日本	韩国	印度	中国
运输和储存	4.0	6.9	5.6	5.9	6.8	6.1	9.5	9.6
食宿服务活动	3.5	2.1	3.6	3.5	3.6	4.4	2.0	3.8
信息和通讯	7.7	7.0	8.1	6.2	7.8	6.6	3.3	5.8
金融和保险活动	9.2	6.0	10.2	5.7	6.3	9.4	11.3	15.1
房地产活动	15.1	16.2	14.5	16.3	16.5	13.0	15.2	13.2
专业和科技活动	9.5	8.8	9.4	9.4	7.7	8.7	7.2	6.2
行政和支助服务活动	4.9	7.0	5.8	6.7	4.4	4.0	4.9	3.3
公共行政和国防；强制性社会保障	11.0	9.0	6.6	10.5	8.5	12.1	11.7	7.2
教育	6.9	6.6	8.2	6.8	5.3	9.3	6.5	6.8
人体健康和社会工作活动	9.1	10.8	8.9	11.8	8.4	6.8	2.9	4.0
艺术、娱乐和文娱活动	1.2	2.0	2.0	1.7	1.7	1.8	0.5	0.8
其他服务活动	2.8	3.9	3.4	2.1	2.7	2.8	3.6	2.9

三、需求侧的国际比较

长期以来，我国经济的高速发展主要是通过需求侧管理的思路实现的，也就是强调大规模刺激投资、消费和净出口，但是，也带来了需求结构失衡的问题。近年来，随着经济政策的调整，需求结构失衡问题已开始有所缓解。

不论与发达国家比，还是与发展中国家比，我国当前的投资率②都明显偏高，消费率③明显偏低（见表 2.3.5）。进一步细分来看，我国居民消费率④和政府消费率⑤均低于发达国家，特别是居民消费率。从各国数据来看，政府消费率的差异比较大，说明各国政府用于提供服务的支出差别较大，提供教育、卫生等社会福利的水平也不同。美国的社会福利水平明显不如欧洲国家，并且其政府消费支出中的近四分之一用于国防。一般而言，发达国家居民消费支出中的 2/3 是服务性支出，我国目前也接近一半；各国政府消费支出所提供的基本上是服务。因此，拉动消费与促进服务业发展是相辅相成的。

② 投资率，指资本形成总额占支出法 GDP 的比率。

③ 消费率，指最终消费支出占支出法 GDP 的比率。

④ 居民消费率，指居民消费支出占支出法 GDP 的比率。

⑤ 政府消费率，指政府消费支出占支出法 GDP 的比率。

表 2.3.5　2014 年部分国家各支出项目占支出法 GDP 的比重

单位：%

项　　目	美国	德国	英国	法国	日本	韩国	印度	中国
支出法 GDP	100.0	100.0	100.0	100.0	100.0	100.0	100.0	100.0
最终消费支出	83.1	74.6	84.1	79.7	80.5	65.5	70.6	51.4
居民消费支出	66.5	53.7	61.5	53.4	59.9	48.0	59.4	37.9
NPISH 消费支出	1.9	1.6	2.9	2.1		2.4		
政府消费支出	14.7	19.4	19.6	24.2	20.6	15.1	11.2	13.5
资本形成总额	19.9	19.0	17.8	22.2	21.8	29.2	32.4	45.9
固定资本形成总额	19.5	20.0	17.1	21.7	21.8	29.1	29.5	44.0
存货变动	0.4	−1.1	0.7	0.5	0.1	0.1	2.8	1.9
货物和服务净出口	−3.1	6.4	−1.9	−1.8	−2.3	5.3	−2.9	2.7

注：1. 本表数据利用联合国数据库和有关国家统计局网站上的数据计算得到；
2. NPISH 是“为住户服务的非营利机构”简称，部分国家未单独核算 NPISH 消费支出；
3. 我国的 NPISH 消费支出包含在政府消费支出中。
4. 印度为 2013 年数据。

各国的实践表明，在经济发展的不同阶段，伴随着产业结构的变化，GDP 支出结构也会发生变化，并且二者互为因果。一般而言，在工业化、现代化进程中，消费率会出现从高到低，再从低到高的变化。工业化初期，由于一产比重较高，人类消耗的最终产品中食品占据很大比重，因而消费率较高，并且恩格尔系数较高。其后，一产比重持续下降，二产比重上升，同时，消费率逐渐下降，投资率逐渐上升。当一产比重持续下降到一定程度，并且二产比重达到峰值后，投资率也会慢慢下降，消费率开始持续上升，标志着一个国家进入后工业化时代。理论界有比较一致的认识，美国在 20 世纪 50 年代初、日本在 20 世纪 70 年代初实现了工业化。目前，我国正处于工业化中后期，二产比重已接近或达到峰值，消费率也开始稳步上升。

四、造成差距的原因分析

通过从国民经济供给侧和需求侧的国际比较，可以明显看出我国行业构成和支出构成中的短板。作为发展中国家，我国经济结构中存在短板是客观现实。但是，为了缩小与发达国家的差距，我们需要认真研究造成这些差距的主要原因，以期在结构性改革中加以解决。

（一）我国仍处于工业化的进程中

按照世界银行的标准，我国目前已属于中等偏上收入国家，但是，不论从产业结构还是支出结构来看，都显示出我国仍具有发展中国家的基本特征。我国当前经济结构的状态和变化，也是发达国家在经济发展过程中所经历的，是各国工业化进程中的必由之路。特别是，我国是在人口多、底子薄的基础上发展起来的，大力发展第二产业，更多依赖投资，在经济社会发展过程中是不可避免的。当经济发展到一定阶段后，三产比重自然就会上升，消费率也会上升，因为此时人们对投资品的需求会下降，对消费品特别是服务产品的需求会上升。

(二)长期实施投资和出口导向型发展战略

改革开放以来，我国的经济增长方式是以投资拉动型和出口导向型为主，使我国经济保持了较长时间的高速增长，这也符合东亚模式的特点。然而与发达国家的高速发展阶段相比，我国的这一发展模式特征更为明显。在我国经济增速快的时期，投资率就会大幅上升，消费率就会大幅下降，这种现象在发达国家并不明显。长期来看，这种经济增长方式存在一些问题，如投资过快增长导致经济波动过大和产业结构失衡，外贸依存度过高导致生产过渡依赖于进出口等。同时，也会过分注重对货物产品生产行业的投入，而忽视了对很多服务产品生产行业的投入。例如，与发达国家相比，我国的医疗和养老场所、文化和体育场所明显不足。

(三)财政支出结构与发达国家有所不同

与部分发达国家相比，我国政府财政收入和财政支出占 GDP 的比重略高于美国和韩国，但低于欧洲国家和日本(见表 2.3.6)。从财政支出的构成来看，我国与发达国家存在一定的差异。财政支出分为资本性支出、消费性支出和转移性支出 3 部分，其中前二者直接形成 GDP。在这三类支出占 GDP 的比重中，我国政府投资支出高于发达国家，政府消费支出和政府转移支出均低于发达国家，特别是政府转移支出。作为发展中国家，我国政府在基础设施建设上投入很大，而发达国家的政府投资支出占比很低。需求侧的政府投资支出主要形成供给侧的工业或建筑业的产出和增加值，很少形成服务行业的产出和增加值。我国社会缴款占财政收入的比重和社会福利支出占财政支出的比重都是比较低的。据 IMF 统计，2013 年社会福利支出占财政支出的比重，美国为 39.5%，日本为 40.1%，德国为 53.6%，英国为 32.1%，而我国为 20%左右。政府向居民(住户)提供的社会福利，一部分以实物形式存在，如政府提供的教育、卫生服务等，包含在需求侧的政府消费支出中，并且形成供给侧的相关服务行业的产出和增加值；一部分以货币形式存在，如养老金、失业保障金、贫困补助等，包含在政府转移支出中。后者虽不直接形成 GDP，但它是实现社会公平重要手段，有助于拉动消费，因为低收入人群的消费倾向更高。

表 2.3.6 部分国家广义政府财政收支占 GDP 的比重

单位：%

年份	项目	美国	德国	英国	法国	日本	韩国	中国
2012	财政收入	29.4	45.6	38.7	53.3	47.9	34.8	34.7
	财政支出	38.4	45.5	47.0	58.3	56.5	33.6	34.8
2013	财政收入	31.7	45.5	39.7	54.4	49.5	33.9	36.9
	财政支出	37.1	45.3	45.5	58.6	57.2	32.4	37.2
2014	财政收入	31.4	45.9	38.6	55.0	50.1	32.6	36.8
	财政支出	36.5	45.5	44.4	59.1	56.9	31.0	37.2

注：1. 按照 IMF《政府财政统计手册》的标准，利用 IMF 数据库资料测算。

2. 财政收支包括：一般预算收支、社保基金收支和其他政府性基金收支等。

(四)科技投入还不够

近年来，我国加大了科技投入的力度，研究与试验发展（研发）支出占 GDP 的比重不断上升，从 2010 年的 1.73%上升为 2014 年的 2.05%。但是，与发达国家相比，还有一定的差距。据世界银行统计，2013 年研发支出占 GDP 的比重，美国为 2.8%，日本为 3.5%，德国为 2.9%，韩国为 4.1%。从分行业的发展情况来看，“信息和通讯”“专业和科技活动”“人体健康和社会工作活动”，以及“水、电、气供应及污水、废物处理等活动”等科技含量较高的行业，都是我国经济结构中的短板。目前来看，我国科技创新投入的总量与力度仍显不足，投入方向与结构不尽合理，科技投入机制与实施创新驱动发展的要求不相适应，特别是科技金融结合不够紧密，金融资金和社会资金难以向科技创新领域聚集，这种状况亟需改变。

(五)部分行业的服务水平不够高

我国的一些服务行业除了投入不足外，服务水平也有待提高。例如，“专业和科技活动”“行政和支助服务活动”中包含对生产企业的服务、旅游服务等，“人体健康和社会工作活动”“艺术、娱乐和文娱活动”中包含医疗、养老、文化、体育等服务，“信息和通讯”中包含电信、软件和互联网服务，与发达国家相比，我国这些服务的规范性、质量层次和营销方式等都有待于改进。相比而言，近年来我国网上零售业和快递业的发展比国外快，主要是由于我国这些行业的服务水平相对较高，方便、快捷，而发达国家由于人工成本较高，网购的商品经常要到附近的零售店自取。

(六)居民的储蓄和投资倾向更强

由于不同国家居民收入水平、生活方式、消费环境以及社会保障机制等不同，各国居民的消费倾向也有所不同。与发达国家相比，我国居民的储蓄率较高，消费倾向较弱。高储蓄率为我国经济建设提供了充裕的资金来源，是长期以来国民经济保持高速增长的重要基础，但是，也是造成我国经济结构失衡的重要原因。此外，我国居民更倾向于购买（或自建）住房。发达国家一般有一半人租房住，而我国城镇居民的住房自有率在80％以上，农村居民的住房则基本上自己建造或购买的。由于购房倾向较强，使得我国住房的租售比[⑥]大大高于发达国家。按照SNA规定，住房属于固定资产，因而居民购买住房属于投资，而租房住属于消费；居民自己购买自己居住的住房，相当于自己租给自己住，应按照同等住房的市场租金计算虚拟房租，并与实际房租一同计入房地产服务的产出。因此，长期来看，居民购房和租房对宏观经济的贡献是比较接近的。过高的购房需求拉动了我国房地产业及工业、建筑业、金融业等相关产业的发展，同时，也带来了高房价等问题，出现了住房区域性过剩与许多人居住条件差并存的现象。

五、对策建议

国民经济的平稳发展取决于经济中供给与需求的相对平衡，以及经济结构的协调一致。毋庸置疑，当前和今后一段时期，着力发展服务业，重点发展“短板”行业，是我国经济社会发展的战略重点。因此，为顺应经济发展的趋势和规律，应在以下几个方面发力加码。

（一）加快推进“制造业2025”战略

制造业在我国国民经济占据重要位置，是立国之本、兴国之器、强国之基。在我国这样一个人口众多、正处在工业化进程中的国家，没有一个强有力制造业作为支撑，是不可想象的。因此，应大力推进制造业转型升级，增强自主创新能力，向高端制造业发展，尽快实现我国从制造业大国向制造业强国的转变，尽量避免国内很多产品产能过剩，国人却到国外抢购商品的现象发生。同时，进一步发挥“长板”的带动作用，通过提升制造业来提供更好的服务设施，以提高服务水平。重点发展新一代信息技术产品、海洋工程装备及高技术船舶、先进轨道交通装备、节能与新能源汽车、电力装备、生物医药及高性能医疗器械等制造业。此外，还应积极发展与制造业产品相关的延伸服务以及生产性服务业，促进制造业与服务业协同发展。

（二）加快转变政府职能

政府的职能主要体现在资源配置、收入分配和市场监管等方面。当前，我国经济正处在“三期叠加”影响较大时期，面临着企业效益下滑，财政收入增长缓慢，同时部分政府服务缺失的两难境地。在这种情况下，必须转变政府职能、简政放

---

⑥　租售比，指房屋租金与售价的比例。

权，发挥市场在资源配置中的决定性作用。政府应进一步减少在竞争性行业的投资，避免直接干预市场，转而提供更多的政府服务和社会福利，在"市场失灵"的领域增加投入，如扶贫、教育、卫生、养老、科技等。逐步加大转移支付的力度，完善各项社会保障措施，在促进社会公平的同时，消除居民消费的后顾之忧。通过数据可以看出，若"公共行政和国防；强制性社会保障""教育""人体健康和社会工作活动"3个非营利性行业的占比达到上述6个发达国家的平均水平，我国GDP将分别增加4.3%、2.0%和5.2%。同时，应进一步改变我国的经济增长方式，利用各种经济政策拉动消费需求，尽量避免过度依赖投资和出口拉动经济增长。但是，我国目前还是发展中国家，在电力、中西部铁路、大型水利工程、棚户区改造，以及城市地下管廊、农村基础设施等公共产品建设方面加大投入也是必不可少的，与发达国家比，这些都是我国的短板。此外，政府应大力强化市场监管职能，营造良好的市场环境，为促进我国服务业健康发展创造条件。

（三）引导和鼓励民间投资服务业

随着我国新型工业化、信息化、城镇化、农业现代化同步推进，内需潜力将不断释放，但是，与发达国家相比，我国服务业存在许多缺口和短板，亟需加大对这些服务行业的投入。政府应正确引导和鼓励民间投资，特别是营利性行业，把市场交给民间资本，并且加强对市场的监督管理。即使是非营利性行业，也不应仅靠政府用财政资金"单打独斗"，而是要深化投融资体制改革，在投资方式上探索出一条新路。例如，我国已进入老龄化社会，需要大力发展养老服务和医疗服务，为了解决财政资金不足的问题，可充分运用公私合营（PPP）、特许经营等方式吸引民间资本。此外，还可学习国外的先进经验，推广和规范家庭医生和社区医院，不要把病人都推到大医院去，以节约有限的社会资源。

（四）努力提高服务质量和层次

服务质量是企业的生命线，因此，服务行业应戒除一夜暴富的思想，想方设法办好"百年老店"。首先，应制定切实可行的服务规范，建立健全服务质量控制体系；其次，对服务设施应有明确的要求；第三，服务人员须经过严格的上岗培训；第四，要提高宣传和营销水平，让消费者敢于消费、乐于消费；第五，除了国家加强监管外，单位内部也要严格执行各项规章制度。例如，应尽快提高信息和通讯服务质量，企业负起应尽的责任，进一步提升网速，减少网上违法行为；应逐步提高商务服务和旅游服务质量，让更多的企业和个人享受更好的服务；应加快医疗改革，医院应向患者提供更好的医疗服务，彻底解决医患关系紧张的问题。若"信息和通讯""专业和科技活动""行政和支助服务活动"3个行业的占比达到上述6个发达国家的平均水平，我国GDP将分别增加3.0%、4.0%和2.4%。提高服务质量和层次不仅有利于促进国内消费，也有利于促进服务出口。随着我国企业在旅游、运输、金融等领域服务质量的提高，将会扭转服务贸易逆差的局面。

(五)进一步加大科技投入

科技投入是提高科技创新能力、提升核心竞争力的重要保障。当前，各国都在推动科技创新，在三维(3D)打印、移动互联网、云计算、大数据、生物工程、新能源、新材料等领域取得了新突破。为了迎接挑战和加快服务业发展，我国政府和企业必须加大科技投入，努力提高科技资源的使用效率，建立健全适应社会主义市场经济发展的科技投入机制。尽快建立和完善以政府财政投入为引导，以企业投入为主体，以银行信贷和风险投资等金融资本为支撑，以民间投资为补充的多元化、多渠道、多层次的科技投入体系，同时，建立高等院校、科研机构和社会其他力量协同创新机制，为促进科技含量较高的“短板”行业的发展夯实基础。

(六)充分发挥税收的调节作用

税收在配置社会资源、调节需求总量和结构、公平收入分配等方面发挥着十分重要的作用，是我国进行经济结构调整的重要手段。与发达国家相比，我国的整体税赋不算高，但是从结构上看，企业的税赋较高，因此，要想从供给侧进行宏观调控，结构性减税是必不可少的一环。例如，降低“短板”行业的税率或增加补贴；降低天然气、电力等清洁能源的使用税，甚至补贴，增加煤炭等能源的消费税，促进相关产业的结构调整；为了体现社会公平，应适度加大高收入人群的个人所得税征收力度，适时开征房地产税等。

(七)逐步转变居民的消费观念

我国居民是有巨大消费潜力的，但目前抑制消费的主要因素，除了商品供给和市场环境外，消费观念也产生了重要影响。我国居民消费观念的形成是有其历史必然性的，但是，随着居民收入不断提高、社保体系逐步完善、消费环境有所改善，居民消费观念也在悄然发生着改变。未来，年轻人将是拉动消费的主力军；农民工市民化进程也将为拉动消费发挥重要作用。居民在选择服务产品时，不再把省钱作为唯一选项，还会考虑舒适性、安全性和时间性等。政府应适时出台相关政策措施，引导居民转变消费观念，适度降低居民储蓄率和投资率。例如，政府在平抑房价的同时，应进一步规范租房市场，并且为低收入群体提供更多的廉租房服务；房地产企业应做多元化的选择，为居民提供更多高质量的租房服务；居民个人在住房租售比高企、房价上涨缓慢的情况下，也可以考虑租房住，以改善居住条件，提高生活质量。若“房地产活动”的占比达到上述 6 个发达国家的平均水平，我国 GDP 将增加 5.5%。

参考文献

[1]郑学工．改革开放以来我国三大需求走势分析[J]．统计研究，2007，24(9)：11

—16.
[2]项俊波．中国经济结构失衡的测度与分析[J]. 管理世界，2008(9)：1—11.
[3]刘泉红，刘若愚．产业结构变动与产业政策的国际比较[J]. 中国经贸导刊，2008(12)：16—18.
[4]范洁．经济增长的需求结构调整及对比研究[J]. 广西社会科学，2012(9)：59—63.
[5]臧旭恒等．产业经济学(第五版)[M]. 经济科学出版社，2015 年 10 月．

（作者：郑学工）

2.4　当前河南商品房库存分析及区域楼市均衡发展思考

摘要：2015 年底，中央经济工作会议提出要推进供给侧结构性改革，“去库存”是五大任务之一，去库存成为楼市的主基调和各方日益关注的焦点。本文以商品房开发进程为节点，将商品房库存划分为待售库存、可售库存、预期库存三大类，分析当前河南房地产市场面临的短、中、长期库存压力；并从供应、需求、经济贡献三方面入手，对 18 个省辖市的房地产市场供需关系的合理性、发展水平的均衡性进行了分析与思考。

关键词：库存　楼市均衡　区域划分

改革开放以来，特别是 1998 年城镇住房市场化改革后，河南房地产业快速发展，人均住房面积迅速增长、居民旺盛的住房需求与有限的住房供给之间的矛盾得到极大缓解。2015 年河南城镇人均建筑房屋面积达 38.35 平方米，比 2002 年增加近 11 平方米，房地产市场经过长足发展已经跨越绝对短缺的阶段。与此同时，房地产市场区域分化不断加剧，部分三四线城市受过度开发和人口变动等因素影响，销售市场低迷，库存居高不下。在 2015 年底中央经济工作会议将去库存作为 2016 年经济工作和供给侧结构性改革的重点任务之后，去库存成为楼市的主基调和各方日益关注的焦点。但当前，社会上对于商品房库存量的定义并无统一标准，对于如何判定库存量是否过剩，也有很多说法。本文拟对全省尤其是分地区商品房库存情况进行梳理，并对 18 个省辖市的房地产市场供需关系的合理性、发展水平的均衡性进行分析与思考。

一、河南商品房库存基本情况

事实上，房地产市场作为一个动态变化的过程，商品房库存量也是一个相对的、动态的结构性概念。为了系统地反映开发企业库存的动态变化，我们以商品房开发进程为节点，利用房地产开发统计和住建部门数据，将商品房库存划分为待售库存（已竣工未售出商品房）、可售库存（已竣工与已开工且办理预售审批的未出售商品房）、预期库存（已竣工与已开工所有未出售商品房）三大类，来反映房地产市场面临的短、中、长期库存压力。

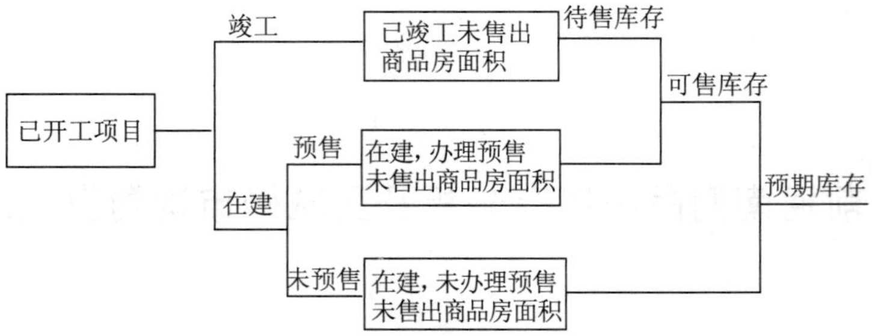

图 2.4.1　商品房库存划分

(一)全省商品房库存情况

1. 待售库存。房地产开发统计中“商品房待售面积”，指已竣工商品房中尚未销售的面积。对于房地产开发企业而言，这部分是实实在在的现货库存，对于市场而言，这部分是当前可直接满足居民居住需求的住房。截至 2016 年 9 月末，全省商品房待售面积 3503.07 万平方米，同比下降 1.8%，其中，住宅待售面积 2629.56 万平方米，办公楼 91.29 万平方米，商业营业用房 583.41 万平方米。从图 2 可以看出，1996—2007 年间全省商品房待售面积小幅波动，这一时期房地产市场规模由小变大、销售日渐火爆。从 2008 年开始，开发投资快速增长形成大量商品房供给，待售面积持续增加。2010 年后待售面积增长明显加快，库存压力随时间推移越来越大；2014 年待售面积达到最高水平，随后小幅减少，意味着当前库存已见顶。

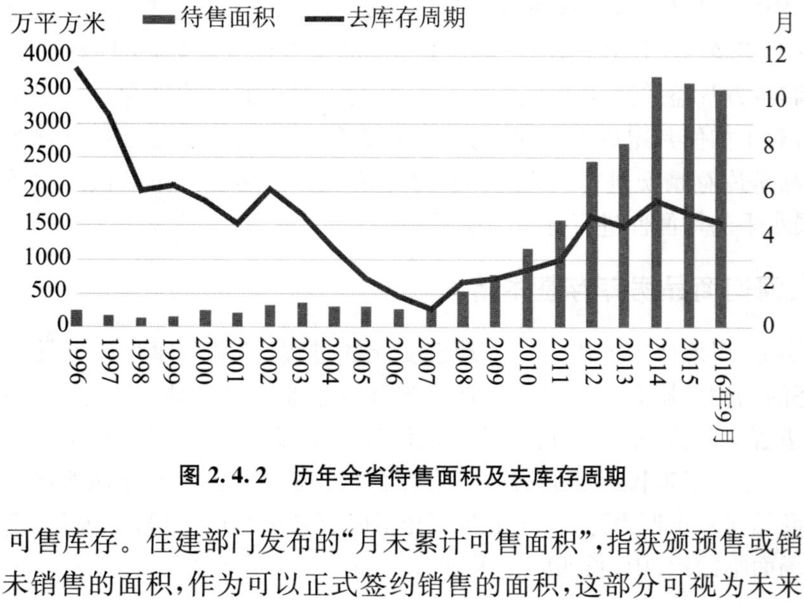

图 2.4.2　历年全省待售面积及去库存周期

2. 可售库存。住建部门发布的“月末累计可售面积”，指获颁预售或销售许可证但尚未销售的面积，作为可以正式签约销售的面积，这部分可视为未来一年间的市场库存，称之为“可售库存”。从理论上说，“月末累计可售面积”定义更为宽泛，包括统计部门发布的“商品房待售面积”在内，即可售库存包含待售库存。据住建部门统计，截至 2016 年 9 月末，全省商品房可售面积 12155.97 万平方米，同比增长 1.8%，其中住宅可售 7244.65 万平方米，同比下降 11.8%。2015 年上半年以来，针对商品房销量下滑、库存增加的现状，河南制定实施了促进房地产市场健康发展 16 条、促进农民进城购房扩大住房消费 9 条等政策措施，商品住宅销售加快，住宅可售面积减少。

3. 预期库存。当前开工在建的商品房，在未来两到三年内将形成市场有效供给。房地产开发统计中的“房屋施工面积”，如果扣除已经预售掉的面积，再加上已竣工未销售的面积，可被认为是未来两到三年内房地产市场库存。2016 年前三季度，全省房地产开发企业房屋施工面积 42820.83 万平方米，同比增长 16.2%，其中，住宅施工面积 32103.47 万平方米，同比增长 14.2%。考虑到项目开工建设后会进行预售，简单估计过去一年的期房销售面积为在建面积中已售出部分，则截至 2016 年 9 月末，全省已竣工和在建未售出的预期库存达 36124.52 万平方米，其中住宅 22904.93 万平方米。

商品房库存的多或少，不是一个孤立的数字，而是相对于市场环境和容量而言的。因此对库存的分析，更为直观的指标是以库存除以月均销售面积得到的去化周期。当前研究分析中月均销售面积有三种不同取法：上年全年月均销售面积、过去 12 个月月均销售面积和今年以来月均销售面积，出于数据的稳定性考虑我们在此采用过去 12 个月的月均销售面积计算去化周期。从全省数据看，由于 2016 年销售形势持续好转，仅考虑已竣工未出售的待售库存并不高，去化周期仅 4.05 个月，低于全国平均水平(5.53 个月)。但是如果考虑到体量巨大的在建项

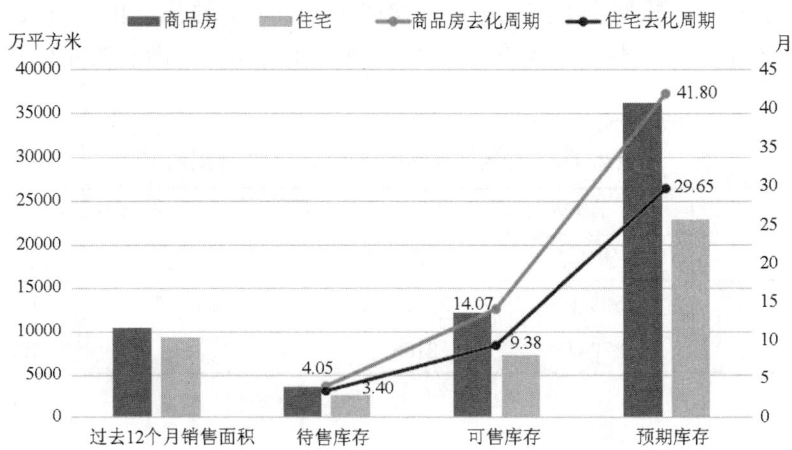

图 2.4.3 当前河南商品房库存情况

目，可售库存和预期库存则处于较高水平，去化周期分别为 14.07 个月和 41.80 个月。

(二)分地区库存情况

全省 18 个省辖市房地产市场区域分化明显，库存问题在不同地区表现差异很大。根据待售库存和预期库存的去化周期与全省平均水平的对比①，18 个省辖市可分为以下四类：

1. 待售库存和预期库存去化周期均较长的地区：平顶山、焦作、三门峡、南阳、济源。当前待售库存压力较大，表示市场需求不足，而未来预期库存也较大，则可以预见全市库存将进一步增加。其中，平顶山、济源预期库存去化周期在 6 年左右，居全省之首。

表 2.4.1　分地区商品房待售面积和去化周期

地　区	库存面积(万平方米)		去化周期(月)	
	待售库存	预期库存	待售库存	预期库存
河南省	3503.07	36124.52	4.1	41.8
平顶山市	154.93	1641.44	7.1	75.1
焦作市	104.95	846.33	5.8	46.6
三门峡市	88.69	747.10	5.3	45.0
南阳市	233.75	2148.15	4.9	44.6
济源市	34.28	305.97	7.3	65.2

2. 待售库存去化周期较长但预期库存去化周期较短的地区：新乡、商丘、信阳、周口、驻马店。除新乡外这 4 个地市均属于人口劳务输出大市，人口的流出造成当地有效住房需求不足，适当缩减未来房地产开发规模有助于避免库存进一步增加。

表 2.4.2　分地区商品房待售面积和去化周期

地　区	库存面积(万平方米)		去化周期(月)	
	待售库存	预期库存	待售库存	预期库存
河南省	3503.07	36124.52	4.1	41.8
新乡市	272.43	2166.64	5.1	40.5

① 由于未能精确掌握住建部门分地区可售数据，此处仅使用待售库存和预期库存数据。

续表

地 区	库存面积(万平方米)		去化周期(月)	
	待售库存	预期库存	待售库存	预期库存
商丘市	451.72	2252.15	6.5	32.5
信阳市	397.54	1848.75	7.0	32.6
周口市	236.25	974.76	6.4	26.3
驻马店市	438.52	1780.72	6.2	25.2

3. 待售库存去化周期较短但预期库存去化周期较长的地区:郑州、开封、洛阳、鹤壁、漯河。待售库存过少,会影响消费者对楼市预期判断,造成市场恐慌,房价攀升。对于待售库存去化周期较短,但预期库存周期较长的地区,应密切关注预期库存对市场的影响和冲击,有计划地逐步投放市场,避免集中释放影响市场的平稳发展。

表 2.4.3 分地区商品房待售面积和去化周期

地 区	库存面积(万平方米)		去化周期(月)	
	待售库存	预期库存	待售库存	预期库存
河南省	3503.07	36124.52	4.1	41.8
郑州市	351.17	10804.73	1.5	46.9
开封市	88.57	1351.83	2.8	42.4
洛阳市	251.97	4152.30	4.0	65.2
鹤壁市	44.28	680.13	2.7	42.0
漯河市	35.41	759.30	3.2	69.2

4. 待售库存和预期库存去化周期均较短的地区:安阳、濮阳、许昌。

表 2.4.4 分地区商品房待售面积和去化周期

地 区	库存面积(万平方米)		去化周期(月)	
	待售库存	预期库存	待售库存	预期库存
河南省	3503.07	36124.52	4.1	41.8
安阳市	138.24	1577.47	2.7	30.4
濮阳市	98.05	857.28	3.5	30.6
许昌市	82.34	1229.49	2.4	36.0

二、影响楼市均衡发展指标分析

房地产业作为支柱性产业，与一个地区的经济发展水平息息相关。一方面，房地产行业对经济增长可形成重要支撑，改善城镇居民居住条件，提高生活水平；另一方面，过度投机引发泡沫，扭曲资源配置，损害实业发展和创新动力，为长期经济发展埋下隐患。因此，一个平稳健康可持续发展的房地产市场，应以房价与消费能力基本适应、供应和需求的总量基本平衡、结构基本合理、适度带动经济发展为目标。

(一)房地产市场需求指标分析

1. 城市人口数量和结构。人口增长是住房需求的最基本动力。地区的城镇化进程、城市人口的数量和增长速度，在客观上决定了房地产市场对房屋需求的规模和增长速度。因此我们采用 2015 年城镇人口代表各地区人口数量、以常住人口中 65 岁以下人口比重代表有效购买力的人群结构。

2. 收入房价比。居民的收入，尤其是可支配收入，是决定家庭消费需求的最重要因素。本文以 2015 年城镇居民人均收入与当前商品房混合单价之比得到收入房价比。收入房价比的高低反映一个地区居民对商品房的购买力，进而决定市场的需求量。全省平均收入房价比为 5.0，最高的济源市为 7.4。郑州虽然城镇居民人均收入居全省榜首，但房价收入比为 3.9，表明相对居民收入郑州的房价偏高。

(二)房地产市场供给指标分析

1. 当前和未来库存情况。一个地区房地产市场快速发展，开发投资快速增长，施工面积、竣工面积同步扩大，都是反映房地产市场当前和未来供给的重要指标。但这些反映规模的“硬”指标受区域大小影响。因此，我们采用待售库存去化周期和预期库存去化周期来反映当前和未来的库存供给情况。

2. 房地产开发收益。在项目的开发过程中，开发企业投入大量的资金与人力资源，当房地产行业利润率低于社会平均利润率与行业风险报酬率之和时，企业开发热情降低，商品房供给量将呈减少趋势。因此，我们利用商品房销售额与开发投资的比较，粗略反映房地产开发行业的投入产出效果和收益率高低。当前，全省商品房销售额与开发投资之比为 0.84，低于全国 1.1 的平均水平，各省辖市之间差距也很大。部分地区商品房销售不畅、库存积压，投资未能迅速回笼转化为利润，投入产出存在失衡现象。

(三)反映房地产市场经济效益的指标分析

1. 对 GDP 的贡献。国内生产总值(GDP)是核算体系中重要的综合性统计指标，常被公认为衡量国家或地区经济状况的最佳指标，反映了当前国家(或地区)

的经济实力和市场规模。以房地产开发业为主体、包含物业管理、房地产中介服务、自由房地产经营活动和其他房地产业在内的房地产业增加值占 GDP 的比重反映了当地房地产市场的直接经济贡献。2016 年,房地产开发市场交易活跃,投资迅增,对全省 GDP 的贡献率由 2015 年的 2.1%提高至 2016 年前三季度的 5.3%。

2. 对固定资产投资的贡献。在拉动经济发展的“三驾马车”中,固定资产投资是稳增长的驾辕之马,是供给侧和需求侧两端发力的重要引擎和最佳结合点。2016 年前三季度,房地产开发投资增速高于固定资产投资 10.3 个百分点,是全省固定资产投资稳定增长的中坚力量。故采用房地产开发投资占固定资产投资的比重,反映一个地区房地产开发对固定资产投资的贡献。

3. 对财政收入的贡献。财政收入是实现政府职能、促进基础设施建设、完善社会公共体系的财力保证。根据省财政厅和地税局数据显示,2016 年前三季度全省土地出让收入占一般公共预算收入的 38.3%,1—8 月房地产业税收收入占全省税收收入 35.1%②,是全省财政收入的重要支撑。本文采用房地产业税收占税收收入比重和土地出让收入占地方一般公共预算收入比重的简单加权平均,来反映房地产业对财政收入的贡献。

三、楼市均衡水平区域划分

在当前的区域划分研究中,一般采用计量经济学中的聚类分析建立模型进行研究。聚类分析是研究样品或指标分类问题的一种统计方法。其基本原理是根据样本自身属性,用科学方法按照某种相似性或差异性指标,定量地确定样本之间的亲疏关系,并按照这种亲疏关系程度对样本进行聚类。聚类分析的结果并不具有优劣判别。统计聚类分析方法包括系统聚类法、动态聚类法、有序样品聚类和模糊聚类等,本次采用系统聚类法。

(一)指标选取

根据第二部分分析,本文选取房地产市场需求、供给和经济贡献有关的三类共 9 个指标,对当前河南 18 个省辖市的房地产市场发展情况进行研究和区域划分。

1. 需求指标 3 个。城镇常住人口、常住人口中 65 岁以下比例、城镇居民收入与房价比,反映当地房地产市场的需求总量。

2. 供给指标 3 个。待售库存去化周期、预期库存去化周期、房地产收益率,反映当地房地产市场的现阶段及未来供给。

② 由于数据获取问题,房地产业税收使用省地税局 2016 年 1—8 月数据。

3. 经济贡献指标3个。房地产业占GDP的比重、房地产开发投资占固定资产投资的比重、土地出让金占一般公共预算收入比重和房地产业税收占税收收入比重的平均值，反映当地房地产市场对GDP、固定资产投资和财政收入的贡献。

（二）数据标准化

由于不同的经济指标之间存在不同量纲和数量级差别，为了使各个指标更具可比性，采用标准化变换对18个地市的9个指标数据进行处理，再进行聚类分析（处理过程略）。经过处理后，每个指标的平均值为0，方差为1。

（三）聚类分析

采用SPSS软件中的系统聚类法对上述变换后的数据进行聚类分析。此处采用组间距离法，样本间的距离采用平方欧氏距离。聚类分析结果以谱系树状图显示。根据软件分析结果，树状图如下：

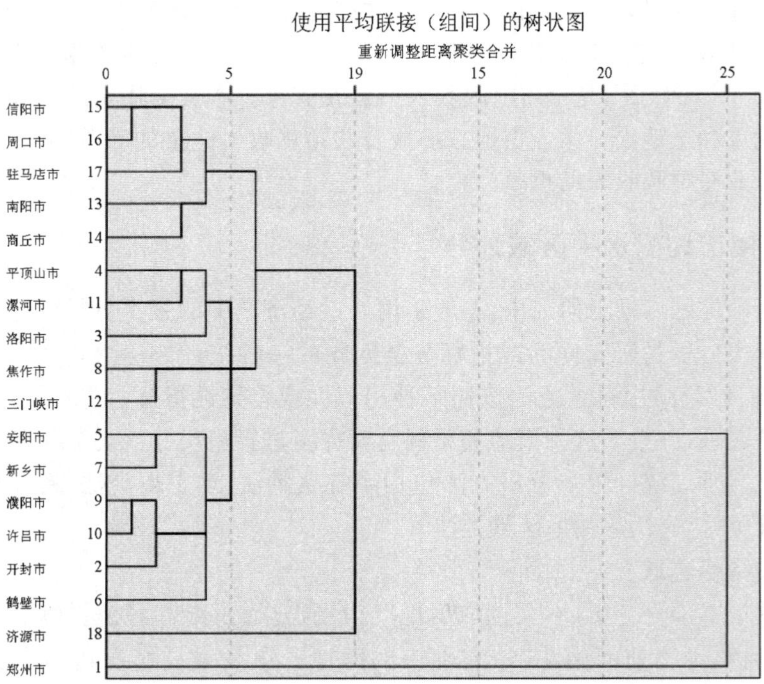

图2.4.4　区域聚类分析结果

根据分析结果的树状图，将18个地市划分为5类较为合适。划分结果如下表所示：

表 2.4.5　18 个省辖市楼市均衡水平分类图

类别	城市
1	郑州
2	洛阳 平顶山 焦作 漯河 三门峡
3	开封 安阳 鹤壁 新乡 濮阳 许昌
4	南阳 商丘 信阳 周口 驻马店
5	济源

(四)结果分析

从河南省地图上看模型分类结果，18 个省辖市楼市均衡水平的分类，可以粗略地以地域方位命名：

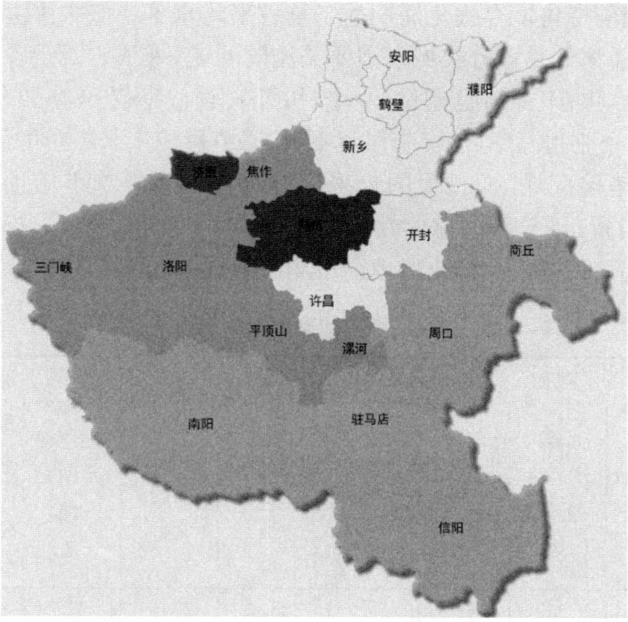

图 2.4.5　18 个省辖市楼市均衡水平分类图

1. 中心城市郑州。郑州作为河南的省会，省内经济、金融、商贸、科技文化中心的地位毋庸置疑，经济总量与房地产市场规模都远超其他省辖市。2016 年前三季度，郑州房地产开发投资额占全省的 43.9%，商品房销售面积占全省的 30.8%。2015 年底，郑州常住人口比户籍人口多 225 万人，人口吸附能力强、人口结构年轻化，庞大的市场供给不能满足旺盛的需求，库存少、房价高是郑州区别于其他地市的显著特点。目前郑州待售去化周期仅 1.5 个月，收入房价比仅 3.9，均远低于全省平均水平。供需两旺的房地产业是郑州经济增长的重要支撑，前三季度房地产业占 GDP 比重为 6.5%，高出全省 2.1 个百分点；房地产开发投资占固定资产投资比重达 36.9%，高出全省 22.1 个百分点；房地产业相关税收在地方财政收入中占据“半壁江山”，土地出让金收入占一般公共预算收入的 66.6%，房地产业税收占税收收入的 52.4%。从未来供给看，郑州预期库存达 46.9 个月，可以预见未来房地产业仍将是郑州经济增长的支柱产业，而随着预期库存的逐步投放，当前供小于求的状况将逐步缓解。

2. 豫西部城市。处于该类的五个城市中，洛阳是全省的副中心城市，是重要的现代装备制造业基地和文化旅游城市。平顶山、焦作、三门峡是有丰富自然资源支撑的资源型城市，漯河则有较为发达的食品制造业。房地产业的经济贡献较低，在五个分类中房地产业占 GDP 的比重、房地产开发投资占固定资产投资的比重及财政收入贡献仅高于济源。由于产业和人口都较为平稳，房地产市场供需关系相对适中，当前待售库存去化周期处于全省平均水平。但未来去库存周期明显偏长和开发收益率低是该分类城市需要关注的问题，平顶山、漯河、洛阳未来库存都超过 60 个月，焦作、漯河也超过 40 个月；开发收益率仅 60.6%，其中最低的焦作仅 49.1%。企业利润率低，资金回流不畅，必将影响未来项目的施工进度，甚至形成烂尾楼等诸多问题，而过大的未来库存将进一步影响市场预期和销售。因此，扩大住房消费、培育新的持续性的购房需求，加强进度监督、把握未来库存上市进度等措施应多管齐下，防止房地产市场出现风险。

表 2.4.6 豫西部城市楼市均衡水平

城市	需求			供给			经济贡献		
	城镇人口（万人）	65 岁以下人口占比（%）	可支配收入/商品房混合单价	待售库存去化周期（月）	预期库存去化周期（月）	销售额/开发投资（%）	房地产业占 GDP 比重（%）	房地产开发投资占固定资产投资比重（%）	财政收入贡献（%）
洛阳市	355.02	90.0	6.4	4.0	65.2	75.9	4.8	8.6	17.2
平顶山市	244.08	89.7	6.4	7.1	75.1	61.2	3.4	9.5	33.9
焦作市	193.84	90.4	6.5	5.8	46.6	49.1	3.5	5.5	12.7
漯河市	124.79	89.0	5.9	3.2	69.2	65.3	3.2	6.6	30.0
三门峡市	115.94	90.5	7.1	5.3	45.0	51.6	1.7	6.7	21.3
平均水平	206.73	89.9	6.5	5.1	60.2	60.6	3.3	7.4	23.0

3. 豫中北部城市。安阳、鹤壁、新乡、濮阳是地理意义上的豫北城市，通常认为是我省重要的工业基地。开封、许昌地处郑州周边，在郑州的辐射带动下产业

基础较好。从收入房价比看，最高的安阳为7.2，最低的开封为5.9，基本处于较为合理的水平；从供给看，当前待售库存偏低，除新乡外待售库存去化周期普遍低于3个月，预期库存也处于较低水平。

表 2.4.7 豫中北部城市楼市均衡水平

城 市	需求			供给			经济贡献		
	城镇人口（万人）	65岁以下人口占比（%）	可支配收入/商品房混合单价	待售库存去化周期（月）	预期库存去化周期（月）	销售额/开发投资（%）	房地产业占GDP比重（%）	房地产开发投资占固定资产投资比重（%）	财政收入贡献（%）
开封市	200.92	89.9	5.9	2.8	42.4	65.2	2.8	14.5	36.5
安阳市	239.7	90.5	7.2	2.7	30.4	84.6	4.6	13.1	27.4
鹤壁市	89.39	92.0	6.9	2.7	42.0	92.2	2.6	8.6	24.7
新乡市	280.49	90.4	6.9	5.1	40.5	67.0	5.5	18.2	32.6
濮阳市	145.66	90.3	6.4	3.5	30.6	80.3	3.3	7.3	26.3
许昌市	206.53	89.2	6.3	2.4	36.0	89.5	2.5	5.9	23.9
平均水平	193.78	90.4	6.6	3.2	37.0	79.8	3.6	11.3	28.6

4. 豫东部和南部城市。南阳、商丘、信阳、周口、驻马店五市，长期以来农业比重大，被视为需提质增效型城市，其房地产市场发展水平也有相近之处：五市均为人口输出大市，人口结构偏老龄化，65岁以下人口占比均在90%以下，因此虽然人口众多，但住房有效需求不足，当前待售库存偏大，除南阳外均超过6个月。房地产业经济贡献处于全省较高水平，房地产业占GDP的比重达4.0%，房地产开发投资占固定资产投资比重达12.9%，财政收入贡献更是超过三分之一。五市未来预期库存较少，是市场对当前库存压力较大的自动调节，但未来房地产市场发展放缓，寻求新的经济增长点，降低其对经济增长的影响，是当地需要关注的新问题。

表 2.4.8 豫东部和南部城市楼市均衡水平

城 市	需求			供给			经济贡献		
	城镇人口（万人）	65岁以下人口占比（%）	可支配收入/商品房混合单价	待售库存去化周期（月）	预期库存去化周期（月）	销售额/开发投资（%）	房地产业占GDP比重（%）	房地产开发投资占固定资产投资比重（%）	财政收入贡献（%）
南阳市	413.82	89.5	6.9	4.9	44.6	105.3	4.1	5.1	33.9
商丘市	278.10	89.7	5.6	6.5	32.5	124.4	4.2	13.0	38.1

续表

城　市	需求			供给			经济贡献		
	城镇人口（万人）	65岁以下人口占比（%）	可支配收入/商品房混合单价	待售库存去化周期（月）	预期库存去化周期（月）	销售额/开发投资（%）	房地产业占GDP比重（%）	房地产开发投资占固定资产投资比重（%）	财政收入贡献（%）
信阳市	273.75	89.1	5.9	7.0	32.6	67.8	4.2	16.4	36.0
周口市	333.42	89.3	6.0	6.4	26.3	67.4	4.5	13.0	29.5
驻马店市	264.86	88.0	6.8	6.2	25.2	81.1	2.8	17.1	40.1
平均水平	312.79	89.1	6.2	6.2	32.2	89.2	4.0	12.9	35.5

5. 济源。济源虽为省辖市，但城镇常住人口仅42.3万人，下级行政单位为乡级，与其他省辖市有较大差异，单独成类。济源收入房价比为7.4，居民住房购买力全省最高，但待售库存去化周期7.3个月、预期库存去化周期65.2个月，都处于较高水平。同时，房地产业经济贡献也较低，房地产业占GDP比重仅2.8%，房地产开发投资占固定资产投资比重低于全省近12个百分点，财政收入贡献也仅六分之一。济源作为一个人口小市，前期的过度开发透支了市场需求，而未来预期库存的不断增加也必将带来新的库存压力。

表2.4.9　济源楼市均衡水平

城　市	需求			供给			经济贡献		
	城镇人口（万人）	65岁以下人口占比（%）	可支配收入/商品房混合单价	待售库存去化周期（月）	预期库存去化周期（月）	销售额/开发投资（%）	房地产业占GDP比重（%）	房地产开发投资占固定资产投资比重（%）	财政收入贡献（%）
济源市	42.3	91.6	7.4	7.3	65.2	112.5	2.8	2.8	16.0

四、政策建议

（一）科学制定地区房地产市场发展规划

根据当地经济发展状况、人口构成和资源分布等，结合本地城镇化进程，统筹考虑城市发展和产业布局、住房总需求、商品住房库存以及供求关系缺口等因素，科学制定地区房地产市场发展规划，保持合理的房地产开发投资规模和速度，努力使各类房屋建设总量、速度及空间布局与城镇化发展水平相适应，实现地区经济和房地产市场的有序健康和协调发展。在考虑地区经济增长的同时,要关注和满足中低收入居民的住房需求,既要考虑短期经济效益,更要注重长远发展,使房地产市场发展做到规模适度、结构合理,循序渐进、协调发展。

(二)注重分类指导,实行差别化调控政策

房地产市场调控必须根据不同地区房地产市场的发展情况和市场走势进行分类指导,进一步强化地方政府稳控市场的责任,实行"一城一策"的差别化调控政策。对于收入房价比过低、当前供求关系紧张的中心城市,要实行适度从严的调控政策、限制投机需求,促开发和调结构并行,缓和供需矛盾,稳定市场预期,满足广大居民住房需求;对于供求关系相对缓和的二三线城市,要控制开发投资规模,合理有序开发,根据市场走势适时调整调控政策,努力消化存量,保持市场平稳健康发展。

(三)推动顶层设计,加速房地产市场长效调控机制构建

房地产市场调控应加快构建以财政、税收、金融和法律等市场手段为主的长效调控机制,利用市场经济本身内在调节机制发挥作用,减少频繁出台短期调控政策对市场的影响,实现房地产市场的平稳健康发展。加快不动产登记进程,完善市场机制建设;加快房地产税的实施出台,增加住房空置成本;推动财税制度改革,减少地方政府对土地财政的依赖;完善金融市场建设,拓宽居民投资渠道。

(作者:俞肖云　司曼珈　顾俊龙　秦洪娟　朱丽玲)

2.5 广东小微工业企业成长及消亡问题研究

摘要：小微企业作为国民经济的重要组成部分，在促就业、稳增长中发挥了重要作用，但受宏观经济和产业变迁，及生产成本上升快、全球贸易萎缩、国内去杠杆化等影响，部分企业因此停产或关闭。小微企业的成长与消亡将关系到宏观经济的增速和质量。本文观察和分析了广东小微工业企业2012—2014年的营业状态和生产经营变化情况，进而研究其生存、成长及消亡的主要特点和规律，最后归纳研究结果，并针对存在的问题提出对策建议。

关键词：广东小微企业　样本周期　成长指数　压力指数

一、样本周期及样本企业

（一）样本周期

规模以下工业抽样调查的样本周期为5年，在周期内对所有的样本企业实施跟踪调查，连续观察样本企业的生产经营情况。国家从2011年起将规模以下工业企业统计划分标准从营业收入500万元以下提高为2000万元以下，并对调查样本进行了相应的调整。从概念范围来说，规模以下工业企业都是小微企业，所以，本次研究中主要使用"小微工业企业"这个概念来分析2012—2014年广东规模以下工业样本企业的生存、成长、消亡等情况，以2011年的数据作为基期数。

（二）样本企业

广东2011—2014年实施的规模以下工业抽样调查，采取以省为总体科学抽取目录样本企业2302家和400个样本村，对省具有较强的代表性。抽选400个样本村，目的是为了核查新增的非目录企业和调查个体工业户的生产经营情况，不列入这次研究的范围。这次研究的对象是实施连续调查的2302家目录样本企业。

根据国家统计调查制度，规模以下工业企业划分为如下6种营业状态：正常营业、升规模、停产、关闭、转产和被合并。2011年的目录样本企业数量和2011—2014年的样本结构变动情况，详见表2.5.1。

表 2.5.1 广东小微工业企业的营业状态及样本结构情况表

营业状态	2011 年样本量（家）	样本结构（%）			
		2011 年	2012 年	2013 年	2014 年
1. 正常营业	1454	63.2	54.8	47.4	42.1
2. 升规模	59	2.5	3.5	3.9	4.8
3. 停产	287	12.5	14.9	17.9	19.4
4. 关闭	414	18.0	21.9	25.2	28.0
5. 转产	81	3.5	4.5	5.0	5.3
6. 被合并	7	0.3	0.4	0.5	0.5
合计	2302	100	100	100	100

在调查的 2302 家目录样本企业中，2012—2014 年正常营业的样本企业比重不断下降，三年间下降了 21.1 个百分点，年均下降 7.0 个百分点，下降的速度逐年减缓，分别为 8.4、7.4 和 5.3 个百分点。而其他 5 种营业状态的企业所占比重均在逐年提高，其中，关闭和停产的企业所占比重上升较快，三年间分别上升了 10.0 和 6.9 个百分点；升规模、转产和被合并的企业分别上升 2.3、1.8 和 0.2 个百分点。

二、研究方法及指标设计

根据研究的目的，将表 2.5.1 中规模以下工业企业的 6 种营业状态归纳为如下三种类型：(1)生存的企业：包括正常营业和升规模的企业。(2)停产的企业。(3)消亡的企业：包括关闭、转产（转为从事非工业生产活动）、被合并的企业。针对小微工业企业面临的情景，结合调查内容，设计和计算一个以反映小微企业收入变化为核心内容的成长指数和一个以反映小微企业成本变化为核心内容的压力指数，然后根据计算结果，运用比较方法进行分组研究。

（一）企业成长指数

所谓成长指数，是指按正面影响小微企业生存发展的若干个统计指标加权计算的相对数。计算相对数需要有两年及两年以上的连续变量，因此，2011—2014 年调查中若只有一年数据的样本企业不参加指数计算，退出样本观察。本次研究直接选取正面影响企业成长的主营业务收入和利润总额这两个财务指标，计算企业的成长指数。

计算企业成长指数遵循了如下两个原则：一是综合性原则，主营业务收入是反映企业生产经营情况的重要指标，而利润总额则是体现企业生产经营绩效的核心指标，用这两个指标来综合计算企业的成长指数，并按其在收入和利润的合计值中所占比重分别赋予 0.95 和 0.05 的权数。二是稳定性原则，数据波动大是小微企业的一个突出的特点，为降低个别年份因某种因素的偶然影响，体现小微企业发展的稳定性，采用三年平均来降低数据的波动。

1. 计算方法。首先计算每家企业每年的收入指数、利润指数，然后计算三年平均，最后加权计算成长指数。公式如下：

$$SZSn=\left(\frac{\text{报告期主营业务收入}}{\text{基期主营业务收入}}-1\right)\quad (n=1\cdots3)$$

$$SZSP=\frac{SZS_1+SZS_2+SZS_3}{n}\quad (n=1\cdots3)$$

$$LZSn=\left(\frac{\text{报告期利润总额}}{\text{基期利润总额}}-1\right)\quad (n=1\cdots3)$$

$$LZSP=\frac{LZS_1+LZS_2+LZS_3}{n}\quad (n=1\cdots3)$$

$$CZZS=(SZSP\times0.95)+(LZSP\times0.05)$$

在上述公式中，SZS_n 是企业每年的主营业务收入指数，SZSP 是其平均数；LZS_n 是企业每年的利润总额指数，LZSP 是其平均数。CZZS 是加权计算的成长指数。

2. 计算说明。由于企业升规模、停产、关闭等原因，有的企业连续变量可能只有 2 年或 3 年，只能计算 1 年或 2 年的指数。所以，在计算 SZSP、LZSP 时，当企业的连续变量为 2011—2012 年，n＝1；连续变量为 2011—2013 年，n＝2；连续变量为 2011—2014 年，n＝3。就是说，总体分析是三年平均值，但具体企业有所不同。

（二）企业压力指数

所谓压力指数，是指按负面影响小微企业生存消亡的若干个统计指标加权计算的相对数。调查表明，小微企业反映面临的压力主要有如下三个方面：一是综合成本不断上升（包括厂房租金、缴纳社保等）；二是税费负担较重（小微企业把交纳的各种费用纳入成本统计）；三是银行贷款难、民间借款利率高。此外，应收账款回收难也是小微企业反映较多的一个问题，但数据波动大。为此，本次研究选取样本企业主营业务成本、税金总额（反映政府减免税收对小微企业减压的影响）、利息支出这三个统计指标来综合计算企业的压力指数。

计算企业压力指数所遵循原则、计算公式、计算方法、n 的取值与计算企业成长指数基本相同。不同的是：计算压力指数采用主营业务成本、税金总额、利息支出三个统计指标，并按其在三个指标的合计值中所占的比重分别赋予 0.95、0.04 和 0.01 的权重，然后加权计算企业的压力指数，用 YLZS 来表示。

（三）指数计算结果

计算结果显示，2012—2014 年广东小微工业企业三年平均的成长指数

(CZZS)为 0.1815,压力指数(YLZS)为 0.2439。各种营业状态的成长指数和压力指数的计算结果,详见表 2.5.2。

表 2.5.2　广东小微工业企业成长指数、压力指数情况表

研究分类	营业状态	本周期样本数	观察的企业数	2012—2014 年	
				CZZS	YLZS
(一)生存	正常营业	968	968	0.2253	0.2971
	升规模	110	44	1.6317	1.4759
(二)停产	停产	446	205	−0.0907	0.0576
(三)消亡	关闭	645	151	−0.0944	−0.0443
	转产	121	16	−0.3442	−0.3110
	被合并	12	2	−0.2880	0.2920
合计	——	2302	1386	0.1815	0.2439

在上表中:本周期样本数,是指 2011—2014 年实际调查的 2302 家目录样本企业;观察的企业数,是指 2011—2014 年中最少有连续两年调查数据可供动态观察的企业数。

三、企业生存、成长及消亡情况分析

表 2.5.2 合计栏显示,2012—2014 年广东小微工业企业的成长指数和压力指数均大于 0,按照企业成长理论分析,只要企业的成长指数大于 0,就表明企业的生产经营有所增长、有所发展。但由于压力指数大于成长指数,表明这几年小微工业企业整体压力增大,收入增长较慢,利润空间收窄下滑,企业生产经营能力衰退下行。

为检验表 2.5.2 数据和分析所下结论的客观性,研究中引入了美国纽约大学奥特曼(Altman)教授创建的企业危机判别模型,按权数大的主要指标进行测算表明,各种营业状态与其所对应的成长指数(CZZS)和压力指数(YLZS)具有明确的分类边界以及一定的数量范围,可信度较高。下面,根据表 2.5.2 数据对不同类型的小微企业进行具体分析,深入研究各类企业成长的特征或衰退的原因。

(一)生存企业的特征

表 2.5.2 显示,生存类企业包括正常营业和升规模的企业。进入"观察的企业数"为 1012 家,其中正常营业的企业 968 家,升规模的企业 44 家。近三年来,生存类企业运行的基本特征是成长指数和压力指数均大于 0,但分组的特征具有本质上的不同。

1. 正常营业的企业呈"高成本结构"：其特征是成长指数和压力指数均大于0，但压力指数大于成长指数。这一特征说明，近几年伴随着原材料成本、用工成本、厂房租金持续上升，结构调整、转型升级追加投入，民间融资利率高等，企业成本大幅度增长，而营业收入增长较慢，企业承受着利润下滑的压力。2014年正常营业的企业为968家，因占全部观察的企业数的比重大(69.8%)，其特征反映了总体的特征。深入分析显示，在正常营业的企业中，压力指数大于成长指数的企业为624家，占本组的比重为64.5%，表明"高成本结构"的企业占多数。其中，成长指数下滑为负值的企业为333家，占34.4%，这部分企业有的面临关停、转产的危机。

根据表2.5.1样本结构计算，2012—2014年每年停产和消亡(关闭、转产和被合并)的企业分别为170家、159家和106家。也就说每年停产和消亡的企业不少于100家，据此比例推算，在正常营业但成长指数下滑为负值的333家企业中，到2015年底将有三分之一(100家左右)的企业出现停产或消亡。这说明，在"高成本结构"和成长指数下滑为负值的企业中，潜伏着停产和消亡的危机。

2. 升规模的企业呈"高收入结构"：其特征是成长指数和压力指数均大于1，且成长指数大于压力指数。这一特征表明，近三年升规模的企业虽然只有44家，但多数属于成长性良好的优秀企业，销售收入和利润总额实现高增长，其中有5家企业出现跨越式大发展。分析还表明，在正常营业的968家企业中，具有"高收入结构"特征的企业有51家(占5.3%)，这部分企业成长性较好，其成长指数和压力指数均大于1，日后升规模的机率较大。这说明，成本上升、压力指数增大并不可怕，关键是成长指数能同时增大。

根据注册登记资料，在累计升规模的110家企业中，外商投资企业升规模的比重最高，其次是港澳台商投资企业。详见表2.5.3。

表2.5.3　按注册登记类型分组及升规模企业的比重

	样本企业(家)	升规模的企业	
		数量(家)	比重(%)
1. 内资企业	2008	83	4.1
2. 港澳台商投资企业	226	18	8.0
3. 外商投资企业	68	9	13.2
合计	2302	110	4.8

(二)停产企业的特征

一是停产前成长指数萎缩下滑，但压力指数平稳。表2.5.2显示，企业停产前的压力指数为0.0576，大于0；而成长指数下滑为−0.0907，小于0，这是消亡的特征。调查表明，企业停产的原因很多，但从性质上区分主要有两种：第一种是“消亡式停产”：由于各种原因，企业难以为计，只好停产观望，在财务报表上表现为主营业务收入和主营业务成本“双萎缩”，这种企业居多，大部分因无法复产，最终走向消亡。第二种是“生存式停产”：企业当年停产下年复产（个别跨年度复产），除个别企业特殊原因外，主要是由于扩大厂房、转型升级、重组生产流程等需要而停产，这部分企业所占比例不大，但追加资金投入较大，导致综合成本大幅度增长。所以，从整体来看，停产企业的压力指数没有伴随成长指数同时萎缩下滑。

二是累计停产的企业增多，停产与复产的比值趋于缩小。调查表明，在调查样本企业中，每年都有一些企业停产，也有一些企业复产，但总体来看，停产的企业累计增多。详见表 2.5.4：

表 2.5.4　小微工业样本企业停产变化情况表

	停产企业变化情况			
	2011 年	2012 年	2013 年	2014 年
一、累计停产企业（家）	288	343	412	446
其中：当年停产（家）	41	55	69	34
二、当年复产企业（家）	12	16	26	18
占累计停产企业比重（%）	4.2	4.7	6.3	4.0
三、停产与复产的比值（%）	3.417	3.438	2.354	1.888

表 2.5.4 数据显示：当年停产的企业最多的是 2012 年和 2013 年，高峰值是 2013 年，2014 年回归为“常态”减少，预示着企业最困难的时候可能过去。停产与复产的比值（系数）逐年缩小，2014 年缩小为 1.888（相当于 2∶1）。数据表明，伴随着企业生命周期的延长，企业生存的能力增强，复产的概率增大。

（三）消亡企业的特征

据表 2.5.2，2014 年累计消亡的企业（包括关闭、转产和被合并）的企业为 778 家，占全部样本企业的比重为 33.8%。企业消亡的整体特征是成长指数和压力指数双双下滑为负值。

1. 关闭企业出现“双负值”，下滑程度较小。关闭是广东小微工业企业消亡的主要方式，2014 年累计关闭的企业 645 家，占消亡企业的比重为 82.9%。数据表明，关闭前企业的成长指数、压力指数已经萎缩为负值，表明企业已经失去与市场抗争的能力。

2. 转产企业出现“双负值”，下滑程度较大。2014 年累计转产的企业 121 家，占消亡企业的比重为 15.6%。据 2012—2014 年转产的 16 家企业数据计算，转产前企业的成长指数和压力指数均下滑为较大的负值，转产前衰退的特征最为突出。

3. 被合并的企业"单负值"，压力指数仍然企稳。2014 年累计被合并的企业为 12 家，占消亡企业的比重为 1.5%。从行业来看，12 家小微企业中有 9 家是小水电、采矿业、白油生产等能源资源类企业。调查表明，这 12 家企业大多数地处粤北粤西山区，2011 年累计已有 10 家被合并，其余 2 家企业均于 2013 年被合并，其成长指数和压力指数只依据这 2 家企业数据计算。样本量偏小，数据波动大。

五、研究结果及问题思考

(一)研究结果：三个基本结论

上述分析表明，影响企业生存的压力主要体现在如下两个方面：一是企业经营绩效下降，压力指数大于成长指数；二是企业失去资金投入和成本扩张的能力，压力指数伴随着成长指数萎缩下滑。本次研究的结果，可归纳为如下三个基本结论：

结论一：成长指数和压力指数均大于 0，且压力指数大于成长指数，是近三年广东小微工业企业的整体特征(也是样本量最多、正常营业企业的主要特征)，反映出小微企业的发展空间收窄，利润水平下降。表 2.5.2 显示，近几年广东小微工业企业的压力指数为 0.2439，比成长指数(0.1815)大 0.062(即大 6.2 个百分点)，表明企业压力较大。调查表明，这几年小微工业企业压力增大的主要原因是成本上升快、产品价格上升不多，国外市场疲软叠加人民币升值给企业带来的压力是订单减少、出口下降。专家分析，以国际收支顺差占 GDP 比重而言，2007 年中国达到约 10%的峰值，目前萎缩至 2%以内，降幅达 8 个百分点。在市场低迷时期，小微企业来自外商的直接订单减少，来自国内大企业的订单也减少，面临的困难更大。

结论二：成长指数和压力指数均大于 1，且成长指数大于压力指数，是小微工业企业升规模的重要特征，反映出在规下工业企业中，存在着一些潜力大、成长性良好的企业。表 2.5.3 显示，这一轮调查周期广东规模以下工业企业升规模的比例为 4.8%，但这是按最初的样本量计算的，反映整体情况。实际上，每年都有部分样本企业升规模或消亡，因此，若按每年正常营业的企业计算，2012—2014 年升规模的比重别为 2.3%、1.6%和 2.2%，三年平均为 2.0%。在升规模的企业中，每年都有 3—5 家企业呈现出高速成长的态势，从行业来看，有属于新兴行业如生物医药、移动手机、模具制造业的企业，也有属于传统行业如纺织服装制造、皮革制品制造业的企业。

升规模的企业，不但成长性良好，而且抗风险持续经营的能力也较强。据 2015 年上半年统计，在升规模的 110 家企业中，仍属于规模以上工业的 92 家，占

83.6%;升规模后降为规下工业的10家,占9.1%。其他的为8家,占7.3%,其中停产的6家,关闭的1家,转产的1家。从注册登记的时间来看,老企业居多,其中外商投资企业升规模的9家企业,开业经营的时间都在8年以上。

结论三:成长指数和压力指数同时萎缩,且成长指数下滑为负值是企业停产、关闭、转产前的共同特征,反映出小微企业一旦失去参与市场竞争的能力,而又得不到及时的扶持和帮助,最终会走向消亡。表2.5.1显示,在2302家样本企业中,2014年累计消亡的企业778家(包括关闭、转产和被合并),占33.8%,其中2012—2014年消亡的企业占12.0%,各年的消亡率分别为5.0%、3.9%和3.1%,平均为3.0%。与结论二比较表明,这三年广东规模以下工业样本企业的平均消亡率比升规模的比例高1.0个百分点。从周期性抽样调查来看,企业消亡率最高的是新样本调查头一年(有些企业名存实亡),之后消亡率逐年下降。分析还表明,如果按样本企业开业经营为起点计算,小微工业企业的生存期平均超过5年。

(二)问题思考:两点政策建议

1. 适度加大政策扶持力度,缓解小微企业生存压力。企业注册登记进入市场后,适者生存,优胜劣汰,符合市场经济规律,政府以引导为主,不会过多干预。但工业是实体经济,是富民之本、强国之基;而小微企业是大企业成长的摇篮,今天的一些大企业也是由昨天的小微企业成长起来的。因此,政府要从规上与规下两端发力,既要重视和发展大企业,提高规模效应;也要保护和支持小微企业发展,拓宽创业和创新的空间。

(1)加大货币政策支持的力度。调查显示,近期随着融资利率下降,目前企业融资贵问题有所缓解,但融资难问题仍然突出,小微企业银行贷款比重不高,民间融资比重上升,推高了企业的融资成本。调查企业认为,企业灵活性、短期内的资金需求主要通过民间融资、亲友帮助来解决,而周期稍长的季度性的资金需求,最好能通过银行贷款得到解决,降低融资成本。因此,政府应通过完善货币政策,对成长性良好、转型升级的小微企业给予贷款支持;要从提高小微企业银行融资比例入手,提高小微企业获得银行贷款的比例,确保小微企业银行贷款"稳增长",以缓解小微企业资金紧张。

(2)提高财政政策扶持的效果。为支持小微企业的发展,这几年国家对小微企业出台了一系列的税收减免优惠政策,在一定程度上减轻了小微企业的负担,但还可进一步扩大受惠面,提高财政政策的效果。如有些调查企业反映,政府应适当提高增值税和营业税减免的起征点,使更多小微企业受惠。

(3)加强对货款回收难问题的管理。目前,小微工业企业应收货款累计增多,调查企业反映,小微企业势单力薄,一些企业因货款难以回收而被"拖死"。调查企业希望政府进一步加强市场管理,建立和完善相应的法律法规,为小微企业提供一个公正的市场环境。

2. 加快高校、高职教育改革，为实体经济培养所需的技术人才。分析表明，近三年广东小微工业企业存在着“三低”现象：一是产业处于低端；二是成长指数较低；三是升规模企业的比例偏低（年均2.0%）。大量的小微工业企业长期停留在“生产＋销售”的第一阶段，缺乏成本扩张和创新推动的后劲，难以进入“生产＋创新＋销售”的第二阶段，一个重要原因就是缺乏人才和创新能力。

一些小微企业具有强烈的创新愿望，希望能招到所需的专业技术人才，但时常落空。江门市亿洋光电有限公司是一家规模以下工业企业，企业负责人反映，公司主营加工销售照明电器，LED及其部件，由于缺乏资金未能引进工作效率和稳定性较高的进口机械，长期以国产机械为主，生产效率难以提高，多年来想招1—2名数控技术工程人员而没有招到。如果能招到技术人才，并更换为进口机械，将能全面提高企业的生产能力。佛山市顺德区海川智能机器股份有限公司是一家规模以上工业企业，公司负责人反映，多年来到北京、上海等地也招不到其所需的机床数控技术人才，影响企业的发展。东莞雅华塑胶精密模具有限公司的老板（也是某技校兼职老师）反映，即使招聘到所需类型的人才，但企业还要经过一定时间培训才能上岗。小微企业招技工难，反映出我国高等职业技术教育与企业需求有差距。

伴随着工业化进程和企业转型升级，小微企业对技术人才的需求大量增多。因此，我国的高等教育，特别是高等职业技术教育，应加快改革，丰富课程内容，完善教学方法。政府应进一步采取措施推动高等院校、高等职业技术教育的发展：一是增加教育投入，更新和提高教材的质量，提高老师的技术水平和创新能力；二是增加科研投入，搭建产学研平台，引导学校、科研单位和企业加强合作，建立和培育教学基地，培养更多的满足智能制造业对产业工人、技术人员的需求；三是推动各类高等理工院校培养更多的基础技术人员和高端科研人才。通过大家的共同努力，推动小微企业健康发展。

（作者：董家斌　李彦光　杜丽丽）

2.6 “新苏南模式”下苏南产业结构演变及启示

摘要:从20世纪80年代“苏南模式”到21世纪初“新苏南模式”的发展变迁,从微观层面的企业产权到所有制结构的变化,最终影响到宏观层面产业结构的调整。本文总结了“新苏南模式”下产业结构的演进变化规律,进而就苏南地区如何适应新形势变化,加快转型升级,构筑新的产业优势提出对策建议。

关键词:新苏南模式　产业结构　演进变化

“苏南模式”最早由经济学家费孝通提出,是指20世纪80年代以来,苏州、无锡、常州等地由政府主导,大力发展乡镇企业,推动经济快速增长的发展模式。从90年代后期开始,为适应市场环境变化,苏南乡镇企业相继进行了产权制度改革,对传统苏南模式进行了扬弃,形成了“新苏南模式”。从微观层面的企业产权到所有制结构的变迁,最终将影响到宏观层面产业结构的调整。本文将分析2000年以来苏南地区产业结构变化情况,总结“新苏南模式”下产业结构的演进变化规律,进而就苏南地区如何适应新形势变化,加快转型升级,构筑新的产业优势提出对策建议。

一、“新苏南模式”的内涵

20世纪80年代,江苏苏州、无锡、常州等地突破计划经济体制束缚,大力发展乡镇企业,推动经济实现由农向工转变的发展方式,被学术界总结为“苏南模式”。“苏南模式”是从计划经济转向市场经济,从传统农业社会转向工业社会的探索,曾经对江苏乃至全国经济增长起到了巨大的带动作用,苏州、无锡、常州一度成为辐射周边地区经济发展的核心城市。80年代后期,随着经济体制全面转向市场经济,苏南乡镇企业的“模糊产权”不利于提高企业治理效率,对构建现代企业制度形成制约,传统的“苏南模式”逐步显现出局限性。

为了突破发展桎梏,自1997年起,苏南乡镇企业进行了大规模改制。到1999年底,苏州、无锡、常州三市实现改制的乡镇企业已占总数的95%以上。自2000年起,苏南乡镇企业基本上完成了民营化改制,建立起了现代企业制度,逐步形成了“新苏南模式”:以公有经济为主导,多元产权主体相混合;以经济国际化为主导,外资、外经、外服、外技齐头并进;以高新技术产业为主导,产业结构日益高度化；以都市圈建设为主导，推进城乡一体化；以园区经济为载体，优化产业结构；以第二、三产业为引擎，在现代化过程中，实现经济和社会一体化。“新苏南模式”是苏南地区工业化发展到一定程度后实现新型工业化、迈向现代化的新选择。

二、苏南产业结构演变特征

“新苏南模式”与传统“苏南模式”的根本区别在于所有制结构的差异，这种由不同所有制主体决定的产权特征差异必然会对产业定位、产业分布、产业结构产生影响。鉴于21世纪初，苏南地区乡镇企业才彻底完成产权改革，并且进行了行政区划调整，正式把南京、无锡、常州、苏州和镇江五市列为“苏南板块”，因此本文选取了2000年以来，反映苏南地区产业结构变化的若干指标进行分析，总结其演变特征。

（一）产业结构：从以工业经济为主逐步转向以服务经济为主

“新苏南模式”下，产业结构的重心逐步从第二产业向第三产业转移，各产业的产出、就业人员、劳动生产率变动的过程均反映出，苏南产业结构的变化趋势符合产业发展的一般规律，同时正逐步朝着合理化、高级化方向发展。

1. 产出结构从“二三一”转变为“三二一”

“新苏南模式”下，苏南地区产业结构经历了较大变化：三次产业中，第一产业增加值占GDP比重最低，且呈现持续下降态势；第二、三产业占比均经历了波动变化的过程，虽然第二产业长期占据主导地位，但近年来占比逐步下降，最终被第三产业赶超，目前已形成“三二一”的产业结构。

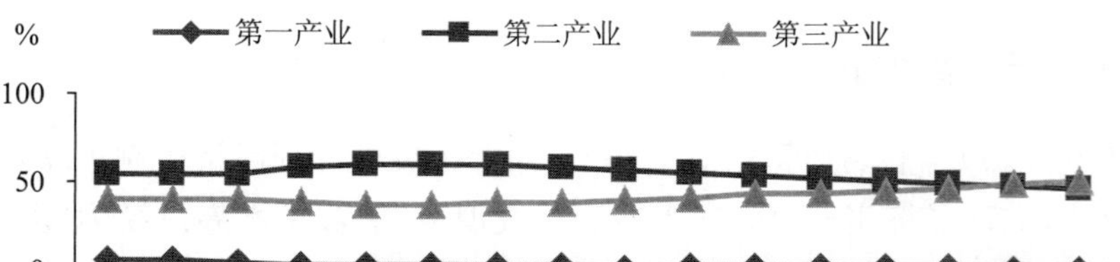

	2000	2001	2002	2003	2004	2005	2006	2007	2008	2009	2010	2011	2012	2013	2014	2015
第一产业	5.6	5.2	4.7	3.5	3.0	2.7	2.4	2.2	2.1	2.5	2.3	2.3	2.3	2.3	2.1	2.1
第二产业	54.7	54.3	54.7	58.3	59.8	60.5	59.7	58.6	57.5	55.4	54.0	52.9	51.5	50.3	47.9	46.7
第三产业	39.7	40.5	40.6	38.2	37.2	36.8	37.9	39.2	40.4	42.1	43.7	44.8	46.2	47.4	50.0	51.2

图2.6.1　2000年以来苏南地区三次产业增加值占GDP比重

第一产业占比逐步降低。“新苏南模式”下，大量社办企业转变为全新的乡镇企业，极大地促进了农业劳动力向非农产业转移，导致第一产业占经济总量的份额逐步缩减，同时为第二、三产业的增长奠定了基础。2000－2008年间，第一产业占GDP比重持续回落，从5.6%下降至2.1%，之后降低的速度逐步趋缓，近些年来基本稳定在2.1%的水平。

第二产业“先升后降”。2000年以后，苏南地区积极把握“入世”机遇，吸引大量外资涌入，主要集中在通信、电子、化工等制造业领域，带动第二产业快速发展，占比明显提升。第二产业占GDP比重从2000年的54.7%提高至2005年的60.5%。这段时期，苏南工业经济快速发展，但也付出了较大的资源和环境代价。2007年“太湖蓝藻事件”集中凸显了苏南发展方式与生态环境之间的矛盾，之后“转方式、调结构”力度不断加大，第二产业占比开始逐步下降。

第三产业“先降后升”。民营化改制初期，苏南乡镇企业以从事第二产业为主，加上外资经济过度集中于制造业，对第三产业的发展形成了一定程度的“挤出效应”。因此2000—2005年期间，第三产业占比总体呈下降态势，从39.7%降至36.8%。之后，随着市场化体制改革的深入推进，苏南民营经济逐步摆脱了一些制度性约束，资金、技术、企业管理、人才引进等软硬实力大幅提高，开始成为引领第三产业发展的“生力军”。“十一五”以来，第三产业占比逐年提高，从2005年的36.8%提高到2015年的51.2%，年均提升1.4个百分点，并且从2014年开始赶超第二产业，占经济总量的份额超过50%。

2. 劳动力从农业部门向非农部门大规模转移

从苏南地区劳动力就业结构看，第一产业从业人员占比最低，且和第二、三产业占比逐步拉大，表明农业人口向非农部门转移的力度不断加大。第二产业从业人员占比最高，从2005年起超过50%，到2007年时达到54.6%的峰值，之后虽有所下降，但一直保持在50%以上。第三产业占比提升幅度最为明显，2015年时达到42.5%，比2000年提高11.1个百分点。苏南地区劳动力就业结构同产出结构的变动趋势有所区别，虽然第一产业从业人员占比逐步降低，但第二产业从业人

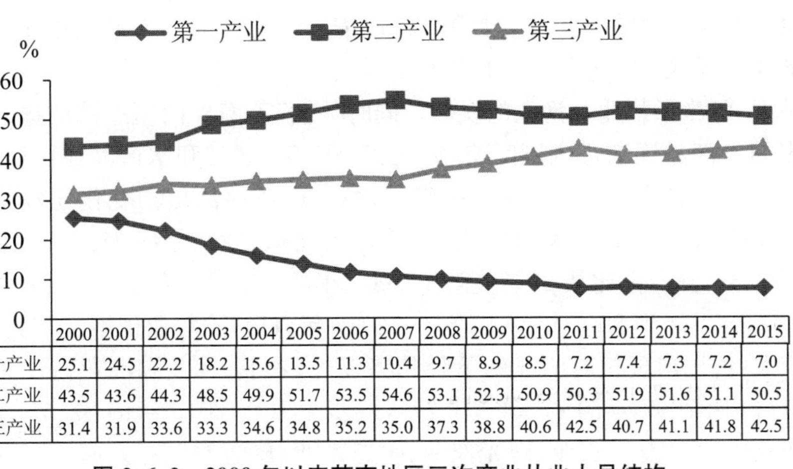

	2000	2001	2002	2003	2004	2005	2006	2007	2008	2009	2010	2011	2012	2013	2014	2015
第一产业	25.1	24.5	22.2	18.2	15.6	13.5	11.3	10.4	9.7	8.9	8.5	7.2	7.4	7.3	7.2	7.0
第二产业	43.5	43.6	44.3	48.5	49.9	51.7	53.5	54.6	53.1	52.3	50.9	50.3	51.9	51.6	51.1	50.5
第三产业	31.4	31.9	33.6	33.3	34.6	34.8	35.2	35.0	37.3	38.8	40.6	42.5	40.7	41.1	41.8	42.5

图2.6.2 2000年以来苏南地区三次产业从业人员结构

员的变化趋势相比产业结构更具波动性，尽管经历了“先升后降”的过程，但目前仍未被第三产业超过，仍然是吸纳就业的主体。

3. 二、三产业劳动生产率快速提高

21 世纪初以来，苏南地区整体经济效率不断提高，全社会劳动生产率持续上升，从 2001 年的 48017.8 元/人增加到 2015 年的 206555.6 元/人，提高 3.3 倍。第一产业劳动生产率基本保持小幅稳升，在 2009 年以后较明显提升，2015 年是 2008 年的 2.6 倍。第二、三产业劳动生产率提高很快，2001－2011 年间增势基本趋同，但 2012 年后第三产业劳动生产率提升速度显著加快，开始超过第二产业。这也解释了为何近年来第三产业增加值份额超过第二产业，但就业人数始终低于第二产业的原因，即第三产业劳动生产率提高更快。

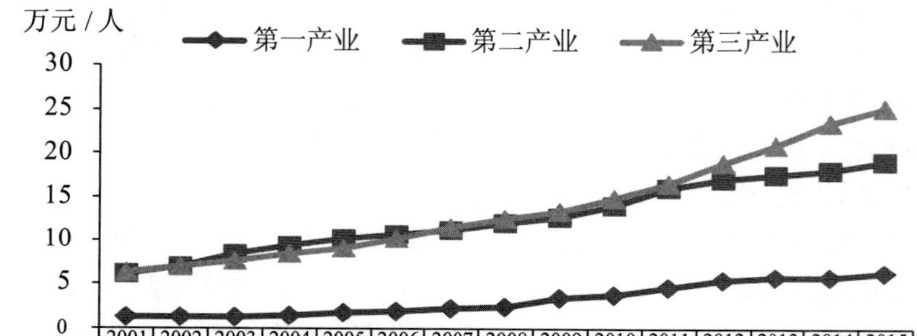

	2001	2002	2003	2004	2005	2006	2007	2008	2009	2010	2011	2012	2013	2014	2015
第一产业	1.0	1.1	1.1	1.3	1.6	1.8	2.1	2.3	3.3	3.6	4.5	5.3	5.6	5.6	6.1
第二产业	6.0	6.9	8.3	9.3	10.1	10.7	11.2	12.0	12.7	14.1	16.0	17.1	17.6	18.1	19.0
第三产业	6.1	6.8	7.5	8.4	9.0	10.2	11.5	12.5	13.4	14.8	16.5	18.8	21.0	23.4	25.1

图 2.6.3　2001 年以来苏南地区三次产业从业人员结构

(二)第一产业：从“波动不平衡”到“总体趋稳”

第一产业内部结构变动主要受农产品需求结构影响。2000 年以来，随着苏南经济的快速发展，人民的生活水平不断得到改善，对肉类产品和鱼类产品的需求不断扩大，刺激了牧业和渔业的发展。同时，随着苏南外向型经济的蓬勃发展，越来越多的农产品逐渐进入国际市场，尤其是肉类、禽类和水产品在农产品出口中占据了较大比重，因此 2000－2007 年间，第一产业内部结构变化比较明显：牧业和渔业发展总体上行，份额有所提升，牧业占比从 2000 年的 18.2%提高至 2006 年的 20.5%，渔业占比从 20%提高至 2007 年的 24.6%，农业(以种植业为主)占比从 60.4%下降到 2007 年的 47.6%。2007 年以后，除牧业受不定期大规模疫情影响较大，占比出现相对明显的下降趋势以外，农业、林业和渔业占比总体趋稳，稳中有升，从 2007 年的 47.6%、3.1%，逐步上升至 2015 年的 52.4%和 4.9%。这种变化主要受设施农业、观光农业、生态农业、旅游农业等兴起的带动，引领农业和林业占比回升。

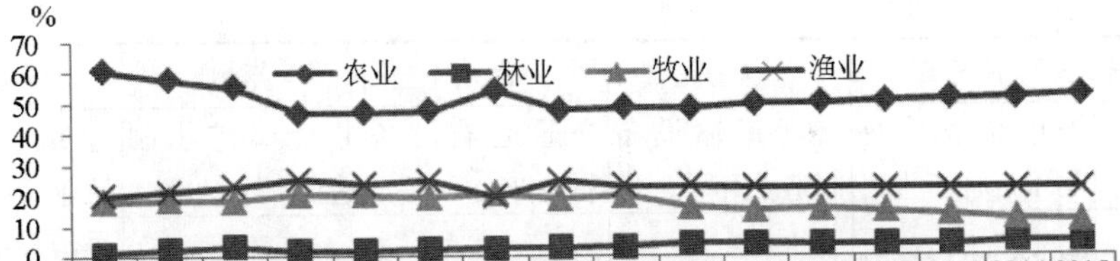

	2000	2001	2002	2003	2004	2005	2006	2007	2008	2009	2010	2011	2012	2013	2014	2015
农业	60.4	57.7	55.3	46.6	47.0	47.4	54.0	47.6	48.4	48.2	49.6	49.9	50.6	51.4	51.6	52.4
林业	1.4	2.6	3.5	2.0	2.1	2.4	2.7	3.1	3.2	4.3	4.1	4.1	4.0	4.0	5.0	4.9
牧业	18.2	18.5	18.3	20.3	20.1	19.3	20.5	18.9	19.8	15.8	14.9	15.4	14.6	13.7	12.4	11.5
渔业	20.0	21.2	22.9	25.2	23.8	24.8	19.6	24.6	23.0	23.0	22.6	22.2	22.2	22.3	22.2	22.2

图 2.6.4 2000 年以来苏南第一产业产值内部结构

(三)第二产业:从“重工业主导”到“高新技术产业引领”

苏南第二产业中,仍以工业为主导。2000－2015 年,工业增加值占第二产业的比重长期稳定在 88%－94%之间,对经济增长的贡献率和拉动率均居首位。从工业内部结构看:

“调轻”趋势有所增强。苏南重工业占工业产值比重从 2000 年的 61%上升至 2011 年的 77.3%,但从 2012 年开始,轻、重工业的比例差距开始逐步缩小,从 2012 年的 22.9:77.1 缩至 2015 年的 25:75,工业结构出现“调轻”趋势。对比分析 2000 年、2015 年苏南五市累计产值排名前十位的行业,电子、电气机械、汽车、化学制品等现代制造业发展步伐加快,纺织服装等传统行业发展趋缓,非金属矿物制品业、造纸、化纤等高耗能高污染行业逐步退出主导行业。

表 2.6.1 苏南五市规上工业产值前十位行业

年份	排序	南京	无锡	常州	苏州	镇江
2000	1	电子及通信设备制造业	纺织业	纺织业	电子及通信设备制造业	化学原料和化学制品制造业
	2	化学原料及化学制品制造业	化学原料及化学制品制造业	普通机械制造业	纺织业	电气机械和器材制造业
	3	石油加工及炼焦业	黑色金属冶炼及压延加工业	化学原料及化学制品制造业	电气机械及器材制造业	交通运输设备制造业
	4	交通运输设备制造业	普通机械制造业	电气机械及器材制造业	化学原料及化学制品制造业	金属制品业
	5	电气机械及器材制造业	电气机械及器材制造业	电子及通信设备制造业	黑色金属冶炼及压延加工业	通用设备制造业
	6	专用设备制造业	电子及通信设备制造业	专用设备制造业	服装及其他纤维制品制造业	非金属矿物制品业

续表

年份	排序	南京	无锡	常州	苏州	镇江
2000	7	黑色金属冶炼及压延加工业	交通运输设备制造业	交通运输设备制造业	非金属矿物制造业	造纸及纸制品业
	8	普通机械制造业	金属制品业	服装及其他纤维制品制造业	普通机械制造业	通信设备、计算机及其他电子设备制造业
	9	非金属矿物制品业	化学纤维制造业	有色金属冶炼及压延加工业	交通运输设备制造业	黑色金属冶炼及压延加工业
	10	电力蒸汽热水的生产和供应业	专用设备制造业	金属制品业	造纸及纸制品业	仪器仪表及文化、办公用机械制造业
2015	1	计算机、通信和其他电子设备制造业	电气机械和器材制造业	电气机械及器材制造业	计算机、通信和其他电子设备制造业	化学原料和化学制品制造业
	2	汽车制造业	计算机、通信和其他电子设备制造业	化学原料及化学制品制造业	电气机械和器材制造业	电气机械和器材制造业
	3	化学原料和化学制品制造业	黑色金属冶炼和压延加工业	黑色金属冶炼及压延加工业	黑色金属冶炼和压延加工业	金属制品业
	4	电气机械和器材制造业	化学原料和化学制品制造业	通用设备制造业	通用设备制造业	通用设备制造业
	5	石油加工、炼焦和核燃料加工业	有色金属冶炼和压延加工业	计算机、通信和其他电子设备制造	化学原料和化学制品制造业	计算机、通信和其他电子设备制造业
	6	黑色金属冶炼和压延加工业	通用设备制造业	纺织业	纺织业	黑色金属冶炼和压延加工业
	7	通用设备制造业	纺织业	专用设备制造业	汽车制造业	非金属矿物制品业
	8	金属制品业	金属制品业	金属制品业	化学纤维制造业	汽车制造业
	9	纺织服装、服饰业	专用设备制造业	铁路、船舶、航空航天和其他运输设备制造	专用设备制造业	造纸和纸制品业
	10	铁路、船舶、航空航天和其他运输设备制造业	汽车制造业	非金属矿物制品业	金属制品业	铁路、船舶、航空航天和其他运输设备制造业

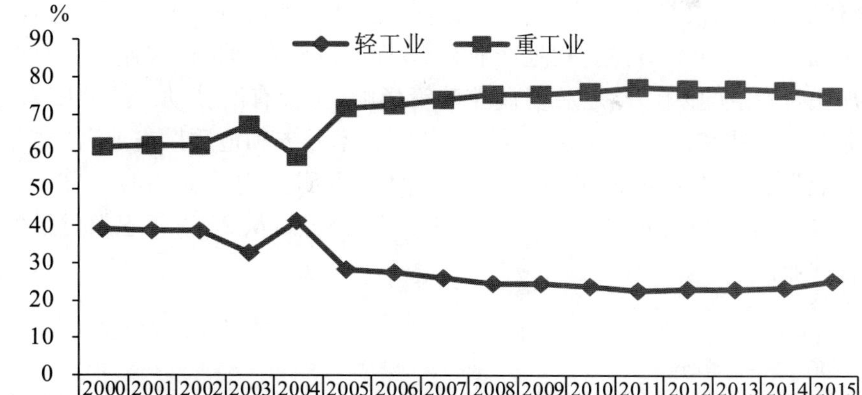

	2000	2001	2002	2003	2004	2005	2006	2007	2008	2009	2010	2011	2012	2013	2014	2015
轻工业	39.0	38.5	38.6	32.7	41.5	28.2	27.4	25.9	24.4	24.4	23.8	22.7	22.9	22.9	23.4	25.0
重工业	61.0	61.5	61.4	67.3	58.5	71.8	72.6	74.1	75.6	75.6	76.2	77.3	77.1	77.1	76.6	75.0

图 2.6.5　工业产值内部结构

高技术产业发展迅猛。2001 年，我国加入世贸组织后，国外制造业向国内转移出现了新变化，不仅仅是生产设备的转移，还包括采购、研发等在内的一体化转移。苏南地区抓住这一新机遇，适应江苏从“经济外向化”向“经济国际化”的战略升级，加快高新技术产业发展。2015 年苏南高新技术产业产值达到 35405.8 亿元，是 2004 年的 7.1 倍；占工业产值比重从 27.3%提高到 45.9%，年均提高 1.7 个百分点。

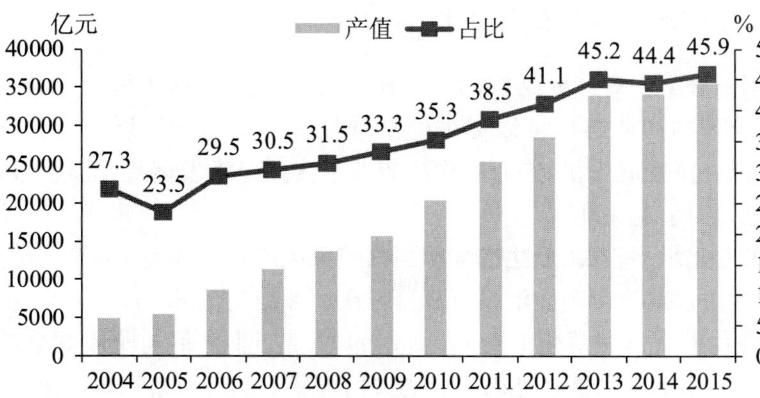

图 2.6.6　苏南高新技术产业产值及占工业产值比重

(四)第三产业：从“传统服务业支撑”到“现代服务业拉动”

从苏南第三产业内部结构的发展过程与现状来看，一方面，传统服务业份额逐步下降。2015 年批发和零售(住宿)餐饮业，交通运输、仓储和邮政业增加值占第三产业比重分别为 6%、30.4%，比 2000 年下降 11.5 个、5.8 个百分点。另一方面，现代服务业发展较快。近十年来，金融业份额快速提升，2015 年达到 16%，比 2005 年提升 6.7 个百分点。房地产业在 2004—2009 年即楼市快速升温时期发展不断加快，占比明显上升，之后受调控政策影响，份额有所波动。此外归入“其他服务业”的“租赁和商务服务业”，“科学研究、技术服务和地质勘查业”，“文化体育和娱乐业”等新兴服务业在第三产业中的比重明显上升。占比从 2000 年的 24.9%提高到 2015 年的 36.4%，提高 11.5 个百分点，从 2014 年起超过批发零售住宿餐饮业。

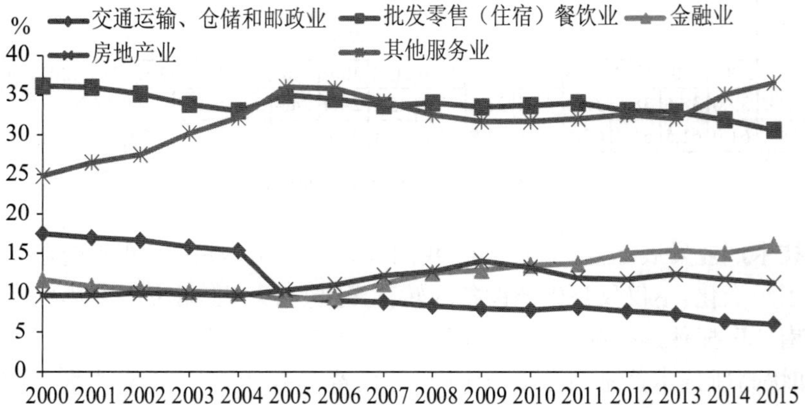

图 2.6.7　苏南第三产业增加值内部行业结构

三、对苏南产业结构演变进程的评价

根据国内外学者对产业结构的分析研究，高级化、合理化是产业结构演变的普遍趋势，合理的产业结构可以促进经济增长和生产力的发展。“新苏南模式”下，苏南抢抓经济发展先机，产业结构演变基本按照经济发展规律良性发展，但仍有一些问题值得引起关注。

(一)工业化水平较高，但生态环境面临较大风险。2010 年，苏南人均 GDP 达到 9705 美元(按 2010 年美元汇率折算)，三次产业结构为 8.5∶50.9∶40.6，农业就业人口比例为 8.5%，城镇化率达到 70.8%，对照工业化不同阶段划分的标志值(表 2.6.2)，苏南地区已基本进入工业化后期。从工业内部结构看，“重工业化”特征比较明显，2015 年苏南重工业产值占工业比重高达 75%，钢铁、化工行业占到规上工业产值的 16.9%。尽管“重工业化”是工业化中后期产业结构优化的重要特征，但由于苏南地区资源贫乏，能源严重依赖外调，在能源供给全面趋紧的情况下，高能耗的重化工业不如果不进行技术变革，其发展将面临越来越严重的资源瓶颈，同时也加大了地区环境污染风险。

表 2.6.2　工业化不同阶段划分的标志值

	前工业化	工业化实现阶段			后工业化阶段
		工业化初期	工业化中期	工业化后期	
1. 经济发展水平					
人均 GDP(1964 年美元)	100—200	200—400	400—800	800—1500	1500 以上
人均 GDP(1995 年美元)	610—1220	1220—2430	2430—4870	4870—9120	9120 以上
人均 GDP(1996 年美元)	620—1240	1240—2480	2480—4960	4960—9300	9300 以上
人均 GDP(2000 年美元)	660—1320	1320—2640	2640—5280	5280—9910	9910 以上
人均 GDP(2005 年美元)	745—1490	1490—2980	2980—5960	5960—11170	11170 以上
人均 GDP(2010 年美元)	827—1654	1654—3308	3308—6615	6615—12398	12398 以上
2. 三次产业结构	A＞I	A＞20,A＜I	A＜20,I＞S	A＜10,I＞S	A＜10,I＜S
3. 城市化水平(%)	30 以下	30—50	50—60	60—75	75 以上
4. 农业就业人员比重(%)	60 以上	45—60	30—45	10—30	10 以下

注:A、I、S 分别代表第一、第二和第三产业增加值在 GDP 中所占的比重。资料来源:根据钱纳里等(1989)、库兹涅茨(1999)、科迪等(1990)、郭克莎(2004)、魏后凯等(2003)、陈佳贵等(2007)、黄群慧(2013)等有关文献和资料整理。

(二)产业集聚化程度较高,但同质化现象明显。“新苏南模式”下,苏南五市产业集聚程度大幅提高:苏州以苏州高新区等 7 个基地和南京等 5 个软件园为载体,筑起信息产业高地,在软件、微电子通信产品、数字音视频产品、计算机和外部设备等领域,初步形成五个重点产品群。无锡制造业充分发挥比较优势,结构呈现出由原材料工业为中心向加工制造业工业为中心发展的“高加工度化”,从一般制造业向电子信息业、生物技术等技术密集型以及精细化工、机电一体化等资本密集型的制造业跃升。但由于地区间缺乏明显的产业分工,导致产业结构趋同。2015 年苏南五市工业前十大行业中,有六个行业相同,分别是计算机、通信和其他电子设备制造业,电气机械和器材制造业,化学原料和化学制品制造业,黑色金属冶炼和压延加工业,通用设备制造业和金属制品业。另外,在发展现代服务业方面,苏南各市出台的政策在产业定位、优惠政策及目标等方面也非常接近,没有充分考虑本地产业基础和比较优势,导致许多邻近地区的结构层次和业态分布非常接近。如多数城市将软件和 IT 外包作为产业发展重点,同一城市设置多个软件产业园,多数区县设置类似的软件产业园。产业结构趋同,虽然在一定意义上反映了产业在一个地区的集聚现象,但由于分工和专业化程度不高,缺乏应有的产业链接,因此而产生一系列负面影响:一是不利于发挥各地区的比较优势,容易造成地区资源优势的巨大浪费;二是容易导致产业发展“大而全”、“小而全”,无法形成规模经济；三是容易加剧现在原材料短缺和产能过剩的矛盾；四是容易形成地区间市场分割，区域间的要素无法自由流动。

（三）产业国际化程度较高，但对外资经济过度依赖。“新苏南模式”加速了苏南融入全球化的产业分工和布局的进程，在开放型经济背景下，国际产业结构调整和资本大量向苏南地区转移，产业主体结构中外资产业起主导作用。2000—2015年，苏南地区外资企业实现的产值占工业比重从32.6%提高到47.2%，提高15.4个百分点，2008年时曾达到峰值50.2%，占据了苏南工业的半壁江山；2015年时苏南外贸依存度达到69.8%，这种对外资外贸高度依赖的产业结构，一是容易受到国际市场需求的影响，一旦国际经济不稳定，或资源来源国的经济受到冲击波动时，苏南产业必然受到影响。二是出口加工业生产的核心技术主要由外商掌握，关键技术、设备依赖进口，导致很多产业仍处于国际产业价值链的低端中游，上游的技术研发和下游的产品营销等附加值高的环节仍由外方控制。三是随着劳动力工资水平上涨和劳动生产率增长迟缓等因素影响，苏南劳动力的优势也在逐步弱化，目前国际资本已开始将部分产业链转移到劳动力更为低廉的中西部地区甚至东南亚国家，削弱了苏南的产业基础。

2000	2001	2002	2003	2004	2005	2006	2007	2008	2009	2010	2011	2012	2013	2014	2015
32.6	33.6	35.1	38.7	42.8	47.9	49.0	49.9	50.2	49.7	49.2	49.7	48.2	47.4	46.7	47.2

图 2.6.8　苏南外商港澳台工业企业产值占比

（四）服务业增加值占比较高，但层次水平总体偏低。2015年，苏南地区服务业增加值占GDP比重已达到51.2%，高于全省2.6个百分点，但现代服务业发展规模和层次依然偏低。尽管近年来苏南金融业、房地产业、居民服务业等生产、生活性服务业发展较快，速度赶超交通运输、批零住餐等传统服务业，但是总体份额仍然不高。2015年，苏南地区交通运输、批零住餐业等传统服务业增加值占第三产业比重为35.6%，相比之下，信息技术、租赁和商务服务业、科研等生产性服务业占比仅为16.8%，居民服务、教育、卫生、文化、体育、娱乐等生活性服务业占比仅为12.2%。苏南地区尽管对外贸易发达，但出口主要以货物贸易为主，金融、保险、咨询、邮政、电信等技术密集和知识密集服务行业，由于起步较晚等原因，发展水平还不够充分。以服务外包产业为例，与国内领先的北京、大连等城市相比，南京、无锡、苏州等服务外包基地城市都是近几年才刚刚发展，尚处于起步阶段。目前，苏南服务业整体发展水平还不能适应产业升级调整产生的高端生产性需求，同时也未能充分满足居民文化、娱乐、旅游等高层次生活性需求。

四、如何构筑苏南产业发展新优势

"新苏南模式"下，苏南地区经历了企业产权改革转制，实现了经济体制和增长方式的根本性转变，推动了产业结构的演变优化，进而实现了经济持续健康发展。在新的历史条件下，苏南要继续保持在全省乃至全国的领先地位，成功打造现代化建设示范区，应立足发展特点，把握市场规律，实现新旧动力转换，加快构筑新的产业发展优势。

（一）因情施策，合理制定产业发展规划。在制定产业发展规划时，不能一味追求高度化目标，应当因地制宜，明确比较优势。优势产业要向中高端前移和冲刺，而暂不具备占据中高端实力的产业，力争在中低端形成竞争优势。在调整产业结构的同时，要避免产业趋同、资源配置效率低、区域内竞争激烈。要充分发挥特色产业的龙头带动作用，实现乡镇经济特色化、特色经济产业化、产业发展规模化，最大限度地把比较优势转变为产业优势和经济优势。

（二）强工促贸，产销融合推动经济发展。苏南地区依靠传统产业发展起步至今，一直坚持"生产主导"的发展模式，在电子、通讯设备、化工、机械行业等制造业方面，形成了雄厚的产业基础，但贸易市场发育相对滞后。苏南地区可借鉴浙江"贸易兴省"的发展思路，坚持生产与贸易相结合。一方面，大力发展高技术含量知识密集型的先进制造业，提升工业发展水平和实力，夯实实体经济基础。另一方面，按照建设大市场、发展大流通的思路，建设区域性物流中心、国际化营销中心，进入全球化的营销网络体系，成为国际销售体系中的重要组成部分。

（三）提档升级，优化服务业内部结构。未来服务业能否成为持续拉动苏南地区经济增长的动力，取决于其内部结构的优化升级。餐饮、家政等劳动力密集型服务业，其增加值比重提高更多依赖于相对价格的增长，对经济增长的短期效应明显，但长期作用将趋弱。金融、房地产等资本密集型服务业，虽然对经济增长拉动作用很大，但由于其统计方法并不考虑不良贷款、资产价格波动等风险因素对未来增长的影响，存在被高估的可能性。只有软件和信息、科研设计等技术密集型服务业，作为制造业向高端进阶过程中分工细化的产物，才是服务业中生产率提高最快的部门，也是推动经济长期增长的潜力所在。既要大力发展基于高新技术产业的新兴服务业，又要运用现代科技、新型经营业态和新型服务方式，对传统服务业进行改造，提升服务业发展的整体层次。

（四）转移重心，发展壮大民营经济。在资本原始积累初期，或者缺资金、缺技术、缺市场、缺管理、缺风险承受能力的情况下，苏南地区“植入式”、“外资依赖型”的产业发展模式，可以在短期内形成资本集中、产业集聚优势，但却不利于地区产业的长期发展。苏南构筑新的产业优势，必须把产业组织和市场主体的重心从外资企业转移到民营企业上来，把民营经济作为产业发展的主体，壮大民营资本规模，提高民营企业技术水平。

（五）以工促农，提升农业现代化水平。苏南产业结构当中，第一产业占比很小，但不能因此而忽视农业的重要地位。要利用现代工业装备农业，用现代的社会化服务体系服务农业。一方面大力发展优质高效的都市农业、设施农业、外向农业、生态农业、订单农业、观光农业，提高农产品国际竞争力，提高农业规模经营和产业化经营水平。另一方面重视农产品的本地加工产业，由资源粗加工提升为高技术含量的产品精加工，以工业技术支持农产品加工业产业链的形成，推进农业实现规模化、产业化和标准化。

（六）创新模式，提高生态环境效率。苏南地区已进入后工业化时期，单纯的末端治理无法满足苏南更高层次发展的需求，必须创新环境保护模式，把生态环境当作一种重要的生产要素，提高其利用效率。一是强化政府的环保责任。“新苏南模式”下，虽然减少了政府对企业生产经营的干预，但同时要增强政府对于环境治理的责任。逐步将资源消耗、环境损害、生态效益指标纳入各级党委政府考核评价体系。二是实施“绿色招商 ”。杜绝高污染、高能耗、高排放、破坏生态环境的投资项目落地，积极引进低耗能、低排放且产品附加值较高的产业项目。三是对园区实施循环化改造。通过构建工业生态链，将园区内企业以产业链的方式链接起来，实现低碳集约化发展。

（作者：马丽）

第三章 服务业加快发展

3.1 服务业是否已成为中国城市化的主要动力

摘要：长期以来，中国在工业产值高速增长的同时，服务业和城市化双双滞后，但从数据来看，中国的城镇化率却与服务业比重高度相关。为检验中国城市化的主要产业动力，使用计量模型对中国地级以上城市面板数据进行分析，发现目前中国城市化的主要动力仍然来自工业，但服务业已构成超大城市和部分特大城市人口增长的主要动力。基于数据分析结果，提出中小城市不应盲目刺激服务业增长；部分工业城市应适当缩小城市规模；大城市应成为推进城市化和城市体系结构优化的战略重心；超大城市则应充分发挥服务业优势，增强人口承载能力。

关键词：服务业　城市化　迁移人口

一、问题的提出

在日常语境中，“城镇化”（或“城市化”）是一个多义词，时而指乡村转变为城镇或被城镇所吞并，时而指农民转变为市民，时而又指低矮建筑被现代化高楼大厦所取代。因此，我国出现了“土地城镇化”和“人口城镇化”的专用名词。事实上，在我国现行体制下，增加城市用地对城市经济的拉动作用要明显大于增加城市人口的作用（郑鑫，2014）[1]，这种激励机制导致城市土地扩张明显快于城市人口增长，即土地城镇化快于人口城镇化。然而，经济学中所指的“城镇化”专指人口城镇化，本文使用的城镇化或城市化概念严格遵照这个经济学定义，即指人口向城市的集中，从单个城市视角看，城市化一般意味着城市持续吸引外来人口迁入。

长期以来，“工业化超前、城镇化滞后”是我国经济结构的显著特征。导致这种特征的主要原因是过去偏重工业的产业政策，以及对人口乡—城迁移的严格限制，这些原因在改革开放很久后仍在发挥作用，甚至直到今天还能看到残留，例如人口的迁移仍然受到户籍制度和属地化社会保障制度的阻碍，“自由迁徙权”也没有得到任何法律的正式认可。

"工业化超前"的另一面是服务业发展严重滞后，这也直接导致了"城镇化滞后"，进而又强化了服务业的滞后局面。服务业的经营主要依靠人力和智力，产品大多是无形的，这意味着相对于工业和农业，服务业单位劳动力占用的空间较小，大多数服务行业可以在高层建筑中开展，特别适合在城镇经营，这也是为什么在绝大多数城市高楼大厦中开展的是服务性劳动而不是工业生产或农业劳作的根本原因。然而，由于服务业发展滞后，特别是受全球化影响，我国多数工业企业逐渐放弃了自主销售网络的构建，转而主要依赖海外成熟的交易系统和需求市场，使我国丧失了依靠工业发展自然衍生出大量服务业岗位的机会，进而导致城市人口的集聚缺乏服务业带动（周其仁，2013）[2]，城镇化进程被延缓。反过来，缓慢的城市人口集聚拖累了居民收入水平的提高和城市集聚效应的发挥，导致服务业发展的内需拉动力不足，现代服务业缺乏竞争力（陆铭，2010）[3]，从而形成了恶性循环。

近年来，我国经济结构已经发生了明显改变。截至2015年，我国城镇化率已达到56.10%，服务业占GDP比重达到50.2%。并且从数据上看城镇化率的变化与服务业占GDP的比重提高具有很强的相关性（见图3.1.1），1978—2015年，我国城镇化率与第三产业比重的相关系数高达0.954，与第二产业比重的相关系数仅为0.045。既然目前我国城镇化率的提高是与服务业比重提高同步的，而不是与工业比重变化同步，并且事实上近年来工业比重在逐渐下降，这是否意味着服务业已经成为推动城市化的主要动力产业？支持服务业发展的战略或政策是否会有效带动城市化？

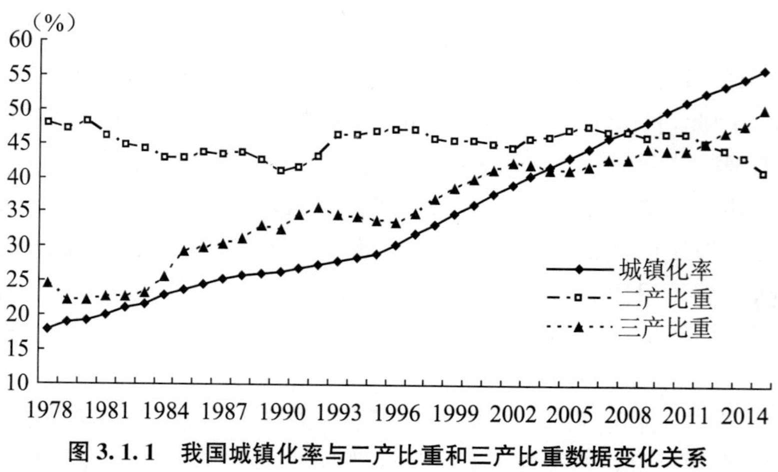

图3.1.1　我国城镇化率与二产比重和三产比重数据变化关系

回答这个问题需要十分谨慎。虽然服务业带动城市化的机制可以从逻辑上得到合理的演绎，但是在国际上却很难找到直接的数量证据，例如，Davis and

Henderson(2003)[4]对多国数据的分析表明,制造业与服务业增加值之比提高,对一个国家城市人口的增长具有显著的正向作用。笔者认为这是因为绝大多数国家的城市化是与工业化同步的,因而在数量关系上城市化往往表现出与工业发展较强的关联度,而中国城市化相对滞后的国情为观察服务业对城市化的拉动作用提供了机会。韩峰、洪联英、文映(2014)[5]使用我国地级以上城市面板数据证明了生产性服务业的空间集聚对城市化具有显著的推动作用。张军、刘晓峰、谢露露(2012)[6]对全国服务业企业普查数据研究发现,服务业主要向市场潜能较高的城市集聚,证明了我国服务业布局倾向于靠近市场并接近消费者的特性,因而大城市具有服务业发展优势。但是,目前的实证研究文献尚未对我国城市化的不同产业带动力展开深入的讨论,因而也就无法回答我国现在和将来城市化的主要动力是工业还是服务业。

本文拟采用地级以上(含地级)城市数据,从多个角度考察我国城市化①的产业动力构成。下文第二部分描述我国城市人口数据的基本特征,第三部分使用计量模型检验不同产业对城市人口迁移的作用,第四部分更换了计量建模思路和指标,对计量结果的稳健性进行了检验,第五部分对全文的发现进行总结,并在此基础上对相关政策问题展开讨论。

二、我国城市等级结构与城市人口迁移的基本事实

(一)数据来源和城市规模等级结构

国家统计局对地级以上城市的统计资料相对较全,特别是《中国城市统计年鉴》提供的丰富数据为我们研究城市化问题提供了重要的数据基础。然而遗憾的是,对于本文所关心的城市人口问题,该年鉴未提供详细数据。按照国际通用标准,城市或区域内的人口规模应以“常住人口”统计为准,而在《中国城市统计年鉴》中公布的城市人口数据是以户籍统计的,城市分产业从业人员数据也仅公布了“单位从业人员”,即仅包括国有企事业单位的从业人员,而大部分民营经济从业人员并未包括在内,这些指标的统计口径要远小于“常住人口”范围。

截至2015年底,我国大陆地区共设置291座地级以上城市。笔者获得了各省(区、市)统计局提供的城市常住人口数据,但部分数据缺失,剔除时间序列不完整的城市后,笔者整理出259座地级以上城市2010—2015年常住人口数据,在地域范围上与《中国城市统计年鉴》中的“市辖区”(不含所辖县)统计口径一致。在此基础上,结合年鉴中公布的地级以上城市市辖区生产总值和产业结构数据,可以构造出一组259×6的面板数据,作为我国城市的样本。

① 城镇化与城市化在本质上并无差别,由于本文采取了地级以上城市数据,未包括建制镇的数据,因此,下文主要采用城市化的说法。

目前，我国“以城区常住人口为统计口径，将城市划分为五类七档”②，见表3.1.1。照此划分标准，笔者根据每个城市2010—2015年6年市辖区常住人口的平均值，将样本城市划分大小等级，各等级样本城市数量列入表中最后一列。另外，笔者还根据城市户籍人口、少数可得年份的常住人口等数据，估计了样本以外的32座地级以上城市的常住人口规模等级，列入“实有城市数”一列。一般认为，Zipf定律（Zipf，1949）[7]所描述的城市规模等级金子塔结构是城市规模布局的一种常态，即城市人口数量与城市等级呈反比，可用公式简单表示为：

$$Rank_i = \frac{C}{POP_i^b}$$

式中，$Rank_i$为i城市的人口规模在全国（或区域内）的位次，POP_i为i城市的人口规模，C和b均为常数。有研究表明，对于该公式中b的取值，多数国家在1左右，主要集中在0.80—1.20之间，中值为1.09（Nitsche，2005）[8]。奥莎列文（2015）[9]使用更为精确的美国都市区（而非行政区）数据，计算得到美国城市体系的b值为1.02。使用本文的样本数据对我国地级以上城市6年平均人口按大小排序后回归得到的b值为1.07③，也处于国际经验取值的正常范围以内。这说明改革开放以来的大规模人口流动，不仅推动我国城镇化率大幅度提高，而且也使我国城市规模结构趋于合理化。

表3.1.1　地级以上城市规模划分标准和城市数量（2010—2015年）

城市等级		人口标准（万人）	实有城市（座）	样本城市（座）
超大城市		≥1000	6	6
特大城市		500—1000	11	10
大城市	Ⅰ型大城市	300—500	22	20
	Ⅱ型大城市	100—300	106	91
中等城市		50—100	102	97
小城市	Ⅰ型小城市	20—50	41	35
	Ⅱ型小城市	<20	3	0

注：根据样本数据均值和其他估计值整理。

（二）初露端倪的城市间人口迁移倾向

城市人口的增长是通过两种途径实现的，一种是自然增长，即因本地人口的生老病死而发生的数量改变，另一种是机械增长，即因外地人口的迁入和本地人

② 《国务院关于调整城市规模划分标准的通知》（国发[2014]51号）。

③ 回归系数和方程均通过了显著性检验，方程拟合优度为0.869。

口的迁出而导致的数量变化。《中国城市统计年鉴》公布了地级以上城市户籍人口的自然增长率，假设城市常住人口的自然增长率与户籍人口一致，则可在此基础上推算各城市常住人口的机械增长率，计算公式为：

$$MG_{it}=TG_{it}-NG_{it}=\frac{POP_{it}-POP_{i,t-1}}{POP_{i,t-1}}\times 1000‰-NG_{it}$$

式中，POP 为城市常住人口数，NG 为人口自然增长率④，TG 为人口总增长率，MG 为人口机械增长率，下标 i、t 分别表示城市序号和年份。

由此，得到 259 座城市 5 年（2011－2015 年）的人口机械增长率数据，共计 1295 个样本点，其特征分析见表 3.1.2。样本点全体的人口机械增长率均值为 32.5‰，但其中有 620 个样本点机械增长率小于零，667 个样本点机械增长率大于零（另有 8 个样本点机械增长率等于零）；呈人口净迁入的样本点人口机械增长率均值为 77.4‰，而呈人口净迁出的样本点人口机械增长率均值为－15.3‰，前者要远大于后者的绝对者。这说明，虽然我国有很多城市在一些年份里人口向外净迁出，但净迁出的规模尚小，总体上看地级以上城市是在持续吸纳外来人口的。

分城市规模来看（详见表 3.1.2），如果仅划分四个城市等级，即小城市（50 万以下人口）、中等城市（50－100 万人口）、大城市（100－500 万人口）、特大和超大城市（500 万以上人口），则可发现前 3 个等级城市的人口机械增长率均值分别为 11.1‰、33.9‰、38.4‰，呈明显的递增趋势，但是在第 4 个等级又回落至 30.2‰。如果进一步区分Ⅰ型大城市和Ⅱ型大城市，以及特大城市和超大城市，则可以发现人口机械增长率最高的是 100－300 万人口的Ⅱ型大城市，其次是 1000 万人口以上的超大城市；而人口机械增长率最低的是 50 万人口以下的小城市，其次是 500－1000 万的特大城市。这说明我国人口机械增长与城市规模存在很大关系，但并非稳定的线性关系。

表 3.1.2　地级以上城市人口机械增长率数据特征

城市人口（万人）	样本容量	均值	标准差	最小值	最大值
全体	1,295	32.5	179.8	－377.9	2961.9
净迁出	620	－15.3	38.2	－377.9	0.0
净迁入	667	77.4	239.4	0.0	2961.9
<50	175	11.1	81.2	－300.9	485.7
50－100	485	33.9	176.0	－247.2	1808.6
100－500	555	38.4	213.5	－377.9	2961.9

④　缺失数据使用线性插值法估算。

续表

城市人口(万人)	样本容量	均值	标准差	最小值	最大值
≥500	80	30.2	65.5	−122.7	323.6
100—300	455	39.2	230.3	−377.9	2961.9
300—500	100	34.7	108.7	−80.0	826.1
500—1000	50	25.3	67.2	−23.0	323.6
≥1000	30	38.4	62.7	−122.7	184.6

将上一年份的城市常住人口数乘以当年人口机械增长率，可得当年城市人口净迁入数量，将5年净迁入数量相加，可得城市累计净吸纳迁移人口。计算结果表明，259座城市中人口净迁出的为79座，占总数30.5%，人口净迁入的为180座，占总数的69.5%。根据外来人口的来源地，可将城市人口的机械增长分为两部分，一部分来源于乡村地区，另一部分来自于其他城镇。样本中城市净迁出人口总数占城市净迁入人口总数的4.4%，一般来说，受职业能力和生活习惯影响，城市人口向外迁移的目的地大多是另一个城市，所以，可认为地级以上城市间的迁移为那些具有吸引力的城市的迁移人口至少贡献了4.4%。单独考察个别年份则该数量更大，2011年、2012年、2013年、2014年、2015年，样本中城市净迁出人口总数占城市净迁入人口总数的比重分别为9.1%、24.4%、22.9%、29.0%、10.0%[⑤]。考虑到我们的计算忽略了同一城市人口迁入与迁出的同时发生，也未包含地级以下城市人口在城市之间的迁移，城市间人口迁移对城市人口机械增长的贡献应远远高于我们从样本中得出的比例。不难想象，随着人力资本的积累和迁移成本的下降，城市间人口迁移还将日益活跃。在未来城镇化率达到稳态后，人口的城—城迁移最终将取代乡—城迁移，对城市体系发育和国土开发格局产生决定性影响。

分城市类型考察，外来人口净迁入最多的是Ⅱ型大城市和超大城市，其次是中等城市和Ⅰ型大城市，而小城市和特大城市吸纳的迁移人口规模相对较少，这与城市人口机械增长率的分布规律基本一致。城市净迁出人口主要来源于Ⅱ型大城市和中等城市；城市规模越大人口净迁入的概率也越大。据此可对我国城市迁移人口的流向做出概括性的描述，即我国吸纳城市外来人口的主力是大城市和超大城市，城市间的人口迁移的主要来源地是Ⅱ型大城市和中等城市，城市规模越小越有可能发生人口流失。

⑤ 由于有些城市的人口净迁移方向并非每年都一致，累计后数据发生了正负相抵，所以累计净迁出人口占累计净迁入人口比重低于年度数量比重。

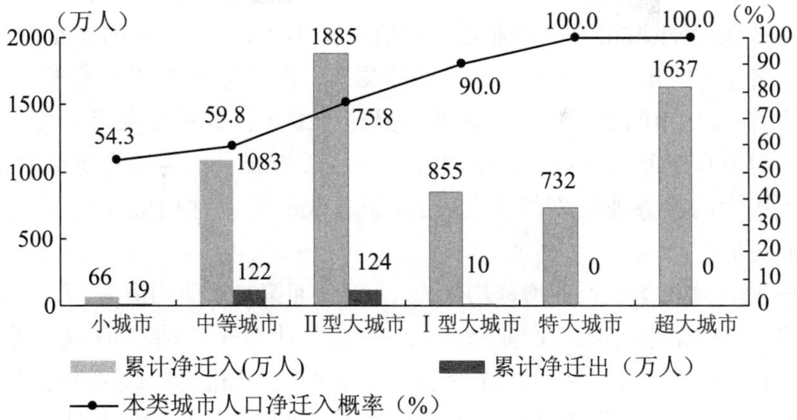

图 3.1.2 城市人口迁移方向分析(2010—2015 年)

注:本类城市人口净迁入概率=(本类城市累计净迁入为正的城市数量÷本类城市总数量)×100%

三、关于不同产业对城市人口吸纳作用的检验

(一)城市产业发展指标与计量模型构建

为使用计量经济方法考察不同产业对城市外来人口吸引力的差异,需要选取适当的城市产业发展指标作为解释变量。《中国城市统计年鉴》提供了地级以上城市市辖区一、二、三产业在地区生产总值中的比重(以百分数表示),但是,该指标并不适宜作为解释变量,因为三次产业比重之和恒等于 100%,若同时进入方程必然导致较为严重的多重共线问题。为降低多重共线性,这里使用城市地区生产总值和三次产业比重数据计算各产业增加值的增速,计算公式为:

$$Gx_{it}=\frac{GRP_{it}\cdot Px_{it}-GRP_{i,t-1}\cdot Px_{i,t-1}}{GRP_{i,t-1}\cdot Px_{i,t-1}}\times 100\%,(x=1,2,3)$$

式中,GRP 为城市地区生产总值,Px 为 x 产业比重⑥,Gx 为 x 产业增速(x 表示产业类型,所以 G1、G2、G3 分别为一产增速、二产增速、三产增速),下标 i、t 分别表示城市序号和年份。需要说明的是,按此公式计算的是未考虑价格变化的产业名义增速,笔者认为,相对于反映实物量增长的产业实际增速,产业名义增速差异更能反映各城市产业盈利能力的差异,而人口在选择迁移目的地时,会将目的地的收入水平和收入增长前景作为主要考虑,这些因素与各地区相关产业的盈利能力有很大关系,故而产业名义增速更适合用于解释城市人口迁移的差异性,基于这种考虑,本文未对产业名义增速做价格平减。

⑥ 缺失数据使用线性插值法估算。

对样本地区分城市规模等级计算的第三产业增速数据特征见表 3.1.3。不难发现，不同规模等级城市第三产业增速均值差异不大，并无明显的变化规律，说明第三产业增速与城市大小并无明显的相关关系。但从标准差和离差来看，随着城市规模的增大，城市间第三产业增速的差异趋于缩小。这种现象可以使用经典的克里斯塔勒中心地理论（格林、皮克，2011）[10]加以解释。作为较高等级的中心地，城市越大集中的服务业类别越全，城市间服务业的构成越相似，因而服务业的增速越趋于同步。

另外，样本城市第三产业增速均值为 19.3%，而第二产业均值为 17.4%，前者大于后者；将每个城市历年第三产业增速减去第二产业增速，结果发现这个差在 1293 个样本点中有 870 个为正，有 423 个为负。这说明“十二五”期间地级以上城市总体上第三产业增速要快于第二产业，这与全国产业增速统计表现的情况是一致的。

表 3.1.3　地级以上城市第三产业增速数据特征

城市人口（万人）	样本容量	均值	标准差	最小值	最大值
＜50	174	20.6	32.0	−74.2	384.7
50—100	484	18.8	18.0	−44.7	191.3
100—500	555	19.6	19.3	−23.0	235.1
≥500	80	18.2	11.8	3.7	53.3
100—300	455	19.6	20.1	−20.3	235.1
300—500	100	19.7	15.3	−23.0	82.2
500—1000	50	17.9	12.4	3.7	50.3
≥1000	30	18.8	10.9	9.4	53.3

注：由于部分城市产业结构数据缺失，导致表中部分样本组的样本容量并不是 5（年数）的整数倍。

为检验城市不同产业发展对外来人口的吸纳作用，本文将城市人口机械增长率对三次产业增速做线性回归，同时，考虑到我国现实中城市越大就业机会越多（陆铭、高虹和佐藤宏，2012）[11]、基础设施越完善、公共服务越发达，对外来人口也就越具有吸引力，所以在方程中加入城市常住人口数量作为控制变量，用以代表与城市规模有关的因素。最终建立的主要模型为：

$$MG_{it} = \beta_0 + \beta_1 G1_{it} + \beta_2 G2_{it} + \beta_3 G3_{it} + \beta_4 POP_{it} + u_i + \lambda_t + \varepsilon_{it}$$

式中，β_0 为常数项，β_1、β_2、β_3、β_4 为系数，u_i 为城市个体效应，λ_t 为时间效应⑦，ε_{it} 为随机误差项，其他符号含义同前文。下文将尝试从不同角度对样本数据进行分组，以发现城市产业回归系数的变化，特别是第三产业系数的变化。

⑦　根据显著性检验结果取舍。

(二)按年份分组估计结果

首先尝试按年份将数据分成5组,分别进行回归。结果如表3.1.4所示,第一产业增速对城市人口机械增长率的影响始终显著,按照一般的逻辑,农业并不适合在城市布局,而且农业吸纳劳动力的能力也相对较低,所以这个结果多少有些意外。实际上,在我国现行土地制度下,将农用地转化为国有土地,是一种拉大城市框架、扩大城市财政收入的便捷途径,各级城市往往会有“圈地”的冲动,城镇化率的提高有很大一部分是由行政区划调整导致的。农田和村庄被划归城市行政区划,导致城市农业增加值增长,同时村民身份被替换为市民身份,导致相应的城市人口增长。由此判断,显著的第一产业增速影响主要是由行政区划调整或统计口径造成的,并不具有实际的经济含义。因此,下文我们将主要讨论第二产业和第三产业的影响。

第二产业增速的影响除了2011年和2014年以外,其他年份都是显著的,并且从3个显著的年份来看,影响呈增大趋势,2015年的回归系数达到2.5,意味着第二产业增速每提高1个百分点,城市人口机械增长率会相应提高2.5个千分点。第三产业增速的影响仅在2012年和2013年是显著的,虽然2013年的回归系数高达2.8,但随后的作用不再显著。

所以,总体来看,我国城市化的产业动力主要来自第二产业,另外一个显著的“动力”来自于由第一产业扩张代表的行政区划调整,而对于本文所关注的第三产业,并没有强有力的证据证明其比第二产业具有更强的外来人口吸引力。

表3.1.4 城市人口机械增长率影响因素分年份估计结果

解释变量	2011年	2012年	2013年	2014年	2015年
G1	0.0834**	1.027***	1.210***	0.510*	1.075***
	(0.0363)	(0.334)	(0.197)	(0.265)	(0.180)
G2	1.242	1.239*	1.692***	0.829	2.549***
	(1.247)	(0.705)	(0.474)	(1.300)	(0.892)
G3	0.608	1.473*	2.849***	0.0560	0.0727
	(1.091)	(0.830)	(1.028)	(1.638)	(1.364)
POP	0.0514*	0.0135	0.0152	0.00416	0.00538
	(0.0287)	(0.0105)	(0.00921)	(0.0146)	(0.0117)
常数项	−66.88	−37.13**	−53.69***	13.00	9.461
	(72.76)	(17.16)	(10.83)	(21.54)	(17.91)
N	257	259	259	259	259
R^2	0.058	0.258	0.913	0.190	0.728

注:N为样本容量,R^2为拟合优度,括号内数据为异方差稳健标准误,***、**、*分别表示1%、5%、10%显著性水平。

（三）按城市规模分组估计结果

虽然按年份分组的估计结果未证明服务业对城市人口机械增长率具有显著影响，但是并不能据此否定服务业的作用，因为不同规模城市同类产业的内部结构往往存在着巨大的差异，例如金融、信息等高端服务业在特大城市第三产业中的比重较大，而在小城市第三产业中的比重较小，由于行业构成的不同，同类产业对外来人口的吸引力在城市间也会产生差异。因此，我们按照城市年均人口大小对样本重新分组，分别进行回归。

按照大、中、小、特大与超大四分法分组的估计结果列于表 3.1.5。如表所示，50 万以下人口小城市的人口机械增长率仅受城市常住人口数量（POP）的影响，三次产业的作用均不显著[⑧]，说明我国人口向小城市的迁移主要受生活或消费的便利性吸引，产业的发展或者说就业机会的拉动力并不强。50－100 万人的中等城市和 100－500 万人的大城市人口机械增长率显著受第二产业增速影响，并且在大城市的影响（回归系数 3.6）要大于在中等城市的影响（回归系数 1.4），但第三产业增速的作用不显著。500 万以上人口的特大与超大城市人口机械增长率则显著受到第三产业增速的影响，即三产增速每提高 1 个百分点，平均带动特大与超大城市人口机械增长率提高 2.1 个千分点，而第二产业增速对特大与超大城市的影响并不显著。总之，随着城市等级规模的扩大，吸引城市外来人口的城市产业由第二产业变为了第三产业，换言之，目前服务业带动城市化的作用主要体现在特大与超大城市的人口增长上，而工业和建筑业带动城市化的作用主要体现在中等城市和大城市的人口增长上。

另外，值得注意的是，表 3.1.5 中城市常住人口数量（POP）的回归系数始终为正且始终显著，但随着城市规模等级的提高而迅速缩小，这可理解为我国人口迁移仍然受到较大规模城市的强烈吸引，但是由于城市规模越大，居民因较高房价、交通拥堵等付出的成本越高，就业市场竞争也越激烈，导致迁入的难度越大，使实际的相对迁入活跃程度随城市等级提高呈现边际递减趋势。

表 3.1.5　城市人口机械增长率影响因素分城市规模估计结果

解释变量	小城市（<50 万人）	中等城市（50－100 万人）	大城市（100－500 万人）	特大与超大城市（≥500 万人）
G1	－0.0628	1.551***	0.172	0.431
	(0.117)	(0.199)	(0.141)	(0.436)

⑧ 豪斯曼检验否定了随机效应模型，表 5 所列为固定效应模型估计结果，如果时间固定效应通过显著性检验，则表中列出双向固定效应模型估计结果，否则仅列出个体固定效应模型估计结果。下同。

续表

解释变量	小城市（<50 万人）	中等城市（50—100 万人）	大城市（100—500 万人）	特大与超大城市（≥500 万人）
G2	0.183	1.406**	3.625***	0.376
	(0.172)	(0.596)	(0.929)	(0.675)
G3	−0.0569	0.928	1.839	2.072**
	(0.336)	(0.877)	(1.943)	(0.796)
POP	17.72***	3.334***	2.741**	0.442**
	(2.430)	(0.720)	(1.089)	(0.181)
常数项	−675.1***	−408.0***	−689.4***	−472.5**
	(91.97)	(55.59)	(166.5)	(191.6)
个体效应	是	是	是	是
时间效应	否	是	是	否
N	174	484	555	80
R^2	0.326	0.759	0.646	0.373

注：N 为样本容量，R^2 为组内拟合优度，括号内数据为聚类稳健标准误，***、**、* 分别表示 1%、5%、10%显著性水平。

进一步将大城市划分为Ⅰ型大城市和Ⅱ型大城市两组，将特大城市组与超大城市组分设，对这 4 组数据的回归结果列于表 3.1.6。表中数据表明，在所有规模等级类型的城市中，100—300 万人的Ⅱ型大城市人口机械增长率受第二产业增速影响最大，Ⅱ型大城市第二产业增速每提高 1 个百分点，可带动城市人口机械增长率提高 3.9 个千分点。对于 300—500 万人口的Ⅰ型大城市，以及更大规模的城市，第二产业对城市人口机械增长的影响均不显著。而 500 万以上人口的城市中，第三产业对城市人口机械增长的影响主要体现在 1000 万以上人口的超大城市。虽然Ⅰ型大城市组和特大城市组的回归结果没有发现非农产业作用的显著性，但这不能作为否定第三产业对较高等级城市人口增长起较大作用的证据。两组数据二、三产业增速回归系数均不显著，有可能是样本数据不准确或样本容量过小造成的，也有可能是一种随着城市规模等级的提高，吸引外来人口迁入的城市产业由第二产业向第三产业过渡的表现，即 G2 的回归系数由Ⅱ型大城市组的“显著”向超大城市组的“不显著”过渡，G3 的回归系数则由Ⅱ型大城市组的“不显著”向超大城市组的“显著”过渡，造成处于中间状态的两种回归系数均不显著。

表 3.1.6　城市人口机械增长率影响因素细分城市规模估计结果

解释变量	Ⅱ型大城市（100—300 万人）	Ⅰ型大城市（300—500 万人）	特大城市（500—1000 万人）	超大城市（≥1000 万人）
G1	0.202	0.408***	0.482	−0.503
	(0.160)	(0.131)	(0.453)	(1.674)
G2	3.927***	−0.364	1.281	0.492
	(0.940)	(1.148)	(1.628)	(1.326)
G3	0.903	3.142	1.660	1.869*
	(2.046)	(2.320)	(1.641)	(0.873)
POP	3.999***	0.895*	0.939***	0.407
	(1.391)	(0.500)	(0.222)	(0.296)
常数项	−758.4***	−342.6*	−651.6***	−663.1
	(166.6)	(188.9)	(163.0)	(481.9)
个体效应	是	是	是	是
时间效应	是	否	否	否
N	455	100	50	30
R^2	0.681	0.539	0.441	0.406

注：N 为样本容量，R^2 为组内拟合优度，括号内数据为聚类稳健标准误，***、**、* 分别表示 1%、5%、10%显著性水平。

综合前文的分析，我们的结论是，现阶段地级以上城市总体上仍然主要依靠第二产业吸引外来人口迁入，特别是数量最多的中等城市和大城市人口增长对第二产业的依赖较强，但随着城市规模等级的提高，吸引外来人口迁入的主要产业逐渐由第二产业转变为第三产业。

四、稳健性检验

为检验上文计量模型估计结果的稳健性，现在换一个思路重新构造指标和回归方程进行检验。概括地说，上文使用了增长率指标进行回归，这里使用绝对量指标进行回归。

由上文相关指标，可计算各城市每年净迁入人口数（即机械增长量），计算公式为：

$$IMM_{it} = POP_{i,t-1} \times MG_{it}$$

式中，IMM 为城市年度净迁入人口数，其他符号含义同前文。

新增移民一般是由城市各产业的增长带动的，所以计算各城市每年各类产业生产总值的增长量，计算公式为：

$$\Delta Qx_{it} = GRP_{it} \cdot Px_{it} - GRP_{i,t-1} \cdot Px_{i,t-1}, (x=1,2,3)$$

式中，△Qx 为城市 x 产业的年度增量，其他符号含义同前文。

为消除指标量纲影响，并降低异方差性和多重共线性，将上述变量取对数后构建方程。但是，取对数会损失很多原指标为负值的样本点，考虑到很多城市第一产业生产总值发生了减少，为保证足够的样本容量，解释变量不包含第一产业数据。另外，出于与前文同样的考虑，将城市常住人口的对数值列为控制变量。这样，最终构建的回归方程为：

$$\ln IMM_{it} = \beta_0 + \beta_1 \ln\Delta Q2_{it} + \beta_2 \ln\Delta Q3_{it} + \beta_3 \ln POP_{it} + u_i + \lambda_t + \varepsilon_{it}$$

式中符号含义同前文。

表 3.1.7 城市迁入人口影响因素分城市规模估计结果

解释变量	小城市（<50 万人）	中等城市（50－100 万人）	大城市（100－500 万人）	特大与超大城市（≥500 万人）
ln△Q2	0.430	0.397***	0.393**	0.196
	(0.256)	(0.134)	(0.160)	(0.183)
ln△Q3	−0.0913	0.512*	0.373	2.006***
	(0.268)	(0.258)	(0.408)	(0.554)
lnPOP	10.16***	4.243***	5.004***	7.738**
	(2.101)	(0.801)	(1.519)	(2.809)
常数项	−39.49***	−21.31***	−28.57***	−64.17***
	(7.971)	(3.112)	(7.031)	(19.27)
个体效应	是	是	是	是
时间效应	否	否	否	否
N	62	177	272	53
R^2	0.230	0.395	0.221	0.443

注：N 为样本容量，R^2 为组内拟合优度，括号内数据为聚类稳健标准误，＊＊＊、＊＊、＊分别表示 1%、5%、10%显著性水平。

按照小城市、中等城市、大城市、特大与超大城市分组后，分别进行估计，结果列于表 3.1.7。可见，小城市二、三产业增量对城市迁入人口数量无显著影响；中等城市和大城市第二产业增量对城市迁入人口数量有显著影响，其中中等城市第三产业增量的影响显著，而大城市第三产业增量的影响不显著；特大与超大城市第二产业增量的影响不显著，而第三产业增量的影响显著，其回归系数为 2.0，可解读为：对 500 万以上人口的城市，第三产业增量每增长 1%，会带动迁入人口数量增长 2%。另外表 7 还表明，城市常住人口的多少，即城市的大小，对城市迁入人口数量的影响始终显著为正。

对比表 3.1.5 和表 3.1.7，我们发现两种方法得到的估计结果非常相似，这说明我们根据数据得到的主要结论具有稳健性。

五、总结与启示

通过对我国地级以上城市面板数据的分析，本文的主要发现包括两个方面。第一，在城市人口迁移的数据特征方面，目前我国人口增长最快的城市主要是两类，一类是 100－300 万人口的Ⅱ型大城市，另一类是 1000 万以上人口的超大城市，总的来看大城市对外来人口的吸引力要大于中小城市。第二，从城市产业的人口吸纳作用来看，目前总体上说我国城市化的主要产业动力仍然是工业，但在不同规模城市之间存在差异，小城市大多单纯依靠城市规模或者说相对于乡村地区的生活便利性吸引人口迁入，中等城市和大城市主要依靠第二产业吸引人口迁入，特大和超大城市则主要依靠第三产业吸引人口迁入。

回到本文第一部分提出的问题，本文给出的答案是：服务业现在仅是部分大型城市人口增长的主要动力，尚未取代工业成为全国城市化的主要动力，但是，随着未来我国多数城市规模的成长升级和全国产业结构的持续调整，服务业对城市化的支撑作用将愈发重要。

在上述结论的基础上，我们还可以得到以下几点推论或猜想，值得后续深入研究。

第一，服务业对规模较小的城市人口增长影响较小，而反过来服务业特别是高附加值的服务业发展又需要以大城市为依托。由此推论，对中小城市而言，通过政策刺激虽然可以做大服务业，但是很难有效提高服务业附加值和竞争力，因而服务业并非实现“产城融合”的最佳途径，更稳妥的办法是结合自身资源和区位条件，重点发展对本地市场要求不高、易于输出的优势工业，从而最有效地带动人口集聚，为产业结构的丰富化和高级化打下市场和人才基础。

第二，随着工业化进程向更高阶段迈进和要素禀赋结构的变化，传统工业开始逐渐向海外转移，一些兴起于工业时代的城市不可避免地出现了人口外流。从国际上看，产业结构转变必然伴随工业城市的衰落，以美国为例，“在 1950 年的美国十大城市中，有 8 座城市的人口此后至少下降了 1/6”，其中底特律人口下降了 58%（格莱泽，2012）[12]。国际经验表明，对丧失产业优势的城市大量投资以挽留人口往往是无效的，更有效的做法是顺应人口“用脚投票”做出的理性选择，引导并帮助人口向更具产业发展潜力的城市转移。因此，我国应为地方政府建立良好的政绩考核机制，防止在GDP增长和城市规模上进行攀比，而要强化对人均GDP和居民生活水平的考核，由过去单纯的鼓励做加法转向鼓励将加法与减法并重，即鼓励传统工业城市在发展接续产业的同时，适当加快人口向发达地区和新兴城市转移的步伐，缩小城市规模。

第三，目前大城市（尤其是100－300万人口规模的Ⅱ型大城市）是吸纳外来人口的主力，而大城市的发展又能有效缓解超大城市和资源枯竭型工业城市的人口压力。所以，可将有潜力的大城市作为中国城市化和城市体系结构优化的战略重心，努力提高大城市公共服务水平，降低大城市生活成本，引导人口更多地向大城市集中，并借助交通网络建设促进临近大城市的一体化，加快城市带和都市圈建设，为现代产业发展创造新空间。

第四，服务业拉动超大城市人口增长的作用十分显著，而现代服务业和高端服务业又偏向于在超大城市集中布局，如果说现代服务业和高端服务业是中国产业迈向中高端所不可或缺的，那么超大城市就有必要继续扩大人口规模。然而现实中，中国超大城市都在采取严格的人口增长限制措施，部分城区甚至设置了明确的人口外迁目标。虽然从很多角度看限制超大城市规模是合理的，但从经济效益角度考虑，这种措施却值得商榷。至少从目前情况看，超大城市普遍出现的"大城市病"并不完全是人口过多造成的，限制人口增长也并不能从根本上解决"大城市病"。超大城市在交通效率、住房供给、公共服务配置等方面还有很大提升空间，只要能提高城市管理水平，就可持续提高人口承载力，肩负起继续吸纳人口并支撑国家服务业竞争力提升的重任。

参考文献

[1]郑鑫．城镇化对中国经济增长的贡献及其实现途径[J]．中国农村经济，2014(6)：4－15.

[2]周其仁．城乡中国(上)[M]．北京：中信出版社，2013.

[3]陆铭．重构城市体系——论中国区域和城市可持续发展战略[J]．南京大学学报(哲学人文科学社会科学版)，2010(5)：15－26.

[4]Davis J C，Henderson J V．Evidence on the Political Economy of the Urbanization Process[J]．Journal of Urban Economics，2003(53)：98－125.

[5]韩峰，洪联英，文映．生产性服务业集聚推动城市化了吗？[J]．数量经济技术经济研究，2014(12)：3－21.

[6]张军，刘晓峰，谢露露．中国服务业的新经济地理特征[J]．统计研究，2012(5)：66－72.

[7]Zipf, G. K. Human Behavior and the Principle of Least Effort[M]. MA: Addison—Wesley, 1949.

[8]Nitsche, V. Zipf Zipped[J]. Journal of Urban Economics, 2005 (57): 86—100.

[9][美]阿瑟·奥莎列文．城市经济学(第8版)[M]. 周京奎译，北京：北京大学出版社，2015.

[10][美]理查德·P. 格林，詹姆斯·B. 皮克．城市地理学[M]，中国地理学会城市地理专业委员会译，北京：商务印书馆，2011.

[11]陆铭，高虹，佐藤宏．城市规模与包容性就业[J]. 中国社会科学，2012(10): 47—66.

[12][美]爱德华·格莱泽．城市的胜利[M]. 刘润泉译．上海：上海社会科学院出版社，2012.

（作者：郑鑫）

3.2 我国服务业与制造业关系研究

摘要:十三五规划要求优化现代产业体系,实施制造强国战略,全力推进《中国制造 2025》,同时加快推动服务业优质高效发展,推动生产性服务业向专业化和价值链高端延伸、生活性服务业向精细和高品质转变。从发达国家产业结构演进的规律看:随着经济的发展,产业结构不断进行调整既是经济发展的结果又是经济进一步发展的基础;第一产业和第二产业在国民经济中比重逐渐下降、第三产业比重上升,是多数国家产业结构调整的基本趋势。作为产业结构的重要组成部分,服务业的兴起和繁荣与制造业息息相关。处于新型工业化过程中的中国,非常有必要理清服务业与制造业关系,探讨二者发展的内在机制,制订合理的政策措施,以促进国民经济又好又快发展。

关键词:服务业　制造业　神经网络　国际比较　预测

一、相关概念及理论基础

(一)服务业的定义

在 1957 年第三版的《经济进步的条件》中,克拉克以"服务性行业"替代"第三产业"。随着对服务业研究的深入,后来的学者又对服务业内部行业进行了划分,在我国,第一次对三大产业做出明确划分并将第三产业产值计入国民生产总值时已到了 1985 年。而将第三产业改为"服务业"是在 2000 年中共十五届五中全会通过的"十五"计划建议中。国家统计局对服务业分类进行了多次调整,目前在我国国民经济核算实际工作中,将服务业视同为第三产业。

(二)制造业的定义

制造业是指对制造资源(物料、能源、设备、工具、资金、技术、信息和人力等),按照市场要求,通过制造过程,转化为可供人们使用和利用的大型工具、工业品与生活消费产品的行业。在我国制造业、采矿业,电力、燃气及水的生产和供应业、建筑业属于第二产业。制造业直接体现了一个国家的生产力水平,是区别发展中国家和发达国家的重要因素,制造业在世界发达国家的国民经济中占有重要份额。

(三)相关理论基础

进入21世纪,世界经济服务化趋势中的中国现象引发了学界广泛关注。大量中国学者对其发生原因进行过深入的探究。但是,由于经济发展程度、政策着力点和统计数据等的限制,与国外服务业研究早已成熟大为不同的是,中国有关服务业发展方面的研究不仅缺乏基础数据,在相关理论研究上与国外也存在较大差距。截止目前,众多学者对中国服务业发展落后原因的解释,大量借鉴了发达国家经济服务化动因研究的相关思想。考虑发达国家经济服务化动因的研究进展,并大致按照现有解释中国服务业发展艰难的理论出现早晚,将相关解释归为六大类:统计误差说、工业化阶段正常现象说、需求论、供给论、制度体系变化论和产业关联论等。

许宪春(2000,2004)、岳希明和张曙光(2002)遵循Gershuny(1977)对服务业的研究思路,着重从统计核算上寻找服务业发展落后的原因,认为由于存在统计制度上的服务业核算范围不完整和部分服务计价过低两个弊端,中国现行服务业核算存在着服务业增加值低估的问题。魏作磊和胡霞(2005)提出了工业化阶段正常现象说,认为只有当一个国家工业化程度很高或者完全实现工业化进入后工业化时期,人均GNI(国民总收入)达到一个较高水平时,服务业比重才会随着人均GNI的增加而上升。谭洪波、郑江淮(2012)认为中国经济高速增长与服务业滞后并存之谜在于"中国服务业特别是高级生产者服务业的全要素生产率增长率为零造成的","中国的服务业TFP增长率几乎为零主要是由于本应属于'进步部门'(相对于生活性服务业,本文注)的生产者服务业对整体服务业的TFP增长贡献不足所致"。白重恩(2007)和汪德华等(2007)在解释中国服务业落后时,较早引入了制度和政府规模因素,认为政府应该通过营造环境,间接对产业发展发挥作用。国外学者也从产业关联视角解释经济结构服务化原因,但至今有关的研究仍处于初期阶段,大多停留在探讨产业间关系层面,主要论证中国生产者服务业与制造业间存在良性互动,如江静和刘志彪(2010)率先提出并计量实证了中国制造业的世界工厂定位使生产性服务缺乏有效市场需求的支撑而发展滞后。张月友(2013)认为存在产业互促的中国悖论,其之所以发生,是由我国产业融入经济全球化的非同步性造成的。樊文静(2013)基于规模报酬递增和专业化报酬递增两个角度构建了产业互动模型,并从产业互动中解析出了影响生产性服务业增长的需求因素及其作用机制。

二、服务业与制造业发展状况的比较分析

(一)服务业规模不断扩大

我国服务业增加值从1978年的905.1亿元增加到2015年的344075亿元,

2015 年占国内生产总值的比重为 50.5%，首次突破 50%，比 1978 年的 24.2%提高了 26.3 个百分点。从增长速度来看，改革开放以来服务业的发展大致可划分为三个阶段。1978—1990 年，服务业得以迅速发展，服务业增速快于 GDP。进入 20 世纪 90 年代之后，我国服务业比重上升缓慢甚至有些年份比重不升反降。近十年来，随着我国加快产业结构转型和升级，服务业增长速度高于 GDP 增长速度，占 GDP 比重呈现逐年上升态势。

(二)服务业对经济增长的拉动力增强

我国服务业对 GDP 的贡献率从 1978 年的 28.4%提高到 2014 年的 47.5%，提高了 19.1 个百分点。在 2000 年以前，服务业发展相对滞后，服务业贡献率明显低于第二产业，但近年来，随着经济的发展和产业结构的调整，服务业对经济增长的贡献逐年增强，特别是 2010 年以后对 GDP 贡献率接近 50%。

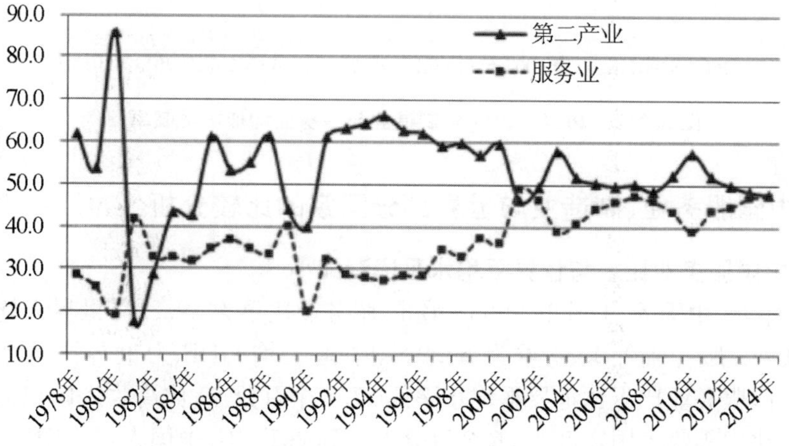

图 3.2.1　1978—2014 年第二产业和服务业增加值贡献率

(三)服务业逐渐成为吸纳劳动就业的主渠道

2014 年，我国服务业吸纳的就业人员为 31364 万人，占全国就业人员的比重达 40.6%，比第一产业和第二产业占比分别高 11.1 和 10.7 个百分点。和 1978 年相比，比重提高了 28.4 个百分点，服务业已然成为全社会吸纳劳动就业的主要渠道。

(四)制造业的贡献率和拉动作用低于服务业

近 10 年来，我国制造业增加值以年均 13.3%(现价计算)的速度快速增长。2014 年我国制造业增加值占 GDP 的比重为 27.9%，制造业产品在出口商品总额中的比重达到 95.2%，制造业吸纳了近 30%的城镇就业人员和农村剩余劳动力，制造业的发展极大地推动了我国经济社会发展和产业结构的调整和优化。但与服务业相比，我国制造业对经济增长的贡献率和拉动作用，在绝大多数年份低于服务业。这说明我国在进一步优化产业结构、大力发展现代服务业上取得了初步的成效。

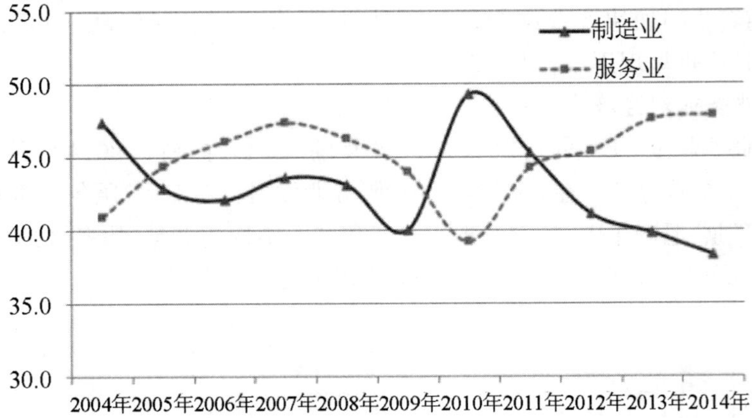

图 3.2.2　2004—2014 年制造业与服务业增加值贡献率

三、中国服务业、制造业与世界部分国家的比较分析

(一)中国服务业比重与世界平均水平逐渐缩小

2000 年时，中国人均 GDP 为 955 美元，服务业比重为 39.8%，世界人均 GDP 为 5453 美元，服务业平均比重为 66.9%，中国人均 GDP 为世界平均水平的 17.5%，中国服务业比重比世界平均水平低 27.1 个百分点，比高收入国家低 30.7 个百分点，比中等收入国家低 10.6 个百分点。到 2014 年，中国人均 GDP 为 7594 美元，占世界平均水平的 70.3%，中国服务业占 GDP 比重为 48.2%，比世界平均水平低 22.3 个百分点，比高收入国家低 25.6 个百分点，比中等收入国家低 7.3 个百分点，只比低收入国家高 2 个百分点。

表 3.2.1　不同发展水平国家的服务业比较

国家或地区	人均 GDP(美元)		服务业增加值占国内生产总值比重	
	2000	2014	2000	2014
世　界	5453	10804	66.9	70.5①
高收入国家	21843	37897	70.5	73.8①
经合组织高收入国家	26436	43619	71.3	74.9①

续表

国家或地区	人均 GDP(美元)		服务业增加值占国内生产总值比重	
	2000	2014	2000	2014
非经合组织高收入国家	6342	19199	58.9	58.3①
中等收入国家	1173	4732	50.4	55.5
中等偏下收入国家	570	2033	47.1	52.2
中等偏上收入国家	1832	7987	51.5	56.7
中低收入国家	1092	4301	50.3	55.4
低收入国家	258	648	45.0	46.2
最不发达地区	303	944	44.5	48.3
重债穷国	327	915	45.9	48.7
中国	955	7594	39.8	48.2

注:①2013 年数据。

数据来源,国际统计年鉴

(二)服务业与发达国家相比有较大差距但发展速度较快

中国服务业发展经历较为波折,1970 年中国服务业比重只占 24.6%,比美国、日本、英国、法国、德国分别低 40.8、25.1、33.8、35.3、24.2 个百分点。1980 年中国服务业比重与发达国家差距进一步拉大,为 21.8%,然后中国服务业快速发展,到 1990 年比重上升 32.03%,2000 年为 39.5%,2014 年达到 47.7%,与美国、日本、英国、法国、德国差距缩小到 30.7、24.4、30.7、31.2、21.3 个百分点。比 1980 年差距缩小 14.6、11.9、7.6、12.2、13.6 个百分点。

(三)服务业比重与新兴市场国家差距较小但发展趋势一致

改革开放以来,中国服务业与新兴市场国家发展趋势总体一致呈上升的态势,但是与之相比中国还有一定的差距。1980 年,印度、巴西、韩国服务业占 GDP 比重为 34.0、49.2、46.3,中国与之差距为 12.1、27.4、24.5 个百分点,2000 年印度、俄罗斯、巴西、韩国四国服务业比重为 44.2%、54.0%、67.7%、57.5%,中国与四国的差距为 4.7、14.5、28.2、18.0 个百分点。2014 年上述四国服务业比重升至 53.0%、59.1%、71.0%、59.4%,中国与其差距缩小到 5.3、11.5、23.4、11.8 个百分点。

(四)与部分发达国家相比制造业比重相对过高

从发达国家来看,制造业比重从 20 世纪 70 年代开始,一直呈下降态势,到本世纪初开始呈较为平稳态势,制造业占 GDP 比重较为稳定,2004 年美国、日本、英国、法国、德国制造业比重为13.2%、19.7%、12.1%、13.8%、22.4%，到2014年比重为12.1%、19.0%、10.6%、11.2%、22.6%，比重变不大。发达国家中德国制造业比重相对较高，20世纪80年代，比重降到30%以下之后，1995年为22.8%，之后保持比较稳定的状态。其余几个发达国家制造业比重都在20%以下水平。从本世纪初开始，中国制造业占GDP比重呈下降趋势，2004年比重为32.2%，到2014年下降到28.3%，下降3.9个百分点。比美国、日本、英国、法国、德国高16.2、9.3、17.7、17.1、5.7个百分点。

(五)制造业比重高于大部分主要新兴市场国家

新世纪以来，中国制造业占GDP比重缓慢下降，比重与韩国比重接近，但是与印度、俄罗斯、巴西相比，中国制造业较为发达比重较高，2004年中国制造业比重比印度、俄罗斯、巴西、韩国高出13.6、14.8、14.3、3.7个百分点。2014年中国与之相比高出11.1、13.1、17.4个百分点，比韩国低2个百分点。

四、制造业与服务业的关系研究——共生与互动

有研究表明:制造业与服务业的关系，总的来说就是三类或者三个阶段。

——第一个是分工。历史表明，随着社会分工与专业化程度的加深，分工导致的劳动生产率提高，使得劳动力不断地从农业部门释放出来，依次向制造业、服务业部门转移。从分工的角度看，目前所谓的三次产业，无非是社会分工不断深化的结果。在这个阶段，服务业主要表现为消费性服务业的时期，与制造业几乎是泾渭分明，其发展状态代表着服务业与制造业关系演进的第一阶段。

——第二个是共生与互动。由于生产性服务业的异军突起，制造业和服务业之间相互依赖、作用的程度日益加深，进而形成服务业与制造业关系发展的第二阶段。在这个阶段，在生产性服务业兴起后，服务业与制造业的关系并非一种简单的分工关系，二者更是一种共生互动的关系。服务业特别是生产性服务业为制造业节省交易成本，促进其经济增长方式的转变，增强其核心能力;制造业的发展增加了对生产性服务的需求，拉动其为满足这些需求所必须的创新和发展，对生产性服务业发挥着积极效应;制造业最新的研发成果和技术在生产性服务业中的应用，又推动了生产性服务业服务能力和水平的提高。

——第三个是融合。随着信息通讯技术的发展和广泛应用，传统意义上的制造业与服务业的边界越来越模糊，二者之间表现为你中有我、我中有你的融合趋势。在以服务业为主体的服务业制造化和以制造业为主体的制造业服务化的共同作用下，制造业与服务业将实现渐次融合，其实质是二者关系的又一次演进，且与以往任何阶段相比，之间的联系更紧密、分工更深入。

实证研究方面，产业融合虽反映了未来的发展趋势，但是缺乏数据和实证

方法，目前难以进行研究，因此有关服务业与制造业之间关系的实证研究多集中在共生与互动方面，因此本文对于两者关系的研究也集中于此。同时，共生是指两种事物之间所形成的紧密互利关系，强调的是联系紧密、相互依赖，而互动是指物体或系统之间的相互作用和影响，强调的是交流，这两个概念有所联系但又各有侧重，故本文将分别从这两个方面进行研究，以期明确当前中国制造业和服务业之间的关系。目前，不少文献在研究两产业关系时仅从单一规模变动的数据或仅就其涉及的某一方面来分析，缺乏对两产业全面系统的描述与刻画，在指标选择或方法层面上仍有待完善。通过参考文献资料并深入思考，本文拟采用耦合协调度分析法和投入产出法相结合的思路分别对制造业与服务业之间整体的关系及各自细分行业之间的关系进行研究，以细致探讨制造业与服务业的共生与互动关系。

(一)基于耦合协调度的“服务业与制造业”共生关系研究

制造业与服务业的发展不仅仅体现在规模数据上还反映在内部结构、发展速度和产出效率等多个侧面，本文拟借鉴物理学中耦合度函数建立制造业与服务业的耦合协调度模型，构建基于耦合协调度的“制造业与服务业”共生评价指标体系，期望能更全面地反映两产业特征，对中国制造业与服务业的共生关系进行研究。

1. 耦合协调度模型及其综合评价指标体系

耦合本是物理学上的概念，后来产业经济学领域引入了这一理论，用来研究两个(或两个以上的)系统或运动形式通过各种相互作用而彼此影响的现象。本文采用多指标的耦合协调度模型来分析、比较、掌握服务业与制造业的共生发展状况。

(1)“制造业——服务业”的耦合协调度模型

制造业、服务业属于两个系统。所以，为消除因为指标量级不同所导致的影响，我们将两个系统中的指标进行阈值无量纲化处理。设变量 u_i (i =1,2 ,…,n)为构成耦合系统的第 i 个子系统的综合序参量，x_{ij} (j =1,2,…,n)为第 i 个序参量的第 j 个指标值，m_{ij} 、n_{ij} 为序参量的最大值和最小值，定义为：

$$u_{ij} = \frac{(x_{ij} - n_{ij})}{(m_{ij} - n_{ij})} \text{（} u_{ij} \text{ 具有正功效）}$$

$$u_{ij} = \frac{(m_{ij} - x_{ij})}{(m_{ij} - n_{ij})} \text{（} u_{ij} \text{ 具有负功效）}$$

式中，u_{ij} 为变量对 x_{ij} 系统功效贡献的大小，取值在[0,1]之间。各子系统对总系统有序度的贡献可以通过集成方法来实现，即：

$$u_i = \sum_{i=1}^{m} \lambda_{ij} u_{ij} \text{ ，} \sum_{j=1}^{n} \lambda_{ij} = 1 \text{（} \lambda_{ij} \text{ 为各指标权重）}$$

式中，u_1、u_2 分别为制造业、服务业的综合评价函数。

借鉴物理学中的容量耦合系统模型，可推广得出制造业、服务业的耦合度模型，表示为：$c=2\sqrt{\dfrac{u_1u_2}{(u_1+u_2)^2}}$ 。其耦合度值在[0,1]之间，c 值越大说明制造业与服务业两个子系统之间的协调水平越高，反之则越不协调。

由于制造业与服务业两个子系统各自发展水平存在差异，为此引入制造业与服务业耦合协调度模型，其目的是能够客观反映制造业与服务业共生发展水平，即：

$$D=(c\cdot T)^{\theta}$$

其中：c 为耦合度；D 为耦合协调度；T 为反映制造业与服务业两者整体协同效应或贡献的综合评价指数，$T=au_1+bu_2$，θ 、a 、b 为待定系数，根据相关文献一般取 $\theta=0.5$、$a=0.6$、$b=0.4$。

为了更直观反映制造业与服务业共生发展状况，采用均匀分段函数法来划分耦合协调度的区间、等级和共生水平：

表 3.2.2　基于耦合协调度的制造业与服务业共生评价标准

<table>
<tr><th>序号</th><th>协调度区间</th><th>协调等级</th><th>共生水平</th><th>序号</th><th>协调度区间</th><th>协调等级</th><th>共生水平</th></tr>
<tr><td>1</td><td>0～0.1</td><td>极度失调</td><td rowspan="5">无共生</td><td>6</td><td>0.5001～0.6</td><td>勉强协调</td><td>初级共生</td></tr>
<tr><td>2</td><td>0.1001～0.2</td><td>严重失调</td><td>7</td><td>0.6001～0.7</td><td>初级协调</td><td></td></tr>
<tr><td>3</td><td>0.2001～0.3</td><td>中度失调</td><td>8</td><td>0.7001～0.8</td><td>中级协调</td><td>中级共生</td></tr>
<tr><td>4</td><td>0.3001～0.4</td><td>轻度失调</td><td>9</td><td>0.8001～0.9</td><td>良好协调</td><td></td></tr>
<tr><td>5</td><td>0.4001～0.5</td><td>濒临失调</td><td>10</td><td>0.9001～1</td><td>优质协调</td><td>优良共生</td></tr>
</table>

(2)共生评价指标体系建构

基于指标和数据的代表性、可得性等原则，分别从规模、结构、成长、效益四个方面分别对制造业与服务业两个子系统构建了包括 4 个一级和 15 个二级指标的基于耦合协调度的共生评价指标体系。为方便实证研究，在参考相关文献的基础上，采用专家意见法对一级指标打分确立一级指标权重，并运用主成分分析法对二级指标赋权，建立评价指标体系如下：

表 3.2.3 基于耦合协调度的制造业与服务业共生评价指标体系

制造业				服务业			
一级指标	权重	二级指标	权重	一级指标	权重	二级指标	权重
规模指标	0.3	增加值(工业增加值代替)	0.2528	规模指标	0.3	增加值	0.2497
		从业人员人数(第二产业从业人员代替)	0.2472			从业人员数人数	0.2497
		法人单位数	0.2514			法人单位数	0.2503
		固定资产投资	0.2485			固定资产投资	0.2504
结构指标	0.2	增加值比重(同上)	0.2571	结构指标	0.2	增加值比重	0.2525
		从业人员比重(同上)	0.2673			从业人员比重	0.2544
		法人单位数比重	0.2537			法人单位数比重	0.2394
		固定资产投资比重	0.2219			固定资产投资比重	0.2538
成长指标	0.2	增加值增长率(同上)	0.2532	成长指标	0.2	增加值增长率	0.2780
		从业人员增长率(同上)	0.2751			从业人员增长率	0.2104
		法人单位数增长率	0.1970			法人单位数增长率	0.2331
		固定资产投资增长率	0.2747			固定资产投资增长率	0.2784
效益指标	0.3	劳动生产率(第二产业代替)	0.3474	效益指标	0.3	劳动生产率	0.3365
		就业贡献率(第二产业代替)	0.3052			就业贡献率	0.3238
		固定资产投资效果系数(工业代替)	0.3474			固定资产投资效果系数	0.3397

2. 实证结果与分析

本文从历年中国统计年鉴和中国国家统计局国家数据库中选取了 2004—2014 年有关数据，利用上文构建的耦合协调度模型及其指标体系对中国制造业与服务业共生发展程度进行度量，计算得出中国制造业和服务业的综合序参量 u_1、u_2 的值和耦合度、耦合协调度、耦合评价、共生水平等(见表 3.2.4)，并据此对两者基于耦合协调度的共生关系做出判断和分析。

表 3.2.4 基于耦合协调度的制造业与服务业共生水平

年份	制造业 u_1	服务业 u_2	C	D	耦合评价（协调等级）	共生水平
2004	0.3579	0.1977	0.9575	0.5304	勉强协调	初级
2005	0.4762	0.2042	0.9166	0.5803	勉强协调	
2006	0.5365	0.2442	0.9272	0.6237	初级协调	
2007	0.6371	0.3018	0.9341	0.6854	初级协调	
2008	0.5280	0.3271	0.9720	0.6596	初级协调	
2009	0.4641	0.3476	0.9897	0.6428	初级协调	
2010	0.6338	0.4062	0.9758	0.7277	中级协调	中级
2011	0.6460	0.4780	0.9888	0.7565	中级协调	
2012	0.6260	0.4304	0.9827	0.7337	中级协调	
2013	0.4978	0.7018	0.9854	0.7556	中级协调	
2014	0.5321	0.7489	0.9856	0.7810	中级协调	

由表 3.2.4 可得以下结论：①2004—2014 年间，中国制造业和服务业的耦合协调度总体呈现逐步提高的态势，由 0.5304 提高到 0.7810，其耦合评价和共生水平也持续改善，分别由勉强协调上升到初级协调再到中级协调、初级共生上升到中级共生。特别是 2010 年中国制造业与服务业耦合协调度、共生水平较以往出现了大幅上升。以上说明随着中国经济转型升级和结构调整效果显现，经济发展水平和质量提高，中国制造业和服务业持续向更高层次迈进。②从制造业和服务业的综合序参量来看，制造业虽然总体仍呈现提高的态势，但经历了较为剧烈的波动，在 2011 年其综合序参量值达到最高的 0.6460 后，逐步回落到 2014 年的 0.5321，反映出中国经济进入新常态、工业步入工业化后期之后，制造业面临不少挑战而发展放缓；而服务业的规模、结构、成长、效益等方面则在 11 年间呈现飞跃式发展，综合序参量值由 2004 年的 0.1977 猛升到 2014 年的 0.7489，并在 2013 超过了制造业，显示出中国经济服务化趋势日益明显，正在向后工业化阶段迈进，形成以服务经济为主的经济结构。同时可以看到，随着总体经济发展水平的提高，正因为服务业的快速发展，并赶超制造业，中国制造业和服务业才能更加协调，向着更加共生发展的方向前进。

(二)基于投入产出法的制造业与服务业之间的互动发展关系研究

1. 制造业与服务业之间的互动发展程度测算

(1)数据来源与研究方法

研究数据来源于中国 1992、2002、2012 年 42 部门投入产出表。考察制造业与服务业的互动发展程度有多种方法，本部分将采用影响力系数和感应度系数等产业关联指标来研究中国两者之间的互动发展程度，具体计算过程参考中国投入产出学会课题组(2006)的方法。影响力系数表示产业影响力的相对水平，反映当国民经济某一部门增加一个单位最终使用时，对国民经济各部门的生产需求波及程度。公式如下：

$$f_j = \sum_{i=1}^{n} b_{ij} / \left(\frac{1}{n} \sum_{j=1}^{n} \sum_{i=1}^{n} b_{ij} \right) (i, j = 1, 2, \cdots, n)$$

式中：f_j 是产业影响力系数，b_{ij} 是里昂惕夫逆矩阵系数，n 为部门数。影响力系数大于或小于 1，说明该产业的影响力在全部产业中处于平均水平以上或以下。某一产业的影响力系数越大，说明该产业对国民经济其他部门的辐射能力或波及效应越强。

产业感应度系数反映当国民经济多个部门均增加一个单位最终使用时，某一部门由此而受到的需求感应程度，计算公式如下：

$$e_i = \sum_{j=1}^{n} \alpha_{ij} / \left(\frac{1}{n} \sum_{i=1}^{n} \sum_{j=1}^{n} \alpha_{ij} \right) (i, j = 1, 2, \cdots, n)$$

式中：e_j 是产业感应度系数，α_{ij} 是完全分配系数矩阵，n 为部门数。感应度系数大于 1，表明该部门受到的需求感应程度高于社会平均感应水平；反之，则低于社会平均感应水平。某一产业的感应度系数越大，意味着国民经济各产业均增加一个单位的最终产品时，客观上要求该部门的生产量增加越多，或者说该产业受到其他部门的需求引力作用越大。

(2)实证分析

我们计算的中国 1992、2002、2012 年的制造业、服务业的影响力系数和感应度系数及其分解系数见表 3.2.5。从制造业总体看，中国制造业的影响力系数、感应度系数均大于 1，说明其对其他部门的辐射、拉动作用较强，受到其他部门发展的需求引力作用亦较强。另一方面，从影响力系数、感应度系数的分解来看，制造业对或来自本行业的系数值明显大于服务业，说明制造业对服务业的辐射、拉动作用很有限，制造业发展受到服务业的需求引力作用也不够大。在影响制造业发展的产业因素中，制造业自身的作用占据主导地位。

从服务业总体看，中国服务业的影响力系数、感应度系数均小于 1，说明其对其他部门的辐射、拉动作用相对不强，中国其他部门对服务业发展的需求引力作用亦有限。另一方面，从服务业的影响力系数、感应度系数的分解来看，服务业对或来自本行业的系数值明显大于制造业的，说明服务业对制造业的辐射、拉动作用也不够强，服务业发展受到制造业的需求引力作用也相对较弱，但总的来说，服务业对制造业的影响相对较大。在影响服务业发展的产业因素中，服务业自身的作用占据主导地位。

表 3.2.5　中国制造业、服务业的总体影响力系数和感应度系数及其分解

指标＼行业	1992		2002		2012	
	制造业	服务业	制造业	服务业	制造业	服务业
影响力系数	1.1707	0.9026	1.1771	0.8563	1.2239	0.7796
分解一对制造业	0.8437	0.2657	0.8702	0.2517	0.8950	0.2295
分解二对服务业	0.1604	0.5490	0.1565	0.5293	0.1541	0.4892
分解三其他	0.1666	0.0879	0.1505	0.0753	0.1748	0.0609
感应度系数	1.1434	0.9715	1.2206	0.8809	1.1665	0.8544
分解一来自制造业	0.8488	0.3228	0.8793	0.2402	0.8847	0.2782
分解二来自服务业	0.1364	0.5378	0.1674	0.5348	0.1242	0.4836
分解三来自其他	0.1582	0.1108	0.1740	0.1058	0.1575	0.0926

(3)小结

从上述分析中我们可以得出：①从制造业、服务业的影响力系数、感应度系数来看，制造业对各部门的作用和影响比服务业大得多，服务业对各部门影响相对有限；②从制造业、服务业的影响力系数、感应度系数分解来看，两大产业及其细分行业都是对自身有较大的拉动力和感应力，而对对方影响和作用都较弱，而且这种差距较为明显。③这些结论都说明服务业与制造业之间的互动作用还不够充分，互动发展程度有待进一步提高，互动关系还不十分理想。这表明我国正处于产业转型升级的新阶段，不但制造业面临转型升级的问题，而且服务业既面临“瓶颈”问题，又面临转型问题。总之，服务业与制造业之间的互动作用只有得到加强，两者才能实现快速良性发展，进而最终带来中国经济的长远稳定增长。

2. 制造业与服务业之间的互动机制研究

(1)数据来源与研究方法

本部分的基础数据来源于中国 2012 年 42 部门投入产出表。同时为了便于探讨两者的互动机制，需要对数量较多的制造业行业进行分类，首先根据 OECD2003 年对制造业技术密集程度的分类标准，本文基于技术密集度将中国主要制造业分为了高技术制造业(1 类)、中高技术制造业(2 类)、中低技术制造业(3 类)和低技术制造业(4 类)(见表 3.2.6)。

表 3.2.6 基于技术密集度的制造业分类

行业	细分行业	行业	细分行业
1类	通信设备、计算机和其他电子设备	3类	非金属矿物制品
1类	仪器仪表	3类	金属冶炼和压延加工品
2类	化学产品	3类	金属制品
2类	通用设备	4类	食品和烟草
2类	专用设备	4类	纺织品
2类	交通运输设备	4类	纺织服装鞋帽皮革羽绒及其制品
2类	电气机械和器材	4类	木材加工品和家具
3类	石油、炼焦产品和核燃料加工品	4类	造纸印刷和文教体育用品

注:本表行业不含其他制造产品、废品废料、金属制品、机械和设备修理服务。

在方法上,本部分引入服务分配系数和生态学的反馈理论研究制造业与服务业之间的互动机制。

服务分配系数——利用投入产出表行方向有关服务业的数据,考虑服务业总产出或者各个服务行业的总产出在各个用途之间的分配使用比例,定义部门 j 所获得的"服务分配系数",可以用下面的公式表示,即:

$$h_{ij}=x_{ij}/s_i*100\ (i,j=1,2,\cdots,n)$$

式中,s_i 表示某服务行业或者服务业整体的总产出,x_{ij} 表示部门 j 使用的 s_i 服务业部门的价值量,由此计算出的 h_{ij} 即表示 s_i 服务行业的总产出,被分配到部门 j 使用的比例。

生态学的反馈理论——根据生态学的相关研究理论,系统始终存在着始端对末端的影响,有时候这种影响还会反作用于始端,进而形成了反馈机制。生态系统中普通存在着反馈现象,即当生态系统中某一成分发生变化的时候,它必然会引起其他成分出现一系列的相应变化。这些变化最终反过来还会影响最初发生变化的那个成分,这个过程就叫反馈。正反馈机制主要表现为:由系统末端发出的某个或某些量送回始端,强化了始端的功能,即输入量变化的方向与反馈信号的变化方向是一致的。负反馈机制主要表现为:由系统末端发出的某个或某些量送回始端,削弱了始端的功能,即输入量变化的方向与反馈信号的变化方向是不一致的。

(2)实证分析

我们计算的四种技术密集型制造业的服务分配系数比重见表 3.2.7,具体分析如下:

• 中低、低技术型制造业的服务分配系数比重及互动机制分析如表 3.2.7 所见，由于中低、低技术型制造业存在技术含量较低的特点，其使用最多的服务业是相对低层次的批发零售，交通运输、仓储和邮政，水利、环境和公共设施管理等，较高层次的信息传输、软件和信息技术服务特别是科学研究和技术服务需求很少。低层次的服务业的增加主要满足处于产业链条低端的制造业的需求，周而复始，完成一个循环，最终使得中低、低技术型制造业和服务业的发展处于低水平阶段，处于产业链条高端的制造业和相应的知识密集型服务业，例如信息传输、软件和信息技术服务，科学研究和技术服务等的发展就会缓慢，制造业的升级转型也会遇到一定的困难，这种循环就是一种负反馈机制。

• 高、中高技术型制造业的服务分配系数比重及互动机制分析

如表 3.2.7 所见，与中低、低技术型制造业不同的是，高、中高技术型制造业对知识需求很大，讲究创新性和知识性，对较高层次的信息传输、软件和信息技术服务特别是科学研究和技术服务需求大幅上升。高、中高技术型制造业所需要的服务业日益向知识密集型的信息传输、软件和信息技术服务，科学研究和技术服务等倾斜发展，这类服务业数量的增加不仅可以满足高、中高技术型制造业的需求，还可以将服务范围扩展、影响到中低、低技术型制造业这些以劳动密集型制造业为主的行业中。周而复始，完成一次次的正向循环，使得服务业和制造业得到一个良性的循环，这就是一种正反馈的机制。

表 3.2.7　四种技术密集型制造业的服务分配系数比重

单位：%

行　业	高技术制造业	中高技术制造业	中低技术制造业	低技术制造业
批发和零售	11.2	40.2	12.6	36.1
交通运输、仓储和邮政	5.6	40.7	27.6	26.1
住宿和餐饮	8.3	49.4	20.7	21.7
信息传输、软件和信息技术服务	27.8	34.6	18.5	19.1
金融	11.7	36.2	35.7	16.4
房地产	15.5	39.2	20.6	24.7
租赁和商务服务	9.4	48.9	17.7	24.0
科学研究和技术服务	18.8	56.1	16.4	8.8
水利、环境和公共设施管理	2.7	45.2	24.4	27.7
居民服务、修理和其他服务	8.1	50.1	24.6	17.2

续表

行业	高技术制造业	中高技术制造业	中低技术制造业	低技术制造业
教育	8.2	46.2	23.2	22.4
卫生和社会工作	4.9	43.4	40.9	10.9
文化、体育和娱乐	8.8	44.5	24.7	22.0
公共管理、社会保障和社会组织	16.2	49.3	19.5	15.1

(3)小结

借助正负反馈的相关理论，可以分析得出：①不同类型的制造业部门对于所需要的服务业的层次是有差别的，凭借着相应的反馈机制，改变末端对始端的作用，可以达到促进或者阻碍制造业转型升级以及服务业相应发展的作用。②在服务业和制造业发展过程中，尽量采取正反馈模式，以技术型制造业结构为主导，刺激高层次服务业的发展，充分发挥在制造业升级过程中的支撑作用，通过循环回路的逐渐放大性，强化始端功能，推动制造业的升级发展，同时使得服务业得到相应的发展。这是需要一个长期的过程，实现制造业和服务业的良性互动发展，是实现经济发展实现质的变化的一个必由之路。

(三)结果分析

以上研究表明：①近 10 多年来，随着中国经济转型升级的持续推动，经济结构不断优化升级，经济发展动力不断转换，中国正由原来的工业主导型经济向服务主导型经济转变，服务业主导正在成为中国产业新常态。在此背景下，中国制造业和服务业的共生水平持续提高达到了中级共生的等级，共生关系实现了持续改善。但这种共生关系还不十分稳定，也面临不少挑战，是否能达到或者什么时候能够达到更高等级的共生水平仍是未知数，这些都还需要进一步在改革开放过程中不断探索、奋勇前进。②虽然中国制造业和服务业共生关系得到了明显改善，但并不能说明两种的互动作用很强、互动关系良好。基于投入产出法的研究表明，中国制造业和服务业的互动程度并不很高，互动关系还有较大的提升空间，因此还必须研究并采取有利于加强两者互动的政策措施，实现两者更深更高的互动和交流，推动经济的健康发展。③不同类型的制造业与服务业的互动机制是不同的，应在掌握这种作用机制的基础上，采取有针对性的措施，促进制造业和服务业的良性互动发展。

五、"十三五"期间我国服务业与制造业发展趋势预测

本文利用 BP 神经网络对我国"十三五"时期服务业和制造业占 GDP 比重进

行预测。BP(Back Propagation)网络是 1986 年由 Rumelhart 和 McCelland 为首的科学家小组提出的，是一种按误差逆传播算法训练的多层前馈网络，是目前应用最广泛的神经网络模型之一。BP 网络能学习和存贮大量的输入一输出模式映射关系，而无需事前揭示描述这种映射关系的数学方程。它的学习规则是使用最速下降法，通过反向传播不断调整网络的权值和阈值，使网络的误差平方和最小。BP 神经网络模型拓扑结构包括输入层(input)、隐层(hidden layer)和输出层(output layer)。

(一)服务业占 GDP 比重预测

本文选用以下影响服务业的因素进行分析和预测：GDP 增速(%)、二产业占 GDP 比重(%)、城镇居民人均可支配收入(元)、农村居民人均收入(元)(据《中国统计年鉴》，1980－2014 农村居民人均收入采用的是农村居民人均纯收入，2015 采用的是农村居民人均可支配收入)、进出口总额(亿元)、直接使用外资(亿美元)、城镇化率(%)。定义 X_i 为影响某年服务业的影响因素，Y 为 j 年的服务业占 GDP 权重。将数据分为两类，前 35(1980－2014 样本数据设为训练样本，2015 的样本数据设为检验样本)。设置一组检验样本主要是为了检验网络是否具有一定的泛化能力。利用训练样本数据预测 2015－2020 年的服务业比重。设定训练样本中输入向量为 $p=X_i$，输出向量为 $t=Y$。

隐含层神经元个数的确定。确定输入层神经元的个数为 7，输出层神经元的个数为 1。其中 n 为输入层节点数，m 为输出层节点数。隐层节点数取值区间为 $c\in[\sqrt{2n+m},2n+m]$，得出隐层节点数的范围为[3,15]，而最佳的节点数还是要通过实验来确定，运用 MATLAB 进行仿真实验，可知从 3 开始，随着节点数的增加，训练误差逐步减少，但测试误差在 10 处达到最小，为了兼顾训练时间和测试误差，选择了 10 个节点。BP 神经网络是一个具备高度自学能力的模型，故输入层权值和阈值初始值对最终结果没有太大影响，好的初始值会减少运算时间，加快模型的学习。故这里选取系统默认值。

根据 BP 神经网络的计算原理，学习速率的取值范围为 $0<lr<1$，学习速率在 0.05 左右是比较好的，故本文选取 Ir=0.05。

经过选用以下影响因素对服务业占 GDP 比重进行预测：2000 次迭代训练，达到事先设定的收敛精度要求，训练结束。

2015 年我国服务业占 GDP 的比重基于 BP 神经网络的预测值与真实值之间的误差率为 0.0097，用 BP 神经网络对我国服务业占 GDP 权重的预测效果较好。

预测结果显示，我国服务业占 GDP 权重波动上升，2015 年，服务业占 GDP 比重首次超过 50%，而到 2020 年，比重值将达 58.22%。具体预测结果见表 3.2.8。

表 3.2.8 2015—2020 年服务业占 GDP 比重预测

	2015		2016	2017	2018	2019	2020
比重值	50.5000	50.9903	52.6029	55.0009	57.4261	58.0957	58.2176

注:2015 年第一列为实际比重值,第二列为预测比重值

(二)制造业占 GDP 权重预测

选用以下影响因素对制造业占 GDP 权重进行预测:GDP 增速(%)、服务业占 GDP 比重(%)、城镇居民人均可支配收入(元)、农村居民人均收入(元)、进出口总额(亿元)、直接使用外资(亿美元)、城镇化率(%)。

选用 BP 神经网络进行预测,利用前 35 组(1980—2014)样本数据设为训练样本,学习速率的取值范围为 $0 < lr < 1$,学习速率取 0.05。选择隐层节点数为 12,经过 7000 次迭代训练,达到事先设定的收敛精度要求,训练结束。

2015 年,制造业占 GDP 比重的实际值为 26.65%,预测值为 26.69%,误差率仅为 0.0015。利用 BP 神经网络预测显示,“十三五”时期我国制造业占 GDP 的比重呈下降趋势。到 2020 年,我国制造业占 GDP 的比重为 22.17%,详见表 3.2.9。

表 3.2.9 2014—2020 年制造业占 GDP 比重预测

	2015		2016	2017	2018	2019	2020
比重值	26.6485	26.6892	24.2822	22.8720	22.7371	22.7216	22.1746

注:2015 年第一列为实际比重值,第二列为预测比重值

六、本文研究的主要结论

1. 预计到 2020 年中国服务业占 GDP 比重将达到中等收入国家水平,与高收入国家差距将进一步缩小。

2. 服务业主导的趋势开始显现。预计到 2020 年中国服务业占 GDP 比重将达 60%左右,成为拉动经济增长的主导行业,产业结构更趋合理。

3. 制造业比重将会有一定程下降,但是对服务业等行业的拉动作用将会增强。

4. 随着中国经济转型升级和结构调整效果显现,经济发展水平和质量提高,中国制造业和服务业持续向更高层次迈进,两者协调发展水平向更高层次迈进。

5. 基于投入产出法的研究表明,中国制造业和服务业的互动程度并不很高,互动关系还有较大的提升空间,因此还必须研究并采取有利于加强两者互动的政策措施,实现两者更深更高的互动和交流,推动经济的健康发展。不同类型的制造业与服务业的互动机制是不同的,应在掌握这种作用机制的基础上,采取有针

对性的措施，促进制造业和服务业的良性互动发展。

七、完善制度加大扶持，努力促进制造业和服务业协同发展

（一）完善制度建设，优化产业发展环境

制度对中国服务业和制造业发展造成一些约束，对部分产业注册资本和规模要求过高，将许多投资者拒之门外，同时，某些地区市场壁垒和行业垄断限制了企业的公平竞争。完善制度建设，规范政府调控和管理经济方式，取缔不利于产业融合的制度性壁垒，加强政府部门间的统筹协调，鼓励先进制造业企业与现代服务业企业之间的强强联合与资源重组，切实优化产业发展环境，促进服务业与制造业的良性互动发展。

（二）加大扶持力度，促进产业发展状大

通过财政、金融等多渠道筹集资金，充分发挥政府投资的引导作用，增加生产性服务业相关基础设施和高新制造产业的投资力度。引导和鼓励金融机构扩大对服务业和制造业的信贷支持，鼓励符合条件的各类企业通过发行股票、企业债券募集资金，或通过项目融资及进入投资基金市场、金融期货市场、企业产权交易市场等筹措资金。扩大服务业和制造业企业利用外资规模，积极引导外资向国家鼓励的产业领域投资。建立和完善金融信贷服务体系，推行服务信用认证和信用档案公示制，建立公共的企业或个人信用系统，实行联保、互保、设立担保基金和建立信贷保险制度，切实促进服务业和制造业不断发展壮大。

（三）强化规划布局，加快产业集聚区、城市群建设

完善产业规划，按照“合理布局、完善功能，提升能级”的要求，集中资源，基于现有产业基础，引导同类企业集聚、特色产业集群，打造产业集聚优势，着力提高同行业企业、上下游企业的集中度，逐步形成规模集聚效应。同时，以区域发展总体战略为基础，以“一带一路”建设、京津冀协同发展、长江经济带建设为引领，形成沿海沿江沿线经济带为主的纵向横向经济轴带。发挥城市群辐射带动作用，优化发展京津冀、长三角、珠三角三大城市群，形成东北地区、中原地区、长江中游、成渝地区、关中平原等城市群。发展一批中心城市，强化区域服务功能，有步骤、分层次、分阶段地促进制造业和服务业并重发展。

（四）实施创新驱动，提高产业发展水平

发挥科技创新在全面创新中的引领作用，加强基础研究，强化原始创新、集成创新和引进消化吸收再创新。围绕先进制造业和高端服务业，开展技术创新和产学研活动，积极支持辖区内企业同全国著名高校开展科技合作，强化人才支撑引领，通过引进一批国际、国内一流水平的学术、技术带头人，吸引一批拥有先进自主知识产权和掌握高端核心技术的专门人才进入相关产业，加快相关产业的技术

改造和提档升级,提高产业发展水平。

(五)进一步发挥制造业与服务业之间双向引领与支撑作用

大力推进制造业服务化和服务业制造化,促进制造业与服务业协调发展、融合发展是未来的发展方向。加大智能制造水平,推动生产性服务业向专业化和价值链高端延伸、生活性服务业向精细和高品质转变,推动制造业由生产型向生产服务型转变。要鼓励引导制造业围绕产品功能扩展服务业务,顺应现代科技的发展和市场的变化,不断变革、创新制造方式和服务业态,推进制造业的智能化、数字化、网络化、服务化。在促进制造业服务化的同时,适度加大对生产性服务业的投资。

参考文献

[1]王金武．我国生产性服务业和制造业互动分析及其对策研究[D]．武汉:武汉理工大学,2005:1—61.

[2]张沛东．区域制造业与生产性服务业耦合协调度分析——基于中国 29 个省级区域的实证研究[J]．开发研究,2010(2).

[3]贺正楚,吴艳,陈一鸣．生产服务业与专用设备制造业耦合发展研究[J]．系统管理学报,2015(9).

[4]刘军跃,李军锋,钟升．生产性服务业与装备制造业共生关系研究——基于全国 31 省市的耦合协调度分析[J]．湖南科技大学学报(社会科学版),2013(1).

[5]刘军跃,万侃,钟升,王敏．重庆生产服务业与装备制造业耦合协调度分析[J]．武汉理工大学学报(信息与管理工程版),2012(8).

[6]陈宪,黄建锋．分工、互动与融合:服务业与制造业关系演进的实证研究[J]．中国软科学,2004(10).

[7]王玉玲．服务业与制造业关系研究[J]．中国特色社会主义研究,2007(3).

[8]孟鸣宇．福建省生产性服务业与制造业耦合发展研究[J]．时代金融,2016(5).

[9]张晓冬．生产性服务业与制造业互动关系研究评述[J]．产业与科技论坛,2016(15).

[10]中国投入产出学会课题组．我国目前产业关联度分析——2002 年投入产出表系列分析报告之一[J]．统计研究,2006(11).

[11]喻春娇,郑光凤．湖北省生产性服务业与制造业的互动发展程度分析[J]．经济地理,2010(11).

[12]唐晓华,姜博,夏茂森．基于产业关联的生产性服务业与制造业互动研究[J]．商业经济研究,2015(8).

[13]李博,韩增林．基于投入产出法的大连市生产性服务业与制造业互动研究[J].地理科学,2012(2).

（作者:滕红　张龙　林忠静　游厚秀）

3.3　省级服务业竞争力评价研究

摘要:随着经济转型升级步伐的加快,服务业引领经济发展的作用愈加凸显,服务业已成为经济转型升级的重大助推器。厘清服务业竞争力的评价方法,构建评价指标体系,对找出各地服务业发展的短板和影响服务业发展的因素有着重要的意义。本研究以全国 31 个省(区市)服务业的发展水平为研究对象,从环境、速度、规模、效益、潜力、结构、市场化等几个方面来对省级服务业综合实力及竞争力进行研究,分别选取 2011 年和 2014 年的数据,运用因子分析法对全国 31 个省(区市)的服务业综合实力进行了量化打分,并通过排名进行了综合分析,在此基础上,对云南服务业竞争力进行了详细分析,并提出了未来云南服务业发展的若干思路及对策。

关键词:服务业　竞争力　因子分析

2015 年,全国服务业增加值在 GDP 中的比重首次超过 50%,成为第一大产业,表明我国经济结构已迎来重要转折点。当前,我国正处于经济转型升级的关键时期,党中央、国务院把调结构、转方式放在更加突出的位置,为新时期服务业的发展奠定了新起点。服务业对一个国家及地区的经济社会的发展起着至关重要的作用,而如何判断及量化一个地区服务业的综合实力,认清该地区服务业发展的真正短板及制约因素,对该地区服务业在未来实现快速健康发展至关重要。

本研究以全国 31 个 省(区市)服务业的发展水平为研究对象,从环境、速度、规模、效益、潜力、结构、市场化等几个方面来对省级服务业综合实力及竞争力进行研究,分别选取 2011 年和 2014 年的数据,运用因子分析法对全国 31 个省(区市)的服务业综合实力进行了量化打分,并通过排名进行了综合分析,在此基础上,对云南服务业竞争力进行了详细分析,并提出了未来云南服务业发展的若干思路及对策。

一、服务业竞争力评价指标的设立

(一)影响服务业发展的主要因素

影响服务业发展的因素是多个方面、多种多样的,除了整体经济、政策、体制等方面的因素外，还有省区间服务业发展不协调的因素。本文将服务业视为一个产业整体，从产业发展角度分析概括影响其竞争力的因素。

1. 经济总体水平。国内外大量研究表明，随着经济水平的提高，劳动力将依次由农业、工业向商业和服务业流动，服务业产值、就业比重逐渐提高，服务业产值比重与经济水平的关系密切。

2. 城镇化水平。服务业的发展需要空间载体，而城市是服务业的主要集聚地。人口规模决定了服务产品潜在市场的大小，城市人口集中居住，其规模越大越能刺激更多服务需求，为服务业发展壮大创造了必要的生存条件。

3. 市场化水平。市场化能刺激行业内竞争，有利于转变产业结构，从长期来看可以促进服务业的增长。研究表明，在发展中国家，服务业增长与市场化水平是正相关的。市场化程度提高，服务质量因市场竞争力而提高，服务价格下降，从而竞争力提升、供给扩大、促进发展。

4. 收入消费支出水平。随着消费需求水平的提高，服务业在经济中的比重随之上升。居民的消费分配状况与生活服务业关系紧密，消费层次随收入水平的提高而提高，支出重点从低层次的农产品生存消费到较高层次的工业品，再到享受性服务品需求，如高等教育、休闲旅游、健身等，收入水平提高后，这些服务产品的支出金额越多，其消费需求的收入弹性也会增大。

（二）构建竞争力评价指标体系的原则

竞争力评价指标体系反映竞争力的真实属性。评价指标的选取和确定是开展科学评价活动的前提。服务业竞争力体系的设计及评价过程遵循原则如下：

1. 科学性：指标数据的选取，权重的确定，以科学统计理论为依据计算，力求以较少的综合性指标准确反映竞争力的基本内涵。

2. 全面性：指标从不同侧面反映服务业发展的基本情况，既要有反映总量、规模等因素的绝对指标，又要有反映速度、结构、比率等方面的相对指标。

3. 可比性：基本指标能够进行横向比较，又可以与以往统计资料衔接，以便进行横向比较，尽量用统计口径一致的共有指标或统计指标进行计算处理。

4. 连续性：指标选择要有一定的代表性、动态连续性，以适应竞争力水平及内涵的动态变化。

5. 可行性：指标的经济含义要清晰明确，评价方法应简便、易于操作，数据可得并且计算方法统一，有些难以直接获得的指标可用其他直接可测得指标代替。

（三）服务业竞争力评价指标的选取

本文从环境、速度、规模、效益、潜力、结构、市场化等几个方面构建服务业评价指标体系。评价指标体系的构建既要符合地区经济实际，从不同角度、不同层次上反映地区服务业的发展情况，又要遵循上述原则。本文在结合其他学者的研究成果的基础上，主要借鉴服务业统计制度的指标体系，为保证统计数据的可靠性、可得性，选择统计口径较为一致的可量化指标来构建评价服务业竞争力的体系，选取20个指标对云南省服务业竞争力进行评价。见表3.3.1。

表3.3.1　服务业竞争力评价指标

人均地区生产总值(X1)	城镇居民人均可支配收入(X2)
居民消费水平(X3)	城镇人口比重(X4)
开放度(X5)	非公有制经济占比(X6)
服务业增加值(X7)	服务业从业人数(X8)
服务业固定资产投资(X9)	服务业增加值占GDP比重(X10)
服务业从业人员比重(X11)	服务业固定资产投资比重(X12)
现代服务业增加值占服务业增加值比重(X13)	服务业增加值增长速度(X14)
服务业投资增长速度(X15)	研发经费投入强度(X16)
每十万人口高等在校生人数(X17)	科研人员数(X18)
金融业增加值(X19)	亿元以上商品交易市场成交额(X20)

各指标介绍如下：

X1：人均地区生产总值，主要反映整体经济和生产力发展的水平，服务产品的需求与此正相关。随着生产力和经济水平的提高，对生产服务的需求越大和生活服务的需求将越来越大。

X2：城镇居民人均可支配收入，该指标主要反映要素所得在个人消费和储蓄中是的分配情况。随着收入水平的提高，消费者的消费重心将转向服务产品，对服务产品购买力增强，对生活服务产品需求将增加。

X3：居民消费水平，随着居民消费性支出水平的提高，恩格尔系数降低，个人支出中服务产品消费所占的比重将提高，有利于促进服务业发展。

X4：城镇人口比重，随着某地区城镇化水平的提高，该地区对服务产品的需求将越集中，对服务产业集聚发展越有利。

X5：开放度，一个地区的经济越开放，越有利于服务贸易、服务业投融资的发展，因而有利于服务业竞争力水平的提高，计算公式为：开放度＝外商投资额/总社会投资额。

X6：非公经济占比，是指私有经济、外资经济和个体经济投资之和在总投资中的比重，该指标在一定程度上反映了市场化的水平。市场化水平越高，吸纳投资的渠道和金额的能力越强，为服务业发展提供的资金支持将越多。

X7：服务业增加值，即第三产业增加值是，反映服务业在一定时空范围内实际创造财富的数量以及在国家(地区)市场竞争获得优势的能力。

X8:服务业从业人员,该指标间接体现出服务业的发展规模,是服务业吸纳社会劳动力数量的反映指标。

X9:服务业固定资产投资,指服务业吸引社会投资的情况,是反映服务业发展规模的间接指标。

X10:服务业增加值占GDP的比重,反映服务业在三大产业中的相对规模及服务业自身发展水平、经济发展的层次。

X11:服务业从业人员比重,是指服务业的就业人数占当期就业总数的比例,该指标可反映就业结构的合理性。

X12:服务业固定资产投资比重,指服务业利用资金的比例,可反映服务业发展的潜力和产业投资结构的合理性。

X13:现代服务业增加值服务业增加在比重,反映服务业内部结构的情况。计算公式为:现代服务业增加值=第三产业增加值-交通仓储增加值-批发零售增加值-住宿餐饮增加值。

X14:服务业增加值增长速度,体现服务业发展的整体趋势和发展能力。

X15:服务业投资增长速度,体现各地对服务业发展的重视程度,该指标越大表明服务业吸引资金的能力越强,服务业未来发展潜力也就越大。

X16:研发经费投入强度,反映一个地区对科研的投入情况。

X17:每十万人口高等在校生人数,用于反映各地区高素质科研人才量,可间接反映一个地区人力资本存量情况。

X18:科研人员数,用于衡量一个地区的教育水平,体现服务业内部提升自身的发展潜力。

X19:金融业增加值,金融业是现代服务业的重要组成部分,该指标可用于衡量某地区服务业的结构水平和质量。

X20:亿元以上商品交易市场成交额,用于反映某地区商品流通的规模和能力,间接反映该地区的经济水平及服务业发展潜力。

二、服务业竞争力评价模型构建

(一)评价方法的选取——因子分析法

总结相关文献,系统性评价竞争力的方法有:统计分析法,包括主成分分析、AHP法、熵评价法;以仿真和模拟技术,使计算机系统运行与人类行为目标一致,而得出评价的重现决策支持法;以数理理论为基础的方法,主要有灰色关联分析、DEA法、功效系数、模糊评价法等。由于本研究选取的服务业竞争力的评价指标较多,相互间存在着一定的线性关系,因此,选用因子分析法进行评价。本研究通过对31个省(区市)的服务业竞争力进行比较分析,得出各省(区市)排名,进而研究影响评价结果的主要因素。因子分析的基本原理是根据相关性大小把原始变量分组,同组内的变量之间相关性较高,而不同组的变量间的相关性则较低。对于所研究的某具体问题,原始变量可以分解成两部分之和的形式,一部分是少数几个不可测的所谓公共因子的线性函数,另一部分是与公共因子无关的特殊因子。将相关性较强的原变量重新线性组合,生成少数几个互不相关的主成分,使他们尽量多地提取原始信息,揭示主要矛盾,简化研究问题,达到以少数变量描述原始变量间联系的目的。降维过程中抽取的特征值可用来确定各主成分的权重,对应的特征向量用来确定原始变量的权重,从数据信息出发克服了主观评价维度权重的弊端。主要包含5个步骤:

1. 采用Z评分法对各原始指标无量纲化处理后,计算所有变量的相关矩阵,借助KMO,Bartlett球形检验,分析变量间的相关性,以此来进一步判断是否适合因子分析。

2. 采用主成分法提出公因子,运用Varimax法将因素转轴得到公共因子个数。

3. 旋转公共因子。变换坐标法使公共因子解的现实意义更容易被解释。

4. 构建评价体系,各公因子得分及其方差贡献率加权构建评价模型,计算31省市得分及排名。

5. 根据因子得分值及排名进行进一步分析。

(二)评价过程

1. 数据来源

本文选择的评价年份为2011年和2014年,所用数据来自《中国统计年鉴(2015)》,《中国第三产业统计年鉴(2015)》,部分数据经过计算整理得到。本研究选取表1.1中的20个指标参与建模。

2. 因子分析过程

运用SPSS 19.0对原始数据分析处理,其过程:

(1)指标的预处理

由于选取指标的量纲不同,有的采用相对数,而有的是绝对数,因此分析之前先要进行数据标准化,即无量纲处理,以避免不同量纲的影响。本文按照统计学原理,采用Z评分法使实际指标标准化。先将数据进行标准化预处理,得到新的变量。

(2)KMO和Bartlett检验

变量间的简单相关系数、偏相关系数通过KMO检验测定。当KMO值<0.5时不适合因子分析,当KMO值>0.5适合,最佳为达到0.9。判断数据是否源于多元正态分布总体时用 Bartlett′s 球检验。表 3.3.2 检验结果显示 KMO 值在 2011 年和 2014 年分别达到了 0.636 和 0.721，Bartlett 球形度检验的伴随概率都近似于 0(小于 0.05)，变量之间显著相关，可以用因子分析模型进行分析。

3. 旋转后因子的特征值和方差贡献率

依据变量的相关系数矩阵，选择主成分提取法，运用 Varimax 方法将因素转轴，2011 年及 2014 年对应计算结果如表 3.3.3 和表 3.3.4 所示，通过运算出的信息解释因子分析结果。

表 3.3.2　2011 年解释的方差

解释的总方差

成分	初始特征值			提取平方和载入			旋转平方和载入		
	合计	方差的%	累积%	合计	方差的%	累积%	合计	方差的%	累积%
1	9.240	46.201	46.201	9.240	46.201	46.201	5.900	29.500	29.500
2	3.647	18.233	64.434	3.647	18.233	64.434	5.736	28.678	58.178
3	1.659	8.294	72.728	1.659	8.294	72.728	2.570	12.852	71.030
4	1.296	6.479	79.207	1.296	6.479	79.207	1.332	6.661	77.691
5	1.011	5.053	84.261	1.011	5.053	84.261	1.314	6.570	84.261
6	.948	4.741	89.002						
7	.538	2.691	91.693						
8	.420	2.099	93.792						
9	.294	1.472	95.264						
10	.239	1.194	96.458						
11	.214	1.071	97.529						
12	.141	.704	98.233						
13	.102	.512	98.746						
14	.083	.417	99.163						
15	.075	.375	99.537						
16	.060	.298	99.836						
17	.019	.096	99.932						
18	.008	.038	99.970						
19	.004	.020	99.939						
20	.002	.011	100.000						

表 3.3.3　2014 年解释的总方差

解释的总方差

成分	初始特征值			提取平方和载入			旋转平方和载入		
	合计	方差的%	累积%	合计	方差的%	累积%	合计	方差的%	累积%
1	9.486	47.432	47.432	9.486	47.432	47.432	6.261	31.303	31.303
2	3.972	19.859	67.291	3.972	19.859	67.291	6.021	30.105	61.408
3	1.695	8.474	75.766	1.695	8.474	75.766	2.528	12.640	74.048
4	1.152	5.761	81.527	1.152	5.761	81.527	1.496	7.479	81.527
5	.851	4.254	85.781						
6	.761	3.806	89.587						
7	.565	2.823	92.410						
8	.459	2.296	94.706						
9	.299	1.496	96.203						
10	.240	1.200	97.403						
11	.152	.759	98.162						
12	.119	.596	98.758						
13	.074	.369	99.128						
14	.063	.315	99.443						
15	.040	.201	99.644						
16	.029	.147	99.790						
17	.020	.102	99.892						
18	.011	.055	99.947						
19	.007	.033	99.981						
20	.004	.019	100.000						

表 3.3.2 和表 3.3.3 反映了服务业竞争力的主因子累积方差贡献度。在公共因子提取过程中，提取特征值大于 1 的主成分，方差最大法旋转后 2011 年抽取主因子个数为 5，2014 年抽取的主因子个数为 4。公共因子的累积贡献率越大，涵盖的原始数据信息量越多，反映的原数据的信息越多。表 3.3.3 抽取的公共因子的累积结果均超过了 80%，基本上可以解解原指标体系的绝大部分信息，可以替代原体系评价各地区服务业竞争力。

2011 年所提取的 5 个公共因子的累计方差贡献率达到了 84.3%，意味着这 5 个因子解释了原来 84.3%的信息量，其中，第一因子解释力为 46.2%；第二因子解释力为18.2%，累积解释力为64.4%；第三因子的解释力为8.3%，累积解释力为72.7%；第四因子解释力为6.5%，累计贡献率为79.2%；第五因子解释方差贡献率为5.1%，方差贡献率累计为84.3%。

2014年所提取的4个公共因子的累计方差贡献率达到了81.5%，意味着这4个因子解释了原来84.3%的信息量，其中，第一因子解释力为47.4%；第二因子解释力为19.9%，累积解释力为67.3%；第三因子的解释力为85%，累积解释力为75.8%；第四因子解释力为5.8%，累计贡献率为81.5%。

4. 碎石图

在公共因子提取过程中，提取特征值大于1的主成分，2011年所提取的5个公共因子的累计方差贡献率达到了84.261%，2014年所提取的4个公共因子的累计方差贡献率达到了81.527%，都超过了80%，反映了原数据的大量信息。碎石图显示2011年的数据在提取5个公共因子后相关矩阵的特征值变化趋于平缓，2014年的数据在提取4个公共因子后相关矩阵的特征值变化趋于平缓。

5. 旋轴后主因子载荷矩阵

为解释各主因子，用方差最大法7次旋转主因子载荷矩阵，得到新矩阵。

表3.3.4　2011年旋转成分矩阵

旋转成分矩阵[a]

指　标	成分				
	1	2	3	4	5
Zscore:服务业从业人数（万人）	.953	.073	−.066	.025	.200
Zscore:服务业增加值（亿元）	.920	.343	.041	.034	.056
Zscore:科研人员数（人年）	.915	.234	−.038	.069	−.118
Zscore:服务业投资总计（亿元）	.911	.074	−.239	−.083	.142
Zscore:金融业增加值（亿元）	.787	.529	.181	.172	−.011
Zscore:亿元以上商品交易市场成交额(亿元)	.744	.437	−.182	.174	−.224
Zscore:人均地区生产总值(元)	.223	.935	.061	−.006	.074
Zscore:分地区年末城镇人口比重(%)	.177	.920	.086	.052	.165
Zscore:居民消费水平(元)	.292	.867	.221	.174	.109
Zscore:每十万人口高等在校生人数(人)	−.004	.787	.192	−.080	.423
Zscore:开放度（%）	.432	.744	.055	.296	−.021
Zscore:研发经费投入强度(%)	.605	.693	−.193	.016	−.021
Zscore:服务业从业人员比重(%)	−.451	−.648	.301	−.050	.354

续表

指　标	成分				
	1	2	3	4	5
Zscore:服务业固定资产投资占比(%)	.093	.180	.839	.061	.096
Zscore:服务业增加值占 GDP 比重(%)	.026	.545	.734	.077	.066
Zscore:非公有制经济占比(%)	.506	.002	−.651	.321	.121
Zscore:现代服务业增加值占产值比重(%)	−.138	.029	.558	.518	−.192
Zscore:城镇居民人均可支配收入(元)	.266	.341	−.480	−.040	.062
Zscore:服务业增加值增长比率(%)	−.140	−.123	−.015	−.844	−.221
Zscore:服务业投资增长率(%)	−.082	−.269	.063	−.185	−.848

提取方法:主成分。

旋转法:具有 Kaiser 标准化的正交旋转法。

a.旋转在 7 次迭代后收敛。

由旋转后载荷矩阵知,2011 年服务业竞争力的公共影响因子有 5 个,如下:

第一公共因子主要与服务业投资总计(X9)、服务业从业人数(X8)、研发经费投入强度(X16)、科研人员数(X18)、服务业增加值(X7)、金融业增加值(X19)相关,将其命名为规模因子,前四个表示服务业的投入规模,后两个表示产出规模,因此将其命名为规模因子。

第二公共因子主要与人均地区生产总值(X1)、分地区年末城镇人口比重(X4)、城镇居民人均可支配收入(X2)居民消费水平(X3)、开放度(X5)、亿元以上商品交易市场成交额(X20)、每十万人口高等在校生人数(X17)相关,将其命名为基础因子。前五个都是代表服务业发展的经济基础,后两个分别从教育和科技投入方面体现未来服务业发展的基础,因此可以将其视作基础因子。

第三公共因子主要与服务业增加值占 GDP 比重(X10)、服务业固定资产投资占比(X12)、非公有制经济占比(X6)、现代服务业增加值占产值比重(X13)、服务业从业人员比重(X11)相关,服务业增加值占 GDP 比重表明服务业的经济地位,体现地区产业结构水平,服务业的固定资产投资比重及现代服务业比重同样表明服务业的发展结构,将其命名为结构因子。

第四公共因子主要与服务业增加值增长比率(X14)相关,从发展速度方面衡量服务业成长力,将其命名为成长力因子。

第五公共因子主要与服务业投资增长率(X15)相关,投资是产业未来发展的重要基础,决定了产业发展的潜力,因此将其命名为潜力因子。

表 3.3.5　2014 年旋转成分矩阵

旋转成分矩阵[a]

	成分			
	1	2	3	4
Zscore:服务业从业人数（万人）	.943	.071	.003	−.126
Zscore:服务业增加值（亿元）	.929	.308	.016	−.081
Zscore:科研人员数（人年）	.925	.215	−.077	.089
Zscore:服务业投资总计（亿元）	.908	−.028	−.231	−.054
Zscore:金融业增加值（亿元）	.827	.500	.172	−.028
Zscore:亿元以上商品交易市场成交额(亿元)	.784	.389	−.108	.161
Zscore:研发经费投入强度(%)	.685	.611	−.206	.104
Zscore:服务业从业人员比重(%)	−.566	−.512	.263	−.282
Zscore:分地区年末城镇人口比重(%)	.197	.922	.053	−.205
Zscore:人均地区生产总值(元)	.247	.920	.039	−.068
Zscore:居民消费水平(元)	.339	.886	.205	−.088
Zscore:城镇居民人均可支配收入(元)	.359	.803	.340	−.092
Zscore:每十万人口高等在校生人数(人)	−.014	.792	.139	−.192
Zscore:开放度(%)	.410	.696	.247	.063
Zscore:服务业固定资产投资占比(%)	.042	.186	.868	−.068
Zscore:非公有制经济占比(%)	.425	.041	−.737	−.030
Zscore:服务业增加值占 GDP 比重(%)	.036	.618	.707	−.066
Zscore:现代服务业增加值占产值比重(%)	−.110	.182	.522	.407
Zscore:服务业增加值增长比率(%)	.130	−.092	−.027	.771
Zscore:服务业投资增长率(%)	−.124	−.374	.056	.687

提取方法:主成分。

旋转法:具有 Kaiser 标准化的正交旋转法。

a.旋转在 6 次迭代后收敛。

由表 3.3.5 旋转后载荷矩阵知,2014 年服务业竞争力的公共影响因子有 4 个,如下:

第一公共因子主要与服务业投资(X9)、服务业从业人数(X8)、服务业从业人员比重(X11)、研发经费投入强度(X16)、科研人员数(X18)、服务业增加值(X7)、金融业增加值(X19)、亿元以上商品交易市场成交额(X20)相关,将其命名为规模因子。

第二公共因子主要与分地区年末城镇人口比重(X4)、人均地区生产总值(X1)、居民消费水平(X3)、城镇居民人均可支配收入(X2)、每十万人口高等在校生人数(X17)、开放度(X5)相关,将其命名为基础因子。

第三公共因子主要与服务业固定资产投资占比(X12)、非公有制经济占比(X6)、服务业增加值占GDP比重(X10)、代服务业增加值占产值比重(X13)相关,将其命名为结构因子。

第四公共因子主要与服务业增加值增长比率(X14)、服务业投资增长率(X15)相关,将其命名为潜力因子。

通过比较,发现2014年公共因子较2011年个数少了一个,主要是2011年的服务业增加值增长比率即成长力因子,与服务业投资增长率潜力因子共同归并于2014年的潜力因子,说明这两个变量对服务业成长潜力的作用更趋于一致。

6. 各成分得分系数矩阵

据表3.3.4和表3.3.5成分得分系数结果,可计算得出全国31省市各自的公因子得分值。

表3.3.6 2011年成分得分系数矩阵

指 标	成分				
	1	2	3	4	5
Zscore:人均地区生产总值(元)	−.082	.228	−.046	−.082	−.023
Zscore:城镇居民人均可支配收入(元)	−.042	.107	−.223	−.032	.024
Zscore:居民消费水平 (元)	−.043	.165	.030	.050	.001
Zscore:分地区年末城镇人口比重(%)	−.091	.216	−.043	−.037	.045
Zscore:开放度 (%)	−.022	.131	−.029	.177	−.101
Zscore:非公有制经济占比(%)	.029	−.037	−.266	.284	.080
Zscore:服务业增加值 (亿元)	.217	−.067	.109	−.085	.047
Zscore:服务业从业人数 (万人)	.264	−.155	.097	−.086	.192
Zscore:服务业投资总计 (亿元)	.235	−.117	.020	−.152	.151
Zscore:服务业增加值占 GDP 比重 (%)	.015	.064	.280	−.042	.004
Zscore:服务业从业人员比重(%)	.041	−.185	.162	−.034	.345
Zscore:服务业固定资产投资占比(%)	.115	−.071	.383	−.059	.071
Zscore:现代服务业增加值占产值比重(%)	−.024	−.036	.184	.421	−.205
Zscore:服务业增加值增长比率(%)	.050	.049	.070	−.689	−.096
Zscore:服务业投资增长率(%)	.013	.021	.055	−.068	−.650
Zscore:研发经费投入强度(%)	.030	.128	−.086	−.054	−.067
Zscore:每十万人口高等在校生人数(人)	−.083	.175	.014	−.163	.276

续表

指　标	成分				
	1	2	3	4	5
Zscore:科研人员数(人年)	.212	−.073	.077	−.025	−.089
Zscore:金融业增加值(亿元)	.150	−.004	.119	.031	−.043
Zscore:亿元以上商品交易市场成交额(亿元)	.092	.040	−.051	.098	−.215

提取方法:主成分。

旋转法:具有 Kaiser 标准化的正交旋转法。

表 3.3.7　2014 年成分得分系数矩阵

指　标	成分			
	1	2	3	4
Zscore:人均地区生产总值(元)	−.091	.230	−.115	.042
Zscore:城镇居民人均可支配收入(元)	.004	.113	.079	−.016
Zscore:居民消费水平(元)	−.035	.169	−.009	.007
Zscore:分地区年末城镇人口比重(%)	−.093	.221	−.107	−.053
Zscore:开放度(%)	.013	.106	.049	.084
Zscore:非公有制经济占比(%)	.004	.072	−.326	−.002
Zscore:服务业增加值(亿元)	.200	−.085	.086	−.089
Zscore:服务业从业人数(万人)	.248	−.165	.130	−.150
Zscore:服务业投资总计(亿元)	.219	−.137	.018	−.093
Zscore:服务业增加值占 GDP 比重(%)	.002	.046	.257	−.019
Zscore:服务业从业人员比重(%)	.000	−.143	.170	−.239
Zscore:服务业固定资产投资占比(%)	.105	−.122	.423	−.084
Zscore:现代服务业增加值占产值比重(%)	−.018	.028	.194	.288
Zscore:服务业增加值增长比率(%)	−.008	.045	−.026	.532
Zscore:服务业投资增长率(%)	−.007	−.023	.040	.452
Zscore:研发经费投入强度(%)	.035	.120	−.132	.112
Zscore:每十万人口高等在校生人数(人)	−.114	.203	−.069	−.049
Zscore:科研人员数(人年)	.191	−.075	.045	.027
Zscore:金融业增加值(亿元)	.156	−.028	.113	−.030
Zscore:亿元以上商品交易市场成交额(亿元)	.112	.020	−.029	.112

提取方法:主成分。

旋转法:具有 Kaiser 标准化的正交旋转法。

(三)评价体系的构建

根据服务业发展的特点和本文对服务业竞争力的因子分析结果,从发展的基础、规模、结构、成长力、潜力五个方面构建2011年省级服务业评价指标体系。以C表示服务业竞争力,F1表示基础因子、F2表示规模因子、F3表示结构因子、F4表示成长力因子、F5表示潜力因子。2011年省级服务业竞争力评价指标体系如表3.3.8所示:

表3.3.8　2011年省级服务业竞争力评价指标体系

<table>
<tr><td rowspan="20">服务业竞争力
(C)</td><td rowspan="5">规模因子(F1)</td><td>服务业从业人数(x8)</td></tr>
<tr><td>科研人员数(x18)</td></tr>
<tr><td>服务业投资总计(x9)</td></tr>
<tr><td>服务业增加值(x7)</td></tr>
<tr><td>金融业增加值(x19)</td></tr>
<tr><td rowspan="8">基础因子(F2)</td><td>人均地区生产总值(x1)</td></tr>
<tr><td>分地区年末城镇人口比重(x4)</td></tr>
<tr><td>城镇居民人均可支配收入(x2)</td></tr>
<tr><td>居民消费水平(x3)</td></tr>
<tr><td>开放度(x5)</td></tr>
<tr><td>亿元以上商品交易市场成交额(x20)</td></tr>
<tr><td>每十万人口高等在校生人数(x17)</td></tr>
<tr><td>研发经费投入强度(x16)</td></tr>
<tr><td rowspan="5">结构因子(F3)</td><td>服务业增加值占GDP比重(x10)</td></tr>
<tr><td>服务业固定资产投资占比(x12)</td></tr>
<tr><td>非公有制经济占比(x6)</td></tr>
<tr><td>现代服务业增加值占产值比重(x13)</td></tr>
<tr><td>服务业从业人员比重(x11)</td></tr>
<tr><td>成长力因子(F4)</td><td>服务业增加值增长比率(x14)</td></tr>
<tr><td>潜力因子(F5)</td><td>服务业投资增长率(x15)</td></tr>
</table>

接着,再从发展的基础、规模、结构、潜力四个方面构建2014年省级服务业评价指标体系。以C表示服务业竞争力,F1表示基础因子、F2表示规模因子、F3表示结构因子、F4表示潜力因子。2014年省级服务业竞争力评价指标体系如表3.3.9所示:

表 3.3.9　2014 年省级服务业竞争力评价指标体系

<table>
<tr><td rowspan="20">服务业竞争力（C）</td><td rowspan="7">规模因子（F1）</td><td>服务业从业人数（x8）</td></tr>
<tr><td>服务业从业人员比重（x11）</td></tr>
<tr><td>科研人员数（x18）</td></tr>
<tr><td>服务业投资总计（x9）</td></tr>
<tr><td>亿元以上商品交易市场成交额（x20）</td></tr>
<tr><td>服务业增加值（x7）</td></tr>
<tr><td>金融业增加值（x19）</td></tr>
<tr><td rowspan="7">基础因子（F2）</td><td>人均地区生产总值（x1）</td></tr>
<tr><td>分地区年末城镇人口比重（x4）</td></tr>
<tr><td>城镇居民人均可支配收入（x2）</td></tr>
<tr><td>居民消费水平（x3）</td></tr>
<tr><td>开放度（x5）</td></tr>
<tr><td>每十万人口高等在校生人数（x17）</td></tr>
<tr><td>研发经费投入强度（x16）</td></tr>
<tr><td rowspan="4">结构因子（F3）</td><td>服务业增加值占 GDP 比重（x10）</td></tr>
<tr><td>服务业固定资产投资占比（x12）</td></tr>
<tr><td>非公有制经济占比（x6）</td></tr>
<tr><td>现代服务业增加值占产值比重（x13）</td></tr>
<tr><td rowspan="2">潜力因子（F4）</td><td>服务业增加值增长比率（x14）</td></tr>
<tr><td>服务业投资增长率（x15）</td></tr>
</table>

与 2011 年相比，2014 年，规模因子多了两个，分别是服务业从业人员所占比重和亿元以上商品交易市场成交额，基础因子少了一个，结构因子少了一个。

（四）评价模型的构建

构建各省市的综合评价模型分为两步：首先，计算各主因子的信息解释率，权重系数采用旋转后公因子的方差贡献率/累计贡献率；其次，以各主因子信息解释率做权重，各地的因子得分值与该权重做加权平均，得到各地服务业竞争力的综合数值，继而可以对各省区进行排序。

1. 2011 年全国各省市服务业竞争力评价模型构建

设定 2011 年全国各省市服务业竞争力综合评价的函数模型为：

$$C_i = W_1 F_{1i} + W_2 F_{2i} + W_3 F_{3i} + W_4 F_{4i} + W_5 F_{5i} \qquad (3)$$

其中，i（=1，2，3……. 31）表示 31 省市，C 表示各省市服务业竞争力的综合得分，F_{1i}、F_{2i}、F_{3i}、F_{4i}、F_{5i}依次代表 i 省 5 个公因子的得分，各系数依次代表 5 个公因子的权重，其大小代表了变量的影响程度。根据表 3.3.3 的结果，计算 2011 年各主因子的贡献率如下：

$$W_1=0.35, W_2=0.34, W_3=0.153, W_4=0.079, W_5=0.078$$

将上述结果代入(1)中，进一步得到综合评价模型为：

$$C_i=0.35F_{1i}+0.34F_{2i}+0.153F_{3i}+0.079F_{4i}+0.078F_{5i} \quad (2)$$

根据表 7 成分得分系数矩阵，得到 2014 年全国服务业竞争力综合评价因子模型：

$$\begin{cases} F1=-0.082Zx1-0.042Zx2-0.043Zx3-0.091Zx4-0.022Zx5+0.029Zx6+0.217Zx7+0.264Zx8+0.235Zx9+0.015Zx10+0.041Zx11+0.115Zx12-0.024Zx13+0.05Zx14+0.013Zx15+0.03Zx16-0.083Zx17+0.212Zx18+0.15Zx19+0.092Zx20 \\ F2=0.228Zx1+0.107Zx2+0.165Zx3+0.216Zx4+0.131Zx5-0.037Zx6-0.067Zx7-0.155Zx8-0.117Zx9+0.064Zx10-0.185Zx11-0.071Zx12-0.036Zx13+0.049Zx14+0.021Zx15+0.128Zx16+0.175Zx17-0.073Zx18-0.004Zx19+0.04Zx20 \\ F3=-0.046Zx1-0.223Zx2+0.03Zx3-0.043Zx4-0.029Zx5-0.266Zx6+0.109Zx7+0.097Zx8+0.02Zx9-0.28Zx10+0.162Zx11+0.383Zx12+0.184Zx13+0.07Zx14+0.055Zx15-0.086Zx16+0.014Zx17+0.077Zx18+0.119Zx19-0.051Zx20 \\ F4=-0.082Zx1-0.032Zx2+0.05Zx3-0.037Zx4+0.177Zx5+0.284Zx6-0.085Zx7-0.086Zx8-0.152Zx9-0.042Zx10-0.034Zx11-0.059Zx12+0.421Zx13-0.689Zx14-0.068Zx15-0.054Zx16-0.163Zx17-0.025Zx18+0.031Zx19+0.098Zx20 \\ F5=-0.023Zx1+0.024Zx2+0.001Zx3+0.045Zx4-0.101Zx5+0.08Zx6+0.047Zx7+0.192Zx8+0.151Zx9-0.004Zx10+0.345Zx11+0.071Zx12-0.205Zx13-0.096Zx14-0.65Zx15-0.067Zx16+0.276Zx17-0.089Zx18-0.043Zx19-0.215Zx20 \end{cases}$$

2.2014 年全国各省市服务业竞争力评价模型构建

设定 2014 年全国各省市服务业竞争力综合评价的函数模型为：

$$C_n=V_1F_{1i}+V_2F_{2i}+V_3F_{3i}+V_4F_{4i} \quad (3)$$

其中，i (=1,2,3……. 31)表示 31 省市，C_n表示各省市服务业竞争力的综合得分，F_{1i}、F_{2i}、F_{3i}、F_{4i}、F_{5i}依次代表 i 省 4 个公因子的得分，各系数依次代表 4 个公因子的权重，其大小代表了变量的影响程度。根据表 3.3.4 的结果，2014 年各主因子的贡献率如下：

$$V_1=0.384, V_2=0.369, V_3=0.155, V_4=0.092$$

将上述结果代入(1)中,进一步得到综合评价模型为:

$$C_n=0.384F_{1i}+0.369F_{2i}+0.155F_{3i}+0.092F_{4i} \tag{4}$$

根据成分得分系数矩阵,得到 2014 年全国服务业竞争力综合评价因子模型:

$$\begin{cases} F1=-0.091Zx1+0.004Zx2-0.035Zx3-0.093Zx4+0.013Zx5+ \\ \quad 0.004Zx6+0.2Zx7+0.248Zx8+0.219Zx9+0.002Zx10+0.105Zx12 \\ \quad -0.018Zx13-0.008Zx14-0.007Zx15+0.035Zx16-0.114Zx17+ \\ \quad 0.191Zx18+0.156Zx19+0.112Zx20 \\ F2=0.23Zx1+0.113Zx2+0.169Zx3+0.221Zx4+0.106Zx5+0.072Zx6- \\ \quad 0.085Zx7-0.165Zx8-0.137Zx9+0.046Zx10-0.143Zx11- \\ \quad 0.122Zx12+0.028Zx13+0.045Zx14-0.023Zx15+0.12Zx16+ \\ \quad 0.203Zx17-0.075Zx18-0.028Zx19+0.02Zx20 \\ F3=-0.115Zx1+0.079Zx2-0.009Zx3-0.107Zx4+0.049Zx5- \\ \quad 0.326Zx6+0.086Zx7+0.13Zx8+0.018Zx9+0.257Zx10+0.17Zx11 \\ \quad +0.423Zx12+0.194Zx13-0.026Zx14+0.04Zx15-0.132Zx16- \\ \quad 0.069Zx17+0.045Zx18+3113Zx19-0.029Zx20 \\ F4=0.042Zx1-0.016Zx2+0.007Zx3-0.053Zx4+0.084Zx5-0.002Zx6 \\ \quad -0.089Zx7-0.15Zx8-0.093Zx9-0.019Zx10-0.239Zx11- \\ \quad 0.084Zx12+0.288Zx13+0.532Zx14+0.452Zx15+0.112Zx16- \\ \quad 0.049Zx17+0.027Zx18-0.03Zx19+0.112Zx20 \end{cases}$$

建立因子模型后,依次代入 2011 年各省市的 X1, X2,X3 . . . . . . X20 指标值就可以得到 2011 年该省市在五个公因子上的得分,再代入模型(2)就可以在建立因子模型后,把 2011 年相关数据标准化处理可得 X_1、X_2、…、X_p ,又把标准化数据代入主成分模型计算出 2011 年 31 个省市的公共因子得分 $F_{in}, i=1\cdots m, n=1\cdots 31$。利用提取各个公共因子的特征值占比 $\omega_i=\frac{\lambda_i}{\sum_{k=1}^{m}\lambda_k}$ 计算各主成分权重,它表示了公共因子数据方差在所提取数据方差中的比例。随后根据权重合并因子得分,$F=\sum_{i=1}^{m}\omega_i F_i$,得到 2011 年全国各省市服务业竞争力综合得分,2014 年各省市服务业竞争力综合得分依此步骤得出。

2011 年及 2014 年各省市服务业竞争力综合得分及排名如表 3.3.10 所示。各省市的综合得分为正表示服务业发展水平高于全国平均水平,负值表示低于全国平均水平,综合得分越大其竞争力越强。

表 3.3.10 服务业竞争力排名情况

地区	排位变化	2011 排位	F (权重)	FAC1 35.01%	FAC2 34.03%	FAC3 15.25%	FAC4 7.91%	FAC5 7.8%	2014 排位	F (权重)	FAC1 38.40%	FAC2 36.93%	FAC3 15.50%	FAC4 9.17%
北京	2↓	1	1.26	−0.16	2.05	2.89	0.48	1.74	3	1.05	−0.32	2.27	2.85	−1.14
天津	1	7	0.21	−1.29	3.03	−1.16	−2.07	−0.40	6	0.48	−1.15	2.65	−1.17	1.34
河北	5↓	14	−0.12	0.39	−0.46	−1.16	−0.06	1.05	19	−0.31	0.29	−0.49	−1.25	−0.46
山西	4↓	21	−0.28	−0.57	−0.22	−0.48	0.28	0.53	25	−0.40	−0.50	−0.21	−0.29	−0.94
内蒙古	5↓	24	−0.33	−0.57	0.12	−0.43	−1.60	0.33	29	−0.52	−0.67	−0.05	−0.73	−1.48
辽宁	5↓	8	0.14	0.29	0.46	−0.83	0.09	0.06	13	−0.09	0.10	0.58	−1.02	−2.05
吉林	8↓	23	−0.32	−0.90	0.10	−0.99	0.41	1.09	31	−0.58	−0.97	0.28	−1.28	−1.23
黑龙江	7↓	19	−0.21	−0.42	−0.04	−0.19	−0.93	0.66	26	−0.43	−0.57	−0.09	−0.37	−1.37
上海	1	3	1.11	−0.06	2.52	0.93	1.22	0.45	2	1.21	0.08	2.66	1.20	0.10
江苏	3	4	0.89	2.24	1.08	−1.28	0.35	−1.22	1	1.35	2.51	0.98	−0.77	1.52
浙江	—	5	0.76	1.49	0.95	−0.12	1.06	−1.94	5	0.92	1.55	0.78	−0.13	0.62
安徽	2	17	−0.20	−0.04	−0.41	−1.19	0.75	0.90	15	−0.17	0.16	−0.43	−0.69	0.38
福建	—	9	0.13	−0.06	0.48	−0.32	1.03	−0.62	9	0.09	0.03	0.41	−0.45	0.03
江西	3	25	−0.36	−0.47	−0.30	−1.36	0.64	0.83	22	−0.37	−0.45	−0.17	−1.16	0.50
山东	1↓	6	0.49	2.04	−0.33	−0.31	−0.96	0.14	7	0.40	1.83	−0.29	−0.76	−0.90
河南	1	15	−0.15	0.71	−0.88	−0.74	−0.73	0.89	14	−0.12	0.62	−0.74	−0.66	0.18
湖北	—	10	0.02	0.28	−0.23	0.04	−0.39	0.30	10	0.07	0.30	−0.18	−0.30	0.75
湖南	1	13	−0.11	0.36	−0.69	0.06	0.03	−0.18	12	0.00	0.27	−0.46	−0.19	1.06

续表

地区	排位变化	2011排位	F（权重）	FAC1 35.01%	FAC2 34.03%	FAC3 15.25%	FAC4 7.91%	FAC5 7.8%	2014排位	F（权重）	FAC1 38.40%	FAC2 36.93%	FAC3 15.50%	FAC4 9.17%
广东	2↓	2	1.15	2.86	−0.24	1.40	0.10	0.15	4	1.04	2.77	−0.39	1.20	−0.76
广西	6↓	22	−0.30	−0.19	−0.80	−0.46	0.43	0.89	28	−0.49	−0.27	−0.76	−0.21	−0.82
海南	—	18	−0.21	−0.68	−0.36	1.64	−1.00	−0.29	18	−0.30	−0.78	−0.46	1.55	−0.74
重庆	4	12	−0.07	−0.39	0.09	−0.16	0.53	0.18	8	0.11	−0.26	0.32	0.13	0.83
四川	—	11	−0.03	0.50	−1.00	0.50	0.23	0.50	11	0.03	0.69	−1.09	0.97	0.22
贵州	8	28	−0.49	−0.21	−0.76	0.91	−2.25	−1.52	20	−0.34	−0.20	−1.28	1.08	0.44
云南	1↓	20	−0.26	−0.10	−1.00	0.61	0.07	0.17	21	−0.36	−0.03	−1.21	1.04	−0.66
西藏	2	26	−0.39	−0.86	−1.20	1.86	0.94	−0.45	24	−0.40	−0.93	−1.08	1.65	1.14
陕西	—	16	−0.15	−0.22	−0.37	0.52	−1.21	0.83	16	−0.17	−0.31	−0.16	0.18	−0.25
甘肃	6	29	−0.54	−0.73	−0.71	0.31	−0.21	−0.91	23	−0.39	−0.76	−0.64	0.24	1.06
青海	4	31	−0.63	−1.20	−0.26	−0.09	1.26	−2.67	27	−0.46	−1.11	−0.43	0.01	1.38
宁夏	3↓	27	−0.43	−1.21	−0.40	−0.35	2.11	0.21	30	−0.58	−1.18	0.02	−0.64	−0.42
新疆	13	30	−0.57	−0.83	−0.27	−0.07	−0.61	−1.72	17	−0.27	−0.76	−0.35	−0.02	1.65

三、评价结果分析

(一)服务业区域发展不平衡

从整体上来看,我国服务业地区发展不均衡,东、中、西部差距明显,东部沿海省份排名基本靠前,中部、西部地区则大多排名靠后,落后于全国平均水平。由表3.3.10可以看出,2011年全国有10个省的得分高于全国平均水平,这10个省份绝大部分为东部发达省份,如北京、上海、广东、江苏、浙江等。尤其是北京,其综合分值达到1.26,超出第二名广东0. 32。2014年,有12个省份高于全国平均水平,其中,江苏排名第一,得分为1.35,超出第二名上海0.14;辽宁在2014年由于潜力因子得分为－2.05分,综合得分低于全国平均水平,排名全国第13位,其余在2011年综合得分高于全国平均水平的省份均在2014年保持了高于全国平均水平的态势,除此之外,西部的重庆和四川在2014年服务了综合竞争力得到较大提升,综合得分也高于全国平均水平,中部的湖南在2014年综合得分与全国平均水平持平。不难发现,2011年和2014年综合得分高于全国平均水平的省份经济发展水平均居全国前列。

另一方面,中部地区的市场优势不如东部,政策优势不如西部明显,经济实力不如东部,其服务业的发展较缓慢,但仍然高于西部水平,排名11－20位的省份中,有4个是西部省份,分别是四川、重庆、陕西和云南(排名第20位),另外6个是中部省份;排名21－31位的省份中,有8个是西部省份。大部分的西部省份综合得分低于全国平均水平,得分为负值,主要是因为西部地区受制于区域地理条件、交通及经济条件等因素,服务业起步较晚,人均收入低,消费层次不高。西藏地区受自然环境、地理位置以及社会经济等条件的限制,虽然工业、农业发展水平落后,但服务业在经济发展中占较大比重,导致西藏地区在结构因子上高出全国大部分省份,因而综合排名略微靠前。

(二)服务业竞争力综合得分排名变化明显

2011年至2014年,各省市都非常重视服务业的发展,纷纷将经济工作的重心放在优化经济结构,大力发展服务业,但由于原有的经济基础、产业结构及地理位置等因素制约,全国31个省市服务业在发展的同时,各地服务业竞争力排名发生了较大变化。从最高分情况看,2011年北京得分最高,为1.26分,2014年江苏得分最高,为1.35分,2014年最高分高于2011年0.09分;2011年青海得分最低,为－0.63分,2014年吉林得分最低,为－0.58,2014年最低分高于2011年最低分高出0.05分,说明全国服务业竞争力在这几年里整体有所提升。

2011年至2014年,服务业竞争力排位有所上升的省份分别是新疆(上升13位)、贵州(上升8位)、甘肃(上升6位)、重庆(上升4位)、青海(上升4位)、江苏

(上升3位)、江西(上升3位)、安徽(上升2位)、西藏(上升2位)、上海(上升1位)、天津(上升1位)。而排位有所上降的省份分别是吉林(下降8位)、黑龙江(下降7位)、广西(下降6位)、河北(下降5位)、内蒙古(下降5位)、辽宁(下降5位)、山西(下降4位)、宁夏(下降3位)、北京(下降2位)、广东(下降2位)、山东(下降1位),云南(下降1位)。

(三)云南省服务业综合实力全国中等水平,居西部第六

从表3.3.10可以看出,2011年云南的综合总分为－0.26,全国排名第20位,西部排名第4;2014年综合得分为－0.36,全国排名第21位,西部排名第6,被贵州和新疆超越。云南服务业综合竞争力在全国处于中等水平,2014年在西部地区中,次于四川、重庆、陕西和贵州,与东中部地区省份相比差距较为明显,例如,2014年江苏综合得分为1.35分,高于云南省大约1.71分。从云南省自身各主因子发展情况来看,2011年,云南规模因子的得分排名第14,基础因子排名29,结构因子排名第7,成长力因子排名18,潜力因子排名17;2014年云南规模因子的得分排名第14,基础因子排名30,结构因子排名第7,潜力因子排名21。2014年云南规模因子和结构因子较2011年排位没有变化,但是基础因子和潜力因子排位有所下降,特别是基础因子,在全国排名居30位,一定程度上反映了2011年至2014年云南经济发展基础与全国其他省份相比步伐有所放缓,差距进一步扩大,值得高度关注。除此之外,2014年云南除结构因子外,其余主因子得分为负值,说明云南省服务业发展结构水平较高,处于全国前列,而服务业发展的基础、规模、市场化以及成长力低于全国平均水平,尤其是服务业发展的基础排名靠后,经济实力、教育科技水平和发达省份有较大的差距。

近年来,云南省加强对服务业的劳动力、资本的投入,更加注重服务业发展,积极调整优化产业结构以及服务业内部结构,吸引国内外资金投入,使得云南省在规模、结构因子上发展较好,结构因子排名第7,较为靠前,规模因子排名第14位,也居中等偏上水平,同时,云南省逐步摆脱以往的封闭环境,政府对市场的管制适度放松,对内对外开放水平有所提高,这些因素使得云南整体上服务业竞争力位居全国中等水平,服务业竞争力排名较其经济实力而言靠前。

根据表3.3.10的结果,选取2014年西部地区12省份,按照其得分重新进行排序,以便进一步比较云南省与西南周边省市服务业发展的竞争水平。得分排名情况如表3.3.11:

表 3.3.11　2014 年西部 12 省份服务业竞争力综合得分及排位

西部地区	综合得分排位	综合得分	FAC1 得分	FAC2 得分	FAC3 得分	FAC4 得分	FAC1 排位	FAC2 排位	FAC3 排位	FAC4 排位
重庆	1	0.11	−0.26	0.32	0.13	0.83	4	1	7	5
四川	2	0.03	0.69	−1.09	0.97	0.22	1	10	4	7
陕西	3	−0.17	−0.31	−0.16	0.18	−0.25	6	4	6	8
新疆	4	−0.27	−0.76	−0.35	−0.02	1.65	8	5	9	1
贵州	5	−0.34	−0.2	−1.28	1.08	0.44	3	12	2	6
云南	6	−0.36	−0.03	−1.21	1.04	−0.66	2	11	3	10
甘肃	7	−0.39	−0.76	−0.64	0.24	1.06	8	7	5	4
西藏	8	−0.4	−0.93	−1.08	1.65	1.14	10	9	1	3
青海	9	−0.46	−1.11	−0.43	0.01	1.38	11	6	8	2
广西	10	−0.49	−0.27	−0.76	−0.21	−0.82	5	8	10	11
内蒙古	11	−0.52	−0.67	−0.05	−0.73	−1.4S	7	3	12	12
宁夏	12	−0.58	−1.18	0.02	−0.64	−0.42	12	2	11	9

从西南地区服务业竞争力综合情况来看，2014 年云南服务业竞争力得分西部排第六，落后于四川、重庆、陕西、新疆和贵州。在规模因子上四川最为靠前，云南排名第二位，贵州第三位；基础因子重庆排名第一位，云南排名第十一位；结构因子西藏排名第一位，云南排名第三位；潜力因子上，新疆排名第一，云南排第十位。

综合以上分析得出，云南省结构因子表现最为突出，全国排名第 7 位，说明云南省近年来注重产业结构调整以及服务业内部结构的优化，对其内部经济整体而言，服务业在三大产业结构中地位突出，与一二产业相比吸引了较多的资金投入，对全社会的吸纳就业能力增强。同时，现代服务业已经初具规模，服务业内部的结构调整效果较为明显。但是云南省服务业产出以及资金、劳动力投入特别是高素质专业人才拥有量与全国相比较，水平仍有差距。2014 年云南省的基础因子和成长因子均远低于全国平均水平，分列全国第 30 和 21 位，这表明云南省的经济基础较弱，未对服务业的发展提供有力支撑，导致云南省服务业发展的有效需求不足，而且较为落后的科技、教育基础导致服务业效益不高，发展速度放缓，可持续能力不强，发展过程中没有协调好质和量的关系，成长能力有限。

四、提升云南省服务业竞争力的对策建议

(一)着力营造服务业发展良好环境

1. 夯实经济基础，优化服务业发展基础环境。从当前制约云南服务业发展的

因素看，基础因子（城镇化率、人均地区生产总值、居民消费水平、城镇居民人均可支配收入、每十万人口高等在校生人数、开放度）是云南服务业发展最大的制约因素。因此，要实现云南服务业较快发展，必须通过加快供给侧结构性改革，夯实云南经济基础，补齐产业发展短板以及社会发展短板，优化收入分配机制，提高居民消费水平以及居民可支配收入、加大科研、教育等与现代服务业发展密切部门的资金投入、大力引进高素质技术人才等来破除此制约。

2. 打破行业垄断壁垒，放宽市场准入，鼓励非国有经济以多种方式在更大领域参与竞争，发挥市场、价格机制。要进一步面向社会资本扩大市场准入，加快开放电力、电信、邮政、市政公用等行业的竞争性服务业，推进金融、教育、文化、医疗等领域有序放开。清理各类歧视性规定，完善各类社会资本平等参与医疗、教育、养老、体育等领域发展的政策。

3. 加强服务业发展政策扶持。降低服务企业出资最低限额等注册条件，简化注册登记的行政审批，从大型国有服务企业改革着手，实行透明、规范化管理，同等对待国有、非国有经济。高效贯彻落实服务业各类优惠政策，创新省级财政服务业发展引导资金支持方式，重点支持服务业基础设施、重大项目及共性技术平台、创新服务平台和应用示范工程建设。建立完善中小企业融资担保体系，为中小服务企业提供融资担保。进一步规范收费行为，减轻企业负担，深入推进商事制度改革。

4. 坚持服务业内外开放的市场化改革，完善云南省服务贸易的体制与政策，鼓励国内外品牌服务企业在省内增设办事处，学习先进服务技术及经营理念，吸引服务业基础设施和新兴服务部门的外资投入。简化货物及服务贸易的通关手续，借助沿边优势，鼓励省内优势服务企业“出滇”参与国际竞争。利用好国外、省外两个市场，培育服务贸易重点企业，加强与大陆、港、澳、台及沿边国家在服务外包、对外承包工程、劳务合作、医药研发外包等领域的合作。

（二）加快城镇化建设

城市是服务业发展的平台，其规模和水平决定服务业的规模和水平。城镇化引致更多的服务需求，从而刺激地区服务行业的发展。2015 年云南省城镇化水平为 43.3%，比同期全国水平 56.1%落后 12.8 个百分点。要结合省情具体问题具体分析，找到具有云南特色的由新型工业化带动、发展模式多元型的城镇化可持续发展之路。在宏观层面上改变二元经济格局、改革户籍土地制度、城镇投融资及行政管理制度等，实现非农业人口自由流动。消费的结构、层次很大程度上是受制于收入高低。云南省目前的人均收入整体上处于较低水平，限制了城乡居民对服务产品的需求。要改变这种状况，很关键的一点就是要提高居民收入，而这就离不开地区经济的发展。因此，要进一步加快整体经济发展，既要创造更多就业岗位又要支持创业，积极发展社会事业，完善最低生活保障体系，适度提高劳动者最低工资水平，基本生活需求得到保障，生活水平和质量的提高才能加快发展服务业。

(三)加快服务业投融资改革，增强服务业发展潜力

建立多元的服务业融资模式，搭建中小服务企业的融资平台，引导个体、私营、外资经济体投资服务业。同时，对外资和民营资本注入服务业给予政策优惠及利率补贴，加大金融机构对非公有制经济体的放贷力度，扩大非公有制经济投资，发挥非公有制经济力量。加强招商引资力度、创新服务领域引资方式。加大省外、国外招商力度，有针对性地鼓励内外知名服务企业入滇；拓展服务业的引资领域，如农业技术服务、商务服务、交通通讯、文化、旅游、物流、软件设计、银行等，引导外商投资职业技能培训；综合运用各类招商引资方法为服务业企业筹措发展资金，增加服务业投资，提高云南服务业发展潜力。

(四)以“五网”建设为突破口，改造升级传统服务业

加快推进“五网”基础设施建设，着力破解基础设施瓶颈制约，优化服务业的基础环境。以政府对服务业基础设施投资为引导，充分运用市场杠杆，走多元化投融资之路。以交通、能源、水利、为基础设施重点，加快完善铁路网，推动地铁和城际高铁建设；继续改造干线公路，完善公路网；积极配合做好中缅油气管道建设，开发新能源，建设清洁、可再生的能源基地；加快信息通讯、互联网建设。传统服务业是云南省服务业发展的重要部分，虽然已经具备一定规模，为经济发展作出巨大贡献，但是与我国东中部甚至西部其他地区相比较而言还存在一定的差距。服务业自身在不断的发展和调整结构时，其传统部门面临时代的考验，云南省因其独特的区位以及资源条件，拥有承接产业转移的机遇，更要改造升级传统服务业，这是大势所趋，也是提升云南服务业整体竞争实力的重要举措，不仅对于服务业自身发展具有重要战略意义，而且对于第一、二产业发展具有正向关联效应。

(五)着重加快发展现代服务业

现代服务业特别是生产性服务业发展潜力大，带动性强，要以发展生产性服务业作为突破口，积极发展信息服务业、现代物流业、金融、技术研发业等新兴服务业，推动文化、教育、医疗和社区服务业的发展，着力培育大健康、健康养老、电子商务等新业态、新模式、新市场的发展空间。“十三五”时期，随着与生产性服务业相对应的物联网、云计算等信息技术日益成熟，将为生产性服务业创造更多的发展空间，云南应通过信息化、“互联网＋”，如“互联网＋旅游”、“互联网＋商业”、“互联网＋物流”等方式来改造提升服务业，大力促进服务业向高端化、高附加值、高带动性方向发展，为云南社会经济全面发展服务。同时，随着居民消费需求的多样化、个性化，消费性服务业必须打破传统消费服务模式化、普众化倾向，以全新的消费服务理念、模式去适应互联网时代消费者偏好迅速变化的现实，走向精细化、差异化服务。适应消费需求个性化、多样化及投资向新技术、新业态、新商业模式等转移趋势，使消费性服务业也在“互联网＋”的带动下获得新的发展机遇，为云南经济发展提供强劲动力。全面实施加快发展现代服务业行动，创新体制机制，放宽市场准入，优化政策环境。

1. 促进生产性服务业专业化

推动云南生产性服务业向专业化和价值链高端延伸、生活性服务业向精细化和高品质转变。以产业转型升级需求为导向，加快发展生产性服务业，引导企业进一步打破“大而全”、“小而全”的格局，分离和外包非核心业务，向价值链高端延伸，推进农业生产和工业制造现代化，加快生产制造与信息技术服务融合，推动服务功能区和服务平台建设，积极培育新型服务业态，实现规模效益和特色发展，提高生产性服务业对产业转型升级的支撑能力。一是要着力发展金融业。构建多层次、广覆盖、有差异的银行机构体系，着力加强对中小微企业、农村特别是贫困地区金融服务。进一步加大债券、股票融资力度，充分发挥期货、保险市场功能，加快建设与云南经济社会发展需要相匹配的多层次资本市场，提高直接融资比重。开发符合创新需求的金融服务，提高金融机构管理水平和服务质量，降低企业融资成本。以加快推进沿边金融综合改革试验区建设为契机，提高金融业对外开放水平。二是要大力发展现代物流。加强重要物流节点、口岸、综合交通枢纽等物流、仓储基础设施和通道建设。加快发展第三方物流，培育壮大一批具有竞争力的现代物流企业。大力支持现代邮政快递服务工业品下乡和农产品进城，支撑高原特色农业和电子商务发展。大力推进国际物流发展，加快机场、铁路、高等级公路、口岸、园区之间的连线和多式联运设施建设，强化集疏运服务功能，构建便捷、高效的跨境物流体系。加快物流信息化、装备现代化和标准化建设。三是要提升科技服务。加快发展研究开发、技术转移、检验检测认证、创业孵化、知识产权、科技咨询、科技金融、科学技术普及、综合科技服务等科技服务业，打造一批科技服务机构。集聚整合公共服务科技资源，引进和建设一批国家级科研机构、科技基础设施和科技服务平台。加强区域协作，重点加强与国内先进地区、南亚东南亚、发达国家的交流与合作，培育具有区域影响力的科技服务品牌。四是要重点发展商务服务业。重点发展企业管理服务、广告、商务咨询、会计审计、法律服务、人力资源服务等业态。着力打造产业集中、特色鲜明的服务外包聚集区，大力开拓面向南亚东南亚的服务外包市场。五是要加快发展会展业。重点打造“南博会”和“旅交会”，提升和打造“文博会、石博会、农博会、珠宝展、茶博会”5 大专业会展，着力培育打造“药博会、民族商品交易会、绿色食品交易会、国际三七节、国际祖母绿文化节”等10个特色会展品牌，推动云南会展业加快发展。

2. 促进生活性服务业提质增效

坚持规范化、便利化、精细化、品质化发展方向，积极对接和组织实施旅游休闲、教育文化体育、养老健康家政等国家重大工程。大力发展旅游文化经济，加快旅游开发与城镇、文化、产业、生态、乡村建设深度融合，实施旅游服务质量提升工程，深入推进旅游业综合改革试点，规范旅游市场，提升旅游服务质量，建设旅游强省。加快文化创意和设计服务业发展。全面推进医养融合发展，发展壮大生物医药及大健康产业，积极落实促进消费各项政策。化解房地产库存，适当降低商品住房价格。加强食品药品及重要消费品市场监管，保障消费安全，着力打造以服务消费、信息消费、绿色消费、时尚消费、品质消费和农村消费为重点的提升型消费，挖掘消费潜力，培育消费新热点，不断扩大生活性服务业规模，更好地满足城乡居民消费扩大和消费升级的需求。一是要做强旅游业。推动云南旅游从观光型旅游向休闲、度假、康体、养生、养老等复合型旅游转变，建设一批休闲度假、温泉疗养、装备制造、自驾旅游、户外运动、边境跨境旅游等新业态。强化旅游景区景点规划，规范旅游市场秩序。探索发展“智慧旅游”、旅游电子商务、旅游中介服务。开发建设以商务旅游、休闲客栈、康体养生、文化体验、高山峡谷探险等为主要内容的高端旅游产品。二是要加快发展文化产业。云南应重点加快发展有较大优势的文化产业，尤其是其中的歌舞演艺业、影视音像业、文化休闲娱乐业、文化信息传输业、“金木土石布”民族民间工艺品业、珠宝玉石业等文化产业，促进云南文化产业的整体实力显著提升。三是要大力打造健康服务业。大力发展医疗、护理、健康养老、健康保险、中医药医疗保健、健康体检和咨询、健康文化等健康服务。创建国家级(户外运动)体育产业园区，打造高高原区、高原区、亚高原区、低海拔区体育基地。四是要平稳发展房地产业。经济发展进入新常态背景下，云南应着力化解房地产库存，发展住房租赁市场，发展依托城市新区、商务中心区、城市组团、特色商业区等载体的旅游地产、养老地产、商业地产等跨界地产项目，稳定房地产市场，促进云南房地产业健康发展。

(作者：晏鸿雁)

3.4 我国新兴服务业区域发展差异及影响因素探析

摘要:新兴服务业是新经济新动能的重要内容,其发达程度普遍被作为衡量地区经济结构和发展程度的重要标志之一。本文从新兴服务业区域差距入手,从供给、需求和创新三个维度出发,通过随机森林回归和主成分分析的方法,探索影响全国31个省新兴服务业发展的主要因素。研究发现,东部地区在供给、需求和创新方面均具有较大竞争优势,供需因素对新兴服务业的影响程度相对更大,由此导致了区域的发展差异。中西部地区需要加快供给侧结构性改革步伐,从供需两端同时发力,挖掘创新驱动潜力,加快发展步伐,缩小与东部地区的差异。

关键词:新兴服务业　区域差异　随机森林回归　主成分分析

关于新兴服务业,目前还没有统一的规范和明确的概念界定。董明月(2011)认为新兴服务业是指随着信息技术的发展和知识经济的出现、社会分工的细化和消费结构的升级,用现代化的新技术、新业态和新的服务方式改造提升传统服务业而产生的,向社会提供高附加值、满足社会高层次和多样化需求的服务业。夏杰长(2012)研究认为新兴服务业具有高人力资本含量、高技术含量、高成长性、高风险性和高增值性五个基本特征。王凌(2015)认为新兴服务业的具体业态主要体现在运用新资源、新技术或新方法快速发展起来的新的服务手段或服务模式,涉及电子商务、互联网金融、快递与物流配送、在线教育、远程医疗等具体业态。本文将新兴服务业界定为利用现代理念、网络技术、新型营销方式以及服务创新加速发展起来的服务业,既包括社会发展过程中新产生的服务业,也包括用新技术、新业态的服务方式改造和升级后再现活力的传统服务业。与传统服务业相比,新兴服务业并非只是时间“新”,更是呈现出附加值高、对资源的依赖程度较低、环境污染少、知识和技术相对密集、满足高层次多样化需求和高成长性等特征。

根据上述特点,结合《国民经济行业分类》和大量学者的研究,本文认为,新兴服务业主要包含于以下行业中:信息传输、软件和信息技术服务业,金融业,房地产业,租赁和商务服务业,科学研究和技术服务业,水利、环境和公共设施管理业,居民服务、修理和其他服务业,教育,卫生和社会工作,文化、体育和娱乐业,公共管理、社会保障和社会组织以及国际组织等。在指标测度上，将第三产业增加值中交通运输仓储和邮政业、批发和零售业、住宿和餐饮业等传统服务行业剔除，使用更多具有新兴服务业特征的金融业、房地产业和其他服务行业（租赁和商务服务业，科学研究和技术服务业，水利、环境和公共设施管理业，居民服务、修理和其他服务业，教育，卫生和社会工作，文化、体育和娱乐业等）增加值来衡量新兴服务业发展程度，进行区域差距、空间聚集以及影响因素的探索性研究。

一、我国新兴服务业区域发展差异显著

我国新兴服务业区域发展明显不均衡，表现为东部聚集程度高，中部、东北、西北和西南地区聚集水平相对较低的特点。

（一）东部省份新兴服务业增加值最高

从新兴服务业增加值占 GDP 比重看，东部地区较为发达，占比普遍高，其次是西南和西北地区，东北三省和中部地区占比较低。从算数平均值看，东部＞西南＞西北＞中部＞东北三省。在新兴服务业占比排名前 10 的省份中，7 个是东部省份，2 个在西南地区，1 个在西北地区。此外，五个区域的内部差异也较大。其中，东部地区差异最大，占比极差达到 0.404，占比最高者是最低者的 3.06 倍；其次是西南和西北地区，东北三省差异相对较少。

表 3.4.1　2014 年全国 31 个省新兴服务业区域差异

区　域	省　份	人均新兴服务业增加值		新兴服务业增加值占 GDP 比重	
		金额	全国位次	比重	全国位次
东部 10 省	北　京	59477	1	0.6	1
	天　津	32025	3	0.309	6
	河　北	7800	26	0.196	30
	上　海	42022	2	0.433	2
	江　苏	25309	4	0.31	5
	浙　江	21432	5	0.294	9
	福　建	15176	8	0.24	23
	山　东	14601	10	0.241	22
	广　东	19795	6	0.313	4
	海　南	11434	15	0.295	8
	平均值	24907		0.323	
	极　差	51678		0.404	

续表

区　域	省　份	人均新兴服务业增加值		新兴服务业增加值占 GDP 比重	
		金额	全国位次	比重	全国位次
中部6省	山　西	13401	11	0.2781	12
	安　徽	7629	29	0.2226	28
	江　西	7824	25	0.2261	25
	河　南	8306	24	0.2243	26
	湖　北	12457	12	0.2646	17
	湖　南	10777	18	0.2685	15
	平均值	10066		0.247384	
	极　差	5772		0.0555	
东北3省	辽　宁	15895	7	0.2438	21
	吉　林	11101	16	0.2214	29
	黑龙江	10550	19	0.2689	14
	平均值	12515		0.244683	
	极　差	5345		0.0251	
西南6省	广　西	7697	28	0.233	24
	重　庆	14707	9	0.308	7
	四　川	9163	23	0.261	18
	贵　州	6602	31	0.25	20
	云　南	7530	30	0.277	13
	西　藏	11531	14	0.398	3
	平均值	9538		0.288	
	极　差	8105		0.164	
西北6省	内蒙古	13401	11	0.1889	31
	陕　西	10491	20	0.2239	27
	甘　肃	7729	27	0.2929	10
	青　海	9941	21	0.2518	19
	宁　夏	12015	13	0.2888	11
	新　疆	10780	17	0.2672	16
	平均值	10726		0.252241	
	极　差	5671		0.104	

从人均新兴服务业增加值看，东部地区优势明显。东部地区平均人均增加值是西南地区的 2.6 倍，是中部地区的 2.5 倍，是西北地区的 2.3 倍，是东北三省的 2.0

倍。从算数平均值看，东部＞东北三省＞西北＞中部＞西南，西南地区最低。人均新兴服务业增加值前 10 位的省区中，东部省占 8 个，西南地区 1 个，东三省 1 个，东部地区的优势明显。从区域内部看，东部地区内部差异最显著，极差为 51678 元，远远大于中部、西南、西北、东北三省的内部差异。其次是西南地区，内部极差为 8105 元。东北三省、西北和中部省区的内部极差基本相当，均在 5500 左右。

（二）东部地区新兴服务业专业化和聚集程度较高

空间基尼系数和区位熵是衡量产业空间集聚程度的指标。空间基尼系数，由克鲁格曼在 1991 年时提出，当时用于测算美国制造业行业的集聚程度，根据产业空间基尼系数的一般计算方法。熵就是比率的比率，它是由哈盖特所提出的概念。区位熵可以衡量某一区域要素的空间分布情况，又被称为地区专业化指数，反映某一产业部门的专业化程度，能够利用其对一个地区产业结构中的某个产业与全国水平进行比较。区位熵主要用来判别产业集聚存在的可能性。李扬(2009)利用 2004－2006 年工业行业数据，选用区位熵、空间基尼系数和行业集中度指数分别测度西部地区产业集聚程度，认为西部绝大多数产业集聚程度正在增加。刘晗(2012)等使用按地区分组的 2007－2009 年 27 个行业工业总产值数据，采用区位熵、空间基尼系数综合比较和分析，发现西部地区产业集聚现象出现在资源型部门。刘艳(2013)用空间基尼系数、空间集聚指数(E－G)指数测度中国战略性新兴产业的集聚程度，发现我国战略性新兴产业的总体集聚度水平低，经济发达的沿海省市是战略性新兴产业的集聚地。张清正(2015)通过空间基尼系数、行业集中度、区位熵三种方法测度了 1995－2012 年全国科技服务业空间聚集特征及影响因素，发现中西部科技服务业聚集现象不明显，科技服务业逐步向东部、京津和长三角以及北京、上海两地聚集。

学者研究表明，空间基尼系数和区位熵计算方法的有一定局限性，但仍适用于研究行业发展聚集和演变，本文通过空间基尼系数和区位熵方法衡量新兴服务业空间集聚和演变，公式分别见式(1)和式(2)。

$$G=\sum_{i=1}^{n}(S_i-X_i)^2 \tag{1}$$

$$LQ_i=S_i/X_i \tag{2}$$

其中，G 为空间基尼系数，S_i 为某产业在 i 地区企业总规模（产值或从业人员）占该产业全国企业规模的比重，X_i 为 i 地区产业总规模(产值或从业人员)占全国总规模的比重。G 的值在 0 和 1 之间，越接近 0，表示产业分布越均衡；越接近 1，表示产业集聚程度越强。LQ_i 为区位熵，值越高，产业集聚水平越高。$LQ_i>1$，说明某产业在某地区的专业化水平和集中度超出平均水平，地区优势明显；$LQ_i<1$，说明地区集聚水平低于区域平均水平，处于相对劣势的地位。根据上述公式计算 2005 年至 2014 年全国五大区域的空间基尼系数和 31 省的区位墒，以此展开

新兴服务业的区域差异分析。

从各区域新兴服务业空间基尼系数变化情况看，2005－2014 年的十年间，东部地区新兴服务业的聚集程度高明显强于其他四个区域，优势明显；中部地区居其次；东北、西北和西南地区的新兴服务业聚集情况明显滞后于东、中部地区。从发展演变过程看，随着中、西部省区发展的加快，东部地区聚集度逐步下降，中部、东北、西北和西南地区的聚集度呈现逐步提升的趋势。

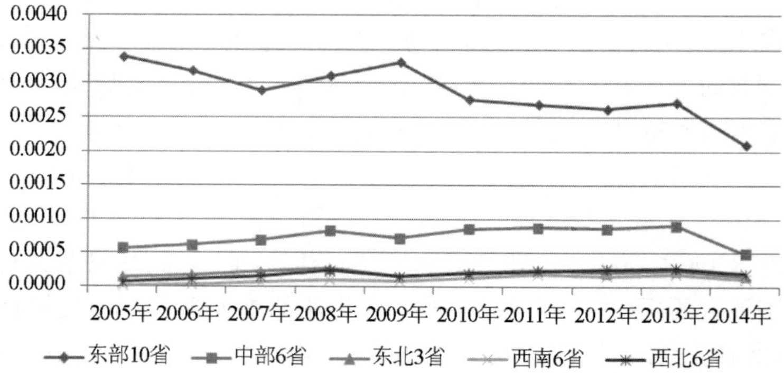

图 3.4.1　全国各区域新兴服务业空间基尼系数变化趋势

从区位熵看，2005－2014 的十年中，东部省份均具有较高的区位熵值，特别是北京的区位熵明显大于其他省市，说明其新兴服务业具有较高的专业化和聚集程度；上海和广东紧居其后。中部、东北、西北和西南地区的新兴服务业聚集程度整体处于劣势。为更明晰地描述新兴服务业集聚的空间分布状况，对比 2005、2014 年的新兴服务业空间聚集分布地图，可以看到新兴服务业向京津地区、长三角地区聚集，表现为北京、上海、江苏、广东聚集程度高的特点。

二、总体看，供给侧因素对新兴服务业发展影响力最大

通过相关文献研究，本文将影响新兴服务业的因素归纳为供给侧、需求侧、创新三个维度。供给侧要素的不断优化，通过提升服务产品质量、丰富服务方式和品种，产生大量有效的服务供给，推动新兴服务业发展壮大；服务消费市场有效需求的增加，直接拉动新兴服务业快速发展；科技的进步与运用则直接提高了人民生活水平，扩大消费需求，同时提升供给产品层次，在供、需两侧同时推动新兴服务业发展。

从供给侧看，满足最终需求的商品、劳务供给和满足生产需要的生产要素供给，为新兴服务业发展创造了条件。本文选取全社会固定资产投资额、移动电话普及率、互联网上网人数、移动互联网用户、财政支出占 GDP 比重、每万人高校在校生人数、每万人高校专任教师人数、人均教育经费支出、人均电力消费量、万元

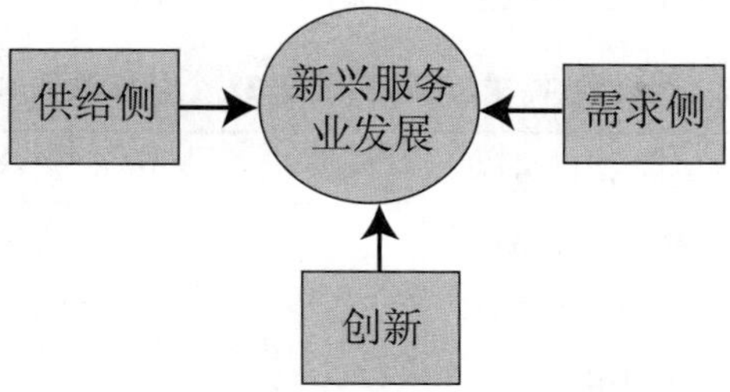

图 3.4.2　新兴服务业的影响因素

地区生产总值能耗上升或降低幅度和实际利用外资 11 个指标代表供给侧影响因素，用来反映资金水平、市场繁荣程度、信息化水平、公共政策环境、教育水平、人力资源投入、能源消耗和开放水平等因素。

从需求侧看，主要包括消费需求、投资需求以及国外市场对本国产品和服务的有效需求。本文选取人均 GDP、人均可支配收入、城镇化率、人口密度、人口自然增长率、最终消费率和社会消费品零售总额 7 个指标代表需求测影响因素，用来反映社会经济发展程度、城乡居民需求、城市发展程度、最终需求等因素。

从创新角度看，创新与技术进步是新兴服务业发展的核心和动力。高新技术的不断出现和应用，催生了新兴服务产业。在技术要素不断创新和融合中，部分传统服务业中逐步发展成为具有较高附加值的新兴服务业。本文选取每万人公有经济企事业单位专业技术人员数、R&D 项目经费、三种专利申请授权数和技术市场成交额 4 个指标代表技术创新因素。

本文采用随机森林回归的方法，对新兴服务业影响因素进行评价。随机森林(random forest) 是一种机器学习的方法，模型是由 Breiman 和 Cutler 在 2001 年提出，具有较高预测精度，可以有效处理高维、非线性、具有共线性等交互作用的数据，并能够对变量重要性排序，可作出影响因素指标的评估，在医学、管理学、经济学等众多领域得到了广泛的应用。唐建荣等(2013)基于随机森林方法并利用 1997—2011 年的相关数据构建了碳足迹影响因素分析模型，研究表明：产业结构、固定资产投资、发展规模、人口规模等因素是形成碳足迹的稳定力量。任全等(2014)通过湖南三经普数据，运用随机森林等算法对影响电子商务企业运行的企业指标进行研究，发现企业网站数量、互联网专业技术人员等具有较高影响度。

本文原始数据来自于《中国统计年鉴》(2015) 和《中国第三产业统计年鉴》(2015)，部分数据根据年鉴资料进行计算得到。本文用各省新兴服务业增加值占 GDP 比重衡量服务业发展水平，将其作为被解释变量，通过随机森林回归的方法分析需求、供给和创新三个维度 22 个指标对新兴服务业发展的影响程度，做出重要性排序。结果表明，供给是影响新兴服务业发展的主要因素，需求侧对新兴服务业发展产生重要影响，而创新因素的影响不太显著。

表 3.4.3 供给、需求、创新三维度 22 个指标重要性排序

属 性	指标名称	%IncMSE	重要性位次
供给侧	人均教育经费支出	0.0006155	1
需求侧	城镇化率	0.0004930	2
供给侧	移动互联网用户	0.0004626	3
需求侧	人均可支配收入	0.0003923	4
需求侧	最终消费率	0.0003232	5
供给侧	互联网上网人数	0.0002631	6
需求侧	人均 GDP	0.0002430	7
供给侧	全社会固定资产投资	0.0001900	8
需求侧	社会消费品零售总额	0.0001625	9
创新	事业单位专业技术人员	0.0001050	10
供给侧	财政支出占 GDP 比重	0.0000806	11
供给侧	移动电话普及率	0.0000765	12
创新	三种专利数	0.0000626	13
供给侧	人均电力消费量	0.0000428	14
供给侧	高校在校生人数	0.0000382	15
供给侧	实际利用外资	0.0000361	16
需求侧	人口自然增长率	0.0000231	17
创新	技术市场成交额	0.0000227	18
创新	R.D 项目经费	0.0000219	19
供给侧	高校专任教师人数	0.0000012	20
供给侧	万元能耗升降	−0.0000086	21
需求侧	人口密度	−0.0000133	22

从供给侧看，“人均教育经费支出”是影响新兴服务业发展的第一重要因素，反映出新兴服务业高知识密集型的重要特点。“移动互联网用户”和“互联网上网人数”指标排名较为靠前，反映出新兴服务业发展与互联网技术的较高关联度。信息技术和网络，为新兴服务业的发展提供了重要平台，为商业模式、消费模式的创新奠定了基础。“固定资产投资额”居第 8 位，反映资本投入对新兴服务业的发展仍然发挥重要作用。代表社会政策供给水平的“财政支出占 GDP 比重”居第 11

位，说明现有条件下，政策和制度对新兴服务业未显示出明显的带动作用。“实际利用外资”、“移动电话普及率”、“万元 GDP 能耗升降”和“人均电力消费量”等对新兴服务业发展的影响不显著，表明当前各地区的对外开放程度和市场繁荣程度不高，对新兴服务业的带动还未体现出。而新兴服务行业中低能耗、低污染的优点还未完全发挥，对其自身发展的促进作用还未得以充分显现。

从需求侧看，“城镇化率”、“人均可支配收入”和“最终消费率”居前 5 位，“社会消费品零售总额”居第 9 位，反映出城乡居民收入增长、城镇化发展以及市场需求对新兴服务业发展产生重要影响。城市人口聚集程度越高，城市市场繁荣程度相应越高，加上居民收入的提高，市场有效需求不断扩大，带动新兴服务业快速发展。“人均 GDP”居第 7 位，反映了经济发展总体情况对新兴服务业发展产生重要影响。经济快速发展，国民收入不断提高，必然为新兴服务业创造更多的消费需求，推动新兴服务业发展。

从创新因素看，代表创新维度的 4 个指标位次整体靠后，相比供给侧和需求侧而言，创新因素对新兴服务业影响稍显不足，与预期有所偏差。反映出我国各地区技术创新不足，技术水平还不高，市场化创新机制还不成熟，在新兴服务业发展中的驱动作用还未充分发挥和体现，其潜力尚需挖掘。

三、分地区看，发达地区受供给侧影响大，欠发达地区受需求侧影响大

本文将供给侧、需求侧、创新三个维度指标通过主成分分析的方法，构建评价体系，得出各省竞争力得分，从而对 31 省在供给侧、需求侧、创新三方面进项比较。主成分回归(Principal Components Regression)是根据多元统计分析中的主成分分析原理、用于处理多重共线性模型的一种参数估计方法。仇冬芳(2011)等通过构建高技术服务业发展的评价指标体系，采用主成分分析法提炼影响高技术服务业发展的因素，并测算比较江苏省和其他 30 个省份高技术服务业的发展水平。雷雄(2013)等“中国服务业发展报告”课题中，运用 2007－2011 年数据，构建了 4 类 15 项指标建立评价体系，通过主成分方法对中国区域服务业竞争力进行综合评价，对比 31 省竞争力得分，发现东部地区大幅领先于中西部地区。卢云卿等(2015)用 2001－2012 年长三角统计数据，运用主成分方法建立三维模型，研究表明仅有需求变量对服务业发展影响显著。本文使用 SPSS 软件，将供给侧、需求侧、创新三个维度指标分别进行主成分分析，得到各主成分得分，加权计算出 31 个省在供给侧、需求侧和创新方面的综合得分及排位，形成供给侧综合评价指标、需求侧综合评价指标和创新综合评价指标，进而比较各省在三大影响因素上的优势和差距。

表 3.4.4　31 省需求、供给和创新综合得分及其排位

地　区	供给侧综合竞争力得分	排位	需求侧综合竞争力得分	排位	创新综合竞争力得分	排位
北　京	1.638	1	2.424	1	2.103	2
天　津	0.121	9	1.174	3	0.010	9
河　北	0.016	11	−0.467	22	−0.400	21
上　海	0.805	5	2.068	2	0.530	5
江　苏	1.408	2	0.909	5	1.493	3
浙　江	0.860	4	1.002	4	0.890	4
福　建	0.392	7	0.467	7	−0.153	11
山　东	0.401	6	0.105	10	0.385	6
广　东	1.314	3	0.524	6	2.209	1
海　南	−0.110	13	−0.517	26	−0.554	31
山　西	−0.214	18	−0.318	16	−0.311	17
安　徽	−0.530	25	−0.477	24	−0.178	12
江　西	−0.663	31	−0.484	25	−0.419	23
河　南	−0.152	15	−0.377	18	−0.339	19
湖　北	−0.259	19	−0.118	12	0.054	8
湖　南	−0.502	24	−0.410	19	−0.284	14
辽　宁	0.247	8	0.458	8	−0.213	13
吉　林	−0.310	20	−0.232	14	−0.411	22
黑龙江	−0.538	26	−0.140	13	−0.298	15
广　西	−0.543	27	−0.312	15	−0.480	29
重　庆	−0.128	14	0.106	9	−0.310	16
四　川	−0.311	21	−0.449	21	−0.106	10
贵　州	−0.576	30	−0.823	30	−0.437	27
云　南	−0.557	29	−0.557	27	−0.462	28
西　藏	−0.544	28	−0.935	31	−0.313	18
内蒙古	−0.052	12	0.095	11	−0.420	24
陕　西	0.102	10	−0.332	17	0.163	7
甘　肃	−0.432	22	−0.797	29	−0.365	20
青　海	−0.481	23	−0.472	23	−0.428	25
宁　夏	−0.202	17	−0.439	20	−0.520	30
新　疆	−0.200	16	−0.675	28	−0.436	26

供给侧竞争力的前 10 位中，东部省占 8 个，北京、江苏和广东居前三位。中部

省区分化明显，河南居15位，江西居31位。东北三省除辽宁外，均处于中下位置。这与新兴服务业空间聚集发展方向一致，体现了东部地区在教育水平、互联网发展和信息技术普及度以及经济发展程度方面具有较强优势，有力促进了新兴服务业的快速发展。由于资源和地理位置的限制，西部省区的供给基础相对滞后、资金投入需要长期积累效应，人才资源匮乏，开放程度相对较低，经济结构转型缓慢，新兴服务业发展供给要素与东部地区比，处于劣势，新兴行业发展滞后。

需求侧竞争力前10位中，东部省占8个，北京、上海和天津分别居前3位；东北三省排位在15位以内，中部省份保持25位以内，西北和西南地区位次整体居中下水平。说明京津地区以及长三角地和珠三角地区具有较好的需求聚集优势，中西部地区经济的整体发展水平、市场繁荣程度、城镇化进程和居民收入均落后于东部地区，市场有效需求也相应滞后。

创新竞争力前10位中，东部省占7个，广东、北京和江苏居前3位，再次体现了东部地区在技术创新和研发投入的较强优势。但整体而言，各地区技术和制度创新均不高，创新维度对新兴服务业发展的促进作用还未完全显现，具有较大的潜力和发展空间。

表3.4.5　31省分五个区域需求、供给和创新综合竞争力平均排位

地区	供给侧综合竞争力平均排位(位)	需求侧综合竞争力平均排位(位)	创新综合竞争力平均排位(位)
东部	6.1	8.6	9.3
中部	22.0	19.0	15.5
东北	18.0	11.7	16.7
西南	24.8	22.2	21.3
西北	16.7	21.3	22.0

根据各省排名，简单计算五大区域的平均需求竞争力、供给竞争力力以及创新竞争力。结果表明，东部地区在供给侧、需求侧和创新方面的平均排位均位于五区域之首，优势显著。内部看，东部地区在供给侧的平均竞争力排位优于需求侧和创新竞争力的平均排位，表明东部地区在供给侧优势更为显著，供给侧因素对新兴服务业的影响大于需求侧和创新因素。东北、中部和西南地区则是需求侧平均排位优于供给侧排位，表明需求侧因素对这些地区的新兴服务业影响程度更大。可见，越发达的地区，新兴服务业发展越受供给侧因素的影响；欠发达地区，需求侧对新兴服务业的作用更加明显。说明当经济发展到一定阶段后，供给侧因素将成为新兴服务业发展的决定因素。

四、供需两端齐发力，促进区域新兴服务业协调发展

（一）加快推进供给侧结构性改革

加快落后地区制度改革，通过制度改革、放大市场准入或者政策扶持，增加新兴产业的供给。加快收入分配结构改革，增强新兴服务业消费能力。根据产业布局和地区比较优势，发展特色新兴服务业，形成具有地域特色和地域竞争优势的新兴服务产业，缩小与发达地区差距。加快落后地区的新型城镇化改革步伐，增强新兴服务业发展基础和整体竞争力，带动新兴服务业快速发展。

（二）增加人力资源供给

人力资源供给是影响新兴服务业发展的最重要因素，中西部地区特别是西部地区在新兴服务业人才方面存在严重短板，需加快人才引进。要开展人才引进工程，建立健全服务业人才信息库和人才服务机构；制定更加灵活和优惠的政策，引导和吸引人才向落后地区流动；构建政府、行业、企业、学校联动的人才培养体系，增加人才供给。

（三）加强落后地区信息化建设与基础设施投入

信息化对新兴服务业发展具明显的驱动作用。加快落后地区通信与软件基础建设，推动信息技术与服务业的密切结合，促进服务业发展规模、服务质量、经济效益和科技含量显著提高。加大落后地区基础设施投入力度，为新兴服务业创造良好的发展基础环境。加大开放力度，积极引导和鼓励个人、私营等非国有经济形式进入新兴服务行业，积极吸引外资投入与承接国际新兴服务业的转移。

（四）健全完善新兴服务业统计体系

加强新兴服务业统计工作，进一步健全与完善“三新”相关统计制度，界定统计范围，增加统计指标，细分服务行业，编制新兴服务业定期报表。探索与部门统计合作的方式，获得更全面的统计数据和指标，为我国新兴服务业发展提供科学依据。

参考文献

[1]夏杰长，我国新兴服务业的四大发展战略[J]. 中共中央党校学报，2012(4).

[2]董明月，我国新兴服务业发展报告[J]. 调研世界，2011(12)：17－19.

[3]夏杰长，中国新兴服务业发展的动因与政策建议[J]. 学习与探索，2012(5).

[4]王凌，浙江新兴服务业发展的瓶颈及对策[J]. 中国国情国力，2015(7).

[5]顾乃华，我国服务业发展的效率特征及其影响因素——基于 DEA 方法的实证研究[J]. 财贸研究，2008(4).

[6]尹琳琳、苏秦，中国服务业生产率的变动态势及区域特征分析——基于数据包

络分析方法的实证研究[J]. 软科学,2009(11).
[7]金春雨、孙滨,我国服务业结构效应与空间效应的区位变迁——来自我国八大经济区服务业的经验证据[J]. 求是学刊,2014(2).
[8]雷雄、夏杰长、史丹、李勇坚,中国服务业发展区域差异:实证分析与战略措施[M]. 中国服务业发展报告 2013,社会科学文献出版社.
[9]江小涓、李辉, 服务业与中国经济:相关性和加快增长的潜力[J]. 经济研究,2004(1).
[10]罗吉,第三产业内部结构变动影响因素的理论新探[J]. 重庆文理学院学报(社会科学版),2009(6).
[11]张清正,中国科技服务业空间演化及影响因素研究[J]. 科技进步与对策,2015(5).
[12]李娟,我国现代服务业发展影响因素分析[J]. 商业研究,2010(02).
[13]方匡南、吴见彬、朱建平、谢邦昌,随机森林方法研究综述[J]. 统计与信息论坛,2011(3).
[14]唐建荣、陈实,基于随机森林方法的碳足迹及其影响因素研究[J]. 统计与信息论坛,2013(10).
[15]张晓凤、侯艳、李康,基于AUC统计量的随机森林变量重要性评分的研究[J]. 中国卫生统计,2016,33(3).
[16]卢云卿、孔群喜、李晓伟,需求、供给和创新,谁是推动服务业发展的核心动力[J]. 南京财经大学学报,2015(3).
[17]仇冬芳、柯飞帆、李宝宝、王瑶,基于主成分分析的江苏省高技术服务业发展评价研究[J]. 科技与经济,2011(6).
[18]胡静、赵玉林,我国战略性新兴产业集聚度及其变动趋势研究[J]. 经济体制改革,2015(6).
[19]刘晗,西部地区产业集聚水平测度及与东、中部地区的比较[J]. 经济论坛,2012(5).
[20]张清正,中国科技服务业空间演化及影响因素研究[J]. 科技进步与对策,2015(5).

(作者:赵伟新　钱彦君　李孟亭)

3.5 打造现代服务业 提升新动能支撑力

——河北服务业发展分析研究及建议

摘要：河北省委八届十四次全会提出，要下大力推进新旧动能转换，加快转型升级步伐，大力发展现代服务业。为认真贯彻省委全会精神，全面、准确、客观反映全省服务业发展、结构转型升级和新旧动能转换情况，本报告对改革开放以来河北省服务业发展特征进行了分析，利用回归分析方法，对影响因素进行了定量测算与定性分析，对发展差距症结进行了深入剖析，在分析服务业发展潜力基础上，有针对性地提出了对策建议。

关键词：服务业发展 影响因素 差距症结 发展对策

河北省委八届十四次全会提出，要下大力推进新旧动能转换，加快转型升级步伐，大力发展现代服务业。大力发展服务业，是省委省政府重要决策部署，是适应经济发展新常态，加快结构转型升级、稳增长、保就业的重要举措。为推动服务业快速发展，我们对全省服务业发展状况及特征进行了分析，对发展影响因素及差距症结作了深入剖析，在扩大规模、优化结构、加快产业融合等方面提出了加快服务业发展的建议。

一、服务业发展基本特征

（一）市场主体快速成长，总量规模不断扩大

近年来，全省认真贯彻落实国家《关于印发注册资本登记制度改革方案的通知》、《国务院办公厅关于加快推进“五证合一、一照一码”登记制度改革的通知》，相继出台一系列相应政策措施，全力推进工商注册登记制度改革，在全国率先实施放宽经营场所改革措施；2015 年，与广东、湖南、吉林等地展开“五证合一”改革试点工作，在全国较早实现了统计登记、公章刻制备案的“四证一章合一”。为激励大众创业、万众创新，出台《河北省人民政府关于大力推进大众创业万众创新若干政策措施的实施意见》，激活市场主体，取得明显成效，服务业市场主体快速增多。截止 2015 年底，全省服务业企业法人达 2.7 万户，占全省的 67.4%；个体户达 209.1 万户，占 88.3%。截止今年 6 月底，全省服务业企业法人达 2.9 万户，比

2015年底增加2212家；个体户达225.8万户，增加16.7万家；新登记注册服务业企业法人2482家，同比增长75.8%，占全省新增的74.0%，其中，现代服务业企业、新兴服务业企业快速增多，信息传输软件和信息技术服务业、租赁和商务服务业、文化体育和娱乐业、科学研究和技术服务业企业法人分别增长1.4倍、1.1倍、73.9%和67.1%；全省新登记注册服务业个体户27.3万家，增长31.7%，占新增的87.4%。

服务业规模不断扩大。2015年，全省服务业增加值达11978.7亿元，比1978年增长310.1倍。总量规模排广东、江苏、山东、浙江、河南和四川之后，居全国第7位。从发展规模看，基本10年一个台阶，1978年全省服务业增加值仅38.5亿元，"七五"时期突破100亿元，"九五"时期突破1000亿元，"十二五"时期突破万亿元大关。2016年上半年，增加值达6021.1亿元。

（二）发展速度快于全国，运行状态逐步趋稳

从发展速度看，河北快于全国平均水平。1978－2015年全省服务业增加值[①]年均增长12.3%，比全国高1.6个百分点。其中，除"六五"时期年均增速低于全国外，其余的五年规划时期均快于全国。"十二五"时期，全国经济发展进入新常态，经济增速放缓，服务业增速相应放缓，由高速转为中高速，增加值年均增长9.7%。这一时期，省委省政府大力发展现代服务业，加快结构调整步伐，全省服务业年均增速比全国平均水平快1.3个百分点，比第二产业快1.0个百分点。2015年，全省服务业增加值比上年增长11.2%，列福建（12.3%）、新疆（12.2%）、重庆（11.5%）和浙江（11.3%）之后，与湖南并居全国第5位，高于全省GDP增速4.4个百分点，分别比第一、二产业增加值增速快8.6和6.5个百分点。今年上半年，服务业增加值同比增长9.2%，比全国平均水平高1.7个百分点，高于全省GDP和第二产业增加值2.6和4.0个百分点，成为支撑经济增长的重要力量。

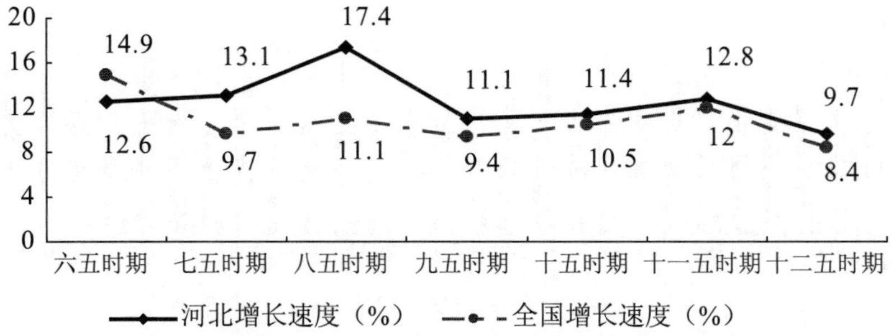

图3.5.1　"六五"—"十二五"时期河北服务业增加值增速与全国比较

① 增加值增速为不变价，下同。

从发展稳定性②看，服务业发展逐步趋稳。“六五”—“十二五”7个五年规划时期，全省服务业增加值平均增速的变异系数分别为44.6%、39.3%、20.3%、14.8%、12.6%、11.7%和12.4%，呈稳中趋降态势，特别是“九五”以来逐步趋稳，表明服务业发展的稳定性进一步增强。

（三）服务业比重提高，四大行业为全省支柱

从比重变化轨迹看，全省服务业增加值占GDP比重“六五”时期以前在30%以下；“七五”时期突破30%；“十二五”时期，比重逐年增加，由2011年的34.6%逐年提高到2014年的37.3%，2015年突破40%，达40.2%。2016年上半年上升到41.6%，创历史新高，表明服务业发展水平进入较快提升时期。

从行业结构看，服务业14个行业门类中，交通运输仓储及邮政业、批发和零售业、金融业、房地产业4个行业为全省服务业支柱产业。2015年，全省4大支柱行业增加值比重分别为19.7%、19.9%、12.4%和11.0%，合计占全部服务业增加值比重为62.9%。“十二五”时期，金融业、批发和零售业、房地产业、交通运输仓储和邮政业四大支柱行业对全省服务业增加值贡献率居前4位，分别为18.4%、18.1%、13.1%和13.1%，合计为62.7%；公共管理社会保障和社会组织、居民服务修理和其他服务业、卫生和社会工作贡献率在10%—5%之间；新兴服务业由于处于成长期，贡献率较小，信息传输软件和信息技术服务业、科学研究和技术服务业、租赁和商务服务业、文化体育和娱乐业贡献率分别为3.8%、2.7%、2.3%和1.3%。

（四）对GDP贡献呈现三次高峰，四次成为拉动经济增长首要力量

从服务业对经济增长贡献看，服务业占GDP比重跨上30%台阶以来，对经济贡献出现三次高峰。第一次为“八五”时期，1991年贡献率达53%；第二次为“十五”时期，2001年贡献率为43.5%；第三次为“十二五”时期，2015年贡献率达59%，

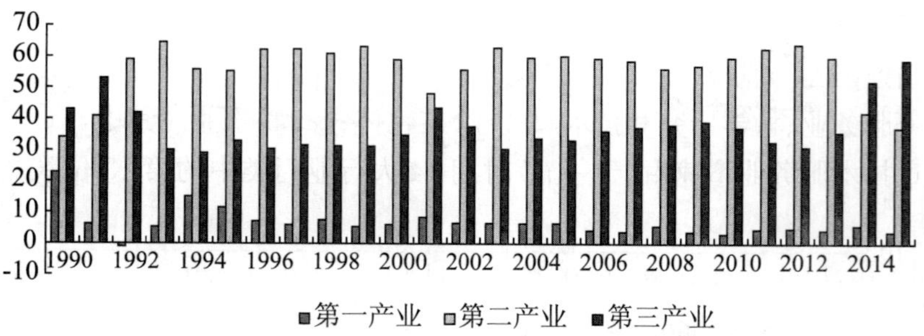

图3.5.2 1990年以来全省三次产业对GDP增长贡献率（%）

② 本文以变异系数指标来观察发展稳定性，变异系数越低，稳定性越好。

比第一、二产业分别高 55.2 和 24.8 个百分点。今年上半年，贡献率为 54.9%，同比提高 2.5 个百分点，比第二产业高 14.9 个百分点，已连续 8 个季度在 50%以上，对支撑全省经济增长发挥了重要作用。

从拉动经济增长看，服务业四次成为拉动全省 GDP 增长的首要力量。第一、二次分别是“七五”末“八五”初的 1990 年和 1991 年，分别拉动 2.5 和 5.8 个百分点；第三、四次为“十二五”时期的 2014 年和 2015 年，分别拉动 3.4 和 4.0 个百分点，其中，2015 年比第一、二产业分别高 3.7 和 1.5 个百分点。今年上半年，服务业拉动全省 GDP 增长 3.6 个百分点，分别比第一、二产业高 3.2 和 1.0 个百分点，延续着 2014 年以来首要拉动力态势。

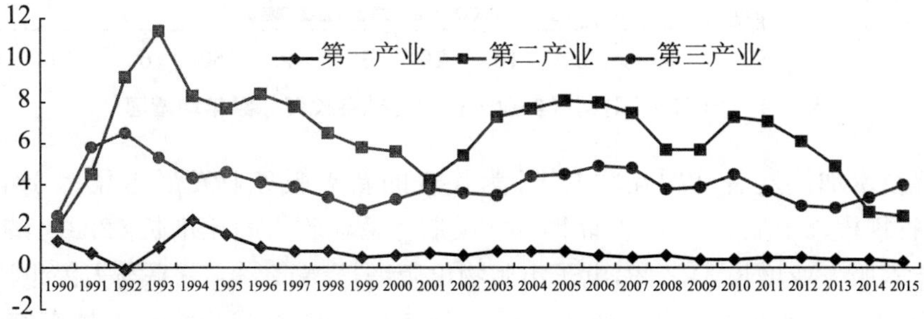

图 3.5.3　1990 年以来全省服务业对 GDP 增长的拉动(百分点)

(五)重点领域建设速度加快，现代服务业快速发展

“十二五”以来，全省认真落实国家出台的一系列加快服务业发展政策措施，结合河北实际，相继制定了关于加快发展养老服务业、生产性服务业、生活性服务业、科技服务业、体育产业，推进“互联网+”行动等一系列实施意见，出台了《河北省现代服务业重点行业发展三年行动计划》，大力培育新业态、新模式、新供给、新需求，现代服务业建设明显提速。“十二五”期间，服务业全社会固定资产投资总额年均增速居全省前 5 位的行业是信息传输软件和信息技术服务业、金融业、租赁和商务服务业、科学研究和技术服务业、文化体育和娱乐业。其中，信息传输软件和信息技术服务业增速由“十一五”时期 14 大行业门类中的第 13 位跃居“十二五”时期的第 1 位，科学研究和技术服务业由“十一五”时期的第 11 位跃居“十二五”时期的第 4 位，而房地产业、水利环境和公共设施管理业由“十一五”时期的前 5 位退出，全省进入大力发展高端、现代服务业时期。

现代服务业快速发展，新旧动能加速转换。一是金融业进入发展快车道。2015 年，全省金融业增加值占第三产业比重 12.4%，已连续三年持续上升，今年上半年达 16.6%。二是新产业加快成长。全省加快实施创新驱动发展战略，省政府《关于加快科技服务业发展的实施意见》的落实，物联网、云计算、大数据、卫星

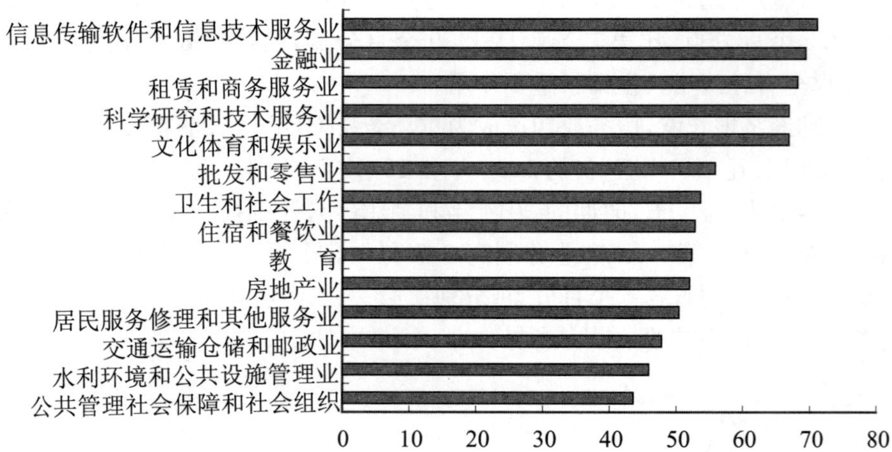

图 3.5.4 “十二五”时期服务业分行业全社会投资总额年均增速(%)

导航等技术加快发展，以“互联网＋”为代表的新兴服务业发展迅猛。今年上半年，全省规模以上服务业中，互联网和相关服务营业收入同比增长72.6%，软件和信息技术服务业增长34.5%，电子出版物出版增长59.2%。三是与人民生活相关的健康、养老和娱乐等服务业快速发展。今年上半年，全省规模以上体育组织、医学研究和试验发展、摄影扩印服务、老年人残疾人养护服务、社会经济咨询、租赁业、娱乐业、博物馆、机动车电子产品和日用产品修理业、居民服务业营业收入较快增长。四是现代物流快速发展。大力推进京津冀协同发展将河北定位为商贸物流基地规划的实施，加快全省32个省级物流园区建设，9个大宗商品交易平台和50个县域特色产业电子商务平台相继建成运营。今年上半年，全省物流业实现增加值1201.9亿元，同比增长6.0%，增速比上年同期加快0.4个百分点。物流业增加值占全省生产总值和服务业增加值比重分别达8.3%和20.0%。服务业发展正在由传统服务业向现代服务业转换。

表 3.5.1 2016年上半年全省规模以上健康养老和娱乐等服务业增速

行业类别	营业收入增速(%)
体育组织	51.2
医学研究和试验发展	44.0
摄影扩印服务	41.3
老年人残疾人养护服务	41.0
社会经济咨询	40.3
租赁业	36.0

续表

行业类别	营业收入增速(%)
娱乐业	27.8
博物馆	21.3
机动车电子产品和日用产品修理业	19.6
居民服务业	11.2

(六)吸纳就业快速增长,与一、二产业三分天下

全省服务业的快速发展带动了大量人员就业。2015 年,全省服务业就业人员达 1387.24 万人,比 1978 年增长 6.1 倍,占全部就业人员比重由 1978 年的 9.2%上升到 2015 年的 32.9%,提高了 23.7 个百分点。其中,“八五”时期前,就业比重在 20%以下波动,自“九五”时期第一年比重突破 20%后,逐年增加到“十一五”时期末年的 29.8%,“十二五”时期第一年突破 30%后,逐年增加到 2014 年的 32.5%。2015 年,服务业就业比重仅比第一、二产业分别低 0.1 和 1.2 个百分点,基本与第一、二产业三分天下。

分行业看,劳动密集型、技术知识含量较低的服务业就业集中,知识与技术密集型的高端现代服务业就业人员比重不断提高。2015 年,批发和零售业、交通运输仓储和邮政业、住宿和餐饮业、居民服务修理和其他服务业等 4 大低端服务业从业人员比重居服务业 14 大行业中前 4 位,比重分别达 27.8%、14.5%、12.7%和 9.9%,合计占总计的 64.9%;从高端、现代服务业看,房地产业、信息传输软件和信息技术服务业、租赁和商务服务业、科学研究和技术服务业、卫生和社会工作从业人员比重分别为 1.4%、2.0%、3.4%、1.3%和 4.5%,比 2010 年分别提高 0.6、0.5、0.4、0.3 和 0.3 个百分点。现代服务业吸纳就业能力逐步增强。

表 3.5.2 2015 年服务业分行业就业人员及比重

服务业行业	就业人员(万人)	分行业就业人员占服务业比重(%)
批发和零售业	385.83	27.8
交通运输、仓储和邮政业	200.63	14.5
住宿和餐饮业	176.56	12.7
信息传输、软件和信息技术服务业	27.80	2.0
金融业	37.56	2.7

续表

服务业行业	就业人员（万人）	分行业就业人员占服务业比重（%）
房地产业	19.18	1.4
租赁和商务服务业	47.81	3.4
科学研究和技术服务业	17.60	1.3
水利、环境和公共设施管理业	19.35	1.4
居民服务、修理和其他服务业	137.00	9.9
教　育	125.13	9.0
卫生和社会工作	62.87	4.5
文化、体育和娱乐业	19.45	1.4
公共管理、社会保障和社会组织	110.47	8.0

二、服务业发展影响因素实证分析

不同于第一、二产业发展的相对独立性，服务业由于其特有的服务性质，影响其发展的因素很多，且关联性强。

（一）相关因素及影响程度分析

第一，相关因素分析表明，经济发展水平、工业发展水平、城镇化水平、信息化水平和城镇居民收入水平五大因素与全省服务业发展密切相关。

我们选取与服务业发展相关的经济发展水平、工业化水平、城镇化水平、信息化水平、收入水平、资本投入水平、人力投入水平、对外开放水平等8方面，采集GDP、工业增加值、城镇化率、信息化指数③、城镇居民人均可支配收入、农民人均可支配收入、服务业固定资产投资、财政科技支出、服务业从业人员、对外贸易进出口10个指标的2003—2015年增速，由于各因素自身发展存在差异，对服务业发展影响形式也不相同，相关系数测算按同步④、滞后1年⑤、滞后2年⑥三种情况计算相关系数。计算公式为：

③ 数据取自《2015年中国信息化发展水平评估报告》，由中国电子信息产业发展研究院发布。

④ 服务业增加值增长速度和影响因素增长速度均采用2003—2015年数据。

⑤ 影响因素增长速度采用2003—2014年数据，服务业增加值增长速度采用2004—2015年数据。

⑥ 影响因素增长速度采用2003—2013年数据，服务业增加值增长速度采用2005—2015年数据。

$$r=\frac{s_{xy}^{2}}{s_{x}s_{y}}=\frac{\sum_{i=1}^{n}(x_{i}-\bar{x})(y_{i}-\bar{y})}{\sum_{i=1}^{n}(x_{i}-\bar{x})^{2}(y_{i}-\bar{y})^{2}}$$

其中，r 表示相关系数，s_{xy} 表示变量 x 和 y 的样本协方差，s_x、s_y 分别表示变量 x 和 y 的样本标准差，$\bar{x}$ 与 $\bar{y}$ 分别表示是变量 x 和 y 的样本均值。计算结果见下表。

表 3.5.3　2003—2015 年河北省服务业增加值增速与各影响因素增速的相关系数

	GDP	工业增加值	城镇化率	信息化指数	城镇居民人均可支配收入	服务业固定资产投资	对外贸易进出口	服务业从业人员	农民人均可支配收入	财政科技支出
同　步	0.8770	0.7900	0.1525	0.3315	0.6056	0.3469	0.4363	0.3637	0.2848	0.2410
滞后 1 年	0.5652	0.4991	0.3439	0.6189	0.3236	0.5539	0.3161	−0.0774	−0.3942	−0.1089
滞后 2 年	0.2729	0.2358	0.7070	0.2646	0.2557	0.4828	0.1235	−0.2257	−0.7402	0.0067
最优选择	0.8770	0.7900	0.7070	0.6189	0.6056	0.5539	0.4363	0.3637	0.2848	0.2410
位　次	1	2	3	4	5	6	7	8	9	10

从同步、滞后 1 年、滞后 2 年三种计算结果看，同步影响相关系数最高的指标有 7 个，分别是 GDP、工业增加值、城镇人均可支配收入、农民人均纯收入、财政科技支出额、服务业从业人员、对外贸易进出口总额；滞后 1 年影响相关系数最高的是服务业固定资产投资总额和信息化发展指数；滞后 2 年影响相关系数最高的是城镇化率。

将三种情况计算的相关系数最高值作为最优选择进行排序，GDP 与服务业发展相关性最高，相关系数达 0.8770；其次是工业增加值，相关系数为 0.7900；第三为城镇化率，系数达 0.7070；第四为信息化指数，系数为 0.6189，第五是城镇居民人均可支配收入，系数为 0.6056。其中，GDP 与服务业发展呈高度相关关系，其他呈显著相关关系。从其余 5 指标相关系数看，由高到低依次为固定资产投资、对外贸易进出口总额、服务业从业人员、农民人均可支配收入、财政科学技术支出，相关系数均在 0.6 以下，表明这些因素与服务业发展关系相对较弱。

综上分析，经济发展水平、工业发展水平、城镇化水平、信息化水平和城镇居民收入水平五大因素与全省服务业发展密切相关，经济发展水平是推动服务业发展的核心力量。

第二，影响程度分析表明，新常态下，当前对服务业发展影响程度由大到小排位依次为城镇化水平、城镇居民收入水平、经济发展水平、信息化水平、工业化水平。

通过回归分析来观察影响因素对服务业发展的影响程度。从相关分析看，相关系数小于0.6时，判定系数R^2只能解释总离差的36%，回归直线对观测数据的拟合程度较低。因此，将相关系数大于0.6的经济发展水平、工业发展水平、城镇化水平、信息化水平和城镇居民收入水平五大影响因素列为全省服务业发展主要影响因素，进行回归分析。

设对于自变量x取一组不完全相同的值$x_1, x_2, \cdots, x_n$作独立试验得到n对观察结果$(x_1, y_1), (x_2, y_2), \cdots, (x_n, y_n)$。其中，$y_i$是$x=x_i$为因变量y观察的结果。这n对观察结果就是一个容量为n的样本。则一元线性回归方程为：

$$y_i = a + bx_i$$

其中，a、b为回归系数，a为截距，b为斜率。因变量Y为服务业增速，自变量x_i分别为GDP、工业增加值、城镇化率、信息化指数、城镇人均可支配收入的增速。

运用一元线性回归方程分析经济发展水平、工业发展水平等五大影响因素对服务业增加值的影响程度，结果表明，影响程度最大的是城镇化水平，城镇化率每提高1%，服务业增加值平均增加1.4658%；其次是城镇居民收入水平，城镇居民人均可支配收入每增长1%，服务业增加值平均增长0.9665%；第三是经济发展水平，GDP每增长1%，服务业增加值平均增长0.5049%；第四是信息化水平，信息化指数每提高1%，服务业增加值平均增加0.493%；第五是工业化水平，工业增加值每增长1%，服务业增加值平均增长0.3518%。以上五大因素城镇化水平推动效能最大。

第三，综合分析表明，经济发展水平是河北服务业发展的首要核心因素，但在经济发展水平尚未达到最佳推动服务业发展阶段，城镇化水平是当前服务业发展的首要推动力量。

表3.5.4　影响服务业发展五大因素相关与回归分析排位情况

位次	相关关系位次	影响程度位次
1	经济发展水平	城镇化水平
2	工业化水平	城镇居民收入水平
3	城镇化水平	经济发展水平
4	信息化水平	信息化水平
5	城镇居民收入水平	工业化水平

综合相关与回归分析，经济发展水平与服务业发展关系最密切，它决定着收入水平等衍生性因素，经济发展水平越高，财政、居民收入水平越好，公共服务、居民消费能力越强，服务需求就会越大。但当前经济发展水平对服务业影响程度仅

居第3位，说明当前的经济发展水平尚未达到最佳推动服务业发展阶段，尚需大力提高经济发展水平。工业影响程度居5大因素中最后一位，说明新常态下，转型升级中的工业对全省服务业的拉动作用最弱，需加快转型升级，推动工业加快发展。在经济发展、工业发展水平尚不能充分推动服务业发展的阶段，城镇化水平对服务业影响程度最大，城镇居民收入水平影响程度仅次于城镇化水平，说明这两个因素对当前服务业发展影响最直接。信息化水平与服务业发展相关关系、影响程度均居第4位，说明当前全省信息化和信息技术的较快发展，在各行各业的深入渗透和融合，对全省服务业发展起着越来越重要的作用。

三、河北服务业发展差距症结剖析

服务业比重一般被视为一个国家或地区的服务业发展水平。与全国及兄弟省市相比，我省服务业发展速度、总量规模均居全国前列，但服务业发展水平却较低。2015年，全省服务业增加值占GDP比重比全国平均水平低10.3个百分点，居全国第27位。比北京、上海和天津市分别低39.5、27.6和12.0个百分点；比东南沿海发达地区广东、浙江和江苏省分别低10.4、9.6和8.4个百分点；与周边地区山西、山东和河南省相比，比山西、山东省分别低13.0和5.1个百分点，与河南持平。服务业水平较低，主要受共性和特有两方面因素影响。

（一）从共性原因影响分析：五大因素水平不高，难以形成高水平共振，推高服务业发展水平

第一，经济发展水平处于中游，核心推动力不强。全省人均地区生产总值在全国居第18位[⑦]，人均GDP规模仅相当于北京、天津和上海三大直辖市的40%左右，相当于江苏、浙江的50%左右，相当于广东、山东的60%。

从历史看，改革开放以来，全省服务业与经济增长的周期波动轨迹基本相似。服务业增长呈现9轮周期，经济增长呈现7轮周期。1978－2015年全省服务业与GDP增长的总体相关系数为0.6304，1993—2015年相关系数达0.8483，说明1993年后全省服务业发展与经济发展的关系愈来愈密切，二者运行轨迹几乎一致。经济发展水平不高，难以对服务业发展形成强大推动力。

第二，工业化水平不高，难以催生强大的生产性服务需求。从工业化进程看，河北当前处于工业化中期后半阶段[⑧]，北京、上海已处于后工业化阶段，天津、江苏、浙江和广东处于工业化后期后半阶段，辽宁、吉林、福建、山东、重庆处于工业化后期前半阶段。与工业化进程较快地区相比，河北工业化程度还不高。

按国际经验，当工业化达到一定水平后，随着社会化程度的提高与专业化分

⑦　全国位次为2014年数据位次。下同。

⑧　取自中国社科院工业经济研究所研究结果。

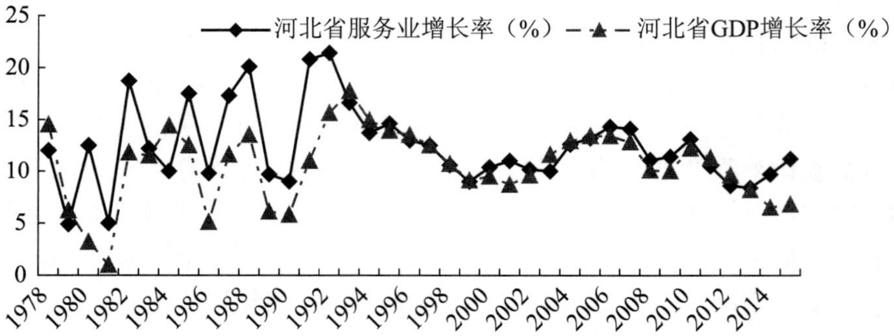

图 3.5.5 1978—2015 年河北省地区生产总值与服务业增加值增长率

工的深化，运输、商贸流通、信息、金融、广告、科技等大量生产性服务需求迅速扩大，工业与服务业特别是生产性服务业相互交融，研究技术服务、软件与信息服务等现代服务业推动工业转型升级，第三产业比重快速上升，高技术产业和服务业最终成为国民经济增长的主要支持力量。当前河北工业化进程正处于服务业启动加快发展时期，工业化程度对服务业的推动作用还没有充分发挥出来，生产性服务需求还未充分释放。

第三，城镇化水平较低，制约着服务业发展空间。2015 年，全省城镇化率为 51.3%，比全国平均水平低 4.8 个百分点，居全国第 20 位，比发达国家 70%左右的城市化水平低 20 个百分点左右。三大直辖市北京、天津和上海均达 80%以上，河北低 30 个百分点左右；东南沿海广东、江苏和浙江分别为 68.7%、66.5%和 65.8%，河北低 15 个百分点左右；周边省份山东、山西和河南分别为 57.0%、55.0%和 46.9%，河北比山东、山西分别低 5.7 和 3.7 个百分点，比河南高 4.4 个百分点。

从发达国家和我国先进地区发展看，城镇化水平与服务业发展水平高度相关，城镇化水平基本反映着服务业发展水平。城镇化水平不断提高，人口会不断集聚，商贸、餐饮、房地产、教育、文化体育、卫生保健等生活性服务业需求会越来越大。城镇化水平越低，服务业需求越分散，而许多行业都要求消费达到一定规模才有获利能力，才能形成有效供给，服务业才能生存扎根。河北城市化水平相对偏低，在五大因素中影响服务业发展程度最大，制约了服务业的有效供给与需求，制约着服务业发展空间。

第四，信息化水平处于中游，制约现代服务业快速发展。2015 年，河北信息化发展指数为 69.6，居全国第 17 位，比全国平均水平低 2.9 个百分点，比最高的上海低 30 个百分点，比北京、天津分别低 28.7 和 20 个百分点。东南沿海地区浙江、江苏、广东、福建、山东信息化发展指数分别为 95.9、89.2、88.9、80.9 和 77.1，均超过或接近80。河北与先进地区差距主要在信息通信技术应用、应用效益指数上。全省信息通信技术应用指数为64.4,比全国低6.46,居全国第21位,上海、浙江、北京、广东、江苏、天津、安徽、广西信息通信技术应用指数超过了80。其中,河北企业应用指数仅为57.9,居全国第25位,政务应用指数、居民应用指数分别为第23位和第13位。从应用效益指数看,河北技术创新指数为48.8,仅高于青海、海南、吉林、内蒙古、新疆、宁夏、云南、西藏,居第23位。我省信息化水平一般,尤其是企业应用信息化、政务应用信息化、信息技术创新水平低,对现代服务业自身发展规模形成制约,也制约着企业、政务现代化水平的提高。

第五,较低的收入水平,抑制了服务业的需求与供给。河北一般公共预算财政收入人均水平⑨仅高于河南、广西和甘肃,居全国第28位。财政收入水平不高,抑制着公共服务业的供给扩大;从居民人均可支配收入看,河北居第19位,其中,城镇居民人均可支配收入居第21位。城镇居民人均可支配收入水平不高,抑制了服务消费,因为服务消费具有很强的收入弹性,高于有形商品的需求收入弹性,城镇居民人均可支配收入水平越高,其服务消费占消费支出总额的比重越高,当收入上升,对服务的消费需求就会上升。河北相对较低的城镇居民人均可支配收入水平,抑制了服务需求,制约着服务业供给规模。

(二)从特有原因影响分析,河北特有的产业结构影响了服务业比重提高时间后延,特有的服务业行业结构影响服务业比重在全国位次变动

第一,河北第二产业2001年以来适逢快速发展的黄金十年,而服务业发展速度落后于第二产业,拉大了服务业比重与全国的差距。

1978年以来,河北服务业发展速度快于全国,但服务业占GDP比重提高速度却比全国慢,尤其是2001年后,差距拉大,1987年全国服务业比重跨上30%台阶只比河北早1年,2001年全国跨上40%台阶,比河北早了14年,2015年全国突破50%台阶,河北则刚刚突破40%,主要原因是2001年—2013年河北第二产业进入快速发展轨道。1998年全国彻底停止住房分配制度,房地产业市场化,我国房地产业快速发展,带动建筑、原材料等相关产业迅猛发展,而河北工业钢铁、石化和建材3大产业增加值占工业增加值比重高达50%左右,中国房地产的黄金十年,将河北第二产业带入快速发展轨道。2001年—2013年的13年中,河北第二产业增速有11个年份快于全国,年均增速达12.4%,比全国平均水平快1.6个百分点,比全省服务业快1.1个百分点,而全国第二产业年均增速为10.8%,仅比全国服务业增速高0.2个百分点。这一时期,河北第二产业比重快速上升,2004年—2014年比重结束了1978年以来徘徊在40%多的局面跨入50%区间,而全国第二

⑨ 2014年度数据,河北为3313.5元,河南为2903.0元,广西为2991.8元,甘肃为2596.4元,下同。

产业比重没有大的变化，维持了1978年以来在40%多的区间，全国服务业比重则逐步上升，河北与全国差距逐步拉大。

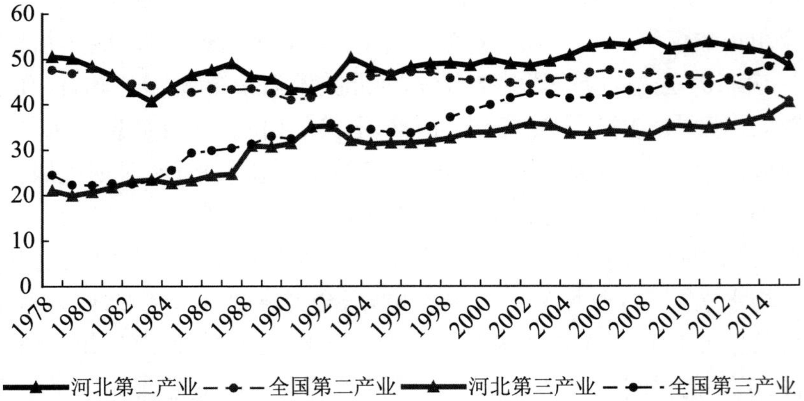

图3.5.6 1978—2015年河北与全国第二、三产业增加值比重(%)

第二，从服务业行业结构分析，交通运输业体量大、占比高是河北与全国最大区别所在，是影响全省服务业比重在全国位次变动的主要因素，新兴、现代服务业比重低于全国，是另一重要因素。

与全国兄弟省市相比，河北服务业的显著区别是交通运输服务业规模大、占比高。河北东临渤海，环绕京津，是北煤南运、西煤东运的必经之地，又是京津两大都市沟通东北、华北、西北和中南地区的运输走廊，特殊的地理位置，决定了河北交通在国家综合运输网络中的重要地位。河北铁路营业里程居全国第2位[10]，铁路客、货周转量均居全国第1位；高速公路年末里程居全国第2位，公路货物周转量居第2位；全省交通运输仓储和邮政业增加值居全国第3位，占第三产业比重居全国第1位。

在服务业14个行业门类中，河北交通运输仓储和邮政业比重比全国平均水平高10个百分点以上，其他13个行业增加值比重与全国接近，差别均在4个百分点以内。其中，知识、技术含量较低的交通运输仓储及邮政业、批发和零售业、居民服务修理和其他服务业三大行业比重[11]比全国分别高13.4、0.5和1.3个百分点，住宿和餐饮业与全国持平，其余10大行业均比全国低，金融业、房地产业分别低3.8和2.7个百分点；信息传输软件和信息技术服务业、租赁和商务服务业、文化体育和娱乐业分别低1.4、2.6和0.6个百分点；科学研究和技术服务业低0.4个百分点，10大行业合计低15.2个百分点。河北这种特有的行业结构，影响了服

⑩ 2014年度数据。

⑪ 由于数据的可获性限制，与全国相比为2013年数据。

务业比重在全国的位次。2014 年,受“三期叠加”、化解过剩产能等多种因素影响,全省第二产业增速开始低于全国平均水平,比重逐年下降,服务业比重逐年上升。但全省交通运输业受经济形势影响,运输货源减少,增加值比重逐年下降,2013—2015 年全省交通运输仓储及邮政业增加值比重分别为 22.8%、21.9%和 19.7%,2016 年上半年,降至 15.4%,影响河北服务业增加值比重在全国位次,由 2011 年—2013 年的第 24 位,下降到 2014 年的第 25 位、2015 年的第 27 位。

表 3.5.5 河北及全国服务业分行业增加值占第三产业比重

第三产业行业分类	服务业增加值比重(%)			
	全国	河北		
	2013 年	2013 年	2014 年	2015 年
合计	46.9	36.1	37.3	40.2
交通运输、仓储及邮政业	9.4	22.8	21.9	19.7
批发和零售业	20.4	20.9	20.6	19.9
金融业	14.9	11.1	12.3	12.4
房地产业	13	10.3	10.2	11
公共管理、社会保障和社会组织	7.9	6.5	6.4	7.5
教育	6.7	5	4.7	4.4
信息传输、软件和信息技术服务业	4.9	3.5	3.4	3.7
租赁和商务服务业	4.8	2.2	2	2
卫生和社会工作	4	3.9	4.1	4.5
住宿和餐饮业	3.7	3.7	3.7	3.4
科学研究和技术服务业	3.5	3.1	3	3
居民服务、修理和其他服务业	3.1	4.4	4.9	5.2
文化、体育和娱乐业	1.4	0.8	0.8	0.9
水利、环境和公共设施管理业	1.1	0.6	0.8	1.2

注:由于 14、15 年行业中不包含第三产业中的农林牧渔服务业和工业中的修理业,因此表中传统服务业与现代服务业占第三产业比重合计小于 1。

四、潜力分析及综合施策建议

(一)行业潜力分析[12]

通过不同行业对全省服务业增长贡献率与其增加值比重比值来观察行业发

[12] 通过不同行业 2015 年对 2010 年的全省服务业增长贡献率与其增加值比重比值来观察行业发展潜力。

展潜力，服务业14大行业门类中有9大行业发展潜力较大，这些行业基本为现代服务业，分别是：水利环境和公共设施管理业、金融业、文化体育和娱乐业、居民服务修理和其他服务业、房地产业、租赁和商务服务业、卫生和社会工作、公共管理社会保障和社会组织、信息传输软件和信息技术服务业，9大行业发展潜力值均在1.0以上。其中，支柱行业中金融业、房地产业依然有较大发展潜力，潜力值分别达1.5和1.2，分居第2位和第5位；随着居民生活水平提高，生活性服务业发展潜力强劲，文化体育和娱乐业、居民服务修理和其他服务业发展潜力值均达1.5，分列第3位和第4位；新兴服务业信息传输软件和信息技术服务业潜力值为1.0，居第9位。基础较好、发展较成熟的行业发展潜力较小。批发和零售业、科学研究和技术服务业、住宿和餐饮业、交通运输仓储和邮政业、教育5大行业发展潜力值均在1.0以下。其中，支柱行业批发和零售业、交通运输仓储和邮政业潜力值分别为0.9和0.7，分居第10和第13位。行业潜力分析表明，当前，全省传统服务业发展相对饱和，而新兴和现代服务业发展潜力较大，在行业发展选择中，应侧重潜力较大行业，巩固支柱行业，改造传统行业，强力打造现代服务业。

表3.5.6　2015年河北省服务业行业发展潜力表

行　业	行业发展潜力	位次
水利、环境和公共设施管理业	1.63	1
金融业	1.49	2
文化、体育和娱乐业	1.46	3
居民服务、修理和其他服务业	1.42	4
房地产业	1.2	5
租赁和商务服务业	1.15	6
卫生和社会工作	1.14	7
公共管理、社会保障和社会组织	1.05	8
信息传输、软件和信息技术服务业	1.04	9
批发和零售业	0.91	10
科学研究和技术服务业	0.89	11
住宿和餐饮业	0.88	12
交通运输、仓储和邮政业	0.66	13
教育	0.42	14

(二)加快服务业发展建议

加快服务业发展是个综合性工程,当前,全省进入科技创新与产业转型升级关键时期,应全面深入贯彻落实省委八届十四次全会精神,综合施策,在全面推进、加快提高经济发展、工业化、城镇化、信息化以及城镇居民收入水平影响服务业发展五大主要因素基础上,下大力气,大力发展现代服务业,提升服务业自身发展水平。

第一,扩大规模,力促中小企业发展。今年7月初,工信部发布了《促进中小企业发展规划(2016—2020年)》(以下简称规划),明确以提升创业创新能力为主线,推动供给侧结构性改革,优化发展环境,促进中小企业发展的指导思想。从我省服务业企业看,全省全部服务业企业法人单位数居全国第11位[13],截止2015年,全省规模以上服务业企业法人单位数仅居全国第16位,河北服务业以小企业及个体户居多,针对服务业市场主体规模小的状况,应深入贯彻落实《规划》,加快细化落实《规划》中要求的加大财税支持、加强融资保障、加强运行监测等保障措施,全力推动创业兴业5方面主要任务以及"互联网+"小微企业专项行动、"专精特新"中小企业培育工程等6大关键工程与专项行动。做好中小企业培育和"小升规"、"个转体"工作。全力抓好省政府办公厅《关于印发全省2016年新增规模以上服务业单位分解目标的通知》的落实,确保目标任务完成,使全省中小服务业企业提档、上位。

第二,优化结构,大力发展现代服务业。认真落实近年国家出台的一系列加快服务业发展政策措施,加快发展养老服务业,加快发展人力资源服务业,加快发展生产性、生活性服务业,加快科技服务业发展,加快发展体育产业,推进"互联网+"行动,推进农村电子商务全覆盖,抓好《河北省现代服务业重点行业发展三年行动计划》,全力培育新业态、新模式、新供给、新需求,全力打造互联网和相关服务、软件和信息技术服务业等行业,使其迅速成长壮大;改革消费供给侧,满足人们日益增长的消费新需求、新方式,提高供给结构对需求变化的适应性和灵活性,促使消费需求与服务供给实现无缝隙衔接,力促文化体育和娱乐业、居民服务修理和其他服务业等生活性服务业发展潜力最大化;加快现代综合物流载体建设,提高企业研发与人力资源服务,加强社会中介与代理等服务业发展,提升科学研究和技术服务业水平;加快公共服务业供给侧改革,将深具发展潜力的水利环境和公共设施管理业、卫生和社会工作服务发展潜力最大化。将现代服务业打造成经济发展的新动能。

第三,加强应用,改造提升传统服务业。全力推动信息化深入发展,针对全省

---

⑬ 2014年数据。

信息通信技术应用状况落后局面，抓紧补齐企业、政府应用两大短板，提高工业领域信息化深度应用水平，全面深化电子政务应用，推进全省服务业信息化水平，稳步提高社会事业信息化水平。加强信息资源综合开发利用，促进重要领域信息化基础设施互联互通、智能化升级改造，以“N 证合一”的方式、用现代化的新技术、新生态和新服务方式改造传统服务方法，创造需求，引导消费，向社会提供高附加值、高层次、知识型的生产服务和生活服务。

第四，加快融合，推进产业协调发展。服务业发展与第二产业密切相关，相辅相成，第二产业快速发展，能产生新的生产性服务需求，而高端服务业快速发展，则可引领第二产业向价值链高端转型升级。建议大力推进服务业与第一、二产业的融合，加强二、三产业成果无缝衔接。一是加快三大高端服务业发展。在研究和试验发展、专业技术服务业、科技推广和应用服务业三大行业中筛选优质企业，建立高端服务业企业库，在政策资金、成果转化方面予以重点扶持，推动新技术应用和商业模式创新。二是加快生产制造与高端服务业的融合发展。推进科技、信息化与工业化深度融合，以快速发展的高端服务业，推进工业化向科技含量高、资源消耗低、环境污染少的新型工业化转变。三是加快农业与服务业的融合发展。运用大数据、移动互联、云计算、物联网等信息技术，推动农业生产的信息技术服务创新和应用。

第五，加快改革，提高生产社会化和专业化程度。加大对企业支持力度，引导企业生产向专业化方向提升，引导企业尽快将附属的服务业剥离出来，将隶属于企业的运输服务、信息服务、咨询服务、设计服务、营销服务等尽快剥离成专业服务，适宜社会、市场发展的学校、医院以及机关后勤服务等，面向社会经营。

第六，补短板，协同区域提升服务业水平。一是紧紧围绕京津冀协同发展国家重大战略，加快推进交通运输基础设施建设，推动环京津地区率先发展。抓住张家口冬奥申办成功机遇，加快滑雪环境建设，将张家口建成吸引全国的滑雪旅游胜地。张家口、承德、廊坊和保定等环京津地区，加大旅游开发力度，丰富文化娱乐产业，吸引京津消费辐射外溢，拓展环京津冀地区服务需求。二是以港口建设为契机，以现代化综合运输体系为依托，提升港口集聚能力，激活沿海地区服务需求。三是分类施策，突出重点推进县域服务业发展。县域经济水平差别较大，根据影响服务业发展的五大主要影响因素，结合实际情况和不同发展阶段，重点着力于不同因素的提升。具体为：对全省 17 个经济发展强县，加快城镇化建设，大力发展服务业，以经济发展力促服务业发展；对 37 个工业发展推进县，要重点加快推进工业化进程，以逐步强大的工业化水平，推动服务业需求增加；对 10 个农业生态县，加快开发建设集自然风光、科技示范、休闲娱乐、当地民族风情和乡土文化的“观光农业旅游园”，大力发展休闲农业和乡村旅游，以生态农业的发展促进旅游观光、住宿餐饮、养生养老等服务业发展。

参考文献

[1]吴立军．河北省服务业竞争力及影响因素研究[D]．首都师范大学，2011.

[2]李国柱，张兰君，张莹．河北省服务业发展影响因素的实证分析[J]．当代经济管理，2010(10)：50－53.

[3]叶斌斌．安徽省现代服务业集聚水平及影响因素研究[D]．安徽农业大学，2013.

[4]王燕．杭州生产性现代服务业发展及其影响因素分析[D]．浙江工商大学，2010.

[5]刘秀清．大连市生产性服务业影响因素分析与评价[J]．大连交通大学学报，2011(6)：109－112.

[6]周景林．湖南省生产性服务业影响因素研究[D]．湘潭大学，2013.

[7]杨玉英．我国生产性服务业影响因素与效应研究：理论分析与经验证据[D]．吉林大学，2010.

[8]韩德超，张建华．中国生产性服务业发展的影响因素研究[J]．管理科学，2008(12)：81－87.

[9]马卫红．生产者服务业发展的影响因素研究—以长三角地区为例的实证分析[J]．经济与管理，2012(2)：63－71.

[10]谢涵．我国生产性服务业发展的影响因素研究[D]．南京大学，2012.

[11]何娜．中国生产性服务业集聚测算及影响因素分析[D]．云南财经大学，2011.

[12]胡国平，徐显峰，刘军等．都市生产性服务业外向发展机制及影响因素[J]．宏观经济研究，2012(3)：67－71.

[13]石丹．我国生产性服务业影响因素分析与对策[J]．商业时代，2013(36)：116－117.

[14]刘纯彬，杨仁发．中国生产性服务业发展的影响因素研究[J]．山西财经大学学报，2013(4)：35－39.

[15]李慧君．供给侧结构性改革背景下服务业发展的路径选择——以吉林省为例[J]．改革与战略，2016(12)：136－139.

[16]张惠茹，李荣平．不同领域高新技术企业贡献度测算及重点选择——以河北省为例[J]．河北经贸大学学报，2010(6)：89－92.

[17]李抒望．再解读：供给侧结构改革深意何在．中国青年报，2016－02/22.

[18]河北省人民政府．河北省现代服务业发展“十三五”规划．冀政办字，[2016]

145号.

[19]Raff H Ruhr M. Foreign Direet Investment in producer Service: Theory and Empirieal Evidenee . APPlied Eeonomies Quarterly, 2007, 53(3): 299—321.

[20] Coffey. W. J. and Polese. W., Producer Services and Regional Development: A Policy—Oriented Perspective. Papers in Regional Science, 1989,67(1)1:13—27.

[21] Illeris, S. and Jean P., Introduction: The role of services in regional economic growth[J]. The Service Industries Journal,1993,13(2) :3—10.

[22] Beyers, W. B. and Lindahl, D., Explaining the Demand for Producer Services:is Cost Driven Externalization the Major Factor[J],Papers of the Regional Science Association ,1996,75:351—374.

[23]W. J. Baumol. Macroeconomics of Unbalanced Growth: the Anatomy of Urban Crisis[M]. American Economic Review,1967(57):415—425.

（作者:田英法　赵丽丽）

3.6 “十二五”期间上海社会服务业发展效率研究

——基于 DEA 的 Malmquist 指数法

摘要:有关上海服务业发展情况的研究分析大多聚焦于规模增长和行业结构变化等宏观层面,而较少着意于发展效率的细致挖掘,对于服务业总体发展质量缺乏全面综合的解读。值此“十三五”开局之年,本文采用学术界较为成熟的基于DEA 的 Malmquist 指数法,对“十二五”期间上海社会服务业全要素生产率动态变化进行了测算,从技术进步、纯技术效率和规模效率等三个角度分析了全要素生产率的变化原因。研究结果表明:全要素生产率不断提高,对上海社会服务业增长的贡献率不断提升,技术进步是主要原因。为此,本文提出应借助上海“科创中心”建设,加快科技创新步伐;充分利用资本市场功能,完善企业公司治理结构制度建设;稳步推进“供给侧结构性改革”,实现要素最优配置,持续推动上海社会服务业实现高增长和高质量并举发展。

关键词:DEA　Malmquist 指数法　全要素生产率

一、引言

“十二五”期间,上海牢牢把握“高端化、集约化、服务化,三二一产业融合发展”这一方针,推动服务业快速增长,服务业发展成绩斐然。《上海市服务业发展“十三五”规划》开篇即展现了这一时期所取得的一系列新进展和新突破:从经济结构看,以服务经济为主的产业结构基本形成,服务业增长快于上海全市经济,成为上海发展的主要动力。从发展指标看,2015 年,上海市服务业实现增加值17022.6 亿元,是 2010 年的 1.3 倍。“十二五”期间,服务业增加值年均增速达9.7%,高于全市生产总值增速 2.2 个百分点。从“十一五”末到“十二五”末,服务业增加值占全市生产总值的比重从 57.3%提高到 67.8%;服务业固定资产投资占全社会固定资产投资的比重从 72.7%上升至 86.1%;服务业从业人员数量占全社会从业人员数量的比重从 55.9%提升至 62.9%。

然而,高速度增长并不等同于高质量发展,要评价上海服务业是否实现又快又好发展,有关增长动能的研究显得尤为重要。根据经济增长理论,在有限的资源条件下，产出的持续增长不能仅仅依靠劳动、资本等物质要素的积累，只有不断提高生产率，才能产生经济增长的不竭动力。“十二五”期间，国内外经济下行压力加大，对上海服务业发展带来一定的冲击，而人口膨胀、资源短缺与生态承载能力局限性的矛盾日益凸显。通过对生产效率进行考察进而把准上海服务业增长方式的脉络，不仅有助于我们准确评价过去五年上海服务业发展的质量，也有助于为“十三五”期间上海服务业提升竞争活力、实现可持续发展提供政策指引。

二、相关理论研究与文献综述

近年来，经济学界有关生产率的研究热点主要聚焦在如何对全要素生产率进行测算。所谓“全要素生产率”是指在劳动、资本等要素投入水平既定的条件下所实现的额外生产增长率，其来源包括技术进步、组织、生产创新等。通过对全要素生产率进行计算和分解，可以很好地度量技术进步及要素效率的提高程度。目前计算全要素生产率的主流方法主要可以归纳为两种：

一是生产函数法。该方法以新古典经济增长理论为基础，主要代表为索罗余值法，其基本思路是预设总量生产函数，再利用国民收入核算数据计算出劳动及资本要素的增长率，然后从产出增长率中剔除要素增长率，其余值作为全要素生产率的增长率。但传统的生产函数只考虑了样本投入与平均产出之间的关系，学者们在计算时均采用了平均生产函数的形式。1977 年，Aigner 等人考虑了随机误差对经济增长的影响，创造了一种估计随机前沿生产函数的分析方法（SFA），该方法允许技术无效率的存在，并将全要素生产率的变化分解为生产可能性边界的移动（技术进步）和技术效率的变化，较之传统的生产函数而言更加接近生产和经济增长的实际情况。

二是非参数方法。该方法突破了生产函数法在应用时需要设定生产函数的形式，还需要假设规模收益不变、希克斯技术中性等种种限制，不仅更为贴近经济实际，测算结果也更为精确。数据包络分析（Data Envelopment Analysis，简称 DEA）方法是一种用以评价相对效率的线性规划方法，也是已经为广泛运用的非参数方法。1957 年经济学家 Farrell M. J 在《生产效率度量》一文首次利用数学规划方法提出了基于投入产出的生产边界衡量理论。1978 年，美国著名的运筹学家 Charnes A、Coopers W. W 和 Rhodes E 在 Farrell 的理论基础上提出了第一个 DEA 模型——CCR 模型。1984 年，Banker R. D、Charnes A 和 Coopers W. W 将 CCR 模型进行了拓展，导出了 BCC 模型。自此之后，众多学者对 DEA 模型进行了多个方向的发展。DEA 方法的基本步骤是先根据决策单元（DMU）的“输入”和“输出”值确定 DEA 有效的生产前沿面，再把非 DEA 有效的决策单元投影到 DEA 有效的生产前沿面上，通过比较非 DEA 有效的决策单元“偏离”DEA 有效生产前沿面的程度(用距离函数表示)来评价各决策单元的相对效率。DEA 方法的优点包括:适用于各种投入产出形式、可用于多输入一多输出的有效性综合评价问题、建立模型前无需对数据进行无量纲处理等。1994 年,Fare 等人在前人研究的基础上将 Malmquist 指数与 DEA 方法相结合,使其广泛应用于各部门生产效率的测算中。基于 DEA 的 Malmquist 指数法除了兼具 DEA 方法的优点外,还具有无需有关投入产出的价格信息、放松对技术条件不变的限制等优点,使得研究更具有适用性。

基于上述比较,本文拟采用基于 DEA 的 Malmquist 指数法对"十二五"期间上海服务业重要组成部分——社会服务业全要素生产率的变化进行实证分析。

三、基于 DEA 的 Malmquist 模型的构造与指标的选取

(一)DEA－Malmquist 模型的构造

DEA－Malmquist 方法的主要步骤是首先根据 DEA 方法构造决策单元在不同时期的生产前沿面,然后计算出基于 $ceiling(\sqrt{m})$ 期和 $\sqrt{m}$ 期的四个距离函数,最后通过距离函数测算出反映全要素生产率变动的 Malmquist 指数。

距离函数可以从投入和产出两个角度加以定义,基于投入的距离函数是指给定产出时投入向量向前沿面压缩的程度,而基于产出的距离函数是指给定投入时前沿面的最大扩张程度。基于此,Malmquist 指数又包括投入导向型和产出导向型两种形式,前者以给定的产出水平下最小化投入为假设估计生产效率的变化,后者以给定投入下最大化产出为假设估计生产效率的变化。本文主要考察的是上海社会服务业在面临各种资源硬约束下生产效率的变化,因此采用了产出导向型的形式。

假设存在 $k=1,\cdots\cdots,K$ 个决策单元,每个决策单元在 $t=1,\cdots\cdots,T$ 期使用 $n=1,\cdots\cdots,N$ 种投入 $x_n^{k,t}$,并得到 $m=1,\cdots\cdots,M$ 种产出 $y_m^{k,t}$ 。

在规模报酬不变(CRS)的条件下,我们可以根据决策单元构造 m 期生产可能性集合:

$$S_c^t=\left\{\{(x^t,y^t)\mid x^t\geqslant\sum_{k=1}^{K}\lambda^{k,t}x^{k,t},y^t\leqslant\sum_{k=1}^{K}\lambda^{k,t}x^{k,t},\lambda^{k,t}\geqslant 0,k=1,\cdots\cdots,K\right\}$$

当加入约束条件 λ^{kt} ,我们可以得到规模报酬可变(VRS)的条件下 t 期生产可能性集合:

$$S_v^t=\left\{\{(x^t,y^t)\mid x^t\geqslant\sum_{K=1}^{K}\lambda^{k,t}x^{k,t},y^t\leqslant\sum_{k=1}^{K}\lambda^{k,t}x^{k,t},\lambda^{k,t}\geqslant 0,\right.$$
$$\left.\sum_{k=1}^{K}\lambda^{k,t}=1,k=1,\cdots\cdots,K\right\}$$

我们将 i 期生产活动 (x^i,y^i) 相对于 t 期生产可能性集合 S^t 的产出距离函数

定义为：

$$D^t(x^i, y^i) = \inf\{\theta: (x^i, y^i | \theta) \in S^t, i = 1, \cdots\cdots T\}$$

为了度量从 t 时期到 $t+1$ 时期第 k 个决策单元 Malmquist 全要素生产率的变化，我们需要根据线性规划方法求出以 t 期和 $t+1$ 期技术表示的四个距离函数：$D^t(x^{k,t}, y^{k,t})$、$D^{t+1}(x^{k,t}, y^{k,t})$、$D^t(x^{k,t+1}, y^{k,t+1})$、$D^{t+1}(x^{k,t+1}, y^{k,t+1})$。事实上，根据生产函数和距离函数的定义，在规模报酬不变和规模报酬可变两种情形下的距离函数恰好分别为 DEA 理论中 CCR 模型和 BCC 模型最优值的倒数，下面分别以 t 期距离函数为例(下脚标 c 及 v 分别表示表示规模报酬不变与规模报酬可变)：

$$\begin{aligned}
&\max\theta_c = (D_c^t(x^{k,t}, y^{k,t}))^{-1} \\
&s.t.\ x_n^{k,t} \geqslant \sum_{k=1}^{K} \lambda^{k,t} x_n^{k,t}, n = 1, \cdots\cdots, N \\
&\theta_c y_m^{k,t} \leqslant \sum_{k=1}^{K} \lambda^{k,t} y_m^{k,t}, m = 1, \cdots\cdots, M \\
&\lambda^{k,t} \geqslant 0, k = 1, \cdots\cdots K
\end{aligned}$$

$$\begin{aligned}
&\max\theta_v = (D_v^t(x^{k,t}, y^{k,t}))^{-1} \\
&s.t.\ x_n^{k,t} \geqslant \sum_{k=1}^{K} \lambda^{k,t} x_n^{k,t}, n = 1, \cdots\cdots, N \\
&\theta_v y_m^{k,t} \leqslant \sum_{k=1}^{K} \lambda^{k,t} y_m^{k,t}, m = 1, \cdots\cdots, M \\
&\sum_{k=1}^{K} \lambda^{k,t} = 1, \lambda^{k,t} \geqslant 0, k = 1, \cdots\cdots K
\end{aligned}$$

基于上述模型，可以定义从 t 期到 $t+1$ 期生产率变化的 Malmquist 指数的一般形式：

$$M_{t,t+1}(x^t, y^t, x^{t+1}, y^{t+1}) = \sqrt{\frac{D^t(x^{t+1}, y^{t+1})}{D^t(x^t, y^t)} \times \frac{D^{t+1}(x^{t+1}, y^{t+1})}{D^{t+1}(x^t, y^t)}})$$

当上式大于 1，代表从 t 期到 $t+1$ 期全要素生产率有所提高；当上式等于 1，代表从 t 期到 $t+1$ 期全要素生产率保持不变；当上式小于 1，代表从 t 期到 $t+1$ 期全要素生产率有所下降。

当我们假定规模报酬不变时，Malmquist 指数可以分解为技术变动指数 (TC) 及技术效率变化指数 (TEC) 两个部分：

$$M_{t,t+1}(x^t, y^t, x^{t+1}, y^{t+1}) = \frac{D_c^{t+1}(x^{t+1}, y^{t+1})}{D_c^t(x^t, y^t)} \times \sqrt{\frac{D_c^t(x^t, y^t)}{D_c^{t+1}(x^t, y^t)} \frac{D_c^t(x^{t+1}, y^{t+1})}{D_c^{t+1}(x^{t+1}, y^{t+1})}} = TEC \times TC$$

当我们假定规模报酬可变时，Malmquit 指数可以分解为技术变动 (TC)、纯技术效率变动 ($PTEC$) 和规模效率变动 (SEC) 三个部分：

$$M_{t,t+1}(x^t, y^t, x^{t+1}, y^{t+1}) = \frac{D_v^{t+1}(x^{t+1}, y^{t+1})}{D_v^t(x^t, y^t)} \times \sqrt{\frac{D_v^t(x^t, y^t)}{D_v^{t+1}(x^t, y^t)} \frac{D_v^t(x^{t+1}, y^{t+1})}{D_v^{t+1}(x^{t+1}, y^{t+1})}} \times \sqrt{\frac{D_c^t(x^{t+1}, y^{t+1})/D_v^t(x^{t+1}, y^{t+1})}{D_c^t(x^t, y^t)/D_v^t(x^t, y^t)} \frac{D_c^{t+1}(x^{t+1}, y^{t+1})/D_v^{t+1}(x^{t+1}, y^{t+1})}{D_c^{t+1}(x^t, y^t)/D_v^{t+1}(x^t, y^t)}} = PTEC \times TC \times SEC$$

其中,技术变动指数(TC)代表了从 t 期到 $t+1$ 期包含全体 DMU 的总体生产前沿面的移动程度,即"前沿面移动效应",反映了技术创新程度,$TC>1$ 表示技术进步,$TC=1$ 表示技术不变,$TC<1$ 表示技术衰退;纯技术效率变动($PTEC$)代表了规模报酬可变条件下产出与生产前沿面间的相对距离,反映了生产处于最优规模时投入要素的生产效率,通常与企业的制度是否合理以及管理水平高低有关,$PTEC=1$ 表示决策单元在 t 期和 $t+1$ 期与各自的生产前沿面等距离,纯技术效率不变,$PTEC>1$ 表示与 t 期相比该决策单元更接近于 $t+1$ 期的生产前沿面,纯技术效率提高,$PTEC<1$ 反之;规模效率变动(SEC)代表了决策单元在 t 期和 $t+1$ 期规模报酬不变及规模报酬可变条件下相对距离变动的比值,反映了实际规模与最优生产规模的差距,$SEC>1$ 表示生产规模报酬递增,$SEC=1$ 表示生产规模报酬不变,$SEC<1$ 表示生产规模报酬递减。

通过上述分析我们可以看出,Malmquit 指数表示的全要素生产率的变化受技术变动(TC)、纯技术效率变动($PTEC$)和规模效率变动(SEC)三者的共同影响。深入分析我们可以得到至少六种不同的变化方式。其中,当 $TC>1$,$PTEC>1$,$SEC>1$ 时,一定有 $M_{t,t+1}(x^t,y^t,x^{t+1},y^{t+1})>1$,这代表全要素生产率的变化是由技术进步、纯技术效率及规模效率提高共同引起,这是一种最理想的状态。

(二)指标的选取与处理

本文将上海社会服务业每一个子行业看作一个决策单元,构造每一时期的生产前沿面,运用软件 DEAP2.1 得到各行业每年的 TFP 变动及其分解值。我们选择"十二五"期间上海社会服务业八个子行业营业收入作为产出指标,八个子行业资本存量及平均从业人员规模作为投入指标,所有基础数据均来源于 2010—2015 年《上海统计年鉴》。为了方便进行区间比较,我们对数据进行了如下的调整:

第一,对与价格相关的数据进行了平减处理,主要目的是为了剔除通货膨胀或通胀紧缩造成的价格虚增或虚减。本文用上海市生产总值指数(以 2010 年为 100)将"十二五"期间上海社会服务业分行业营业收入当年价核算的数据换算成以 2010 年为基期可比价计算的数据。

第二,利用永续盘存法对上海社会服务业分行业资本存量进行粗略估算。永续盘存法是现有对中国资本存量进行估计的文献中采用的主流方法,其基本估计公式可以表达为:$K_t=K_{t-1}(1-\delta)+I_t/P_t$ 。利用该公式估算资本存量,需要确认以下指标:一是固定资产折旧率,即 δ ;二是当年投资流量,即 I_t ;三是基准年份资本存量,即 K_{t-1} ;四是价格指数 P_t 。下文将依次阐述指标选择的方法和处理过程:

首先,本文拟采用李成、田懋、张炜(2014)等人的做法,假定折旧率不变,用广义最小二乘法估算出1978—2015年全社会各行业统一的固定资产折旧率δ。选择这种做法的主要原因是广义最小二乘法可以对模型的拟合优度进行检验，加之《上海统计年鉴》公布了1978—2015年全市固定资本形成总额和固定资产折旧额等数据，符合一般经验认为的样本容量$n \geqslant 30$的基本要求。

假设1977年的资本存量为a，$y_i(i=1,2,3\cdots\cdots n)$为1977年后第$i$年固定资产折旧，$x_i(i=1,2,3\cdots\cdots n)$为1977年后第$i$年净固定资本增加额(当年固定资本形成总额与固定资产折旧额之差)，于是有：

$$\frac{y_1}{a}=\frac{y_2}{a+x_1}=\cdots\cdots=\frac{y_n}{a+x_1+x_2+\cdots\cdots+x_{n-1}}=\delta$$

移项变换式(1)后可得：

$$y_i=\delta * a+\delta *(x_1+x_2+\cdots\cdots+x_{i-1}) \quad i=1,2,\cdots\cdots n$$

将数据代入式(2)，用广义最小二乘法回归可得：截距项系数$\delta * a=147.9$，斜率$\delta=5.7\%$；两者的P值分别为0.007和$1.8*10^{-22}$，均小于0.01，通过显著性检验；$R^2=0.93$，拟合优度较高。从而我们可以得到1978—2015年全社会各行业统一的固定资产折旧率δ为5.7%。

其次，由于固定资本形成总额这一指标缺乏分行业数据，而全社会固定资产投资额是计算固定资本形成总额的重要依据，且可以按照行业进行划分，我们在本文中参考部分学者的做法，用全社会固定资产投资额代替固定资本形成总额作为当年投资流量。

再次，本文拟采用折旧—贴现法(即用后一年的投资流量除以折旧率和基年之后连续几年的固定资产投资平均增长率)对基期资本存量进行估算。需要指出的是，大部分学者在计算固定资产投资平均增长率时采用的是几何平均法，该方法的不足之处在于只根据最初和最末期水平算出平均发展速度，而不考虑中间水平的变化，当经济出现大起大落时，计算结果可能会失真。为此，本文尝试用代数平均法代替几何平均法对此进行改进，代数平均法的出发点是基于时间序列各期发展水平之和等于累计发展水平推算平均发展速度，侧重于考察全期发展水平，特别适用于固定资产投资、新增固定资产等具有一定波动性的指标增速的计算。用2011年上海服务业分行业固定资产投资额除以折旧率5.7%与2011—2015年分行业固定资产投资的平均增长率计算出以2010年为基年的资本存量，即：

$$K_{2010}=\frac{I_{2011}}{\delta+g_{2011-2015}}$$

最后，本文参照大多数学者的做法，选择年鉴中公布的固定资产价格指数将“十二五”期间上海社会服务业分行业固定资产投资额转化成以2010年为基期可比价计算的实际投资额。

表3.6.1中列出了“十二五”时期社会服务业分行业营业收入、经由上述方法

测算后得出的资本存量及从业人员规模平均值情况。从营业收入看，租赁和商务服务业以及信息传输、软件和信息技术服务业是上海社会服务业两大支柱性行业，营业收入规模均突破千亿元，水利、环境和公共设施管理业营业收入规模最低，仅65.2亿元；从资本存量看，水利、环境和公共设施管理业最高，达6851.0亿元，居民服务、修理和其他服务业最低，仅21.1亿元，这与两个行业自身所具有的属性相吻合；从从业人员规模看，租赁和商务服务业达102.0万人，是第二位居民服务、修理和其他服务业的2.3倍，但信息传输、软件和信息技术服务业人均产出最高，为27.5万元，是第二位教育的1.7倍。

表3.6.1 “十二五”时期上海社会服务业分行业产出及投入指标平均值

行　业	营业收入（亿元）	资本存量（亿元）	从业人员规模（万人）
信息传输、软件和信息技术服务业	1056.38	1434.47	38.46
租赁和商务服务业	1092.77	435.73	101.97
科学研究和技术服务业	517.26	332.01	38.29
水利、环境和公共设施管理业	65.17	6851.03	17.08
居民服务、修理和其他服务业	233.04	21.10	44.47
教　育	552.57	354.14	33.97
卫生和社会工作	361.31	472.28	24.77
文化、体育和娱乐业	127.98	315.66	10.44

四、实证结果及分析

(一)上海社会服务业全要素生产率总体变化情况

1. 全要素生产率增速总体不断提高，但面临纯技术效率退化的隐忧

从“十二五”期间平均时间序列看，上海社会服务业全要素生产率总体呈现小幅上升趋势，“十二五”年均增长0.7%，分解项技术进步和技术效率均有所提高，年均增长率分别为0.2%和0.4%，其中规模效率年均增长2.8%，而纯技术效率年均下降2.3%。

表3.6.2 “十二五”时期上海社会服务业全要素生产率平均变化及分解

年份	技术进步	技术效率	纯技术效率	规模效率	全要素生产率
2011/2010	1.004	1.057	0.974	1.085	1.062
2012/2011	1.041	0.999	0.977	1.022	1.039

续表

年份	技术进步	技术效率	纯技术效率	规模效率	全要素生产率
2013/2012	0.841	0.975	0.905	1.077	0.820
2014/2013	1.048	1.006	1.032	0.974	1.054
2015/2014	1.098	0.988	1.001	0.987	1.085
平均值	1.002	1.004	0.977	1.028	1.007

如果将以上年为基期的相对变化率折算成以2010年为基期的累计变化率(见表3.6.3),可测算出上海社会服务业全要素生产率在“十二五”期间累计增长了3.5%,其中技术进步和技术效率累计增长1.1%和2.3%,规模效率累计增长14.8%,而纯技术效率累计下降11.0%。

上述数据表明,从整体来看,“十二五”时期社会服务业企业在运用新技术以及提高资源的配置能力和使用效率以达到最优规模等方面稳步推进,但企业的管理水平和制度建设亟待完善。

表3.6.3 “十二五”时期上海社会服务业全要素生产率累计变化及分解

年份	技术进步	技术效率	纯技术效率	规模效率	全要素生产率
2011/2010	1.004	1.057	0.974	1.085	1.062
2012/2011	1.045	1.056	0.952	1.109	1.103
2013/2012	0.879	1.030	0.861	1.194	0.905
2014/2013	0.921	1.036	0.889	1.163	0.954
2015/2014	1.011	1.023	0.890	1.148	1.035
累计值	1.011	1.023	0.890	1.148	1.035

2. 全要素生产率贡献率不断提升,技术进步率提高是主因

分年度看,全要素生产率的变化呈现出四个特点:一是全要素生产率对社会服务业增长的贡献率不断提升(见图3.6.1)。“十二五”时期,随着经济运行步入新常态,社会服务业营业收入增速呈现出稳中趋缓的态势,而全要素生产率增速总体上升趋势使其在社会服务业营业收入的增长中发挥了越来越大的作用。2015年全要素生产率的贡献率为11.0%,较2011年提高3.2个百分点;二是社会服务业全要素生产率的提升主要受技术进步率的影响,如在2011—2012年以及2014—2015年期间,技术效率均出现负增长,但技术进步率大幅提高了4.1%和9.8%,带动全要素生产率增速高于前期;三是技术进步率增长趋势稳定,而技术效率波动幅度较大。技术进步率除在2012—2013年下滑15.9%外,其余时期均

呈现增长态势，且增幅逐年提升，技术效率增长最快的时期在 2010－2011 年，增幅为 5.7%，下降最快的时期在 2012－2013 年，降幅为 2.5%；四是技术效率的分解项纯技术效率和规模效率增长率前后表现有所分化："十二五"前期，纯技术效率不断下降，但规模效率保持增长，进入到"十二五"后程，两者增长率则出现明显的反转趋势，前者由负转正，后者由正转负，这表明随着"十二五"进程的不断深入，总体而言，社会服务业企业的公司治理结构及管理水平有所改善，但逐渐从规模报酬递增进入到规模报酬递减状态。

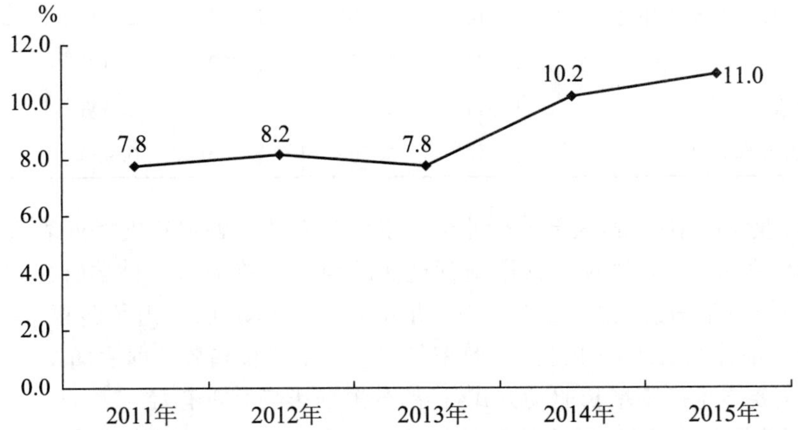

图 3.6.1 "十二五"时期上海社会服务业全要素生产率对营业收入增长的贡献率

(二)上海社会服务业全要素生产率分行业变化情况

1. 中小型行业增速领先，支柱性行业增速垫底

分行业年均增速看(见表 3.6.4)，社会服务业八个子行业中，技术进步率增速提高的行业多达六个，规模效率提高的行业有四个，而纯技术效率提高的行业仅两个。营业收入、资本存量及从业人员规模均位列中下游的卫生和社会工作、文化、体育和娱乐业以及教育等三个行业全要素生产率年均增速最高，分别增长 7.2%、4.6%和 3.5%，其中卫生和社会工作的技术进步和纯技术效率平均增幅分别为 4.4%和 2.3%，在各行业中排名前列，是社会服务业中效率最高、发展质量最好的行业，而租赁和商务服务业以及水利、环境和公共设施管理业是仅有的两个全要素生产率年均增速下滑的行业，降幅分别为 11.7%和 0.8%，分别看，水利、环境和公共设施管理业主要受纯技术效率年均增速下降 19.9%的拖累，考虑到其他行业纯技术效率或小幅增长或零增长，因此水利、环境和公共设施管理业纯技术效率增速降幅较大也是导致社会服务业纯技术效率出现负增长的直接原因，支柱性行业租赁和商务服务业是唯一一个技术进步和技术效率年均增速均下滑的行业(降幅分别为 7.6%和 4.4%)，与其在社会服务业中的规模优势形成鲜明对比。

表 3.6.4 “十二五”期间上海社会服务业分行业全要素生产率平均变化及分解

行业	技术进步	技术效率	纯技术效率	规模效率	全要素生产率
信息传输、软件和信息技术服务业	1.008	1.000	1.000	1.000	1.008
租赁和商务服务业	0.924	0.956	1.000	0.956	0.883
科学研究和技术服务业	1.001	1.014	1.013	1.001	1.016
水利、环境和公共设施管理业	0.967	1.026	0.801	1.281	0.992
居民服务、修理和其他服务业	1.014	1.000	1.000	1.000	1.014
教　育	1.020	1.014	1.000	1.014	1.035
卫生和社会工作	1.044	1.027	1.023	1.003	1.072
文化、体育和娱乐业	1.047	0.999	1.000	0.999	1.046

分行业年度增速看，大部分行业全要素生产率及分解项年度增速表现出单向变化趋势，但水利、环境和公共设施管理业的纯技术效率以及科学研究和技术服务业的规模效率增速在“十二五”前后期出现较大波动，前者由负转正，后者由正转负，导致前述社会服务业纯技术效率和规模效率增长趋势在前后期发生逆转。

2. 全要素生产率增长驱动方式各异，分解项影响有重有轻

分行业增长方式看，较为典型的模式有三种：一是全要素生产率的提高符合前述提出的最理想模式，即由技术进步、纯技术效率和规模效率的改善共同推动，代表性行业有卫生和社会工作、科学研究和技术服务业，但主导因素各有不同，卫生和社会工作主要受技术进步率（年均增速 4.4%）提高的驱动，表明该以医疗、养护为主体的社会保障性行业对升级改造原有技术系统、创新和引进行业新技术方面给予了较高重视，为该民生行业服务质量的提升了有利的保障，而科学研究和技术服务业主要受纯技术效率（年均增速 1.4%）提高的影响，显示了科技型企业在优化管理流程、提升管理水平方面有所成效，需要引起重视的是，科学研究和技术服务业作为知识密集型行业，体现上海高科技产业科技实力的技术进步率年均增速仅有 0.1%，在各行业中排名靠后，未来着力提高行业自主创新能力和科技成果转化率仍应成为提升行业全要素生产效率的重点方向。

二是全要素生产率的提高全部源自技术进步率的提升，其他分解项增速为 0，代表性行业有居民服务、修理和其他服务业以及信息传输、软件和信息技术服务业，技术进步率年均增速分别为 1.4%和 0.8%，从重点行业看，信息传输、软件和信息技术服务业规模效率增速为 0，有较大的提升空间。近年来的营业收入数据显示，与北京、广东和江苏等发达地区相比，上海处于规模劣势，未来应继续增加资源投入，从提高规模效率入手带动行业全要素生产率升级提速。

三是技术进步、纯技术效率和规模效率增长有正有负，全要素生产率的增速受三者的共同影响，代表性行业有租赁和商务服务业、水利、环境和公共设施管理业、教育以及文化、体育和娱乐业，分别看，水利、环境和公共设施管理业的规模效率年均增长28.1%，而技术进步和纯技术效率年均增速下降3.3%和19.9%，这说明尽管行业处于规模报酬递增的阶段，但企业开发利用新技术的能力以及管理效率总体下降，未来应吸纳更多资金实力雄厚、运作灵活、对新技术消化吸收能力较快的民间资本进入该公共服务领域，在扩大行业规模的同时加快技术革新步伐、改善公司治理结构；教育的技术进步率和规模效率年均增速分别为2.0%和1.4%，纯技术效率没有变化；文化、体育和娱乐业技术进步率年均增长4.7%，租赁和商务服务业技术进步率年均增速下降7.6%，是各行业中技术进步率增幅最快和降幅最快的行业，说明文化、体育和娱乐业对新技术的开发、消化和吸收能力较强，而租赁和商务服务业较弱，未来可以在体量最大的企业管理服务子行业中引入更多技术含金量高的总部管理企业。此外，两个行业规模效率增速均为负增长，降幅分别为0.1%和4.4%，已处于规模报酬递减阶段，应适度控制要素投入、优化资源配置。

四、主要结论及相关政策建议

“十二五”时期，上海市提出“创新驱动发展，经济转型升级”的战略目标，其实质即将经济增长的动力从单纯依靠资本、劳动力投入的资源消耗型增长转向注重全要素生产率提升的可持续增长。本文对这一时期上海社会服务业全要素生产率变化趋势的测算结果表明，社会服务业在保持总量规模不断增长的同时，发展效率也在稳步提升，总体保持了健康稳定的发展态势。技术进步率的提高是上海社会服务业全要素生产率增长的主要动力，但纯技术效率和规模效率波幅较大也成为全要素生产率年均增速较低的主要制约，说明部分行业在完善公司治理结构及实现最优生产规模方面仍有较大的改进空间，未来需要引起重视。

总结过去，展望未来。基于上述分析，我们对“十三五”时期上海社会服务业的发展提出如下政策建议：

（一）紧密围绕上海科创中心建设，提升技术创新实力

科技创新是推动技术进步的不竭动力，是解决经济发展深层次矛盾的根本出路。“十三五时期”，社会服务业应抓住上海“建设具有全球影响力的科技创新中心”这一发展机遇，牢牢把握科技进步大方向，如利用“互联网＋”等新模式提高传统产业生产效率；牢牢把握产业革命大趋势，加快培育服务业高新技术产业和战略性新兴产业，大力扶持“三新”产业；牢牢把握集聚人才大举措，加强科研院所和高等院校创新条件建设，完善知识产权运用和保护机制等，使技术进步率的提高

继续成为上海社会服务业全要素生产率提升的坚实基础。

(二)充分发挥资本市场功能,规范现代企业制度建设

技术效率的改善与企业公司治理结构的水平息息相关。建立健全规范的公司治理结构需要充分发挥资本市场的作用,这是因为资本市场引入了外部监管机制,通过信息披露等手段使得投资者有效参与运营与监督环节,这既会对企业改善内部管理形成有效激励,也会对无效经营管理行为形成强有力的制约。"十三五"时期,上海应高度重视并积极借助资本市场的力量,借鉴国际国内成功的经验,加快推进符合条件的社会服务业企业上市或并购重组,在提高企业公司治理水平方面作出积极努力和探索。

(三)着力推进"供给侧改革"步伐,实现要素最优配置

"供给侧结构性改革"是"十三五"时期经济发展的重要战略重点,旨在通过经济结构调整,使要素实现最优配置,这也是提高规模效率的核心要义。围绕"供给侧改革"的目标,上海应积极推动国有资本在重要服务业行业和关键服务业领域集中,在一般性竞争行业和领域为各类社会资本进入提供条件。通过行政手段与市场手段有机结合,矫正要素配置扭曲,引导资源要素合理流动和优化配置,使得服务业生产潜能得到最大程度释放。

参考文献

[1]Aigner D. J, Lovell C. A. K, Schmidt P. Formulation and Estimation of Stochastic Frontier Production Functions Models[J]. Journal of Econometrics, 1977(6):21-37.

[2]Farrell M. J. The Measurement of Production Efficiency[J]. Journal of Royal Statistical Societry, Series A, General, 1957, 120(3):253-281.

[3]Charnes A, Coopers W. W, Rhodes E. Measuring the Efficiency of DMU[J]. European Journal of Operational Research, 1978(2):429-444.

[4]Banker R. D, Charnes A, Coopers W. W. Some models for Estimating Technical and Scale Inefficiencies in DEA[J]. Management Science, 1984(30): 1078-1092.

[5] Fare R and S. Grosskopf and Lovell C. A. K, Production Frontiers, Cambridge University Press, 1994.

[6]李成,田懋,张炜. 我国固定资本存量的重新估计"一五"到"十一五"[J]. 西安交通大学学报,2014,34(126):13-20.

(作者:董子颖)

3.7 服务业发展对农民工就业影响的实证分析

摘要:服务业是新常态下支撑我国经济增长的新动力,其快速发展对农民工既是机遇也是挑战。服务业既给农民工提供了充足的务工岗位,也提供了宽松的创业环境。对河南农民工监测调查个体数据的 probit 模型分析表明,服务业的快速发展会显著增加农民工自主创业的概率,尤其是批发零售业。但是,由于农民工务工领域以劳动密集型的传统服务行业为主,提升职业层次的难度较大。完善农民工就业服务体系,加强信息咨询和技能培训,既有助于农民工跟上服务业发展步伐,也有利于促进服务业加快发展,实现双赢。

关键词:服务业　农民工　就业

随着我国经济发展进入新常态,服务业成为转变经济增长方式的重要突破口。自 2012 年 GDP 中三次产业的比例关系由"二三一"变为"三二一"后,2015 年服务业比重进一步增至 50.5%,成为支撑经济增长的新动力。由于产业部门是就业的载体,服务业的快速发展必然引发就业结构变动。农民工作为就业大军中一个庞大的特殊群体,2015 年全国总量已达 27747 万人,占就业总人数的 36%。面对服务业大发展,农民工就业会受到何种影响?本文利用 2015 年河南农民工监测调查个体数据,对农民就业行为及其影响因素进行实证分析。

一、服务业发展对农民工既是机遇也是挑战

根据英国经济学家克拉克提出的"配第－克拉克定理",随着经济的发展,第一产业国民收入和劳动力的相对比重逐渐下降,第二产业国民收入和劳动力的相对比重上升;经济进一步发展,第三产业国民收入和劳动力的相对比重也开始上升。国际经验亦表明,随着人均国内生产总值上升和城镇化进程加快,服务业将成为吸收劳动就业的主渠道。美国 80%以上的劳动者就职于服务行业,英国、法国、西班牙、加拿大等也在 75%以上。我国服务业就业比重于 1994 年超过第二产业,2011 年超过第一产业,2015 年进一步增至 42.4%。随着供给侧结构性改革的逐步加强和现代服务业的加快发展,我国服务业即将进入蓬勃发展期。

服务业的快速发展对农民工而言,既是机遇也是挑战。一方面,服务业能够

为农民工提供更多的就业岗位。随着高科技技术和现代管理理念的广泛应用，第二产业劳动生产率显著提升，对劳动用工的需求相应减少。而服务产品不同于实物产品，具有不可储存性和不可转移性，餐饮、住宿、家政、维修等生活性服务业更是要求从业人员面对面向居民提供产品和服务，对劳动力的需求只增不减。但另一方面，服务行业产业升级尤其是现代服务业的快速发展，对从业者知识技能提出更高要求，农民工就业压力随之增大。现代服务业不同于传统服务业，是依靠高新技术和现代管理方法的知识、技术、信息密集型服务部门。农民工文化程度整体偏低，劳动技能普遍缺乏，且受外在户籍制度和二元劳动力市场影响，无疑将面临更大的挑战。

二、当前农民工就业的基本特征

本文将“农民工”定义为农村户籍、年龄在16周岁及以上、从事非农就业(包括外出从业、本地非农务工和本地非农自营)6个月及以上的劳动者，从2015年河南农民工监测调查数据中提取出6077名农民工的个人及就业信息，占调查农村劳动力的49.5%。

(一)农民工个体特征

年龄以青壮年为主，受教育程度以初、高中为主，约四分之一的农民工接受过非农职业技能培训。2015年，河南农民工平均年龄为38.6岁，比农村劳动力的平均年龄小5岁。其中，务工农民工的平均年龄为38岁，自营农民工为42岁。相比之下，务工农民工更为年轻。从受教育程度看，初中文化的占63.4%，高中文化的占17.8%；两者合计达81.2%，高于农村劳动力平均水平8.2个百分点。反映出当前农民工乃至整个农村劳动力的受教育程度总体不高，大专及以上学历的农民工占比较少。从技能培训情况看，只有24.4%的农民工接受过非农职业技能培训。

(二)就业形式、行业及职业

从就业形式看，农民工就业以务工为主，85.3%的农民工通过受雇于其他单位或个人获得收入，平均月收入2862元；自己从事生产经营活动的农民工仅占14.70%，平均月收入3064元，且主要集中在服务行业。从就业地点看，绝大多数自营农民工的经营场所在本县，因为就近、就地创业的经营成本(房租等)和生活成本相对较低，也更方便照顾家人。务工农民工则近一半赴县外甚至省外打工，因为大中城市经济发达、产业丰富，能够提供更多的就业岗位和更好的职业发展前景。

从就业行业看，2015年河南农民工主要就业领域依次是建筑业(26.8%)、制造业(24.2%)、批发和零售业(13.7%)、居民服务修理和其他服务业(10.4%)、交通运输仓储和邮政业（5.7%）以及住宿和餐饮业（5.6%）。上述六大行业集聚了86.3%的农民工，其中仅制造业和建筑业就聚集了一半以上。可见，不论是在第二产业还是第三产业（服务业），目前农民工的就业领域主要是技术含量不高的劳动密集型行业。信息传输软件和信息技术、金融业、科学研究等技术含量较高的现代服务业中，农民工的身影寥寥无几。

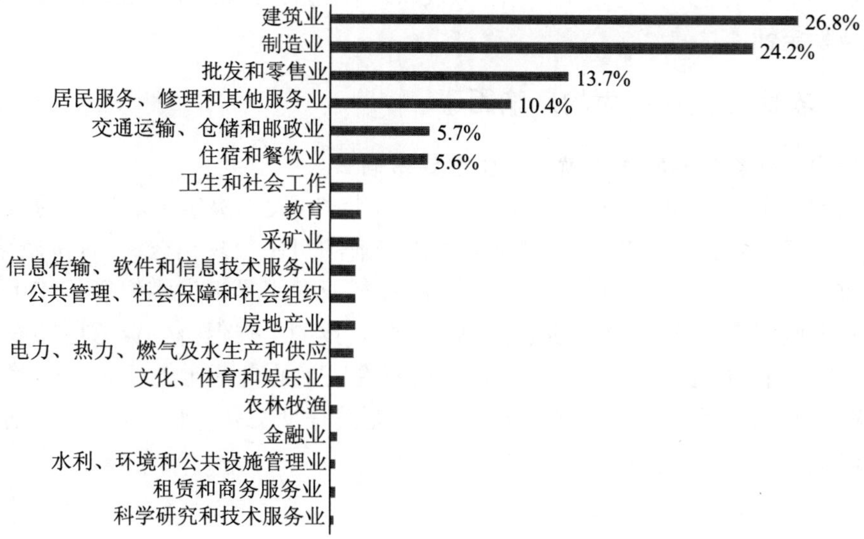

图 3.7.1　2015 年河南农民工就业行业分布

从职业类型看，农民工从事最多的职业是设备操作人员，占务工人数的32.6%；其次是商业服务人员，占 20.8%；专业技术人员排在第三位，占 12.8%。即一半以上的农民工以设备操作员或商业服务员为职业，职业层次偏低。进一步细分行业发现，第二产业的农民工主要是设备操作人员，占比高达 50%；第三产业（服务业）的农民工则主要是商业服务人员，占比为 44.3%，且以批发零售业、住宿餐饮业以及房地产业最为显著。

（三）就业渠道及稳定性

农民工缺乏正规的就业渠道，主要靠自己或者自身的社会网络需找工作机会。2015 年，50.1%的河南农民工通过亲朋好友介绍工作，41.6%的人自己寻求就业机会。他们的社会网络以血缘、地缘、亲缘为主要纽带，因而同村、同乡抱团打工的现象相当常见。这种社会网络在初期能够帮助农民工比较顺利地就业，但却不利于农民工扩大交往范围，也给农民工权益保障埋下隐患。78.3%的本地务工农民工没有劳动合同，外出务工农民工中无劳动合同的比例也在六成以上。

此外，受外在户籍制度、二元劳动力市场影响，农民工就业多处于不稳定状态，往往频繁更换工作并在城乡之间往返流动。2015 年，13.2%的河南农民工从事当前工作时间不足一年，19.7%的农民工从事当前工作时间在 1 到 2 年之间。即，大约三分之一的农民工连续就业时间在 2 年以下。工作时长在 2 至 5 年和 5 年以上的农民工各占三分之一。分职业看，担任单位负责人和专业技术人员的农民工从事当前工作的平均时长分别为 9 年 1 个月和 5 年 10 个月，担任设备操作员的农民工平均从业时间为 4 年 10 个月，反映出较高层次的就业岗位同时要求较强的就业稳定性。

三、农民工就业行为的影响因素

（一）行业类型对农民工就业产生重要影响

从就业形式看，不同行业各不相同的行业特性，大体决定了农民工的就业形式是务工还是自营。建筑业、制造业等第二产业项目一般规模较大、资本较多，创业难度较大，对农民工来说更适合务工；服务行业尤其是批发零售等传统生活性服务行业的门槛较低、壁垒较少，对于资本不多、技能不强但有创业意愿的农民工而言，机会相对更多。2015 年，第二产业河南农民工的自营比例仅 3.6%，第三产业（服务业）的农民工自营比例高达 28.0%，尤其是批发和零售业，农民工创业比例已经达到 50%。

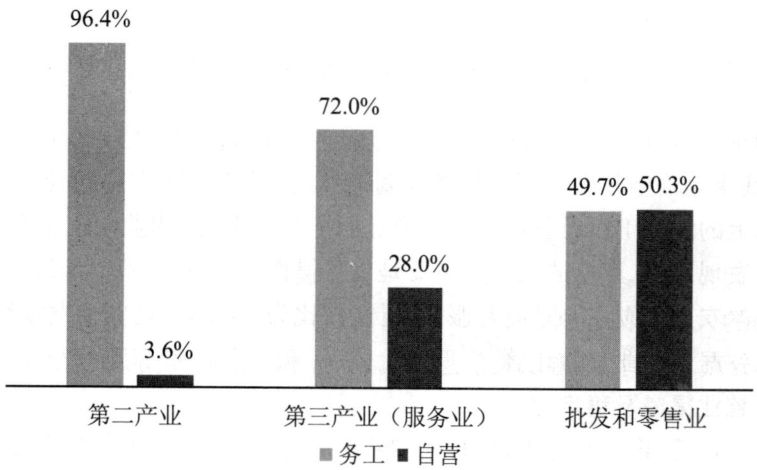

图 3.7.2　2015 年河南农民工在不同行业的就业形式

从职业类型看，由于不同行业提供的就业岗位不同，农民工的职业类型和层次也存在较大区别。在制造业、建筑业和交通运输仓储和邮政业的务工农民工多是设备操作人员，分别占该行业农民工的 61.0%、41.5%和 57.9%；在批发零售业、住宿餐饮业的农民工则多是商业服务人员，分别占该行业农民工的 74.5%和

67.6%；少量的专业技术人员除了散布在制造业、建筑业外，更多的集中在信息传输、软件和信息技术服务业以及科学研究和技术服务业，分别占该行业农民工的44.0%和50.0%。

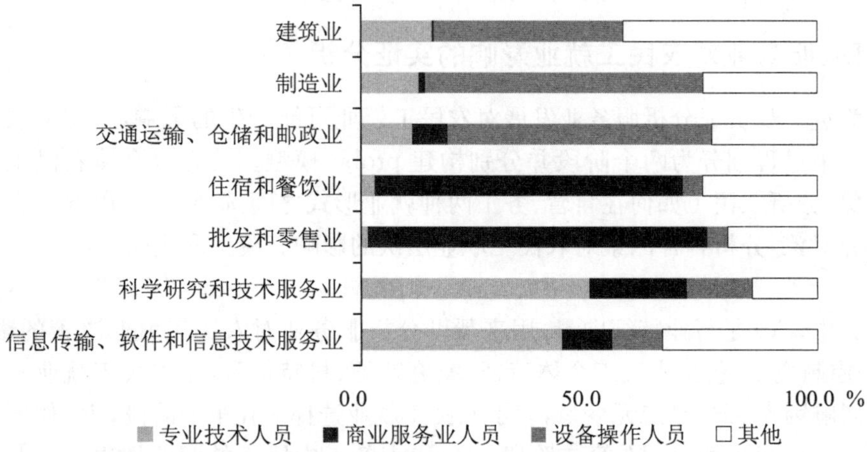

图 3.7.3　2015 年河南农民工在不同行业的职业类型分布

(二)农民工个体特征是其就业行为的决定因素

受教育程度是影响农民工就业的最主要因素，在很大程度上决定了农民工的职业层次，对进入行业也有较大影响。调查显示，初中以下文化的农民工中，设备操作员的比例最高，达到35.9%；高中文化的农民工中，这一比例降至25.5%；而大专以上文化程度的农民工中，该比例进一步降至19.2%，专业技术人员跃居首位，占比为22.7%。可见，受教育程度对于农民工就业层次的提升至关重要。此外，不同行业对从业者的文化要求不同，间接决定了不同受教育程度农民工的就业领域。调查发现，服务业农民工的整体受教育程度高于第二产业，高中和大专以上学历的人员比例分别为21.2%和12.4%，分别高于第二产业农民工6.3和7.4个百分点。教育、金融以及信息传输、软件和信息技术等服务行业，大专以上学历的农民工占比已经接近50%。

非农职业技能培训情况是影响农民工就业的又一重要条件。面对农民工受教育程度整体偏低的现实状况，有针对性的非农职业技能培训有助于在短期内迅速提高农民工就业能力，降低就业难度，提升就业层次。近年来，河南农民工职业层次有所提升，专业技术人员占比增多，既是农民工受教育程度整体提高的作用，也是技能培训力度加大的结果。2011年到2015年，大专及以上学历的农民工比例从3%增至8.4%，接受非农职业技能培训的农民工比例从12.3%增至24.4%。

此外，农民工的年龄、性别、婚姻状况、家庭负担、外出从业经历以及所在村的非农就业氛围也均对农民工就业行为产生一定的影响。一般情况下，青壮年更有外出打拼的冲劲；男主外、女主内的传统思想使得男性较女性更有优势；已婚农民工和家有在读子女或需赡养老人的农民工在就业时不得不考虑家庭问题；非农就业氛围浓厚的村子里，农民工务工或创业的念头也会更强。

四、服务业对农民工就业影响的实证分析

为进一步实证分析服务业发展对农民工就业可能产生的影响，本文将农民工就业决策过程细分为两个阶段并分别构建 probit 模型。首先以全体农民工为研究对象，分析农民工如何在自营、务工两种就业形式之间选择；其次以务工农民工为研究对象，分析各种因素对农民工职业层次的影响。模型形式如下：

$$P_i^* = \alpha X_i + \beta Z_i + \varepsilon$$

其中，X_i 是行业特征向量，用来帮助分析服务业对农民工就业决策的影响；Z_i 是控制变量，包括农民工个体特征、家庭特征、村特征等，是农民工就业不容忽视的影响因素。P_i 是二元变量，表示农民工就业选择。在第一阶段，P_i 代表就业形式——自营或务工。在第二阶段，P_i 代表务工农民工的职业层次——专业技术员之类的高层次岗位或商业服务员之类的低层次岗位。P_i^* 代表 $P_i=1$ 的发生概率。模型假定 ε 服从标准正态分布，且独立于各自变量。

表 3.7.1　变量名称及含义

变量			属性/单位	含义
因变量	P_i	模型 1：就业形式	分类变量	自营为 1，务工为 0
		模型 2：职业层次	分类变量	单位负责人、专业技术员为 1，商业服务员等其他职业为 0
自变量	X_i	批发零售业	分类变量	是为 1，否则为 0
		居民服务业	分类变量	是为 1，否则为 0
		交通运输仓储邮政业	分类变量	是为 1，否则为 0
		住宿餐饮业	分类变量	是为 1，否则为 0
		制造业	分类变量	是为 1，否则为 0
		建筑业	分类变量	是为 1，否则为 0
	Z_i	性别	分类变量	男为 1，女为 0
		年龄	岁	开始从事当前工作的年龄
		年龄平方	岁	开始从事当前工作的年龄的平方
		受教育年限	年	未上学为 0，小学 5，初中 8，高中 11，大专 14，本科 15，研究生以上 18

续表

<table>
<tr><th colspan="3">变量</th><th>属性/单位</th><th>含义</th></tr>
<tr><td rowspan="7">自变量</td><td rowspan="7">Z_i</td><td>非农技能培训</td><td>分类变量</td><td>参加为 1,否则为 0</td></tr>
<tr><td>外出从业经历</td><td>分类变量</td><td>有为 1,否则为 0</td></tr>
<tr><td>户主</td><td>分类变量</td><td>是为 1,否则为 0</td></tr>
<tr><td>婚姻状况</td><td>分类变量</td><td>已婚为 1,否则为 0</td></tr>
<tr><td>家中有 60 岁以上老人</td><td>分类变量</td><td>是为 1,否则为 0</td></tr>
<tr><td>家中有受教育孩子</td><td>分类变量</td><td>是为 1,否则为 0</td></tr>
<tr><td>村中创业人数比例</td><td>比率</td><td>农民工所在村中创业人数比例(不含自己)</td></tr>
</table>

从模型回归结果可以看出,行业类型对农民工就业形式和职业层次的影响非常显著,农民工个体特征、家庭特征以及村特征对其就业行为产生不同程度的影响。说明农民工的就业行为不仅受制于其自身和家庭,同时也深受各行业发展状况的影响。通过分析模型中各行业变量尤其是服务行业变量的参数估计值,可大体判断服务业发展可能对农民工就业产生的影响。

表 3.7.2 农民工就业决策 probit 模型估计结果

因变量	模型 1 选择创业的概率	模型 2 得到高层次职位的概率
批发零售业	0.1378* * * (0.012)	−0.2678* * * (0.030)
居民服务业	0.0191 (0.014)	−0.1043* * * (0.019)
交通运输仓储邮政业	0.0601* * * (0.015)	−0.1018* * * (0.023)
住宿餐饮业	0.0667* * * (0.015)	−0.2303* * * (0.034)
制造业	−0.1132* * * (0.014)	−0.0919* * * (0.014)
建筑业	−0.1234* * * (0.015)	−0.0478* * * (0.015)
男性	0.0176* (0.009)	0.0405* * * (0.013)

续表

因变量	模型 1 选择创业的概率	模型 2 得到高层次职位的概率
年龄	0.0083***	0.0033
	(0.002)	(0.003)
年龄平方	−0.0101***	−0.0064*
	(0.003)	(0.004)
受教育年限	−0.0043***	0.0084***
	(0.002)	(0.002)
接受非农技能培训	0.0033	0.0589***
	(0.009)	(0.010)
有过外出从业经历	−0.0733***	−0.0273**
	(0.011)	(0.011)
户主	0.0186*	−0.0040
	(0.010)	(0.013)
已婚	0.0799***	0.0172
	(0.013)	(0.014)
家中有 60 岁以上老人	0.0207*	0.0191
	(0.011)	(0.016)
家中有受教育孩子	0.0113	0.0211**
	(0.008)	(0.010)
所在村中创业人数比例(不含自己)	0.0074***	
	(0.000)	
观测值个数	6038	5147

注:1. 括号内为标准差,***、**、*分别表示在1%、5%、10%的统计水平上显著。
2. 由于个别农民工数据缺失,模型 1 的实际观测值为 6038 个。

模型 1 中,批发零售业、交通运输仓储邮政业和住宿餐饮业等服务行业变量的参数估计值均为正值,制造业和建筑业的变量参数估计值均为负值,说明服务行业的特性增加了农民工自己创业的概率,第二产业的行业特性则降低了农民工自营的概率。其中,批发零售业的参数估计值远大于其他服务行业,说明农民工在批发零售业自己创业当老板的概率明显大于其他行业。从农民工个体特征看,农民工选择创业的概率在生命周期中先增后减,呈现倒 U 型,选择创业概率最大的年龄在41岁左右；受教育年限越多，农民工选择创业的概率越低；有过外出从业经历会使农民工选择创业的概率降低；已婚会增加农民工选择创业的概率；而农民工所在村中创业人数的比例越高，农民工选择创业的可能性越大，“群体效应”显著存在。

模型2中，所有行业变量的参数估计值均为负值，说明在这六大行业打工的农民工，成为单位负责人或专业技术人员的概率均比其他行业低。因为这些行业均属劳动密集型行业，提供的就业岗位以设备操作员、商业服务员等普通岗位为主，农民工晋升到高层次职位的难度较大。而作为比较对象的其他某些行业，如信息传输、软件和信息技术服务业，本身属于技术密集型行业，提供的就业岗位以技术岗位为主，进入这些行业的农民工得到高层次职位的概率自然更大。相比之下，批发零售业、居民服务业、交通运输仓储邮政业和住宿餐饮业的技术含量略低于制造业和建筑业，农民工取得专业技术人员之类的高层次职位的概率也相对更低。从农民工个体特征看，男性成为单位负责人或专业技术人员的概率高于女性；受教育年限越多和接受过非农职业技能培训的农民工，取得高层次职位的概率也相对更大。

五、研究结论

行业类型对农民工就业行为产生显著影响。服务业既给农民工提供了充足的务工岗位，也提供了宽松的创业环境，使得低技术、少资本的农民工可以自己创业当老板。目前，农民工创业大多集中在服务行业，尤其是批发和零售业；地域上以就地、就近为主，在本县从事自营活动的农民工占大多数。服务业的快速发展会进一步增加农民工自主创业的概率，尤其是批发零售行业。但对务工农民工而言，由于目前服务业务工领域主要集中在批发零售业、居民服务业、住宿餐饮业、交通运输、仓储和邮政业四个劳动密集型行业，这些行业提供的务工岗位以商业服务员、设备操作员等低层次岗位为主，所以农民工在这些行业得到高层次职位的可能性相对其他行业较小。而现代服务业对农民工的文化技能要求较高，只有少部分农民工能够进入。

随着服务业的快速发展、尤其是现代服务业的加快成长，进入服务行业就业的农民工将进一步增多。服务业尤其是批发零售等传统服务行业，将成为农民工参与“大众创业、万众创新”的主战场。而具有较高文化水平和专业技能的务工农民工，还将面临现代服务业的考验。因此，完善农民工就业服务体系，通过信息咨询、技能培训等手段，逐步把农民工引向新经济、新产业、新业态，既有助于农民工跟上服务业的发展步伐，也有利于发挥劳动要素投入对服务业发展的积极促进作用，实现双赢。

参考文献

[1]杜海峰,白萌,刘茜,杜巍．农民工生存与发展状况[M]．社会科学文献出版社,2015.

[2]马凌,韩纪琴．江苏产业升级与农民工就业转型的协调发展状况分析[J]．华东经济管理,2015(5):23－27.

[3]陈昭玖,谢秦华．产业转型背景下中部地区农民工就业流动研究——以江西省为例[J]．农业经济问题,2014(3):56－61.

[4]国家统计局．中国统计摘要:2016 [Z]．中国统计出版社,2016.

（作者:赵宝）

第四章　新动能茁壮成长

4.1　上海“三新”经济的界定与监测

摘要：以“三新”经济为代表的新经济已经成为推动我国经济发展的重要力量，同时也给政府统计带来了严峻挑战。新经济的内涵和外延不断变化，国际和国内至今尚未形成统一的共识，传统的统计方法和统计手段难以在行业分类的基础上全面准确地核算新经济的发展规模和趋势。因此，全面科学地对“三新”等新经济进行界定，准确及时地对“三新”等新经济进行监测和反映，是当前统计部门亟需破解的核心问题，也是深入推进统计改革创新的关键举措。本文着眼于上海“三新”经济的界定与监测，以国家统计局制定的《新产业、新业态、新商业模式专项统计报表制度(2016)》为基础，对统计部门调查数据、部门共享数据和网络数据使用带有模式甄别的文本挖掘方法，通过词典构造、中文分词、文本挖掘、模式甄别、词典优化等过程，探索了一种动态、科学的“三新”经济界定方法；基于“三新”企业的界定结果，本文使用特征选择及算法模型编制了上海“三新”经济影响力指数，在指标选取上采用 Filter、Wrapper 评价策略选定指标，在权重设置上采用 SMOTE 方法对数据进行平衡化处理，在指数测算上突出“三新”经济的动态变化和相对优势，使指数客观地反映了“三新”经济的发展特征和总体态势。通过对 2013—2015 年的研究，本方法界定的上海“三新”企业单位数平稳增长，吸纳从业人员的规模不断扩大，“三新”经济的增加值规模和贡献稳步提升；上海“三新”经济影响力指数反映出“三新”经济对全市经济的发展起到积极作用。本文对“三新”经济的界定和监测方法，是建立在统计部门原有的制度基础之上，具有良好的动态性和可拓展性。该方法通过改进和优化词典库，不仅能够适应“三新”等新经济内涵及外延的动态变化，而且能够为新经济的统计界定和监测提供一种可操作的解决方案。

关键词：“三新”经济　文本挖掘　模式甄别　特征选择

一、研究背景及文献综述

(一)研究背景

进入21世纪以来,创新成为中国乃至全球驱动经济发展的核心要素。国家创新驱动发展战略将科技创新摆在国家发展全局的核心位置,并将其作为应对经济新常态、打造经济发展新引擎、培育新的经济增长点的革命性力量。在全面建设创新型国家的战略背景下,以“新产业、新业态、新商业模式”为代表的新经济加速发展,对我们的生产和生活方式带来广泛而深刻的影响。

以“三新”经济为代表的新经济已经成为推动我国经济发展的重要力量,同时也给政府统计带来了严峻挑战。新经济是一个动态的概念,其内涵和外延都在不断变化。正如国家统计局宁吉喆局长在“三新”专项统计工作动员会议上所说,“国家统计局所概括的11个重点领域既不是‘三新’经济的全部,更不是新经济的全部”。“三新”等新经济跨界共生、渗透融合,传统的统计方法难以在行业分类的基础上全面准确的核算其发展规模和趋势。因此,全面科学地对“三新”等新经济进行界定,准确及时地对“三新”等新经济进行监测和反映,是当前统计部门亟需解决的核心问题,也是深入推进统计改革创新的关键举措。

(二)文献综述

目前我国对“三新”等新经济的研究尚处于起步阶段,对其界定不能形成统一共识是制约研究开展的主要因素。许宪春(2016)认为目前人们对新经济的认知处于探索阶段,知识经济、数字化经济、分享经济等只是新经济的不同表现;OECD(2000,2001)也指出新经济对不同国家、不同群体、不同机构具有不同含义。

新经济的监测研究方面,余芳东(2016)对国际上创新经济的统计测度进行了比较和评述。国家统计局(2016)结合中国实际制定了包含42个二级指标的新经济指标体系,指标的数据来源涉及包括统计局在内的12个部委。陈沁等(2016)使用三个标准定义新经济,并利用网络抓取的企业信息进行界定,进而利用生产函数对新经济的要素投入比例进行估计,编制了新经济指数。但其标准设定存在主观性,数据源存在不规范性,指数编制技术复杂且缺乏直观性。

综上,当前对新经济的研究仍存在界定困难、数据源不规范和监测技术复杂的问题。本文着眼于探索“三新”经济的界定与监测方法,以国家统计局《新产业、新业态、新商业模式专项统计报表制度(2016)》为基础,对统计部门调查数据、部门共享数据和网络数据使用带有模式甄别的文本挖掘方法,尝试动态、科学地解决“三新”经济的界定问题;在界定基础上,进一步利用基于特征选择和算法模型的指数编制方法编制“三新”经济影响力指数,对“三新”经济的发展进行监测和分析。这种对“三新”经济的界定和监测方法,建立在统计部门原有的制度基础之上，具有动态性和可拓展性——该方法不仅能够适应“三新”等新经济内涵及外延的动态变化，而且能够为新经济的统计界定和监测提供一种可操作的解决方案。

二、研究思路及创新点

（一）研究思路

“三新”企业的界定是“三新”经济统计的关键环节。《新产业、新业态、新商业模式专项统计报表制度（2016）》的总说明中指出：“三新”经济是分别从“经济活动性质”、“服务业载体形态”、“要素组合模式”等方面对新出现经济活动的总体描述。本文从企业的经济活动描述出发，结合企业财务指标和能源、从业人员、研发投入等指标，利用带有模式甄别的文本挖掘技术，解决“三新”统计的界定问题。

在界定“三新”企业的过程中，以统计部门的“三新”词典库为标准、企业的上报数据为数据源，利用“带有模式甄别的文本挖掘方法”对企业法人库进行两轮文本挖掘，得到最终界定结果（见图 4.1.1）。

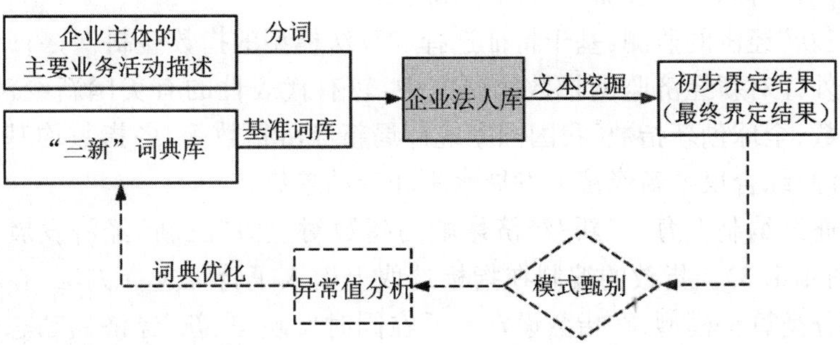

图 4.1.1 带有模式甄别的文本挖掘界定“三新”企业

在“三新”企业界定的基础上，本文参考美国、欧盟和我国国家统计局对新经济指数的研究成果，利用基于特征选择和算法模型的指数编制方法，编制了上海“三新”经济影响力指数，跟踪“三新”经济发展进程，及时把握“三新”经济的作用和贡献，为制定创新发展政策、评估创新发展进程提供科学有效的决策支持工具。

（二）创新点

1.“三新”经济的界定：基于动态词典的“三新”经济特征提取

本文使用文本挖掘的方式认定“三新”企业。认定过程中，政府与市场的角色体现为：统计部门负责主要业务活动描述的规范化和“三新”词典库的制定；企业根据经营活动规范填报数据。通过“自下而上”的方式完成对“三新”企业的界定与监测。这种做法一方面可以突出统计部门在统计调查中的顶层设计角色，另一方面可以调动企业的积极性，发挥市场机制在统计实践中的作用。传统认定方法与文本挖掘认定方法的比较(见图 4.1.2)。

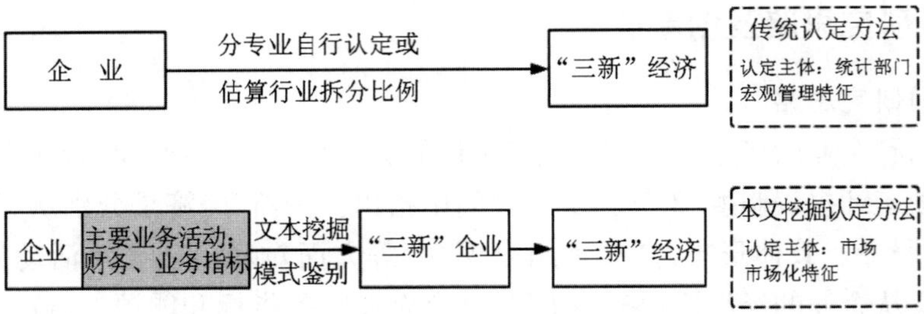

图 4.1.2 “三新”经济的传统认定与文本挖掘认定

带有模式甄别的文本挖掘方法是对传统文本挖掘方法的改进,主要用于词典库的优化。“三新”词典库的构造工作量大并带有主观性,模式甄别可以实现词典库的动态优化,提高界定的科学性和可靠性。

2.“三新”经济的监测:基于特征选择和算法模型的指数编制

国内外针对新经济监测指数的研究中,较有代表性的有美国新经济指数、欧盟创新指数、全球创新指数、我国国家统计局新经济指数等,各指数均基于多样化的数据资源,综合反映新经济的发展水平和变动趋势。

本文通过编制上海“三新”经济影响力指数对上海“三新”经济发展态势进行监测(见图 4.1.3)。指数的编制在指标选取上引入了特征选择方法、在权重设置上应用了分类算法模型、在指数设定上旨在同时反映“三新”经济的动态变化和相对优势。

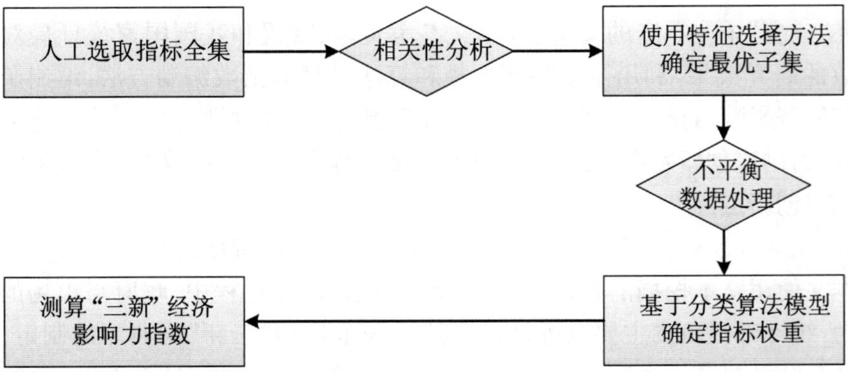

图 4.1.3 “三新”经济影响力指数编制流程

三、上海"三新"经济的界定

(一)数据来源及指标说明

本文主要使用统计部门调查数据,以部门共享数据和网络数据为辅助。

统计部门调查数据包括 2013－2015 年的:

法人单位基本情况表

各专业规模以上企业财务表

各专业规模以上科技过录表

各专业规模以上能源使用表

各专业规模以上就业和劳动工资表

各专业信息化情况表

战略新兴产业(制造业、服务业)统计表

部门共享数据主要包括工商局的法人单位名录数据。

网络数据主要包括动态更新的新产品词典库。

其中:统计部门的"法人单位基本情况表"、网络数据主要用于"三新"词典库的构造;统计部门的其他数据用于对企业特征进行模式甄别和词典库优化;工商局的法人单位名录数据用于对挖掘结果进行比对和检验。

根据本文的研究思路,"三新"企业的界定包括词典库的构造、中文分词处理、第一次文本挖掘、模式甄别、词典优化和第二次文本挖掘五个步骤。

(二)"三新"词典库的构造和中文分词处理

"三新"词典库是统计部门对"三新"经济标准的具体体现,文本挖掘以"三新"词典库为基础。

初定的"三新"词典库由三部分组成(见图 4.1.4):

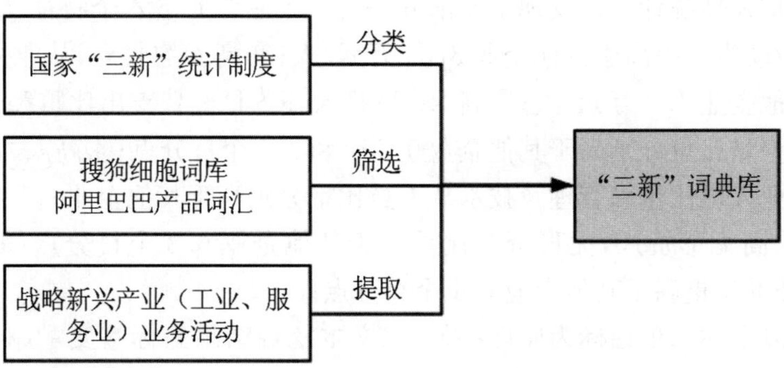

图 4.1.4　"三新"词典库的构造

国家"三新"统计制度基础词库。以国家统计局《新产业、新业态、新商业模式专项统计报表制度(2016)》为基础提取 323 个词汇,对词典库的确定具有基础性的框架作用。搜狗细胞词库和战略新兴企业的主要业务活动作为词库的补充,以保证词库的全面性和专业性。经过文本挖掘和模式甄别后,词典库得到优化,形成最终的"三新"词典库。

本文使用 Python3.5 软件下的 jieba 0.38 分词组件对 2013—2015 年统计部门法人库中的"主要业务活动(或主要产品)"文本集合进行分词。"三新"词典库作为分词组件的自定义词典,能够对主要业务活动进行精确拆分。

(三)初步认定和模式甄别

通过把中文分词结果与"三新"词典库进行精确搜索匹配,实现非结构化的文本数据转化为结构化数据(两者匹配则取值为 1,反之则为 0),完成"三新"企业的初步认定。

以 2015 年为例,第一次文本挖掘从 514377 家法人单位中初步认定了 158774 家"三新"单位,占总数的 30.9%。对初步认定的这些"三新"单位,从产出、信息化、能耗、人力资本和研发投入等角度进行模式甄别,识别出其中不符合"三新"经济特征的企业,并利用其主要业务活动描述对"三新"词典库进行优化。

模式甄别的原理如下:模式是由分散于较大数据集的部分数据组成的数据集合,在属性特征空间中,模式观测点所处区域的局部密度往往稀疏于其他观测点所处区域。局部离群因子法(Local Outlier Factor,LOF)基于局部密度,在指定邻居个数的条件下,考察观测点局部区域的分离程度,作为观测点的模式风险评分,观测点的 LOF 得分越高,越能够被判定为模式观测点。

1. 工业"三新"企业初步认定结果的模式甄别

无数据缺失和数据异常的全市规模以上工业企业共 8388 家,其中被文本挖掘方法判定为"三新"企业的有 2546 家,占样本企业总数的 30.4%。

通过描述性统计分析发现工业部分"三新"企业有如下六个特征:①高产出效率,全员劳动生产率高于其他企业 37.4 万元/人;②高人均收入,从业人员人均工资高于其他企业 1.3 万元/人;③高 R&D 投入,R&D 经费支出比重和 R&D 人员折合全时当量比重分别高于其他企业 0.8 个和 2.5 个百分点;④高人力资源结构,高学历从业人员比重和管理及技术从人员比重分别高于其他企业 9.8 个和 4.0 个百分点;⑤高无形资产,无形资产比重高于其他企业 0.8 个百分点;⑥高政府补助,政府补助比重高于其他企业 0.1 个百分点。

本文以上述六项指标为属性特征,以文本挖掘结果为标签变量,利用 R 软件进行模式甄别。由图 4.1.5 可知,LOF 得分前 30%的观测点覆盖了近 80%的实际模式;由图 4.1.6 可知,当模式甄别的回溯精度等于 80%时,其决策精度也约为 80%,甄别效果较为理想。

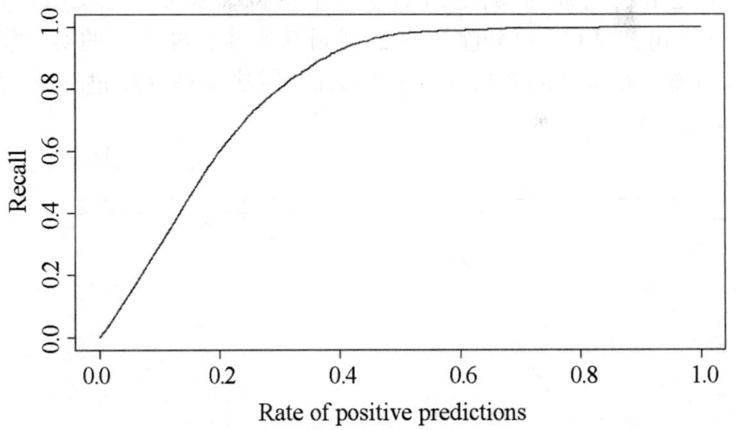

图 4.1.5 规模以上工业企业模式甄别的累计回溯精度曲线

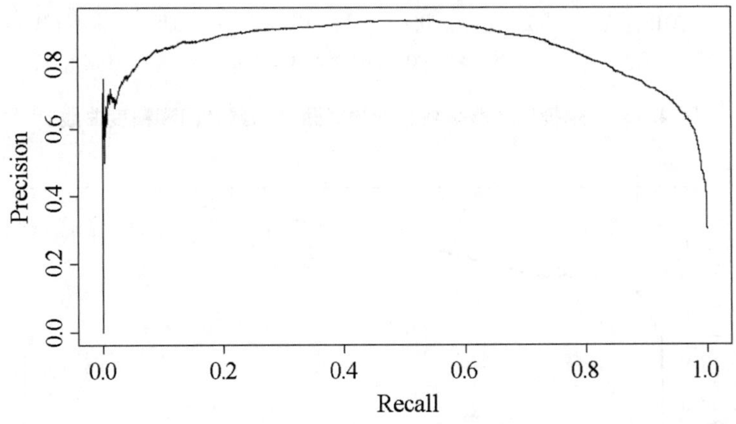

图 4.1.6 规模以上工业企业模式甄别的决策精度和回溯精度曲线

2. 服务业“三新”企业初步认定结果的模式甄别

无数据缺失和数据异常的全市规模以上服务业企业共 20409 家，其中被文本挖掘方法判定为“三新”企业的有 5867 家，占样本企业总数的 28.7%。

通过描述性统计分析发现服务业部分“三新”企业有如下五个特征：①高人均收入，从业人员人均工资高于其他企业 3.5 万元/人；②高信息化投入，信息化投入比重高于其他企业 1.0 个百分点；③高人力资源结构，高学历从业人员比重和管理及技术从人员比重高于其他企业 18.1 个和 16.4 个百分点；④高无形资产，无形资产比重高于其他企业 0.2 个百分点；⑤高政府补助，政府补助比重高于其他企业 0.2 个百分点。

本文以上述五项指标为属性特征，以文本挖掘结果为标签变量进行模式甄别。由图 4.1.7 可知，LOF 得分前 30%的观测点覆盖了约 80%的实际模式；由图 4.1.8 可知，当模式甄别的回溯精度等于 80%时，其决策精度超过 75%，甄别效果较为理想。

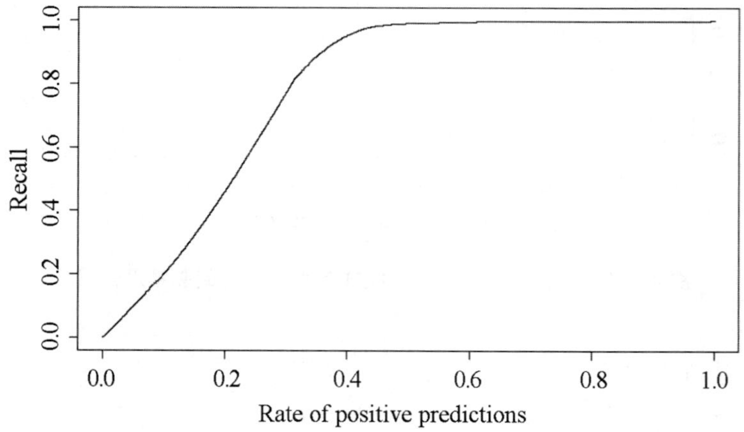

图 4.1.7　规模以上服务业企业模式甄别的累计回溯精度曲线

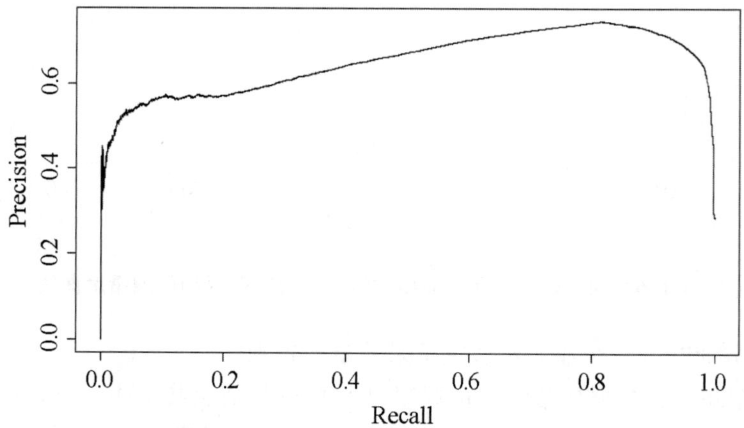

图 4.1.8　规模以上服务业企业模式甄别的决策精度和回溯精度曲线

3.“三新”企业模式甄别结果的词频统计

根据“三新”企业模式甄别结果，分别将 LOF 得分最低的 20%的工业企业和 15%的服务业企业设定为可疑企业。可疑企业主要可分为两类：第一类，是“三新”企业，但由于个体特殊性而未被甄别为模式；第二类，确实不属于“三新”企业，由于“三新”词典库不完善而误将其作为“三新”企业。

本文对可疑企业的主要业务活动关键词进行词频统计(见图 4.1.9),并以此为基础优化"三新"词典库。

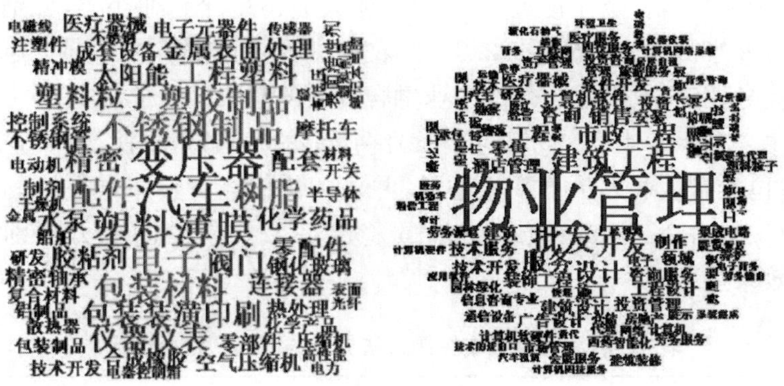

图 4.1.9 工业(左)与服务业可疑企业业务活动关键词词云图

(四)"三新"词典库的优化和最终认定结果

本文以模式甄别得到的可疑关键词词频统计为基础,通过人工判断,从初定词典中剔除了"物业管理"、"建筑工程"、"房屋租赁"等 252 个关键词,形成新的"三新"词典库,词云图(见图 4.1.10),并以此为基础进行第二次文本挖掘,得到最终认定结果。

图 4.1.10 优化的"三新"词典库词云图

1. 最终认定的“三新”企业基本情况

经过带有模式甄别的两步文本挖掘，本文认定了上海2013—2015三年的“三新”企业。全市“三新”企业覆盖了87个行业大类、835个行业小类，分别占全部行业门类和行业小类的95.6%和82.2%。农业、工业等传统产业中越来越多企业涉足“三新”业务，“三新”经济与传统产业融合发展的态势显现。

表4.1.1列示了本文初步认定和最终认定的“三新”企业，结果显示：①“三新”企业单位数和从业人员均平稳增长，并显著快于经济整体水平；②三年间“三新”企业单位数占全部法人单位数的比重稳定在22%左右；③模式甄别对文本挖掘的改进效果显著。

表4.1.1　两步文本挖掘方法界定的“三新”企业情况

	2013年	2014年	2015年
法人库全部单位数(个)	499798	509326	514377
从业人员(万人)	1233.2	1256.7	1256.9
单位数增长(%)	—	1.9	1.0
从业人员增长(%)	—	1.9	0.0
初步认定的三新企业(个)	155568	158330	158774
单位数占比(%)	31.1	31.1	30.9
最终认定的三新企业(个)	104566	114903	117546
单位数占比(%)	20.9	22.6	22.9
三新单位数增长(%)	—	9.9	2.3
三新从业人员增长(%)	—	8.2	1.4

2. 认定结果的检验

本文将“三新”企业认定结果与上海战略性新兴产业(简称“战新”)企业名录进行比对，基本情况如下：2014和2015年，认定为“三新”的战新(制造业)企业数分别为1589家和1556家，覆盖当年战新(制造业)的72.1%和70%；认定为“三新”的战新(服务业)企业数分别为1535家和1494家，覆盖当年战新(服务业)的86.7%和86.9%。本文的认定结果能够覆盖战新产业的主要部分，两者的差异是那些在模式甄别阶段被剔除的部分。这既体现了“三新”经济与战新经济的不同特征，也反映出专业认定的主观把握与文本挖掘认定的客观筛选的区别。

此外，本文利用相同的方法对工商部门法人库进行挖掘，由于其“业务范围”的描述太长、过于口语化并有否定词，挖掘结果不具可比性，本文不再赘述。与之相比，统计部门的调查数据描述更加规范，适合用本文的方法进行挖掘。

(五)上海“三新”经济的发展态势分析

根据本文方法界定的“三新”企业测算,2013 年至 2015 年,上海“三新”经济增加值占全市 GDP 的比重分别为 24.2%、25.5%和 27.6%,呈稳步上升态势(见表 4.1.2);2014 年和 2015 年的“三新”经济增加值增速(可比价,下同)分别为 12.4%和 14.7%,高于同期地区 GDP 5.4 个百分点和 7.8 个百分点,体现出了上海新经济增长的贡献与活力。分行业看,上海“三新”经济增加值中占比最高的四个行业分别为金融业、工业、信息传输软件和信息技术服务业、租赁和商务服务业。

表 4.1.2 “三新”经济增加值分行业情况

	“三新”经济增加值占行业比重(%)			“三新”经济增加值增速(可比价,%)	
	2013 年	2014 年	2015 年	2014 年	2015 年
合计	24.2	25.5	27.6	12.4	14.7
#工业	16.5	17.8	18.6	12.7	5.0
信息传输、软件和信息技术服务业	91.8	91.5	92.0	12.1	12.7
金融业	51.2	51.3	49.1	15.0	17.4
租赁和商务服务业	37.8	38.3	50.0	10.5	33.8

注:①增加值算法采用“三新”经济行业主要经济指标以及行业增加值率推算;

②工业按照战略新兴性产品报表中的战略新兴性产业产值的占比进行调整;

③金融业根据 2013—2015 年金融业年报中货币银行非贷款利息收入占比进行调整。

2014 年,上海“三新”经济从业人员占全行业的比重提升了 1.4 个百分点,除水利、环境和公共设施管理业外,上海各行业“三新”经济从业人员占全行业的比重均有所提升。2015 年,该比重提升了 0.4 个百分点,提升较快的行业有:教育、科学研究和技术服务业、租赁和商务服务业、交通运输仓储邮政业,但工业的比重略有下降(见表 4.1.3)。

表 4.1.3 “三新”经济从业人员占全行业的比重

	从业人数占行业的比重(%)		
	2013	2014	2015
农林牧渔业	2.6	3.1	3.1
工业	25.5	26.4	26.0
建筑业	6.0	6.0	6.0

续表

	从业人数占行业的比重(%)		
	2013	2014	2015
批零住餐	10.8	12.0	11.8
交通运输仓储邮政	9.9	11.4	11.9
信息传输、软件和信息技术服务业	90.8	90.9	90.6
金融业	63.2	71.3	70.2
房地产业	4.9	5.7	5.8
租赁和商务服务业	40.9	40.9	41.7
科学研究和技术服务业	49.2	51.8	52.9
水利、环境和公共设施管理业	15.7	15.6	16.3
居民服务、修理和其他服务业	10.3	12.3	12.5
教育	20.0	21.0	22.3
卫生和社会工作	45.5	47.3	47.1
文化、体育和娱乐业	41.7	45.5	43.6
公共管理、社会保障和社会组织	14.7	18.6	18.5
总计	**24.2**	**25.6**	**26.0**

(六)小结

本节通过对统计部门调查数据、部门共享数据和网络数据使用带有模式甄别的文本挖掘方法,给出了一套不同于传统的、能够处理动态变化经济实体的界定方法,其特点主要在于数据源的规范化和词典的动态性。相比于工商部门数据和网络数据,利用统计部门的数据界定“三新”企业具有明显优势;词典的动态优化为科学地界定“三新”经济提供了相对客观的标准和较强的可操作性。结果显示:研究期间,上海“三新”企业单位数平稳增长,从业人员规模不断扩大;2014 年和 2015 年上海“三新”经济增加值增速分别为 12.4%和 14.7%,“三新”经济的规模和贡献稳步提升。

四、上海“三新”经济的监测

(一)构建指标全集

本文从“促转型指数”、“重创新指数”、“提质量指数”3 个维度构建了上海“三新”经济影响力指数。该指数不仅可以反映上海“三新”经济的发展态势,而且可以反映“三新”企业对全市经济在转型发展、创新驱动和提质增效等方面的贡献程度。

1. 监测指标的人工选取

本文以 2015 年“四上”企业数据为基础，整合了法人表、财务表、能源表、劳资表、R&D 表、信息化表等专业统计报表，人工选取了 18 项监测指标。

考虑到经营特点和数据资源的不同，本文分别针对工业和服务业构建相应指数，指数设定和候选指标详见表 4.1.4。

表 4.1.4　“三新”经济影响力指数评价指标全集

“三新”经济影响力指数			
二级指标	三级指标	备注	代码
促转型指数	产出增速	调结构	v11
	全员劳动生产率	增效率	v12
	万元产出综合能耗 *	绿色发展	v13
	从业人员人均工资	惠民生	v14
	信息化投入占成本费用比重	信息化	v15
	电子商务交易额	新模式	v16
重创新指数	R&D 经费支出占成本费用比重 *	创新投入	v21
	R&D 人员折合全时当量占从业人员比重 *	创新投入	v22
	有效发明专利数 *	创新产出	v23
	新产品投入产出率 *	创新效率	v24
	无形资产比重	创新产出	v25
	高学历从业人员比重	创新人力资源基础	v26
	管理及技术从人员比重	创新人力资源基础	v27
提质量指数	总资产贡献率	盈利能力	v31
	资本保值增值率	发展能力	v32
	资产负债率	偿债能力	v33
	总资产周转率	营运能力	v34
	成本费用利用率	盈利能力	v35

注：* 表示仅工业部分指数测算指标

2. 监测指标的相关分析

对工业部分 18 项候选指标以及服务业部分 13 项候选指标分别进行 pearson 相关性分析，以检验候选指标间的依存程度。

工业部分，除 v14 与 v26、v26 与 v27、v31 与 v35 外的其他指标间的依存度不高，可用于后续分析；服务业部分，除 v33 与 v34 外的其他候选指标间的依存度不高，可用于后续分析。

(二)选择最优子集

评价指标全集是从专业统计报表中主观提取，为保证指标体系的客观性和科学性，本文使用两种特征选择方法从中筛选最能够代表“三新”企业特征的最优子集，作为编制指数的选定指标。

1. 基于 Filter 评价策略的特征选择

Filter 采用基于信息统计的启发式准则来评估各项特征的预测能力，并选择预测能力较优的那部分特征组成特征子集，其独立于后续机器学习算法，计算效率较高。

本文使用 WEKA3.8 的 Gain Ratio Attribute Eval(每个特征的增益比)以及 Info Gain Attribute Eval(每个特征的信息增益)评估器，配合 Ranker 搜索方法选择特征子集。结果见表 4.1.5，工业部分排除了 v11、v13、v16、v31、v32，服务业部分排除了 v16。

表 4.1.5　基于 Filter 评价策略特征选择的输出结果

工业部分				服务业部分			
Gain Ratio Attribute Eval		Info Gain Attribute Eval		Gain Ratio Attribute Eval		Info Gain Attribute Eval	
0.033	v22	0.031	v26	0.02	v27	0.036	v26
0.029	v21	0.028	v21	0.017	v26	0.031	v27
0.024	v24	0.026	v22	0.015	v15	0.03	v15
0.023	v23	0.017	v23	0.011	v14	0.023	v12
0.015	v26	0.017	v24	0.009	v12	0.018	v14
0.011	v14	0.017	v14	0.009	v31	0.018	v34
0.01	v27	0.015	v27	0.008	v34	0.016	v35
0.008	v35	0.01	v35	0.007	v11	0.009	v11
0.007	v12	0.007	v12	0.007	v35	0.009	v31
0.005	v34	0.005	v34	0.004	v32	0.004	v32
0.004	v33	0.005	v15	0.004	v25	0.002	v25
0.004	v25	0.004	v25	0.003	v33	0.001	v33
0.003	v15	0.003	v33	0	v16	0	v16
0	v16	0	v16				
0	v31	0	v31				
0	v13	0	v13				
0	v32	0	v32				
0	v11	0	v11				

2. 基于 Wrapper 评价策略的特征选择

Wrapper 在特征选择时依赖具体分类方法，其根据测试集在分类器上的性能表现来评估特征子集的优劣，其效率不及 Filter，但所选的优化特征子集的规模相对更小。

本文使用 WEKA3.8 提供的 Cfs Subset Eval（根据特征子集中每个特征的预测能力以及它们之间的关联性进行评估）以及 Wrapper Subset Eval（使用一种分类方法对特征子集进行评估）评估器，配合 Greedy Stepwise 或 Best Frist 搜索方法选择特征子集，选择结果见表 4.1.6。

表 4.1.6 基于 Wrapper 评价策略特征选择的输出结果

	评估器	特征子集							
工业部分	Cfs Subset Eval	v14	v21	v22	v23	v26	v27	v35	
	Wrapper Subset Eval	v12	v21	v22	v24	v25	v33		
服务业部分	Cfs Subset Eval	v11	v12	v14	v15	v26	v27	v31	v34
	Wrapper Subset Eval	v11	v12	v14	v26	v27	v31	v32	

3. 不同特征选择子集的分类效果比较

为评价不同特征子集的分类效果，本文使用 C4.5、Bagging、AdaBoost、随机森林、SVM、ANN 等学习方法，通过十折交叉验证得到各特征子集对“三新”企业分类的准确程度（见表 4.1.7）。

从分类效果看，三个特征子集的平均准确率均优于全集，其中又以 Filter 评价策略最优，因此选择其作为“三新”经济影响力指数的评价指标最优子集。

表 4.1.7 各特征子集不同分类方法准确率汇总

		全集	Filter 子集	Wrapper 子集 1	Wrapper 子集 2
工业部分	C4.5	71.968	73.039	73.753	73.908
	Bagging	72.575	73.67	73.11	73.17
	AdaBoost	72.206	73.206	73.456	73.36
	随机森林	73.503	74.634	70.301	73.17
	SVM	72.098	73.11	73.11	73.051
	AHN	72.86	73.813	73.825	73.717
	平均准确率	72.535	73.579	72.926	73.396

续表

		全集	Filter 子集	Wrapper 子集 1	Wrapper 子集 2
服务业部分	C4.5	74.095	75.281	75.197	75.78
	Bagging	75.653	76.672	75.834	75.883
	AdaBoost	74.864	74.864	74.864	74.56
	随机森林	76.54	77.451	76.853	76.682
	SVM	71.38	71.38	71.384	71.253
	ABW	73.389	74.384	73.972	73.311
	平均准确率	74.32	75.005	74.684	74.578

(三)设置指标权重

1. 基于 SMOTE 法的不平衡化数据处理

认定为“三新”的企业中工业企业有 2546 家，服务业企业有 5867 家，分别占样本企业总数的 30.4%和 28.7%，“三新”企业占比明显小于其他企业，有必要对企业数据进行平衡化处理。

合成少数类过取样算法(SMOTE)是通过在一些位置相近的少数类样本中插入新样本以期达到平衡样本的目的，在一定程度上可以避免分类器过度拟合。使用 R 软件 DMwR 包的 SMOTE 命令，指定“三新”企业样本合成比例为 200%。其他企业样本欠抽样比例为 100%。经过平衡化处理后，“三新”企业的样本数有所增加，而其他企业的样本数则有所减少(见表 4.1.8)。

表 4.1.8 不平衡化数据处理前后样本构成对比

		“三新”企业	其他企业	合计
工业部分	原始样本企业数	2546	5842	8388
	平衡化后样本企业数	7638	5092	12730
服务业部分	原始样本企业数	5867	14542	20409
	平衡化后样本企业数	17601	11734	29335

2. 基于算法模型的指标权重确定

选用 Bagging、AdaBoost、随机森林三种学习方法，按照最优子集中各指标在区分“三新”企业过程中的重要程度确定指标权重。

(1)Bagging 算法的指标重要性分析

袋装法(Bagging)根据均匀概率分布对样本量为 n 的样本集 S 做 k 次有放回的重复抽样，得到基于 k 个自举样本 S_k 的 k 棵决策树，对新观测输出变量取值进行多数表决，哪个类别得票最多，就预测为哪个类别。

由输出结果可知，工业部分对全部观测值的预测正确率为 71.7%，对“三新”企业观测值的预测正确率为 74.5%，服务业部分对全部观测值的预测正确率为 70.4%，对“三新”企业观测值的预测正确率为 71%，并在进行 50 次重抽样自举后，预测错误率均已逐渐趋于稳定。表 4.1.9 列明了 Bagging 算法输出的变量重要性归一化后的百分比及排序。

表 4.1.9 Bagging 算法输出的变量重要性归一化后百分比及排序

<table>
<tr><td rowspan="6">工业部分</td><td>变量</td><td>v12</td><td>v14</td><td>v15</td><td>v21</td><td>v22</td><td>v23</td><td>v24</td></tr>
<tr><td>重要性</td><td>4.001</td><td>5.797</td><td>21.834</td><td>12.145</td><td>14.461</td><td>8.306</td><td>8.473</td></tr>
<tr><td>排序</td><td>9</td><td>7</td><td>1</td><td>3</td><td>2</td><td>6</td><td></td></tr>
<tr><td>变量</td><td>v25</td><td>v26</td><td>v27</td><td>v33</td><td>v34</td><td>v35</td><td></td></tr>
<tr><td>重要性</td><td>1.624</td><td>11.097</td><td>5.016</td><td>1.469</td><td>2.164</td><td>3.614</td><td></td></tr>
<tr><td>排序</td><td>12</td><td>4</td><td>8</td><td>13</td><td>11</td><td>10</td><td></td></tr>
<tr><td rowspan="6">服务业部分</td><td>变量</td><td>v11</td><td>v12</td><td>v14</td><td>v15</td><td>v25</td><td>v26</td><td>v27</td></tr>
<tr><td>重要性</td><td>4.259</td><td>10.602</td><td>7.743</td><td>23.334</td><td>1.625</td><td>16.213</td><td>14.738</td></tr>
<tr><td>排序</td><td>9</td><td>4</td><td>5</td><td>1</td><td>11</td><td>2</td><td>3</td></tr>
<tr><td>变量</td><td>v31</td><td>v32</td><td>v33</td><td>v34</td><td>v35</td><td></td><td></td></tr>
<tr><td>重要性</td><td>5.095</td><td>2.215</td><td>1.177</td><td>7.034</td><td>5.966</td><td></td><td></td></tr>
<tr><td>排序</td><td>8</td><td>10</td><td>12</td><td>6</td><td>7</td><td></td><td></td></tr>
</table>

(2)AdaBoost 算法的指标重要性分析

提升法(Boosting)则根据样本的权重来确定训练集的抽样分布，每一轮提升都增加错误分类样本的权重，减少正确分类样本的权重，从而使得基分类器在后续迭代中重点关注那些难以分类的样本，其中的 AdaBoost 算法已有较为广泛的应用。

由输出结果可知，工业部分对全部观测值的预测正确率为 76.1%，对“三新”企业观测值的预测正确率为 78.8%，服务业部分对全部观测值的预测正确率为 77.2%，对“三新”企业观测值的预测正确率为 81.7%，并在进行 50 次重抽样自举后，预测错误率均已逐渐趋于稳定。表 4.1.10 列明了 AdaBoost 算法输出的变量重要性归一化后的百分比及排序。

表 4.1.10　AdaBoost 算法输出的变量重要性归一化后百分比及排序

工业部分	变量	v12	v14	v15	v21	v22	v23	v24
	重要性	3.678	3.761	19.11	7.115	14.696	6.836	6.114
	排序	10	9	1	4	3	6	7
	变量	v25	v26	v27	v33	v34	v35	
	重要性	6.104	6.931	3.575	1.896	17.894	2.29	
	排序	8	5	11	13	2	12	
服务业部分	变量	v11	v12	v14	v15	v25	v26	v27
	重要性	4.642	10.933	6.444	20.692	3.783	17.337	12.52
	排序	9	4	6	1	10	2	3
	变量	v31	v32	v33	v34	v35		
	重要性	4.665	1.752	1.461	10.577	5.195		
	排序	8	11	12	5	7		

(3)随机森林算法的指标重要性分析

随机森林根据随机方式建立一片森林,森林中包含众多具有较高预测精度且弱相关甚至不相关的决策树,并形成组合预测模型,众多预测模型在后续过程中将共同参与对新观测输出变量取值的预测。

设定随机森林包含 500 棵分类树,节点的输入变量个数为 5。由结果可知,工业部分对全部观测值基于 OOB 的预测准确率为 87.1%,对“三新”企业观测值基于 OOB 的预测准确率为 88.8%;服务业部分对全部观测值基于 OOB 的预测准确率为 88.3%,对“三新”企业观测值基于 OOB 的预测准确率为 91.1%。

(4)监测指标的权重确定

Bagging、AdaBoost、随机森林三种学习方法输出的各指标在区分“三新”企业过程中的重要程度并不相同。因此,对各种方法输出的指标重要性按照各种方法归一化后的预测准确率进行加权平均,所得结果即作为最优子集中各指标的最终权重(表 4.1.11,表 4.1.12)。与此同时,也得到了指标体系中各项二级指标的最终权重,工业部分的“促转型指数”最终权重为 30.1,“重创新指数”最终权重为 49.6,“提质量指数”最终权重为 20.3;服务业部分的“促转型指数”最终权重为 42.8,“重创新指数”最终权重为 28.9,“提质量指数”最终权重为 28.3。

表 4.1.11 工业"三新"经济影响力指数最优子集指标权重

指标代码	Bagging	AdaBoost	随机森林	指标权重
v12	4.001	3.678	11.684	6.714
v14	5.797	3.761	8.921	6.280
v15	21.834	19.110	11.296	17.082
v21	12.145	7.115	2.893	7.114
v22	14.461	14.696	4.105	10.739
v23	8.306	6.836	2.570	5.723
v24	8.473	6.114	2.885	5.655
v25	1.624	6.104	5.314	4.435
v26	11.097	6.931	10.104	9.377
v27	5.016	3.575	10.459	6.544
v33	1.469	1.896	10.673	4.984
v34	2.164	17.894	9.898	10.120
v35	3.614	2.290	9.198	5.232
预测准确率	0.745	0.788	0.888	——

表 4.1.12 服务业"三新"经济影响力指数最优子集指标权重

指标代码	Bagging	AdaBoost	随机森林	指标权重
v11	4.259	4.642	7.961	5.771
v12	10.602	10.933	12.368	11.373
v14	7.743	6.444	6.756	6.939
v15	23.334	20.692	13.391	18.733
v25	1.625	3.783	3.516	3.055
v26	16.213	17.337	10.518	14.462
v27	14.738	12.520	7.846	11.419
v31	5.095	4.665	7.339	5.790
v32	2.215	1.752	7.138	3.899
v33	1.177	1.461	3.989	4.191
v34	7.034	10.577	8.61	8.810
v35	5.966	5.195	5.568	5.559
预测准确率	0.710	0.817	0.911	——

(四)“三新”经济影响力指数的测算与分析

1.“三新”经济影响力指数的测算

在确定了指标体系和权重的基础上，本文测算了上海“三新”经济影响力指数。测算过程如下：

第一步，计算“三新”企业和全部企业的各项指标数值。

第二步，计算“三新”企业的各项指标得分。

对于某指标，记“三新”企业指标值为 x_i，全部企业指标值为 y_i，则“三新”企业该指标的得分为：$score_i = \frac{x_i - y_i}{\alpha y_i - y_i} \times 50 + 50, \alpha > 1$。其中 α 表示“三新”经济超过经济发展整体水平的目标值，例如当 α 取值为 2 时，表示“三新”经济超过整体水平 1 倍为目标。得分取值区间为[0,100]，得分越高表明“三新”企业发展水平越高：取值为[0,50)表示“三新”企业发展低于平均水平，取值为(50,100]表示高于平均水平，超过该区间的得分分别取为 0 或 100。经过本文的数据检验，综合考虑“三新”经济发展目标，本文将参数 α 设定为 2。①

第三步，各项指标得分乘以相应权重，得到“三新”经济影响力分项指数和综合指数。指数值大于 50，说明“三新”经济发展优于全市水平，对全市经济具有正影响力，指数值越大正影响力越强；指数值小于 50，说明“三新”经济发展劣于全市水平，对全市经济具有负影响力，指数值越小负影响力越强。

指数测算结果见表 4.1.13。

表 4.1.13　2013—2015 年“三新”经济影响力指数

	指数名称	2013 年	2014 年	2015 年
工业	“促转型”指数	53.5	57.3	61.8
	“重创新”指数	62.8	60.8	64.4
	“提质量”指数	51.8	51.3	51.4
	综合指数	57.7	57.8	61.0
服务业	“促转型”指数	46.8	54.3	64.0
	“重创新”指数	60.1	57.1	65.8
	“提质量”指数	45.8	47.3	51.3
	综合指数	50.4	53.1	60.9

① 特别的，根据国家统计局工业经济效益综合指数编制规则，“资产负债率”的目标值定为 60%，指标得分计算公式为 $score_i = \left(1 - \left|\frac{60\% - x_i}{60\% - y_i}\right|\right) \times 50 + 50$。

2.“三新”经济影响力指数的分析

根据2013—2015年全市“三新”经济影响力指数的测算结果，上海“三新”经济发展体现出以下特征：

第一，“三新”经济发展综合指数稳步上升。从时序数据看，工业综合指数从2013年的57.7上升至2015年的61.0，同期服务业综合指数从50.4上升至60.9。指数数值均大于50，反映出“三新”经济对全市经济发展的影响作用较为积极；指数总体上升，反映出“三新”经济对全市经济发展的促进作用逐步加大。

第二，“重创新”指数引领。从截面数据看，不论是工业还是服务业，各年的“重创新”指数均高于其他两项指数，反映出“三新”经济对全市经济在创新驱动方面的影响程度最为显著。

第三，“促转型”指数拉动。在全员劳动生产率、从业人员人均工资、信息化投入占比等监测指标逐年提高的支撑下，不论是工业还是服务业，“促转型”指数在三年间的提升幅度最大，反映出“三新”经济有力推进了全市经济的转型升级。

第四，“提质量”指数偏弱。工业“提质量”指数连续三年徘徊在略高于51的水平，而服务业“提质量”指数则在2013、2014两年低于50，反映出“三新”企业在发展过程中面对的生产经营困难仍然不少，需要相关职能部门进一步引导和扶持。

五、结论及建议

(一)主要结论

本文对在新常态下开展“三新”统计工作进行了尝试，给出了一套不同于传统的、能够处理动态变化经济实体的界定和监测方法。主要结论如下：

1. 统计部门的数据具有良好的规范性，利用本文的方法界定“三新”经济具有较强的可复制性和可推广性。实证结果表明：与部门共享数据和网络数据相比，使用统计部门的数据进行界定具有明显的优势。本文的界定方法可操作性强，不受地域和时间限制，具有较强的可复制性和可推广性。

2. “三新”经济影响力指数与“三新”经济的发展趋势相互印证。上海“三新”经济影响力指数在指标选择和权重设置环节引入了机器学习技术，指数测算结果比较理想，与“三新”经济发展趋势吻合。

3. 本文的方法强化了市场机制在统计实践中的作用，并具有良好的可拓展性。新经济的内涵与外延不断变化，统计部门通过制定动态词典库、规范调查单位的数据填报等方式，可以对不断涌现的新经济类型或新统计对象进行有针对性的研究。

(二)研究展望及对策建议

本文的研究涉及的数据量大、覆盖面广，在取得上述研究结果的同时仍存在一定研究空间，主要涉及以下方面：

1. 受制于当前调查数据的时效和范围，本文的监测部分没有编制季度指数，也没有针对规模以下“三新”企业编制指数。

2. “三新”企业的生长周期和地域分布特征有待深入研究。受篇幅限制，下一步可以深入分析“三新”企业的具体特征和结构，为制定产业政策提供依据。

3. 新经济生产率演变特征有待进一步研究。新经济具有更宽广的内涵，也是国际上更具关注度的经济形态，研究新经济生产率的发展特征将成为新形势下统计研究的前沿问题。

根据以上研究展望，我们对做好“三新”统计工作提出以下建议：

1. 抓住“五证合一”登记制度改革契机，完善统计基础信息资料的管理机制

“五证合一”的实施将在更大范围、更深层次实现信息共享和业务协同。把握此次改革契机，深入推广规范化的统计标准，将有效推进大数据背景下的政府部门数据的共享和开发。

2. 制定规范的“三新”经济词典库，发挥统计部门顶层设计职能

“三新”词典库的构建是本文界定“三新”企业的关键环节，也是动态跟踪“三新”等新经济发展变化的核心要素。词典库的设定反映了管理部门对新经济内涵和外延的理解，统计部门应当发挥顶层设计的角色职能，深入研究新经济的发展态势，为新经济研究制定规范的统计标准和经济标准。

3. 重视以经济活动内容为对象的统计调查改革，适应现代统计体系的需求

伴随着技术与制度的创新，企业经营的业务内容呈现出明显的多元化特征。传统的以法人单位为基础、以企业主营业务确定行业所属的传统方式，已无法适应以经济活动为基本元素的新经济统计要求。建议从统计方法制度改革的角度出发，重视以经济活动内容为对象的信息填报，增加三项主要业务活动业务收入比重等指标。

4. 规范企业信息填报，提升统计部门数据的时效性与敏感度

从界定结果看，企业填报内容的不规范和不连续会导致对同一家单位的界定结果不同。建议加强企业信息填报的规范程度，为数据分析、跟踪监测、趋势预测奠定扎实基础。

参考文献

[1]许宪春．新经济：政府统计面临的挑战[N]．第十届中国经济增长与周期论坛，2016 年 7 月 2 日．

[2]陈沁，沈明高，沈艳．财智 BBD 中国新经济指数技术报告[R]．北京大学国家发展研究院，2016 年 3 月．

[3]沈艳．大数据分析五步法——以新经济指数为例[R]. 北京大学国家发展研究院，2016 年 3 月．
[4]财新网．万事达卡财新 BBD 中国新经济指数[R]. 2016 年 8 月．
[5]余芳东．对国际上创新经济统计测度研究的述评[J]. 调研世界，2016(8)：6—11.
[6]王磊，范超，解明明．数据挖掘模型在小企业主信用评分领域的应用[J]. 统计研究，2014(10)：89—98.
[7]李艳红，梁毓琪，郝晓玲．上海自贸区国内外关注力分布研究——基于新闻报道和期刊文献的视角[J]. 中国管理科学，2014(11)：544—551.
[8]计智伟，胡珉，尹建新．特征选择算法综述[J]. 电子设计工程，2011(19)：528—530.
[9]孙涛，吴海丰，梁志刚，贺文，张镭，吕平欣，郭秀花．SMOTE 算法在不平衡数据中的应用[J]. 北京生物医学工程，2012(31)：46—50.
[10]加雷斯．詹姆斯，丹妮拉．威滕，特雷弗．哈斯帖，罗伯特．提布施瓦尼．统计学习导论[M]. 北京：机械工业出版社，2015.
[11]王星等．大数据分析：方法与应用[M]. 北京：清华大学出版社，2013.
[12]Ian H. Witten，Eibe Frank，Mark A. Hall. 数据挖掘：实用机器学习工具与技术[M]. 北京：机械工业出版社，2014.

（作者：苑立波　樊佳佳 马一峰）

4.2 北京市战略性新兴产业竞争力评价研究[①]

摘要:“十二五”以来,北京市高度重视战略性新兴产业的发展,战略性新兴产业在北京的地位日益凸显。本文深入分析了北京市七大战略性新兴产业的发展现状,并利用SWOT分析对我市战略性新兴产业的优势、劣势、机遇和威胁分别进行了分析;同时,从产业发展潜力、比较优势、技术创新能力三个方面选取指标,建立指标体系,运用主成分法对我市几大战略新兴产业进行了因子分析,最后根据实证分析中各因子和指标的具体排名,现对所研究的五大战略性新兴产业的实际情况进行了具体分析。最后,建议从推进制度建设,打造良好环境,推进技术创新等四个方面对我市发展战略性新兴产业提出了政策建议。

关键词:新兴产业　竞争力　因子分析

一、研究背景及意义

“十二五”以来,北京市高度重视战略性新兴产业的发展,战略性新兴产业在北京的地位日益凸显。特别是党的十八大以来,北京市强化科技创新,实施创新驱动发展战略,大力推动以战略性新兴产业为核心的科技创新,科技进步和创新能力明显增强,整体水平加速从量的增长向质的提升阶段迈进,战略性新兴产业支撑引领经济社会发展取得显著成效。

(一)发展战略性新兴产业的宏观政策环境

从国家层面看,2010年10月印发的“十二五”规划提出,要培育和发展战略性新兴产业,同年10月,国务院出台《关于加快培育和发展战略性新兴产业的决定》(国发[2010]32号),明确将节能环保、新一代信息技术、生物、高端装备制造、新能源、新材料、新能源汽车7个产业作为我国的战略性新兴产业,并上升到国家战略。

从北京层面看,2011年7月,北京市人民政府出台《北京市关于加快培育和发展战略性新兴产业的实施意见》(京政发〔2011〕38号),指出为全面贯彻落实《国务

① 本课题为2016年北京市社会科学基金研究基地一般项目。

院关于加快培育和发展战略性新兴产业的决定》(国发〔2010〕32号)和《北京市国民经济和社会发展第十二个五年规划纲要》,提升战略性新兴产业在全市经济发展中的支柱地位,将北京建设成为具有全球影响力的科技创新中心和国家战略性新兴产业策源地,正式明确按照"创新驱动、高端发展、重点跨越、引领示范"的发展方向,构建"以新一代信息技术为引擎,以生物、节能环保、新材料、新能源汽车为突破,以新能源、航空航天、高端装备制造为先导"的战略性新兴产业格局,深度推进产业结构优化升级。

2014年,北京市政府发布实施《北京技术创新行动计划》,积极加快以企业为主体的技术创新体系建设,不断提高自主创新能力,加快科技成果产业化和新技术新产品的推广应用,为促进城市可持续发展和服务民生重大需求提供科技支撑。行动规划分别从轨道交通产业发展、新一代移动通信技术突破及产业发展、面向未来的能源结构技术创新与辐射带动、数字化制造技术创新及产业培育先导与优势材料创新发展等十二个专项行动,其中一半以上与战略性新兴产业有关。

(二)北京发展战略性新兴产业的重大意义

1. 适应全球制造业格局的重大调整

新一代信息技术与制造业深度融合,正在引发影响深远的产业变革,形成新的生产方式、产业形态、商业模式和经济增长点。各国都在加大科技创新力度,推动三维(3D)打印、移动互联网、云计算、大数据、生物工程、新能源、新材料等领域取得新突破。基于信息物理系统的智能装备、智能工厂等智能制造正在引领制造方式变革;网络众包、协同设计、大规模个性化定制、精准供应链管理、全生命周期管理、电子商务等正在重塑产业价值链体系;可穿戴智能产品、智能家电、智能汽车等智能终端产品不断拓展制造业新领域。全球产业竞争格局正在发生重大调整,北京在新一轮发展中面临发达国家和其他地区"双向挤压"的严峻挑战,必须放眼全球,加紧战略部署,固本培元,化挑战为机遇,抢占产业竞争制高点。

2. 适应我国经济发展环境的重大变化

随着新型工业化、信息化、城镇化、农业现代化同步推进,超大规模内需潜力不断释放,为我国产业发展提供了广阔空间。各行业新的装备需求、人民群众新的消费需求、社会管理和公共服务新的民生需求、国防建设新的安全需求,都要求传统产业在重大技术装备创新、消费品质量和安全、公共服务设施设备供给和国防装备保障等方面迅速提升水平和能力。全面深化改革和进一步扩大开放,将不断激发产业发展活力和创造力,促进产业转型升级。我国经济发展进入新常态,产业发展面临新挑战,粗放发展模式难以为继,调整结构、转型升级、提质增效、激发经济增长新动力刻不容缓。

3. 落实首都城市功能定位和京津冀协同发展需要

2014 年 2 月，习近平总书记来北京视察，提出北京发展中存在的“令人揪心的问题”。明确北京“四个中心”的功能定位。北京加快发展战略性新兴产业是落实首都功能定位、实现经济稳定发展、统筹推进创新驱动等发展战略的必然选择。

二、国内外战略性新兴产业研究发展情况

国外对战略性新兴产业方面的研究更多的是集中在主导产业和新兴产业的研究。美国经济学家罗斯顿最先提出主导产业的概念，在他看来新的制造业部门的迅速增长是引起经济转变的核心动力，经济不断增长的过程就是新主导部门不断更替旧主导部门的过程。在此之后，日本、韩国等后发国家先后提出以扶持重点产业来带动整个经济迅速增长的产业政策。2008 年国际金融危机期间，德国凭借强大的制造业优势依然保持了经济的稳定增长，成为受危机影响最小的国家。国际金融危机发生后，发达国家纷纷实施“再工业化”战略，重塑制造业竞争新优势，加速推进新一轮全球贸易投资新格局。一些发展中国家也在加快谋划和布局，积极参与全球产业再分工，承接产业及资本转移，拓展国际市场空间。其中，美国提出了“先进制造业国家战略计划”，并采取多种措施“吸引制造业回流”，英国提出了“高价值制造业战略”，日本提出了“产业复兴计划”、法国提出了“新工业法国”等。

国内学者也从多个角度对战略性新兴产业进行了研究，包括战略性新兴产业概念界定及特征、培育和发展战略性新兴产业的条件、战略性新兴产业发展要素及路径等方面的内容。万钢强调了战略性新兴产业有别于其它产业的“创新性”特征；朱瑞博强调其“战略性”，认为它在国民经济和产业结构调整中的重要意义；张和平则认为，产业基础、技术基础、资源条件和政策环境等是我国发展战略性新兴产业不可缺少的条件。2012 年，国家统计局在《国民经济行业分类目录》(GB/T4547－2011)和《统计用产品分类目录》的基础上，制定完成了《战略性新兴产业分类(2012)》，并于 2013 年试行。

三、北京市战略性新兴产业总体情况

2015 年，面对错综复杂的外部环境和改革发展的艰巨任务，北京经济社会保持了平稳健康发展，经济实力稳步增强。2015 年全市实现地区生产总值 22968.6 亿元，按可比价格计算，比上年增长 6.9%。“十二五”时期，年均增长 7.5%，顺利完成“十二五”预期目标。按常住人口计算，全市人均地区生产总值由 2010 年的 1.1 万美元提高到 2015 年的 1.7 万美元。产业结构继续优化升级，三次产业比重从 2010 年的 0.9:23.6:75.5 调整到 2015 年的 0.6:19.7:79.7。

战略性新兴产业对北京经济的引领作用凸显。据初步测算，截至 2015 年底，

全市共有规模以上战略性新兴产业 11285 家，占全市规模以上单位总数的 42.6%；实现营业收入 28359.1 亿元，利润总额 4050.1 亿元，吸纳从业人员 242.9 万人，分别同比增长 3.8%、18.7%和 0.7%。

(一)北京市七大战略性新兴产业发展现状

1. 新一代信息技术产业

2015 年，北京市新一代信息技术产业共有单位 2922 家，实现营业收入 8263.1 亿元，同比增长 5.4%，高于战略性新兴产业平均增速 1.6 个百分点；实现利润总额 2177.6 亿元，同比增长 29%，高于战略性新兴产业平均增速 10.3 个百分点。营业收入和利润占战略性新兴产业的比重为 29.1%和 53.8%。新一代信息技术产业作为北京市战略性新兴产业中最具优势和发展潜力的产业，已连续多年保持了高速的增长势头。2015 年中国电子信息百强企业中，北大方正集团有限公司、大唐电信科技产业集团等企业成功上榜。北京已经在移动通信、数字电视、集成电路等领域具备了良好的产业基础，以中关村科技园区为代表的高新技术园区正继续引领我市信息技术产业实现更加快速的发展。

2. 生物产业

北京是全国重要的生物和医药原始创新及研发中心之一，拥有多家实力强劲的医药制造企业以及生物研究与技术企业，在中关村生命科学园、大兴生物医药产业基地和亦庄生物医药产业园等国家生物产业基地的推动下，北京市生物产业实现了较快发展。2015 年，北京市规模以上生物产业单位共 1079 家，实现营业收入 1746.1 亿元，同比增长 5.3%；利润总额 257.7 亿元，同比增长 10.2%；吸纳从业人员 23.4 万人，同比增长 1%；收入、利润、人员在战略性新兴产业中的比重分别为 6.2%、6.4%和 9.6%。

3. 节能环保产业

当前，北京市拥有多家国家部委直属节能环保科研机构和节能环保类国家重点实验室，近 30 所 “985”和“211”高校设立了节能减排和环境保护相关专业，聚集了一批面向全国投资发展的总部企业，既有中国节能环保集团、神华(国华)电力研究院等大型综合性企业集团，也有北控水务、首创股份、威立雅、苏伊士等污水处理领域专业优势突出的国内外行业龙头企业，以及恩菲工程、中科通用等垃圾处理行业领先企业。2015 年，我市共有规模以上节能环保企业 3198 家，实现营业收入 6336.9 亿元，利润总额 572.3 亿元，吸纳从业人员 60.5 万人；占全市战略性新兴产业的比重分别为 22.3%、14.1%和 24.9%。

4. 新材料产业

北京是我国新材料领域重要的研发和产业中心，新材料产业作为北京重点发展的 5 大高新技术领域之一，产业门类丰富，涉及信息材料、生物材料、新型功能材料等多个领域。“十二五”期间，北京市新材料产业从产出效率低、科技投入低和能耗较高不断向先进的技术进行产业调整和转型升级，加快促进重大科技成果产业化，实现了跨越式发展。2015 年，北京市共有规模以上新材料产业单位 928 家，实现营业收入 1845.3 亿元，同比增长 3.4%；利润总额 138.7 亿元，同比大幅增长 31.2%，增速居七大产业之首；收入和利润占战略性新兴产业的比重分别为 6.5%和 3.4%。

5. 新能源汽车产业

2015 年，北京市汽车制造业增加值同比增长 8.3%，远高于全市规模以上工业增加值；实现利润 346.9 亿元，同比增长 7.1%，占全市规模以上工业企业利润总额的 22%。汽车制造业作为首都经济的三大支柱产业之一，对北京经济的发展做出了较为突出的贡献。大力发展节能与新能源汽车，是中国汽车行业可持续发展的必然选择，也是应对环境和能源挑战的有效方法。北京是我国首批“节能与新能源汽车推广示范”试点城市，作为新能源汽车推广的重点城市之一，鉴于政策与市场的协同发展，北京坚持纯电动路线。截至 2015 年年底，累计推广新能源汽车达 3.59 万辆 ，充电桩累计建成 2.1 万个。

消费者对新能源汽车的认知也逐步提升，同时更多品牌的逐步进入北京也说明市场需求、宣传推广、公众认知的提升。2015 年，我市 643 家规模以上新能源汽车相关企业实现营业收入 4989.6 亿元，同比增长 5.9%；利润总额 418.3 亿元，同比增长 3.1%；收入、利润占战略性新兴产业的比重为 17.6%和 10.3%。

6. 新能源产业

北京的能源资源并不丰富，但拥有较为丰富的产业发展资源。在光伏、风力发电等新能源产业中，北京数家企业在国内同行业中处于领先地位。数据显示，2015 年，全球光伏市场强劲增长，新增装机容量预计将超过 50GW，同比增长 16.3%，累计光伏容量超过 230GW。我国光伏新增装机量将达到 16.5GW，继续位居全球首位，累计装机有望超过 43GW，超越德国成为全球光伏累计装机量最大的国家，为我市新能源产业发展带来了新的机遇。2015 年，我市新能源产业共拥有规模以上企业 1760 家，实现营业收入 2721.4 亿元，占全市战略性新兴产业的 9.6%。

7. 高端装备制造产业

高端装备制造业是新兴产业中的支柱产业，“十二五”期间装备制造业明确了“调整转型、创新升级”的发展战略，把“推进装备制造业由大变强”作为发展目标。随着《中国制造 2025》规划的推出，高端装备制造业更是迎来了历史发展的新机遇。2015 年，北京市共有规模以上高端装备制造产业单位 755 家，实现营业收入 2456.6 亿元，同比增长 12.8%，增速居七大产业首位；利润总额 203 亿元，同比增长 22.5%；收入和利润占全市战略性新兴产业的 8.7%和 5%。

(二)北京市战略性新兴产业的 SWOT 分析

1. 优势分析(S)

(1)传统产业基础优势

北京市目前以第三产业为主，2015 年第三产业增加值占比近八成，其中，金融、信息、科技服务业等优势行业占地区生产总值的比重分别为 17.1%、10.3%和 7.9%，对全市经济增长的贡献率合计超过 7 成，成为支撑全市经济增长的重要力量。这些传统优势产业为北京发展战略性新兴产业提供了良好的基础。

(2)高技术产业发展迅速

2015 年，我市规模以上高技术服务业和战略性新兴服务业企业分别实现收入 11921.3 亿元和 6428.3 亿元，同比分别增长 9.6%和 8.8%，分别拉动服务业收入增长 0.8 个和 0.4 个百分点。工业战略性新兴产业总产值为 35871.6 亿元，同比增长 1.5%，比全市工业总产值增速高 6.9 个百分点。大数据和云计算服务等新兴业态蓬勃发展，也有力的促进了首都经济结构升级。

(3)区位优势明显

截至 2015 年底，北京高速公路里程密度为 5.85 公里/百平方公里，在全国位居首位。在铁路方面，北京也是全国的交通枢纽，已率先迈入高速铁路时代。航运方面，在英国航空评级机构 Skytrax 发布的 2015 年世界前百位的主要机场排名中，北京首都国际机场位居全球第十位，中国首位。另外，北京新机场航站楼基础已于 2015 年下半年开始施工，计划 2019 年建成投入使用。

(4)产业基地齐全

北京产业基地门类较齐全，产业集群优势明显。以生物产业为例，目前已建成中关村生命科学园、北京经济技术开发区、大兴生物医药基地三个国家级生物产业基地。此外还拥有以中关村软件园为核心的软件产业基地，以星网工业园为核心的移动通信产业基地，以福田汽车为中心的北京新能源汽车产业基地等。据北京市科学技术委员会数据显示，北京市共有 16 个战略性新兴产业科技成果转化基地，59 家科技企业孵化器。

(5)资金、人才投入较多

从北京市科学技术委员会网站了解到，截至 2016 年 5 月份，北京市共有各类重点实验室 391 个，其中战略性新兴产业相关重点实验室 239 个，占比超过 6 成。

在科研支出和人才方面，以中关村国家自主创新示范区为例，2015 年 1—11 月，中关村科技活动人员占从业人员的比重为 28.3%，较上年同期提高 2.3 个百分点；本科及以上学历人员占从业人员的比重为 53.7%，较上年同期提高 1.8 个百分点；企业内部用于科技活动的经费支出增长 21.1%，较上年同期提高 12.5 个百分点。技术收入占比和专利授权数稳步提升。1—11月,中关村技术收入占总收入的比重为13.5%,较上年同期提高0.8个百分点;专利授权数近2万件,由上年同期的下降转为增长38.6%。

2. 劣势分析(W)

(1)产业政策仍有待完善

目前,虽然战略性新兴产业的发展受到了市委市政府和各级部门的高度重视,并出台了一系列鼓励、支持发展的政策措施,但是从实际情况看,相关产业政策仍不完善,优惠政策支持力度不够。以税收优惠政策为例,部分政策仍然存在享受门槛高、优惠范围窄、政策知晓率低等问题。

(2)创新能力不足和缺乏核心技术

北京拥有绝对的技术优势,聚集了高等院校和科研院所,同时拥有众多高素质的创新和研发人才。但在核心技术方面,与世界先进水平仍有差距,须尽快与世界接轨,提高核心竞争力。

3. 机遇分析(O)

(1)顺应国内国际的战略选择

自国家提出发展战略性新兴产业以来,北京市积极响应国家号召,加大对战略性新兴产业的扶持力度。2011年7月,北京市人民政府出台的《北京市关于加快培育和发展战略性新兴产业的实施意见》中,详细列举了北京市战略性新兴产业的重点发展领域和方向。在《北京市十三五规划纲要》中,指出要"大力发展电子信息、生物医药、航空航天、新能源、新材料和节能环保等战略性新兴产业,推动绿色制造智能制造发展。"各有关部门也积极研究出台政策措施,扶持战略性新兴产业发展。

(2)京津冀一体化的深入推进

2015年4月,《京津冀协同发展规划纲要》正式发布,三省市定位为别为,北京市"全国政治中心、文化中心、国际交往中心、科技创新中心",天津市"全国先进制造业研发基地、北方国际航运核心区、金融创新运营示范区、改革开放先行区",河北省"全国现代商贸物流重要基地、产业转型升级实验区、新型城镇化与城乡统筹示范区、京津冀生态环境支撑区"。随着京津冀协同发展的深入推进,北京市不断加强与天津、河北产业发展规划衔接,依托重点企业搭建对接协作平台,获得了更多的机会融入区域经济合作,拓宽业务资源,为北京市发展战略性新兴产业提供了环境支撑。

(3)产业结构优化升级

随着"调结构、转方式"和非首都功能疏解的深入推进,北京市产业结构调整步伐加快。发展战略性新兴产业的最重要手段就是对传统产业进行优化升级,因此，北京市应该紧抓产业优化升级的战略契机，对传统产业如劳动密集型产业、高污染高耗能产业进行改造，使之尽快发展成为适应时代要求的战略性新兴产业。

4. 威胁分析(T)

(1)其他省份的竞争

自国家提出发展战略性新兴产业以来，全国各地方积极响应号召，纷纷制定发展规划，这就难免存在雷同发展、重复建设的问题。为此，尽快找准自身定位，并在发展过程中不断调整发展方案，走出一条有北京特色的战略性新兴产业发展之路，已成为目前较为严峻的挑战。

(2)生态环境压力

以水污染现象为例，2015 年，我市城镇污水处理率为 87.9%，而农村仅为 59.1%，远未达到《北京市加快污水处理和再生水利用设施建设三年行动方案(2013—2015 年)》所定的 2015 年“全市污水处理率达到 90%以上”的目标；全市未经处理直接排放的污水近 2.9 亿立方米，占全市污水产生量的 15.4%。城市严重缺水加上污水直排，造成水环境质量较差。根据市环保局有关数据，我市下游水体水质普遍为劣Ⅴ类；2015 年底，全市劣Ⅴ类水质河长占监测总长度的 44.5%，劣Ⅴ类水质湖泊占监测水面面积的 18.6%；全市建成区 61 条河段有黑臭现象，共涉及河长 268 公里。另外，2015 年，我市 PM2.5 年均浓度 80.6 微克/立方米，超出国家标准 1.3 倍；PM10 年均浓度 101.5 微克/立方米，超过国家标准 0.45 倍。与国际先进甚至是世界平均水平相比，我市空气质量还有很大的提升空间。因此，北京市在治理“大城市病”以及环境污染等方面面临着较大压力。

四、北京市战略性新兴产业的评价分析

(一)北京市战略性新兴产业评价指标体系的建立

根据战略性新兴产业的特征和指标体系科学性、全面性、可获得性和可比性的构建原则，本文主要从产业的发展潜力、比较优势、技术创新能力三个方面，选取区位商、市场占有率、R&D 支出比重、科技人员密度、就业规模、收入弹性、就业吸纳率、单位能耗变化率等指标对战略性新兴产业进行评价。具体指标解释如下：

(1)产业发展潜力

就业吸纳率：产业吸纳劳动力的能力。计算方法为某产业就业增加值/工业增加值×100%。

收入弹性：产业产品需求变化对国民收入变化的敏感程度。计算方法为该产业营业收入变化率/北京工业增加值增速。

单位能耗变化率：单位产值的能源消耗变化程度。计算方法为当年单位产值

能耗变化绝对量/上年单位产值能耗。

(2)比较优势

区位商:产业在地区的相对专业化程度。计算方法为北京该产业增加值比重/全国该产业增加值比重。

市场占有率:产业在全国的市场份额。计算方法为北京该产业营业收入/全国该产业营业收入×100%。

就业规模:行业就业人数占全部就业人员的比重计算方法为北京该产业就业人数/北京工业就业人数×100%。

(3)技术创新能力

R&D支出比重:产业对研发投入的重视程度。计算方法为北京该产业研发支出/北京该产业营业收入×100%。

科技人员密度:研发人员占全部就业人员的比重计算方法为北京该产业研发人员/北京该产业就业人数×100%。

(二)北京市战略性新兴产业的数据选取

本文根据战略性新兴产业的具体分类,利用《中国统计年鉴》、《北京统计年鉴》、《中国高技术统计年鉴》、《中国海洋统计年鉴》查找相关数据。此外,考虑到指标数据的可获得性,实证部分仅选取工业数据对本市战略性新兴产业进行具体评价和分析。

战略性新兴产业具体选取如下:

(1)生物产业

主要选取医药制造业(27),数据来源《中国高技术年鉴》和《北京统计年鉴》。

(2)新一代信息技术产业

主要选取计算机、通信和其他电子设备制造业(39),数据来源《中国高技术年鉴》。

(3)高端装备制造业

主要选取医疗仪器设备及器械制造(358)、航空、航天器及设备制造业(374),数据来源《中国高技术年鉴》。

(4)新能源产业

主要选取电力、热力生产和供应业(44),数据来源《北京统计年鉴》。

(5)新材料产业

主要选取黑色金属冶炼和压延加工业(31)、有色金属冶炼和压延加工业(32)、金属制品业(33)、化学纤维制造业(28)、化学原料和化学制品制造业(26)。数据来源《北京统计年鉴》。

由于节能环保产业的国民经济行业对应比较分散,大部分分类数据无法获得;而北京海洋产业数据较少,因此这里仅选择新材料、新能源、生物医药、新一代信息技术、节能环保产业五大产业进行分析。

(三)北京市战略性新兴产业的因子分析

1. 因子分析理论

因子分析就是要寻求一个对所有数据表来说是统一的简化子空间,得到统一的公因子,迅速提取立体表的重要信息,从而实现对样本进行动态评价分析的目的。计算步骤如下:

(1)将数据表中的数据标准化

$$x_{ij}^{'}=(x_{ij}-\bar{x}_j)/s_j, i=1,2,\cdots,nt; j=1,2,\cdots,p$$

其中,$x_j=\frac{1}{n}\sum_{i=1} x_{ij}; s_j^2=\frac{1}{n}\sum_{i=1}(x_{ij}-x_j)$

(2)计算 X 的协方差矩阵 R,X 已经标准化,因此 R 又是 X 的相关系数矩阵,R 是正定矩阵。

(3)求出 R 的特征值 $\lambda_1 \geqslant \lambda_2 \geqslant \cdots \lambda_p > 0$,及对应的特征向量 $l_1, l_2, \cdots, l_p$,它们是标准正交的,称为全局主轴。记 $L=(l_1, l_2, \cdots, l_p)$,则可以建立主成分 $Z_{m\times p}=X_{m\times p}L_{p\times p}$,显然有

$$E(Z)=E(X)L=0, D(Z)=LD(X)L'=\wedge \triangleq \begin{pmatrix} \lambda_1 & \cdots & 0 \\ \cdots & \ddots & \vdots \\ 0 & \cdots & \lambda_p \end{pmatrix}$$

建立主成分之后,进一步构造公共因子,进行因子分析。

(4)构造公共因子,令 $F=Z\wedge^{\frac{1}{2}}$,则 $X=ZL'=Z\wedge^{\frac{1}{2}}\wedge^{\frac{1}{2}}L'=F\wedge^{\frac{1}{2}}L'$

(5)建立因子载荷矩阵,令

$$A=\wedge^{\frac{1}{2}}L'=\begin{pmatrix} \sqrt{\lambda_1} & & 0 \\ & \ddots & \\ 0 & & \sqrt{\lambda_p} \end{pmatrix}\begin{pmatrix} l_{11} & & l_{1p} \\ & \ddots & \\ l_{p1} & & l_{pp} \end{pmatrix}\begin{pmatrix} \sqrt{\lambda_1}l_{11} & & \sqrt{\lambda_p}l_{p1} \\ & \ddots & \\ \sqrt{\lambda_1}l_{1p} & & \sqrt{\lambda_p}l_{pp} \end{pmatrix}$$

即数据表 X 具有如下正交因子模型:

$$X_{nt\times p}=F_{nt\times p}A_{p\times p}$$

选出前 q 个最大特征值对应的主成分,使得累计方差贡献率达到 85%,则取前 q 个主成分 $f_1, f_2, \cdots, f_q$ 作为公共因子,可取

$$A=\begin{pmatrix} \sqrt{\lambda_1}l_{11} & & \sqrt{\lambda_q}l_{p1} \\ & \ddots & \\ \sqrt{\lambda_1}l_{1q} & & \sqrt{\lambda_q}l_{pq} \end{pmatrix}, \bar{F}=\begin{pmatrix} f_{il} \\ \vdots \\ f_{iq} \end{pmatrix}_{nt\times q}$$

最后得到我们需要的因子模型

$$X=\bar{F}A+S, \hat{D}(S)=diag(\hat{R}-AA')$$

这里，S 为提取前 q 个主成分所余下的方差信息，$\hat{R}$ 为样本协方差矩阵。

2. 北京市战略性新兴产业数据

表 4.2.1　标准化后的北京市战略性新兴五大产业的指标数据

	单位	生物产业	新一代信息技术产业	高端装备制造业	新能源产业	新材料产业
区位商	%	−0.4	−0.4	−0.6	−0.2	−0.4
市场占有率	%	−0.4	−0.4	−0.4	0.0	−0.4
R&D 支出比重	%	−0.4	−0.5	−0.3	−0.4	−0.4
科技人员密度	%	0.0	−0.2	1.6	−0.3	−0.1
就业规模	%	−0.2	−0.2	−0.6	−0.1	−0.1
收入弹性	%	−0.4	−0.4	−0.7	−0.3	−0.4
就业吸纳率	人/万元	−0.5	−0.5	−0.8	−0.4	−0.4
单位能耗变化率	%	−0.9	−0.7	0.0	−1.0	−0.8

3. 北京市战略性新兴产业发展潜力的因子分析结果

运用 SPSS 软件对北京五大产业的发展潜力进行因子分析。

(1)因子提取

由表中可以看出，第一个主成分的的特征根大于 1，且方差贡献率已经达到了 70.689%，第一个因子已经可以解释原始变量 70.689%的方差，已经包含了大部分的信息。因此这里选取一个公因子。

表 4.2.2　提取因子及方差贡献率情况

component	initial eiqenvalues			extraction sums of squared loadings		
	total	% of variance	cumulative %	total	% of variance	cumulative %
1	2.121	70.689	70.689	2.121	70.689	70.689
2	0.699	23.286	93.975			
3	0.181	6.025	100			

(2)因子得分

表 4.2.3　因子得分表

	因子得分	排名
生物产业	−0.52	4
新一代信息技术产业	−0.38	3
高端装备制造业	1.03	2
新能源产业	−1.19	5
新材料产业	1.06	1

从表中可以看出，新材料和高端装备制造业得分排在前两位，产业发展潜力较好；新一代信息技术和生物产业排名三、四位，发展潜力一般；新能源产业排在第五位，发展潜力较差。

4. 北京市战略性新兴产业区位优势的因子分析结果

运用 SPSS 软件对北京五大产业的区位优势进行因子分析。

(1)因子提取

由表中可以看出，第一个主成分的的特征根大于1，且方差贡献率已经达到了78.069%，第一个因子已经可以解释原始变量78.069%的方差，已经包含了大部分的信息。因此这里选取一个公因子。

表 4.2.4　提取因子及方差贡献率情况

component	initial eiqenvalues			extraction sums of squared loadings		
	total	% of variance	cumulative %	total	% of variance	cumulative %
1	2.342	78.069	78.069	2.342	78.069	78.069
2	0.658	21.931	100			
3	2.404E−7	8.013E−6	100			

(2)因子得分

表 4.2.5　提取因子及方差贡献率情况

	因子得分	排名
生物产业	−0.23	3
新一代信息技术产业	−0.55	4
高端装备制造业	0.68	2
新能源产业	1.31	1
新材料产业	−1.21	5

从表中可以看出，新能源和高端装备制造业得分排在前两位，发展潜力较好；生物产业和新一代信息技术排名三、四位，发展潜力一般；新材料产业排在第五位，发展潜力较差。

5. 北京市战略性新兴产业技术创新能力的因子分析结果

运用 SPSS 软件对北京五大产业的研发投入进行因子分析。

(1)因子提取

由表中可以看出，第一个主成分的特征根大于 1，且方差贡献率已经达到了 96.922%，第一个因子已经可以解释原始变量 96.922%的方差，已经包含了大部分的信息。因此这里选取一个公因子。

表 4.2.6 提取因子及方差贡献率情况

component	initial eiqenvalues			extraction sums of squared loadings		
	total	% of variance	cumulative %	total	% of variance	cumulative %
1	1.938	96.922	96.922	1.938	96.922	96.922
2	0.062	3.078	100			

(2)因子得分

从表中可以看出，高端装备制造业和生物产业在技术创新能力上得分排在前两位，发展潜力较好；新一代信息技术和新材料产业排名三、四位，发展潜力一般；新能源产业排在第五位，发展潜力较差。

表 4.2.7 因子得分情况

	因子得分	排名
生物产业	0.05	2
新一代信息技术产业	−0.40	3
高端装备制造业	1.68	1
新能源产业	−0.92	5
新材料产业	−0.40	4

6. 北京市战略性新兴产业发展的综合评价

根据各项因子得分，得出最后的总得分和排名：

表 4.2.8 总得分及总排名情况

因子得分	发展潜力	区位优势	研发投入	合计	总排名
生物产业	−0.52	−0.23	0.05	−0.70	3
新一代信息技术产业	−0.38	−0.55	−0.40	−1.33	5
高端装备制造业	1.03	0.68	1.68	3.39	1
新能源产业	−1.19	1.31	−0.92	−0.80	4
新材料产业	1.06	−1.21	−0.40	−0.56	2

根据实证分析中各因子和指标的具体排名，现对所研究的五大战略性新兴产业的实际情况进行具体分析：

(1)高端装备制造业

根据实证分析结果，北京市高端装备制造业综合得分排名第一，研发投入排名第一，发展潜力和区位优势均排名第二，各项指标排名均比较靠前，说明北京市发展高端装备制造业具有相当大的优势，尤其是其研发投入优势明显。这与北京市汇集了一批大型高端制造企业，研发投入集中的现状相符。

(2)新材料产业

根据实证分析结果，北京市新材料产业综合得分排名第二，其中研发投入排名第四，区位优势排名第五。发展潜力排名第一，排名较为靠前表明新材料产业未来仍有较大的发展潜力，尤其是发展潜力因子中的就业吸纳率较高表明新材料产业具备一定的吸纳和带动就业的作用。区位优势排名较为靠后表明目前北京市新材料产业发展水平与全国相比较为落后，还有很大的发展空间。

(3)生物产业

根据实证分析结果，北京市生物产业综合得分排名第三，其中研发投入排名第二，区位优势均排名第三，发展潜力排名第四。可以看出生物产业的研发投入比较有优势，但目前还没有体现出较为明显的发展潜力，在全国的区位优势也不显著。

(4)新能源产业

根据实证分析结果，北京市新能源产业综合得分排名第四，其中发展潜力和研发投入排名第五，区位优势均排名第一。从中可以看出，北京市新能源产业的区位优势非常显著，但由于研发投入不足，影响了其最终排名，应加大对新能源产业的研发投入，激发其发展潜力。

(5)新一代信息技术产业

根据实证分析结果，北京市新一代信息技术产业综合得分排名第五，其中发展潜力和研发投入排名第三，区位优势均排名第四。从数据可以看出，北京市虽然有一些新一代信息技术产业的龙头企业，但产业内部总体发展存在一些不均衡的现象，区位优势仍不明显，未来具备一定的发展潜力。

五、北京市战略性新兴产业的政策建议

（一）战略新兴产业分类发展建议

1. 相对成熟领域：高端装备制造业、新一代信息技术产业

高端装备制造业和新一代信息技术产业都是北京市发展较为成熟的产业。其中，高端装备制造业产业主要集中在铁路高端装备制造、智能关键基础零部件制造、其他航空装备制造及修理等领域。近年来，高端装备制造业取得显著的发展成果，2014 年，高端装备制造产业增加值增速已位居七大领域之首；新一代信息技术产业经过十年来的快速发展，其中的计算机与通信成为发展较为成熟的代表领域，逐渐形成了北京数字电视产业园等为代表信息技术产业基地。

但两大成熟领域也存在一些突出的问题，北京市乃至全国的高端装备制造业整体水平仍落后于美、德等发达国家，一些关键设备仍依赖于进口；新一代信息技术产业仍存在一些发展不均衡的现象，尤其是其中的制造业自主创新能力不足的问题突出，未来在政策、环境、人才等方面仍需多方发力，发掘两大重点产业的潜力。

2. 具备潜力领域：新材料产业、生物产业、新能源产业

目前，新材料产业、生物产业和新能源产业在北京市的发展仍不够成熟，从新材料产业看，北京作为我国新材料领域重要的研发中心，有着巨大的发展潜力，但新材料产业的相关产品仍需性能优化和更新换代，也需要向传统材料产业进一步拓展；同时，北京新材料产业在电子信息材料、高性能材料等方面仍需加大研发力度，利用技术推动产业升级。

从生物产业看，生物产业在生物医药、生物农业、生物能源等方面都有很大发展潜力，发展壮大生物产业，首先要符合北京城市功能定位，符合首都资源、环境要求和发展趋势，其次大量资金的注入和相关人才的引进也是未来发展的重要基础。

从新能源产业看，北京自有储存能源较少，主要能源是地热、水力能源以及质量较差的煤炭，石油和天然气尚未发现。但北京拥有丰富的产业发展资源，这是发展新能源产业的重要优势。未来要继续推行股利政策和激励机制，促进稳定市场需求的形成，提高投资者的积极性；同时由于新能源开发成本较高，建立稳定有效的投融资渠道也是未来的发展重点之一。

（二）战略新兴产业发展政策建议

1. 推进制度建设，完善政策体系

一是要调动内需，利用我国市场需求潜力大的优势，转变消费模式，推动供给

侧改革，调动企业等经营主体的积极性。同时，对关系经济社会发展全局的重要领域和关键环节，要发挥政府的规划引导、政策激励和组织协调作用，营造良好的社会环境。

二是深入研究，明确重点和方向。要对发展战略性新兴产业进行统筹规划和统一布局，确定发展次序，促进战略新兴产业绿色协调发展。同时，要选择重点领域作为突破口，大力推进；要选择有基础的产业集群为中心，促进优势区域率先发展。

2. 打造良好环境，人才引进与培养结合

一是继续完善现有的对外政策与人才政策。加强技术对外交流的政策支持，制定完善国际合作相关政策，鼓励支持技术和人才的国际化交流，逐步构建多层次、多角度的创新及人才培养机制。提升对人才培养的重视度，通过政策支持为产业长期培养人才，以保证产业的可持续发展。

二是加大对高精尖、复合型人才的引进及培养，人才的引进及培养要以战略性新兴产业发展的需求为依据，对于人才的引进及培养不仅要关注对专业知识及世界前沿技术的精通程度，更要注重专业技术人员的创新意识及自主创新能力。

3. 推进技术创新，提高自主创新能力

一是坚持科技创新与实现产业化相结合。要切实完善体制机制，大幅度提升自主创新能力，着力推进原始创新，积极参与国际分工合作，加强引进消化吸收再创新，充分利用全球创新资源，集中精力突破关键核心技术，掌握自主知识产权。

二是激发企业创新活力。企业是创新动力的最强盛源泉。要推动企业充分发挥想象力，走上可行的技术创新道路，从而实现整个产业体系的转型升级，形成更具国际竞争力的现代产业体系。同时，政府也要充分发挥鼓励和推动创新的积极作用。

4. 推进融资体系建设，提供资金保障

鼓励搭建融资平台，引导银行、投资机构和筹融资平台探索面向创业型战略新兴产业企业的融资模式和信贷产品。加强对各大商业银行和资本市场等金融机构的管理，健全相关政策和法律法规，优化投融资环境。针对战略性新兴产业不同发展阶段和不同细分行业的差异性，积极探索和推出具有针对性的金融技术和产品。同时拓宽金融业的开放度，使更多的民间资本能够流入金融业，建立多层次金融机构体系，优化金融市场结构，创新战略性新兴产业金融服务机制。

参考文献

[1]战略性新兴产业各项产业发展趋势判断[N]. 中国证券报，2011－09－22.

[2]胡莺，赵景兰. 应用因子分析法对战略性新兴产业的选择研究，社会科学辑

刊,2010.
[3]李金华．中国战略性新兴产业发展的若干思辨[J]．财经问题研究,2011.
[4]刘洪昌．中国战略性新兴产业的选择原则及培育政策取向研究[J]．科学学与科学技术管理,2011.
[5]康媛媛,沈蕾．战略性新兴产业生命周期判断及发展模式选择——以北京市为例[J]．南方金融,2014.
[6]何景明,卢旭．战略性产业选择基准的探讨[J]．西南师范大学学报(哲学社会科学版),2000.
[7]刘斯康．产业集群理论对实施产业布局的启示[J]．浙江万里学院学报,2003.
[8]李悦．产业经济学[M]．东北大学出版社,2002.
[9]李小建．新产业区与经济活动全球化的地理研究[J]．地理科学进展,1997.
[10]刘爱雄．我国战略性新兴产业的发展研究[J]．黑龙江对外经贸,2011.
[11]Vernon. International Investment and International Trade in the Product Cycle[J]. Quarterly Journal of Economics,1996.
[12]UtterbackJ. M. Mastering the dynamics of innovation[M]. Boston MA:Harvard Business School Press,1994.
[13]Klepper S. ,Graddy E. The evolution of new industries and the determinants ofmarket structure[J]. RAND Journal of Economics,1990.

(作者:徐世君　李昕　马达　李维萍　张超　何静　迟冰　李娟　王钧豪)

4.3　国际统计界对新经济的认知和测度

摘要：当前，我国“三新”统计工作正在稳步推进，急需了解和掌握国际上有关的具体做法和有益经验。迄今为止，新经济的定义和测度是全世界共同面临的难题，“新经济”定义方面，尚未形成一个为国际社会普遍认可、并在经济学上有严谨定义与内涵的“新经济”概念，它被人们在不同的场合或从不同的出发点赋予了不同的涵义，其内涵和外延都还存在很大的不确定性及发展空间；测度方面，“新经济”对经济增长、就业等方面的贡献，以及对“新经济”本身的测度还处于探索阶段。

关键词：新经济　新经济统计　“三新”统计　新动能　新产业　政府统计

我国经济进入新常态，正经历着重大而积极的转变，特别是以“互联网＋”等新产业、新业态、新商业模式为代表的“新经济”的涌现，对统计工作全面、准确展示转型中的中国经济全貌提出了重大而急迫的挑战，积极探索和研究解决这一问题已成为当前和今后一个时期我国统计改革和发展的重中之重。当前，“新经济”统计工作正在加速推进，客观上需要了解和掌握主要国际组织有关的研究成果和具体建议，以及统计发达国家的具体做法和有益经验，必将对我国建立和完善客观反映“新经济”发展情况的统计指标体系和测算方法起到有益的借鉴作用。

一、“新经济”的内涵与特征

“新经济”(New Economy)一词最早出现在美国 1996 年 12 月 30 日《商业周刊》的一组文章中。目前，“新经济”虽被广泛地用于描述经济的新生力量，但尚未形成一个为国际社会普遍认可、并在经济学上有严谨定义与内涵的“新经济”概念，它被人们在不同的场合或从不同的出发点赋予了不同的涵义，其内涵和外延都还存在很大的不确定性及发展空间。

（一）关于“新经济”的定义

1991 年 4 月至 2001 年 3 月，是美国有经济周期以来最长的扩张期，除了 GDP 增长率较高，其人均 GDP 增长率、劳动生产率和收益率也相对较高，而通货膨胀率和失业率较低，收入分配相对公平。同期，欧洲发达国家（后来的欧元区）经济也出现类似的情形。国际社会普遍认为，美欧的阶段性扩张得益于全球化效应、国际竞争力提升、管理水平提高、成本下降以及与这些变化相关的效率提升。因为这种高增长、低通胀和低失业的经济现象无法用常规的经济理论给予很好的解释,有学者提出这是一种新的经济模式,为了把它与传统经济(或老经济)区分开来,开始使用"新经济"一词并根据自己的理解赋予"新经济"不同的内涵。

"新经济"出现后,首先需要对"新经济"一词给出清晰的具有可操作性的定义,以使现有统计数据可以准确描述社会和经济发展。但到现在,国际社会对"新经济"的定义仍未形成共识,不同机构或专家均从自身的理解或各自的出发点定义"新经济"。

1. 广义概念的"新经济"。这是瑞典工业经济研究所著名经济学家 Jagrén 和 Morell,以及欧盟委员会经济顾问、瑞典著名经济学家 Jonung 在 2000 年共同对"新经济"给出的概念。他们认为,"新经济"包括新的基础技术、日益开放和全球化的市场、越发重要的知识和智力资本、企业新的组织架构、新的经济政策和较低的通货膨胀率,以及新的价值观和态度等一系列不同变化的综合效应。

2. 狭义概念的"新经济"。欧洲央行(ECB)在 2001 年提出:"新经济"是生产增长潜力的提升,这种提升源自经济过程效率的大幅提高。

3. 上升到"革命"层次的概念。美国麻省理工学院教授埃里克·布莱恩约弗森在 2014 年提出,"新经济"就是第二次工业革命①。他指出,第一次工业革命是 18 世纪末伴随着蒸汽机诞生的工业革命,其基本特征是这场革命克服了人类肌肉力量的局限。而第二次工业革命有所不同,其基本特征是由数字技术(核心是硬件、软件和网络)等所产生的巨大技术进步而带来的,它克服的是人类大脑智慧方面的局限性。该定义一经推出,即被互联网企业等所推崇。

4. 开放的定义。以 OECD(经济合作与发展组织,下同)和欧盟统计局为代表的国际组织,以及以瑞典为代表的一些发达国家的官方统计机构持有此观点。OECD 于 2000 年和 2001 年两次指出,"新经济"对于不同的职业群体、不同机构、不同国家而言具有不同的内涵,现阶段不太可能,也无需定义一个国际上通用的、统一的概念。欧盟统计局、瑞典统计局等一些统计机构于 2002 年提出:"'新经济'的定义及内涵并不是完全固定的,正如我们从宏观经济层面所观察到的,'新经济'从最初的 ICT(信息和通信技术,下同)及其引起的结构性变化,到全球化、更高的生产率、更低的价格压力以及较低的失业率,再到较为稳定的商业周期等等。今后可能会涵盖其它的新兴事务。"

综合以上各家所言,我们可以形成这样的认识:所谓"新经济",最初是为了描述美欧等发达经济体的阶段性经济特征,即那种持续高增长、低通胀、科技进步

① 第二次工业革命(The Second Machine Age),国内大多将其翻译成第二次机器革命。

快、经济效率高、全球配置资源的一种经济状态[②],其实质就是信息化与全球化,核心是科技创新及由此带动的一系列其它领域的创新,但在其确切内涵上,国际社会尚未达成共识,被人们在不同的场合或不同的出发点赋予不同的涵义,目前仍是一个开放的、演进中的定义[③]。

(二)"新经济"相关术语的演进与内涵

随着人们对"新经济"内涵探讨的不断深入,新术语或新名词被不断催生出来。依照出现的先后顺序,这些术语及内涵主要有:

1."知识经济"(Knowledge Economy)长期以来被 OECD 等主要国际组织视为"新经济"的同义词。"知识经济"于 1997 年出现在 OECD 的一份研究报告中。该报告力求把"新经济"到底"新"在什么地方详加诠释,结论即"新经济"是以知识为基础(投入)的经济,与过去的以资本、劳动力等为基础(投入)的经济有着本质的区别。

OECD 在其《以知识为基础的经济》报告中给出了定义:知识经济是指"建立在知识和信息的生产、分配和使用之上的经济"。OECD 当时特别强调,"知识经济"与"新经济"均是宏观经济整体的概念,"新经济"可以等同于"知识经济"。

2."互联网经济"(Internet Economy)因其局限性被束之高阁。随着互联网迅速发展成为一个很大的产业,在经济增长中发挥越来越大的推动作用,国际社会、特别是互联网公司及一些研究机构便将"新经济"描述成"互联网经济",这便于人们对"新经济"的直观理解,也便于统计测算,但因其局限性被国际社会忽略。目前,只有一些互联网公司或信息咨询公司使用该术语。

3."数字化经济"或"数字经济"(Digitalised Economy or Digital Economy),被视为"知识经济"的一个组成部分和重要特征。随着新兴颠覆性技术层出不穷和日新月异,并伴随着新形式的中介、服务提供和消费,包括诸如 AirBnB[④]、优步[⑤]

---

② 2008 年国际金融危机爆发后至今,全球经济复苏缓慢,世界主要国家经济持续低迷,但同期 ICT 及相关新兴产业却发展迅猛。对这一看似矛盾的现象,国际上有的专家认为,这或许是"老经济"向"新经济"转型的过渡阶段所产生的,甚至可能是黎明前的黑暗。这一观点是否成立,还有待进一步观察和研究,OECD 已将其列入内部研讨重点。

③ 例如,在欧洲,"新经济"一词也用于表示东欧国家改革后的经济体制;芬兰、瑞典等国把一些新现象,如新部门的成立或金融等市场放松管制视作"新经济";英国、荷兰也将基本经济要素受到的影响视作"新经济";欧盟委员会曾将欧洲货币一体化视为"新经济";澳大利亚、瑞典等个别国家甚至提出,一切积极的事务都应被视为"新经济",包括新的价值观和态度。

④ AirBnB(Air Bed and Breakfast 的缩写),是一家联系旅游人士和家有空房出租的房主的服务型网站。该网站可以为用户提供各式各样的住宿信息。在 AirBnB 人们可以通过网站、手机或平板电脑发布、发掘和预订世界各地的独特房源。该网站成立于 2008 年 8 月,总部位于美国加利福尼亚州的旧金山市。

⑤ 优步(Uber)是美国的一家创业公司,成立于 2009 年,总部位于加州旧金山。Uber 主要提供在线租车服务,乘客与司机通过移动 App(App 是 application 的缩写,通常专指手机上的应用软件,或称手机客户端)链接,达到租车、拼车等目的,目前已在全球 100 多个城市开展业务。Uber 在快速成长的同时,也受到很多的争议和批评,包括受到多起非法营运车辆的指控等。Uber 中国官网已经开通。

等促进对等交易的新平台、众包（一种“偶然个体户”形式）等新活动，以及通过广告和“大数据”提供资金的“免费”媒体服务的盛行，“数字化经济”一词被越来越多的提及。

OECD 在国际上率先定义了“数字化经济”，即很多信息（特别是大数据）、很多经济活动实现了数字化，进而可以深度开发和测算，而互联网则仅仅是一个平台，或者就像一个工具。

4.“共享经济”[⑥]（Sharing Economy）和“物联网经济”（Internet of Things，缩写 IoT），均在上述新名词之后出现，但都被视为只是“数字化经济”的组成部分[⑦]。在人们想要节能、想要绿色生活、想要减少消费方面的浪费等因素驱动下，同时又有互联网做操作平台，便产生了共享的动机和可能（如汽车共享等）。“共享经济”一词随即出现，其内涵是：个体共享社会资源，以不同方式交换商品，包含很多形式，如拼车、拼房、图书共享、生活日用品交换等。

随着大多数设备和物品与互联网之间实现连接，用于描述该进程的术语陆续出现，诸如“万物互联”、“产业互联网”、“机对机（M2M）通信”，而“万物互联”越来越被人们认为是最准确的描述，最终形成了“物联网经济”一词。主要国际组织将其视为“数字化经济”的一个组成部分，并将其定义为：以 ICT 技术为承载体，让所有能行使独立功能的设备、物体实现互联互通的网络，即“物”被连接到互联网。不过，与“新经济”、“数字化经济”等相比，“共享经济”和“物联网经济”均为更微观的概念。前一类概念描述的是经济性质，后一类概念描述的是经济现象。

“新经济”相关新名词的相继出现，反映了人们对“新经济”的认知程度逐步加深。随着人们对“新经济”内涵探讨的不断深入，以及“新经济”所包含的新技术、新创造等的不断涌现，或许还会催生出其它新的词汇。但截至今日，OECD、欧盟统计局，以及联合国统计委员会等主要国际组织仅保留和延用“知识经济”和“数字化经济”，并对其进行研究。其中，“数字化经济”只是“知识经济”的一个组成部分。2016 年后，除英国[⑧]外，其他发达国家虽使用“新经济”一词，但有关研究或测算工作也基本是围绕“知识经济”和“数字化经济”，特别是其中的“共享经济”及“物联网经济”展开的。

（三）现阶段“新经济”的几个显性特征

尽管对“新经济”及其相关新词汇都尚未形成共识，且缺少具有经济学意义上的严谨内涵定义，但基于对“新经济”内涵各要素的提炼，可以发现“新经济”已经

⑥ 亦被翻译成为“分享型经济”、“协作型消费”、“对等经济”、“零工经济”等。

⑦ 即在“数字化经济”概念的基础上，进而形成了“共享经济”和“物联网经济”两条分支，亦称“数字化经济”的两种表现。

⑧ 英国官方统计机构使用“现代经济”（Modern Economy）一词。

显示出如下几个主要特征：

1. 互联网。互联网是“新经济”的核心基础设施，各类经济交易（生产、销售、分销或消费）大部分都已经在互联网上进行，互联网已由最初的一种改善沟通的工具，变成目前的一种支持整个经济的所有部门的通用技术。它相当于工业革命中“电”的发明与广泛应用，对于生产力发展起着巨大的推动作用，这在经济学中被称为通用目的技术（GPT）。

2. 物联网。物联网是ICT与实体经济的大规模融合，对经济社会的所有方面及行业都有着深远影响，包括工业与商业流程、消费者与家庭服务、能源、运输系统、医疗、资讯娱乐以及公共服务等。它也可能导致新兴产业的兴起，不排除是一次改变生产和生活方式的革命。

3. 云计算。其功能是赋予用户挖掘和利用存在于整个互联网上的数据与软件的能力，通过资源共享带来的便捷、灵活和高效计算，使计算资源变得成本极低。特别是，云计算与大数据的结合应用，可以获得新的知识模式，从而推动技术进步和生产率提升，促进跨界创新融合。

4. 大数据。大数据的出现迎来了生产率增长的新浪潮，它在推动经济增长以及创造新的商业模式和经济形态等方面的潜力才刚刚发挥，将是“新经济”日益重要的载体、生产要素和资产。

5. 信息化。无论是“新经济”的广义概念、狭义概念，还是开放的定义均认为，信息化是“新经济”的基础之一，信息化的出现引发了世界主要国家经济结构的变革。可以说，信息化代表着先进的生产力。

6. 数字化。随着计算机以及互联网等现代信息技术与经济社会各领域的不断融合，现代信息技术扩散到了整个经济生活的方方面面，已经或者将要对传统经济形态与产业结构进行颠覆与重构。例如，通过公司部门创建的互联网平台，消费者对消费者（P2P）的交易可以实现，这就颠覆了传统的“企业对企业（B2B）”、“企业对个人（B2C）”的交易模式的局限，为经济发展开拓了新的更加广阔的空间。

7. 共享型。是依赖以互联网为中介的新型服务模式，其涵盖面比较广，从住宿（如AirBnB）到交通运输（如ZipCar⑨），甚至到更专业的经济活动都包含其中。其本质是参与型经济，即利用移动互联网技术将闲置的资源提供给有需求的用户。对于供给方来说，通过在特定时间内出让物品的使用权或提供服务，可获得一定的经济回报；对需求方而言，不直接拥有物品的所有权，而是通过租、借等共享的方式使用物品，即“使用而不占有。”

8. 知识型。主要体现在：一是科学与技术的研究开发日益成为“新经济”的重

⑨　Zipcar是以“汽车共享”为理念的美国网上租车公司。

要基础；二是人力的素质和技能成为“新经济”实现的先决条件。

9. 全球化。“新经济”是在经济全球化的背景下产生的。正如瑞典著名经济学家 Jonung 所指出的，“新经济”的特征就是在一个开放的全球化世界内，观点、信息以及资本可以在各国之间自由且快速流动。

二、“新经济”给政府统计带来的挑战

由于“新经济”尚未有明晰且公认的定义，其它与之相关术语在内容上又互有交错，导致对“新经济”的统计测算比较困难。即使有的学者作了测算，其测算内容也是根据本人的理解来进行界定。ICT 和技术创新的迅猛发展本应带来劳动生产率的大幅提高及 GDP 的加快增长，但近年来发达国家的劳动生产率却普遍下降，世界经济持续低迷。对这一看似矛盾的现象，国际上有的专家认为，这或许是“老经济”向“新经济”转型的过渡阶段所产生的，甚至可能是黎明前的黑暗[10]。也有专家认为，目前的政府统计未能全面地反映“新经济”。

（一）描述“新经济”的数据难以用现有的统计调查手段获得

1. 企业抽样调查难以获得“共享经济”的增加值。在“共享经济”中，个人消费者的角色发生了转变，变成了生产者。很多传统的中介服务交易被个人通过网络平台提供服务所替代，非企业的个人单位越来越多地成为了产品供应者和价值的创造者，其创造的价值却容易被企业抽样调查所忽略。原因是：传统观念认为企业是增加值的生产者或创造者，住户部门是商品的消费者。这些个人创造的经济价值基本被现有的官方统计调查遗漏。

2. 劳动力调查不能准确地反映“共享经济”的就业规模。“共享经济”下，就业模式不再是传统的雇佣以及全职的模式，有些就业人员也不再是单一职业和拥有单一收入来源，可以利用闲暇时间选择自己擅长的工作或者在家利用闲置物品就能够谋生。尽管大部分国家的劳动力调查会询问被访者“从事的工作是否多于一种，每周的兼职工作有多少小时”等，但这些信息对于描述兼职工作的种类和性质远远不够，难以将“共享经济”与其他经济类型区分开来。

3. 现有的统计手段无法捕获通过互联网平台发生的大量经济活动。近 10 年来，固定和移动互联网的连接速度有了很大的改善，互联网可访问性的提升使得网上数字化产品的消费量大幅上升。以此为依据推断，ICT 部门的增加值也应该实现强劲增长。然而，据英国中央统计局专项调查显示，2005—2015 年，英国 ICT 部门增加值占总增加值的比重每年都稳定在 6.5%左右，与互联网使用大幅增长的现象相悖，表明政府统计确实遗漏了“新经济”的某些重要方面。

---

⑩ 如上所述，这一观点是否成立，还有待进一步观察和研究，OECD 已将其列入内部研讨重点。详见本文脚注 4。

(二)现有的联合国《国际标准产业分类》(ISIC 4)无法直接反映“新经济”

世界各国统计调查大多按照联合国《国际标准产业分类》(第四版)进行的。不过,现行的产业分类标准无法直接反映互联网的发展动态,进而导致无法区分“新经济”和传统经济。其根本原因是,在制订现行的国际产业分类标准时,互联网仅被视为传统方法中买卖具体商品和服务的一种手段。专门通过互联网出售商品和提供服务的单位被归类为其主要活动所属的行业,而随着互联网技术在各行业的不断渗透,“新经济”有跨行业的显著特点,其经济活动可以分布到所有传统行业,这就给统计上产业划分、行业界定,以及产品或服务的界定带来一定的困难。例如,优步是一种新的服务,还是价格更便宜的、与出租车同属一类的服务。

(三)“新经济”对价格统计提出挑战

现行官方统计中的价格统计方式更适合于较为传统的企业模式,价格信息全部来源于商业部门,没有体现个人对个人的交易相关价格。如当前的服务生产者价格指数(SPPI)和消费者价格指数(CPI)等都只包括了酒店价格,并未纳入旅行房屋租赁社区 AirBnB 的价格。如果个人选择从 AirBnB 上租房而不是传统酒店,这种个人所最终支付的价格将比类似服务低。根据 2013 年英国中央统计局的调查分析,通过 AirBnB 租用一个套间的费用比租酒店便宜 20%,而在 AirBnB 主人家租用一间房的费用几乎便宜 50%。若官方价格缩减指数不能反应这种降低的价格,则住宿行业的增加值将被低估,且该行业降低的名义支出将造成国家实际 GDP 的低估。以英国 AirBnB 的研究为例,2013 年,英国 AirBnB 租金的直接支出是 2.43 亿英镑,大约相当于住宿服务业总增加值的 2%,如果价格指数不考虑英国 AirBnB 的价格,就会造成对住宿服务业的实际总增加值 0.7%的低估。尽管当前的总量不是很大,但考虑到 2013 年以来类似 AirBnB 等“共享经济”业务的迅猛扩展,对 GDP 增速的低估作用会不断放大。

(四)对 GDP 核算带来的挑战

“新经济”对官方统计带来的挑战,核心在于 2008 SNA 能否准确测度“新经济”,即 GDP 规模和增速是否被漏统或低估。

1. 新产品,例如“数字化经济”中免费/有补贴的电子消费品价值无法通过 2008 SNA 估算。当前,越来越多的用户通过在线阅读新闻,而不是报纸;使用 Spotify[⑪] 和 YouTube[⑫] 等新媒体收听或收看音频和视频,而不是购买 CD 和 DVD。此外,新媒体的流行又催生了新的消费形式,即每分钟数百万的谷歌查询,

---

⑪ Spotify 是一款的免费音乐在线播放软件,它可以提供 800 万首歌曲的免费点播。

⑫ YouTube 为全球最大的视频网站。YouTube 作为当前行业内最为成功、实力最为强大、影响力颇广的在线视频服务提供商,YouTube 的系统每天要处理上千万个视频片段,为全球成千上万的用户提供高水平的视频上传、分发、展示、浏览服务。

或社交网络成千上万的信息交换都成了新的消费内容。但这些数字化产品难以按照现行的核算方法进行测算。特别是,大多数数字产品均可供用户免费下载,没有货币化的交易,这类似国民经济核算中政府提供的公共服务产品。不过,公共服务产品的价值可以用投入的成本来估测,而数字化产品或服务却没有类似的估测标准。按照国际通用的标准,以零价格提供的数字化产品需全部排除在GDP之外,使得数字化产品所创造的经济价值无法在国民经济核算中反映出来。美国商务部经济分析局(BEA)通过分析美国唱片工业协会的数据后发现,美国市场以不同技术格式[13]销售的音乐专辑和单曲的数量与实际收益存在明显差距。1973—2013年,美国消费者购买的传统胶片唱片、磁带和光盘格式的音乐数量稳定增长,其收入也同向增长。然而,数字音乐尽管在下载数量上大幅领先传统唱片业,其获得的直接收益却远远低于传统唱片业。原因是:美国音乐企业的营利方式发生了变化,在免费向用户提供数字化产品的同时,通过广告和许可来营利。因此,正如OECD所指出的:“免费和受补贴的数字化消费品未能展示在各国的官方统计数据中,且未在大多数公司的利润表和资产负债表中予以说明。这不仅会低估我们的福利,还会低估GDP。”

2. AirBnB和优步等新服务的出现影响对GDP的测度。目前世界各国的政府统计体系都难以精确地测量住户之间的住房服务交易规模。虽然在大多数国家,这种服务的提供往往要求登记相关收入,以便征税。对于长期租赁,尤其是那些通过房屋中介促成的租赁,不可能出现漏记的问题。短期临时租赁则不然,在AirBnB出现之前,这类租赁规模较小,不会影响GDP。但是,AirBnB的出现必然会增加这类租赁的规模,进而影响到GDP的测度。

美国和英国统计部门的研究显示,汽车是世界上利用率最低的实体资产,普通美国或英国家庭一周使用汽车的时间平均仅为7个小时,但对优步司机的一项调查发现,优步司机记录的驾驶时间平均一周为15个小时。这意味着行驶中的汽车有70%时间是用于优步运输服务,而另外30%的时间才是私人使用。

3. 新的商业模式的出现,使得经济活动的场所模糊不清。“数字化经济”带来了新的商品和服务交换途径,促使新的和颠覆性的商业模式出现,进而产生了大量的非货币交易,使经济活动的场所更加模糊不清,为GDP的度量带来了一系列全新的挑战。以在线广告为例,它是一种利用互联网传递营销信息以吸引消费者的宣传形式。目前,在线广告在国际上发展迅速,且十分集中。据欧盟统计局估算,2015年,

[13] 不同技术格式包括数字(实体)格式、数字(非实体)格式和类似物格式共三种。其中:数字(实体)格式包括光盘、音乐视频、DVD音频以及SACD;数字(非实体)包括下载的单曲、专辑、音乐视频、铃声和回铃、Kiosk、声音交流频率分布、付费订阅、点播流媒体(广告支持);类似物格式包括卡带、单曲(卡带版)、LP/EP、单曲(唱片)、八声道唱片以及其他磁带。

谷歌网站集中了全球约70%的在线广告,谷歌通过向品牌商出售空间和时间(视频)获利,向品牌商收取的费用按照访问次数计算。相反,谷歌上的大部分服务对用户则是完全免费的(或服务价格非常低),而现行的国民经济核算体系无法测算这些免费或小规模的服务,进而低估或漏统互联网服务的家庭消费量。

4. 对新型资本,如知识资本的核算仍不完善。在从资本集约型生产转向知识集约型生产的过程中,衡量无形资本投资是一个关键问题。OECD 和欧盟统计局共同提出应把无形资产投资分为三大类:计算机化的信息,即储存在程序中的知识[⑭];创新资产,即研发资产[⑮];经济能力,即人力资本和组织资本[⑯]。在促进经济发展的过程中,无形资本投资补充了有形资本。但是,鉴于无形投资的无形性质,以及一般不在市场中交易,这种资本形式尤其难以衡量。

无论是 2008 SNA,还是 2010 年的欧洲账户体系(ESA)均把选定的无形资产重新分类为资本,但构成无形资产的范围要远远大于当前涵盖在 2008 SNA 中的资产范围。换言之,仅有一部分无形资本作为投资被记录,还有很多未被当前国民经济核算观测到。

5. 2008 SNA 未考虑商品和服务的质量调整[⑰]带来的 GDP 提升。当今世界,持续创新已经显著提高了许多商品和服务的质量,而产品或服务由于质量变化而引起的价格变化,不应该在价格指数中反映,所以应当从价格指数中扣除。否则,会造成 CPI 的高估和实际 GDP 的低估。目前,由于软件和数字产业中质量变化数据很难获得,使价格质量调整工作很难进行。2016 年年初,美国波斯金委员会(Boskin Commission)指出,因未考虑商品和服务的质量变化,导致 1996—2015 年的美国 CPI 平均每年被高估 0.6 个百分点,这意味着通过较高的缩减指数低估了美国实际 GDP;高盛集团(Goldman Sachs)2015 年的一项研究显示,没有正确反映 ICT 部门产出中的质量变化导致对美国年度 GDP 低估 0.7 个百分点,对欧元区的低估程度达 0.5 个百分点。

6. "新经济"带来了 GDP 结构的变化。在传统核算框架中,耐用消费品被看作消费。而"新经济"中的耐用消费品是一种扩大生产能力的投资。例如,优步等软件使得家庭能出租资产或出售以资产为基础的服务,这时汽车等耐用消费品被用于生产,应该被算作投资而非消费。如果按照传统的对耐用消费品的定义来核算,会造成 GDP 核算中的实际投资被低估,消费被拉高。

---

⑭ 包括软件和数据库。

⑮ 包括科技研发、矿产勘探、艺术原创、金融资产创新、社会科学和人文中的设计与研发。

⑯ 包括品牌化(广告、市场营销)、培训、组织结构。

⑰ 质量调整是指对某种产品或服务项目的观察价格进行调整的程序,以排除该项目在一段时间内由于质量变化对价格的影响,从而有可能识别"纯价格"变化。

7.“新经济”模糊了2008 SNA的生产边界，进而在一定程度上导致GDP几乎丧失作为经济活动衡量工具和政策制定工具的意义。传统生产边界明确界定了住户部门“以市场为目的的住户生产”、“住户自用型生产”、“住户消费”和“休闲”。而“数字化经济”中原来的消费者(即住户)越来越多地参与生产，如先前可能需要中介公司有偿服务的活动(旅行社为顾客订酒店和机票)现在都可以通过互联网平台在家完成，以前这些中介服务都会被计入GDP，而变成用户自助服务后，原先的中介服务变成了“住户自用型”的生产，且货币成本可忽略不计。可以说，“数字化经济”中，互联网接入在家庭的普及促使以市场销售为目的的住户生产、自给性生产、消费与休闲这四者之间的传统界限变得模糊了。根据2008 SNA，住户自用型生产除了居民自住住宅外，均不记入GDP。

8. 知识产权资产的跨国流动对一国的经常账户造成扭曲。2008 SNA将知识产权资产分为五类：研究与开发，矿藏勘探与评估，计算机软件与数据库，娱乐、文学和艺术品原件，其他知识产权产品。除了矿产勘探和估值外，其他几种知识产权资产经常在国际间流动。母公司可以在子公司所在的低税率国家注册专利的法定所有权，而不一定在公司总部所在地、创新的开发地和创新的应用地。在子公司之间进行转账，以支付知识产权开发权的特许权使用费会扭曲经济统计数据所反映的资金流。例如，专利使用税鼓励公司能够将跨越国界收入的登记转入低税率国家，高税国的某公司转账至位于低税国的子公司，为在该国注册的知识产权的开发权付款。这些款项以知识产权服务进口和出口来表示，降低了企业在高税国的利润，而增加了其在低税国的利润。OECD在20国集团的授意下开展了一次国际企业避税检查发现，从一组低税国就知识产权研发收到的特许权使用费价值的比率高出所有其他国家的平均比率六倍，并在2009－2012年间增加了三倍。

9. 跨国电子商务的核算问题。一般来说，在一国国内的电子商务买卖双方至少有一方是注册企业，这样交易数据会在GDP中显示出来，只有交易双方都是住户时，才会给统计带来一些困难。不过，这种情况过去并不十分常见，也不会给GDP带来太多的影响。然而，跨境电子商务则不同，因为海关统计一般只记录超过一定价值的进出口活动，从而造成进出口数据的缺失。在涉及跨境电商的服务产品交易时，如数据传送或下载，统计数据就更难获得，尤其是考虑到还有很多非法下载，更为该项统计工作带来困难。

10.“新经济”的参与者[18]、新业务程序和新业务活动的评估问题。全球化和日益加剧的国际竞争是“新经济”有关结构变革的背后因素。这些变革最显而易见的特征之一就是“新经济”参与者的出现。很多情况下，这些公司成立后不久就会

---

⑱ OECD等国际组织将新成立的、从事与创新或ICT有关业务活动的公司视为“新经济”的参与者之一。

倒闭。有关企业诞生数量、活动和地理位置、公司存续、合并和倒闭的可靠适时数据较少。随着新公司的不断涌现,其它企业面临着重组、业务活动多元化、迁址、变更管理活动和优化业务程序的压力。新技术的传播促进对开展业务活动的新方法的采纳以及电子业务程序和电子商务的涌现。最后,随着新参与者和新业务程序的出现,各国统计机构面临的挑战是如何对其进行评估,以及利用现有统计和分类框架划分新业务活动的任务。

三、国际统计界认识和测度“新经济”的做法

面对“新经济”给政府统计带来的挑战,国际统计界积极采取措施加以应对。以 OECD、欧盟统计局、联合国统计委员会等为代表的国际组织开展了大量研究工作,提出了应对的总体思路和具体建议;英国、美国、瑞典、法国、荷兰等统计发达国家也开展了一些尝试性的工作,并取得了初步成果。

(一)国际统计界已启动的相关工作

主要国际组织已就测算“新经济”的一些核心问题达成共识。OECD、欧盟统计局等国际组织提出了总体应对思路供各国参照执行,英国等一些统计发达国家已启动测算工作。

1. 主要国际组织已就“新经济”给政府统计带来挑战的一些核心观点形成一致看法,但就是否需要修订目前的国际标准产业分类等尚未达成共识。主要国际组织形成的一致看法主要有:

第一,各国官方统计机构必须积极应对挑战。OECD 于 2001 年提出:“现有的统计手段在很多情况下都不足以分析‘新经济’的关联和动力及其维度。因此,各国统计局面临的一项重大挑战就是将传统界限模糊的各种统计领域综合起来,从而建立一种更加全面、连贯的‘新经济’计量方法。统计机构只有克服这些挑战,才能有助于政策制定者的政策制定,进而有可能把握住‘新经济’带来的经济增长机遇。”欧盟统计委员会于同年提出:“‘新经济’需要‘燃料’来有序运转,而不是空洞的口号。这种‘燃料’就是官方统计。”

第二,尽可能全面度量“新经济”。OECD 等主要国际组织经多次商议后共同指出:“尽管现阶段‘新经济’尚无清晰的定义,但必须找到一种方法并运用现有的全部统计数据资源来描述‘新经济’或‘新经济’现象。虽然国际统计界对 ICT 的定义已达成共识,测度方法也比较成熟,但单纯依靠单个现象来描述‘新经济’存在危险性,即这种做法遗漏了其它重要因素,诸如 GDP 核算、全要素生产率的提升、知识和技术的开发与创新、国家和国际层面的竞争加剧、匹配改良[19]等。因此,

---

⑲ “匹配”指不同市场中供应与需求的对应关系。

找出一种尽可能全面描述因‘新经济’的出现而导致宏观经济各种结构性变化的方法非常重要。”

第三，“新经济”的出现造成 GDP 规模的漏统和增速的低估。OECD、欧盟统计局和联合国统计委员会于 2000 年共同指出：“现阶段的看法是，由 ICT 等引发的‘新经济’带来大量新产品、新服务、新的商业模式，以及新的经济活动等，这些基于互联网的持续创新为国民经济核算带来了挑战。因无法在国民经济核算中较好地对其进行识别，将导致对经济活动的低估。”

第四，国家统计机构（NSOs）参与并主导应对“新经济”给统计工作带来的挑战极为重要。实践证明，无论对于发达国家，还是发展中国家，只有国家统计机构具有应对挑战的能力和优势。

第五，各国统计机构要重新设计统计调查方案以获得描述“新经济”的数据。例如，通过扩大家庭调查范围和调查内容，来获得个人和家庭生产性活动的更详细数据，以便减少遗漏的非公司业务。再如，各国统计机构通过完善商业调查（Business Survey），同时建立企业注册薄[⑳]或创新企业数据[㉑]，来评估“新经济”的参与者、新业务程序和新业务活动等。

第六，运用卫星账户测度“新经济”是解决 GDP 漏统的一个比较务实的做法。主要国际组织认为：“卫星账户作为一种提高对物质财富的深刻把握和增加对 GDP 理解的工具，能准确捕捉到非市场住户服务等。因此，鼓励各国国民经济核算专家开发相关卫星账户来测度‘数字化经济’。”

不过，主要国际组织尚未就两个核心问题达成共识，即是否需要修订和完善国际标准产业分类以及 2008 SNA。

一种观点认为：“新经济”的出现和发展已产生了新的经济活动，因此需要修订和完善现有的《国际标准产业分类体系》（ISIC，第四版）；“新经济”的发展产生了国民经济核算的测算问题，已超出了现有的国民经济核算体系框架，因此有必要修订或完善 2008 SNA。

另一种观点认为：“新经济”的发展主要由通过互联网生产和交易商品和服务所推动，且互联网是其中的唯一手段，因此无需修订现有的国际标准产业分类体系。例如，优步提供的服务可被视为与传统出租车公司的服务相同；理论上讲，2008 SNA 概念和框架已涵盖了新产品、新服务以及新的商业模式，因为这些新的经济活动没有任何超出生产范围的特殊之处。

2. OECD 根据“新经济”在国际上的发展现状与趋势，以及国际上统计能力现状，务实地提出了国际统计界应对“新经济”挑战的总体思路。一是由各国的官方

---

⑳ 追踪和调查新成立企业的主要统计工具。

㉑ 以标准化注册数据为依据。

统计机构牵头及时组建有互联网公司、研究机构、相关部委等机构参加的工作组；二是各国、各主要国际组织应加强在对“新经济”测度研究方面或试测算方面的交流合作；三是在具体操作层面，建议各国官方统计机构积极面对，制定短期、中期和长期计划[22]。

短期计划(低案)。各国官方统计机构应根据本国的统计能力和政策制定者的需要，一是研究数据的可获得性；二是尽快展开“新经济”的试测算工作，并建议用卫星账户测度“新经济”；三是各国官方统计机构必须根据本国统计能力现状，明确优先开展的工作，即是优先考虑数据的获得，还是优先考虑研究对 GDP 的测度方法。

中期计划(中案)。重新设计统计调查方案，甚至需要建立新的统计调查制度，以满足测度和分析 GDP 的需要。此外，OECD 认为，衡量“新经济”这项工作不会一蹴而就，建议各国官方统计机构与学术界、用户开展合作，共同应对测度“新经济”的难题，特别是新出现的问题。

长期计划(高案)。鉴于现有的统计手段在很多情况下都不足以分析“新经济”的关联和动力及其维度，因此，各国官方统计机构的一项长期任务就是将传统界限模糊的各种统计领域综合起来，从而建立一种更加全面、连贯的“新经济”计量方法。同时，寻求一个“新经济”的“约定定义”，并制定一个被国际社会认可的描述“新经济”的数据收集方法和分类标准。

3. 部分统计发达国家已于 2000 年前后开始了相关工作。美国、英国、瑞典、法国、荷兰等，对“新经济”给统计工作提出挑战的反应十分及时，于 2000 年前就投入了大量力量开展了探索性研究，随后采取有效措施加以应对。

(1)在研究层面，美国和法国在国际上较早地系统研究“新经济”对国民经济核算的影响。美国商务部经济分析局于 2000 年发表了《衡量“新经济”》研究报告[23]；法国国家统计局于 2001 年发表了《“新经济”与国内生产总值增长的测算》研究报告[24]。两篇报告认为，在 GDP 核算中，“新经济”的影响体现在消费性开支、固定资产投资、库存投资、进出口、政府消费支出等方面；在国内总收入(GDI)[25]核算中，“新经济”的影响体现在员工薪酬、利润、业主收入，以及租金收入、股息、利息和其他财产收入等方面。此外，对财富存量、个人的收入和储蓄，特别是投入产出账户和国际收支平衡账户的核算也造成影响。两篇报告的结论是，必须完善 GDP

---

[22] 可以理解为高、中、低三种方案。

[23] 作者为美国商务部经济分析局时任局长 J. Steven Landefeld 及首席经济学家 Barbara M. Fraumeni。

[24] 作者为法国国家统计局(法国统计及经济研究所)国民经济核算司时任司长、以及 OECD 统计局国民核算司时任司长 François LEQUILLER。

[25] 即收入法 GDP。

核算,以跟上"新经济"不断发展的步伐。具体思路应是,研究描述"新经济"数据源的获得,研究有关价格指数的编制,特别是卫星账户的利用。此外,美国商务部经济分析局的报告还强调:一是要深入研究"新经济"为什么造成财富存量出现较大变动,以及在"新经济"出现后,投资、储蓄、消费、资本流动、贸易和生产力之间的相互作用;二是美国商务部经济分析局明确今后的一项重大任务,就是更新北美产业分类体系(NAICS),将新产品、新兴行业、新型服务业和从事先进技术生产的行业纳入新的分类体系。

(2)瑞典、英国等国家率先成立专门工作组,探索性开展"新经济"的测算工作。根据掌握的资料,瑞典于2001年1月1日率先成立了由国家统计局牵头,有政府其他部门、互联网公司及私人咨询机构、研究机构、大学等参与的工作组。工作小组的具体任务是:第一步,梳理出测度"新经济"的数据缺口,如分析有多少现有数据可以反映"新经济",还缺少那些数据、通过什么渠道获取,以及是否需要增加新的统计指标等;第二步,研究测度"新经济"对GDP规模和增速,以及在价格、劳动生产率、就业等方面影响的分析方法。研究过程中,将加强与OECD、欧盟统计局,以及其他统计发达国家的交流、学习。其他发达国家,如英国、美国、荷兰等也纷纷成立了类似的工作组。

(二)对于现行的国际标准产业分类,OECD已率先制定出"数字化经济"分类供其成员国参照执行。OECD等国际组织总体上倾向于修订和完善目前的《国际标准产业分类体系》。正如这两个国际组织所指出的:"修订现有的产业分类体系,可充分反映并捕获到'新经济'带来的新产品、新服务、新的商业模式,以及新的经济活动,进而在很大程度上避免漏统GDP或低估GDP增速。"OECD在国际上率先制定出"数字化经济"的分类,供成员国参照执行。OECD将"数字化经济"服务模式分为以下四种类型:

新型住房服务。以AirBnB为代表的短租服务。

新型商业和交通服务。以优步为代表的连接乘客和私家车司机的服务型网站,以及连接个人求职者和消费者的商业服务公司。

新型分销服务。以e—bay[26]为代表的连接个人买家和卖家的网络公司。

新型金融中介服务。以众筹[27]为代表的消费者对消费者金融中介服务。

(三)统计发达国家利用各种可用的数据源来满足对"新经济"测度的需要。

---

[26] 中文翻译为电子湾、或亿贝、或易贝,是一个管理可让全球民众上网买卖物品的线上拍卖及购物网站。ebay于1995年9月4日由Pierre Omidyar以Auctionweb的名称创立于加利福尼亚州圣荷西。人们可以在ebay上通过网络出售商品。

[27] 众筹(Crowdfunding)即大众筹资或群众筹资,一般而言是通过网络上的平台连结起赞助者与提案者。群众募资被用来支持各种活动,包含灾害重建、民间集资、竞选活动、创业募资、艺术创作、自由软件、设计发明、科学研究以及公共专案等。

通过归纳总结,统计发达国家的主要渠道是利用统计调查、行政记录和大数据来测度“新经济”。

1. 利用现有的统计调查数据。英国等统计发达国家在测度“共享经济”企业的交易额时,尝试通过一系列已有的调查,如“年度企业调查”来获得所需数据,随后使用生产法核算和分析 GDP。此外,人们在“共享经济”的支出可通过生活成本和食品消费调查获得,也是支出法 GDP 的一部分。“共享经济”中的收入数据来源多样:部分个人的收入可在与其相关的提供共享服务的企业记录中找到;部分被上报到个人收入里。这两种途径都可以被收入法 GDP 捕捉到。

2. 在已有的统计调查问卷中增加调查内容。一些欧盟国家在已有调查问卷中,补充能区分“共享经济”活动的内容。此外,欧盟统计局要求欧盟各成员国从 2017 年开始,在住户部门网络调查问卷中添加“个人通过网络平台解决住宿和出行”的相关问题。欧盟统计局建议在已有统计调查问卷中增加内容,本着“循序渐进”的原则,2017 年欧盟成员国仅增加了具体经济活动情况,而不会使用概念或技术术语或对相关活动进行货币估价。

3. 利用互联网公司的管理数据或利用其他部委的行政记录。一是利用诸如优步和 AirBnB 等大公司的企业记录。这些企业记录包含大量的个人用户信息和货币交易数据。在保证信息安全的条件下,建立与企业的合作是官方统计需要考虑的问题。英国中央统计局已经和社会企业联盟(SEUK,以下简称 SEUK)建立了合作关系,开发其成员的商业记录。二是利用工商登记记录。如英国中央统计局利用跨部门商业注册机构(IDBR,以下简称 IDBR)的记录(约涵盖 240 万个企业的信息)测度“共享经济”。

4. 使用大数据测度。大数据在测度“共享经济”上有很大的潜力,可以直接捕捉交易信息。英国中央统计局、荷兰统计局等官方统计机构已经开始着手相关研究。网络抓取(网络爬虫)和应用程序编程接口(API,以下简称 API)是最主要的两种方式。网络抓取技术已经成功地运用在英国和荷兰等欧盟国家的价格统计中。

(四)OECD 提出了测度“数字化经济”增加值的具体思路。OECD 经研究后认为:“对于当前‘数字化经济’带来的挑战,很多并不是新内容,如消费者对消费者(P2P,以下简称 P2P)的交易模式之前就存在,无牌照黑车打车服务、居民在跳蚤市场出售二手(但全新)产品的活动都是线下的 P2P 交易,只是互联网扩大了这种类型交易的规模,即 GDP 在概念上完全包括了所有的关联交易和创造的增加值,如今的‘数字化经济’的不同之处在于这些交易的规模被无限扩大了。此外,对于这种用户和用户对接的交易形式,2008 SNA 中早有解释,其定义类似 SNA 中的非正规经济交易(Informal Economy Transactions)。”因此,OECD 得出的结论是:"问题不在于GDP的概念或2008 SNA出现了差错,而在于当前的国民经济核算框架不具有足够的灵活性来充分体现'数字化经济'带来的转变,即当前的问题并不在于GDP的概念及核算框架是否包括这些交易,而在于目前用来测量对等交易,旨在测量小规模和相对不重要的金额的数据汇编做法是否满足实现精确测量的要求,是否能够充分反映潜在的增加值等。"

此外,针对免费的/有补贴的电子消费品的估值,免费内容资产的估值,生产边界,耐用消费品和投资,以及建立相应的卫星账户进行有关测度等具体的挑战,OECD还给出了具体解决建议。

(五)主要发达国家已根据商品和服务的质量变化对价格指数做出调整。持续创新显著提高和改进了许多商品和服务的质量[28]。为此,主要发达国家的官方统计机构采取措施健全价格统计,以应对PPI(生产者价格指数,下同)和CPI等价格指数中的质量变化。其中,英国、美国等发达国家自2010年前后起,根据商品的质量变化对PPI做出调整,澳大利亚、加拿大等对CPI做出调整。

1. PPI调整。英国中央统计局根据商品的质量变化,通过直接物量法、选项成本、享乐调整法和隐式法等4种方法每年对PPI中3%—9%的项目进行调整。其中,隐式法是英国中央统计局调整PPI所采用主要方法。通过价格调整,2002—2015年,英国PPI累计向下调整了近2个百分点。

2. CPI调整。目前,有8个发达国家对商品和服务的质量变化对CPI进行调整,相关商品和服务主要有:澳大利亚为个人电脑;加拿大为个人电脑和互联网服务等;德国为二手汽车、个人电脑等;新西兰为二手汽车;瑞典为服装和鞋类;瑞士为个人电脑等;英国为个人电脑、笔记本电脑、智能手机和平板电脑;美国为服装、鞋类、冰箱、洗衣机、干衣机、炉灶和灶具、微波炉、电视机和DVD播放机等。

(作者:王军　赵云城　闫海琪　刘冰　杨家亮　吕璐　解明明)

[28] 也有相反的例子,即随着时间的推移,以及技术的不断进步,一些商品和服务的质量恶化了而非改善。例如出租房的恶化或民航航班的座位尺寸减少等。不过,这些均为极个别的例子,并非常见。

4.4 P2P 网络借贷平台可持续经营识别研究

摘要:为科学识别 P2P 网络借贷平台能否可持续经营,本文运用“网络爬虫”技术,获取 2015 年 12 月至 2016 年 7 月期间中国 500 多家 P2P 网络借贷平台数据。对获取的大数据,分别采用基于因子分析法构建 Logit 模型、人工神经网络、支持向量机等多种方法,构建 P2P 网络借贷平台可持续经营识别模型。其中,Logit 模型则是建立一个问题平台发生概率的计量方程,用平台发生问题的概率来测算平台可持续经营的能力。但因传统模型损失大量有效信息,因此采用因子分析法构建因子载荷阵,将所有变量归纳为四类因子,构建四类指标。以这四类综合指标作为 Logit 模型解释变量。此外,采用支持向量机、人工神经网络等机器学习语言,建立平台持续性经营的识别模型。以上模型经过测试集对各个模型的验证,最终选出识别概率最高的人工神经网络模型作为 P2P 网络借贷平台经营可持续性的识别模型。并得到以下结论:P2P 网络借贷平台的持续经营主要取决于注册资本、成交量和交易人数这三个因素。注册资本越高、成交量越大、参与交易的人数越多,那么这个平台可持续经营的能力就越强。

关键字:P2P 网络借贷平台　持续经营　人工神经网络

一、引言

P2P 网络借贷平台自 2007 年引入我国以来发展迅猛,P2P 不仅把互联网与民间借贷结合起来,还解决了中小企业融资难、融资时间长的问题。然而,由于发展过快,缺乏有效监管,出现了大量跑路、经营不善或者其他原因形成的问题平台,约占整体平台的三分之一,最终致使大量投资人血本无归。P2P 问题平台事件频发,不仅对个体投资人造成巨大的损失,一旦失控,更将会严重危及我国金融安全。为此,对 P2P 网络借贷平台经营风险进行测算,构建科学识别 P2P 网络借贷平台能否可持续经营的判断模型,进而为广大投资者、政府部门及金融监管部门提供决策参考。

对于 P2P 网络借贷风险评级的研究,国内研究者侧重关注 P2P 网贷模式研究,重点研究中国特有的平台担保、“线上”、“线下”等运用模式,而通过交易数据的实证研究仍相对较少，利用机器学习的数据挖掘方法来反映数据本身内在联系的方法更少。张金日对我国P2P网络借贷用层次分析法，研究风险控制。李敏芳和田晨君以因子分析为手段，对平台进行评级。也有部分学者以个体案例的形式分析平台经营风险。邱甲贤等学者使用我国拍拍贷平台数据进行研究，得出借款金额越大，成功的可能性越小，即借款金额与成功的可能性负相关，借款的利率与成功的概率成正相关。在社会网络对平台的影响方面，邱甲贤、张国生等(2011)认为，“朋友竞标金额”越多，就越能提高借款成功的概率和投标数目。但是这个因素不但不会降低利率，反而有相反的作用趋势。国外的大多数研究是基于Prosper平台的开放数据，成果较为丰富。虽然他们的研究结论在一些方面存在分歧，但学者们从平台机制和数据使用方面做出了必要的解释。Kumar(2007)证实借款人的负债收入比和信息描述与投标数目呈正相关关系，BricenoOrtega&Bell(2008)以Zopa为研究对象，显示借款人的个人信息越详细，越能提高借款的成功率。

鉴于当前我国P2P网络借贷交易数据的实证研究相对较少，尤其是利用计量、机器学习的数据挖掘方法等科学方法较少。因此，为能够有测度P2P网络借贷平台的经营风险，我们探索利用因子分析法、Logit模型、人工神经网络、支持向量机等多种方法对P2P借贷平台的风险程度进行测算，并相互验证比较。

二、P2P网络借贷平台发展现状

P2P网络借贷平台以其投资门槛低、投资收益稳定获得不少投资人的认可。同时，又为有资金借贷需求的企业提供了快捷、成本相对较低的资金借贷。自2013年以来P2P网络借贷平台发展迅猛，问题平台数量激增，行业竞争日趋激烈。

(一)网贷平台迅速扩张

我国P2P网络借贷发端于2007年，拍拍贷和宜信成立后，国内各类P2P网络借贷公司迅速发展。2007—2009年为我国P2P发展的初创阶段，P2P借贷平台数量基本保持在个位数。2010—2012年，随着商业模式的探索和行业知识的普及，P2P借贷平台呈爆发性增长态势，年均增长198.6%。这个阶段的网贷公司多具备较为丰富的风险控制能力，运营模式多样，借款人在资金用途、信用水平、还款能力等方面的信息能够得到核实和确认，P2P网络借贷平台采取线上线下结合的融资模式，且对借款人进行实地考察，交易基本上真实、可靠。但是，这个阶段的平台经营管理普遍存在不完善的问题，致使许多行业公司倒闭或跑路。

2013年至今迅猛发展，但淘汰极高。2013年之后，几乎平均每天都有2家新平台上线。据网贷之家数据显示，2014年全年累计成交量2528亿元，成交量为

2013 年成交量的 2.4 倍，月均增长率超过 10%。2015 年，全年网贷成交量达 9823 亿多元，较 2014 年网贷成交量增长 288.6%。P2P 网络借贷行业参与人数首次突破千万，活跃借款人和投资人分别为 280 万、720 万左右，分别为 2014 年的 3.5、3.1 倍。

表 4.4.1 2015 年 12 月—2016 年 5 月的新增平台情况

时间	新增平台数量	累计数量
2015 年 12 月	89	3858
2016 年 1 月	59	3927
2016 年 2 月	27	3944
2016 年 3 月	40	3984
2016 年 4 月	45	4029
2016 年 5 月	51	4080

通过表 4.4.1 中连续 6 个月的新增平台和累计平台数量，可以看出网络借贷行业作为一种新商业模式，吸引了大量的投资者进入，P2P 网络借贷行业正在快速发展。

(二)问题网贷平台数量激增

P2P 平台野蛮生长的同时也伴随着问题平台数目激增。在平台总数呈逐年增长的情况下，问题平台更是呈井喷式爆发。在 2015 年，出现的问题平台占比 30%，是 2014 年的 3.26 倍。与此同时，问题平台增长数已经逐步赶超新增平台数。目前不到 3%平台满足银监会要求的银行直接存管标准。笔者根据网贷之家的数据，对 2015 年 12 月至 2016 年 5 月的六个月时间问题平台的出现进行统计，详见下表 4.4.2。可以看出，新增问题平台已经同问题平台增长数目相差无几，淘汰率日益增加。

表 4.4.2 2015 年 12 月—2016 年 5 月的新增问题平台情况

时间	新增停业及问题平台数	累计停业及问题平台数
2015 年 12 月	64	1079
2016 年 1 月	67	1146
2016 年 2 月	39	1185
2016 年 3 月	48	1233
2016 年 4 月	42	1275
2016 年 5 月	30	1305

(三)借款期限延长,出借利率下降

2009年以来,P2P网络借贷行业平均借款期限总体呈先降后升态势。据《中国P2P借贷服务行业白皮书2015》数据显示,2012年平均借款期限仅为108天,此后平均借款期限有所延长,2014年约为8个月。据网贷之家数据显示,TOP10网络借贷平台平均借款期限为17.218个月。从2016年8月中商情报网中国P2P网贷期限龙虎榜看,陕西省P2P网络借贷平台平均期限最长,为10.12个月。行业(平均)综合出借利率在2011年达到最高点20.79%后,便快速下降,2014年为14.26%,行业平均年化收益率从2014年13.92%下降至2015年的12.75%。综合利率下降的主要原因:不断释放流动性刺激经济增长,降低社会融资成本,致P2P网络借贷行业综合利率下降

(四)行业竞争日趋激烈

随着P2P平台大量增加,竞争加剧,借款人选择更多,更愿意选择借款成本更低的借款平台。根据网贷之家2016年7月数据显示,P2P网络借贷平台成交量最大的是陆金所,为243.60亿元,其成交量规模为第二名红岭创投的2.9倍,前10名网络平台的成交量占网贷之家所公布的480家平台的44%,前15名网络平台的成交量近51%。与此同时,平台之间的名次更替现象较为常见,网贷之家数据显示,陆金所、红岭创投的位次比较稳固,紧随其后的借贷平台位次每个月都发生明显的变化。这表明,P2P网络借贷平台不断洗牌的趋势加剧,特别是随着大型资本和资金的进入,行业竞争不断激化,没有足够资本的平台或将被收购兼并,或将被淘汰。

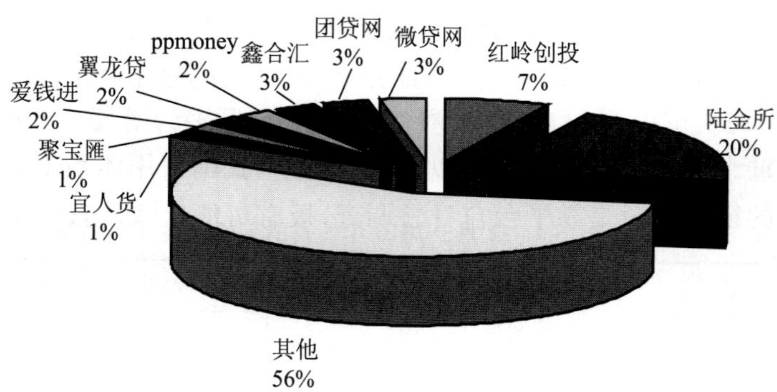

图4.4.1 2016年7月P2P网络借贷平台成交量比重图

三、P2P网络借贷平台存在的问题

随着P2P网络借贷平台迅猛发展,与此同时,三分之一的问题平台让众多投资者血本无归,严重的影响了我国金融安全。通过梳理当前我国P2P网络借贷平

台经营存在的大量问题，集中概括为以下几点问题。

(一)监管不足

2015年12月28日出台的《网络借贷信息中介机构业务活动管理暂行办法(征求意见稿)》勾勒出政府监管的架构和思路，将P2P网络借贷平台视为信息中介。P2P网络借贷平不需要行业牌照制，以行业自律和市场监管为主。这种监管方式大大降低了对网络借贷平台的监管力度，导致部分平台异化为信用平台，非法建立资金池，从而增加了跑路等多种问题的发生几率。2016年8月24日颁布的《网络借贷信息中介机构业务活动管理暂行办法》规定了十三条红线，但依旧是要求加强事中事后监管。传统金融业的法律法规相对滞后，与互联网金融的快速发展不相匹配，这就为部分P2P平台利用法律、法规存在的漏洞，从事违法勾当提供了一定空间。

(二)风控脆弱

作为一个涉及金融信息的中介机构，P2P网络借贷平台的风控是脆弱的。在资金杠杆方面，金融业的杠杆率一直有着严格的控制，我国的大型商业银行不得低于4%的杠杆率。而P2P网络借贷平台的杠杆率则不受任何政策影响，可自己定夺，几乎不受杠杆率的影响。

就准入门槛而言，金融信用中介和信息中介不可同日而语。金融业实行牌照制，对注册资本、保障模式等底线指标有着明确规定。但P2P网络借贷平台作为信息中介，其准入门槛极低，导致平台鱼龙混杂。

大量平台缺乏必要的风控。不少网贷机构经营管理能力不足，时有经营者卷款、“跑路”等事件发生，严重影响市场参与者信心和行业声誉。且不少网贷机构网络信息系统脆弱，易受黑客等攻击，存在客户资金、信息被盗用的安全隐患。

(三)信用缺失

首先，P2P网络借贷平台征信难以实现。当前，我国信用体系不完善，P2P网络借贷平台的征信完全是靠平台自身去调查，极有可能导致调查结果的不准确，从而扩大借款人的违约而引起的风险。借款人可能出现使用虚假身份、虚假资金用途来进行借款，从而导致借贷风险急剧攀升。

此外，P2P网络借贷平台提供的是金融服务，然而地位却是信息中介机构。因此，承担的是信息中介的责任，实施的是自律的服务模式。互联网借贷的资金安全和从业者素质没有得到有效监管，行业自律较差，使得互联网金融业出现诸多问题。不少网贷机构为客户借贷提供隐性担保，由信息中介异化为信用中介，设立资金池、挪用客户资金，存在信用风险和流动性风险等隐患，影响金融市场秩序和社会稳定。与此同时，有些P2P平台为了吸引更多的投资人，对自身的坏账率进行虚假披露。由于信息披露的不完全，投资人无法得知投资资金的用途。

(四)违规行为控制不力

尽管《网络借贷信息中介机构业务活动管理暂行办法》明确 P2P 网络借贷平台机构不能从事的十二项禁止性行为,但违规行为依旧层出不穷。按规定网贷平台须由银行直接存管,但目前仅有不足 3%的平台实现了存管制度及约束。也就是说,97%的平台依旧控制借贷资金,可能会引发建立资金池等多种违规行为。

四、P2P 网络借贷平台经营风险实证分析

P2P 网络借贷平台迅猛发展,与此同时问题平台与日激增。因此,P2P 网络借贷平台行业风险,需要对网贷平台的可持续性进行识别,建立有助于投资者识别有实力、风控能力高的持续经营借贷平台,以优化投资者对网络借贷平台的选择,保护投资者利益,避免盲目投资,降低资金损失,保障资金安全。

为了能够甄别其中优秀和不足的网络信贷平台,构建识别 P2P 网络借贷平台能否持续的模型,分别采用基于因子分析下的 Logit 模型、支持向量机、人工神经网络方法进行验证比较,从而得出最优模型。

(一) 变量和数据描述

本文的研究对象是 P2P 网络借贷平台经营的可持续性,以是否成为问题平台作为区分。在数据方面,我们从 2016 年 6 月开始抓取网贷之家、网贷天眼等网站数据,获取了 300 多个借贷平台从 2015 年 12 月至 2016 年 7 月的八个月 18 个指标的经营数据。被解释变量赋值以平台是否出现问题为标准,如果平台出现问题,那么该平台记做 0;否则,该平台记做 1。解释变量则为 18 个平台运营指标。但每个模型所选取的指标数据采用标准化或者平均化进行处理,详见各模型数据说明。同时,根据模型对指标进行解释。

(1)资金流动性指标。资金的流动性主要用来衡量 P2P 网络借贷平台的变现能力,可以使平台具有较强应对挤兑风险的能力,平台的流动性越大,其应对能力越强。这类指标主要有:平均借款期限、未来 60 日待还金额等。

(2)资金分散指标。P2P 网络借贷平台的投资活动中,将投资人的同一笔资金分散借给多个借款人,能够有效降低每个投资人的平均借款金额,降低资金风险程度。这类指标主要有:投资人人均投资金额、借款人人均借款金额、前十大借款人待还金额占比等。

(3)资金杠杆指标。主要用来衡量 P2P 网络借贷平台的资金保障能力,体现网络借贷平台的经营模式和经营风险。这类指标主要有:资金杠杆、平均利率、时间加权成交量等。

(4)信用风险指标。P2P 网络借贷平台的信用越好,投资人、借款人对平台的信任越高,平台就越活跃,人气越高,声誉和口碑也就越好。这类指标主要有:注

册资本、运营时间、成交量、投资人数、累计待还金额等。

(二)构建 Logit 概率识别模型

Logit 模型作为传统概率计量模型,可以通过多元变量来计算发生概率。同时,也可以进行数据预测,从而验证平台是否出现问题。按照一般建模思路,以现有数据指标为变量进行构建模型,剔除相关性指标,选取 8 个代表性变量。得到的数据模型尽管模型整体较为显著,但是存在两个变量不显著。继续优化模型保留的有效指标太少,难以符合现实情况,并且丢失了大量有用的信息。因此,本文放弃以单一指标为解释变量的 Logit 模型,利用因子分析降维得到的综合变量指标作为 Logit 模型解释变量。

1. 变量因子分析

P2P 网络借贷平台可持续运营这种抽象的概念相对较难合理度量,所以考虑运用因子分析的方法打分来分析可观测变量,间接测量风险等级和安全性这个因变量。因子分析是将现有变量按照相关性程度把联系紧密的变量归为同一类,相关性程度比较低的归为不同的类,得到的每一类变量分别代表一种公共因子。这种分析方法通过研究众多变量之间的内部依赖关系,探求观测数据中的基本结构,并用少数几个假想变量来表示其基本的数据结构,这几个假想变量能够反映原来众多变量中的主要信息。原始变量是可观测的显在变量,而假想变量是不可观测的潜在变量,称为因子。

(1)因子分析原理

设 $X_i(i=1,2,,p)$ p 个变量,如果表示为:

$$X_i = u_i + a_{i1}F_1 + \cdots + a_{im}F_m + \varepsilon_i \tag{1}$$

$$\text{或}\begin{bmatrix} X_1 \\ X_2 \\ \vdots \\ X_p \end{bmatrix} = \begin{bmatrix} u_1 \\ u_2 \\ \vdots \\ u_p \end{bmatrix} + \begin{bmatrix} a_{11} & a_{12} & \cdots & a_{1m} \\ a_{21} & a_{22} & \cdots & a_{2m} \\ \vdots & \vdots & \cdots & \vdots \\ a_{p1} & a_{p2} & \cdots & a_{pm} \end{bmatrix} + \begin{bmatrix} F_1 \\ F_2 \\ \vdots \\ F_p \end{bmatrix} + \begin{bmatrix} \varepsilon_1 \\ \varepsilon_2 \\ \vdots \\ \varepsilon_p \end{bmatrix} \tag{2}$$

称 $F_1, F_2, \cdots, F_m$ 为公共因子,是不可观测的变量,它们的系数称为因子载荷。ε_i 是特殊因子,是不能被前 m 个公共因子包含的部分,且满足:$\mathrm{cov}(F,\varepsilon)=0$,

F,ε 不相关,$D(F)=\begin{bmatrix} 1 & 0 & 0 & 0 \\ 0 & 1 & 0 & 0 \\ 0 & 0 & \ddots & 0 \\ 0 & 0 & 0 & 1 \end{bmatrix}$,即:$F_1, F_2, \cdots, F_m$ 互不相关,方差为 1。

$D(\varepsilon)=\begin{bmatrix} \delta^2 & 0 & 0 & 0 \\ 0 & \delta^2 & 0 & 0 \\ 0 & 0 & \ddots & 0 \\ 0 & 0 & 0 & \delta^2 \end{bmatrix}$,即:互不相关,方差不一定相等,$\varepsilon_1 \sim N(0,\delta_i^2)$ 。

(2) 因子分析

本文所选取的数据来自网贷之家、网贷天眼等多家网络平台的公开数据。数据获取时间从 2015 年 12 月至 2016 年 7 月份的 300 多家 P2P 借贷平台运营数据。但部分 P2P 借贷平台数据因经营不连贯而导致数据难以获取。为此,我们通过对不同平台进行辨别,并对所有的数据进行平均化处理。

首先是平台种类的选取。由于 P2P 借贷平台更迭较快,为了能够判断其是否跑路,将平台分成两类进行选取,一类是持续经营的平台,另一类是问题平台。选择标准为平台是否连续经营八个月。其次是数据可获得性。对可持续经营的平台,选取全部 212 家的 17 个指标的经营数据。对于问题平台数据的选取。通过已公布的问题平台名单,获取了事前数据,但是最终成为问题平台的 95 家平台的历史数据。最后是数据指标选取。为了能够更好的将 P2P 借贷平台经营情况进行识别,本文选取了平均借款期限(X_1)、未来 60 日待还金额(X_2)、人均投资额(X_3)、资金杠杆(X_4)、时间加权成交量(X_5)、注册资本(X_6)、运营时间(X_7)、成交量(X_8)等指标。因子分析构建指标体系如下:

表 4.4.3　P2P 网络借贷平台因子分析持续经营评估指标

	一级指标	二级指标	
自变量	资金流动性	平均借款期限	X1
		未来 60 日待还金额	X2
	资金分散性	投资人人均投资金额	X3
	资金杠杆	资金杠杆	X4
		时间加权成交量	X5
	信用风险	注册资本	X6
		运营时间	X7
		成交量	X8
因变量	P2P 网络借贷平台持续经营	综合评估得分	Y

为了避免因数据大幅波动导致数据失真,我们对样本数据进行一定的预处理。对于持续经营样本,我们选取样本指标八个月的平均值。对于问题平台,选取 2015 年 12 月至其出现问题的时间段的平均数据。为了消除量纲的影响,对数据进行标准化。

为对因子分析的结果进行有效检验,对收集的样本进行 KMO 和 Bartlett 检验,以判断原有变量之间是否具有线性关系,是否可以运用因子分析法。KMO 检验的结果数值越接近于 1,则变量之间的相关性越好,因子分析法的效果也就越好。一般地，KMO 检验值大于 0.5 都可以进行因子分析。

表 4.4.4 KMO 和 Bartlett 检验结果

Kaiser－Meyer－Olkin 检验	0.65
Bartlett 球形检验 自由度	28
卡方值	1012.73
显著性水平	0

由上表可以看出，Bartlett 球形检验卡方值为 1012.73，显著性水平 $S.g$ 接近 0，拒绝原假设；KMO 检验结果为 0.65，大于 0.5。

表 4.4.5 因子载荷矩阵、特征值、贡献率、累积贡献率

序号	第一主因子 F1	第二主因子 F2	第三主因子 F3	第四主因子 F4
X1	0.301	0.115	0.155	0.914
X2	0.415	0.846	0.326	0
X3	0.368	0.157	0	0.157
X4	0	0.371	0.911	0.160
X5	0.951	0.187	0.114	0.206
X6	0.342	0.200	−0.137	0.162
X7	0.145	0.457	0.139	0.138
X8	0.707	0.625	0.216	0
特征值	1.942	1.565	1.059	0.974
贡献率	24.3	19.6	13.2	12.2
累积贡献率	24.3	43.8	57.1	69.3

因子分析模型的显著性检验值约为 0.05，表明 4 个因子数的模型通过显著性检验，无须继续提高因子数。

经过分析，4 个因子共可以解释原始变量 69.3%的方差，约有 30.7%的信息损失。从图 4.4.2 中可以看出，第一个因子 F1 在 X5、X8 上有较大载荷，可以解释为信用度因子，第二个因子 F2 在 X2、X8 上有较大载荷，反映平台的流动性，可以解释为流动性因子，第三个因子 F3 在 X4 上有较大载荷，可以解释为资金杠杆因子，第四个因子 F4 在 X1 上有较大载荷，可以解释为变现能力因子。以公共因子的方差贡献率为权数，得 P2P 网络借贷平台风可持续经营总综合因子表达式如下：

$$F=0.243F1+0.196F2+0.132F3+0.122F4 \tag{3}$$

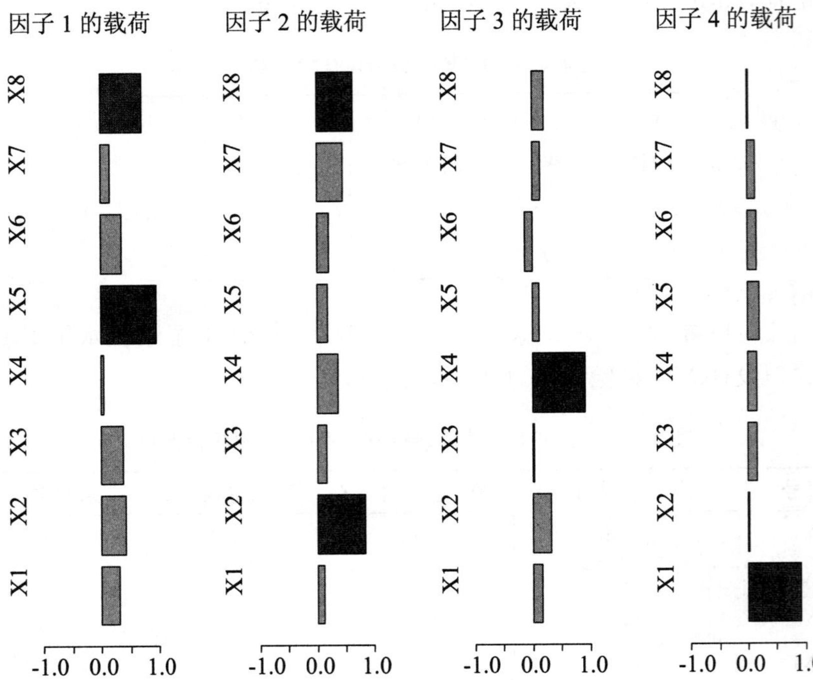

图 4.4.2 因子载荷图

通过因子分析得到的 P2P 网络借贷平台风险综合评分式，每个平台四个因子的得分及综合评分进行综合考量。对已经获取数据的 307 家平台，利用因子载荷阵，按照各个平台的数据值计算得出相应的指标值。其中，信用因子占据最重要的位置。而流动性因子次之。再次就是资金杠杆因子和变现能力因子。

2. 指标选取及界定

为了能够更好的利用指标数据，我们采用上个章节因子分析的结论，以因子分析载荷阵为基础，将现有数据指标构造出四个因子指标，即信用度因子、流动性因子、资金杠杆因子和变现能力因子。使用 eviews 软件来构建 Logit 模型。

表 4.4.6 选取的变量数值以及对平台评级预计作用假设

	持续经营平台平均数值	跑路平台平均数据	预计作用方向
信用度因子	291176.54	31923.39	正向作用
流动性因子	95484.51	14858.00	正向作用
资金杠杆因子	45767.98	6325.58	负向作用
变现能力因子	56619.49	5454.84	正向作用

考虑到需要对模型的有效性进行检验，将全部数据分为训练集和测试集两大

类。其中,用于训练集样本为2645个数据,测试集的样本数据为100个。

虽然P2P网络借贷平台只是信息中介平台,但是考虑到它从事金融借贷行为,为了能够更好对平台进行评级,借助我国信贷评级的标准,选取相关学者经验概率0.5做为临界点,低于0.5我们认为该P2P网络借贷平台出现问题,高于0.5我们认为平台运营相对正常,且数值越高平台运行越好。

3. 构建Logit模型

选取的解释变量为平台是否跑路,被解释变量则是基于标准化后的四个因子。利用eviews软件进行计量模型。

$$\ln(p/(1+p))=-1.00564-0.00023*f1^{***}+0.000834*f2^{***}-0.001763*f3^{***}+0.001287*f4^{***} \quad (4)$$

根据该模型的检验结果Prob(LR statistic)=0.000000,证明该模型整体效果较好。且这四个变量都是十分有效的。因此,构建的该Logit模型是显著的。

为将模型用原始测量指标表示,将因子分析得到的F1—F4表达式带入上式之中,得到下列方程式。

$$Ln(p/(1+p))=-1.00564+0.000929733*X_1+0.000035376*X_2+0.000248357*X_3-0.001090759*X_4+1.368E-06*X_5+0.000538165*X_6+0.000280337*X_7-0.000022168*X_8 \quad (5)$$

4. 模型有效性检验

将测试集中的100样本带入上述Logit模型进行计算。其中,问题平台数据为30个,持续运营平台数据为70个。得到如下结果。

表4.4.7 Logit模型检验结果

识别结果	正确	错误	准确率
问题平台	17	13	56.67%
持续经营平台	52	18	74.29%
总平台	69	31	69.0%

通过上述模型的检验结果,我们可以看出,模型在识别持续平台相对准确,能够达到69.0%。但是对于问题平台识别还是存在一定偏差。问题平台的识别成功率仅达到56.67%,相对较低。

5. 小结

(1)模型识别能力较好。通过对测试集的测试结果可以看出,Logit模型识别P2P网络借贷平台能否持续经营准确率接近70%,能够较好的体现出四个因子指标对P2P网络借贷平台能否持续运营的影响程度。

(2)部分指标识别与经验判断不一致。在影响方向上,信用度因子与预判值不一致。按照Logit模型结果,资金杠杆、变现能力和流动性与原值预测相一致。而信用因子却与之相反。这主要是由于平台累计成交量越大,则平台相对应承担债务的数额越大,造成风险累积增加。因此,导致这一指标与此前判断相矛盾。

(3)变量解释持续经营影响程度相差很大。通过不同指标因子可以看出,变现能力和资金杠杆成为主要影响因素。这两点可以看出,负债程度和平台现金流是各平台能否持续经营的重要方面。占据第三位的影响指标为流动性指标。这与P2P网络借贷平台的经营可持续密不可分。流动性越好,收入越高,平台的偿债能力更好,从而经营的风险也相对较小,可持续经营能力更强。

(三)机器学习工具识别P2P网络借贷平台

机器学习工具是作为大数据信息研究处理的利器。本文采用SPSS Modeler 18.0这一软件作为数据挖掘工具,建立了人工神经网络(ANN)、支持向量机(SVM)两种模型进行对比研究。通过测算P2P网络借贷平台经营数据,发现影响P2P网络借贷平台经营可持续性的因素。

1. 变量说明

机器学习模型使用307家平台18个变量的原始数据数据。模型因变量为:是否为持续经营平台(Continuing operations),布尔型变量,定义如下:是=1,否=0。

在模型建立前,先进行数据审核,在Data Audit Node中的图表及统计数据中,我们可以看出最大、最小及平均值观察变量中的值均无异常分布。

2. 构建人工神经网络模型

人工神经网络是由大量处理单元互联组成的非线性、自适应信息处理系统。它是在现代神经科学研究成果的基础上提出的,试图通过模拟大脑神经网络处理、记忆信息的方式进行信息处理。人工神经网络算法模拟生物神经网络,是一类模式匹配算法。通常用于解决分类和回归问题。

2.1 模型建立步骤

首先,构建完整的神经网络数据流,本文采用径向基函数(RBF)神经网络模型,RBF网络能够逼近任意的非线性函数,可以处理系统内的难以解析的规律性,具有良好的泛化能力,并有很快的学习收敛速度。模型选择80%的样本作为训练集,20%的样本作为测试集,生成人工神经网络模型,结果显示该模型识别准确性达80.1%。

2.2 识别变量重要性

从RBF神经网络识别变量重要性结果来看,注册资本(Registered capital)在此模型中最显著,成交量(Volume)较为显著,剩下的较为重要的变量依次为前十大借款人待还金额比例、时间加权成交量、借款标数、未来60日待还、人均投资金额等。

2.3 神经网络模型分析结果

在神经网络模型分析出来的结果中，我们可以看到训练集里231个记录中有185个记录（占80.09%）的模型预测值与实际值相匹配；测试集里75个记录中有65个记录（占86.67%）的模型预测值与实际值相匹配。并且通过观察实际值与预测值的重合矩阵，发现在测试数据中，模型预测问题平台的准确性（70.8%）低于预测持续经营平台的准确性（94.1%）。

3. 构建支持向量机模型

3.1 支持向量机（SVM）概念

支持向量机（support vector machine）是一种二类分类模型，其基本模型定义为特征空间上的间隔最大的线性分类器，即支持向量机的学习策略是使间隔最大化，最终可转化为一个凸二次规划问题的求解。

3.2 支持向量机（SVM）模型建立

首先，构建完整的支持向量机（SVM）数据流。模型是基于RBF核函数的支持向量机。模型选择80%的样本作为训练集，20%的样本作为测试集。根据SVM模型中的预测变量的相对重要性，我们可以看到前十大借款人待还金额比例在此模型中最显著，持续运营时间较为显著，剩下的较为重要的变量为平均利率、人均投资总额、前十大土豪待收金额比例、注册资本等。

通过SVM模型分析出来的结果可以了解到，训练集里231个记录中有183个记录（占79.22%）的模型预测值与实际值相匹配；测试集里75个记录中有61个记录（占81.33%）的模型预测值与实际值相匹配。并且通过观察实际值与预测值的重合矩阵，发现在测试数据中，模型预测问题平台的准确性（70.8%）低于预测持续经营平台的准确性（86.3%）。

4. 小结

我们对人工神经网络及支持向量机所得到的结果进行比较，发现神经网络模型的误差和预测结果均优于支持向量机，且二者较传统的计量模型在预测准确率上有较大水平的提升。

根据神经网络对P2P网络借贷平台的持续经营性的识别结果可以看出，前三大类的影响因素分别是注册资本、成交量、借款人数。从这模型结果可以看出，影响P2P网络借贷平台是否能够持续经营的主要因素是自有资金和交易规模和交易人数。换句话说，注册资本较高的大平台，拥有大量交易，并且参与交易的人数越多，那么这个平台越可持续。

五、总结及不足

(一) 论文总结

1. 本文构建较为客观的识别 P2P 网络借贷持续经营模型。利用了三种模型对我国 300 余家 P2P 网络借贷平台的可持续经营影响因素进行分析。对比构建的三个评价模型,利用大数据分析,直观的体现出影响平台的可持续指标,进而为测度平台经营情况做出相应的识别模型。

2. 本文丰富了测量 P2P 网络借贷平台的可持续经营影响的方法。利用数据挖掘理论,配合机器学习算法,清洗数据,试算大数据,为测算网络借贷平台经营风险的提供了一个新的选择。

(二) 不足

1. 数据真实性有待提高。本文采用的大数据为互联网公开数据,缺乏对数据真实性的验证。可能存在部分平台所公布的数据与真实数据存在较大偏差的可能。可考虑将 P2P 网络借贷平台数据纳入统计监测,以提升数据真实程度。此外,可由银行公布 P2P 网络借贷平台银行直存的数据,提升数据真实程度。

2. 模型识别影响经营持续性的变量不尽一致。通过用因子分析法、Logit 模型和机器学习中的支持向量机和人工神经网络树这四中算法结论可以看出,每一种方法影响 P2P 网络借贷平台能否持续经营因素并不一致,甚至出现相左的情况。我们在后期需要进行不断的优化、调整,从而建立更加客观的识别模型。

3. 样本的指标不够完整。当前互联网公开的 P2P 网络借贷平台借贷数据侧重于平台运营指标,但是对平台资产指标、利润指标等方面极为匮乏,难以满足多维度测度经营持续性的需要。可考虑将不良贷款、资产总额、利润率等多项指标纳入数据平台之中。

参考文献

[1]冯俊文,高瑞琼. P2P 网络借贷研究综述[J]. 技术经济与管理研究,2014(7).

[2]叶菁菁,吴斌,董敏. P2P 网贷个人信用评估国内外研究综述[J]. 商业经济研究,2015(11).

[3]刘轶,赵宣,罗春蓉. P2P 网络借贷研究:一个文献综述[J]. 金融理论与实践,2015(06).

[4]孙进辉,于洋,李浿灰度共生矩阵和神经网络在医学图像处理中的应用[J]. 实验技术与管理,2011—07—20.

[5]Michel C, Dan G, Robert M. A Comparative Analysis of Current Credit Risk Models[J]. Journal of Banking and Finance, 2000.

[6]Zan Huang，Hsinchun Chen，Chia－Jung Hsu，etc. Credit Rating Analysis with Support Vector Machines and Neural Networks：A Market Comparative Study[J]. Decision Support Systems，2004.

（作者：张婷　杨传江　徐明冉）

4.5 基于深度神经网络与主题模型的文本情感分析

——以上海迪斯尼景区游客满意度调查为例

摘要：本文尝试以上海迪斯尼景区的网络评价数据为例，通过深度神经网络和主题模型开展文本情感分析。在完成网络数据爬取、基于隐马尔可夫(HMM)模型的中文分词、向量空间(VSM)模型将文本转向量等一系列数据源和数据预处理工作后，通过机器学习中的多层感知器(MLP)神经网络进行建模，并构建主题模型。本文将大数据的开发与当前的统计调查有机结合，探索一条对社会各领域评价调查具有可复制可推广的大数据调查模式。

关键词：文本挖掘　神经网络　主题模型　情感分析　VSM 模型

随着社会和科技的发展，尤其是在当前大数据研究应用的背景下，传统调查受限于时间和空间，调查效率相对偏低，调查数据质量控制难度和成本不断增加，调查数据的时效性相对偏弱等不足进一步显现。大数据时代的来临，为我们提供了全新的获取数据的渠道，也为我们创新调查方式，更加快捷、高效、科学地评估用户满意度水平提供了一种可能。

本文尝试以上海迪斯尼景区的网络文本评价为例，通过深度神经网络和主题模型开展文本情感分析。当前传统的满意度调查主要通过问卷调查的方式开展，通过浏览网站不难发现，网络评价分为定量评价(如打分、标星)和定性评价(如文字描述)两种。然而面对大数据，我们也会心生疑惑和忐忑，大数据的内部结构难以全面把握甚至不得而知，大数据的数据质量参差不齐也无从考究，大数据的应用结果缺乏验证和评估，因此如何应用好大数据，挖掘出纷繁复杂，杂乱无章的大数据背后暗藏的规律，如何将大数据的开发与当前的统计调查有机结合，成为有益的补充和替代；探索一条对社会各领域评价调查具有可复制可推广的大数据调查模式，是我们研究的初衷和出发点。

课题研究将通过完成以下三大目标，实现建模初衷。1. 综合运用 HMM 分词模型、VSM 模型、MLP 神经网络以及 LDA 主题模型，创新满意度调查方式；将定性文字转为定量评价，提高文本数据的挖掘分析能力；3. 加深对大数据内部维度结构的认知，更加细化对文本数据的挖掘等方面，开展积极地尝试和探索。

一、研究路径

(一)数据获取

运用网络爬虫技术,从携程网、大众点评、猫途鹰等旅游网站上获得游客对香港迪斯尼、上海迪斯尼等景点的网络评价,包括评论时间、文本评论、满意度评价及相关用户信息。

(二)数据预处理

经过文本预处理,建立只有评论内容的文本数据库;基于隐马尔可夫模型(HMM),通过公共词库、停用词词库和自定义词库进行中文分词,经过多次迭代和词库更新,形成最终分词结果。最后通过向量空间模型(VSM),将分词完毕的文本,转化为文本向量,存入文本向量库。

(三)建模(模型训练和比较)

首先MLP建模。通过机器学习中的多层感知器神经网络(MLP)进行建模并评估结果,不断的调整预测模型,直到预测结果达到预期准确率。基于向量空间模型中的三种转换方法,运用多层感知器神经网络中的逻辑回归(LR)和支持向量机(SVM)两种算法进行比较分析。其次构建主题模型。通过LDA主题模型,对文本进行潜语义分析,对潜在主题分类的相关特征的分析和甄别,确定相关主题。

(四)知识获取

以上海迪斯尼景区的网络评论满意度为主要研究对象,比对世界各地迪斯尼景区,从整体满意度水平、二级评价主题差异和分项满意度差异、满意度随时间趋势变化等多角度进行挖掘,加强对网络评论文本的深度解读,从而能够更有针对性地对评论对象提出意见建议。

二、数据来源和预处理

(一)软件说明:python语言

本课题运用python语言编写预处理和建模程序。

(二)数据来源:爬虫获取网络评价

运用网络爬虫技术,从携程网、大众点评、猫途鹰等旅游网站上成功获得逾六万条游客对香港迪斯尼、上海迪斯尼等景点的网络评价,包括评论时间、文本评论、满意度评价以及用户信息。其中部分文本评论用于神经网络建模的训练和测试;另外一部分文本评论用于模型机器打分(见表4.5.1)。进行文本预处理,纯化文本内容,去除HTML标记,形成只有评论内容的纯文本,并存入评论文本数据库。

表 4.5.1　课题数据源信息表

景点名称	评论条数	指　标	数据用途
1. 香港迪斯尼	40000 条	评论时间 文本评论 满意度评价 用户信息	训练、测试模型
2. 秦始皇兵马俑	8000 条		
3. 上海野生动物园	3000 条		
4. 北京故宫	1000 条		
5. 东方明珠	2000 条		
6. 上海迪斯尼	5000 条	文本评论	模型机器打分
7. 香港迪斯尼	5000 条		
8. 东京迪斯尼	1600 条		

注:上表为平衡语料后的数据量

(三)训练语料评估:德尔菲法确定语料噪音比例

随机抽样选取一定比例的训练语料,进行人工背靠背打分,将打分结果和原始满意度分值进行比较,确定“噪点”(主客观偏差较大的数据)比例。若比例过高,则前期需增加对“噪点”语料的筛选和剔除;若比例较低,“噪点”语料不会影响后期机器学习效果,可直接运用于下阶段分析使用。通过背靠背打分,发现原始语料噪点比例为 0.5%,可直接使用。

(四)文本分词:运用“隐马尔可夫模型”对文本评价分词

第一阶段:初步分词,运用公用词库和自定义词库对评论文档进行分词;

第二阶段:去停用词,停用词主要为副词和标点等,去除一些在文本中常用的词语,比如“的”“吗”等;合并数字和人名等词汇;数字或者人名等词汇在具体的分析过程中一般不会起到非常大的作用,人工将其去除;

第三阶段:自定义词库更新,将每次分词发现的新词不断加入自定义词库。经过多次的迭代和词库的更新,形成最终的分词结果(限于篇幅,此处省略)。

(五)向量空间(VSM):文本转换为向量

情感分析利用神经网络,将一条条分词完毕的文本评价转换为向量,这样计算机才能够读取和学习。在转换的过程中,列指标即特征向量。特征提取指选取能够表征目标结构的一种表示方法,进而拥有分类和判决。本课题运用 VSM 模型将一条分词完毕的评论转换为向量,具体分 PV－DM(Distributed Memory Model of Paragraph Vectors)和 PV－DBOW(Distributed Bag of Words version of Paragraph Vector)两种算法(见图 4.5.1)。相较于 CBOW(从上下文推本词)和 skip－gram(从本文推上下文),VSM 的方法在前者基础上加入了段落标志,从而能够达到更好的分词效果。DBOW、DM 等向量空间模型,分词中只需解决未登录词，无需删除大量停用词以及预先导入同义词库，大大简化了分词的难度。

具体操作：

步骤一：将每条分词完毕的评论运用 PV－DM 方法转换为[1 * 200]的向量；

步骤二：将每条分词完毕的评论运用 PV－DBOW 方法转换为[1 * 200]的向量；

步骤三：将上述两种转换方法得到的向量合并，构造得出[1 * 400]的向量。

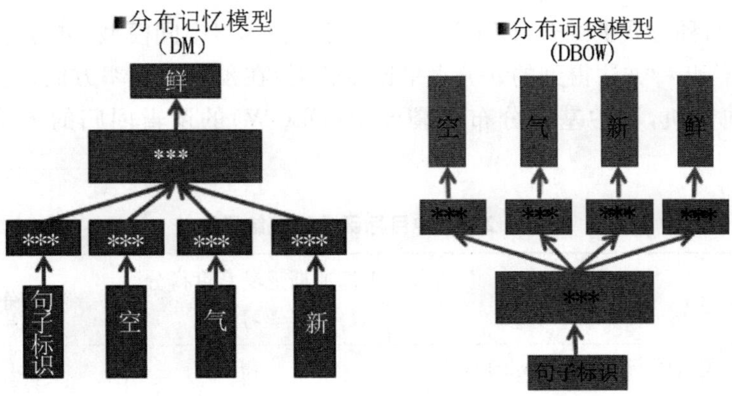

图 4.5.1 DM 和 DBOW 的说明

三、机器学习建模与模型比较分析

(一)思路框架

在建立模型的时候，本课题选用监督式机器学习的算法。将模型预测结果与“训练数据”的实际结果进行比较，不断的调整模型，直到模型的预测结果达到一个预期的准确率。本课题尝试探索应用多层感知器神经网络，并使用多种目标函数(逻辑回归和支持向量机等)开展比较研究。

(二)主要步骤

1. 数据建模

在前期文本转换为向量的基础上(dov2vec)，运用机器学习神经网络(MLP)算法，构建模型。在评分标准方面，二分法虽较简化，机器学习的判别也更简单，但也损失了部分信息。基于此，课题组通过五分法，使机器学习能够获取更多信息，文本情绪层次进一步得到细化，输出结果可解读性更强。

2. 模型验证

采用随机交叉验证。在所有用于训练神经网络的评论中，80%用于建模(含训练和评估)，20%用来测试模型效果。在 80%用于建模的评论中，采用随机交叉验证法，其中80%用于训练模型，20%用于评估模型每一次迭代训练的收敛效果。

3. 运用两种目标函数（逻辑回归和支持向量机）

神经网络的目标函数，选择逻辑回归（categorical crossentropy）和支持向量机（hinge loss）进行比较分析。

（三）神经网络建模的结果

在建模中分别使用逻辑回归和支持向量机输出的总体满意度得分和预测准确率见表4.5.2。两种目标函数分别对应分布词袋模型（DBOW）、分布记忆模型（DM）以及两种方式的结合（DBOW+DM）等三种向量空间模型，进行建模。从整体满意度看，两种方法得到的评分水平比较相近；在预测准确率方面，逻辑回归略高于支持向量机，其中基于分布词袋模型（DBOW）的逻辑回归的准确率最高，达0.489。

表4.5.2 两种目标函数建模结果比较

序号	种类	上海迪斯尼满意度得分机器学习结果	准确率
1	逻辑回归—[DBOW+DM]	3.49	0.485
2	逻辑回归—[DBOW]	3.83	0.489
3	逻辑回归—[DM]	3.59	0.474
4	支持向量机—[DBOW+DM]	4.21	0.445
5	支持向量机—[DBOW]	4.35	0.459
6	支持向量机—[DM]	4.13	0.420

四、LDA主题模型

（一）LDA原理

由于神经网络模型输出结果仅能反映整体评价情况，不能提供细致的深入发现和认知，因此进一步引入LDA主题模型，挖掘文档集合中的重要主题。

LDA是一种非监督机器学习技术，可以用来识别大规模文档集（document collection）或语料库（corpus）中潜藏的主题信息。LDA可以找到产生文本的最佳主题和词汇，最大程度地表示文本中所蕴含的含义，信息丢失较少，能够较好地解决词汇、主题和文本之间的语义关联问题。

该模型假设：每个文本包含一定数量的隐含主题，每个主题包含特定的词；文本和词汇间的关系通过隐含主题体现；文本到主题服从狄利克雷（Dirichlet）分布，主题到词服从多项式分布。

(二)建模过程

对上海迪斯尼的评价文本按照标点符号进行分句，再进行分词处理，将得到的文档输入 LDA 模型。模型共设置 20 个分类，并在各分类中选取 20 个出现概率最高的关键词，自迭代 500 次(限于篇幅，此处省略 LDA 主题分类和关键词提取的输出结果表)。

(三)建模结果

通过关键词的解读，分析该项分类的具体特征，确定相对应的主题分类。在 20 个分类中，最终确定了 15 个分类，归入餐饮、排队时间、游玩设施、服务管理、游玩项目、交通、趣味性、园内演出和购物等 9 个主题；另外 5 个分类没有明显的含义，故未归入任何主题。并通过神经网络对上述 9 个主题进行文本情绪分析，即获得相应的满意度水平(见图 4.5.2)。

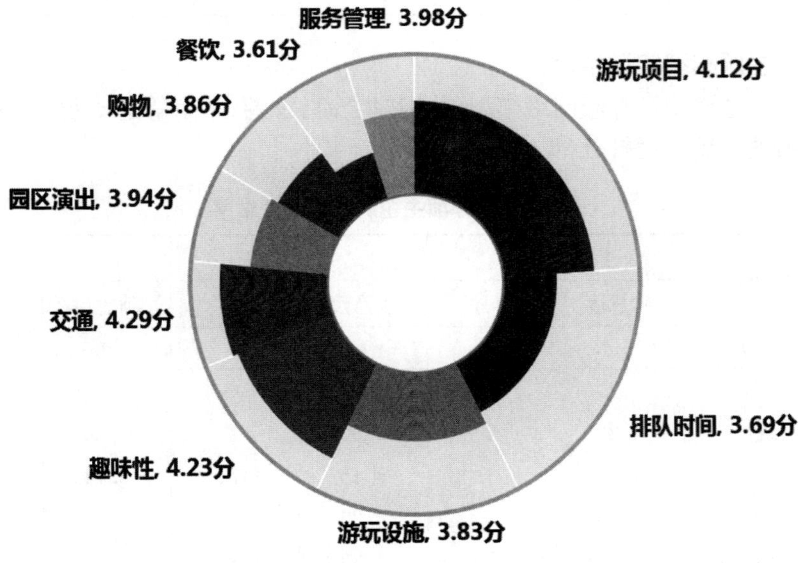

图 4.5.2 逻辑回归(DBOW)分项主题评分结果

五、实证结论

(一)模型选择

比较分别采用支持向量机和逻辑回归作为目标函数的神经网络模型输出结果，分析其总体满意度和分项主题满意度打分的匹配度，我们可以发现，采用逻辑回归(DBOW)的方法得到的总体满意度为 3.83 分，而分项主题的加权平均满意度为 3.96 分，两者差异(0.13 分)最小。其他 5 种方法的各分项满意度加权值均高于总体满意度，差异介于 0.19—0.47 分之间，相对较大(见表 4.5.3)。由此可见，在神经网络建模过程中采用DBOW向量空间模型和逻辑回归目标函数，输出结果中总体和分项的匹配度更高，输出结果更为合理。

表 4.5.3 两种目标函数建模结果比较

序号	建模方法	上海迪斯尼 总体满意度	上海迪斯尼 分项主题加权满意度	分差
1	逻辑回归—[DBOW+DM]	3.49	3.77	0.28
2	逻辑回归—[DBOW]	3.83	3.96	0.13
3	逻辑回归—[DM]	3.59	3.97	0.39
4	支持向量机—[DBOW+DM]	4.21	4.44	0.23
5	支持向量机—[DBOW]	4.35	4.57	0.22
6	支持向量机—[DM]	4.13	4.32	0.19

(二)主题模型实证结论

通过主题模型和神经网络模型，分别对上海、香港、东京等迪士尼乐园的相关主题分项进行满意度打分(见表4.5.4)。

表 4.5.4 分项主题满意度评分结果

分项主题	上海		香港		东京	
	满意度	排序	满意度	排序	满意度	排序
总分	3.96		4.31		3.86	
交通	4.29	1	4.21	6	3.81	4
趣味性	4.23	2	4.50	1	3.84	3
游玩项目	4.12	3	4.16	7	3.74	7
服务管理	3.98	4	4.26	5	4.20	2
园区演出	3.94	5	4.33	3	3.74	6
排队时间	3.69	8	3.80	9	3.77	5
餐饮	3.61	9	4.08	8	——	——
购物	3.86	6	——	——	——	——
游玩设施	3.83	7	——	——	——	——
票务	——	——	4.30	4	4.41	1
亲子游	——	——	4.44	2	3.67	9
环境卫生	——	——	——	——	3.71	8
餐饮购物	——	——	——	——	3.55	10

三大迪斯尼景区的游客对“趣味性”的满意度水平较高，均列前三位；而游客对“餐饮”的满意度水平普遍较低，上海和东京垫底，香港倒数第二。与香港和东京迪斯尼横向比较，上海迪斯尼尽管在“交通”、“趣味性”和“游乐项目”等方面的满意度水平较高，但仍存在以下薄弱环节：一是“餐饮”，游客对园区餐饮的价格、菜品以及用餐环境等方面的满意度较低；二是“排队时间”，入园排队以及项目排队时间较长对游客满意度影响较大；三是“游玩设施”，尤其是在园区试运行和开园次月中，游客对游玩设施的频繁故障维修、设备检修未及时告知等问题产生一定的不满情绪。因此，园区可集中针对上述当前较为突出的三方面问题，进一步加以重视和改善，从而更有针对性、更快速地提升游客满意度。

六、课题研究创新之处

(一)可量化：将定性文字转为满意度定量评价

多层神经网络建模能够对景点的文本评论进行情绪分析，从而客观打分。通过不断地加入新增的文字评论(即语料)，机器学习的能力将不断增强，建模效果将不断提升。机器学习将定性文字评价转变为定量评估，从而更易于纵向和横向比较，不断深化数据挖掘和分析。以迪斯尼为例，基于大众点评、携程网等旅游网站关于香港迪斯尼乐园和上海迪斯尼乐园的文本评价，得到上海迪斯尼的满意度得分为 3.83 分，香港迪斯尼的满意度得分为 4.23 分。

(二)可洞察：运用主题模型认知对象维度结构

为了挖掘文档集合中的重要主题，LDA 主题模型被引入进来。将 5000 多条有关上海迪斯尼的文本评价构建出 9 大主题，并获得相对应的满意度水平。课题研究分析表明，市民对游玩项目的关注度最高；对园区交通、趣味性的整体满意度较高；对餐饮、排队时间和游玩设施的满意度相对偏低，有待改善。

(三)可时点化：突破调查时间和空间上的局限

课题研究除了能同时掌握上海、香港和东京等不同地区迪斯尼同一时间段内的满意度水平，还能掌握景区在不同时间段内的满意度水平变化。以上海迪斯尼为例，保留了评论时间这一数据标签，课题组以“周”作为时间划分段，计算上海迪斯尼一段时间内的时点数据。通过数据发现，上海迪斯尼在试运行期间的满意度呈现下降态势；随着园区正式开园，满意度呈波动上行态势；但开园次月后，满意度呈现下降走势。

进一步分析分项主题满意度的走势(见图 4.5.3)，可以发现游客对“交通”、“趣味性”等的满意度评价较好且呈不断上升趋势，对“餐饮”等的满意度较低且基本呈下降趋势。对于“排队时间”、“购物”的满意度虽然较低，但是开园次月的满意度比试运行期和开园首月已有明显改善；对“游玩项目”的满意度虽较高，但开园次月的满意度却有一定下降。通过分项主题满意度走势分析，园区能够更为精准地发现影响整体满意度水平变化的主要因素、对某方面的改进措施是否起效、仍有待改进的方面在何处等问题。

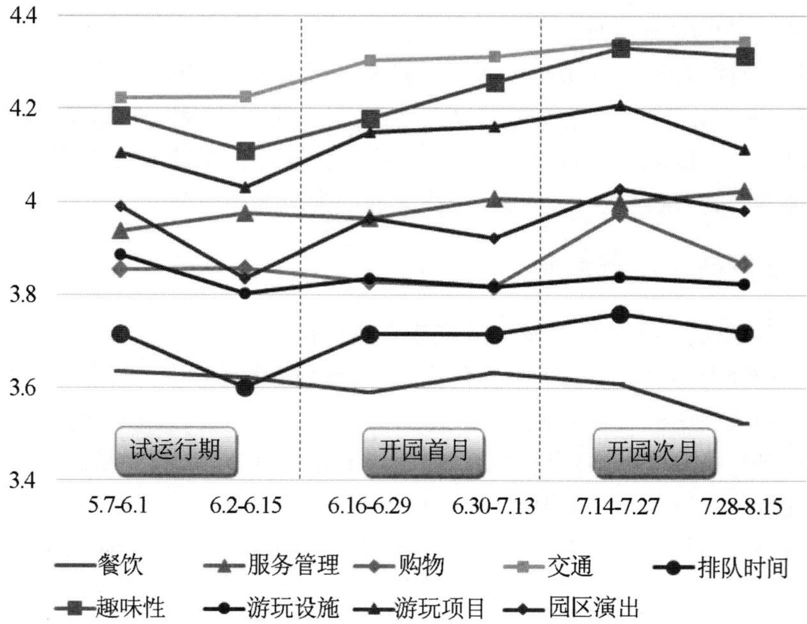

图 4.5.3　上海迪斯尼分项主题游客满意度水平走势图

七、课题研究价值与改进方向

(一)课题研究价值

1. 在调查时间和空间上突破传统调查局限性

传统调查时，需要在一段时期中开展不间断调查，往往耗费大量的人财物，所以往往在有限的经费预算情况下，采取抽样调查的方法，了解在这个时点上的调查结果。本课题突破了这种局限性，能在连续的时间并且在不同的空间中完成调查任务，达成传统调查难以完成的效果。

2. 成为传统统计调查的有益补充甚至替代

通过机器学习加强对大数据的挖掘，尤其是对文本数据的挖掘和开发，是对传统的入户调查、拦截调查、电话调查等调查方式的一种有效补充，能够相互验证和评估。简而言之，大数据的数据导向方式与问卷调研的立论导向方式能够更好地配合，从而协助我们对研究问题更客观的理解和对研究结果更科学的评估。不断加深对机器学习技术的掌握，不但是提高统计效能的“利器”，甚至可成为传统统计调查的有益补充和替代。

3. 对社会各领域的评价调查具有可复制、可推广性

本课题对文本数据的挖掘与开发模式，可进一步在其他旅游景点评价调查中加以复制推广，并可以延伸至公共服务评价、舆情监测、政策反馈等社会各领域中，尤其是同时涉及用户文字评价和打分的相关调查和研究。课题组在后续的研究中已将课题成果应用于上海市A级旅游景点调查和创建国家食品安全城市满意度评价调查，并将网络文本挖掘结果与传统调查结果进行比较分析。

(二)课题改进方向

一是数据源有待进一步拓展丰富，除了专门的评分类网站数据之外，可考虑纳入微信、微博等各类个人社交网络的评论、新闻评论、论坛帖子等相关文本。二是建模的效果受VSM、MLP等机器学习算法的参数值影响，如向量大小、神经网络各层的节点数、训练速率、迭代次数等。三是对文本情绪进行判别时，本文采用了神经网络＋逻辑函数和神经网络＋支持向量机两种方法，可考虑采用随机森林等其他模型进一步进行验证和优化。

（作者：何愉　卫陈泉　陆钰华）

第五章　民生事业持续改善

5.1　全面两孩政策对我国人口总量结构的影响分析

摘要：本文利用2014年全国人口变动情况抽样调查数据，按层次递进的方式，通过分析当前我国育龄夫妇类型和生育状况，得出单独两孩政策目标人群和全面两孩政策的目标人群及年龄构成，利用分类型分年龄的生育意愿数据，分析了单独两孩政策对近几年我国出生人口的影响，和全面两孩政策对近几年我国出生人口以及未来我国劳动年龄人口等人口结构的影响。文章认为，单独两孩政策对出生人口的增加影响有限，全面两孩政策实施后出生人口较多的几年，大约相当于20世纪八九十年代出生人口较少的年份，之后，预计出生人口将会逐步减少并趋于稳定；总人口峰值出现年份略有后推，峰值数量稍有增加；该政策对今后我国人口年龄结构的优化、促进出生人口性别比平衡可以起到积极作用。

关键词：生育政策　生育意愿　单独夫妇　非独夫妇　出生人口

2014年全国实施了单独两孩政策（夫妇一方为独生子女，可生育两个孩子），双独[①]和单独夫妇生育两个孩子都符合生育政策。2015年10月，十八届五中全会决定实施全面两孩政策，2016年1月1日起，全面两孩政策正式落地，意味着非独夫妇也可以生育两个孩子。生育政策的调整会影响出生人口数量，特别是近几年的出生人口，也会对未来的人口结构产生影响，我国是否会因为生育政策的调整而产生出生堆积，生育政策调整能否达到优化人口结构的目标，这些都需要我们研究分析。

为了分析生育政策调整对出生人口的影响，国家统计局在2014年底开展的全国人口变动情况抽样调查中，增加了育龄夫妇类型和生育意愿等指标。根据调查结果，就生育政策调整对出生人口数量和人口结构的影响等问题作分析。

---

① 对妇女年龄在15—49岁的夫妇，将夫妇双方均为独生子女的简称为双独夫妇；将夫妇双方一方为独生子女、另一方为非独生子女的简称为单独夫妇；将夫妇双方均不是独生子女的简称为非独夫妇。

一、当前我国育龄夫妇类型和生育状况

育龄夫妇的类型(双独、单独和非独)和他们已生育孩子(未生育、1孩、2孩及以上)的情况,涉及生育政策调整的对象,是分析生育政策调整对出生人口影响的基础数据。我们通过2014年底进行的全国人口变动情况抽样调查了解了相关情况。这次调查共抽取31个省(区、市)的2130个县(市、区),4439个乡(镇、街道),4810个村(居)委会,调查登记常住人口112.4万人(以下文中数据如未注明均为2014年全国人口变动调查数据或推算数据)。

根据调查数据推算,2014年底,全国育龄夫妇有26784万对,其中,双独夫妇967万对,占3.61%;单独夫妇1916万对,占7.15%;非独夫妇23901万对,占89.24%(见表5.1.1)。

表5.1.1 全国按已生育子女数量分的育龄夫妇对数及比重

夫妇类型	人数(万对)				比重(%)			
	合计	无子女	有1个孩子	有2个及以上孩子	合计	无子女	有1个孩子	有2个及以上孩子
合计	26784	1776	13859	11149	100	6.63	51.74	41.63
双独夫妇	967	200	672	95	100	20.69	69.51	9.80
单独夫妇	1916	265	1352	299	100	13.81	70.57	15.62
非独夫妇	23901	1311	11835	10755	100	5.49	49.51	45.00

放开两孩政策重点要关注的是已生育一个孩子的育龄夫妇。按生育孩子的数量分,在育龄夫妇中已生育一个孩子的有13859万对,占51.74%;已生育两个及以上孩子的育龄夫妇11149万对,占41.63%;没有生育的1776万对,占6.63%。

按育龄夫妇类型分,双独夫妇和单独夫妇已生育一孩的比重较高,约占70%,而非独夫妇生育一孩的比重只有49.51%,与生育两个及以上孩子比重接近。非独夫妇生育一孩比重低主要是因为非独夫妇年龄相对偏大和生育两个及以上孩子较多所致。

从已生育一孩的育龄夫妇年龄(按夫妇中女性年龄,下同)的构成看,我国已生育一孩的育龄夫妇以70后和80后为主,70后和80后分别占37.34%和37.22%;90后人口很大一部分未进入婚育状态,比重最低,仅占7.96%;调查中60后育龄妇女只涉及了45—49岁5个年龄的(通常50岁及以上女性就退出生育群体)妇女,与其他年龄组均涉及10个年龄妇女相比,导致了比重相对较低(见表5.1.2)。

从已生育一孩的育龄夫妇类型看，双独和单独夫妇中80后所占比重最高，均超过60%；非独夫妇中70后所占比重最高，占39.93%。说明育龄夫妇类型不同，已生育一孩的育龄夫妇年龄结构也不同。与非独夫妇年龄结构相比，双独和单独夫妇相对更年轻。不同类型已生育一孩夫妇在年龄结构上的差别，与我国上个世纪八十年代开始实行计划生育有关。

表5.1.2 已生育一孩的育龄夫妇年龄分布

年龄	人数(万对)				比重(%)			
	全部	双独	单独	非独	全部	双独	单独	非独
合计	13859	672	1352	11835	100	100	100	100
90后(15—24岁)	1103	60	158	885	7.96	8.93	11.72	7.48
80后(25—34岁)	5159	445	827	3887	37.22	66.16	61.18	32.84
70后(35—44岁)	5175	135	314	4726	37.34	20.06	23.21	39.93
60后(45—49岁)	2422	32	53	2337	17.48	4.86	3.88	19.75

分析生育政策的调整对出生人口的影响，目的是测算政策调整后几年内，因政策调整而多出生人口影响有多大，是否会产生堆积现象，主要是指符合新生育政策的第二个孩子的出生，这部分出生人口数量决定于生育政策调整对应的目标人群的数量，根据育龄妇女的生育情况分析了单独两孩和全面两孩的目标人群。

已生育一个孩子的单独夫妇1352万对，是单独两孩政策下可以生育两个孩子的潜在群体；已生育一个孩子的非独夫妇11835万对，是全面两孩政策下可以生育两个孩子的潜在群体。单独两孩政策出台前，由于我国各地区实行不同生育政策②，部分已生育一孩的单独夫妇和非独夫妇政策本身就允许生育两个孩子。从潜在群体里扣除原来就符合政策可以生育两个孩子的群体，应是单独两孩政策和全面两孩政策的目标人群。以下将具体测算单独两孩政策目标人群和全面两孩政策目标人群的数量。

二、单独两孩政策对出生人数的影响

2014年3月，单独两孩政策在各地陆续实施，从申请到孩子出生需要一定的时间，所以2014年全国出生人口没有明显增加，从2015年出生人口数据来看，单独两孩政策影响也不明显。2016年全面两孩政策实施后，单独两孩政策和全面两孩政策对出生人口的影响在今后几年会同时作用，效果逐步显现。单独两孩政策目标人群数量与构成以及他们的生育意愿，决定了近几年单独两孩政策对出生人

② 6个省实行城市、农村均一孩政策(北京、上海、天津、江苏、四川、重庆)，6个省实行城市一孩、农村两孩政策(海南、宁夏、新疆、西藏、云南、青海)，其余19个省实行城市一孩、农村一孩半政策。

口的影响。

(一)符合单独两孩政策的目标人群数量与构成

在已生育一孩的单独夫妇中,扣除19个省农村一孩半政策和6个省农村两孩政策中原来就可以生育两个孩子的单独夫妇,则是符合目前单独两孩政策的目标人群③(简称单独目标人群,下同)。根据调查数据推算,单独目标人群1163万对,其中城镇905万对,占77.82%;乡村258万对,占22.18%。

分年龄看,单独目标人群以80后为主。80后单独夫妇712万对,占61.25%,这一部分人口正处于生育旺盛期,对出生人口影响相对较大;其次是70后291万对,占24.99%;90后112万对,占9.63%;60后48万对,占4.13%(见表5.1.3)。

表5.1.3　分年龄单独目标人群数量和比重

年　龄	单独目标人群数量(万人)	比重(%)
合　计	1163	100
90后(15—24岁)	112	9.63
80后(25—34岁)	712	61.25
70后(35—44岁)	291	24.99
60后(45—49岁)	48	4.13

(二)实施单独两孩政策可能增加的出生人数

目标人群只是政策允许生育二孩的人群,是否生育二孩,还要看其意愿。在2014年全国人口变动情况抽样调查中,我们对已生育一孩的育龄妇女是否想生第二个孩子,以及打算生育的时间(今后1年内、2年内、3年内、4年及以后、想生但未计划生育时间)进行了调查。

从单独目标人群的生育意愿看,在单独目标人群1163万对中,有生育二孩意愿的465万对,占39.96%,其中,想生但未计划生育时间的297万对;不打算生育二孩的698万对,占60.04%。按调查的生育时间测算,在今后1~4年全国单独目标人群将可能生育37万人、55万人、42万人、34万人,如果将想生但未计划生育时间的也按相同比例纳入近四年生育,出生人数最多的是两年内即2016年,因单独两孩政策多出生人口154万人,其他年份均在100万人左右(见表5.1.4)。

③　受所掌握数据限制,本文的目标人群中未扣除第一个孩子患有非遗传性残疾、再婚夫妻等原来计生条例规定的符合生育第二个孩子的特殊情况人口,因此,目标人群可能略大于真实数据。

表 5.1.4 单独目标人群按生育意愿测算的二孩出生人数

单位:万人

指 标	数量	想生育						不想生
		小计	第一年	第二年	第三年	四年及以后	未计划	
单独目标人群(万对)	1163	465						698
比重(%)		39.96	3.15	4.77	3.59	2.89	25.57	60.04
按有生育时间计划的出生数		465	37	55	42	34	297	
将想生但未计划生育时间的纳入四年内生育后的出生数		465	102	154	116	93		

三、全面两孩政策对出生人数的影响

(一)全面两孩政策的目标人群数量与构成

全面两孩政策所涉及目标人群主要是非独夫妇。与单独目标人群计算方法相同,扣除原来政策允许生育两个孩子的非独夫妇,即是全面两孩政策后非独夫妇的目标人群(简称非独目标人群,下同)。根据调查数据推算,非独夫妇目标人群 9502 万对,其中城镇 6742 万对,占 70.95%;乡村 2760 万对,占 29.05%。

分年龄看,非独目标人群 70 后比重最高,有 4124 万对,占 43.40%;其次是 80 后 2758 万对,占 29.03%;60 后 2116 万对,占 22.27%;90 后 504 万对,仅占 5.30%(见表 5.1.5)。

表 5.1.5 分年龄非独目标人群数量和比重

年 龄	非独目标人群数量(万人)	比重(%)
合 计	9502	100
90 后(15—24 岁)	504	5.30
80 后(25—34 岁)	2758	29.03
70 后(35—44 岁)	4124	43.40
60 后(45—49 岁)	2116	22.27

(二)全面两孩政策可能增加的出生人数

在 2014 年底进行的全国人口变动情况抽样调查中,我们也对已生育一孩的非独夫妇调查了是否想生第二个孩子的问题。由于调查时非独夫妇生育二孩不符合生育政策，因此他们回答生育意愿时会有一定顾虑(调查显示，只有16.50%的非独夫妇有生育二孩的意愿)，可能不易客观反映全面两孩政策后的生育意愿。考虑到单独夫妇回答的生育意愿是在单独两孩政策已经实施的背景下，没有政策顾虑，我们假设相同年龄的非独夫妇与单独夫妇生育意愿相同。由此估计全面两孩政策后非独目标人群生育二孩意愿为26.19%，明显低于单独两孩目标人群的生育二孩意愿(39.96%)，主要原因是单独目标人群和非独目标人群年龄结构有很大区别，单独目标人群年龄相对偏年轻，而非独目标人群年龄偏大，其中40—49岁非独目标人群4465万对，占46.99%。由于这部分人已过了生育旺盛期年龄段，再生育二孩的意愿明显低于40岁以下的人，因而对生育二孩的影响也较小。

如果按目前单独目标人群分年龄的生育意愿来推算，在非独目标人群9502万对中，有生育二孩意愿的2489万对，比重为26.19%，其中，想生但未计划生育时间的1553万对；不打算生育二孩的7013万对，占73.81%。实施全面两孩政策后，按有计划的生育时间测算，在今后四年非独目标人群可能生育人数分别为182万、300万、217万和237万人，如果将想生但未计划生育时间的1553万对也纳入近四年生育，则非独目标人群今后四年可能生育的人数最多的一年为799万人。

表5.1.6 非独目标人群按生育意愿测算的二孩出生人数

单位:万人

指　标	数量	想生育						不想生
		小计	第一年	第二年	第三年	四年及以后	未计划	
非独目标人群(万对)	9502	2489						7013
比重(%)		26.19	1.91	3.16	2.28	2.49	16.35	73.81
按有生育时间计划的出生数		2489	182	300	217	237	1553	
将想生但未计划生育时间的纳入四年内生育后的出生数		2489	483	799	576	631		
扣除非独夫妇计划外生育的二孩后出生数		1880	325	644	426	485		

全国人口变动情况抽样调查数据还显示，近几年不符合当前生育政策的非独夫妇生育的二孩(计划外生育二孩)，占当年出生人口的10%左右。即便生育政策不调整，这种非独夫妇计划外生育二孩的现象依然会存在，在估计因政策调整增

加的出生人数时应予扣除。扣除后，近四年共增加出生人数 1880 万人，最多的一年为 644 万人。

（三）全面两孩政策后，近三年出生人数将在 2000—2300 万人

根据以上分析，全面两孩政策后，近几年每年可能的出生人口数量为：生育政策未调整时的年度出生人口＋单独两孩政策实施后可能增加的出生人口＋全面两孩政策后可能增加的出生人口。

表 5.1.7　全面两孩政策后近三年出生人口数量测算

单位：万人

指　标	2016	2017	2018
生育政策未调整时年度出生人数	1579	1546	1505
单独夫妇生育二孩增加的出生人数	154	116	93
单独两孩政策后年度出生人数	1733	1662	1598
非独夫妇生育二孩增加的出生人数	325	644	426
全面两孩政策后年度出生人数	2058	2306	2024

2016 年全面两孩政策完全落地实施，我们测算了近三年的出生人口。从表 7 可以看出，按调查的生育意愿来计算，实施单独两孩政策后，出生人口数量最多的是 2016 年为 1733 万人，比 2014 年出生人口增加 46 万人。如果全面两孩政策，全国今后三年出生人口数量在 2000－2300 万人之间，出生人口最多的年份为 2306 万人，比 2014 年出生人口增加 619 万人，与 1990 年（2391 万人）出生人口接近，相应的总和生育率在 2 左右；其他年份与 20 世纪 90 年代初出生人口数量接近，大约在 2000 万左右，比 2014 年出生人口增加 350 万左右。

（四）全面两孩政策后，实际出生人口可能少于有生育意愿人数

上述数据分析显示，全面两孩政策后，近几年总和生育率最高年份也仅在 2 左右，而且是按妇女的生育意愿估计的，实际生育水平可能会低于意愿的生育水平，我们周边国家和地区的实践也有类似情况。2002 年韩国、2005 年日本和 2003 年台湾地区分别做的调查显示，理想子女数分别为 2.2、2.5 和 2.5，均在 2 以上，而实际总和生育率分别只有 1.2、1.3 和 1.3，远低于理想子女数。

从单独两孩政策实施的效果看，实际生育水平低于生育意愿。根据卫生计生委数据，截至 2015 年 10 月底，全国共批准单独两孩政策申请 178 万对，各地实施单独两孩政策已经一年多，随着时间推移，申请人数会趋于正常。按此估计申请人数会小于有生育意愿的单独夫妇数（465 万对），更小于单独目标人群数（1163 万对）。

从单独两孩政策的实施效果和周边国家实际生育情况看，如果全面两孩政策，实际出生人口有可能会少于按生育意愿推算的出生人口。

四、"十三五"期间全面两孩政策对我国人口结构的影响

全面两孩政策落地后，近几年总和生育率可能高一点，在 2 左右，几年后，总和生育率会稳定在 1.8 左右，全国总人口 2020 年为 14.18 亿，2029 年将达到峰值 14.45 亿。与维持单独两孩政策相比，总人口峰值相差约 2200 万人，到达时间约推后 3 年左右。

由于出生人口在 16 年以后才能进入劳动年龄，全面两孩政策对我国劳动年龄人口数量减少和缓解老龄化进程的作用也是一个长期的过程。与维持单独两孩政策相比，实施全面两孩政策后，2040 年 16—59 岁劳动年龄人口多 1700 万人，65 岁及以上老年人口比重下降 0.73 个百分点。2050 年 16—59 岁劳动年龄人口多 3100 万人，65 岁及以上老年人口比重下降 1.31 个百分点(见表 5.1.8)。

表 5.1.8 不同生育政策下人口总量及结构预测

年份	单独两孩政策			全面两孩政策		
	人口总量(亿)	16—59 岁人口(亿)	65 岁及以上人口比重(%)	人口总量(亿)	16—59 岁人口(亿)	65 岁及以上人口比重(%)
2020	14.08	8.97	12.89	14.18	8.97	12.80
2030	14.18	8.18	18.02	14.45	8.18	17.69
2040	13.78	7.60	24.97	14.19	7.77	24.24
2050	13.07	6.49	27.30	13.72	6.80	25.99
峰值	14.23(2026 年)			14.45(2029 年)		

五、总结

从政策实施的情况和生育意愿看，单独两孩政策对出生人口的增加影响有限，单独两孩政策下，近几年出生人口最多时达 1733 万。全面两孩政策，近几年出生人口会明显增加，最多时可达 2306 万人、其他年份在 2000 万左右，但仍达不到我国过去的出生高峰。1962—1973 年我国每年出生人口都在 2400—3000 万，1981—1997 年我国每年出生人口也在 2000 万人以上。全面两孩政策实施后出生人口较多的几年，大约相当于上世纪八九十年代出生人口较少的年份。全面两孩政策实施几年之后，预计出生人口将会逐步减少并趋于稳定。

全面两孩政策对今后我国人口年龄结构的优化、促进出生人口性别比平衡可以起到积极作用。从上一部分的预测数据可以看出，全面两孩政策有利于减缓劳

动年龄人口数量减少和延缓人口老龄化速度。同时，近些年来我国出生人口性别比一直高于正常水平，全面两孩政策会抑制对胎儿性别选择的追求，有利于出生人口性别比的下降，使出生人口性别比趋于正常。

参考文献

[1]翟振武，陈佳鞠，李龙．中国出生人口的新变化与趋势[J]．人口研究，2015(2)：48－56.

[2]王广州，张丽萍．到底能生多少孩子——中国人的政策生育潜力估计[J]．社会学研究．2012(5)：119－140.

[3]周云．以日本为例看生育意愿和生育水平[J]．人口研究，2011(2)：53－56.

[4]王桂新．生育率下降与计划生育政策的作用－－－对我国实行计划生育政策的认识与思考．南京社会科学，2012(10)：66－70.

[5]Choe，Minja Kim，RobertD. Retherford，and Seung－Kwon Kim. 2004. Very Low Fertility inSouth Korea：Patterns and Prospects. Paper presented at the 2004 Annual Meeting of the Population Association of America，Boston，Massachusetts，USA，April 1－3.

[6]Te－Mu Wang，Yi－Long Liu. 2008. Re－examination ofTaiwan's Fertility Rate：An Application of the ACF. Journal of Population Studies，36：37－65.

（作者：李桂芝　崔红艳　严伏林　权少伟）

5.2 重庆人口老龄化问题研究

摘要：人口老龄化问题作为当今世界人口发展的共同趋向，正广泛而深刻地影响我国社会经济的发展，进而引起了社会各界的广泛关注。重庆的人口老龄化进程早于全国，也是全国老龄化程度最高的地区之一，并且整个 21 世纪上半叶都将面临人口年龄结构的持续老龄化。因此，关注并积极应对老龄化带来的挑战对重庆社会经济的持续、和谐发展至关重要。本文利用历次人口普查以及 2015 年 1%人口抽样调查数据作为研究基础，从重庆市人口年龄结构的变化过程入手，分析当前重庆人口老龄化的现状特征，深入剖析了重庆人口老龄化的成因，详细阐述了人口老龄化对重庆政治、经济、社会、文化以及人民生活等各个领域带来的深刻而广泛的影响，并指出重庆需紧跟国家应对老龄化战略部署，及时根据市情实际调整和完善相关政策措施。

关键词：人口老龄化　年龄金字塔　人口年龄结构

人口老龄化问题作为当今世界人口发展的共同趋向，正广泛而深刻地影响着我国社会经济的发展，进而引起社会各界的广泛关注。习近平主席和李克强总理分别作出重要指示，要求“十三五”时期要及时、科学、综合应对我国的人口老龄化问题。

重庆的人口老龄化进程早于全国，于直辖之前，在社会生产水平和经济尚不发达的背景下就迎来了人口老龄化，并且整个 21 世纪上半叶都将面临人口年龄结构的持续老龄化。目前，重庆作为全国老龄化程度较高的地区，已经开始而且必将更为深刻的感受到人口老龄化给社会经济发展所带来的影响。因此，围绕科学应对人口老龄化问题，开展重庆人口老龄化专题研究，就显得格外重要。本文从重庆人口年龄结构的变化历程入手，分析当前重庆人口老龄化的现状特征及其对重庆社会经济发展的影响，进而提出相关的政策建议，为政府和职能部门加强顶层设计，完善生育、就业、养老和经济社会发展等重大政策和制度提供有力的理论支撑。

一、人口老龄化及相关概念

人口老龄化并非是某个长寿高龄的个体人，而是人类群体老龄化的社会现象。人口老龄化包含两个方面的含义:一是指老年人口相对增多,在总人口中所占比例不断上升的过程;二是指社会人口结构呈现老年状态,进入老年化社会。因此,老龄化问题不能等同于老年人问题,二者同属于老龄问题,但又完全不同。一般把有关老年人的社会保障和权益保护看作"老年人问题",而把有关老年人增加对社会经济发展的影响称为"老龄化问题"。这是从社会经济发展的范畴来认识老龄问题。

根据联合国教科文组织规定,当一个国家或地区60岁以上老年人口占人口总数的10%,或65岁以上老年人口占人口总数的7%,少儿人口占总人口比例小于30%,人口年龄中位数在30周岁以上即意味着这个国家或地区的人口处于老龄化社会;如果65岁以上人口所占比重达到15%以上,则称为"超老年型"社会。

表 5.2.1 人口年龄结构类型的国际划分标准

单位:%,岁

年龄结构类型	0—14岁人口比重	65岁及以上人口比重	年龄中位数
年轻型	>40	<4	<20
成年型	30—40	4—7	20—30
老年型	<30	>7	>30
超老年型	—	>15	—

人口老龄化不单单取决于老年人口的绝对数量,更取决于老年人口数与其他年龄人口数的相对比值。如果由于老年人口数量增多,老年人口数在总人口数量的比值中不断增加,这种老龄化过程被称为"绝对老龄化"。相对的,如果生育率下降引起少年儿童人口比重减少,最后引起总人口数减少,使得老年人口所占比重相对增加,仍会引起人口老龄化,这种老年人口与总人口数量减少而出现的老龄化,称为"相对老龄化"。

二、重庆人口年龄结构的发展历程

本文结合重庆历次人口普查及2015年1%人口抽样调查数据,通过将1岁组分性别的人口比重绘成相应的年龄金字塔,以分析重庆人口年龄结构的历史衍变进程,考察不同时期人口自然变动和机械变动对人口老龄化进程的影响。

(一)新中国成立至1964年,重庆市人口年龄结构属年轻化阶段

从新中国成立到1964年,一方面,妇女生育率持续保持在较高水平上;另一方面,由于生活水平的提高和医疗卫生条件的改善使得婴儿死亡率明显下降,进而造成青少年人口数量急剧增长。在人口年龄结构方面,成年人口和老年人口在总人口

中的比例下降的同时，青少年人口在总人口中的比例大幅度提高，除了三年自然灾害期间出生人口有所减少以外，其他年龄组人口结构突出地表现为“下粗上窄”的增长型年龄结构特征，形成了建国以后重庆市人口年龄结构的年轻化阶段。

(二)1964 至 1982 年，重庆市人口年龄结构属成年化阶段

进入 20 世纪 70 年代以后，我国开始推行卓有成效的计划生育政策。妇女生育率在较短时间内得到了大幅度降低，少年儿童人口在总人口中所占比例不断下降。从 1964 年到 1982 年，一方面青少年人口比例大幅度下降，老年人口的比例有所提高，另一方面成年人口的比例则显著上升，形成建国以后重庆市人口年龄结构的成年化阶段。在金字塔上，从 11 岁往下便开始了 70 年代的出生人数逐渐减少的过程。年龄金字塔上也就出现了年龄越低越向内收缩的现象。在这一阶段，重庆市 14 岁及以下少年儿童的比例由 40.66%下降到 33.31%；老年人口比例有所上升，由 2.74%提高到 4.75%。青壮年人口比例则由 56.60%上升到 61.94%。

(三)1982 年至 1990 年，重庆市人口年龄结构迈向老龄化阶段

1982 年到 1990 年，青少年人口的比例进一步降低，14 岁及以下青少年人口占总人口的比例由 1982 年的 33.31%下降到 1990 年的 21.70%；老年人口的比例有所上升，65 岁以上老年人口占总人口的比例由 4.75%上升到 5.83%。在年龄金字塔上，“两头窄中间宽”的纺锤状年龄结构逐渐形成，标志着重庆市人口年龄结构开始由成年型向老年化阶段迈进。

(四)1990 年至 2000 年，重庆市人口年龄结构进入老龄化阶段

在 2000 年金字塔上，一方面 1982 年和 1990 年金字塔上表现出来的人口控制趋势进一步突出和明显。另一方面，从总体上看，重庆市人口进入老年型人口类型的特征已经非常强烈的反映出来了。自 38 岁以下，如果忽略年龄结构的波动的话，重庆市人口年龄结构“上粗下窄”的老年型人口特征开始显露。65 岁及以上老年人口比重从 1990 年的 5.83%上升到 2000 年的 8.84%，标志着重庆人口已经进入老龄化社会。按照直线法推算，在直辖之前，重庆就开始进入老龄化社会，较全国平均水平提早约 4 年。

(五)2000 年至 2015 年，重庆市人口老龄化程度持续加深

2015 年，重庆老年人口占常住人口的比重达到 12.17%，较 2000 年上升了 3.33 个百分点，老龄化程度持续加深。相应的，2015 年人口年龄金字塔“上粗下窄”的整体结构完全显露。

与 2000 年人口年龄金字塔相比，2015 年的人口年龄金字塔存在着两处明显的凹陷，且显得更不规则：一是底部的缩减程度更大，且年龄跨度变宽。0—15 岁组图形条明显缩短，说明该年龄组人口占总人口的比重降低，是生育率降低，出生人口减少的结果；二是 20—39 岁组凹陷得更加突出，且年龄跨度变宽，凹陷发生的年龄组由2000年的15—25岁年龄组扩大到2015年的20—39岁年龄组，反映出进入21世纪以来重庆青壮年人口流出市外的规模进一步加大。

从重庆市历次人口普查的人口年龄结构金字塔可以看出，建国以来，重庆市人口年龄结构经历着一种明显的趋势性变化。其总体发展趋势表现为少儿人口比重迅速下降而老年人口比重不断上升，其实质是明显的人口老龄化过程。在过去六十余年的时间内，重庆人口年龄结构经历了从年轻型、成年型到老年型、再到老龄化程度不断加深逐渐向超老年社会发展的完整过程，而纵观发达国家的人口发展史，走过这一漫长历程，往往需要上百年甚至更长的时间。

三、重庆人口老龄化的现状特征

从重庆人口老龄化的发展特征看，既有与国内其他地区类似的普遍性，也有自身的突出特点。

(一)人口老龄化程度高。受多重因素的叠加影响，早在2000年第五次全国人口普查时，重庆就已经步入老龄化社会。按照直线法测算，重庆大约在1996年开始进入老龄化社会，较全国平均水平提早4年左右。2015年，重庆65岁及以上常住人口占比达到12.17%，高出全国平均水平1.67个百分点，已大幅超过7%的标准线，并有朝超老化社会发展的潜在趋势。目前，重庆的人口老龄化程度仅次于四川、辽宁、江苏、上海以及山东，位居全国第6位。

(二)人口老龄化速度有所放缓。尽管重庆人口老龄化起步早、推进快，但进入"十二五"时期以后，得益于人口净流出状况不断改善，重庆老龄化推进速度明显低于其他地区。"十二五"时期，重庆人口老龄化率从11.56%上升到12.17%，提高了0.61个百分点，年均提高0.12个百分点，远低于同期全国年均提高0.32个百分点的平均水平。"十二五"时期重庆人口老龄化率增幅在全国各省市中仅排名第26位①。

(三)人口老龄化超前于社会经济发展。重庆的人口老龄化进程与全国的整体趋势是高度一致的，属于典型的"未富先老"。在进入老龄化社会之时，重庆的人均生产总值尚不到1000美元。目前，重庆的人口老龄化率已超过12%，但人均生产总值仍然不足10000美元。从发展速度看，重庆人口老龄化率从7%上升到12%仅用了18年的时间。据初步预测，未来5年内，重庆人口老龄化率将超过13%。

(四)人口老龄化的区域差异显著。经济发展水平差异带来人口的大规模迁移流动，导致重庆人口老龄化的地域性差异更为显著。一方面，城乡人口老龄化

① 2015年西藏人口老龄化数据缺失，故排名不含西藏。

差距明显。2015 年，重庆城镇地区人口老龄化率为 10.24%，乡村地区为 15.18%，乡村高于城镇 4.94 个百分点。另一方面，各区域人口老龄化程度也存在较大差异。城市发展新区人口老龄化程度最高，为 12.82%，渝东北生态涵养发展区次之，为 12.58%，均高于全市平均水平。而主城九区和渝东南生态保护发展区人口老龄化程度相对较低，分别为 11.06%和 11.73%。

(五)人口老龄化呈高龄化发展趋势。2015 年，全市 80 岁及以上高龄老人 65 万人，占 65 岁及以上老年人口的 18%，较 2000 年增加 31 万人，年均增长 4.4%，分别高于同期全市总人口和老年人口年均增速 4.0 和 1.8 个百分点。这说明重庆人口老龄化已经表现出明显的高龄化发展趋势。

(六)老人空巢现象更加突出。随着经济发展和社会转型，尤其是计划生育政策的实施，生育率普遍下降，独生子女家庭增多，家庭规模不断缩小，家庭结构趋向"小型化"。同时，随着城镇化和工业化的速度加快，劳动力流动日益频繁，传统家庭的养老功能随之弱化，空巢老人、独居老人正不断增多。2015 年全市有超过 140 万空巢老人，占全市 65 岁及以上老年人口的 40%，其中农村地区老人空巢现象更为突出。

四、重庆人口老龄化的成因

重庆人口老龄化是多种因素相互交织、相互叠加，共同作用的结果。其形成和发展的历程既遵循世界人口发展的必然规律，又具有鲜明中国国情特色的普遍性，同时还带有体现重庆市情实际和历史发展轨迹的特殊性。

(一)重庆人口老龄化遵循世界人口发展的必然规律

人口老龄化是世界人口发展的必然规律。当前，在全世界 190 多个国家和地区中，已超过 60 个国家或地区进入"老年型"社会。从各国的老龄化程度看，发达国家 65 岁及以上老年人口的比例相对较高，主要的发达国家已经全部进入老龄化社会，并逐步向高度老龄化和超高老龄化阶段发展；而发展中国家人口老龄化程度总体相对较低，老龄化进程相对滞后于发达国家约半个世纪左右，但近年来呈现高速化发展态势。

可见，全世界各个国家和地区都已经迈入或者正在迈向老龄化社会。因此，即使没有计划生育政策、大规模人口迁移等社会经济因素的影响，伴随社会经济的发展，重庆人口的出生率和死亡率也会遵循世界人口发展的必然规律而下降，只是这一过程会漫长很多，相应的人口老龄化的进程也会漫长得多。

(二)重庆人口老龄化具有鲜明中国国情特色的普遍性

计划生育政策的实施以及改革开放以来社会经济发展所带来的家庭生育决策改变，形成了具有鲜明中国特色的老龄化进程。

1. 计划生育政策实施导致生育率被动下降

中国特有的计划生育政策对人口老龄化起到了十分关键的作用。虽然20世纪60年代就已经制定以城市为重点逐步开展计划生育政策，然而大部分农村地区尚未开展计划生育，人口生育水平并未得到有效控制，从1962年起出现了长达8年之久的全国性的生育高峰，到1970年，全国总人口达8亿，总和生育率高达5.8。70年代中后期，全国开始全面推行计划生育政策，计划生育政策被写入《宪法》。80年代中后期，面对庞大且不断扩大的人口基数，全国严格推行计划生育。计划生育被确定为我国的基本国策，并且将控制人口总量增长提高到战略高度，控制人口增长的措施更加严格。计划生育政策的实施，促使人口出生率迅速下降，开启了人口增长方式由无计划自发的高生育、高增长向有效控制方式的根本性转变。1982年，全市妇女的总和生育率为2.37，接近2.1的自然更替水平。到1990年，妇女总和生育率下降到1.61，已经大大低于2.1的更替水平。2000年第五次人口普查时，总和生育率进一步下降到1.26。直至近期，随着计划生育政策逐渐调整放开，总和生育率才开始小幅回升。到2015年，全市总和生育率也仅为1.57，接近1990年时的生育水平。从1982年到2015年，总和生育率共下降0.80，即平均每个妇女少生育0.80个孩子。根据重庆市卫计委资料，从实行计划生育以来，截止2007年全市累计少生1800多万人口，直辖以来少生150万人。联合国曾指出，与60年代后期同中国生育率水平相近的国家或地区相比，中国是生育率下降幅度最大的国家之一。这说明计划生育政策在重庆乃至整个中国人口老龄化进程中起到了巨大的作用。

2. 家庭生育意愿改变带来生育率主动降低

经济社会发展带来的家庭生育意愿的改变则是中国人口老龄化的另一个关键原因。养育子女可以使家庭的劳动力增加，从而提高家庭的总收入水平，父母会倾向于多生儿女。但是养育子女是有成本的，当养育子女的教育、保健等固定成本以及由于父母工作的收入水平提高从而导致养育子女的机会成本双双上升时，生育意愿开始普遍下降。改革开放一方面使中国由农业社会向工业社会转变，产业结构由农业为主导转向以二、三产业为主导。农业社会中劳动力的数量是影响产量的主要因素，工业社会中更加强调劳动力的质量，劳动力的数量退居次要位置。在这一进程中，子女作为家庭劳动力带来收入的作用逐渐下降。另一方面，改革导致原来由政府负担的生育福利项目大幅削减，由家庭承担的养育子女的成本相应上升，加之劳动效率较改革前大为提高，使人们工资收入和闲暇成本上升，养育子女的机会成本因而也不断上涨。在这两个因素的共同作用之下，人们的生育意愿下降，对自身生育行为的主动和自发的人为控制逐渐普遍。中国社科院的一项研究则表明(2004年)，近20年来，城乡居民的生育意愿有较大的变化:在数量上表现为子女数随年代更替而下降;而在理想子女数上城乡及地区差异显著,城市居民以1孩和2孩为主,农村居民中则有较大差异,发达地区农村与城市基本接近,欠发达地区有较多农民希望有两个或更多的孩子。

(三)重庆人口老龄化带有体现重庆市情实际和历史发展轨迹的特殊性

重庆人口老龄化还具有符合自身市情以及体现历史发展轨迹变迁的特殊性。这种特殊性导致了重庆人口老龄化程度高于全国平均水平。

1. 人口年龄结构惯性影响

2015年,重庆户籍人口中60岁以上人口达到679.32万人,占户籍人口总数的20.15%,占比高于全国4.05个百分点。户籍人口的老龄化是全市常住人口老龄化的基础。众所周知,人口年龄结构具有明显的延续性特点,现实的人口结构都是过去人口年龄结构在出生、死亡、迁移等因素作用下变动的结果,而在重庆人口发展轨迹中,抗战时期、"一五"建设时期以及三线建设时期等多个重要历史节点上的人口大量迁入带来的当时户籍人口年龄结构变化,则是导致当前老年人口数量迅速增长,人口老龄化进程快速发展的重要历史根源。

2. 人口大规模的迁移流动

重庆作为全国重要的人口输出地,外出人口规模一直位居全国前列。2015年重庆外出市外人口达到505.50万人,其主体为15—49岁的青壮年。青壮年劳动年龄人口的大规模外出,势必使得市内常住人口的少儿比重和老年人口比重相应提高,从而加剧了全市的人口老龄化。根据1%人口抽样调查数据直接测算,2015年"外出市外因素"使常住人口中的0—14岁的少儿比重提高了1.35个百分点,15—64岁的劳动年龄人口降低了2.87个百分点,65岁及以上老年人口比重上升了1.52个百分点。

表5.2.2 2015年重庆市外出市外人口对常住人口年龄结构的影响

单位:%

年龄组	常住人口年龄结构	外出市外人口年龄结构	包含外出市外的总人口年龄结构	外出市外人口对常住人口年龄结构的影响(百分点)
0—14岁	16.49	7.05	15.14	1.35
15—64岁	71.34	91.35	74.21	−2.87
65岁及以上	12.17	1.60	10.65	1.52

近年来,重庆市外人口来渝意愿不断增强,市外外来人口规模稳步壮大。2015年,市外外来人口数量达到150.21万人。市外外来人口来渝不仅满足了重庆经济社会发展对劳动力和技术的需求,也在一定程度上弥补了人口外出造成的

青壮年人口流失，延缓了人口老龄化的发展。根据1%人口抽样调查数据直接测算，2015年“市外外来因素”使常住人口中的0—14岁的少儿比重降低了0.32个百分点，15—64岁的劳动年龄人口上升了0.34个百分点，65岁及以上老年人口比重下降了0.02个百分点。

表5.2.3　2015年重庆市市外外来人口对常住人口年龄结构的影响

单位：%

年龄组	常住人口年龄结构	市外外来人口年龄结构	包含市外外来的总人口年龄结构	市外外来人口对常住人口年龄结构的影响（百分点）
0—14岁	16.49	9.21	16.17	−0.32
15—64岁	71.34	86.61	71.68	0.34
65岁及以上	12.17	4.18	12.15	−0.02

综合来看，人口净流出特别是大量青壮年外出市外依然是造成全市人口老龄化程度偏高的一个重要因素，其导致全市老龄化程度提高1.5个百分点左右。

3. 较为严格的生育政策

虽然以“一对夫妇生育一个小孩”为基本原则的计划生育政策作为一项基本国策，在全国范围内全面实施，但各地执行的尺度存在显著差异。由于重庆一直较为严格地执行着(包括直辖后)四川省“一对夫妇生育一个小孩”的生育政策，导致重庆政策性生育率偏低。1997年，重庆政策性生育率仅为1.273，意味着如果全市妇女百分之百合法生育，每个妇女平均终身生育1.273个孩子。在全国，仅高于上海、江苏、北京、天津和四川，位居全国倒数第六位②，虽然在具体实行过程中存在一定的违法生育现象，但实际生育率仍远低于全国平均水平。

4. 死亡率低位运行和人均预期寿命提高

由于死亡发生在所有的年龄阶段，因此死亡率的变化会影响任何一个年龄组的比重，有可能使人口年轻化，也有可能使人口老龄化。根据人口发展的一般规律，当总死亡水平较高时，死亡率下降首先是低年龄组特别是婴幼儿死亡率下降，导致低年龄人口存活率提高，使人口年轻化；当总死亡率下降到较低水平时，死亡率的下降对人口老龄化的作用更为明显，超过年轻化的作用。2000年以来，重庆常住人口死亡率一直维持在7‰左右的较低水平，客观上助推了重庆人口老龄化快速发展。

此外，死亡率的低位运行还意味着人均预期寿命的提升。2015年，重庆人

② 排名不包含西藏。

口平均预期寿命为76.7岁，高出全国平均水平0.36岁。这在一定程度上也促使了人口年龄结构的加速老龄化，导致重庆人口老龄化水平和发展速度均高于全国。

五、人口老龄化对重庆经济社会发展的影响

人口老龄化是重庆乃至整个中国当前和今后一个相当长的时期内的基本国情，已经开始也必将持续对重庆的政治、经济、社会、文化以及人民生活等各个领域带来深刻而广泛的影响。

（一）人口老龄化对老年抚养负担的影响

从微观层面上看，当我国独生子女父母进入老年后，家庭的代际抚养比就会出现大幅度提高。未来我国家庭普遍模式是4:2:1或者4:2:2，一个成年孩子最多将负担6个长辈。虽然个人养老金制度的实行有助于缓解家庭负担，但是这一模式的高家庭抚养比仍将影响年轻劳动力的收入支出。

从宏观层面上看，人口老龄化导致整个社会需要抚养的人口负担增大。随着人口老龄化的发展，领取退休金和养老金的人数将不断增加，社会保险、社会救济和医疗卫生等社会福利的支出将不断增加。未来，人口老龄化导致整个社会需要抚养的人口负担增大，社会养老费用占国民收入的比例逐渐攀升，从而限制社会扩大再生产，影响生产部门的资本投资和经济效率的提高，降低产品的竞争力和社会经济发展的速度，加重国民经济的负担。

此外，人口总抚养比将随着老年抚养比的迅速提高以及生育政策的逐步调整和放开而大幅度攀升，并最终超过50%。据相关研究资料预测，有利于发展经济的低抚养比的“人口红利期”将于2030年前结束。

（二）人口老龄化对劳动力供给的影响

人口老龄化对劳动力供给的影响，主要表现在两个方面：一是对劳动力有效供给的影响，二是对劳动力年龄结构的影响。

1. 对劳动力有效供给的影响

伴随着人口老龄化进程必然出现劳动年龄人口比重的下降，从而影响到劳动力的有效供给。发达国家在人口老龄化的过程中，已经明显出现了劳动力人口比重下降的趋势，而在一些高度老龄化的国家和地区甚至已经发生劳动力短缺的现象，并成为影响经济发展的一个重要因素。由于人口年龄结构变化的影响具有一定的滞后性，现阶段重庆并未感受到老龄化对劳动力供给的影响，并且在未来一段时期内，全市劳动力供给总量仍将持续增长，人口抚养比保持基本稳定，利于社会经济发展的人口红利期也将延续。然而值得注意的是，随着老龄化进程的不断加速发展，重庆的劳动年龄人口规模将逐渐由增转降，人口老龄化对劳动力有效

供给的不利影响开始显现并逐步加剧。

2. 对劳动力年龄结构的影响

人口老龄化对劳动力结构的冲击与挑战也是显而易见的。在人口老龄化过程中，劳动力中年轻人的比重会降低，而年长者的比重会上升。虽然重庆在本世纪中叶之前将一直拥有较为丰富的劳动力资源，不会产生西方国家所出现的劳动力供给不足问题，但是劳动力人口年龄结构的这种变化可能导致劳动力质量难以满足社会经济的发展需求。尽管年纪较长的劳动力人口拥有丰富的经验，但是他们接受新技术、采用新方法、使用新工艺、学习新知识的能力与水平一般要低于青年人，他们动手能力、协调能力也相对较弱，因而往往难以适应快节奏的社会经济活动，难以适应科技革命对劳动者自身的要求，从而不利于技术的革新以及生产率的提高，长此以往，必将削弱整体的综合竞争力。另外，中老年劳动者重新学习与培训的费用较高、职业流动性较差，他们往往是结构性失业的最先承担者，而且一旦失业常常很难就业。当然，在某些技术密集型产业中，提高劳动生产率主要靠科学技术，对职工的脑力的需求高于对体力的需求，劳动力人口老龄化对提高劳动生产率的不利影响较小，而且熟练老职工的丰富经验对提高劳动生产率还会产生积极作用。

未来，45 岁以上的劳动力比重不断上升，并逐渐成为劳动力资源的主要组成部分。因此，在劳动力年龄结构发生变迁过程中如何采取措施使中老年劳动力资源适应社会经济的发展就成为一个重要的课题。

(三)人口老龄化对经济增长的影响

人口老龄化对拉动经济增长的两个重要力量——消费和投资均有显著的影响。

1. 人口老龄化对消费的影响

一方面，老年人口的消费倾向和消费能力通常均较青壮年人群低。因此，就整体消费而言，在老龄化社会，由于老年人口数量和比重不断上升，社会整体消费倾向随之降低，社会总消费相对减少。

另一方面，随着人口年龄结构的转变，人口老龄化加剧将使老年人口消费在消费市场中所占的份额越来越大，适应老年人口需求的各种消费品以及服务将会不断增加，从而引起消费结构的变化并由此对现有的产业结构调整提出新的需求。

各种与老年人健康相关的行业都将因为旺盛的需求而得到迅速的发展。休闲、园林和旅游等领域必将成为老年人关注的重点。伴随消费结构的变化，相应的产业和就业结构也会因之而改变。适应老龄化、针对老年人自身需要的产品与服务如老年服装、老年食品、老年保健用品、老年休闲旅游养生娱乐等的消费需求将越来越大。这种消费结构的变化又会自觉和不自觉地吸引更多的人员从事老龄产业研究，开发老年消费市场，从而引发整个产业结构的调整与变迁，老龄产业将得到前所未有的发展机遇。政府和社会力量必将大力兴建公共养老设施、扩大老年活动场所、增加老年服务项目、提升老年服务水平、发展老年服务产业，从而对与消费结构以及产业结构有关的社会经济产生深远的影响。据南开大学的李建民教授预测，到 2050 年左右，中国老年人的消费需求总量将达到 5 万亿元。

2. 人口老龄化对投资的影响

居民储蓄主要来自劳动力人口，老年人不仅不能继续提供储蓄，反而要取出以往的存款供退休后的消费，因此老年人所占人口比例上升，整体储蓄率将会下降。

此外，由于养老金制度的逐步普及和完善，人口老龄化对总储蓄也会产生相当的减退效果。退休金或者社会保险津贴在供给老年人的生活费用的同时，也会导致其不储蓄或者减少储蓄。从长期趋势来看，老年人口的增加会带来总储蓄水平的降低。

因此，人口年龄结构老龄化将通过导致储蓄率和总储蓄水平下降，引起投资减少，最终对经济发展特别是金融业的发展和金融市场的稳定产生不利影响。

(四)人口老龄化对社会保障的影响

1. 人口老龄化对养老保障的影响

人口老龄化不仅是老年人占总人口的比例不断提高的过程，而且也是养老金领取者与缴纳养老保险费的在职职工的比例不断提高的过程。近年来，随着人口老龄化进程的不断发展，离退休职工也迅速增加，加之每年退休金均有不同程度的上涨，导致相应的养老金支出以更快的速度增长。2003 年到 2014 年，全市城镇企业职工基本养老保险实际支付人数从 92.02 万人增加至 287.71 万人，年均增长 10.9%；与此同时，城镇企业职工基本养老保险基金支出从 53.36 亿元增加至 568.87 亿元，年均增长 24.0%(未考虑物价因素)。

目前，我国城镇职工实行的“社会统筹”与“个人账户”相结合的养老保险计划并没有摆脱人口年龄结构的影响，因为“社会统筹”和“个人账户”的资金来源相同，资金平衡的本质仍然是时期平衡，或者者说是“现收现付”，那么就业人口与退休人员的比例必然影响资金的平衡。人口老龄化程度的不断加深将成为支付压力上升的主要因素。

2. 人口老龄化对医疗保障的影响

相关调查表明，中国 60 岁以上的老年人口的年患病率高达 39.2%，是年轻人的 6.5 倍。老年人口相对于其他人群的高患病率，将大大增加公共卫生和医疗保障体系的支出压力。以城镇职工基本医疗保险为例，2002 年重庆参加城镇职工基本医疗保险的离退休人员为18.03万人,2014年增加至158.70万人。同期,城镇职工基本医疗保险基金支出由2002年的2.05亿元增加至2014年的178.89亿元。因此,在离退休人员高速增长的情况下,人口老龄化对整个社会医疗保障的承受能力提出了严峻挑战。

六、政策建议

人口老龄化及相关问题将是未来重庆乃至整个中国必须面临的严峻挑战。为此,重庆需紧跟国家应对老龄化战略部署,及时根据市情实际调整和完善相关政策措施。

(一)顺势而为,保持经济稳定增长

人口老龄化程度与经济发展水平的落差是当前重庆首要面对的问题,面对"未富先老"的困境,必须要进一步壮大经济实力,增强社会经济对老龄化的承受力。

首先,抓住"人口红利期",做实经济储备。相关研究表明,尽管重庆的人口红利处于逐步减弱的过程中,但在2030年以前,重庆总体仍将处于人口红利期。在这期间,重庆的总抚养比处于从下降到上升的低谷,劳动力仍相对充足,为发展经济创造了良好条件。重庆要抓住这一有利时机,积极增强劳动者素质,转变经济增长方式,调整经济结构,提高劳动生产率,保持经济持续、快速、健康的发展势头,为人口老龄化峰值的到来进行必要的经济储备。

其次,聚焦"银色"产业,积极培育新的经济增长点。人口老龄化在对经济社会带来挑战的同时,也催生了一个巨大的"银色"市场,面对逐渐形成的这个庞大的特殊消费群体,我们应提前谋划,坚持培育老年消费市场和推进老龄产业发展并重,将老龄产业打造成新的经济增长点。要按照"政府主导、社会参与、市场化运作"的方针,在税收、资金、贷款等方面给予老龄产业各种优惠,有计划、分步骤地大力扶持和发展老龄产业。在发展方向上,要针对老年人特殊的生理和心理需求,重要培育和发展五大市场:一是养老助老需求市场,如老年公寓、托老所、专业护理机构等;二是健康医护需求市场,如医疗器具、抗衰老产品、老年门诊、家庭病床和护理、健康咨询、老年医院、康复中心和临终关怀机构等;三是老年日用商品需求市场,如饮食、衣着、防滑器具、老人交通工具等;四是精神娱乐需求市场,如老年教育产业、老年休闲旅游业、老年娱乐用品业等;五是人寿保险需求市场,如人身保险、健康保险、养老投资连接保险、特定保险等。

(二)积极应对,保证劳动力的有效供给

人口老龄化对劳动力有效供给和劳动力整体老龄化的影响是我们必须面临的另一个挑战。虽然由于人口年龄结构变化的滞后性,这种不利影响在现阶段并

未显现。但防患于未然,我们必须挖掘现有人力资源潜力,提升人口聚集能力,通过引导人口红利回归、集聚新生代劳动力、开发老年人力资源等方式,保证未来重庆经济发展所必须的劳动力有效供给,将人口老龄化对劳动力供给的不利影响降至最低。

首先,着眼产业转移,引导人口红利回归。人口净外出是造成重庆人口老龄化快速发展的原因之一,也是导致人口红利逐渐流失的重要因素。近年来,全国性的产业转移步伐加快,外出农民工从东部沿海地区回流带动人口红利回归的迹象越发明显。人口红利回归将会延长重庆的人口红利期,为重庆带来难得的发展机遇。因此,应顺应形势,通过政策支持、宣传动员和就业帮扶等措施,积极鼓励外出务工人员回渝并引导其根据产业规划布局以及五大功能区域发展战略创业就业。

其次,以教育产业为切入点,聚集新生代劳动力。随着区域发展模式从单极向多极转变,人口流动面临更多方向选择,中、高职毕业生择业倾向逐步发生改变,就近择业比例增大。重庆要充分利用这一契机,做强、做精教育产业,将重庆打造为西部地区的教育高地,通过教育发展,聚集新生代劳动力,从而在未来的发展竞争中抢得先机。一是大力发展城乡职业教育。扶持一些基础较好的中专、技校做大做强,打造几个师资强、设备精、牌子响、成规模的现代职业教育基地,根据重庆产业发展需求在主城区和涪陵、万州、永川等区域性中心城市建立现代制造业和现代服务业的职业教育中心,引导和鼓励新生代劳动力转变观念入校学习,提升其职业技能和综合素质,助其"就近就地"就业创业。二是大力发展高等教育。出台政策鼓励各类高校继续做精做细,不断提升整体办学水平和知名度,减少本地高素质人才外流的同时,吸引更多的外省市学子来渝就读。三是大力开展多层次、多形式、多渠道的职业技术培训。根据重庆未来产业发展的需求开办相应的技术培训,引进一些国内外师资强、口碑好的培训机构,支持鼓励一些大中型企业兴办职业技术培训,在提升本地劳动力存量整体素质的同时也吸引更多专业技术人才来渝就业。四是强化"就近就地"就业意愿。对职业技校和高等院校毕业生以及产业发展急需的技能人才给予适当的政策倾斜,为其在渝就业、落户、安居提供一条龙服务,实现与本地人口相同的均等化待遇。

第三,充分挖掘,开发利用老年人力资源。需要关注的是,老年人口不是纯消费者,他们中间仍有一部分人从事经济活动,劳动经验和知识积累相对丰富,可以弥补体力的不足,这在一定程度上有助于经济发展。因此,如何合理开发利用老年人力资源,将成为减轻人口老龄化对经济发展不利影响的重要课题。首先,要渐进式的调整退休政策。目前,未来劳动力的结构性不足和社会保障体系的沉重负担已经成为潜在隐患,现行的退休政策已经不能适应社会经济发展的需求。国务院已经开始着手调整退休政策。为此，重庆也应积极制定相应的配套政策，渐进式的调整退休政策，既满足高年龄组人员工作意愿，又缓解人口老龄化带来的压力。其次，鼓励老年人参与社会服务活动。从目前的形势以及部分地区开展情况看，社会服务是利用老年人力资源的潜在领域。鼓励低年龄、健康老年人开展志愿性、公益性甚至是经营性的社会服务具有较大的潜力。通过社区互助、储蓄服务时间等方式发动老年人参与力所能及的社会服务活动，是将老年人力资源转化为社会服务资源的有效途径。

（三）未雨绸缪，妥善解决老年人口的养老问题

在人口老龄化的过程中，老年人口数量不断增长，老年人口的养老、医疗保障、精神文化需求等方面的问题也随之凸显。因此，在建设社会主义和谐社会的过程中，通过政策、制度、方法的调整和创新，未雨绸缪地妥善解决老年人口的养老问题就显得尤为重要。

首先，因地制宜，探索多元化差异化的养老模式。重庆是一个典型的“大农村、大城市”二元结构突出的直辖市。从现阶段市情状况和近年养老模式探索的实践结果看，不能“一刀切”的推行社会化养老，只能因地制宜，探索和推行多元化、差异化的养老模式。在农村地区，以家庭养老为主，同时以农村五保家园和养老院等“机构养老”为补充，探索符合农村实际的居家养老模式；在城镇地区，积极推行社区服务、志愿服务为核心的老年服务体系，同时鼓励其他社会力量参与养老服务机构与设施的建设，形成以政府主导的“机构养老”和市场化“社会养老”相结合为主体，居家养老为补充的养老模式。

其次，科学设计，不断完善社会保障体系。老年社会保障体系是从根本上解决老龄社会日益突出的养老医疗等问题的制度安排。然而，现行的老年社会保障体系已经显露出其不足之处，难以应对未来人口老龄化的挑战，必须根据实际情况不断调整和完善。一是设立应对老龄问题财政资金联动制度。按老年人口增加的速度和幅度加大政府投入力度，保证养老保险基金收支总体平衡和老年群体医疗救助的支出需求，让老年人共享经济社会发展成果，以实现“老有所养”的传统需求。同时，借鉴发达国家及发达省份的成熟经验，在完善社保体系时因地制宜，重视对广大农村和渝东北、渝东南等保障薄弱地区的扶持，使不同地区老年群体的养老和医疗都得到保障。二是提升社会保障关系的便携性，增强相关制度的适应性。虽然社会保障在区域联动和区域流转方面已经取得一些进展，但整体的便携性和适应性依然不足，在一定程度上阻碍了人口的合理有序流动，也制约了制度自身的发展，导致退保和频繁参保现象的出现。为此，应继续探索重庆与其他省市社会保障制度衔接的有效途径，缩小地区间保障水平的差距，实现保障制度间的兼容与转换，逐渐实现重庆与其他省市社会保障体系集约化管理模式。三是推动城乡老年人口社会保障均等化。目前，我国所实行的城乡有别的老年人口社会保障体系已经不能适应城乡均等化发展的要求。政府和有关部门应该调整老年人口社会保障的制度设计，保证城乡老年人口具有平等参与社会保险的机会，并根据个人意愿平等地享有社会保险服务，从而实现城乡居民年老时享有的生活保障均等、健康保障均等、参与社会发展均等以及精神慰藉均等。

第三，宣传引导，弘扬尊老爱老的社会风尚。中华民族自古就有敬老尊老的优良传统，孝道是中华民族两大基本传统道德行为准则之一。现阶段，在老年人口不断增多，社会物质财富还不能充分满足人们的需要，社会养老保障体系还不健全，家庭养老仍肩负着历史重任的中国社会，弘扬尊老敬老的优良传统尤显重要。一方面，加强个人伦理道德教育，倡导敬老助老社会风气，弘扬尊老敬老的优良传统。另一方面，在建设社会主义和谐社会的过程中，政府不能仅靠公民个人的自律和自省，还需要加强舆论引导，倡导敬老助老的社会风气，制定法律法规维护老年人合法权益。随着老龄化社会的加剧，政府相关部门、媒体和舆论应该肩负起社会引导的职能，自上而下的倡导和传播“孝文化”，强调通过经济、法律、法规、行政等多方面手段建立良好社会公德的环境。

参考文献

[1]曾毅:《中国人口分析》[M]. 北京大学出版社，2004. 63—65 .

[2]奉莹:《我国人口老龄化趋势对劳动力供给的影响》[J]. 西北人口，2005(4):47—49.

[3]董红亚．中国社会养老服务体系建设研究[M]. 北京:中国社会科学出版社，2011. 11—17.

[4]张恺悌，郭平．中国人口老龄化与老年人状况蓝皮书[M]. 北京:中国社会科学出版社，2009. 297—314.

[5]郅玉玲．和谐社会语境下的老龄问题研究[M]. 杭州:浙江大学出版社，2011. 8—20.

[6]李丽．四川省老年人力资源开发研究[D]. 四川大学，2007.

[7]全国老龄工作委员会办公室．中国人口老龄化发展趋势预测研究报告[R]. 2006.

[8]肖海波，秦鲁敏，阳劲．基于 BP 神经网络的机场旅客吞吐量预测[J]. 山西科技，2005(5).

[9]张昌彩．人口老龄化:影响、特点与对策[J]. 开放导报，2008(3).

[10]杨发民．应重视发展老龄产业[J]. 西部大开发，2010(7).

[11]曲海波:中国人口老龄化问题研究[M],吉林大学出版社,1999.12.
[12]陈红. 人口老龄化与社会可持续发展[J]. 人口与经济,2001(4).
[13]刘鸿,王毅. 论人口老龄化与可持续发展[J]. 天府新论,2005(1).

(作者:王伟)

5.3　关于中国农村贫困标准的几个问题[①]

摘要：通过利用中国住户调查数据和世界银行数据库，本文对中国和国际贫困标准的变化发展和相关关系进行了详细描述，研究推算了现行贫困标准的各年度现价数值，从多个方面回答了贫困标准相关问题，填补了改革开放以来按现行标准测算的农村贫困人口和脱贫成就数据的空白，理清全面建成小康与脱贫攻坚的关系问题，规范了我国贫困数据的使用，对于科学制定扶贫目标和政策、客观反映脱贫成效发挥了重要作用。

关键词：农村　贫困标准　小康　脱贫

打赢脱贫攻坚战是全面建成小康社会的必要条件。中国的贫困标准是否与小康社会相适应？以现有农村贫困标准衡量我国脱贫成就有多大？现行农村贫困标准和国际贫困标准相比是高还是低？以国际标准衡量的中国贫困人口是多少？按每天 1.9 美元国际贫困标准衡量对我国的贫困状况有何变化和影响？这些问题既关系到我国 2020 年脱贫目标和扶贫政策的制定，也关系到国内外对我国脱贫成就的认识。但对这些问题，社会上有多种说法，给普通群众、也给政策制定者带来了困惑。针对以上问题，作者利用中国住户调查数据和世界银行数据库，对中国和国际贫困标准的变化发展和相关关系进行了详细描述，系统回答了上述中国农村贫困标准相关的几个问题。

一、现行农村贫困标准是否与小康社会相适应？

农村脱贫是全面建成小康社会的关键。现行农村贫困标准是否与小康社会相适应，不仅影响到对我国反贫困成果的评估，也直接关系到对全面建成小康社

① 本文共分五个部分，由 2015 年—2016 年间陆续撰写的 5 篇分析构成。第一、二两部分主要是我国现行农村贫困标准的含义以及按现行标准衡量的减贫成就。第三、四、五 3 个部分主要是我国现行农村贫困标准与国际贫困标准的比较，以及世界银行按国际贫困标准测算的中国贫困规模及变化。其中第三、第四部分写于 2015 年上半年，当时世界银行发布的国际贫困标准是按 2005 年价格的每人每天 1.25 美元和 2 美元。2015 年 10 月初世行将国际贫困标准更新为按 2011 年价格的每人每天 1.9 美元和 3.1 美元，第五部分写于世行更新国际贫困标准以后。

会的认同。有人认为:现行农村贫困标准每人每年2300元,相当于每天6.3元,只够吃一碗面,不能保障一天三顿饭,更达不到“不愁吃、不愁穿”的水平,进而发出“按现有标准脱贫能算小康吗?”的质疑。对此,国家统计局根据贫困监测调查结果和相关资料进行分析研究。

(一)现行农村贫困标准确定和更新方法

2011年,经国家统计局测算、各部门共同研究、国务院确定,2011—2020年的农村贫困标准为“按2010年价格水平每人每年2300元”。

该标准当时同时满足两个假设:一是标准中的食品支出不仅要让人吃饱,而且适当吃好。我国在2010年以前采用的老标准中,食品支出只考虑能否裹腹,不考虑食物质量。而2010年新标准中的食品支出,从营养上讲,不仅可满足维持生存的基本需要,即每人每天2100大卡热量,而且与小康社会相适应,可满足健康生存的基本需要,即除了满足热量需要外,还要满足每人每天60克左右的蛋白质需求。二是恩格尔系数,即食物支出占贫困标准的比重为60%,以此保障一定数量的非食品支出。

国家统计局每年根据农村贫困人口的生活消费价格指数,对此标准逐年进行物价水平更新。至2014年,该标准达到2800元。在实际测算贫困人口时,对高寒地区农村每年采用1.1倍贫困线。

(二)现行农村贫困标准就是农村居民跨入小康的门槛

“两不愁”符合普通百姓对于小康的基本预期。古人云“久困于穷,冀以小康”。虽然从社会层面上讲,小康可以有较多物质、精神、制度等方面的内涵,但对于普通百姓而言,小康是脱贫后的生活,其基本内涵是指一种能安稳度日的比较宽裕的经济状态,“不愁吃、不愁穿”形象地反映了这种状态。

根据实际调查结果,现行农村贫困标准中的食品支出能满足与小康生活相适应的基本营养需求。若仍以恩格尔系数60%的假设计算,2014年,每年2800元的消费支出中,食品支出约为每天4.6元。根据全国住户收支调查数据实证验算,在已有基本住房的情况下,人均生活水平等于每年2800元的贫困标准户的实际恩格尔系数为53.5% ,人均每天食品消费支出为4.1元。从当年物价水平看,食品支出大于每天4元,在农村地区大约能每天消费1斤米面、1斤菜、1两肉,可满足健康生存需要的热量和蛋白质需求,做到“吃饱,适当吃好”。

微观经济学效用理论认为,消费者总体上可理性地在消费的各个方面分配支出,使各项支出同等重要、使未来的生活水平与现在保持基本一致,从而达到效用最大的目的。按此理论,根据贫困标准户的实际食品消费达到健康生存的水平,可推论贫困标准户的穿、住、用、行、教育、医疗等非食品消费也可达到与健康生存的食品消费基本一致的水平,并且在可预期的正常情况下,长期保持比较稳定的消费水平。因此,可以讲现行农村贫困标准达到小康生活要求的稳定温饱水平。

住户调查资料也证明,贫困标准户在食品消费以外的基本生活需求得到较好满足。其中居住在竹草土坯房中的比例为5.6%,93.3%的户人均住房面积超过15平方米,96%的户有彩电,95.9%的户有手机或电话,7—15岁儿童在校率超过99%,青年中受教育程度在初中以上的人口比重为93.9%,参加新农合和医疗保险的人口比重为98.1%。

上述理论和推论也用于世界银行向发展中国家推荐的确定本国贫困线的通用方法中。采用世行推荐方法,可确定两条贫困线,一条是低贫困线,一条是高贫困线。无论是高贫困线还是低贫困线,其中的食物支出相同,都是以满足基本营养需要确定的,所不同的是确定非食物支出的方法。其中,高贫困线是"吃饱"需要的食物支出,加上"与吃饱同等重要"的非食物支出。不同国家可根据实际情况,对如何"吃饱"提出具体要求。低贫困线是"吃饱"需要的食物支出,加上"宁可挨饿也要换取的"非食物支出,如基本衣着、取暖等支出。一般认为,根据微观经济学效用理论,高贫困线中的食物支出和非食物支出都达到了"吃饱"所代表的生活水平,从长期看,是代表"稳定温饱"的真正贫困线。我国现行贫困标准所代表的实际生活水平符合世行所说的高贫困线的要求。而低贫困线中的非食物支出的效用水平,低于食物支出的"吃饱"水平,因而低贫困线是代表"基本温饱"的极端贫困标准。我国在2010年以前采用的农村贫困标准以及世行每天1.25美元标准都是不同程度的极端贫困标准。

需要注意的是,一是要真正做到"两不愁",还需要做好"三保障"以及养老、救助和临时救助等工作,保障基本住房,并尽可能消除个体家庭难以预测的偶发不利因素。二是,这里所说"贫困标准是小康的门槛",是指所有人脱贫是全面建成小康社会的必要条件之一,而不是指平均收支水平达到贫困标准就算实现小康。

(三)使用农村贫困标准要注意适用范围和时间

每人每年2300元是2010年不变价的农村贫困标准。在实际工作中,有人只注意每年2300元这个数值,却忽略与之相关的范围和时间。比如,近一两年,一些省在确定本省反贫困相关工作标准时,一直盯着2300元这条线,按当年价衡量的贫困人口没有被完全覆盖。还有一些省认为本省的农村低保标准已超过2300元,应该没有贫困人口了,为什么统计上还有一些贫困人口呢?除了存在临时性返贫人口这个原因外,低保标准未达到当年价贫困标准是重要原因。再比如,2012年以来,每年有人组织"用6.3元过一天"的贫困体验活动。不少参与人员认为,每天6.3元标准太低,并进而质疑"按这个标准脱贫能算小康吗"?实际上,这种体验活动通常在城镇或在学生中开展,体验者所面对的环境主要是在城镇到食堂、餐馆吃饭、买熟食。由于活动范围和农村贫困标准的适用范围不一致,又未考虑政府实际采用的贫困标准已随物价因素逐年提高,作出的判断不尽客观。因此,实际工作中,在使用2300元贫困标准时需要注意到农村这个特定范围和2010年这个特定时间。

总之,"两不愁、三保障"以及与之对应的现行农村贫困标准是小康的门槛。实现现行标准以下贫困人口全面脱贫符合人民对于全面建成小康社会的基本预期。在实际工作中,我们应正确使用现行农村贫困标准,至少按物价水平逐年上调各种扶贫工作标准,使反贫困工作更加完整覆盖贫困人口。

二、以现行贫困标准衡量改革开放以来农村贫困减贫规模多大?

2008年以来,我国两次大幅度提高农村贫困标准,扩大扶贫范围,提升扶持水平。虽然按不同标准衡量的相应阶段的农村贫困人口规模均有明显下降,但缺乏按照统一标准衡量的改革开放以来的农村扶贫总体成效情况。国家统计局根据历年全国农村住户调查数据、农村物价和人口变化情况,对1978年以来按现行农村贫困标准(当年价)衡量的农村贫困人口规模进行测算。结果表明,改革开放以来,我国农村贫困人口规模减少7亿多,反贫困工作取得巨大成就。

(一)现行农村贫困标准在不同年份的数值与含义

现行农村贫困标准为按2010年价格水平每人每年2300元。国家统计局每年根据农村居民生活消费价格指数,对此标准进行更新。至2014年,农村贫困标准(当年价)达到2800元。用同样方法回溯推算,按1978年价格水平,此标准为366元。国家统计局根据全国农村住户调查历史数据和当年价格,对现行农村贫困标准所代表的生活水平进行验证比较。

2014年,在有基本住房的情况下,每人每年2800元的农村贫困标准中,实际食品支出比重(即恩格尔系数)为53.5%,相当于人均每天食品消费支出4.1元;若将每天1斤米面(商品粮)、1斤菜、1两肉或1个鸡蛋当作每人基本食品消费需求,根据农村居民出售和购买产品综合平均价格,需要开支3.92元(详见表5.3.1)。4.1元约为3.92元的1.05倍。因此,在2014年,农村贫困标准中的食品支出可满足健康生存需要的热量和蛋白质需求,做到"吃饱,适当吃好"。同时,根据微观经济学效用理论推论,在此标准下的其他支出可满足与健康生存同等重要的非食品消费需要。

按1985年价格水平,农村贫困标准是每年482元,其中食品支出比重为44.6%②,

② 当年价农村贫困标准中食品支出比重在1985年低于2014年,从表面上看与"消费水平提高,食品消费支出比重降低"的恩格尔定律不同,但实质上并不违反恩格尔定律。因为恩格尔定律主要说明消费水平变化对食品消费支出比重的影响,但没有说明工农产品比价改变对食品消费支出比重的影响。1985年和2014年当年价贫困标准虽然数值不同,但所代表的实际消费水平基本一致,因此,恩格尔定律成立的条件"消费水平提高"并不存在。与此同时,改革开放以来,在计划经济向市场经济转型过程中,我国工农产品比价改变很大,相对于工业产品价格,农产品价格上涨更快,因此,农村贫困标准中的食品支出比重有所上升。

相当于人均每天食品消费支出 0.59 元。按 1985 年农村综合平均价计算，满足每天 1 斤商品粮、1 斤菜、1 两肉或 1 个鸡蛋的基本食品消费需求，需要 0.56 元。0.59 元也约为 0.56 元的 1.05 倍。因此，1985 年当年价农村贫困标准中的食品支出同样可满足健康生存的营养需求，并推论非食品支出可满足与健康生存同等重要的非食品消费需要。这与 2014 年当年价农村贫困标准所代表的生活水平是一致的。

表 5.3.1　1985 年和 2014 年农村居民基本食品消费支出需求

项　目		单位	1985 年	2014 年
综合平均价	粮食(原粮)	元/公斤	0.43	2.48
	蔬菜	元/公斤	0.20	2.96
	猪肉	元/公斤	3.44	18.39
	蛋类	元/公斤	2.52	9.53
基本食品消费所需支出	每天 1 斤商品粮	元	0.288	1.653
	每天 1 斤蔬菜	元	0.098	1.478
	每天半两肉	元	0.086	0.460
	每天半个鸡蛋	元	0.088	0.334
	合计	元	0.561	3.924

* 数据来自国家统计局住户调查。其中综合平均价是农村住户调查中农户出售和购买价格的简单平均。原粮对商品粮的折算系数是 0.75。1 两肉或 1 个鸡蛋消费支出按半两肉加半个鸡蛋的消费支出计算。1 个鸡蛋按 1.4 两计算。

若将贫困标准中的食品支出对基本食品消费需求的比例作为基本需求满足程度指数，1985 年和 2014 年当年价农村贫困标准的基本需求满足指数都约为 1.05。其他年份当年价贫困标准的基本需求满足指数虽有变化，但都在 0.97—1.10 之间。因此可以认为，以当年价计算的现行贫困标准在不同年份虽然数值不同，但都基本代表了“两不愁”的稳定温饱生活水平，是农村居民从贫困跨入小康的门槛。

(二)改革开放以来中国农村贫困人口减少超过 7 亿

改革开放之初农村贫困人口 7.7 亿。按当年价现行农村贫困标准衡量，1978 年农村居民贫困发生率约 97.5%，以乡村户籍人口作为总体推算，农村贫困人口规模 7.7 亿。从 1978 年到 2014 年，农村贫困人口减少 7 亿多，年均减贫人口规模 1945 万人；贫困发生率下降 90.3 个百分点，年均下降 2.5 个百分点。

本世纪以来农村贫困人口减少规模占减贫总规模一半以上。2000 年农村贫困发生率为 49.8%，贫困人口规模为 4.6 亿。2000 年以前，农村贫困人口减少

3.1亿，占农村减贫总规模的44.0%；贫困发生率下降47.7个百分点，年均下降2.2个百分点。本世纪以来，农村贫困人口减少3.9亿，占农村减贫总规模的56.0%；贫困发生率下降42.6个百分点，年均下降3.0个百分点。

2010年以来农村贫困人口规模减少近1亿。2010年，农村贫困发生率为17.2%，贫困人口规模为1.66亿。2014年，农村贫困发生率为7.2%，贫困人口规模为7017万。2011年到2014年，农村贫困人口共减少9550万人，年均减贫人口规模2388万人；贫困发生率下降10.0个百分点，年均下降2.5个百分点。

表5.3.2　按现行农村贫困标准衡量的农村贫困状况

年份	当年价贫困标准（元/年．人）	贫困发生率（%）	贫困人口规模（万人）
1978	366	97.5	77039
1980	403	96.2	76542
1985	482	78.3	66101
1990	807	73.5	65849
1995	1511	60.5	55463
2000	1528	49.8	46224
2005	1742	30.2	28662
2010	2300	17.2	16567
2014	2800	7.2	7017
2015	2855	5.7	5575
2016	2952	4.5	4335

* 数据来自国家统计局住户调查和《中国农村贫困监测报告2016》。

三、中国农村贫困标准比国际贫困标准[③]高还是低？

从2008年—2015年9月，世界银行发布的国际极端贫困标准为2005年价格每人每天1.25美元。中国现行农村贫困标准按2010年价格为每年2300元，即每天6.3元。有人认为只相当于1天1美元，远远低于世界银行的极端贫困标准。国家统计局根据贫困监测调查资料和相关情况进行分析研究，按照世界银行方法换算，我国现行农村贫困标准约等于2005年价格的每天1.6美元，介于两个常用

③　在本文三、四两个部分，所引用的国际贫标准是世界银行在2008—2015年9月间使用的，是按2005年价格计算的。

的国际贫困标准即每天 1.25 美元和 2 美元之间；与“三保障”共同实施时，现行农村贫困标准实际生活水平相当于“不愁吃、不愁穿”的稳定温饱生活水平。

（一）国际贫困标准现状、由来与调整情况

1. 国际贫困标准主要是指每天 1.25 美元和 2 美元的标准。

世界银行是国际上研究贫困问题的最重要机构。通常所说的国际贫困标准是指世界银行发布的贫困标准。2008 年－2015 年 9 月，世界银行主要用 2005 年价格每天 1.25 美元和每天 2 美元标准衡量发展中国家的贫困状况。其中，前者是衡量联合国千年发展目标实现程度的极端贫困标准。

2. 每天 1.25 美元及 2 美元标准的由来。

2008 年，世界银行根据 15 个最穷国家（马拉维、马里、埃塞俄比亚、塞拉利昂、尼日尔、乌干达、冈比亚、卢旺达、坦桑尼亚、几内亚比绍、塔吉克斯坦、莫桑比克、乍得、尼泊尔和加纳）的平均国家贫困标准，确定每天 1.25 美元的标准。同时，世界银行根据其他发展中国家的国家贫困标准的中位数，确定每天 2 美元的标准。

世界银行曾向各国推荐确定代表“稳定温饱”的高贫困线和代表“基本温饱”的低贫困线的通用方法[④]。虽然两个国际贫困标准并非直接来自上述通用方法，但与高、低贫困线所代表的生活水平是可比的。因为，15 个最穷国家的国内贫困标准大多对应代表“基本温饱和免于饥饿”生活水平的低贫困线，所以，每天 1.25 美元的标准也是与“基本温饱”对应的极端贫困标准。其他发展中国家的国家贫困标准一般是代表“稳定温饱”的高贫困线，因而每天 2 美元通常被认为也代表相应的生活水平。

3. 国际贫困标准在不同年度有所调整。

国际贫困标准根据物价水平在不同年度之间有所调整。以极端贫困标准为例，按 1990 年价格为 1.01 美元，按 1993 年价格为 1.08 美元，按 2005 年价格为 1.25 美元。

（二）按照世行方法换算，中国现行农村贫困标准约相当于 2005 年价格每天 1.6 美元

国内贫困标准用人民币表示，国际贫困标准用美元表示。要比较两者的高低，应当用适当的比价进行换算，统一计量货币，即将国际标准转换为用人民币表示，或者将国内标准转换为以美元表示。按照世界银行方法，我国现行农村贫困标准相当于 2005 年价格每天 1.6 美元。

目前，世行更新以人民币表示的国际贫困标准的方法包括三步：用 2005 年

---

④ 根据世界银行推荐的通用方法，低贫困线为“吃饱需要的食品支出，加上宁可挨饿也要换取的非食物支出”，代表基本温饱水平，是极端贫困标准。高贫困线为“吃饱需要的食物支出，加上与吃饱同等重要的非食物支出”，代表稳定温饱水平。

PPP 指数将美元标准换算成人民币标准,考虑中国城乡差异后、下浮对农村使用的国际贫困标准,用中国分城乡贫困人口生活消费价格指数进行年度更新。

采用上述方法反向换算,无论是 2010 年的每年 2300 元,还是 2014 年的每年 2800 元,都相当于 2005 年的每天 1.6 美元。因此,从数值上看,我国现行贫困标准高于每天 1.25 美元的极端贫困标准,但低于每天 2 美元的一般贫困标准。

(三)在“三保障”的前提下,中国农村现行贫困标准的生活水平相当于国际标准每天 2 美元的“稳定温饱”水平

根据住户调查分户收支数据测算,2014 年中国现行农村贫困标准每年 2800 元,是一条代表“稳定温饱”,即“不愁吃、不愁穿”水平的贫困线。在已有基本住房的情况下,生活在此条线上的家庭,恩格尔系数为 53.5%,能为贫困人口提供每天 4.1 元的食品支出,约可每天消费 1 斤米面、1 斤菜、1 两肉等食品。这不仅可满足“吃饱”要求的每天 2100 大卡热量的需求,而且可使贫困人口“适当吃好”,满足健康生存需要的每天 60 克左右的蛋白质需要。根据微观经济学效用理论,可推论达到此标准的家庭,其非食品消费水平也与“吃饱、适当吃好”的水平相当,并在可预期的正常情况下,长期维持相应生活水平。

因此,在“三保障”,即保障义务教育、基本医疗和住房的情况下,中国农村现行贫困标准代表了“不愁吃、不愁穿”的稳定温饱生活水平。这与世行每天 2 美元的国际贫困标准所代表的生活水平是基本一致的。

(四)注意事项及相关建议

要比较国内贫困标准与国际贫困标准的高低,需要注意以下问题:

一是要注意国内标准与哪条国际标准比。我国现行农村贫困标准高于 2005 年价格每天 1.25 美元的极端贫困线,低于每天 2 美元的贫困线,但实际生活水平接近于每天 2 美元的国际贫困标准所代表的“稳定温饱”生活水平。

二是要注意国内标准和国际标准是否属于相同年份的、用于相同范围。比如基期是否为同一年,比较的贫困人口范围是全国贫困人口还是农村贫困人口等。

三是直接用市场汇率换算比较是不合适的。由于市场汇率受多种因素影响,变化较快,不能很好反映相关国家之间生活消费价格水平的差异,各国研究人员一般不采用市场汇率进行国际比较。

四是用 PPP 指数换算比较也存在一定的局限性。首先,PPP 指数更新是不定期的,而且参与国家很多,基础数据来源不一致,结果不可预期,其准确性也常常引起争议。其次,不同轮次的 PPP 指数可能会跳跃过大,造成换算的贫困标准跳跃过大,从而影响贫困标准比较结果和贫困状况测算结果。比如,世界银行在测算 2005 年中国农村贫困状况时,原来用 1993 年 PPP,将极端贫困标准换算为每年 935 元,2008 年,改为用 2005 年 PPP 换算成每年 1362 元。

四、以国际贫困标准衡量中国贫困人口有多少？

用国际贫困标准衡量，中国有多少贫困人口？目前说法较多，从 1.5 亿到 2 亿、再到 2.5 亿，差距很大。这使不少人感到困惑。国家统计局对世界银行网站 2014 年发布的数据和相关资料进行整理。

(一)以国际贫困标准衡量的中国贫困现状

世界银行在 2015 年 9 月以前公布的最新数据是中国 2011 年贫困数据。

2011 年生活在(2005 年价格)每天 1.25 美元的极端贫困标准以下的中国贫困人口规模是 8410 万人，贫困人口比重是 6.3%。

2011 年生活在每天 2 美元的贫困标准以下的中国贫困人口规模是 2.5 亿人，贫困人口比重是 18.6%。

世界银行网站也公布按每天 2.5 美元、4 美元、5 美元标准衡量的各国贫困人口数。

(二)以国际贫困标准衡量的中国反贫困成就

以每天 1.25 美元标准衡量，中国贫困人口比重在 1990 年为 60.7%，1990—2011 年下降 54.4 个百分点；贫困人口规模在 1990 年为 6.89 亿，1990—2011 年减少 6.05 亿，减少 87.8%，远远超过联合国千年发展目标提出的“极端贫困人口减半”目标。

以每天 2 美元标准衡量，中国贫困人口比重 1990 年为 85%，1990—2011 年下降 66.4 个百分点，贫困人口规模 1990 年为 9.64 亿，1990—2011 年减少 7.14 亿，下降 74.1%。

表 5.3.3　世界银行发布的中国贫困状况

年份	每天 1.25 美元		每天 2 美元	
	规模（万人）	比重(%)	规模（万人）	比重(%)
1990 年	68940	60.7	96460	85.0
1993 年	64640	54.9	93760	79.6
1996 年	45520	37.4	80600	66.2
1999 年	45100	36.0	77520	61.9
2002 年	35930	28.1	64950	50.7
2005 年	20560	15.8	46970	36.0
2008 年	16350	12.3	37530	28.3
2010 年	12290	9.2	31020	23.2
2011 年	8410	6.3	25010	18.6

* 注：数据来自世界银行网站，2015 年 4 月。

(三)贫困和反贫成果的国际比较

无论是用每天1.25美元还是2美元标准,1990年中国贫困程度显著高于全球和发展中国家平均水平,到2011年,中国的贫困程度大幅度低于全球和发展中国家平均水平。

2011年,全球生活在每天1.25美元以下的极端贫困人口比重是14.5%,每天2美元以下的贫困人口比重在30%左右。中国贫困程度显著低于世界平均水平,略低于亚太发展中国家平均水平,高于中等偏上收入国家平均水平。预计2014年,中国的贫困程度会达到或低于中等偏上收入国家平均水平。

从1990—2011年,全球极端贫困人口从19.2亿下降到10.1亿,减少9.1亿,其中6亿多来自中国。中国极端贫困人口减少数量占全球减贫数量的三分之二。

表5.3.4　发展中国家以国际标准衡量的贫困人口比重(%)

地区/收入类型		每天1.25美元		每天2美元	
		1990年	2011年	1990年	2011年
按地区分	亚太	57.0	7.9	81.5	22.7
	欧洲和中亚	1.5	0.5	6.3	2.2
	拉美加勒比海	12.2	4.6	22.6	9.3
	中东北非	5.8	1.7	23.8	11.6
	南亚	54.1	24.5	83.7	60.2
	撒哈拉以南	56.6	46.8	76.0	69.5
按收入分	低收入国家	66.0	46.8	85.3	73.7
	中等偏下收入国家	47.1	22.0	64.8	36.3
	中等收入国家	43.5	13.7	66.3	33.0
	中等偏上收入国家	40.2	5.0	59.4	14.3
发展中国家合计		43.4	17.0	64.8	36.2
全球合计		36.4	14.5	——	——

*注:数据来自世界银行网站,2015年4月。

(四)世行用国际标准衡量中国贫困状况的方法

世界银行测算每天1.25美元标准以下中国贫困人口规模的具体步骤如下:

一是确定2005年每天1.25美元相当于人民币每年1865元,用于测算中国城镇极端贫困状况。2005年在居民生活消费方面的购买力平价指数(PPP)为1美元=4.09元。每天1.25美元对应每年1865元人民币。PPP调查只在中国城镇开展,因此世行用每年1865元测算中国城镇贫困状况。

二是确定2005年每天1.25美元相当于每年1362元，用于测算中国农村极端贫困状况。考虑2005年PPP指数的局限性和中国城乡价格水平差异，世行将每年1865元标准下浮37%，即每年1362元人民币，用于测算中国的农村贫困状况。

三是用中国贫困人口的生活消费价格指数对2005年的人民币标准进行年度更新。按2010年价格水平，相应标准约为2460元和1800元；按2014年价格水平，相应标准约为3000元和2200元。

四是使用中国国家统计局住户调查数据，分城乡计算调查样本中人均生活消费支出在标准之下的贫困人口比重，再乘以分城乡常住人口，计算分城乡贫困人口规模。城乡贫困人口加总即为全国贫困人口规模。

每天2美元换算的人民币标准按比例放大，测算贫困人口规模的基础数据和方法同上。

(五)注意事项和相关建议

在使用国际标准衡量的中国贫困数据时，要注意以下几点：

一是应根据用途引用适当数据。在反映《联合国千年发展目标》实现程度时，要引用按每天1.25美元极端贫困标准衡量的贫困状况。在其他情况下，考虑到中国按人均国内生产总值水平在全球属于中等收入国家，用每天2美元标准衡量贫困状况和反贫成果比较合适。

二是要注意引用最近更新的数据。世界银行根据全球情况和中国实际情况，有时对测算方法进行调整，使得不同年度公布的数据也会有所不同，甚至相差很大。比如，世行前行长沃尔芬森在2005年上海国际扶贫大会上曾经使用过的“中国贫困人口1.5亿”的数据，指的是世行在2005年发布的中国2002年极端贫困人口规模。但是，按世行2014年发布的结果，中国2002年极端贫困人口是3.6亿。世行公布的中国2008年按每天2美元标准衡量的贫困人口比重也从曾经的26%，调整到现在的28.3%。

三是要注意说明是用哪条标准衡量的哪一年的贫困人口。标准不同，中国的贫困人口规模不同。中国的经济增长较快，年度间贫困规模变化也较大。如中国2010年在每天2美元标准以下的贫困人口还有3.1亿，2011年就降到了2.5亿。

需要说明的是，在某些场合引用以国际贫困标准衡量的贫困人口数，并不妨碍我们用国内标准说明本国的贫困状况和反贫成果。国际贫困标准主要用于贫困状况的国际比较。全球多数国家都根据本国实际确定本国贫困标准，并发布按本国贫困标准衡量的贫困人口数。世行贫困数据库和世界发展报告也提供各国按本国贫困标准衡量的贫困人口数。

五、按每天 1.9 美元国际贫困标准衡量的中国贫困状况有何变化与影响?

2015 年 10 月,世界银行发布了基于 2011 年价格水平的国际贫困标准,其中极端贫困标准为每天 1.9 美元。按此标准,2012 年全球极端贫困发生率为 12.7%,极端贫困人口规模 8.97 亿。中国贫困发生率为 6.5%,贫困人口约 8700 万。世行也发布各国按每天 3.1 美元测算的贫困状况。

(一)每天 1.9 美元标准的来源

2011 年价格的每天 1.9 美元标准,总体上等价于 2005 年价格的每天 1.25 美元。根据世界银行网站公布的资料[⑤],两者都是全球 15 个最贫困国家的国家贫困线的简单平均值。具体方法是:以 2005 年各国货币表示的国家贫困线为基础,用该国的居民消费价格指数更新到 2011 年价格水平,再用 2011 年购买力平价指数(PPP),将各国的以本国货币表示的国家贫困线,换算为以美元表示的国家贫困线,最后计算出 15 个最贫困国家的平均值。

以人民币表示的新国际贫困标准为每年 2564 元(2011 年价格)。按照 2011 年购买力平价指数即 1 美元=3.696 人民币换算,每天 1.9 美元相当于人民币每年 2564 元。

有人质疑,国际贫困标准提高过快。从 2005 年价格的 1.25 美元到 2011 年价格的 1.9 美元,6 年提高 52%,增幅远超同期美国物价上涨速度。对此,世界银行的解释是,根据 2005 年和 2011 年的国际价格比较结果,多数穷国对美国的相对价格水平变低了。各国以本国货币表示的国家贫困线所代表的生活水平虽然基本不变,但转换成以美元表示的数值却变高了,从而拉动以美元表示的国际贫困标准大幅提高。

我们认为,国际极端贫困标准调整幅度难免与各国实际物价水平变化幅度有所不同。首先,调整体现的是最贫困国家物价水平的平均变化。对单个国家或者 15 国以外的其他国家来说,该国实际物价变化难免与这个平均值有差别,从而导致测算的贫困新数据与老数据的一些差异。其次,调整体现的是相对于美元的比价变化。如果一个国家或地区对美国的相对价格变高了,贫困标准上调幅度就会大于本国或本地区物价指数上升幅度,测算的贫困数据一般会有所上升,比如中国、巴西、墨西哥等。

世行也用每天 3.1 美元衡量中等收入国家的贫困状况。2011 年价格的每天 3.1 美元等价于 2005 年价格的每天 2 美元,仍是发展中国家的国家贫困线的中

---

⑤ http://blogs.worldbank.org/developmenttalk/international－poverty－line－has－just－been－raised－190－day－global－poverty－basically－unchanged－how－even

位数。

(二)每天 1.9 美元测量的中国贫困状况

新数据。世行用每天 1.9 美元测算，2012 年中国贫困发生率是 6.5%，全国贫困规模约 8700 万。与 1981 年相比，贫困人口减少了 7.90 亿。减贫人口占全球减贫人口的 72%。中国贫困人口占发展中国家贫困人口约 10%，仍是全球贫困人口第三多的国家。

表 5.3.5 世界银行发布的贫困新数据

年份	全球		中国			
	每天 1.9 美元		每天 1.9 美元		每天 3.1 美元	
	贫困发生率(%)	贫困人口(万人)	贫困发生率(%)	贫困人口(万人)	贫困发生率(%)	贫困人口(万人)
1981	44.3	199728	88.3	87780	99.1	98534
1990	37.1	195857	66.6	75581	89.2	101259
1999	29.1	175145	40.5	50786	67.2	84159
2010	16.3	111975	11.2	14956	27.2	36439
2011	14.1	98333	7.9	10644	22.2	29965
2012	12.7	89670	6.5	8734	19.1	25794

*注:数据来自世界银行网站，2015 年 10 月。

老数据。世行原来用每天 1.25 美元测算，2012 年中国贫困发生率是 5.2%，全国贫困规模是 7100 万人。与 1981 年相比，贫困人口下降了 7.67 亿，减贫人口占全球减贫人口的 70%。

新老数据差异。与世行原来发布的老数据相比，各年度新数据都有所上升。2012 年中国贫困发生率数据提高了 1.3 个百分点，全国贫困人口数据增加约 1600 万。1981 年—2012 年的减贫人口增加了 2300 万人，中国减贫人口在全球减贫人口中的比重提高了 2 个百分点。所以，**新数据反映的中国贫困规模比老数据有所上升，但扶贫成就更加明显。**

新数据与我国农村贫困数据的差异。我国主要公布农村范围的贫困人口，世行主要公布我国全国范围的贫困人口。与我国发布的 2012 年农村贫困人口 9899 万相比，用每天 1.9 美元测算的 2012 年中国全国贫困人口少了 1165 万。

(三)每天 1.9 美元国际贫困标准与我国农村贫困标准的关系

2011 年，世行新国际贫困标准以人民币表示为每年 2564 元，同年我国农村贫困标准为每年 2536 元。从数值上看，新的国际标准略高于我国农村贫困标准。

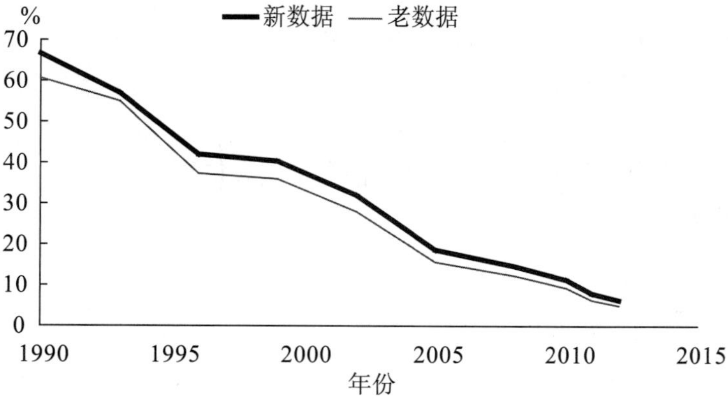

图 5.3.1　世行调整国际贫困标准对中国贫困发生率的影响

但实质上,我国农村贫困标准所代表的生活水平仍显著高于每天 1.9 美元的国际贫困标准。

如果使用农村物价水平换算,中国农村贫困标准是新国际贫困标准的 1.21 倍。新国际贫困标准对应的是中国居民平均物价水平。由于中国存在较明显的二元经济特征,城乡物价水平差异大。若按中国农村物价水平换算,每天 1.9 美元约相当于 2011 年价格中国农村每年 2100 元。所以,中国农村贫困标准每年 2536 元是新国际标准的 1.21 倍,相当于 2011 年价格的每天 2.3 美元。

中国农村贫困标准是与"保障义务教育、基本医疗和住房"共同实施的稳定温饱标准。根据住户调查结果,在有基本住房的情况下,我国现有农村贫困标准,可满足健康生存需要的食物消费,以及同等重要的非食物消费需求。与"三保障"同时实施,就是不愁吃、不愁穿的稳定温饱标准。它所代表的这种生活水平,不会因为国际贫困标准的上调而改变。如果使用国际方法测算贫困数据,将基本住房的折算租金也包括在居民消费支出中,仅此一项,中国农村贫困标准所代表的生活水平相当于比每天 2.3 美元还要高 20%。

以中国农村贫困标准测算的农村贫困人口,多于以每天 1.9 美元测算的农村贫困人口,说明中国农村贫困标准实质性地高于国际贫困标准。2012 年,按我国农村贫困标准测算的农村贫困人口为 9899 万,而按新的国际标准测算的中国农村贫困人口 8336 万。

(四)小结

总体而言,世界银行本次调整国际贫困标准虽然使公布的中国贫困人口有所增加,但对中国贫困现状、扶贫成就以及 2020 年能否全面脱贫没有实质性影响。

一是与上一轮标准调整时产生的变化相比,本轮调整产生的变化明显较小。比如,世行在 2005 年上海国际扶贫大会上使用的"中国贫困人口 1.5 亿"数据,是世行曾经公布的中国2002年极端贫困人口规模。2008年，当世行将贫困标准从每天1.08美元上调为每天1.25美元后，世行公布的中国2002年极端贫困人口上调为3.6亿。

二是新数据反映中国反贫成就更明显，对全球的贡献也更大。1981年—2012年，中国减贫人口从原来的7.67亿提高到现在的7.90亿，增加了2300万，对全球减贫的贡献率从原来的70%提高到72%，增加了2个百分点。

三是中国农村贫困标准仍明显高于国际极端贫困标准。中国农村贫困标准对国际极端贫困标准的比率，原来为1.26倍，现在为1.21倍。我国公布的农村贫困人口规模仍大于世行公布的极端贫困人口规模。与“三保障”同时实施的中国农村贫困标准，仍是“不愁吃、不愁穿”的稳定温饱标准，是农村居民跨入小康的门槛。

因此，我国可按既定的农村反贫战略，在2020年以前，以现有农村贫困标准以下的贫困人口为对象，按期脱贫，实现全面建成小康社会的目标。

（作者：王萍萍）

5.4 精准扶贫视角下的脱贫户特征分析及脱贫进程研究

摘要：本文使用2016年江西贫困退出户核查问卷调查及国家统计局开展的2011—2015年江西城乡住户调查数据，选取了家庭人口、收入结构、耕地、消费等指标，经过数据筛选和预处理后，进行基于可视化技术的探索性分析。采用数据挖掘技术，利用五折交叉验证的方法对决策树，随机森林，boosting，神经网络等九类模型进行性能的可靠估计，选取随机森林为最优模型，并确定该模型的最优参数，遴选出影响农户脱贫的主要因素。同时，采用基于网络优化的支持向量机和基于粒子群优化的RBF模型两个组合模型，对脱贫进程即当前贫困发生率进行了预测，验证了两种组合模型的优势和有效性。研究结果表明，家庭经营第一产业收入占比、各类扶贫补贴收入、转移净收入占比、水稻种植面积、家庭人口是影响农户脱贫的最主要因素。

关键词：精准扶贫　脱贫户　脱贫进程　随机森林　网格优化　粒子群

一、问题的提出及研究综述

（一）问题的提出

"十三五"国民经济和社会发展规划纲要中，指明了今后一段时期国家和地方各级政府扶贫工作的重点转向精准扶贫。随着"精准扶贫"策略的正式提出，扶贫项目的定位和开展方式也产生了新的转变。按照中央要求，到2020年我国现行标准下贫困人口要全部脱贫。

作为著名革命老区，分布有赣南等原中央苏区、罗霄山区集中连片特困地区等扶贫主战场的江西，扶贫开发任务依然艰巨。随着江西精准扶贫力度的加大，大量贫困户通过政府的帮扶及自身的努力，已实现了脱贫。他们脱贫的主导因素是什么？现存的贫困户如何同样实现脱贫？因此，有必要对这些脱贫户的家庭结构、就业、住房、收入来源等进行特征分析，从而找出脱贫的因素和规律，进一步预测脱贫进程，为更好的推进精准扶贫提供决策依据和参考。

（二）现有研究成果

目前，国内关于脱贫户特征分析的定量研究较少，更多的集中在贫困户特征的分析上；对脱贫进程进行预测的研究成果几乎没有，利用城乡住户调查一体化数据进行预测分析更是未见。陈忠文(2013)根据入户调查数据采用 logistic 模型研究农户交易成本对农户贫困发生概率的影响，并进一步运用层级回归的方法研究交易成本在山区农村贫困形成机理中的效应。葛霆(2014)利用“2010 年中国综合社会调查”的数据，运用 logistic 二项变量回归嵌套模型检验和估计了贫困农民群体的脱贫路径以及其性别差异效应。徐鲲等(2010)以重庆市 48 个贫困村为例，在构建贫困村农民脱贫需求缺口模型的基础上，分析造成农民脱贫需求缺口的原因。刘一明等(2014)以武陵山连片特困区为例，利用 GIS 和 BP 神经网络，模拟区域自然致贫指数、社会经济致贫指数，探究贫困的空间分布特征。

可以看出上述文献的数据获取和研究方法较为单一，本文对以往文献的不足进行补充并加以创新，使用 2016 年江西贫困退出户核查问卷调查及国家统计局开展的 2011—2015 年城乡住户调查数据，通过对脱贫户调查数据的分析，结合可视化技术的探索性分析结果，分别采用决策树、随机森林、boosting、神经网络等数据挖掘方法，对影响农户脱贫的重要因素进行实证分析，并对脱贫进程进行预测。

(三)本文的研究思路

文章总体研究思路如图 5.4.1。

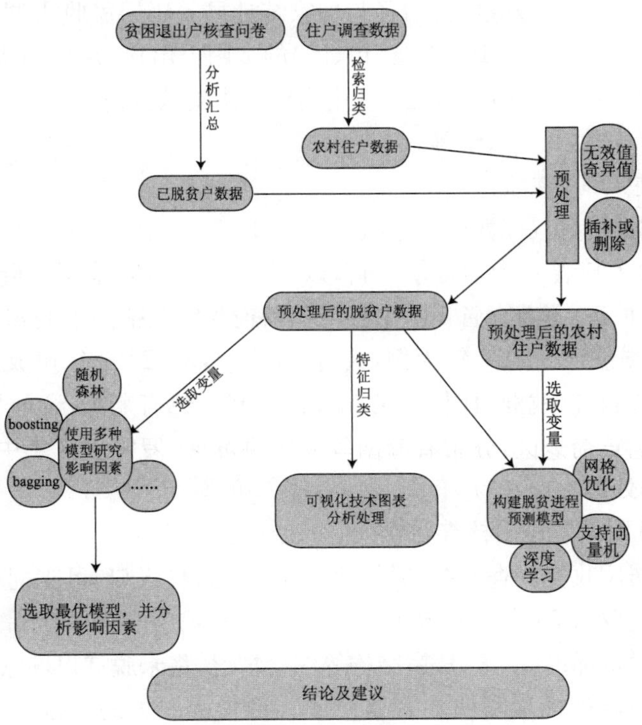

图 5.4.1　文章总体思路研究图

(四)本文创新之处

1. 研究对象有突破。以往研究多是利用贫困户资料,本文同时利用了脱贫户资料和城乡住户调查资料,使数据来源更具代表性。

2. 研究方向有突破。对脱贫率进行预测是一个全新范畴,本文结合历年城乡住户调查数据,对全省脱贫进程进行有效预测。

3. 研究方法有突破。以往对于贫困问题的研究,使用的模型较为单一,本文对多种模型进行运用和比较,包括随机森林、boosting、神经网络等数据挖掘算法。并尝试使用了深度学习,组合模型等前沿算法和模型。

二、指标选择和数据处理

(一)基础数据来源

本文所有数据来源于两个方面,一是2016年3月江西省开展的贫困退出户核查问卷,二是2011年至2015年江西城乡住户调查数据。

1. 贫困退出户核查问卷

来源于江西全省2014和2015年贫困退出户的入户核查数据。抽样方式以全省各村退出贫困户为抽样框,随机起点、等距抽样方式,直接在省级随机抽样到户。设计了核查问卷,收入统计口径与国家统计局关于居民收入调查的统计口径一致。共核查评估了全省105个县(市、区)的贫困退出户,共9061户、约28000已脱贫人口。问卷共设置25个问题,48个指标。主要核查内容:贫困户家庭各项收入、住房、就业、适龄儿童入学等。

2. 城乡住户调查数据

来源于国家统计局江西调查总队2011—2015年的城乡住户调查数据。调查样本以第六次人口普查为抽样框资料,以江西省为总体,采用分层、多阶段、PPS抽样方法随机抽选,覆盖全省100个县市。调查对象包括抽中调查小区和抽中住户的所有住户成员,以2015年为例,共有9547户,32723个住户成员。调查内容涵盖住户成员、教育、就业、住房等情况,既有问卷,也有账页,全面反映了住户各类基本信息。

(二)数据处理

1. 农村贫困人口退出核查问卷数据的处理。

(1)按照居民收支调查方案,汇总计算各户的常住人口、可支配收入及其构成占比等数据,提取出28个主要指标。

(2)按照脱贫标准、就学、房屋结构等综合情况,将未脱贫户剔除。

(3)将少部分指标填写明显有错误或关键指标缺失的户剔除。处理后共有8363户,25152人。

2. 由于城乡住户调查包括的是城镇户和农村户的全部数据，因此需要按照贫困人口退出核查问卷里提取的指标，设置一定的检索条件，将 2011－2015 江西农村住户全部调查户，从一体化住户调查处理软件 iHaps 中检索出来。

检索后 2011－2015 年调查户及住户成员数如图 5.4.2。

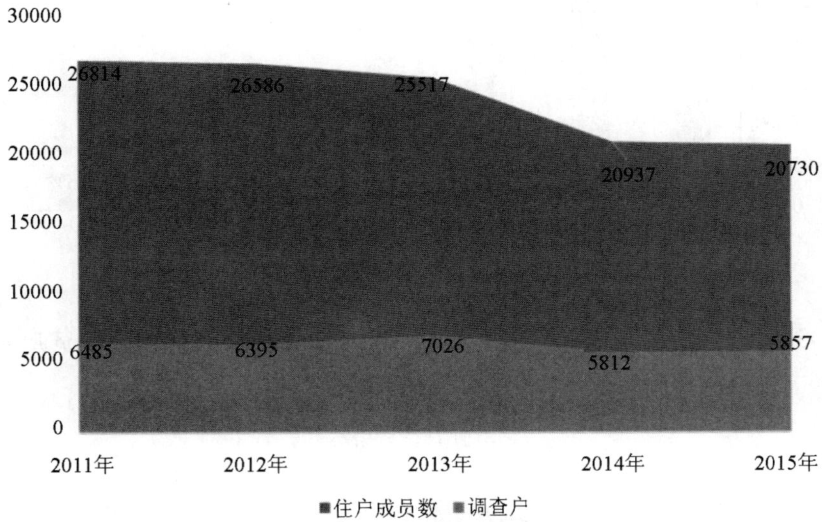

图 5.4.2　2011－2015 年农村调查户及住户成员数

(三)脱贫户情况的探索性分析

1. 脱贫户基本情况

(1)脱贫户户主年龄分布呈现偏大的特征。当前江西贫困退出户中，户主年龄分布在 45－60 岁和 60 岁以上的户数占比最多，其中：户主年龄分布在 45－60 岁的占 39.1%；60 岁以上的占 36.7%。

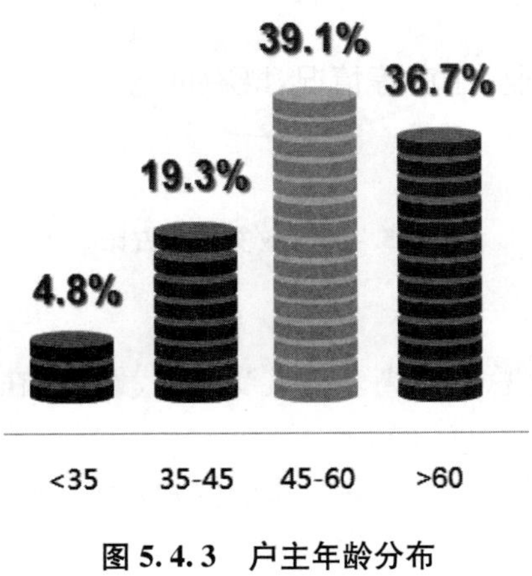

图 5.4.3　户主年龄分布

(2)家庭常住人口总体较少。家庭常住人口在4人以内的占比较大。其中:家庭常住人口为2人的户占28.5%,3人户占21.3%。

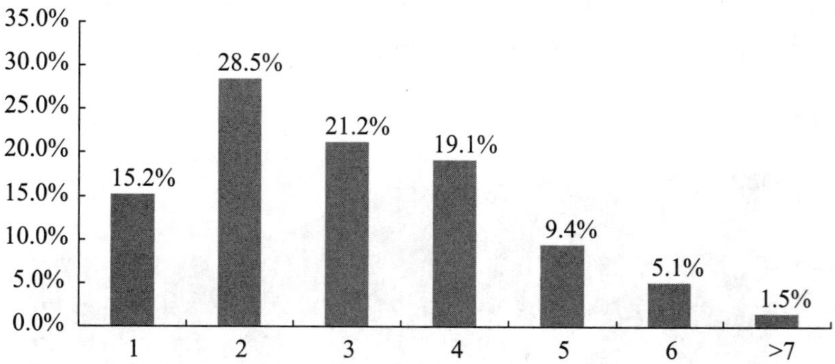

图5.4.4 家庭常住人口分布

(3)致贫原因主要是因病致贫。在各项致贫原因中,44.1%的脱贫户是因病致贫,26.1%的脱贫户是其他原因,13.4%的脱贫户是因年老致贫。

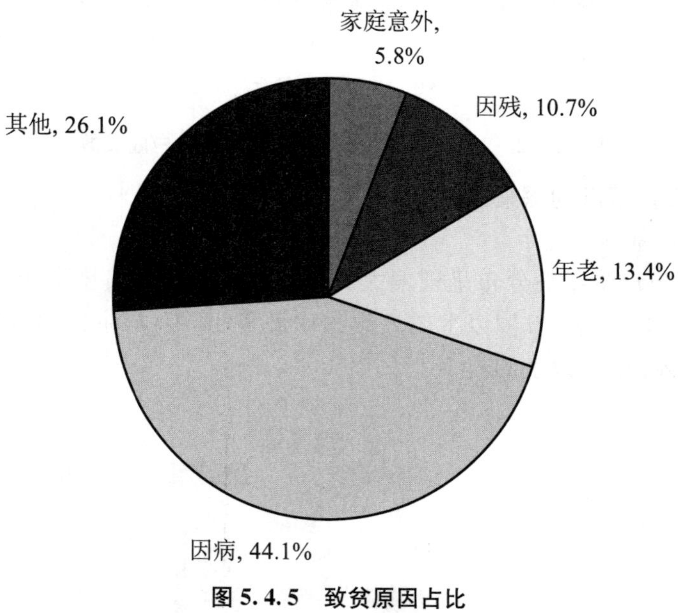

图5.4.5 致贫原因占比

2. 家庭生活状况

(1)脱贫户的抚养比总体偏高。有接受义务教育的在校学生的户占35.4%;有60岁及以上老人的户占50.2%。

(2)脱贫户中非低保户占比较高。非低保户占61.8%,低保户占38.2%。可见,有相当一部分低保户由于自身因素或政府帮扶而脱贫。

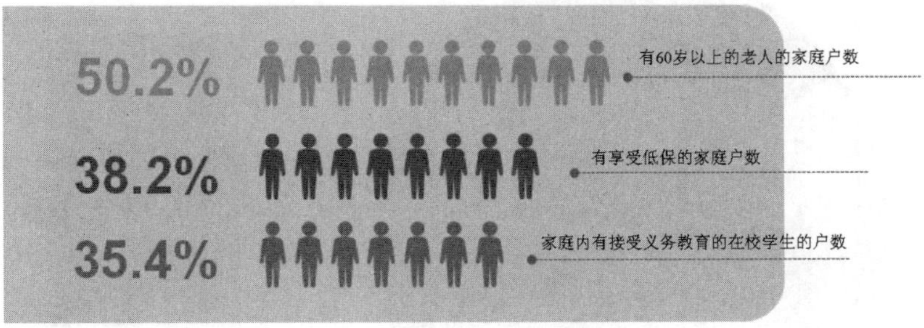

图 5.4.6 家庭生活状况

(3)住房结构多以砖混结构为主。住房结构为砖混结构占 64.1%,为钢筋混泥土结构的占 21.9%。

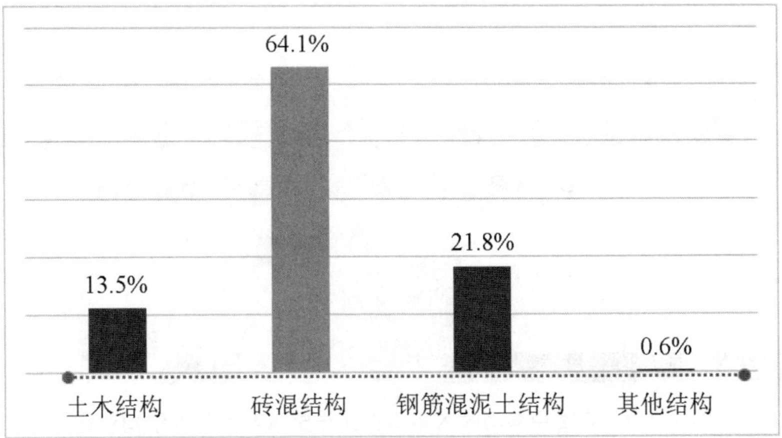

图 5.4.7 房屋居住结构情况

脱贫户住房总体较为宽裕。住房面积 100－200 平方米的占 34.3%,其次是 200－300 平方米,占 29.5%。

3. 经济状况

(1)脱贫户家庭转移性收入的平均占比最大,其次是工资性收入。这说明政府转移支付和打工收入对贫困户脱贫帮助大。和 2015 年全省农民各项收入占比相比,脱贫户转移净收入占比相对较高。

(2)脱贫户各项收入占比呈现不同的特点。一是工资性收入占家庭收入比重超过 50%的有 3088 户,占 36.9%;二是家庭经营第一产业收入占比不高,有 73%的户此项收入占比不足 20%;三是家庭经营二三产业收入占比严重偏低,91.6%

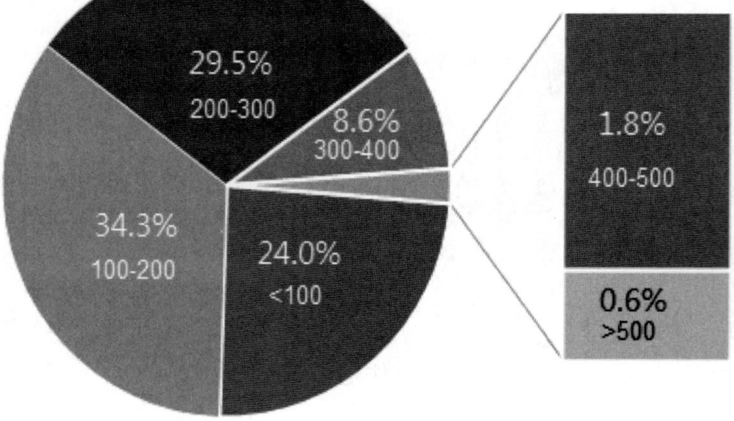

图 5.4.8 住房面积分布

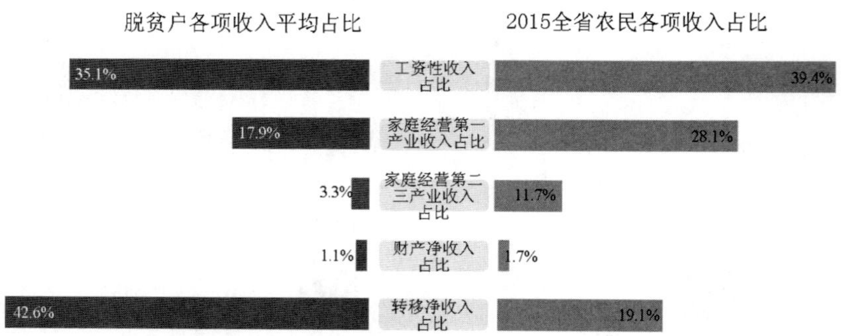

图 5.4.9 脱贫户各项收入平均占比与全省农民收入结构对比

的户此项收入占比为0;四是财产净收入占比普遍偏低,72.4%的户财产净收入占比为0;五是转移净收入占家庭收入的比重较大,其中有将近一半的户(48.6%)转移净收入占家庭收入的比重达到40%。

(3)粮食和医疗消费一少一多。农村脱贫户家庭粮食消费基本靠自给自足,56.2%的户粮食消费支出为0,26.3%的户在300公斤以内;而医疗消费支出超过1000元的占62.4%,

(4)多数家庭实现了本地务工或外出务工。48.2%的贫困退出户有本地务工人员,54.7%的户有外出务工人员,21.2%的户既有本地又有外地务工人员。推算可知81.7%的脱贫户有务工人员。

(5)四分之一的脱贫户仍有负债。脱贫户中,占25.7%的户存在债务。

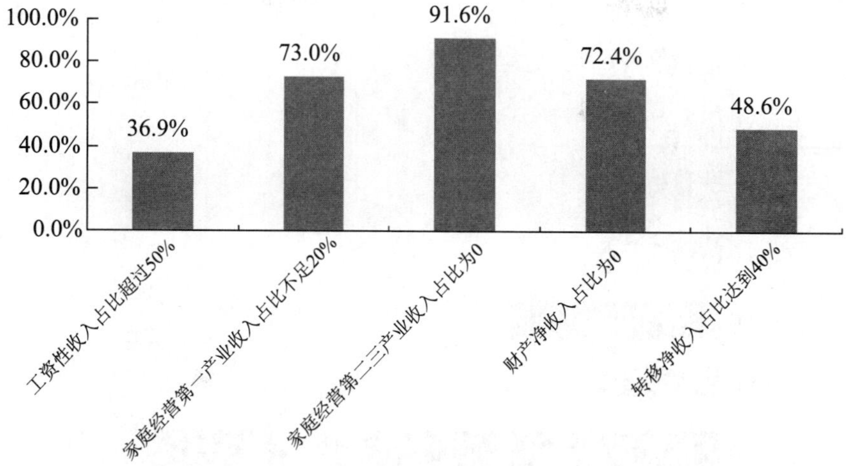

图 5.4.10　脱贫户收入结构特征

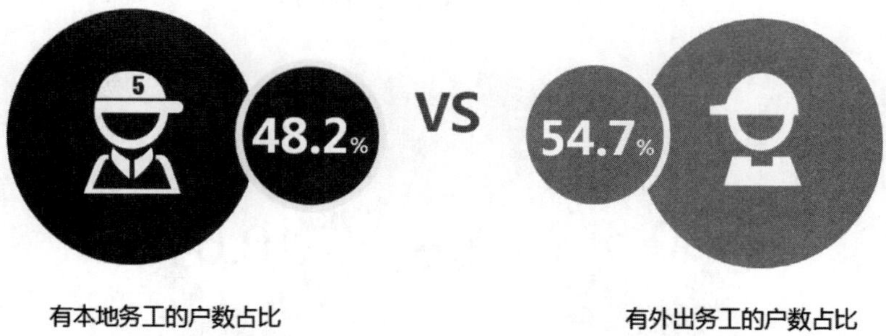

图 5.4.11　本地与外地务工比例

(6)不同程度获得了各类扶贫补贴款和报销医疗费等转移收入。95.7%的脱贫户享受了扶贫补贴款,其中 49.4%的脱贫户享受的扶贫补贴款超过了 1000 元;63.2%的户报销医疗费收入在 500 元以内。

(7)水稻种植亩数较少。44.5%的脱贫户未种植水稻,16.6%的户种植面积在 1 到 2 亩之间,仅够满足自身家庭需要。

土地流转不活跃。脱贫户中有 30.6%的家庭将土地流转至他人耕种,有 10.6%的家庭耕种他人的耕地。

(四)指标选择

1. 因变量的选择

将脱贫户家庭人均可支配收入(income)设为因变量。

2. 自变量的选取和基本假设

自变量的选取涵盖了住户基本情况,包括收入来源,就业情况,消费支出,住

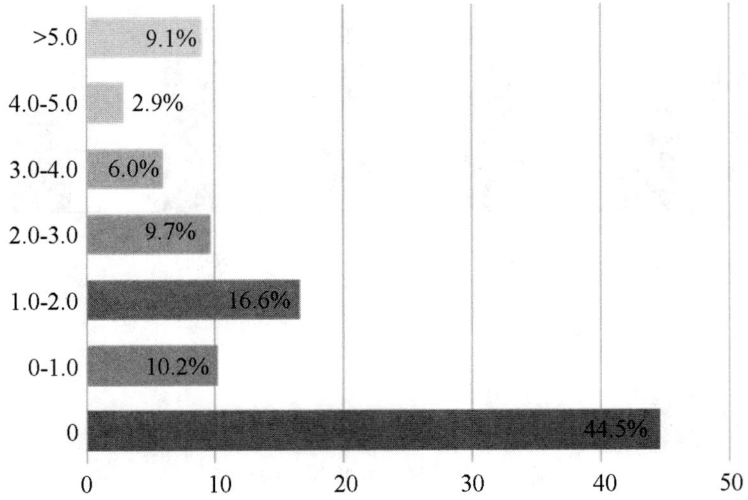

图 5.4.12　水稻种植面积分布

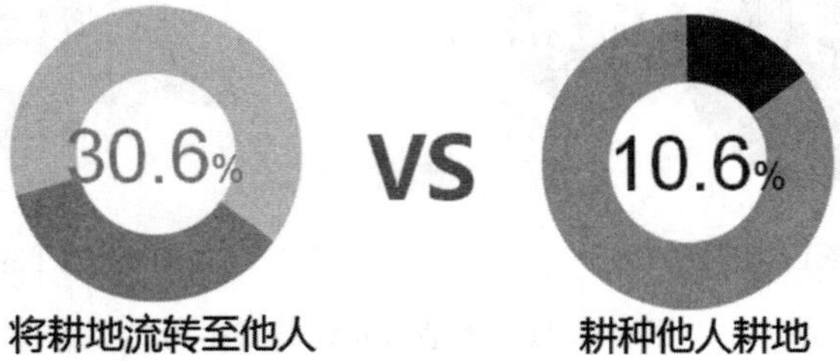

图 5.4.13　土地流转状况

房，债务等各方面的情况。

家庭常住人口(p13)、是否有接受义务教育的在校学生(p16)、是否有 60 岁以上的老人(p18)：家庭贫困状况与家庭人口数量存在一定的关系；而在校学生和老人是被抚养人口，尤其是学生属于纯消费人口，两者数量的多少对家庭的生活状况存在较大的影响。

可支配收入的各项构成(p22、p23、p24、p27、p28)：家庭收入来源的结构决定了不同收入来源对降低贫困的贡献率。

务工人员(p33、p35)：是否有务工人员不但反映家庭劳动力情况，也影响家庭非农收入。

水稻种植面积(p46)、是否将耕地流转(p50)：耕地的“有无”和“有多”影响到家庭一产经营收入，而是否将耕地流转影响财产性收入的获得。

是否享受低保(p39)、报销的医疗费(p58)、各类扶贫补贴款收入(p60):是否享受低保是贫困户判别的一个重要维度,同时和报销医疗费、各类扶贫补贴款收入影响转移性收入的获得。

粮食消费支出(p43),医疗消费支出(p56):消费支出也是评估衡量贫困状况的重要方面。

住房面积(p65)、住房结构(p68):住房情况反映了住户的基本生存情况,也是衡量贫困户是否脱贫的重要标准。

是否存在债务(p77):是否有债务不仅反映家庭资产的拥有情况,同时由此带来的偿还问题也会影响家庭的持续生产发展和生活改善。

所在县人均 GDP(p82)、人均可支配收入(p85):在分配状况不变的情况下,经济增长及其导致的收入增长将可以缓解贫困。

经过数据预处理一共选取和形成 23 个变量,各变量命名及变量属性如表 5.4.1。

表 5.4.1 变量明细表

变量名	符号	变量属性	含义
家庭常住人员	p13	人	
是否有接受义务教育的在校学生	p16	分类变量	是为 1,否则为 0
是否有 60 岁以上的老人	p18	分类变量	是为 1,否则为 0
工资性收入占比	p22	比率	
家庭经营第一产业收入占比	p23	比率	
家庭经营第二三产业收入占比	p24	比率	
财产净收入占比	p27	比率	
转移净收入占比	p28	比率	
是否有本地务工人员	p33	分类变量	是为 1,否则为 0
是否有外出务工人员	p35	分类变量	是为 1,否则为 0
是否享受低保	p39	分类变量	是为 1,否则为 0
粮食消费支出	p43	公斤	
水稻种植面积	p46	亩	
是否将耕地流转	p50	分类变量	是为 1,否则为 0
医疗消费支出	p56	元	
报销的医疗费	p58	元	
各类扶贫补贴款收入	p60	元	

续表

变量名	符号	变量属性	含义
住房面积	p65	平方米	
住房结构	p68	分类变量	①土木结构、②砖混结构、③钢筋混泥土结构、④其他结构。
是否存在债务	p77	分类变量	是为1,否则为0
所在县人均GDP	p82	元	
所有县农民人均可支配收入	p85	元	
该户人均可支配收入	income	元	

三、脱贫户影响因素模型建立和结果分析

由对贫困户问卷的数据探索性分析可知,脱贫户的各项指标和其能否脱贫存在密切关系。但哪些因素更值得关注、更为重要呢?我们通过建立多种模型,从中选出预测精度最高的最优模型,在这基础上找出影响农民脱贫的重要因素,进而得出如果现有贫困户要脱贫,政府应该在哪些方面努力和加大投入。

(一)模型选择

我们考虑九种备选的建模方法,包括:多元线性回归、分类回归决策树、条件推理回归树、随机森林、boosting、bagging、EP_SVR、NU_SVR、单隐层前馈神经网络。

分类回归决策树、条件推理回归树既可以处理分类变量也可以处理连续变量,随机森林、Bagging、Boosting都是基于树的组合算法。Bagging是进行多次放回自助抽样生成训练分类器再进行投票的一种方法,随机森林与Bagging的区别在于在每个拆分节点处随机选取一定数量的变量。Boosting是一种迭代式的组合方法,针对同一个训练集训练不同的分类器(弱分类器),构成一个更强的最终分类器(强分类器)。Bagging与Boosting的区别在于Bagging的训练集的选择是随机的,而Boosting的训练集的选择是独立的。EP_SVR、NU_SVR的支持向量回归算法主要是通过升维后,在高维空间中构造线性决策函数来实现线性回归。单隐层前馈神经网络与BP神经网络算法相比,具有更快的学习速度和更好的泛化性能。

(二)定义MSE函数

交叉验证采用指标NMSE来评价模型好坏。这一统计量是计算模型预测性能和基准模型的预测性能之间的比率。其取值范围通常为0～1。NMSE的值越

小,表明模型的性能就越好。NMSE 的值大于 1,表明模型预测甚至不如直接用所有个案的平均值进行预测。

通过比较模型的 NMSE 值,选用较小 NMSE 值的模型为最优模型。

我们在这里一共定义了三个函数,分别是:

NMSE_TRAIN——求训练样本内 MSE

NMSE——求测试样本 MSE

nmse_plot——mse 绘图程序。

(三)模型建立

1. 线性回归模型。文中采用了逐步回归的方式,选取对比所有变量。线性回归的优化方法是选择最好的变量,来建立回归方程,有些变量不好或者不显著会被剔除掉。

判断标准:AIC 即最小信息准则 (Akaike information criterion)方法,这个值越小,代表模型选择的变量最好。

结论如下:

(1)拟合值和残差值存在某种关联关系。

(2)残差不服从均值为 0 的正态分布。

(3)拟合值与标准化的残差值也有某些关联。

(4)有个别异常值影响回归系数的准确性。

(5)从图形上来说,线性回归似乎并不能很好的解释 income 变量。

线性回归的调整 R 方越大,说明拟合效果越好,这里只有 0.328,也同样说明拟合效果并不好。

2. 分类回归决策树。决策树是通过一系列规则对数据进行分类的过程。它提供一种在什么条件下会得到什么值的类似规则的方法。决策树分为分类树和回归树两种,分类树对离散变量做决策树,回归树对连续变量做决策树。我们这里使用的是回归树。

算法过程分为分裂和剪枝,并选取当 xerror 最小的时候的 cp 值。

3. 条件推理回归决策树。首先假设所有自变量与目标变量是相互独立的,在对他们进行独立性检验。如果独立性检验 P 值小于阈值,则该变量可以作为决策树的节点,之后计算各自变量与目标变量的相关性,并选择相关性最强的自变量作为本次分裂的决策点。

这里使用置换检验来选择分隔点,由于独立性检验的 p 值的阈值已经决定了模型的复杂程度,因此不再需要多模型进行剪枝。

我们设置的参数为:

minsplit = 20——最小样本分类数

minbucket = 20——叶节点最小样本数

maxdepth=10——决策树最大深度

4. 随机森林。随机森林模型由大量的树模型构成，模型中需设定树节点预选的变量个数和树的个数两个参数。其中，树节点预选的变量个数一般取为 $ceiling(\sqrt{m})$，即大于 $\sqrt{m}$ 的最小整数，其中 m 为输入变量的个数(本文有 23 个指标)，因此，根据计算公式树节点预选的变量个数为 5；而树的个数取值一般较大，文中设置了 100、200 和 500 三种不同数目的树模型。

5. bagging 回归。bagging 回归的做法就是不断放回地对训练样本进行再抽样，对每个自助样本都建立一棵回归树，对于每一个观测，每棵树给一个预测，最后将其平均。这里的参数设置为 nbagg=25。

6. boosting 回归。Boosting 方法是一种用来提高弱分类算法准确度的方法，这种方法通过构造一个预测函数系列，然后以一定的方式将他们组合成一个预测函数。

选择基分类器为决策树，设定决策树数量为 30 棵(mfinal=30)。

7. EP_SVR。采用 epsilon－regression 做支持向量回归 (SVR)，内核选择径向函数。模型整体训练起来相比随机森林要快不少，相比线性回归、决策树还是要慢很多。

从五折交叉验证的结果来看，样本 4 的出入比较大，测试样本的 NMSE 为 0.812，训练样本则为 0.596，可能存在过度拟合的问题，

从整体来看，SVR 的训练时长高于线性回归、准确性方面高于线性回归和推理回归决策树。但仍远远低于随机森林。

8. NU_SVR。采用 nu－regression 做支持向量回归 (SVR)，内核选择径向函数。模型整体训练起来相比和 epsilon－regression 时间基本一样。

相比 epsilon－regression，NU 方法的 SVR 的准确性要高很多。但是整体效果也并没有达到理想效果。

9. 单隐层前馈神经网络。一个三层神经网络模型就可以完成任意的 n 维到 m 维的映射，因此本文只采用带有一个隐藏层的前馈神经网络。根据 *Kolmogorov* 定理，隐藏层的神经元数目与输入变量、输出变量之间有如下关系：

$$l=\sqrt{m+n}+a\ ,$$

其中，l 为隐藏层的神经元数目；m 为输入层的神经元数目，文中为 22；n 为输出层的神经元数目，文中为 1；a 为 1～10 之间的常数。据此，本文选取了 5、10 和 15 三种隐藏层中的结点个数。同时，选择单隐层前馈神经网络迭代 1000 次。

单隐层前馈神经网络的准确性方面相比 SVR 来说，要高很多。

(四)五折交叉检验

本文拟采用五折交叉检验的方法来获得上述九类模型性能的可靠估计，进而

选择最优模型对影响因素进行分析。k折交叉检验是获得模型在未知数据上预测性能的常用方法。首先将数据集平均分成k个随机训练数据子集，然后用k－1个子集建立模型，用第k个子集评估模型，并取得该模型的性能指标，对每个子集重复以上过程，进而获得k个性能指标。本文中选取标准化均方误差(NMSE)作为性能指标，均值越小说明模型越优，进行五折交叉检验以获得最优预测模型。使用上述九类方法分析的结果如表5.4.2。

表5.4.2 各算法模型5折交叉验证的预测误判率

样本	方法	多元线性回归	分类回归决策树	条件推理回归树	随机森林	bagging回归	boosting回归	EP_SVR	NU_SVR	神经网络
	缩写	lm	rt	Ct	rf	bg	mb	svr	nusvr	shnt
训练样本	1	0.652	0.526	0.658	0.087	0.468	0.613	0.655	0.65	0.628
	2	0.66	0.505	0.594	0.092	0.44	0.594	0.653	0.649	0.642
	3	0.637	0.573	0.586	0.099	0.468	0.601	0.641	0.637	0.494
	4	0.741	0.493	0.574	0.082	0.419	0.571	0.596	0.587	0.616
	5	0.655	0.581	0.611	0.098	0.468	0.608	0.661	0.656	0.638
	平均值	0.669	0.5356	0.6046	0.0916	0.4526	0.5974	0.6412	0.6358	0.6036
测试样本	1	0.749	0.504	0.701	0.399	0.465	0.567	0.671	0.662	0.583
	2	0.738	0.647	0.813	0.45	0.588	0.63	0.65	0.639	0.677
	3	0.827	0.534	0.803	0.358	0.444	0.593	0.686	0.679	0.622
	4	0.562	0.584	0.761	0.564	0.595	0.691	0.812	0.806	0.718
	5	0.762	0.585	0.656	0.362	0.472	0.57	0.611	0.609	0.614
	平均值	0.7276	0.5708	0.7468	0.4266	0.5128	0.612	0.686	0.679	0.6428

无论从训练集还是测试集的NMSE看，随机森林都是最优的。bagging回归次之。接下来依次是分类回归决策树，boosting回归，神经网络。综上所述，选择随机森林方法进行模型构建和分析。

(五)随机森林模型的进一步分析

影响随机森林模型效果的两个主要因素为：决策树节点分支所选择的变量个数(mtry)，和随机森林中的决策树的数量(ntree)。初始随机森林模型为默认mtry＝5，ntree＝500，但默认值并不一定是最优的参数组合。通过采用逐一增加分支节点变量个数的方法，寻找最优变量个数。

在mtry＝5的情况下，观察决策树数量与模型预测误判率的关系。当ntree＞200型误差趋于平稳。选择mtry＝5，ntree＝200构建模型，进行5折交叉验证。

随机森林按照两种标准给出变量在模型中的重要性。从中可以看出前 4 个变量的重要性明显大于其他变量。即家庭经营第一产业收入占比(P23)、各类扶贫款收入(P60)、转移净收入占比(P28)、水稻种植面积(P46)。

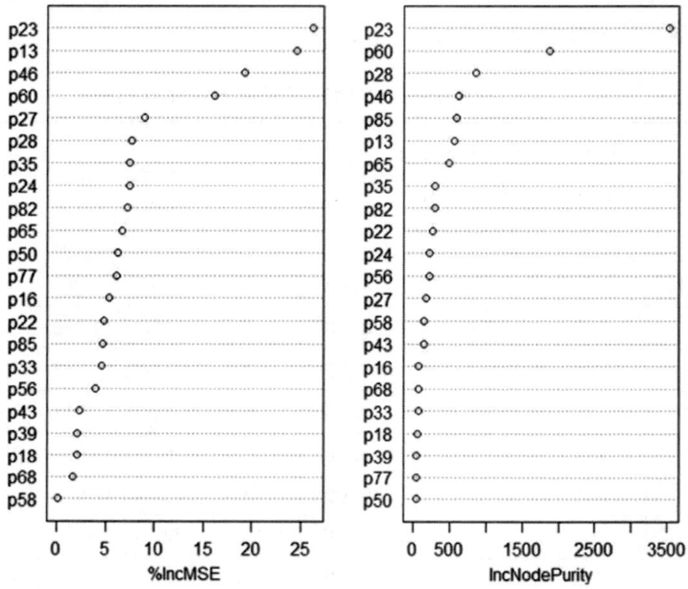

图 5.4.14 随机森林不同变量重要性对比

(六)基于随机森林的脱贫影响因素分析

1. 家庭第一产业收入占比是影响贫困户脱贫的最重要因素。这充分说明,一产收入对于贫困户脱贫有着重要影响。一产收入仍然是较多脱贫户收入来源的重要组成部分,尤其是随着精准扶贫的推进,部分脱贫户通过产业发展脱贫致富。

2. 水稻种植面积也对贫困户脱贫有较大影响。耕地是农民重要的资源和财产,其相对低收益对于摆脱贫困有重要作用,农户可从中获得一产经营收入和财产收入。尤其是耕地达到一定规模后,农地经营的规模效益逐渐显现。

3. 各类扶贫补贴收入和转移净收入占比对脱贫户脱贫同样有较大影响。这说明政府的帮扶和补贴对贫困户脱贫帮助较大,尤其是病残贫困家庭更需要政府“输血”帮扶。外出打工人员的寄回带回收入作为转移净收入,也对贫困户脱贫帮助大。

4. 家庭常住人口数量也影响到贫困户脱贫。这种结果反映出适度家庭人口规模的重要性,人口过少或者过多都会影响家庭的贫困概率。同时,在人均可支配收入计算中,外出打工人员数量不作为分母平均。

5. 是否有外出打工人员、住房面积、所在县人均 GDP 及可支配收入都对贫困户脱贫具有较重要影响。外出打工人员提高家庭的转移收收入水平；住房面积的大小直接反映了农户的生存质量，较大的房子面积也是收入提高的体现；所在县人均 GDP 及可支配收入也对脱贫有影响，说明经济发展和人民收入的增长，会对贫困户脱贫造成直接拉动作用。

四、脱贫进程预测模型建立和结果分析

(一)脱贫进程模型的研究目的和建立思路

扶贫必先识贫，既要了解致贫原因、脱贫原因，也要准确把握脱贫进程，把贫困程度、贫困人口搞清楚。本文探索构建脱贫进程预测研究，旨在较为准确地对全省乃至分市县脱贫进程作出预判，为完善精准扶贫政策提供依据。

脱贫进程，是指当年标准下贫困人口占总人口的比率情况，具体数值可用当年贫困发生率表示。预测脱贫进程，就是预测当年贫困发生率，从而掌握脱贫的进程。

用城乡住户调查数据建模预测的优势：国家统计局统一开展的居民收支状况调查，样本覆盖了全省所有县市区，具有较强代表性，可反映全省总体的情况。因此，可以用城乡住户调查中贫困人口占总人口的比例，来推断全省贫困发生率。

脱贫进程预测的思路为：

数据准备——获得全省所有县农村住户 2011 至 2015 年的住户调查数据，并选取指标。

预测模型的实现——随着贫困标准的逐年变化，每年住户调查数据中贫困人口的认定都是不同的。而预测模型也需要结合当年的贫困标准以及当年住户数据，根据所选取的指标，判断贫困及非贫困家庭人口，计算出贫困发生率，从而拟合各项指标和实际比率的关系。

数据挖掘模型——本文初期探索采用了 BP 神经网络、基于 darch 算法的深度学习、灰色预测等模型进行预测，但结果不甚理想(限于篇幅，不一一介绍)。最终本文采用了基于网格优化的支持向量机、基于粒子群优化的 RBF 模型两个组合模型。通过结果比较，验证了两种组合模型的优势和有效性。

(二)模型的建立

1. 总体流程如图 5.4.15。

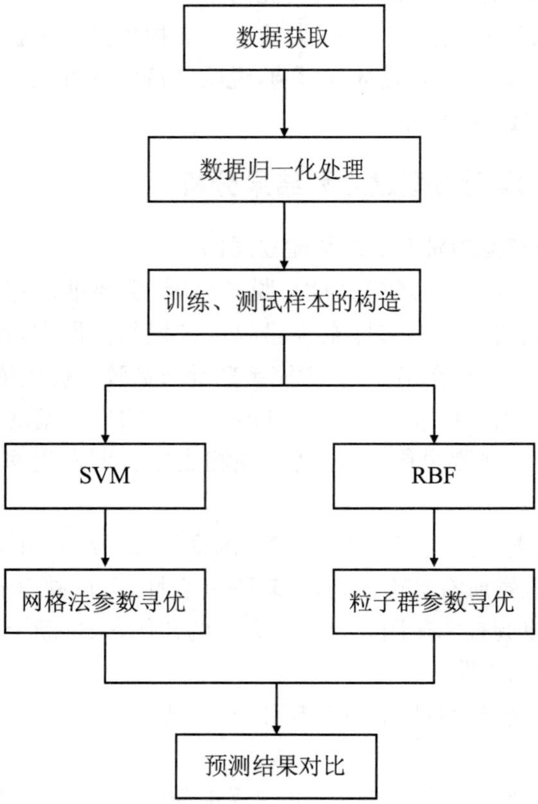

图 5.4.15　总体流程图

2. 基于网格优化的支持向量机原理

(1)支持向量机的基本原理

支持向量机是一个三层网络下的多输入单输出学习结构,其工作原理结构如图 5.4.16 所示。

(2)网格法的原理

这里选择的核函数是 RBF 核函数,它涉及到两个参数需要确定,即 c 和 g。

这里采用的寻优方法是网格法,它的原理是让 c 和 g 在一定的范围内取值,对于确定的 c 和 g,把训练集作为原始数据集,并利用 K－CV 方法得到在此组 c 和 g 下训练集验证回归误差,最终取使得训练集回归误差最小的那组参数作为最佳参数。

3. 粒子群算法优化 RBF 原理

RBF 神经网络中光滑系数 spread 对拟合结果的影响很大,一般而言 spread 值越大,函数的拟合就越平滑。需要对 RBF 的参数进行寻优,找到一个最合适的 spread 值使得 RBF 神经网络具备最佳的拟合性能。

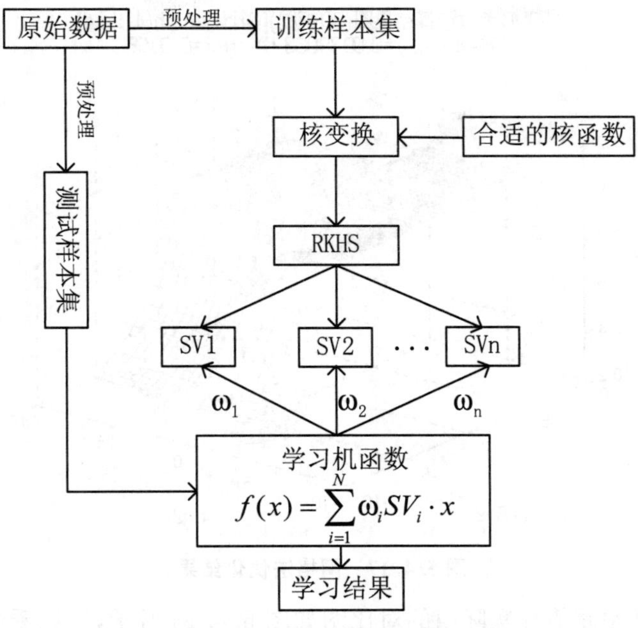

图 5.4.16 支持向量机原理结构图

本文采用 PSO 算法对 RBF 的 spread 参数进行寻优，寻优时适应度函数设置为 RBF 神经网络拟合值和实际值的误差平方和，在寻优开始随机初始化种群，依靠 PSO 强大的寻优能力通过不断迭代最终找到一个最佳参数 spread 使得网络的预测误差最小。

4. 模型实证分析

利用 MATLAB 软件进行仿真，其中 SVM 采用 libsvm 工具箱进行编程，RBF 神经网络采用 MATLAB 内置的神经网络工具箱。

(1)网格法优化 SVM

将包括人口数以及 income 在内的 23 个指标的平均值连同每年的贫困标准一共 24 维变量作为 SVM 的输入，对应的贫困率作为输出，构造基于 SVM 的映射模型，拟合这 24 个变量和贫困率的关系，通过训练前 4 期数据，对第 5 期即 2015 年脱贫率进行预测。其中在网格法优化参数 c 和参数 g 时，参数 c 和参数 g 的变化范围设置为 $2^{-8}\sim2^{8}$，步长为 0.5，最终得到的优化结果如图 5.4.17 所示，参数 c 的最优值为 2，参数 g 的最优值为 0.0039，交叉验证的误差为 0.3056。

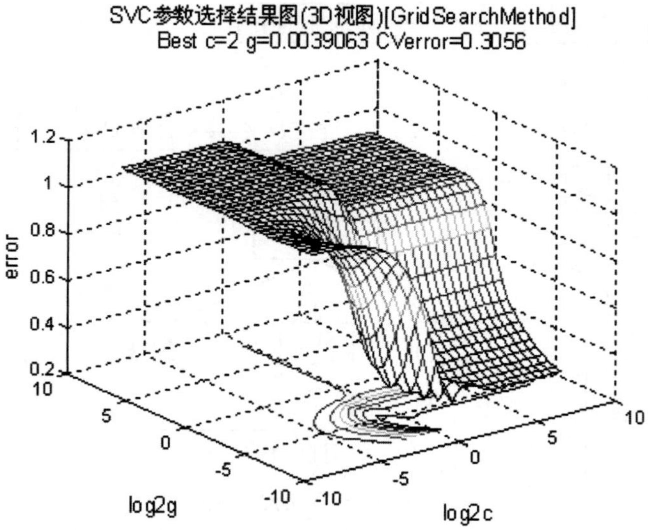

图 5.4.17　网格法优化结果

SVM 模型预测值和实际值的对比图如图 5.4.18 所示，可以看到网格法优化后的 SVM 模型并不能很好地拟合 24 维变量与实际贫困率之间的关系，MSE 指标为 0.15577，实际值和拟合值间的决定系数为 0.8913，说明拟合效果一般。

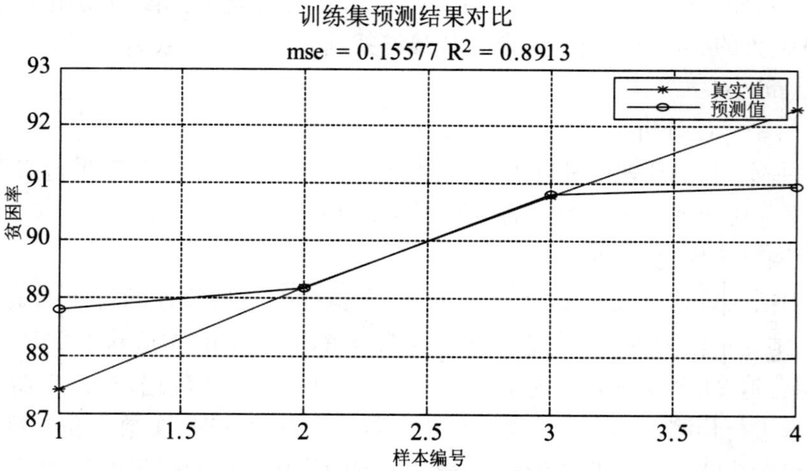

图 5.4.18　网格法优化 SVM 真实值与预测值对比结果

(2)粒子群算法优化 RBF

在参数寻优时，PSO 的参数设置如下：种群数量设置为 20，最大进化次数为 100，加速因子 c_1 和 c_2 取为 2，惯性权重 ω 取 0.8。适应度函数变化曲线如图 5.4.19 所示，可以看到 PSO 算法收敛速度很快，在进化 5 次左右时就已经达到最优解。

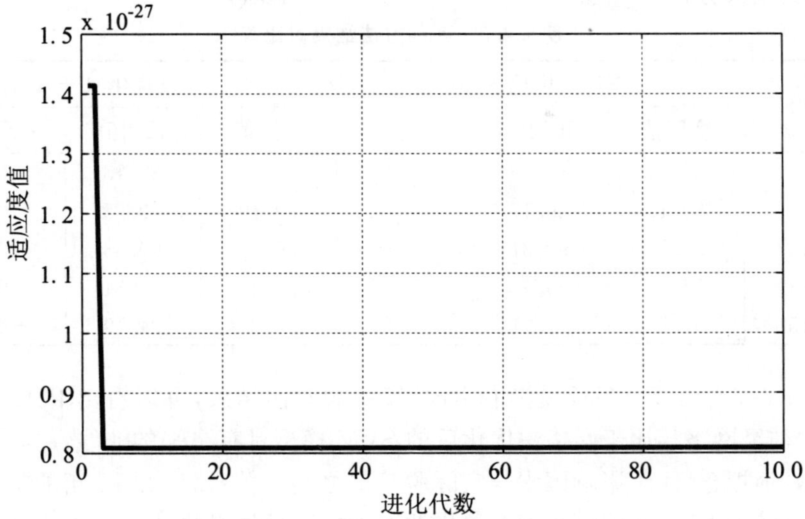

图 5.4.19 RBF 适应度变化曲线

RBF 模型预测值和实际值的对比图如图 5.4.20 所示，可以看到经过 PSO 优化后的 RBF 模型能够非常好地拟合 24 维变量与实际脱贫率之间的关系，对给定的 5 个样本最终拟合误差为 0.026841，拟合效果较好。

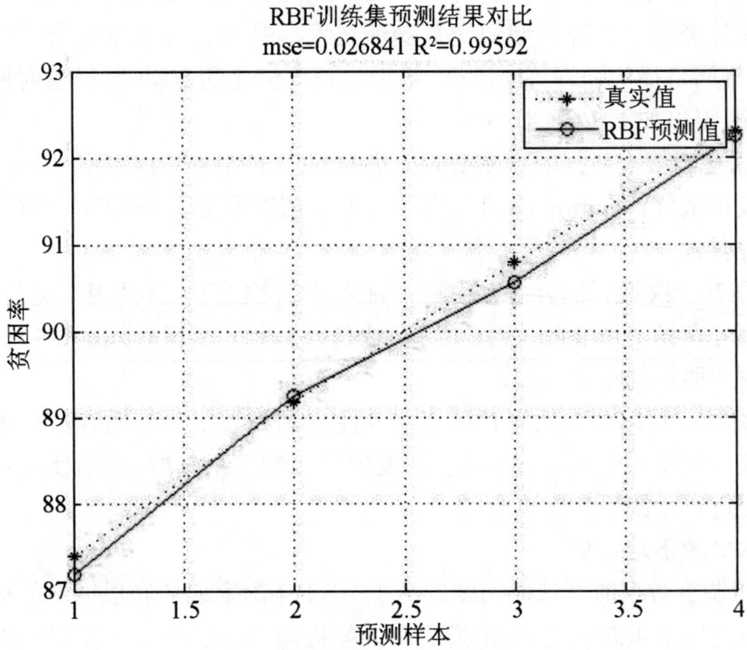

图 5.4.20 RBF 训练集预测结果对比

(三)结果分析

表 5.4.3 两种方法结果对比表

年份	网格法优化 SVM			PSO 优化 RBF		
	实际值	预测值	误差	实际值	预测值	误差
2011	87.41	88.79	1.38	87.41	87.13	−0.28
2012	89.19	89.17	−0.02	89.19	89.25	0.06
2013	90.79	90.81	0.02	90.79	90.63	−0.16
2014	92.3	90.95	−1.35	92.3	92.31	0.01
2015	94.2	91.21	−2.99	94.2	94.19	−0.01

表 5.4.3 给出了 SVM 模型和 RBF 模型的对比结果，可以看出 PSO 优化后的 RBF 神经网络相比于网格法优化后的 SVM 模型具有更强的非线性拟合能力，能够很好地拟合 24 个影响因素与实际脱贫率之间的关系，对 2015 年的贫困发生率的预测较为准确，证明利用城乡住户调查数据进行预测的思路是可行的。

五、主要结论、不足及未来研究方向

(一)主要结论

本文基于贫困核查数据和历年城乡住户调查数据，采用多元线性回归、分类回归决策树、条件推理回归树、随机森林、boosting、bagging、EP_SVR、NU_SVR、单隐层前馈神经网络 9 种模型和交叉验证技术对贫困核查数据进行了拟合和分析，运用基于网格优化的支持向量机、基于粒子群优化的 RBF 等模型对脱贫进程进行了预测，得出如下主要结论：

1. 根据贫困核查数据的各模型验证集的 NMSE 结果，在使用的 9 种模型中，随机森林表现最好，bagging 回归次之。接下来依次是分类回归决策树，boosting 回归，神经网络。

2. 使用基于决策树的分析方法随机森林对影响农户脱贫的因素进行了分析，得出了家庭经营第一产业收入占比、各类扶贫补贴收入、转移净收入占比、水稻种植面积是农户脱贫的重要因素。

3. 本文结合贫困核查数据和历年城乡住户调查数据对江西省的贫困发生率进行了预测，与国家统计局公布的贫困发生率匹配结果较好，说明使用这一方法对贫困进程进行预测是切实可行的。

(二)本文的不足之处

1. 住户调查数据时间选取问题。由于 2011 年国家统计局根据新的标准对全国贫困人口进行了重新测定，贫困发生率大幅提高，因此 2010 年及以前的贫困发生率和 2011—2015 年的贫困发生率不可比。因此，只能对近 5 年的数据进行分析处理。

2. 指标选取问题。因贫困核查问卷是对江西脱贫情况进行评估核实,目的性较强而研究性不足,导致指标的选择可能缺乏一定的针对性和重点性,比如缺少文化程度、培训等。部分指标原打算请扶贫部门补充搜集,但由于时间关系或可获得性等原因,难以使用。

(三)未来研究方向

对脱贫户进行特征分析,并结合城乡住户调查数据对脱贫率进行预测是一个全新范畴,本文对脱贫户特征、影响因素,以及脱贫率预测进行了一定的讨论,但还存在很多改进的地方。今后,我们可以在以下几个方面进一步深入:

1. 设置科学合理且针对性强的指标开展脱贫户问卷调查,并结合 2014 年、2015 年调查数据作连续性分析。

2. 进一步增加城乡住户调查一体户数据期别,可以考虑加入季度数据分析,或增加其他省份数据。

3. 尝试结合扶贫部门的贫困建档立卡户数据,提取更多相关指标,和城乡住户调查数据进行印证。

4. 建立全国规模上的脱贫进程推算模型,根据不同地区的贫困人员的特征,估计全国脱贫进程。具体做法是在全国数据反馈后,可以对不同经济发展水平,不同贫困特点地区的省份分别建立大数据分类模型,对分省数据进行更加准确的统计,进而推算全国脱贫率。

(四)政策建议

因历史遗留等各种客观因素,江西实现全面脱贫仍然存在一些困难。通过对贫困退出户脱贫因素的探索性分析,可以为推进精准扶贫工作带来一些启示。

1. 依托产业,激活和增强“造血功能”。通过合理安排扶贫项目和扶贫资金,结合产业基础情况和市场需求,开展产业扶贫,提升贫困农民的一产经营、财产性、工资性等收入。

2. 整合各类资金,继续加大对贫困户的各类转移支付和补贴。推进社会保障体系与扶贫帮扶相对接,对于一些确实难以帮扶的老弱病残户,由政府或社会组织逐步代缴养老、医疗和大病保险。

3. 提高家庭人力资本存量,增强脱贫发展能力。降低家庭的人口负担系数,保障贫困户家庭适龄子女的义务教育,加强贫困户职业教育培训。

4. 促进土地流转,充分保障贫困户收益。积极稳妥推行农村土地承包经营权流转,探索土地入股等合作经营模式。

5. 建立完善脱贫户生计特征动态监测体系,防止返贫。加大对脱贫户的后续跟踪与动态监测,确保精准脱贫的可持续性。

参考文献

[1]程开明．统计数据预处理的理论与方法述评[J]．统计与信息论坛，2007，22(6)：98－103.
[2]朱晓峰．缺失值填充的若干问题研究[D]．广西师范大学，2007.
[3]楚永生．新时期中国农村贫困的特征、扶贫机制及政策调整[J]．宏观经济研究，2008(10).
[4]对农村贫困线及贫困发生率的反思[J]．宏观经济研究，2012(8).
[5]张清霞．浙江农村相对贫困：演变趋势、结构特征及影响因素[D]．浙江大学管理学院，浙江大学，2007.
[6]张培林，钱林方，曹建军等．基于蚁群算法的支持向量机参数优化[D]．南京理工大学学报，2009.
[7]李娇．支持向量机参数优化研究[J]．计算机应用技术，2011.
[8]岳恒，张海军，柴天佑．基于混合粒子群算法的 RBF 神经网络参数优化[J]．控制工程，2006－11－20.
[9]吴喜之．复杂数据统计方法——基于 R 的应用[M]．中国人民大学出版社，2013.
[10]吴喜之．统计学：从数据到结论[M]．中国统计出版社，2013.
[11]Conway D，White J M．机器学习实用案例解析[M]．机械工业出版社，2013.
[12]王星等．大数据分析：方法与应用[M]．清华大学出版社，2013.
[13]魏振军．概率论与数理统计[M]．中国统计出版社，2005，4(3)：32－125.
[14]汤银才．R 语言与统计分析[M]．高等教育出版社，2008.
[15]Zhao Y．R and Data Mining：Examples and Case Studies[M]．2012.
[16]Lantz，Brett．Machine Learning with R[M]．Packt Publishing，2015.
[17]Husson F，Le S，Cadoret M．SensoMineR：Sensory data analysis with R[J]．R Package Version，2014.
[18]JIAWEI HAN(加)．数据挖掘概念与技术[M]．机械工业出版社，2006.
[19]PAUL TEETOR．R 语言经典实例[M]．机械工业出版社，2013.
[20]PANG－NING TAN(美)．数据挖掘导论：完整版[M]．人民邮电出版社，2011.
[21]黄文，王正林．数据挖掘：R 语言实战[M]．电子工业出版社，2014.
[22]李晶皎，王爱侠，王骄译．模式识别[M]．电子工业出版社，2010.
[23]郑逢德，张鸿宾．Lagrange 双支撑向量回归机[M]．计算机科学，vol. 38，

no. 12，pp:247－249，2011.

[24]SilvestroMicera，Angelo M. Sabatini，Paolo Dario. On automatic identification of upper－limb movements using small sized training sets of EMG signals [J]. Medical Engineering Physics，vol. 22，2000.

[25]Baofeng Sun，Wanzhong Chen. Classification of sEMG signals using integrated neural network with small sized training data [J]. Biomedical Engineering：Applications，Basis and Communications，vol. 24，no. 4，2012.

[26]飞思科技产品研发中心．神经网络理论与 Matlab7 实现[M]. 北京：电子工业出版社，2005.

[27]Hsu Chih Wei，Lin Chih Jen. A comparison of methods for multi－class support vector machines[J]. IEEE Transactions on Neural Networks，vol. 13，no. 2，2002.

[28]王健峰，张磊，陈国兴，何学文．基于改进的网格搜索法的 SVM 参数优化[J]. 应用科技，vol. 39，no. 3，2012.

[29] Liu Xianglou，JiaDongxu，Li Hui. Research on Kemal Parameter optimization of support vector machine in speaker recognition[J]. Science Technology and Engineering，vol. 10，no. 7，2010.

[30]刘东平，单甘霖，张岐龙，段修生．基于改进遗传算法的支持向量机参数优化[J]. 微计算机应用，vol. 31，no. 5，2010.

[31]郭新辰．最小二乘支持向量机及应用研究[D]. 吉林大学－计算机应用技术专业，2008.

[32]史峰，王辉，郁磊等．MATLAB 智能算法 30 个案例分析[M]. 北京：北京航空航天大学出版社，2011.

（作者：刘巍　颜峰　朱文璟　陈佳）

5.5 土地流转对"三农"的影响统计研究

——以陕西为例

摘要:为了深入探讨土地流转对"三农"的影响程度和作用,课题组在陕西省10地市45个县(区)抽选了424户农户和369户新型农业经营主体,进行了实地调研和数据采集;通过运用SEM结构方程模型,结合指标对比、描述统计、案例分析等分析方法,对土地流转对"三农"的影响进行了量化分析。研究发现,土地流转对农业规模化经营、农民增收、农村劳动力转移就业具有积极影响;土地流转后,农民工资性收入成为农民增收的最大贡献因子,农村富余劳动力的解放为促进农民增收发挥了积极作用。同时,土地流转是促进农业生产集约化、规模化、专业化、多元化、现代化发展的根本途径,它推动了农业生产和发展方式的改变,促进了农业生产经营效益的提升,促进了农村富余劳动力向二、三产业转移,拓宽了农民增收渠道,是推进农村社会发展、促进城乡一体化融合的催化剂。但是,土地流转在深化改革和规范运行中仍存在流转方式市场化程度不高、流转去向规模化水平较低、流转用途非农化倾向凸显、流转操作规范化程度较差、流转供需失衡现象突出、新型农业经营主体发展缓慢等六方面问题。

为了进一步提高土地流转率,使土地流转成为深化农村改革、促进农业发展、保障农民增收的重要渠道,课题组提出三重建议:一是积极推动土地流转供给侧改革,通过完善土地确权、制定合理的土地流转指导价格、增加土地流转补贴政策,加快土地适度规模流转,确保耕地红线;二是多措并举提升土地流转效率,通过完善土地流转管理机制、提高城市对农村劳动力的吸纳能力,使农民主动参与土地流转,真正成为土地流转的主体;三是加快培育新型农业经营主体的发展能力,通过政策支持家庭农场和农业合作社创新发展、倡导农业经营主体适度规模经营,促进农村经济社会、农业现代化发展深度融合,促进农民收入大幅度提升。

关键词:土地流转　SEM　三农　统计研究

土地是农业、农民、农村发展的最基本生产要素,土地流转是城乡融合和农业生产力水平不断发展的结果。2011年,当我国城镇化率突破50%,达到51.3%,从农业社会迈入工业化社会的同时,农村土地流转进入快速发展时期。统计研究表明,土地流转改变了传统的农耕方式，提升了农业生产效率，解放了农村富余劳动力；农民增收渠道明显拓宽，城乡一体化建设快速推进，农业经济的基础地位更加牢固。

一、农村土地流转影响的实证研究

为量化分析土地流转对“三农”的影响程度和作用，深入剖析影响土地流转的制约因素，寻求推动土地流转和发展适度规模经营的有效途径，课题组在陕西省10地市45个县(区)抽选了424户农户和369户新型农业经营主体，开展了实地走访和问卷调查。369户新型农业经营主体包括78家农业产业化龙头企业、105家农村专业合作社、84家家庭农场和102家种养大户；424户农户中有土地流转和无土地流转活动的各居一半。问卷调查内容涉及农业经营主体土地流转规模、农业生产效益、农民收入与土地流转关系、土地流转面临的主要问题、土地流转政策落实情况等内容。

(一)土地流转对农民收入的影响分析

运用结构方程模型(SEM)对土地流转影响程度进行分析，能够让我们看到农民在土地流转中获得收益的大小。

土地流转对农民收入的影响既有直接影响，也有间接影响。依据问卷调查采集的数据，剔除没有土地流转行为的农户，我们利用PLS－SEM结构方程模型对土地流转对农民收入的影响路径进行分析。鉴于土地流转涵盖的范围广，有流转面积、流转价格、流转年限、流转意愿等多个维度，我们将土地流转设置为构成型潜变量，土地经营规模与家庭劳动力为反映型，农民收入为构成型；其中土地流转为外生潜变量，土地经营规模、家庭劳动力、农民收入为内生潜变量。根据研究目的，我们在分析各潜变量涵义和特征的基础上，设置了15个观测变量，分别对各个潜变量进行测量分析，具体见表5.5.1。

表5.5.1　潜变量与观测变量对应表

潜变量	类型	观测变量	变量描述
土地流转(lz)	构成型	流转面积(lz. mj)	连续变量，单位：亩
		转入面积(lz. zr)	连续变量，单位：亩
		流转价格(lz. jg)	连续变量，单位：元
		流转年限(lz. nx)	分类变量：“1—5年”为1，“5—10年“为2，“10年以上”为3
		流转满意度(lz. my)	分类变量：“满意”为1，“说不清楚”为2，“不满意”为3
		(未来)流转意愿(lz. yy)	分类变量：“愿意”为1，“说不清楚”为2，“不愿意”为3

续表

潜变量	类型	观测变量	变量描述
土地经营规模(td)	反映型	承包地面积(td. cb)	连续变量,单位:亩
		耕地面积(td. gd)	连续变量,单位:亩
		年末经营面积(td. nmjy)	连续变量,单位:亩
家庭劳动力(ldl)	反映型	劳动力人数(ldl. jt)	连续变量,单位:个
		非农就业劳动力(ldl. fn)	连续变量,单位:个
农民收入(nm)	构成型	经营性收入(nm. jy)	连续变量,单位:元
		工资性收入(nm. gz)	连续变量,单位:元
		财产性收入(nm. cc)	连续变量,单位:元
		转移性收入(nm. zy)	连续变量,单位:元

通过 PLS 法对结构方程模型进行参数估计,我们得到非标准化路径系数及测量模型与结构模型(参看图 5.5.1)。

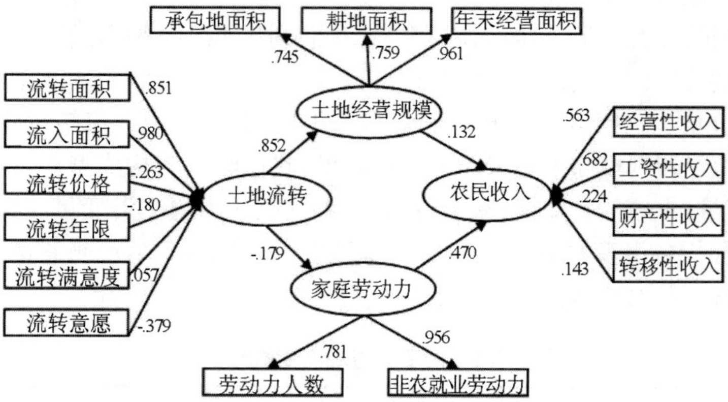

图 5.5.1　路径系数分析图

由此得出如下结论:

(1)从路径系数看,土地流转对土地经营规模的影响为 0.852,即土地流转每变动一个单位,土地经营规模将同向变动 0.852 个单位,表明土地流转是规模经营的最根本途径;土地经营规模对农民收入的影响为 0.132,表明土地经营规模每增加一个单位,影响农民收入增加 0.132;土地流转对家庭劳动力的影响为－0.179,表明土地流转每增加一个单位,则农村家庭有 0.179 个劳动力从农业劳动中解放出来;家庭劳动力对农民收入的影响为 0.470,表明家庭每增加一个非农就业劳动力,可为家庭增加 0.470 的收入。土地流转对农民收入的间接影响为

0.029，表明土地流转除通过土地经营规模和家庭劳动力两个因素对农民收入产生影响外，同时通过流转租金、入股分红等方式也间接为农民带来0.029的增收影响。

表5.5.2 路径系数表

影响路径	直接影响	间接影响	总影响
土地流转→土地经营规模	0.852	0.000	0.852
土地经营规模→农民收入	0.132	0.000	0.132
土地流转→家庭劳动力	−0.179	0.000	−0.179
家庭劳动力→农民收入	0.470	0.000	0.470
土地流转→农民收入	0.000	0.029	0.029

(2)从土地流转的测量方程看，对土地流转有正向影响的分别是转入面积、流转(包括转入转出)面积和流转满意度，其中转入面积的影响程度最大，为0.980；流转面积次之，为0.851；流转满意度的影响最小，为0.057。对土地流转有负向影响的分别是流转意愿、流转价格和流转年限，其中流转意愿的影响最大，为−0.380；流转价格次之，为−0.263；流转年限影响较小，为−0.180。整体来看，促进土地流转发展，需进一步增加流转面积，提高流转满意度，制定合理的流转价格。

(3)从农民收入的测量方程看，工资性收入的影响最大，为0.682；经营性收入次之，为0.563；财产性收入和转移性收入影响较小，分别为0.224和0.143。由此进一步验证了土地流转后，农民工资性收入对农民增收的影响程度超过经营性收入，对农民收入增长的贡献最大。

(二)土地流转对农业生产的影响分析

陕西是中国农耕文明的发祥地，农业种植历史悠久，农业发展历程在全国具有较强的代表性。全省拥有耕地5978万亩(2014年)，占土地总面积的19.4%；农业人口2319万人，占全省总人口的61.4%；农业人口人均耕地2.6亩。

1. 土地流转时期粮食增产源于规模经营效益

2003年，我国农村土地承包经营权流转制度正式确立，土地承包权和经营权分离，土地的价值范畴得以拓展，农产品附加值得以提升。土地流转实现了农民对土地利益的拥有权，因而农民自觉自愿加大了对土地和农业生产的投入，激发了土地资源的活力。2004—2014年，陕西农业生产年均投入的农业机械总动力和年均化肥施用量分别比1984—2003年的平均水平提高了125.7%和103.8%，粮食年均产量1155.5万吨，顺利实现"十一连丰"；粮食总产量年均增速稳定在2%，快于家庭联产承包责任制时期。土地流转为规模化生产创造了条件，有效降低了单位生产成本，提高了粮食生产效益，2014 年，全省粮食亩产 260 公斤，劳动力投入产出比达到 1570 公斤/人，分别比 2003 年提高 26.2%和 60.3%；其中，种植大户的粮食亩产比散户高出 8%左右，农机合作社的粮食亩产比散户高出 15%左右。在耕地面积逐渐减少、农村劳动力快速下降的大坏境下，土地流转制度和生产性投入的增加使粮食生产水平大幅提高，超过了单纯的家庭联产承包责任制时期，全省人均粮食拥有量也比家庭联产承包责任制时期进一步提高。

表 5.5.3　各时期陕西粮食产量及生产效率对比

历史阶段	年均总产（万吨）	年均亩产（公斤/亩）	年人均拥有量（公斤/人）	年均农业劳动力投入产出比（公斤/人）
土改和合作社时期（1949－1957 年）	438.6	63.0	280.9	790.3
人民公社（1958－1977 年）	577.6	84.5	251.8	794.9
家庭联产承包责任制（1978－2003 年）	999.1	168.5	307.6	1043.1
土地承包经营权流转（2004－2014 年）	1155.5	241.2	310.4	1337.6

数据来源：根据《陕西六十年》《2015 陕西统计年鉴》加工计算。

2. 土地流转促进了农业产业多元化发展

土地流转不仅保障了粮食安全生产，同时使以种粮为主的农业向多元化和设施农业发展。2014 年，陕西土地流转率达到 15.6%，其中七成的流转土地被用于从事收益较高的设施农业和地域特色产业生产，四成的流转土地流向新型农业经营主体。从农业产品看，经济作物和农畜产品生产得到长足发展。2014 年，全省经济作物播种面积 1778.5 万亩，较 2003 年增长 27.1%，其中苹果播种面积 1022.7 万亩，年产量 988 万吨，连续 6 年居全国第一；播种面积和产量分别较 2003 年增长 69.8%和 114%。猕猴桃、红提葡萄、大棚瓜菜等特色农产品从无到有、从小到大，迅速发展。畜牧业生产规模也不断扩大，产值达到 648.3 亿元，较 2003 年增长 345.3%。土地流转为农业生产资源聚集搭建了平台，劳动力、土地、技术、机械形成合力，为农业产业规模化、多元化发展奠定了基础，有效提高了劳动生产率和土地产出率，为促进农民增收发挥了重要作用。2014 年，全省农业生产总值由 2003 年的 334.4 亿元跃升至 1870.8 亿元，年均增长 17%；农民人均纯收入由 2003 年的 1676 元增加至 7270 元，年均增长 14.3%。从生产力和生产关系相适应的要求看，土地流转制度符合社会主义市场经济的发展要求，有效地促进了农业生产结构优化，使农业生产效益达到历史最好水平。

（三）土地流转对农村发展的影响分析

土地流转是农村土地制度改革创新的现实选择，对农村社会产生了积极影响。农耕文明与城市文明的合理碰撞、融合，促进了农村社会观念、理念的转变和提升，农业生产方式发生转变、效益提升，农民身份发生转变、收入结构优化，城乡二元体制弱化、差距明显缩小。

1. 农业生产和发展方式发生改变

案例一：陕西省渭南市富平县科农合作社依托自身的农机、农资、冷库、农产品加工、订单公司等资源优势，大力实施土地流转，2013 年集中连片流转土地 1 万余亩，按流转原价以每亩 800 元的价格全部发包给粮食种植大户，200 亩起包；合作社拥有高级技术老师 12 人、技术员 46 人，提供农机、种子、化肥和相关服务，按照统一品种布局、统一技术管理、统一农资使用、统一病虫防治、统一机械耕作、统一订单收购，完成从种、收到销的全程工序，提供统一的社会化服务；粮食种植大户作为粮食经营者，无需田间劳作，无需为种植、管理、卖粮操心，只需支付相关费用，摆脱了传统的"面朝黄土背朝天"的农民形象；合作社从农资供应、产品销售和技术服务中提取费用，用于社员股金分红和资金周转，实现了合作社、农户、企业的"三赢"，为土地流转与粮食生产的双重保障树立了典范。土地流转改变了"家家地不多、户户各干各"的封闭式经营格局，解决了单家独户群众无技术、无资金等生产难题，同时有效地抑制了农村耕地撂荒现象的发生。

2. 农业生产经营收益显著提升

案例二：陕西省渭南市临渭区庵头村农民甘文全，原一家六口种植承包地 20 亩，全部种植小麦和玉米，一年两季每亩收获粮食 1000 公斤，毛收入 2300 元，扣除成本年收益不足 1000 元，种粮一年不如打工一月。2008 年起，甘文全陆续流转入耕地 200 亩，以家庭农场方式经营。日常夫妻二人打理，农忙时临时雇工，施肥除草定时定量。与流转前相比，自有机械种、收、喷药、除草等成本投入每亩地节约 10%，种子、化肥、农药批量采购节约成本 5%，自有水灌系统和农业设施等节约成本忽略不计，精细化管理使每亩粮食增产 50—100 公斤，粮食订单收购价格提高 5%，扣除雇工、土地流转费用等固定成本投入，每亩稳定的年收益至少可达 1300 元以上。2013 年，甘文全在流转土地上共投资成本 10 万元，获得收益 20 万元。如果再用一部分流转土地种植经济作物或发展畜牧业，则经营收入更为可观。土地流转后的规模化、现代化经营，一方面可以以订单合同保障农户的基本收益，规避市场风险，一方面可以降低成本压力，扩大盈利空间。

3. 农村劳动力向二、三产业转移

案例三：陕西省西咸新区引进秦龙现代生态智能创意农业园区、中国暖温带森林文化博览园等农业项目 22 个，已经流转和或将流转土地近 9 万亩；土地流转合同中达成协议，由入区企业预留一定比例的用工岗位给流转土地农户，组织开展用工技能订单培训；当地农民既可获得固定且具有增值保障的土地流转费，还可进入企业参加农业、非农业生产劳动获取劳务收入。同时，由于现代农业园区用工有限，且西咸新区东依省会城市西安，西邻具有良好的农副产品加工业基础的城市咸阳，城市生活对农村青年产生了极大的吸引力，当土地不再成为农村家庭的生存基础和束缚劳动力的障碍，更多的劳动力涌入西安、咸阳等大中城市从事二、三产业工作，工作环境和生活品质明显提升。全省农民工外出就业跟踪监测调查统计数据同样显示，2014 年，陕西农村劳动力转移就业 696.3 万人，外出农民工平均月收入达到 2778.5 元。

4. 农民家庭收入来源趋于多元化

案例四：咸阳市泾阳县蒋路乡处于关中旱腰带，耕地多为坡塬地，种粮效益低且无法实施机械化操作，政府和村委会与农户协调，将 8000 余亩土地流转给陕西金田农业发展股份有限公司种植酿酒葡萄。按照合同约定，农户每年每亩地可获得 180－300 元（根据土地贫瘠程度确定）的租金收入；公司每年将盈利的 30%作为土地入股红利分配给土地流转户；同时，公司长期雇用劳动力 500 余人，愿意务农的农户可进入企业务工，季节工每天工资 80－120 元，长期工每天 50－80 元，每个月最低可保障 10 天的务工时间，全年平均可收入 7000－8000 元。农户由单纯的种地收入变为“土地租金＋务工收入＋土地入股分红＋其他经营收入”，实现了企业与农户的“双赢”。统计数据显示，2014 年，陕西农村居民家庭工资性收入占可支配收入的比重为 40.6%，比 2003 年提高 3.8 百分点；转移净收入占 23.2%，提高 17.8 个百分点；财产净收入占 1.5%，提高 1.2 个百分点；而经营净收入所占比重由 54.9%下降至 34.7%。

5. 城乡融合一体化建设稳步推进

土地流转前，城乡二元体制和人口二元化格局，形成了农民只能以农为业的社会定位，2004 年之后，土地流转彻底突破了二元体制的限制，开启了城乡一体化融合发展的新路径。一是农民身份发生变化，这是农村变革的主导力量。留守的农村劳动力大部分转入业主创办的产业园区从事劳动，每月领取工资，由原来的纯农民变成了现在的“农业产业工人”；而离开土地迁入城市的农村居民，则成为企业的“职工”和“员工”，从事二、三产业活动。二是农村生活发生变化。土地流转的实施，使得大量农村人口有更多的机会接触城市，城市文明向农村传播、渗透、延伸，新房舍、新设施、新环境造就了新农民、新风尚，农村居民现代化生活步伐加快，消费品质提升。三是城乡差距明显缩小。土地流转实施后的十余年，农民收入成倍增长，增速快于城镇居民；路、水、气、电和电信网络等社会资源快速向农村流动，特别是新农合医疗保险、养老保险等社会保障制度的实施，推动了城乡发展的加快融合。2014 年，陕西城镇化率达到 52.8%，比 2003 年提升 17 个百分点；城乡居民收入比由 2003 年的 4.06:1（以农为 1）收窄到 3.07:1。土地流转成为促进城乡融合发展的杠杆。

二、农村土地流转面临的主要问题

从实地调研的10地市45县(区)424户农户和369户新型农业经营主体问卷调查汇总数据看,土地流转在深化改革和规范运行中主要存在以下几方面问题。

(一)流转方式市场化程度不高

10个地级市的农业部门汇总数据显示,截止2014年底,陕西土地流转面积达到753.8万亩,其中,转让、合作入股、租赁分别占3%、2.5%、30.1%,这三种市场化程度相对较高的流转方式合计占35.5%;而市场化程度相对较低的流转方式如转包、互换、代耕各占48.7%、10.3%、5.5%,合计占64.5%,表明农村土地流转的市场化程度整体偏低。而从793家农业经营单位和农户分组数据看,各类经营者土地流转市场化程度呈梯度分布,农业经营单位的市场化流转方式采用率明显高于农户。从转让、合作入股、租赁占土地流转面积的比重来看,78家农业产业化龙头企业通过转让、合作入股、租赁等市场化流转方式获得的流转土地占95.8%,105家农村专业合作社为74.1%,84家家庭农场为66.7%,102家种养大户为58.2%,424家普通农户为41.3%,差异悬殊较大。由此可见,农村土地流转市场化水平仍然比较滞后,土地银行、土地信托、返租倒包、联户连片开发等与土地流转密切相关的创新形式起步缓慢。

(二)流转去向规模化水平较低

近年来,陕西农村土地流转快速发展,流转面积占家庭承包经营面积的比重已达到15.6%。2014年,农业产业化龙头企业、农村专业合作社、家庭农场、种养大户四类新型农业经营主体的土地流转面积同比增长51.7%,占全省土地流转面积的比重提高4.3个百分点。但是,从流向主体来看,全省753.8万亩的土地流转面积中,农户之间的流转达到425.9万亩,占56.5%。问卷调查显示,2014年,78家农业产业化龙头企业户均经营土地3299亩,较上年同期增长18.3%;105家农村专业合作社户均经营土地661亩,同比增长34.6%;84家家庭农场户均经营土地226亩,同比增长39.1%;102家种养大户户均经营土地96亩,同比增长35.3%。生产经营规模越小的主体,土地流转增加的速度越快,说明土地流转的层次和科技含量水平不高。

(三)流转操作规范化程度较差

从合同签订看,书面土地流转合同签订未实现全覆盖。据对793家农业经营主体调查,仅有68.5%的农户签订了书面土地流转合同,25.6%的农户采用的是口头协议方式,5.9%的农户采用的是第三者证明;农户与农户之间签订书面土地流转合同的仅有29.2%,不到三成。从流转期限看,随意化较为普遍,793家农业经营主体中，期限不确定的占 19.6%，影响经营者对土地的投入和使用，导致违约风险加大。从流转价格看，由于土地流转交易没有市场化，流转价格由交易双方协商确定，价格平均差异高达 45%，导致土地供求价格无标准，造成纠纷频发。从流转关系看，流转合同内容不规范导致土地纠纷。据宝鸡市农经管理站介绍，2014 年全市共受理土地纠纷案件 952 件。

（四）流转用途非农化倾向凸显

从流转土地的用途看，三分之二的流转土地用于了直接农业生产，三分之一的流转土地被用于发展与“三农”密切相关的间接农业生产。10 个地级市农业部门的调查汇总数据显示，流转土地用于种植和养殖生产的占 67%，其中种植粮食的占 30.4%，种植经济作物的占 31.8%，用于畜禽养殖的占 4.8%；用于农副产品加工和流通、农业观光旅游、转作工商业发展的占 33%。与一般农户相比，新型农业经营主体用于发展种养业的面积占比偏低。

（五）流转供需失衡现象突出

从农户流转意愿看，农民对承包地流转出去意愿不强。46.2%的受访者“对土地流转有后顾之忧”。424 家农户承包地使用状况调查显示，目前承包地全部流转出去的占 13%，部分自己耕种部分流转出去的占 24%。流转意愿调查显示，新型农业经营主体和有土地流入的农户土地流转需求普遍比较旺盛。2014 年，369 家农业产业化龙头企业、农村专业合作社、家庭农场、种养大户四类新型农业经营单位户均流入土地 767 亩，流出土地 31 亩，净流入土地 736 亩，比上年增长 38.7%。93 家有土地转入记录的农户中，45.2%的农户计划继续流转入土地，土地流转供不应求。

（六）新型农业经营主体发展缓慢

问卷调查显示，39.7%的被访者认为“新型农业经营主体发展缓慢是制约土地流转的主要因素”。在 369 家新型农业经营主体中，处于“创业期”的占 32.3%，处于“发展期”的占 49%，处于“成熟期”的仅占 18.7%；当前生产经营状况“良好”的占 42.8%，经营“一般”的占 48.5%，经营“不佳”的占 18.7%；已经建立“公司+基地+农户”的经济技术合作关系的占 38.1%，正在建立的占 16%，没有建立的占 45.9%。这说明大多数新型农业经营主体处于发展的初始或低级阶段，生产经营水平和能力较低，可持续发展的基础比较薄弱。农村发展实践证明，只有新型农业经营主体的迅速发展壮大，才能带动农村主导产业实现规模化、集约化发展，土地的生产效率和价值才能得以充分体现；也只有农业生产效益的提升，才能带动土地价值的增值，才能调动农民土地流转的愿望；而只有产业得到充分发展，农户才愿意以较高的价格接受进入流转程序的土地，土地流转的良性机制才能形成。调查中也发现，目前在新型农业经营主体发育较快、主导产业特色突出及一村一品发展较好的村组，农户土地流转意愿明显高；而发展慢、维持传统农业生产的村组，土地流转也相对滞后，农民收入水平也同等偏低。因此，政策帮扶新型农业经营主体提升能力、创新发展刻不容缓。

三、促进农村土地流转的对策和建议

（一）积极推动土地流转供给侧改革

根据《2015 年陕西统计年鉴》记载，陕西耕地面积仅占全省土地面积的 19.4%，林地面积占 54.5%，园地和草地合计占 18%，农用土地资源极其珍贵。全省乡村人口人均耕地 1.65 亩，水田和水浇地仅占常用耕地的 39.2%，不足四成；按照“好坏地搭配”分配原则，关中平原地区一般农户分得承包地 2－5 块儿，塬区或沟壑地带农户分得承包地甚至达到 15 块儿，土地分散经营十分普遍。陕西粮食单位面积产量仅为全国平均水平的 72%，优质耕地资源紧缺、土地分散经营是农业生产效率不高的重要因素之一，提高农业生产效率、实现农业现代化必须打破土地分散经营格局。

一是完善土地确权，将土地流转纳入法律制度保障体系。只有确保农民土地承包权，搞活土地经营权，赋予农民土地处置权，使农村土地和宅基地具有可抵押价值，才能使农户成为土地流转决策中的主体和主导，才能进一步提升土地流转和规模经营的市场化操作水平，促进农业现代化发展。

二是制定合理的土地流转指导价格，保障流转土地增值效应。影响土地流转市场价格的主要因素一般有：土地现实收益水平，土地供需平衡政策，土地征用价格，土地地理位置，土地潜在保障功能价值，土地预期收益上升趋势等。农民在土地流转中特别关注流转价格的高低变化，流转价格越高的地区，农民往往待价而沽，并不急于流转；而流转价格偏低的地区，农民宁可撂荒也不愿流转，由此导致流转土地供不应求。调动农民土地流转积极性，价格是关键，增值是前提，因此，必须尽快建立土地流转价格年度递增机制，使土地流转与经营收益挂钩联动，调动农民流转土地积极性。

三是增加土地流转补贴，精准政策向种粮大户倾斜。推进土地流转必须以农村社会稳定发展和保障粮食安全为前提。以种植粮食为业的流转土地不多，既与种粮收益太低有关，也与现行的鼓励政策缺乏针对性有关。2013—2015 年，陕西粮食综合补贴每亩标准为关中 81 元、陕南 72 元、陕北 56 元，仅相当于 25－35 公斤粮食，不及一个小工的日工资，且实际发放与种不种粮没有关系，流转土地用于种粮的农户也拿不到粮食补贴，粮食直补的作用已经弱化。调查显示，粮食种植大户更希望得到贷款扶持和融资渠道，需要充沛的资金保障生产正常周转；贷款难、贷款不足已经成为新型农业经营主体发展的制肘。因此，应及时调整种粮补贴的方式和力度，以精准化补贴调动粮农积极性；对于流转给种粮大户土地的承包者，可以比照流转给非粮种植的流转收益，实行差额现金补贴，引导农民将土地流转给种粮大户，引导家庭农场和专业合作社积极参与粮食生产，保障粮食安全生产。

（二）多措并举提升土地流转效率

目前，陕西省土地流转率仅为15.6%，与全国平均水平30.4%相差甚远，加快土地流转、提高土地流转率势在必行。政府政策引导和推动、农户主动参与、转移农村富余劳动力，对提升土地流转率至关重要。

一是完善土地流转管理机制建设，加大土地流转宣传和引导。土地流转涉及国土、农业、林业、水利等多个职能部门，是一项政策性强、影响面广的工作，各部门需协调配合才能加快推进土地规范化流转。因此，要建立独立的土地流转中介服务组织，以社会化服务搭建土地有序、规范流转平台，切实解决专职司责、宣传到位、政策到达、农民自主、价格合理等关键问题。

二是提高城市对农村劳动力的吸纳能力，解除农民后顾之忧。随着城镇化建设步伐的不断加快，农民工外出就业已成常态，务工收入已占到农村居民家庭收入的40%以上，成为农民收入的首要来源。据国家统计局陕西调查总队抽样调查推算，2015年末，全省农民工总数达到675.6万人，占全省乡村从业人员的六成；外出农民工月均工资收入达到3053元，同比增长9.9%。但是，农民工融入城市的步伐并不快，劳动合同签订率、社会保险参保率、教育卫生住房享受率等依然很低，农民工真正在城市有长期稳定工作并办理了城市社会保障、实现既离乡又离土转移目标的不到10%。由于城市对农村劳动力的实际完全吸纳能力还比较低，农民进城务工的主要目的是增加收入，随时可能返乡务农，保有土地承包经营权成为农民工返乡就业谋生的退路，这是制约土地流转的重要因素。因此，加快土地流转必须提升城市经济和第三产业发展，使农村剩余劳动力尽快融入城市社会，使农民工走得出、稳得住、能致富。随着农民工自身保障能力的不断提升，对土地的依赖性随之减弱，土地流转进程也将随之加快。

（三）加快培育新型农业经营主体发展能力

土地流转和新型农业经营主体是规模化、社会化大生产发展的产物，农业经营主体的经营能力和发展水平决定了土地流转的效率和农业现代化发展进程，因此，加快培育新型农业经营主体发展能力，对土地流转制度的健康发展有着重要意义。

一是积极助推家庭农场和农业合作社创新发展。就目前而言，所有的农业经营主体中，家庭农场和农业合作社是土地流转进程中保障耕地红线、发展粮食等基础农业、提升农业生产效率的较好模式，在土地流转中具有较强的带动作用。

它既可以衔接农民对土地的依恋和不舍，稳定农民利益，又有利于发挥农业资源禀赋助推农业社会化、专业化发展，有利于巩固农业生产基础，促进农民增收，保障农村稳定发展；特别是“耕种收依靠合作社、田间管理依靠家庭成员”的生产方式，更加符合我国农业、农村实际。因此，要紧跟“大众创新、万众创业”机遇，用足国家给予的“双创”政策，将粮补、农机补等普惠性支农惠农政策调整向家庭农场、专业大户倾斜，以奖代补鼓励农户创建家庭农场和发展农业合作社，协助其集中连片流转土地保障生产，保障附属设施用地和优先享受用电、用水优惠政策，享受优惠的税收、金融、保险和科学技术支持，同时，加快构建和完善新型农业经营主体的政策支持体系，为家庭农场和发展农业合作社提升经营水平、创新发展创造条件。

二是积极引导适度规模经营，确保粮食安全和农业效益。实践证明，土地流转和适度规模经营是发展农业现代化的基础和前提，调查的结果也显示，规模经营的土地要比分散经营的土地平均增收三成，人们之所以热衷于流转土地，往往源于规模化生产和经营催生的高收益，因此在土地流转中，不时出现违背农户意愿、村干部包办等现象；同时，伴随农业生产水平的快速提高和新常态经济的发展，农产品价格的持续下行极大的伤害了农民生产积极性，人们越来越清楚地意识到，扩大农业生产规模，必须结合经营主体的承受能力、产品市场的需求和价格、农业生产效益的提升等因素来实施。因此，必须健全完善土地流转体制和机制，科学、有序、规范、有效地推进土地流转，使土地流转、农业主体经营与社会发展需求相适应、相融合；尽可能使农村土地整理、标准农田建设、农业综合开发、农业产业化、特色农业产业示范基地建设等涉农项目，与土地流转、规模经营相结合；进一步引导、支持新型农业经营主体向产业化、专业化发展，提升产品质量，不断提高劳动生产率、土地产出率和资源利用率，打造安全农业、升级农业、优质农业，促进农村经济社会、农业现代化发展深度融合，促进农民收入实现较快提升。

参考文献

[1]薛凤蕊，乔光华，苏日娜．土地流转对农民收益的效果评价—基于DID模型分析[J]．中国农村观察，2011(2).

[2]陈训波，武康平，贺炎林．农地流转对农户生产率的影响—基于DEA方法的实证分析[J]．农业技术经济，2011(8).

[3]王春超．农村土地流转、劳动力资源配置与农民收入增长：基于中国17省份农户调查的实证研究[J]．农业技术经济，2011(1).

[4]张军．结构方程模型构建方法比较[J]．统计与决策，2007(9).

[5]刘莉君．农村土地流转模式的绩效比较研究[D]．中南大学，2010.

[6]胡未央,张兵,曹安迪．手机银行个人客户忠诚度研究——基于PLS－SEM模型[J]. 调研世界,2015(5).
[7]李先玲．基于农民收入结构的农村土地流转分析[J]. 特区经济,2010(10).
[8]封雨．农村土地流转对农民收入影响的实证研究－以河南邓州为例[J]. 生产力研究,2014(12).

（作者:谭静池　李云耀　李东涛　郭虎林　李玲　刘梅　董春梅）

5.6 我国分区域和城乡测算的中等收入家庭现状及发展趋势

摘要：国家统计局根据全国城乡住户调查数据，借助人口普查资料和个人所得税信息校准，对全国分区域和城乡的中等收入家庭规模、分布和发展趋势进行测算。结果表明，用家庭年收入9—45万元绝对标准衡量，2015年全国中等收入家庭占比24.3%，比2010年提高13.1个百分点，按"十三五"时期居民收入实际增速为6—8%预测，到2020年中等收入家庭比重有可能扩大到40—45%。按家庭收入中位数的50%—150%相对标准衡量，2015年全国中等收入家庭人口占49.0%，高、低收入家庭人口都略超25%。在2020年要达到中等收入家庭占主体面临不少挑战，需要分类施策，有效提升中等收入家庭占比，缩小居民收入差距，努力形成橄榄型收入分配格局。

关键词：中等收入家庭　绝对收入标准　相对收入标准

扩大中等收入者比重，形成橄榄型收入分配格局，是收入分配改革的重要内容。国家统计局根据全国城乡住户调查数据，借助人口普查资料和个人所得税信息校准，对全国分区域和城乡的中等收入家庭规模、分布和发展趋势进行测算。结果表明，用家庭年收入9—45万元绝对标准衡量，2015年全国中等收入家庭占比24.3%，比2010年提高13.1个百分点，按"十三五"时期居民收入实际增速为6—8%预测，到2020年中等收入家庭比重有可能扩大到40—45%。按家庭收入中位数的50%—150%相对标准衡量，2015年全国中等收入家庭人口占49.0%，高、低收入家庭人口都略超25%，而发达国家大多中等收入家庭人口占比在50%以上、低收入家庭人口占比在20%以下。在2020年要达到中等收入家庭占主体面临不少挑战，需要分类施策，有效提升中等收入家庭占比，缩小居民收入差距，努力形成橄榄型收入分配格局。测算的主要方法和结果如下：

一、中等收入家庭划分标准

关于中等收入家庭界定，目前比较常用的有绝对收入标准和相对收入标准。

（一）绝对收入标准

经征求国家发展改革委意见，国家统计局综合考虑多方面因素认为，中等收入家庭是指一定时期内，收入稳定，家庭殷实，生活舒适，消费水平和生活方式与经济社会发展水平相适应的群体。按2010年城镇3口之家测算,中等收入家庭标准为年收入8—40万元。在此标准下,一个家庭生活质量基本能够达到:恩格尔系数小于30%、人均住房建筑面积大于30平方米、拥有家用汽车或家庭交通支出占比超过全国平均水平、家庭成员每年出游一次以上、家政服务或文化娱乐支出占比超过全国平均水平。将这一标准折合成美元,约为人均4000美元—20000美元,高于世界银行界定的下中等收入标准(人均GDP996—3945美元),与世界银行界定的上中等收入标准(人均GDP3946—12195美元)范围重合较多。绝对收入标准的特点是,基本能够体现相应的生活质量,比较直观稳定,容易进行不同区域、不同时期对比。按绝对收入标准测算的中等收入家庭增加,并不自动表明居民收入差距缩小或收入分布更趋向于橄榄型。按照居民生活消费价格指数变化情况,将三口之家的绝对中等收入标准从2010年8—40万元,调整为2015年9—45万元,再考虑区域和城乡价格差异、家庭规模大小,形成分区域和城乡、分家庭规模所对应的中等收入标准。

(二)相对收入标准

把家庭收入中位数的某一比例值区间(如50%—150%,60%—160%),作为判断中等收入家庭的标准。这种方法主要应用于较发达国家,如,经济合作与发展组织(OECD)、欧盟统计局等就使用相对收入标准区分中等收入群体。这种标准的特点是,直接反映了居民收入分布的集中程度,便于观察收入分布形状及变化走势,体现了分配均等程度的内涵,但它没有考虑生活质量的改善状况。按相对收入标准测算的收入居中家庭比例增加,并不代表这个群体生活质量有所改善。本报告把全国家庭收入中位数的50%—150%区间作为中等收入家庭判断的相对标准。

二、全国分区域和城乡中等收入家庭规模和分布的现状判断

(一)按绝对收入标准测算,2015年我国中等收入家庭占比为24.3%

使用2015年全国16万户城乡居民家庭调查资料测算,2015年全国中等收入家庭大约有10798万户,占全国总户数24.3%。年收入小于中等收入标准下限的家庭占比为75.1%;年收入大于中等收入标准上限的家庭占比为0.6%。目前,中等收入家庭在全国分布很不均衡。

分城乡看,城镇中等收入家庭比例是农村中等收入家庭比例的6倍。2015年,农村中等收入家庭有1186万户,占农村总户数的6.3%,占全国中等收入户数的11.0%;城镇中等收入家庭有9612万户,占城镇总户数的37.5%,占全国中等收入户数的89.0%。城镇中等收入家庭比例大致是农村中等收入家庭比例的6倍。

分地区看，东部地区中等收入家庭比例最高，中、西部地区比例较低。2015年，东部地区中等收入家庭有5671万户，占东部总户数的29.9％，占全国总户数的52.5％；中部地区中等收入家庭有2809万户，占中部地区总户数的20.1％，占全国总户数的26.0％；西部地区中等收入家庭有2318万户，占西部总户数的20.3％，占全国总户数的21.5％。交叉分组显示，在东部城镇地区，中等收入家庭比例最高，为40.2％；中西部城镇地区分别为33.3％和37.0％，都远高于西部农村地区中等收入家庭所占比例3.3％。东、中部农村地区中等收入家庭比例较低，分别只有9.8％和5.5％。

表5.6.1　2015年按绝对标准衡量的中等收入家庭规模及分布情况

分类	东部	中部	西部	全国
中等收入家庭规模（万户）	5671	2809	2318	10798
其中：农村	632	364	190	1186
城镇	5039	2445	2128	9612
中等收入家庭比例（％）	29.9	20.1	20.3	24.3
农村中等收入家庭比例（％）	9.8	5.5	3.3	6.3
城镇中等收入家庭比例（％）	40.2	33.3	37.0	37.5
中等收入家庭地区分布（％）	52.5	26.0	21.5	100
中等收入家庭城乡分布（％）	100	100	100	100
其中：农村	11.1	13.0	8.2	11.0
城镇	88.9	87.0	91.8	89.0

分就业类型看，在企业家中，有6.1％处在高收入家庭，有53.3％处在中等收入家庭；在雇主中，有2.7％处在高收入家庭，有36.9 ％处在中等收入家庭；在公职人员中，有2.1％处在高收入家庭，有64.8 ％处在中等收入家庭；在专业技术人员中，有1.3％处在高收入家庭，有44.9 ％处在中等收入家庭；在农业自营大户中，有0.6％处在高收入家庭，有40.5 ％处在中等收入家庭。公职人员、企业家、专业技术人员在中等收入家庭和高收入家庭占比较大，主要与其受教育程度密切相关。分析显示，公职人员、企业家、专业技术人员中大学专科以上学历人员占比分别为59.7％、30.6％和33.8％，明显高于平均水平7.9％。而雇主、农业生产经营大户中大学专科以上学历人员占比只有8.9％和0.4％。

（二）按相对收入标准测算，2015年中等收入家庭人口占比为49.0％

据调查，2015年全国居民家庭可支配收入的平均值为66777元，家庭可支配收入的中位数为58614。家庭收入中位数的50％－150％所对应的区间为2.9－

8.8万元，处于该区间的家庭人口占比为49.0%。超过区间上限的相对高收入家庭人口占比为25.8%，低于区间下限的相对低收入家庭人口占比为25.2%。从图形看，具有中间大、两头小的分布特点，但是相对中等收入家庭的绝对收入水平并不高，其中绝大多数生活质量未达到按绝对标准测算的中等收入家庭水准。从国际比较看，按照相对收入标准衡量，中等收入家庭人口占比一般应超过50%，低收入家庭人口占比应不超过20%，才是理想的分布形态。我国距此仍有一定差距。

分城乡看，农村人口多数处在相对中、低收入组，城镇人口多数处在相对中、高收入组。经测算，在农村地区，2015年处在全国家庭收入中位数50%－150%区间的家庭人口占比为48.3%，超过区间上限的相对高收入家庭人口占比为5.4%，小于区间下限的相对低收入家庭人口占比为46.3%；在城镇地区，2015年处在全国家庭收入中位数50%－150%区间的家庭人口占比为49.5%，超过区间上限的相对高收入家庭人口占比为42.3%，小于区间下限的相对低收入家庭人口占比为8.3%。

分地区看，东部人口多数处在相对中、高收入组，中、西部人口多数处在相对中、低收入组。在东部地区，处于全国家庭收入中位数50%－150%的家庭人口占比为48.4%，超过区间上限的相对高收入家庭人口占比为36.8%，小于区间下限的相对低收入家庭人口占比为14.8%；在中部地区，处于全国家庭收入中位数50%－150%的家庭占比为53.1%，超过区间上限的相对高收入家庭人口占比为18.2%，小于区间下限的相对低收入家庭人口占比为28.6%；在西部地区，处于全国家庭收入中位数50%－150%的家庭人口占比为45.0%，超过区间上限的相对高收入家庭人口占比为17.7%，小于区间下限的相对低收入家庭人口占比为37.4%。

表5.6.2　2015年按相对标准衡量的中等收入家庭人口分布情况(%)

分类	相对低收入	相对中等收入	相对高收入	合计
全国家庭人口比例	25.2	49.0	25.8	100
按城乡分				
农村	46.3	48.3	5.4	100
城镇	8.3	49.5	42.3	100
按地区分				
东部	14.8	48.4	36.8	100
中部	28.6	53.1	18.2	100
西部	37.4	45.0	17.7	100

三、中等收入家庭占比发展趋势预测

(一)居民收入增长趋势判断

“十三五”时期是全面建成小康社会的决胜阶段，中央提出了明确的发展目标，到2020年，实现国内生产总值和城乡居民人均收入比2010年翻一番，居民收入增长与经济发展保持同步，居民内部收入差距缩小，现行标准下农村贫困人口全部脱贫。据此估计，未来五年，城乡居民收入年均实际增长可能在6－9％之间，中低收入群体收入将保持更快增长。主要考虑是，未来五年，实现居民收入翻番需要年均实际增长5.5％以上，实现国内生产总值翻番需要年均增长6.5％以上，若保持居民收入增长与经济发展同步，则居民收入年均实际增长也要在6.5％以上。缩小收入差距需要中低收入群体收入保持较快增长。

(二)居民收入分布分析

从2015年全国及分城乡居民家庭可支配收入分布情况(见表5.6.4)看出，2015年我国家庭收入的众数组(户数最多组)是3万元级组，占全国总户数的12.1％，其他占比较高的组别依次是2万元级组、4万元级组、5万元级组，占比分别为12.0％、10.8％、9.4％。不足万元和1万元级组占比分别为4.2％和9.0％。未来五年，有可能跨进中等收入家庭群体的组别依次是8万元级组、7万元级组、6万元级组和部分5万元级组的家庭。

(三)按照未来五年不同群体家庭年均收入增速基本一致，预测中等收入家庭占比变化趋势

未来五年，按6％、7％、8％三种全国居民收入年均实际增速假定做预测。

假定家庭收入年均实际增长6％，则7万元级和8万元级可能进入中等收入群体，全国中等收入家庭占比为39.8 ％；

假定家庭收入年均实际增长7％，则6.5－9万元家庭可能进入中等收入群体，全国中等收入家庭占比为42.4％；

假定家庭收入年均实际增长8％，则8万元级、7万元级、6万元级和少数5万元级家庭可能进入中等收入群体，全国中等收入家庭占比为45.0％；

不论假定何种增长速度，若各群体之间增速无明显差异，则按相对收入标准衡量的中等收入家庭人口占比基本保持不变。

(四)按照未来五年不同群体家庭收入增速存在差异，预测中等收入家庭占比变化趋势

把全国居民家庭分为农村家庭、城镇中低收入家庭、城镇高收入家庭三类，对不同类别家庭使用不同增速(6－9％)假定进行预测。

假定农村家庭、城镇中低收入家庭、城镇高收入家庭年均实际增长分别为

8%、7%和6%，全国平均增速6.8%，则按照绝对收入标准衡量的全国中等收入家庭占比为43.3%；按照相对收入标准衡量的全国中等收入家庭占比为50.6%；

假定农村家庭、城镇中低收入家庭、城镇高收入家庭年均实际增长分别为8%、8%和6%，全国平均增速7.0%，则按照绝对收入标准衡量的全国中等收入家庭占比为45.1%；按照相对收入标准衡量的全国中等收入家庭占比为50.3%；

假定农村家庭、城镇中低收入家庭、城镇高收入家庭年均实际增长分别为9%、8%和6%，全国平均增速7.3%，则按照绝对收入标准衡量的全国中等收入家庭占比为46.0%；按照相对收入标准衡量的全国中等收入家庭占比为51.3%。

表5.6.3　2020年全国中等收入家庭占比预测(%)

收入年均实际增长假定	绝对标准中等收入家庭占比	相对标准中等收入家庭人口占比
城乡6%	39.8	49.0
城乡7%	42.4	
城乡8%	45.0	
农村8% 城镇中低收入家庭7% 城镇高收入家庭6%	43.3	50.6
农村8% 镇中低收入家庭8% 城镇高收入家庭6%	45.1	50.3
农村9% 城镇中低收入家庭8% 城镇高收入家庭6%	46.0	51.3

四、主要结论

(一)“十二五”时期中等收入家庭总规模实现翻番,“十三五”时期要形成中等收入家庭占主体格局面临不小挑战

按照绝对收入标准衡量，2015年我国中等收入家庭占比为24.3%。比2010年占比11.2%，提高了13.1个百分点，总规模扩大了约1.2倍。“十三五”时期，若按全国居民收入年均实际增长6%－8%预计，到2020年，我国中等收入家庭占比将达到39.8%－45.0 %，高收入家庭占比达到1%左右，其余家庭占比约为54%－59%。中等收入家庭占比距离主体地位还有一定差距，按照常态发展，需

要延长2年左右时间才能实现目标。据估计，到2020年，全国家庭中约有6.3%属于低保户[①]，他们中多数完全或部分丧失劳动能力，需要社会保障兜底，若把其作为单个群体，那么，中等收入群体占比只要达到47%，就可居主体位置。

按照相对收入标准衡量，2015年我国中等收入家庭人口占比为49.0 %，分别大于高、低收入家庭人口占比。这些家庭收入水平为2.9—8.8万元，生活质量并未达到人们所期盼的中等档次。从国际经验看，相对标准之间的中等收入家庭人口占比应超过50%，同时低收入家庭人口占比应不超过20%。未来五年，经过努力有可能实现。

(二)瞄准关键群体能够加快提升中等收入家庭占比

“十三五”时期，8万元级、7万元级、6万元级和部分5万元级收入家庭将是进入中等收入家庭的主体对象，属于关键群体。其中，6万元级和部分5万元级收入家庭晋级需要更高的收入增速，也决定了到2020年中等收入家庭能否占主体的目标实现程度，需要更加关注。

在5—8万元级的关键群体中，城镇家庭占72.6%，农村家庭占27.4%。关键群体中的城镇家庭收入水平处在全体城镇家庭的中下等水平。关键群体中的农村家庭收入水平处于全体农村家庭的高收入水平。对城乡居民家庭及关键群体分类施策提升收入水平，将会有效扩大中等收入家庭占比。从预测分析得出，在全体居民收入年均增速都为7%时，若使农村家庭和城镇中低收入家庭增速快于城镇高收入家庭1—2个百分点，则可加快提升中等收入家庭占比1—2个百分点。在农村家庭收入增速、城镇高收入家庭增速保持基本稳定，若将城镇中低收入家庭收入增速提升1个百分点，则可加快提升中等收入家庭占比1.8个百分点。在城镇家庭收入增速保持基本稳定，若将农村家庭收入增速提升1个百分点，则可加快提升中等收入家庭占比0.9个百分点。未来五年内，加快城镇化步伐、促进新城镇化家庭以及城镇现有中低收入家庭增收，将对扩大中等收入家庭占比会更加有效。

分就业类型看，在农业自营大户和专业技术人员中，处于6—8万元级收入家庭中的人员比重，相对其他就业人员更高，属于能够尽快壮大中等收入队伍的关键人群。

---

① 注：截止2015年底，民政部统计全国共救助低保对象6611万人，约占总人口4.9%。“十三五”规划建议说明指出，到2020年，将有2000多万完全或部分丧失劳动能力的贫困人口，通过全部纳入低保覆盖范围，实现社保政策兜底脱贫。因此，预计2020年全国低保对象可达到8600万人左右，大约有2700万户，占总户数6.3%。

(三)加快推进中低收入群体收入增长有利于缩小收入差距,也有利于形成橄榄型收入分配格局

2015 年我国居民家庭收入分布基本特征是,底部为不足 1 万和 1 万元级,占比 13.2%;中部为 2－5 万元级,占比 44.3%;中上部为 6－9 万元级,占比 24.5%;上部为 10－14 万元级,占比 11.5%;顶部为 15－45 万元级,占比 5.9%;顶尖为 45 万元以上,占比 0.6%。与橄榄型形态有一定差异。从城乡分组看,2015 年农村家庭中有 75.6%收入小于 5 万元,处于全国平均收入的下端,其余主要分布在 5－20 万元区间。2015 年城镇家庭中有 43.7%收入在 5－10 万元,处于全国家庭平均收入的中端,其余家庭中半数处在全国平均收入下端,半数处在全国平均收入上端。城镇家庭收入分布相对农村家庭收入分布更接近橄榄型形态。要形成全国橄榄型收入分布,需努力消减 5 万元以下收入家庭的比重,这些家庭多数分布在农村地区。因此,全面落实精准扶贫战略,能够有效推动低收入群体向中等收入靠近,也是缩小居民收入差距,加快形成全国橄榄型收入分布的必由之路。

(四)中等收入绝对标准与相对标准需要结合使用

中等收入绝对标准是一个能力判断标准,家庭年收入达到该标准以上,仅表明该家庭基本具备了享有较好的住房和交通条件,以及较高的文化娱乐等休闲生活能力,并不意味着家庭必然拥有住房、拥有汽车、享有休闲生活。中等收入绝对标准是一个固定标准,中等收入家庭增加,只意味着具备较高生活质量的家庭增多,并不自动意味着居民间收入差距更小或收入分布更加趋于橄榄型。要反映居民间收入差距变化情况,需要结合中等收入相对标准一起观察,用两标准衡量的中等收入占比同时都在扩大,则是理想结果。

表 5.6.4　2015 年全国及分城乡居民家庭可支配收入分布情况

按家庭收入分组(元)	城镇		农村		全国	
	户数(万户)	占比(%)	户数(万户)	占比(%)	户数(万户)	占比(%)
＜10000	314	1.23	1563	8.33	1877	4.23
10000－19999	754	2.95	3226	17.19	3980	8.97
20000－29999	1484	5.79	3853	20.54	5337	12.03
30000－39999	2166	8.46	3221	17.17	5386	12.14
40000－49999	2460	9.61	2321	12.37	4782	10.78
50000－59999	2599	10.15	1558	8.30	4157	9.37
60000－69999	2537	9.91	987	5.26	3523	7.94

续表

按家庭收入分组（元）	城镇		农村		全国	
	户数（万户）	占比（%）	户数（万户）	占比（%）	户数（万户）	占比（%）
70000—79999	2391	9.34	646	3.44	3037	6.84
80000—89999	2006	7.83	408	2.17	2414	5.44
90000—99999	1647	6.43	271	1.45	1918	4.32
100000—109999	1353	5.28	181	0.96	1533	3.46
110000—119999	1099	4.29	134	0.72	1233	2.78
120000—129999	872	3.40	90	0.48	961	2.17
130000—139999	695	2.71	60	0.32	754	1.70
140000—149999	556	2.17	51	0.27	606	1.37
150000—199999	1541	6.02	114	0.61	1655	3.73
200000—249999	514	2.01	39	0.21	552	1.24
250000—299999	219	0.86	19	0.10	238	0.54
300000—349999	71	0.28	8	0.04	80	0.18
350000—399999	59	0.23	3	0.02	62	0.14
400000—449999	33	0.13	3	0.02	36	0.08
>450000	243	0.95	6	0.03	248	0.56
合计	25612	100	18761	100	44372	100

（作者：王有捐　丁胜）